pfeiffer

Zu diesem Buch

Verhaltenstherapie ist nicht mehr, was sie einst war. Die Entwicklung hat vom reinen Verhaltenstraining längst weggeführt: Denken, Phantasie, Selbst-Instruktion, komplexe Problemlösungsstrategien als innere, verdeckte, zwischen auslösendem Reiz und gezeigter Reaktion vermittelnde Vorgänge fordern ihre Beachtung in Verhaltenstheorie und -therapie.

Mahoney zeigt ein Vermittlungs-Modell des Verhaltens, das diese verdeckten Prozesse einbezieht und das in einer empirischen Methodologie gut begründet ist. Es hat sich als nützlicher und praktischer für Erklärung und Kontrolle menschlichen Verhaltens erwiesen als die Modelle, die von unmittelbaren S-R-Verbindungen (Stimulus-Response/Reiz-Reaktions-Verbindungen) ausgehen.

Das Buch gibt einen kurzen Überblick der Entwicklung der S-R-Theorien, stellt ausführlich die neueren Therapieformen vor, denen Vermittlungs-Modelle zugrunde liegen. Mahoney zeigt Implikationen für die Behandlung auf, bis hin zu einem neuen Modell einer heute vertretbaren, wissenschaftlich fundierten Verhaltenstherapie. Humorvoll und lebendig geschrieben, streng an der psychologischen Forschungsmethodik orientiert, zeigt das Buch die Integration der neueren Trends zu »kognitiven« Therapien und orientiert den Praktiker zuverlässig über den heutigen Stand der Verhaltenstherapie.

Michael J. Mahoney hat an der Stanford University promoviert; er ist Professor für Psychologie an der Pennsylvania State University. Zahlreiche Aufsätze in Fachzeitschriften; Mitautor von »Behavioral Self-Control« und »Self-Control: Power to the Person«; Mitglied des Herausgeber-Stabs von »Behavior Therapy«.

Michael J. Mahoney

Kognitive Verhaltenstherapie

Neue Entwicklungen und Integrationsschritte

Verlag J. Pfeiffer · München

Die amerikanische Originalausgabe ist unter dem Titel »Cognition and Behavior Modification« bei Ballinger Publishing Company, Cambridge, Massachusetts, erschienen.

Aus dem Amerikanischen übersetzt von Corinna Brandl und Martha Müller

Nr. 29
Reihe »Leben lernen«
herausgegeben von Lorenz Wachinger
und Karl Herbert Mandel

Printed in Germany
Druck: G. J. Manz AG, Dillingen/Donau
Umschlagentwurf: Hermann Wernhard

ISBN 3-7904-0246-X

Inhalt

Vorwort 9

1. Kapitel
Weshalb überhaupt kognitive Verhaltens-Modifikation? 12
Das Ende einer Ära: Die kognitive Inquisition 13
Eine beginnende Ära: Der denkende Behaviorist 15
Aufbau des Buches 17

2. Kapitel
Zweierlei Behaviorismen:
Von der Metaphysik zur Methodologie 19
Metaphysischer (radikaler) Behaviorismus 20
Methodischer Behaviorismus 26

3. Kapitel
Schlußfolgern:
Der illegitime Sprung? 30
Hypothetische Konstrukte und intervenierende Variablen 30
Das nichtvermittelnde Modell 31
Schlußfolgern: Der illegitime Sprung? 35
Gerechtfertigtes Schlußfolgern: Legitimierung des Sprungs 42

4. Kapitel
Die nichtvermittelnden S-R-Modelle sind inadäquat 46
Vermittelte Reiztransformation 46
Semantische Konditionierung und Generalisation 48
Symbolische Selbstreizung 50
Bewußtheit 52
Stellvertretende Lernprozesse 55

5. Kapitel
Messung und Theorie in den vermittelnden Verhaltensmodellen 62
Abhängige Variablen in der Vermittlungsforschung 63
Evaluierung der Theorie (des Modells) 65

6. Kapitel
Vermittlungsmodell I:
Verdecktes Konditionieren 73

Die Kontinuitätsannahme 74
Verdeckte Ereignisse als Reize 79
Verdeckte Ereignisse als Reaktionen 81
Verdeckte Ereignisse als Konsequenzen 83

7. Kapitel
Die Therapien mit verdecktem Konditionieren:
Gegenkonditionieren, Gedankenstop und coverante Kontrolle 90

Verdecktes Gegenkonditionieren 91
Gedankenstop 96
Coverant-Kontrolle 99

8. Kapitel
Die Therapien des verdeckten Konditionierens:
Verdeckte Sensibilisierung, Verstärkung, Löschung und Modelllernen 108

Verdeckte Sensibilisierung 108
Verdeckte Verstärkung 121
Verdeckte Löschung 128
Verdecktes Modellernen 131
Eine verdeckte Bemerkung 137

9. Kapitel
Vermittlungsmodell II:
Informationsverarbeitung 144

Aufmerksamkeit und sensorischer Speicher 148
Kodierung und Kurzzeitgedächtnis 152
Behalten, Reproduktion und Langzeitgedächtnis 154

10. Kapitel
Das Vermittlungsmodell III:
Das Modell des kognitiven Lernens 168

Faktoren der Aufmerksamkeit 170
Beziehungsprozesse 178
Merkmale des Reaktionsrepertoires 191
Feedback aus der Erfahrung 192

11. Kapitel
Die kognitiven Therapien:
Kognitive Umstrukturierung und Selbstinstruktion 196

Kognitive Umstrukturierung 196
Selbstinstruktionen 213

12. Kapitel
Die kognitiven Therapien:
Training der Bewältigungsfertigkeiten, Problemlösen und Attribution 224

Training der Bewältigungsfertigkeiten 224
Problemlösen 229
Attribution 244

13. Kapitel
Überzeugung, Gegenkontrolle und Wahl 260

Überzeugung 260
Gegenkontrolle 277
Wahl 283

14. Kapitel
Biologische Einflüsse 288

Die Entwicklung des Denkens 288
Schlaf und Träume 292
Ernährung 295

15. Kapitel
Ein entstehendes Paradigma:
Der Wissenschaftler für die eigene Person 302

Konvergierende Trends 306
Ein Paradigma zum Überleben: Der persönliche Wissenschaftler 309
Durchführung des Paradigmas: Einige klinische Mittel 316
Eine Bemerkung zur Ethik 321

16. Kapitel
Der denkende Behaviorist
Ein Nachwort 325

Wissenschaftstheorie: Eine Neu-Einschätzung 329
Der Weg zu einem empirischen Humanismus 331

Literaturverzeichnis 335

Namenverzeichnis 367

Sachverzeichnis 373

Vorwort

Im Sommer 1973 wurde ich eingeladen, vor einer kleinen Gruppe von Experimentalpsychologen in Sao Paulo, Brasilien, eine Reihe von Vorlesungen zu halten. Eines meiner Themen war »Kognitive Verhaltensmodifikation«, die begriffliche und empirische Analyse von »privaten Ereignissen«. Da ich mich in eine durch die operante Tierforschung bestimmte Kultur begab, gab ich mir große Mühe, meine Verteidigung kognitiv-symbolischer Prozesse als legitime und kritische Schwerpunkte bei der experimentellen Analyse menschlichen Verhaltens vorzubereiten und zu dokumentieren. Diese Anstrengungen wurden großzügig belohnt. Meine Gastgeber waren nicht nur aufgeschlossen, sondern ausgesprochen begeistert. Ihre Bitte nach einer geeigneten Zusammenfassung meiner Ausführungen war es, die den ersten Anreiz für dieses Manuskript bildete.

Ein lauer Montrealer Abend im August 1973 fand mich beim Genuß eines Privilegs, welches einen weiteren Anstoß hinzufügte. Ich hatte die Ehre, einen ruhigen Abend mit einem Mann zu verbringen, für den ich meinen Respekt kaum zu betonen brauche – *B. F. Skinner.* Obwohl es nicht unser erstes Gespräch über »kognitive« Themen war, gab sein Inhalt meiner Überzeugung weiteren Auftrieb, daß die Zeit für eine umfassendere verhaltenstheoretische Unterhaltung privater Ereignisse gekommen war. Annahmen, Wahl und »Gegenkontrolle« waren Themen, zu denen Dr. *Skinner* sowohl Stellung nahm als auch Ermutigung zur Forschung ausdrückte.

Im Oktober organisierte ich eine kleine Seminarveranstaltung, um mein Schreiben eines »kurzen« Textes über kognitive Verhaltensmodifikation zu steuern und zu verstärken. Acht hervorragende und kritische Kollegen gaben mir in den folgenden Monaten großzügige Rückmeldung – *Kitty Craighead, Bob DeMonbreun, Barney Feingold, Sally Goodwin, Russ Jones, Bob Kennedy, Bill Moyer* und *Eliana Siebel.* Ihr jeweiliger Hintergrund reichte von der operanten Tierforschung und Wissenschaftstheorie bis zur Informationstheorie und klinischen Forschung. Für ihre Rückmeldung und ihre Ermutigung stehe ich tief in ihrer Schuld.

Es wäre natürlich unmöglich, all den vielen Kollegen und Freunden Gerechtigkeit widerfahren zu lassen, die das vorliegende Werk beeinflußt haben. *Dave Rimm, Jerry Davison, Carl Thoresen, Walter Mischel* und *David Rosenhan* trugen dazu bei, mein anfängliches Interesse an kognitiver Verhaltensforschung anzuregen. Der Einfluß von *Dick Atkinson* und *Gordon Bower* ist ebenfalls leicht ersichtlich. Mein größter Dank jedoch gilt einem Vorbild, dessen persönlicher und beruflicher Einfluß sich einer angemessenen Anerkennung entzieht. Leser, die mit der Theorie des sozialen Lernens vertraut sind, werden im folgenden viele bekannte Themen finden. Ich stehe tief in der Schuld von *Al Bandura*, nicht nur wegen des Ausmaßes, in dem ich mich auf seine konzeptuellen und begrifflichen Fähigkeiten beziehe, sondern ebenso wegen seines Vorbildes, seiner Ermutigung und unschätzbaren Anleitung. Sein Beitrag zu diesem Band geht weit über das hinaus, was sich in formalen Danksagungen ausdrücken läßt.

Bevor sich der Leser auf diese Reise begibt, sollte er vielleicht über die Art der Beförderung in Kenntnis gesetzt werden. Mein Ziel war effektive Kommunikation und nicht enzyklopädische Langweilerei. Was nun folgt, ist deshalb vom konventionellen akademischen Stil sehr »abweichend«. Ich benutze häufig persönliche Fürwörter der ersten Person und stütze mich erheblich auf Beweise sowohl anekdotischen als auch »formalen« Ursprungs. Meine häufigen Anfälle von Humor werden ebenso augenfällig (vielleicht in schmerzlicher Weise) sein. Obwohl ich ein zuverlässiger Verfechter sexueller Gleichberechtigung bin, spiegelt meine konditionierte Rhetorik eine Voreingenommenheit für männliche Bezugspersonen wider. Schließlich bringe ich im letzten Teil des Textes einige wert-geladene Vorschläge vor, welche zu dem anerkannten Brauch in Fachveröffentlichungen einen scharfen Kontrast bilden. Ich hoffe, daß diese Versuche, das Thema lesbarer, kommunikativer und klinisch relevanter zu machen, nicht fehlgeleitet worden sind.

Bücher werden meiner Erfahrung nach nicht aus besinnungslosem Stumpfsinn geboren. Ihre Reifung und Geburt sind lange und schmerzhafte Unternehmen, welchen häufig frühere Freiheiten und gesellschaftliche Freuden geopfert werden. Die schwierige Geburt des vorliegenden Sprößlings ließ sich nur mit dem Beistand verschiedener geschätzter Begleiter überstehen. *Jim Pumphrey*, *Lynn Carpenter* und *Duffy* sorgten für großzügige Ablenkung und häufige unmoralische Unterstützung in den wenigen Stunden des Planens, Schreibens und der nochmaligen Durchsicht. Verschiedene Kollegen nahmen sich trotz ihrer voll ausgefüllten Stundenpläne die Zeit, um Kapitelentwürfe zu lesen – *Walt Weimer* (1–5), *Al Kazdin* (8), *Willard F. Day* (1–5) und *Greg Brock* (1–16). Ihr Interesse und ihre Stellungnahmen werden zutiefst anerkannt.

Verleger werden oft als unpersönliche Firmen-Riesen geschildert, welche selten zu irgend etwas anderem als zu den Kopfschmerzen eines

Autors beitragen. Solch eine Darstellung ist glücklicherweise diametral unzutreffend in bezug auf das vorliegende Unterfangen. Ich schulde vielen Mitarbeitern des *Ballinger*-Verlages Dank für ihre technische Unterstützung und ihre freundliche Kooperation.

Zusätzlich zu ihrem Charme und Humor setzte *Sandy Ranio* in erschreckendem Maße berufliches Können ein, um unleserliche Kritzeleien in beinahe-leserliche Prosa zu übertragen. Ebenso waren *Bob* und *Barb Kennedy* eine unschätzbare Quelle der Ermutigung, technischen Hilfe und von Granola-Plätzchen. Sie alle drei wurden zutiefst geschätzt. Schließlich stehe ich persönlich und beruflich in der Schuld einer jungen Kollegin, die meine Selbst-Erklärungen flexibel, meine technischen Standpunkte vertretbar und meine Abende glücklich gestaltete.

M. J. M.
Mai 1974

1. Kapitel

Weshalb überhaupt kognitive Verhaltens-Modifikation?

Von der Geburt bis zum Tode eines Menschen wird nur ein sehr geringer Anteil all seines Verhaltens öffentlich beobachtbar. Unser aller Leben setzt sich überwiegend aus privaten Reaktionen auf die jeweilige private Umwelt zusammen – angefangen von Monologen unter der Dusche bis hin zu senilen Träumereien. Im Zuge der wachsenden Anerkennung von kognitiver Verhaltens-Forschung können wir in zunehmendem Maße aussichtsreiche Entwicklungen erwarten, die sich in Richtung auf das Verständnis der Prozesse und der Parameter unserer privaten Umgebungen bewegen. Einer der Hauptpunkte für Auseinandersetzungen in diesem Buch wird die Auffassung sein, daß das Trachten nach kontrollierten wissenschaftlichen Untersuchungen in diesem Bereich nicht nur empirisch berechtigt, sondern darüber hinaus auch moralisch gefordert ist.

Nur wenige Bereiche psychologischer Forschung haben ebensoviel Enthusiasmus oder Auseinandersetzungen hervorgerufen wie die Verhaltensmodifikation. Allein in den letzten zehn Jahren wurden fünf verschiedene internationale Zeitschriften gegründet, um der sich ausbreitenden Forschung in diesem Bereich eine Verbreitungsmöglichkeit zu geben. Mehr als hundert Buchtitel, die sich mit den Grundlagen oder der Praxis der Verhaltens-Therapie befassen, fluteten inzwischen auf den Markt.

Die Reaktion der Öffentlichkeit wie auch der Fachleute auf dieses wahnsinnige Wachstum ist geteilt: »Je nach dem eigenen begrifflichen und methodologischen Standpunkt mag die Verhaltens-Modifikation ein absurdes und bedrohliches Wahnsystem oder aber die aufregendste Front innerhalb der gegenwärtigen Verhaltenswissenschaft repräsentieren« (*Mahoney, Kadzin & Lesswing*, 1974). Die extremen und häufig scharf getrennten Beurteilungen ergeben sich wahrscheinlich aus einer Vielzahl unterschiedlicher Quellen. Zunächst einmal läßt sich kaum bezweifeln, daß »verhaltenstheoretische« Einstellungen eine geradezu dramatisch andersartige Perspektive in den Bereichen der Persönlichkeit und der komplexen menschlichen Lebensabläufe darstellen. Solch ein Abweichen von den traditionellen statischen Eigenschafts-Vorstellungen rief extreme Reaktionen hervor. Ein weiterer Faktor war der übereifrige Enthusiasmus, mit dem die Anhänger der Verhaltensmodifikation ihre Versuche erweiterten, verfeinerten und Bekehrungsanstrengungen dafür unternahmen. Obwohl es beträchtliche empirische Unterstützung für die wissenschaftliche Produktivität und für den Aussichtsreichtum im klinischen Bereich gab, gingen doch die enthusiastischen Ansprüche oft über das vorhandene Wissen hinaus. Schließlich wurde auch eine Vielzahl philosophischer und moralischer Kontroversen durch die Theorie und Forschung im Bereich der Verhaltens-Modifikation stark in den Vordergrund gerückt.

Das Ende einer Ära: Die kognitive Inquisition

Das vorliegende Buch will weder versuchen, einen Überblick über die wesentlichen Argumente für oder gegen die Verhaltens-Modifikation zu geben, noch will es diese Argumente analysieren oder beurteilen. Solch eine Analyse wurde bereits an anderer Stelle veröffentlicht (*Mahoney, Kazdin & Lesswing*, 1974). Es verdient jedoch festgehalten zu werden, daß bisher einer der hauptsächlichen Brennpunkte verschiedener Argumente der Bereich »private Ereignisse« war – der Bereich von Gedanken, Gefühlen und Erinnerungen. Verhaltensforscher sind immer wieder für ihre Vermeidungshaltung, für ihr Leugnen oder ihre Kritik gegenüber bedeutsamen verdeckten Erscheinungen getadelt worden. Oft wurden sie als eine »seelenlose« Masse von (empirisch) rechtslastigen Kurzsichtigen stereotypisiert, die sich einfältig von ihren hebeldrückenden Nagetieren unterhalten lassen und die den Reichtum und die Vielfalt des menschlichen Lebens hartnäckig ignorieren. Dieses Image wird von *Floyd W. Matson* lebendig geschildert:

> Offen gesagt, müssen die Unterschiede zwischen uns sehr tiefgreifend sein – nicht nur im technischen oder strategischen oder methodologischen, sondern im philosophischen und vielleicht im moralischen Sinne. Ich für meinen Teil glaube, daß *Skinner* und seine geneigten Freunde den Fall so offen und aufrichtig entgegen ihrer eigenen Philosophie darlegen, daß man nur zu rufen braucht: »Horcht! Seht ihr dort? Sie stellen sich selbst bloß (der Große Konditionierer trägt keine Kleider)!« Andererseits nehmen sich die Skinnerianer nicht nur als warm gekleidet, sondern als prachtvoll aufgeputzt wahr: Eingehüllt in den Mantel der Wissenschaft, gerüstet mit den Werkzeugen der „Verhaltenstechnologie" wandeln sie über die grünen Weiden von „Walden Two" (bekanntes Buch von Skinner, Anmerkung der Übersetzer) und wundern sich über ihre Gegner, die ein Kauderwelsch sprechen, das sich aus unsinnigen Silben wie »Freiheit«, »Person«, »Wahl«, »Verantwortlichkeit«, »Geist« und so fort zusammensetzt (1971, S. 2).

Das Argument, die Verhaltensmodifikation habe kognitiv-symbolische Prozesse ignoriert oder in ihrer Bedeutung abgeschwächt, hatte mehr als nur gelegentliche Berechtigung. Die offene Verbannung privater Ereignisse in ein »positivistisches Fegefeuer« durch *Watson* (1913, 1924) und *Skinner* (1953) hatte instrumentellen Stellenwert für die Entmutigung von kontrollierten Verhaltensanalysen solcher Phänomene. *Skinners* Ansichten über private Ereignisse wurden jedoch häufig fehlinterpretiert:

> Keine Entität und kein Prozeß, welche irgendeinen nützlichen erklärenden Wert haben, dürfen abgelehnt werden, weil sie subjektiv oder mental sind. Die Daten, welche sie wichtig erscheinen lassen, müssen jedoch in effektiver Weise studiert und formuliert werden. Diese Bestimmung liegt sehr wohl innerhalb des Rahmens einer experimentellen Analyse des Verhaltens (*Skinner,* 1963, S. 958).

Die Vermeidung »mentalistischer« Phänomene innerhalb der Verhaltensmodifikation nahm manchmal komische Ausmaße an. In einem Kurs über Persönlichkeit, in dem damals »Walden Two in der Wüste« durchgenommen wurde (an der Arizona State University), forderte mein Dozent halb scherzhaft, daß das Wort »Geist« (mind) von unseren Seminar-Diskussionen ausgemerzt würde. Deshalb wurden entsprechende Redewendungen wie »erinnere mich« (re*mind* me) und »es ist mir entfallen« (slipped my *mind*) übersetzt in »gib mir wieder den Schlüsselreiz« (recue me) und »hat mein augenblickliches Verhaltensrepertoire verlassen« (has left my current behavioral repertoire). Die extremen semantischen Verrenkungen, die manchmal angestellt wurden, um Begriffe für Verdecktes oder Mentales zu vermeiden, lassen jedoch eher an eine »Psycho-Phobie« von nichts weniger als spaßhafter Heftigkeit denken.

Mit gelegentlichen abtrünnigen Ausnahmen (z. B. *Wolpe,* 1958; *Bandura & Walters,* 1959; *Mowrer,* 1960), waren die frühen Anhänger der Verhaltensmodifikation geneigt, ihre Analysen und ihre Tätigkeit auf einzelne und augenfällig beobachtbare Phänomene zu beschränken. Die Ausdrücke »mental« und »nichtbeobachtbar« erlangten klassisch konditionierte negative Mitbedeutungen durch Verbindung mit den Ausdrücken »unbestimmt«, »unwissenschaftlich« und »nicht genügend einfach«. Das Vermeiden erschlossener Variabler nahm beinahe-religiöse Ausmaße an, deshalb die »Kognitive Inquisition«. Während sie ihr Paradigma ausdrücklich nach dem der klassischen Physik formten, kritisierten die Verhaltensforscher energisch jegliche Form psychologischen Erschließens. Man fragt sich, ob sie sich dessen bewußt waren, daß keiner ihrer geachteten Kollegen in der Physik jemals ein Elektron tatsächlich *beobachtet* hat. Die durchdringende Intensität dieses Bannes über die Erschließung von vermittelnden Variablen näherte sich manchmal dem eines religiösen Dogmas. Im Anschluß an ein kürzlich stattgefundenes Kolloquium nahm mich mein Gastgeber beiseite und sagte: »Ich habe seit sieben Jahren auf jemanden gewartet, der das sagen würde, was Sie eben sagten – daß es in Ordnung ist, verdeckte Ereignisse als Faktoren menschlichen Verhaltens zu untersuchen. Wir haben auf jemanden gewartet, der den Bann aufheben würde.« Ein gedankenloser und allgemeiner Verlaß auf unberechtigte Inferenz kann natürlich ein empirisches Unternehmen lähmen, insbesondere solch ein junges und ungefestigtes wie es die Verhaltensmodifikation Anfang der sechziger Jahre war. Die Tatsache blieb jedoch bestehen, daß Kritiker legitimerweise behaupten konnten, »bedeutsame private Phänomene« seien im frühen behavioristischen Bezugsrahmen funktional nicht enthalten gewesen. Während ihr Fehlen von enthusiastischen Behavioristen oftmals als Vorzug zitiert wurde, bedeutet ihr Ausschluß eine ernste Begrenzung sowohl der umfassenden Bedeutung als auch der klinischen Relevanz der damaligen Verhaltenstheorie. Es ist interessant festzuhalten, daß *Skinner* (1953) einen ziemlich umfangreichen Teil seines Buches auf Spekulationen über verdeckte Phänomene verwendete. Unglücklicherweise zwangen seine eigenen warnenden Erläuterungen in diesem Bereich diese Spekulationen dazu, viele Jahre lang ohne empirische Forschung zu bleiben. Obwohl er keine seiner grundlegenden Ansichten über private Ereignisse wirklich geändert hatte (vergleiche *Skinner,* 1945), machten verschiedene seiner Bemerkungen in »Behaviorismus mit Fünfzig« (Behaviorismn at Fifty) seine Toleranz für ihre Einbeziehung in die Verhaltensforschung noch deutlicher:

> Es ist besonders wichtig, daß eine Wissenschaft vom Verhalten die Probleme der privaten Sphäre ins Auge faßt ... Eine adäquate Wissenschaft vom Verhalten muß Ereignisse berücksichtigen, die innerhalb der Umgrenzung durch die Haut des Organismus stattfinden ... als Teil des Verhaltens selbst (1963, S. 953).

Bis diese Position klargestellt wurde, hatte sich jedoch die anti-verdeckte Konvention bereits gut verschanzt.

Eine beginnende Ära: Der denkende Behaviorist

Modelle haben jedoch eine Neigung sich zu ändern, und die Verhaltensmodifikation ist keine Ausnahme. Besonders wegen seines Einflusses als eines expandierenden Paradigmas hat der »lerntheoretische Ansatz« bedeutsame Änderungen und Verbesserungen erfahren – insbesondere während der letzten zehn Jahre. Es ist beachtenswert, daß viele dieser Revisionen durch anfängliche Kritiken an dem Modell angeregt wurden. Von größter Bedeutung für unsere gegenwärtige Diskussion ist das zunehmende Interesse an verdeckten Phänomenen als wissenschaftlich legitimen und klinisch unerläßlichen Variablen gewesen.

Ein klassischer Artikel von *Lloyd Homme* forderte 1965 die Anwender der Verhaltensmodifikation dazu auf, ihre funktional-analytischen Fähigkeiten auf »coverants« anzuwenden – den (verdeckten) »inneren Operants«. *Homme* faßte Gedanken als wichtige anfängliche Elemente in schließlich offenen Reaktionsketten auf. Da diese verdeckten Vorgänge für eine »Ein-Mann-Öffentlichkeit« (nämlich ihren Eigentümer) beobachtbar sind, können sie empirischer Überprüfung und experimenteller Kontrolle unterworfen werden. Privaten Ereignissen aus dem Wege zu gehen oder sie zu ignorieren heißt in Übereinstimmung mit *Homme*, sie auf geheimnisvolle Weise von anderem (öffentlich beobachtbarem) Verhalten zu trennen – und dadurch genau den Dualismus (körperlich/geistig) zu verstärken, den die Behavioristen so stark leugneten.

Die Entwicklung der kognitiven Verhaltensmodifikation machte keine zügigen Fortschritte, und manch operante Stirn wurde bei der Aussicht gerunzelt, die Mentalismus-Introspektions-Arena erneut zu betreten. Der hart ausgefochtene Kampf zur Befreiung von den Fesseln der psychischen Tradition hatte ein Vermächtnis seelenloser Voreingenommenheit hinterlassen. Trotz einer verhältnismäßig kühlen Aufnahme bei ihren Kollegen machten sich jedoch die Pioniere in diesem Bereich daran, Daten über die Relevanz und die wissenschaftliche Nützlichkeit von kognitiv-symbolischen Variablen zu sammeln. Als Faktoren des Wahrnehmungsprozesses bei den verhaltensmäßig orientierten Richtungen Aufmerksamkeit zu erhalten begannen, wurde es bald deutlich, daß der naive Realismus (oder die Doktrin von der »unbefleckten Wahrnehmung«) in bezug auf menschliches Verhalten funktional unhaltbar war. Ein Individuum reagiert – nicht auf eine *reale* Umwelt, sondern auf eine *wahrgenommene* Umwelt. Der geängstigte Flugpassagier reagiert nicht auf einen rein äußeren Reiz (laute Geräusche nach dem Abheben), sondern auf seine Wahrnehmung (d. h. Klassifizierung) jener Reize (»Mein Gott, wir haben ein Triebwerk verloren!«). Die zwanghafte Händewäscherin reagiert nicht auf irgendwelche realen Umwelt-Kontingenzen, sondern auf eine wahrgenommene (aber ebenso einflußreiche) Vorstellung (z. B. »Wenn ich nicht meine Hände wasche, wird Gott mich strafen«). Daten von mehreren verschiedenen Forschungszweigen brachten übereinstimmende Beweise für die ausschlaggebende Rolle kognitiver Faktoren für das menschliche Verhalten.

Im Jahre 1969 faßten *Banduras* klassische *»Prinzipien der Verhaltensmodifikation«* (Principles of Behavior Modification) die rasch anwachsende Literatur zusammen, die auf kognitiv-symbolische Vermittlungsvorgänge hindeutete. Seither breitete sich die Forschung in diesem Bereich rasch weiter aus. Die letzten beiden Jahre waren Zeugen einer ungeheuer beschleunigten Zunahme von Artikeln, welche fortschreitend anspruchsvollere Anstrengungen zur Identifizierung und Kontrolle signifikanter vermittelnder Verhaltensweisen beschreiben.

Das »nicht-kognitive« Argument gegen die Verhaltensmodifikation hat daher seine Glaubwürdigkeit verloren. Wie in den folgenden Kapiteln gezeigt wird, ist mittlerweile ein weiter Bereich von »signifikanten privaten Ereignissen« von den verhaltensmäßig orientierten Forschern empirisch untersucht worden. Darüber hinaus wird eine Technologie zur Modifikation kognitiver Verhaltensweisen rasch verbessert. Das Auftauchen dieses »kognitiven« Trends hat jedoch auch die Frage aufgeworfen, ob sich der Ausdruck »Behaviorist« angemessen auf das gegenwärtige Paradigma anwenden läßt. In einem streng »radikalen« Sinne des Begriffes ist ein »Behaviorist« ein Wissenschaftler, der seine Untersuchungen auf öffentlich beobachtbare Ereignisse beschränkt und Inferenzen gewissenhaft vermeidet (vergleiche Kapitel 2). Unter Zugrundelegung dieser Definition würde ich behaupten, daß es bisher mehr Einhörner als Behavioristen gegeben hat.

Aufbau des Buches

Der vorliegende Text setzt Vertrautheit mit den grundlegenden Lernprinzipien voraus. Er ist in drei Hauptabschnitte unterteilt. Zuerst werden wir einige der *begrifflichen* und philosophischen Streitfragen untersuchen, die Inferenzen und kognitiv-symbolische Prozesse betreffen. Ein kurzer geschichtlicher Abriß wird die Vorläufer der bei den verhaltensmäßig orientierten Richtungen gegenwärtig populären »unvermittelten« S-R-Anschauung skizzieren. Dieses Modell wird dann im einzelnen mit besonderem Schwerpunkt auf seine logischen Substrate untersucht werden. Einer Analyse der Funktion und der Rechtfertigung des Erschließens in der Verhaltenswissenschaft folgend, wird das unvermittelte S-R-Modell auf der Basis von Daten weiter geprüft. Empirische Beweise aus einer Vielzahl von Bereichen werden beim Angriff auf diese Perspektive vorgestellt werden.

Unser zweiter Schwerpunkt wird eine *empirische* Prüfung zweier vermittelnder Modelle bringen – »verdecktes Konditionieren« und »kognitives Lernen«. Jedes dieser beiden Modelle wird zuerst als begriffliches Paradigma skizziert, und ihre jeweiligen besonderen Datengrundlagen werden erörtert. Größere Betonung wird jedoch auf die empirische Evidenz in bezug auf die mit ihnen verbundenen therapeutischen Verfahren gelegt werden.

Der Schlußabschnitt dieses Buches ist ausgesprochen persuasiv. Er schlägt versuchsweise einige klinische Folgerungen vor und bietet ein allgemeines Paradigma für die therapeutische Wissenschaft an. Nach einigen Spekulationen über zukünftige Richtungen und erweiterte Horizonte wird die vorgestellte Literatur in Begriffen ihrer Relevanz für unsere eigenen Modelle wissenschaftlicher Forschung interpretiert. Das Unternehmen wird mit der Aufforderung zur Neubewertung unseres gegenwärtigen wissenschaftstheoretischen Paradigmas abgeschlossen.

Eine technische Anmerkung bedarf beim Lesen des vorliegenden Manuskripts ständiger Beachtung. Solche Ausdrücke wie »Daten«, »Beweis«, »Realität« und »Objektivität« sollten immer als relativistisch verstanden werden. Es wird in den folgenden Kapiteln zunehmend deutlich werden, daß unsere Bemühungen, die Theorie nach »Daten« auszurichten, durch unserer Datenverarbeitung innewohnende Verzerrungen begrenzt werden. »Tatsachen« sind relativistische Konstrukte; wir haben keinen privilegierten Zugang zur Wirklichkeit. Daher sollte der Leser bei allen folgenden Diskussionen der empirischen Bewertung und der Übereinstimmung von Theorie und Daten die Fehlbarkeit unserer Daten und die Relativität unserer Erfahrung beachten.

Wie bereits zuvor angedeutet, ist die Verhaltensmodifikation eine verhältnismäßig neue Erscheinung auf der angewandten klinischen Szene. *Kognitive* Verhaltensmodifikation ist bisher noch ein Fötus. Es gab bereits Rufe von »Unreife« und sogar »Illegitimität« aus den Reihen der Verhaltenstheorie. Mehr als nur wenige angesehene Vertreter würden eine therapeutische Abtreibung des zunehmenden Trends zu einem kognitiven Modell des Lernens bevorzugen. Bis ein solches Modell empirisch überprüft und klinisch bewertet ist, können sich seine Kritiker jedoch nur auf wenig mehr denn ihre eigenen Vorurteile stützen. Es kann sich natürlich herausstellen, daß eine Integration kognitiven Lernens für unsere begriffliche Erfassung und Behandlung komplexer menschlicher Lebensabläufe weder durchführbar noch nützlich ist. Wenn dies der Fall ist, »werden die Daten es zeigen« – das heißt, die empirische Offenkundigkeit wird es erweisen. Bevor jedoch Daten gesammelt und bewertet worden sind, sind vorgefaßte Meinungen für oder gegen die kognitive Perspektive des Lernens unberechtigt und voreilig. Die Beschränkung unseres Wissens durch solche begriffliche Vorurteile wäre selbst eine Illustration der Bedeutung von kognitiv-symbolischen Faktoren im menschlichen Verhalten – der radikale Behaviorist reagiert nicht auf die Erfordernisse der »wirklichen« Welt (d. h. die Daten, die vermittelnde Prozesse stützen), sondern auf seine eigene selektive Verarbeitung dieser Welt.

Wenn der Leser dieses Buch mit mehr Fragen als Antworten schließt, wird es seinen Zweck erfüllt haben. Wissenschaftlicher Fortschritt wird mehr durch Fragen als durch jede Anhäufung von Antworten gekennzeichnet. Die ersteren sind das Herzblut des Empirismus. Hoffentlich wird der Leser – als Kliniker, Student, Forscher oder Theoretiker – seine eigenen Fragen stellen und auf einer gewissen Ebene empirischer Zuversicht zu unserer sich erweiternden Kenntnis von kognitiver Verhaltensmodifikation beitragen.

2. Kapitel

Zweierlei Behaviorismen: Von der Metaphysik zur Methodologie

Eines der hartnäckigsten Mißverständnisse über den Behaviorismus und die Verhaltensmodifikation betrifft das Bestehen eines monolithischen Verhaltensmodells. Für den Nichteingeweihten bedeutet das:

1. Alle Verhaltensmodifikatoren sind Anhänger von *Skinner;*
2. Alle Anhänger von *Skinner* setzen einen leeren Organismus (ohne Psychisches) voraus;
3. Die Idee eines leeren Organismus ist absurd;
4. Deswegen sind alle Verhaltensmodifikatoren Dummköpfe.

Die Annahmen (1) und (2) sind offensichtlich falsch, was einige hoffnungsvolle Zweifel an der Gültigkeit der Folgerung aufkommen läßt.

Leider richteten die Kritiker des »Verhaltensmodells« ihre Argumente seit langem auf eine nichtbestehende Verschmelzung von behavioristischer Philosophie und klinischen Verfahren (vgl. *Mahoney, Kazdin & Lesswing,* 1974). Es ist außerdem ironisch, daß sich viel Kritik gegen den Behaviorismus an eine Art der behavioristischen Philosophie wandte, die längst ersetzt ist. Während *Sigmund Koch* (1964) zum Beispiel recht hatte, den Behavioristen für ihr Festhalten an einer altmodischen Wissenschaftstheorie (logischer Positivismus) Vorwürfe zu machen, griff er selber einen nicht mehr zeitgemäßen Behaviorismus an. *Kochs* Vorhersage, daß der Untergang des Behaviorismus bevorstehe, ist ungefähr so wie *Richard Nixons* Vorhersage im Jahre 1962 über seine eigene politische Zukunft.

> Sobald einmal die Lächerlichkeit seiner Position genügend verdeutlicht ist, wird man ihn vielleicht durch Auslachen beseitigen. Die Behavioristen haben ihrerseits schon einiges dazu getan, um diese seine Eigenschaft sichtbar zu machen (S. 20–21).
>
> Ich wäre glücklich, könnte ich sagen, daß das was wir gehört haben, das Todesröcheln des Behaviorismus wäre; aber diese Behauptung wäre zu hochtrabend, als daß ich sie unterstützen möchte, da der Tod wenigstens ein würdiger Vorgang ist (S. 162).

... Und wir würden auch nicht mehr *Fred Skinner* haben, den wir herumzerren könnten.

Trotz der düsteren Vorhersagen von *Koch* überlebte der Behaviorismus nicht nur, sondern er wuchs und gedieh. Die behavioristische Forschung schoß empor wie Pilze, und gegenwärtige Vermutungen, er sei nur eine Übergangserscheinung, haben jeden Anspruch auf Glaubwürdigkeit verloren. Es ist ironisch, daß ein Teil der hitzigen intellektuellen Verfolgung, die sich gegen frühe Behavioristen richtet, tatsächlich das Überleben und Wachsen dieser Philosophie gefördert haben könnte (*London*, 1972). Als verfolgte Minderheit entwickelten die frühen Forscher eine Kameradschaft und einen Zusammenhalt, wodurch sie die undankbaren Zeiten wahrscheinlich besser überstehen konnten. Ihr bedingungsloser Wahlspruch erinnerte an andere revolutionäre Perspektiven: »Wenn wir nicht zusammenhängen, wird jeder einzeln hängen.« Die Begeisterung war groß, und die linientreue Hingabe grenzte an religiöse Verehrung. Als die behavioristischen Einstellungen jedoch herangereift waren, entwickelte sich ihre jugendliche Begeisterung in einen konservativeren Optimismus. Es entstanden kritische Selbst-Prüfungen und Revisionen der Theorie (*Mahoney, Kazdin & Lesswing*, 1974).

Der Behaviorismus hat also überlebt, aber er hat nicht ohne Veränderung überlebt. Wie wir in diesem Kapitel sehen, kann man ein umfangreiches Kontinuum gegenwärtiger behavioristischer Ansätze beschreiben. Ehe wir jedoch das Kontinuum näher untersuchen, werden wir unsere Aufmerksamkeit seinen historischen und begrifflichen Vorfahren zuwenden – dem radikalen und methodischen Behaviorismus.

Metaphysischer (radikaler) Behaviorismus

John Broadus Watson (1878–1958) wird als der Vater des amerikanischen Behaviorismus angesehen. Wie meistens, wenn die Verantwortlichkeit jemandem historisch zugeschrieben wird, ist diese Vaterschaft nicht völlig unangefochten. *Watsons* klassische Schrift aus dem Jahre 1913 (»Psychology as the Behaviorist Views It«) war zweifellos ein Höhepunkt vorausgehender und gegenwärtiger Tendenzen aus den Bereichen der funktionalen, strukturellen und Assoziations-Psychologie (vgl. *Marx & Hillix*, 1963). *Watson* war nichtsdestoweniger die Hauptfigur bei der Klärung und Formalisierung der frühen behavioristischen Philosophie.

John Watson schlug zwei verschiedene Unterformen des Behaviorismus vor und verteidigte sie: (a) der metaphysische Behaviorismus und (b) der methodische Behaviorismus. Der erstere – der metaphysische Behaviorismus – beschäftigt sich vorwiegend mit dem Konzept der »Seele« und dem legitimen Gegenstand psychologischer Forschung. Metaphysischer Behaviorismus wird manchmal als »radikal« (und oft als »rabiater«) Behaviorismus bezeichnet, da seine grundlegenden Postulate sehr extrem sind:

1. Das Vorkommen einer »Seele« und »psychischer Zustände« wird abgelehnt;

2. alle Erfahrung kann auf Drüsensekretionen und Muskelbewegungen reduziert werden;

3. menschliches Verhalten wird fast ausschließlich von Umwelt-(Lern-)Einflüssen bestimmt (vorwiegend nach den Prinzipien des klassischen Konditionierens), weniger durch erbliche oder biologische Faktoren, und

4. Bewußtseinsprozesse (verdeckte Phänomene), wenn sie überhaupt existieren, stehen außerhalb wissenschaftlicher Forschung.

Als wenn diese Postulate für einige konventionelle psychologische Ansichten nicht offensiv genug wären, versah *Watson* sie mit einigen anspruchsvollen Behauptungen über Folgen und Reichweite seiner Theorie. In bezug auf die primäre Bedeutung von Umwelt-(Lern-) Einflüssen gegenüber erblichen Faktoren für die menschliche Entwicklung stellte er seine berüchtigte Herausforderung auf:

> Gebt mir ein Dutzend gesunder Säuglinge, die in guter Verfassung sind, und meine eigene spezifische Welt, in der ich sie heranziehen kann, und ich garantiere, daß ich jeden beliebigen nehmen und ihn trainieren kann, jede Art von Spezialist zu werden – Arzt, Rechtsanwalt, Künstler, reicher Kaufmann, und sogar Bettler und Dieb, unabhängig von seinen Talenten, Neigungen, Tendenzen, Fähigkeiten, Berufungen und der Rasse seiner Vorfahren (1924, S. 104).

Die Haupteigenschaft des metaphysischen Behaviorismus war jedoch, daß er die Existenz der »Seele« leugnete. Als *Watson* den »Mentalismus« energisch angriff, ließ er unabsichtlich genau jene Frage wieder aufkommen, die er gehofft hatte zu begraben – die Seele-Körper-Frage. Über Jahrhunderte hinweg hatte man nüchterne und nicht so nüchterne Argumentationen hingebungsvoll geführt, um die Frage zu beantworten, wie eine nicht-physikalische Einheit (die »Seele«) mit dem physikalischen Körper zusammenhängt. Eine Reihe von genialen Alternativen wurde vorgeschlagen.

1. Der *Kartesianische Dualismus* (auch als »Interaktionismus« bekannt), der von *René Descartes* formuliert wurde, behauptete, daß eine nicht-physikalische Seele und ein physikalischer Körper mittels der Zirbeldrüse im Gehirn miteinander kausal zusammenhängen.

2. Der *psychophysische Parallelismus* (auch als »prästabilierte Harmonie« bekannt), der von *Baruch Spinoza* wie auch von *Gustav Fechner* unterstützt wurde, behauptete, daß die Seele und der Körper zwei getrennte, aber synchronisierte Einheiten wären, die niemals interagieren, aber sich immer gegenseitig spiegeln.

3. Der *Okkasionalismus*, der von *Geulincx* und *Malebranche* vorgeschlagen wurde, behauptete, daß Seele und Körper zwei unabhän-

gige Prozesse wären, die »gelegentlich« durch übernatürliche Einwirkung synchronisiert würden.

4. Der *Idealismus*, der von dem Bischof *George Berkeley* verbreitet wurde, schlug eine monistische Lösung (d. h. *eine* Entität) vor – nämlich, daß die ganze Realität geistig (»spirituell«) sei, es gäbe nichts Physikalisches.

5. Der *Materialistische Monismus*, der von *Demokrit* formuliert und später von *Thomas Hobbes* verfeinert wurde, behauptete, daß die ganze Realität physikalisch sei, daß es keine Seele gäbe (er war natürlich der Vorfahr von *Watsons* Position).

Die jahrhundertealten Kontroversen konzentrieren sich auf die logische Möglichkeit der Wechselbeziehungen von Seele und Körper. Wie kann eine körperlose Einheit eine physikalische beeinflussen, und umgekehrt? Wie kann die nichtphysikalische Seele auf den Bereich des Schädels begrenzt oder sogar einem individuellen Körper zugeschrieben werden, da sie nicht denselben Kräften unterliegt wie physikalische Gegenstände. Die behavioristische Kritik der dualistischen Theorien (die die Existenz von Seele und Körper zugleich postulieren) wurde zunehmend energischer, als das Wissen um Physik und Physiologie zunahm. Zum Beispiel bezieht sich ein beliebtes frühes Argument (das auch heute noch von einigen gegenwärtigen Behavioristen verteidigt wird) auf das Prinzip der Energiekonservierung und auf die Relativitätstheorie in der heutigen Physik. Es wird angenommen, daß Energie weder erschaffen noch zerstört werden kann und daß die Materie und die Energie theoretisch austauschbar sind ($E = mc^2$). Wenn die Seele auf körperliche Prozesse einen Einfluß ausübt, dann muß das Konzept von Energie und Kraft angewendet werden. (Ein Blick auf *Freuds* Schriften wie auch auf die gegenwärtigen psychiatrischen und psychologischen Fachzeitschriften bestätigt die häufige Verwendung von »psychischer Energie« und »seelischen Kräften« als mutmaßliche Einflüsse.) Da Energie jedoch weder hergestellt noch zerstört werden kann, muß genau festgestellt werden, auf welche Weise »seelische« und biologische Energien ausgetauscht und angewendet werden. (*Freud* behauptete natürlich, daß die psychische Energie durch die üblichen biologischen Kanäle der Nahrungsaufnahme und des Stoffwechsels bereitgestellt und aufgefüllt würde; scharfsinnigerweise vermied er die Frage, wie und wo dieser Austausch stattfände.) Wenn »Kraft« als formale physikalische Definition verwendet wird (z. B. Kraft = beschleunigte Materie), muß der Mentalist offensichtlich Probleme lösen. Schließlich behauptet *Einsteins* Relativitätstheorie, daß Materie und Energie theoretisch austauschbar sind. Nach der behavioristischen Argumentation bedeutet das, daß jeder Hinweis auf »psychische Energie« ein Hinweis auf eine potentielle Materie ist und damit den problematischen Dualismus in Frage stellt.

Die vorausgehenden Einwände gegen die »Seele« und »seelische« Phänomene beziehen sich sehr stark auf die Theorie und Forschung in der Physik. Es ist meine persönliche Ansicht, daß diese spezifischen Argumente logisch nicht ausreichen, um seelische Phänomene für ungültig zu erklären. Zunächst einmal sind sie vielfach ziemlich naiv darin, wie sie die gegenwärtige Physik darstellen. Die Relativitätstheorie und die Folgerung der »potentiellen Materie« psychischer Energie sind philosophisch nicht sehr vielversprechend für das Argument gegen die Seele. Alle Kräfte und Energien, ob sie nun vom Physiker oder Psychologen unterstützt werden, sind erschlossene Einheiten. Zweitens gefährden die auf der Physik beruhenden Argumente nicht die epiphänomenalen Theorien des Psychischen, die das »Bewußtsein« als Wellen- oder Quantennebenprodukte der Gehirnaktivität erklären. Schließlich, auch wenn es der Fall wäre, daß gegenwärtige atomare Modelle mit seelischen Phänomenen unvereinbar wären, wäre der Streit dadurch nicht geschlichtet. Wenn man solche Phänomene empirisch nachweisen könnte, wäre das für gegenwärtige Physiker umso schlimmer. Unsere launenhaften »Fakten« und unsere ständig sich wandelnden Theorien sollten uns vor der Naivität warnen, deswegen ein Phänomen abzulehnen, weil es mit unserem gegenwärtigen Bild der Realität nicht übereinstimmt.

Meine eigene vorläufige Skepsis hinsichtlich seelischer Phänomene gründet sich auf 1. das offenkundige Fehlen von überprüfbaren oder bestätigten Hypothesen, die auf ihre Existenz hinweisen, 2. die zunehmende Menge von Verhaltensprozessen, die empirisch auf physikalische Phänomene reduziert wurden, und 3. die Argumente, die darauf hindeuten, daß das Seele-Körper-»Problem« eher ein linguistisches als ein existentielles Dilemma darstellt (z. B. *Ryle*, 1949).

John Watsons Lösung für das Seele-Körper-Problem war natürlich sehr einfach – er leugnete völlig die Existenz einer Seele und nahm eine strenge Haltung des materialistischen Monismus ein. Als *Watson* herausgefordert wurde, Denkvorgänge von einem physikalischen Gesichtspunkt aus zu erklären, antwortete er mit der Behauptung, daß alles menschliche Verhalten – einschließlich des »Denkens« – das Ergebnis von Drüsenabsonderungen und Muskelbewegungen ist. Denken, sagt er, sei eine Art »inneres Sprechen«, die kleine, aber meßbare Kontraktionen der Stimmbänder umfassen. Bei einer frühen Untersuchung dieser Hypothese berichtete *Jacobson* (1932), daß muskuläre Reaktionen im Sprechapparat von Versuchspersonen entdeckt werden konnten, die angewiesen worden waren, sich verschiedene Verhaltensaufgaben zu *denken* oder *vorzustellen*. Eine geniale Erweiterung dieser Forschungsrichtung wurde von *Max* (1935, 1937) beschrieben, der feststellte, daß Taubstumme während »abstrakten Denkens« subtile Finger- und Armbewegungen ausführen. Da Taubstumme mittels

Handzeichen »sprechen«, unterstützen diese Ergebnisse wieder *Watsons* implizite Sprech-Hypothese.

Es ist nicht erstaunlich, daß die öffentliche und professionelle Reaktion auf *Watsons* Absage an die »Seele« extrem war. Kritiker wiesen schnell darauf hin, wie lächerlich es sei zu behaupten, daß das chirurgische Entfernen des eigenen Kehlkopfes einen unfähig machen würde, zu denken. *Watson* behauptete jedoch, daß seine Kritiker den Anspruch seiner impliziten Sprech-Hypothese falsch verstanden hätten: »Ich habe niemals daran geglaubt, daß die *Kehlkopfbewegung* als solche beim Denken eine beherrschende Bedeutung habe« (1924, S. 238). Wie wir in einem späteren Kapitel sehen werden, kann die Tatsache, daß die Kehlkopfaktivität zumindest grob mit einigen Arten symbolischer Vermittlung korreliert, wichtige Konsequenzen für kontrollierte Forschung in diesem Gebiet haben.

Die Beiträge von *John B. Watson* zur akademischen Psychologie wurden 1920 frühzeitig zu Ende gebracht. Sein Benehmen in einigen privaten Angelegenheiten wurde kritisiert und nach seiner Scheidung wurde es ihm nahegelegt, von der John-Hopkins-Fakultät zurückzutreten. Er ging zu einer Werbefirma und führte offensichtlich das klassische Konditionieren in Madison Avenue ein. Bis zu einem gewissen Maß dürfen wir *John Watson* danken, daß klassische Konditionierungsparadigmen in der gegenwärtigen Werbung überwiegen (z. B. Zahnpasta, durch die man sex-appeal bekommt). Es besteht jedoch kaum Zweifel, daß sein Abgang ein trauriges Ereignis in der Geschichte der Psychologie war: »Wie auch immer unsere gegenwärtige Position ist, müssen wir den unendlichen Verlust einer Person bedauern, dessen Vitalität und klare Ausdruckskraft so viel Aufmerksamkeit und (je nach dem eigenen Vorurteil) Bewunderung oder Erstaunen abverlangte« (*Marx & Hillix*, 1963, S. 139).

Der metaphysische oder radikale Behaviorismus überlebte nicht in seiner ursprünglichen Form. Obwohl *Skinner* (1974) mit seinem »About Behaviorism« den materialistischen Monismus wiederholt, ist er weit von einer orthodoxen *Watson*schen Perspektive entfernt. Wenige oder überhaupt keine gegenwärtigen Behavioristen würden alle Erfahrung auf Drüsensekretionen und Muskelbewegungen reduzieren. Obwohl man erblichen Einflüssen noch eine relativ geringe Rolle zuschreibt, wird ihre Existenz und Bedeutung widerwillig zugestanden. Und obwohl private Ereignisse weit davon entfernt sind, der Amtsbezirk der gegenwärtigen Behavioristen zu werden, wird die Forschung, die in diesem Buch aufgeführt wird, hoffentlich alle Vorstellungen über die nicht-kognitive Kurzsichtigkeit aller verhaltensorientierten Ansätze vertreiben.

Die Haupteigenschaft des radikalen Behaviorismus war natürlich metaphysisch – er leugnete die Existenz der Seele. Wenn wir von

Bischof *Fulton J. Sheens* Beschreibung eines Atheisten ausgehen, könnten wir vielleicht sagen, daß ein radikaler Behaviorist jemand ohne unsichtbare Unterstützung ist. Die Parallelen zwischen Atheismus und metaphysischem Behaviorismus sind verblüffend. Vor kurzem richtete ich an Dr. *Skinner* folgende Frage: »Wenn man die ›Seele‹ mit ›Gott‹ gleichsetzen würde, würden Sie sich als Atheist oder Agnostiker bezeichnen?« Seine Antwort war eindeutig. Ich gebe seine Antwort frei wieder: »Wenn Sie mit ›Seele‹ etwas anderes als physikalisch-biologische Prozesse meinen, dann leugne ich ihre Existenz.« Das stimmt natürlich mit der Haltung überein, die er schon früher aufrechterhielt: »Der Behaviorismus beginnt mit der Annahme, daß die Welt nur aus einer Art von Materie besteht – einer Materie, mit der sich die Physiker erfolgreich beschäftigten ... Organismen sind Teile jener Welt, und ihre Prozesse sind deswegen physikalische Prozesse« (*Blanshard & Skinner,* 1967).

Auf das direkte Ablehnen der Seele und seelischer Prozesse stößt man jedoch bei heutigen Behavioristen selten. Das kommt vielleicht daher, daß *Gilbert Ryle* (1949) und andere Philosophen viele Verhaltenswissenschaftler davon überzeugen konnten, daß das Problem des Zusammenhanges von Seele und Leib eine linguistische Illusion darstellt. Ihre Behauptung, die manchmal als »Doppel-Sprache«-Theorie der Seele bezeichnet wird, besagt, daß der seelisch/physikalische Dualismus das Ergebnis linguistischer Gewohnheiten ist. Wie wir in einem späteren Abschnitt sehen werden, beobachten Menschen einen Teil der »wahren Realität« nicht passiv. Im Gegenteil, jeder konstruiert aktiv seine eigene private Realität, indem er selektiv auf einen sehr kleinen Teil der verfügbaren Stimulation achtet und den ausgewählten Input nach einem komplizierten System von Regeln organisiert. Unsere Kultur und unser Sprachsystem geben uns Mut, über unsere privaten (inneren) und öffentlichen (offenen) Angelegenheiten zu sprechen, als ob sie qualitativ unterschiedlich wären. *Ryle* (1949) stellt eine lange »linguistische Analyse« an, die sich auf den Dualismus von Seele und Körper bezieht. (Es ist interessant, daß die linguistische Analyse in der gegenwärtigen Religionsphilosophie ebenso populär ist – vgl. *W. I. Matson,* 1965.)

Die heutigen Behavioristen, die *Ryles* Position übernommen haben, geben die Körper-Seele-Kontroverse auf (die sowieso wenig praktischen Bezug zu ihren alltäglichen Bemühungen hat). Eine starke Abneigung gegen mentalistische Begriffe bleibt jedoch als Vermächtnis des metaphysischen Behaviorismus zurück. Bei vielen hat sich die Abneigung auf praktisch alle zwischen Reiz und Reaktion vermittelnden Prozesse übertragen:

1. Mentalistische Begriffe und Konzepte sind unwissenschaftlich und also schlecht;

2. kognitiv-symbolische (vermittelnde) Konzepte sind mentalistisch;
3. deswegen sind vermittelnde Konzepte schlecht.

Sowohl der Obersatz 1. als auch der Untersatz 2. des angeführten Syllogismus sind nicht gerechtfertigt, wie wir bald sehen werden. Obwohl sich die Literatur ständig mit diesen Problemen beschäftigt (z. B. *Royce*, 1973; *Keat*, 1972; *Alston*, 1972; *Day*, 1969a, b, 1971), stellen die Auseinandersetzungen um Dichotomien wie Körper-Seele, Psychisches-Physisches und private-öffentliche Ereignisse ein immer weniger bedeutendes Merkmal des gegenwärtigen Behaviorismus dar.

Methodischer Behaviorismus

Es wurde früher erwähnt, daß *John B. Watson* zwei verschiedene Untertypen des Behaviorismus vorschlug und verteidigte – einen metaphysischen und einen methodischen. Obwohl er nicht der Erzeuger von dessen methodischer Vielfalt war, hat er ihn so stark verteidigt und seine entscheidende Bedeutung erklärt, daß ihm die primäre Verantwortung für seine Entwicklung und sein Wachsen in den Vereinigten Staaten zugesprochen wird. Der *methodische Behaviorismus* beschäftigt sich hauptsächlich mit Verfahren und Methoden psychologischer Forschung und weniger mit ihrem Gegenstand. *Watson* wollte die Psychologie gemäß den physikalischen Wissenschaften objektivieren, und er hatte ganz besondere Einwände gegen die Subjektivität der vorher beliebten introspektiven Methoden. Beobachtbarkeit wurde sein Hauptkriterium für Wissenschaftlichkeit. Wenn ein Phänomen öffentlich beobachtet und objektiv beschrieben werden konnte, dann war es eine zulässige wissenschaftliche Variable. *Watson* empfahl ausdrücklich, daß Psychologen ihre Theorien und Forschungen auf beobachtbare Ereignisse beschränken sollten – auf Umweltreize und offenes Verhalten.

Den methodischen Behaviorismus beschreiben zu wollen ist etwa genauso anspruchsvoll, wie eine »wissenschaftliche Methode« zu beschreiben. Genauso wie es wenig explizite Grenzen für die Verfahren gibt, die zur experimentellen Forschung gehören, gibt es wenige haltbare und schnelle Direktiven für den methodischen Behaviorismus. Obwohl der Begriff oft nur im Singular verwendet wird, sollte man in Erinnerung behalten, daß es ein Kontinuum an unterschiedlichen Behaviorismen gibt. Die methodischen Behaviorismen sind der Höhepunkt von frühen wie auch gegenwärtigen Ergebnissen der Forschung. Obwohl sie verschiedene grundlegende philosophische Annahmen gemeinsam haben, zeigen sie auch in ihren Verfahren einige Heterogenität. Je nach der entsprechenden Version kann die Forschung mit einzelnen Versuchspersonen oder mit Gruppen durchgeführt werden. Daten können mit Hilfe von statistischen Methoden oder durch visuelle

Inspektion analysiert werden. Experimentelle Hypothesen können deduktiv von umfassenden Theorien oder induktiv von vorherigen experimentellen Ergebnissen abgeleitet werden.

Von einem philosophischen Gesichtspunkt aus verkörpern die meisten methodischen Behaviorismen verschiedene Grade an Operationalismus, logischem Positivismus, Falsifikationismus, linguistischer Analyse und Pragmatismus. Die folgenden allgemeinen Eigenschaften werden oft dargestellt:

1. Die Annahme des makroskopischen *Determinismus* – d. h. daß systematische Beziehungen bestimmte Klassen von Ereignissen kennzeichnen (vgl. *Mahoney, Kazdin & Lesswing,* 1974).

2. Die Betonung der *Beobachtbarkeit:* wenn zwei Ereignisklassen durch eines oder mehr intervenierende Elemente hypothetisch vermittelt werden (z. B. durch physiologische oder interozeptive Reize), müssen das erste und das letzte Ereignis beobachtbar sein.

3. Die pragmatische Annahme des *Operationalismus,* bei dem unabhängige und abhängige Variablen jeweils klar und objektiv nach den Verfahren (Operationen) spezifiziert werden, die ihre *Messung* mit sich bringt (vgl. *Bachrachs,* 1965. Diskussion der »Datensprache«); die Objektivität der operationalen Definitionen wird oft durch Messungen der *Reliabilität* überprüft.

4. Starke Betonung der *Falsifizierbarkeit* (oder Prüfbarkeit) als hauptsächliches Merkmal bedeutungsvoller wissenschaftlicher Hypothesen und legitimer empirischer Forschung (vgl. *Turner,* 1967); der methodologische Behaviorist muß spezifizieren können, welche Daten Bedeutung für den Wahrheitswert seiner Hypothesen haben würden.

5. Betonung des *kontrollierten Experimentierens* als Mittel zur Sammlung und Verfeinerung von Wissen über Verhalten; das Experimentieren muß selbst den ersten vier Kennzeichen genügen und muß experimentelle Kontrolle zeigen durch Registrierung objektiver Messungen einer abhängigen Variablen sowohl bei Anwesenheit als auch Abwesenheit einer isolierten unabhängigen Variablen (entweder innerhalb einer einzigen Versuchsperson oder zwischen Gruppen von Versuchspersonen; vgl. *Campbell & Stanleys* (1963) Diskussion der »internen Validität«); die Effekte einer isolierten unabhängigen Variablen können auch über sorgfältige statistische Kontrolle nachgewiesen werden (obwohl dies von zeitgenössischen Behavioristen bestritten wird).

6. Positive Bewertung der *unabhängigen Replikation* und *Generalisierbarkeit;* wenn ein bestimmter Zusammenhang von einem oder mehreren unabhängigen Forschern beobachtet wurde, erhöht sich das Vertrauen auf seine Richtigkeit; wenn gezeigt wurde, daß ein Zusammenhang auf andere Populationen von Versuchspersonen oder

ähnliche Phänomene angewandt (generalisiert) werden kann, vergrößert sich die Breite seiner Bedeutung.

Die epistemologische Haltbarkeit der vorgehenden methodologischen Konventionen ist jedoch bei weitem nicht eindeutig (*Weimer*, im Druck). Der zeitgenössische Verhaltensforscher verläßt sich fast ausschließlich auf eine wissenschaftliche Metatheorie, die durch ihre Erzeuger schon seit langem verworfen worden ist (vgl. Kapitel 16). Falsifizierung stellte sich als unhaltbares Kriterium bei der Sammlung von Wissen heraus (z. B. *Lakatos*, 1970), und »Daten« können bei unserer Suche nach »Wahrheit« kaum als objektive Schiedsrichter betrachtet werden. Kurz gesagt legen unsere zeitgenössischen Wissenschaftsphilosophien nahe, daß der methodologische Behaviorist vielleicht arg irregeführt und offensichtlich anachronistisch ist, wenn er seine verehrten experimentellen Praktiken beibehält. Diese Möglichkeit wird in Kapitel 16 genauer untersucht.

An dieser Stelle sollte ich vielleicht meine eigene Befangenheit gestehen. Obwohl ich bereitwillig anerkenne, daß unsere »Daten« immer selektiv und verzerrt sind, lassen mich meine epistemologischen Vorurteile die »Erfahrung« der »Erwartung« vorziehen. Wir nehmen gerne an, daß Philosophie und »Realität« zumindest gelegentlich vereinbar sind. Es wird jedoch immer Konflikte zwischen Daten und Doktrin geben. Wenn sie entstehen, werde ich – vielleicht in naiver Weise – auf die Daten setzen und dabei voll anerkennen, daß jene Daten durch die Fülle an Unzulänglichkeiten meiner Informationsverarbeitung verzerrt werden. Philosophische Systeme sind insgesamt künstliche, auf Sprache basierende Strategien zur Beschreibung und Organisation unserer Empfindungen. Als solche sind sie fehlbare Werkzeuge, die entsprechend ihrer Nützlichkeit bei der Durchführung dieser Aufgabe revidiert oder verworfen werden.

Im Gegensatz zu seinem metaphysischen Geschwister hielt sich der methodologische Behaviorismus nicht nur, sondern pflanzte sich weiter fort. Wie früher erwähnt wurde, werden auf dem breiten Kontinuum der zeitgenössischen behavioristischen Methodologie viele Schwerpunkte gesetzt. In Anlehnung an das Gebiet der politischen Wissenschaft könnte man jenes Kontinuum hinsichtlich konservativer (rechter) und liberaler (linker) Perspektiven einteilen. Der rechte Behaviorist ist im allgemeinen hinsichtlich erschlossener Variablen, statistischer Analyse, Gruppenforschung und freier Liebe weniger tolerant (sie wollen üblicherweise die letztere kontingent machen). Linke Behavioristen sind andererseits im allgemeinen flexibler hinsichtlich methodologischer Verfahren und erschlossener Variablen, *solange empirische Nützlichkeit nachgewiesen wird* (ihre Liebe ist also nicht so nicht-kontingent, wie sie uns gerne glauben lassen würden). Es mag genügen zu sagen, daß das »konservative« Ende des Kontinuums stärker von Personen bevölkert wird, die einen relativ strengen *Skinner*ianischen (operanten) Standpunkt einnehmen, während das »liberale« Ende aus den »Guten« besteht. (Zumindest lege ich meine Vorurteile offen.)

Damit ich nicht den gegenseitigen Respekt und die gegenseitige Verstärkung falsch darstelle, die an allen Punkten dieses Kontinuums ausgetauscht werden, werde ich hier einige Bemerkungen über die relativ kleinen enthaltenen Unterscheidungen machen. Gegen den Hintergrund der grundlegenden Annahmen, die von im Grunde genommen allen methodologischen Behavioristen geteilt werden, scheinen ihre unterschiedlichen verfahrensmäßigen Präferenzen vernachlässigenswert. Nur wenige würden leugnen, daß die konservativen Paradigmen der operanten Forscher einige der vorzüglichsten und einflußreichsten Anwendungen eines empirischen Ansatzes darstellen. Die umfassenden Beiträge kontrollierter »nicht operanter« Untersuchungen sind gleichermaßen hervorstechend. Ungeachtet der obigen politischen Analogie sollte also erkannt werden, daß die meisten zeitgenössischen Verhaltensmodifikatoren einen weiten Bereich an Gemeinsamkeiten teilen.

Immer mehr Forscher beginnen auch, die Nützlichkeit verschiedener Verfahren in unterschiedlichen Situationen zu verteidigen. Ein einzelner Wissenschaftler mag sich in einem Fall für ein Einzelfall-Design entscheiden, für ein kontrolliertes Gruppen-Design in einem anderen und für ein kombiniertes Design in einem dritten Fall. Statistische Analysen können bei einigen Arten von Daten für angemessen, auf anderen Gebieten für weniger nützlich gehalten werden. Meine Befangenheit liegt wieder auf seiten der empirischen Nützlichkeit. Sowohl »konservative« als auch »liberale« behavioristische Methoden zeigen also zweifellos Vorteile und trugen unschätzbar zu unserem Wissen über menschliches Verhalten bei.

Die fundamentalen Prinzipien, die tierisches, kindliches und bestimmte Formen des Verhaltens Erwachsener beschreiben, wurden von konservativen Forschern aufgestellt. Ohne die durch sie gelegten theoretischen und technologischen Grundlagen hätte die funktionale Analyse komplexerer Verhaltensmuster nicht entwickelt werden können. Das Thema dieses Buchs ist jedoch, daß ein Vermittlungsmodell – das in der empirischen Methodologie fest verankert ist – beim Verständnis und der Kontrolle zumindest einiger menschlicher Verhaltensweisen sich als pragmatisch nützlicher erwiesen hat. Bevor wir diese Perspektive diskutieren, werden wir kurz ihren historischen und methodologischen Vorläufer, das »unvermittelte S-R-Modell«, untersuchen.

3. Kapitel

Schlußfolgern: Der illegitime Sprung?

Das nicht-vermittelnde Modell (non-mediational model) wird – besonders von seinen Kritikern – als »black-box-Psychologie«, »Reiz-Reaktions (S-R-)Theorie« und als »Hypothese des leeren Organismus« (empty organism hypothesis) bezeichnet. Seine wichtigste Eigenschaft ist die sehr starke Betonung des »inputs« und »outputs«. Der Input besteht aus einer Stimulation, die auf den Organismus einwirkt; der Output besteht aus einer beobachtbaren Reaktion. Kein Behaviorist hat jemals behauptet, daß der Organismus buchstäblich leer wäre; die energische Vermeidung innerer Faktoren hat jedoch oft hitzige Kritik erregt. Obwohl *Skinners* Verteidigungsschriften zum nichtvermittelnden Modell vielleicht viel mehr als andere gelesen werden (*Skinner* 1945, 1950, 1953, 1959, 1963), ist es interessant, daß einige andere zeitgenössische Behavioristen anscheinend noch konservativere Haltungen zu diesem Punkt einnehmen (z. B. *Gewirtz,* 1971; *Stuart* 1972).

Hypothetische Konstrukte und intervenierende Variablen

Ehe wir fortfahren, sollte vielleicht der Begriff »nichtvermittelnd« näher bestimmt werden. Eine vermittelnde Variable ist ein erschlossener (unbeobachteter) Faktor, welcher den Stimulus-Input mit dem Reaktions-Output in Beziehung bringt. Selbst ein radikaler Behaviorist wird zugeben, daß die Reaktion eines Tieres beim Anblick von Futter durch sein Nervensystem und durch mitwirkende physiologische Komponenten (Muskeln, Drüsen usw.) vermittelt wird. Bei diesem Beispiel ist die Vermittlung »strukturell«, da sie potentiell beobachtbare, physikalische Elemente enthält. Wenn von einer erschlossenen Variablen angenommen wird, sie sei potentiell beobachtbar, wird sie als »hypothetisches Konstrukt« bezeichnet. (Es ist zu beachten, daß »erschlossen« unbeobachtet, nicht unbeobachtbar bedeutet.) Das heißt also, daß ein Forscher, der behauptet, Schizophrenie sei durch ein biochemisches Defizit verursacht, auf das Vorhandensein eines hypothetischen Konstrukts schließt. Die potentielle Beobachtbarkeit eines solchen Konstrukts wird dadurch bestimmt, ob es oder ob es nicht durch akkurate Messung oder verfeinerte Instrumente unterschieden werden *könnte,* nicht ob es schon beobachtet worden ist. Für die meisten Behavioristen sind eigentlich alle vermittelnden Variablen hypothetische Konstrukte – d. h. sie umfassen einige neuro-chemische Prozesse, die im Prinzip beobachtet werden könnten.

Eine andere Form des vermittelnden Elements wird »intervenierende Variable« bezeichnet. Anders als das hypothetische Konstrukt, das einer strukturellen Funktion dient, indem es Input und Output miteinander in Beziehung setzt, ist eine intervenierende Variable nicht beobachtbar. Sie nimmt eine begriffliche oder beschreibende Rolle bei der Vermittlung ein. So könnte beispielsweise *Skinners* (1945) Hinweis auf seine »Begeisterung« eine intervenierende Variable vermuten lassen. Vorausgesetzt, er würde nicht die strukturellen Komponenten der »Begeisterung« näher bestimmen, müßten wir annehmen, daß er sich auf einen deskriptiven Faktor bezieht, der den vorhergehenden Stimulus-Input und die zukünftige Produktion von Reaktionen in Zusammenhang bringt. Man sollte beobachten, daß intervenierende Variablen oft in hypothetische Konstrukte verwandelt werden können, indem man einfach ihre (potentiell beobachtbaren) physikalischen Substrate kennzeichnet.

Um den Unterschied zwischen den beiden Klassen von Vermittlern zu erläutern: man könnte Hypothesen bilden, die die Ursachen des Rauchens betreffen. Forscher A behauptet, daß sich nach einem bestimmten Zeitraum der Zigarettendeprivation ein Nikotindefizit einstellt, auf den das Verhalten des Rauchens folgt. Der hypothetische Nikotinmangel ist hier ein strukturelles vermittelndes Konstrukt. Forscher B behauptet andererseits, daß die Zigarettendeprivation nur die Tendenz zum Rauchen vergrößert. Der Begriff »Tendenz« ist hier eine intervenierende Variable. Man würde nicht erwarten, chirurgisch gesehen eine Rauchtendenz zu entdecken, die irgendwo in den Tiefen der Milz lauert. Der Begriff setzt jedoch Input (Zigarettendeprivation) und Output (Rauchen) durch das statistische Konzept der Wahrscheinlichkeit in Beziehung. *Ein hypothetisches Konstrukt ist unbeobachtet, während eine intervenierende Variable nicht beobachtbar ist.* Natürlich werden beide erschlossen und nehmen vermutlich irgendeine Art von vermittelnder Funktion ein. Eine ausführlichere Diskussion zu ihrem Unterschied wird von *MacCorquodale* und *Meehl* (1948) dargestellt.

Das nichtvermittelnde Modell

Obwohl *Skinner* und andere Befürworter des nichtvermittelnden Modells gerne das Vorhandensein mindestens einiger hypothetischer Konstrukte (z. B. propriozeptive und interozeptive Hinweisreize, Nervenbahnen usw.) anerkennen würden, gehen sie, wie sie selber zugeben, von der Annahme aus, daß solche Vermittler nur strukturelle Vorbedingungen für Verhalten sind und für das Hauptinteresse experimenteller Forschung wenig hergeben. *Skinners* (1950) kritische Abhandlung der Lerntheorien drückt diese Annahme sehr klar und deutlich aus. Im Gegensatz zu der beliebten Fehlinterpretation seiner Ansichten richtet sich *Skinners* Einwand nicht gegen die Theorienbildung an und für sich, sondern gegen die Theorienbildung, welche Erklärungen auf einem Niveau postuliert, das sich von dem des beobachteten Ereignisses unterscheidet. Er kritisiert »jede Erklärung einer beobachteten Tatsache, die sich auf Ereignisse bezieht, die woanders oder auf einer anderen Beobachtungsebene stattfinden, mit verschiedenen Begriffen beschrieben und wenn überhaupt, dann in verschiedenen Dimensionen gemessen werden« (*Skinner*, 1950, S. 193). Erklärungen des Verhaltens sollten durch Verhaltensvariablen und nicht durch neurale, mentale oder begriffliche Elemente abgegeben werden. Seine Einwände gegen ein vermittelndes Modell gelten gleichermaßen für physiologische und psychodynamische Theorien.

Das nichtvermittelnde Modell wird am besten als eine direkte Input-Output-Analyse verstanden. Diese Ansicht wird in Figur 3–1 erläutert. Solange eine systematische Beziehung zwischen einwirkenden Reizen und ausgehenden Reaktionen besteht, ist die Menge der vermittelnden Faktoren (physiologische Transformationen, psychodynamische Verzerrungen) irrelevant. Nachdem der Stimulus A in den Organismus eingedrungen ist, kann er jede Menge privater Gymnastik ausführen, aber – solange Reaktion A produziert wird – sind Spekulationen über Vermittler nicht zweckmäßig. Wenn gleichbleibende Reiz-Reaktions-Muster gezeigt werden, sollte der Verhaltensforscher

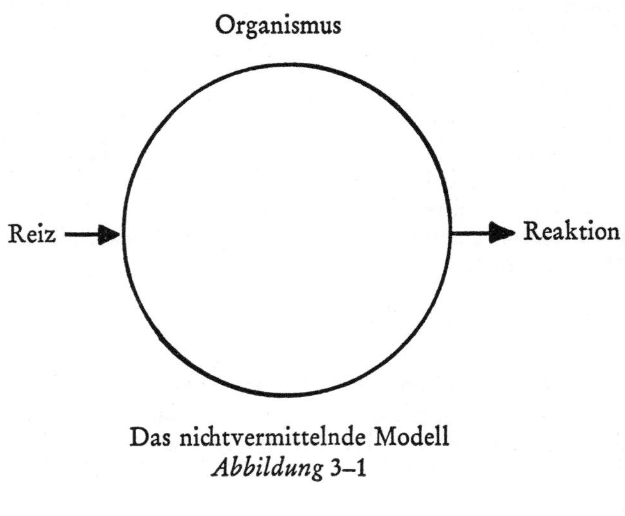

Das nichtvermittelnde Modell
Abbildung 3–1

am besten seine Vorstellungen zurückhalten und sie untersuchen. Keine erschlossenen Vermittler könnten der Vorhersage oder Kontrolle des Forschers zu größerer Genauigkeit verhelfen, da jegliche Variabilität im Reagieren auf einen beobachtbaren Stimulus-Input zurückzuführen ist.

Diese nichtvermittelnde Perspektive erwächst direkt aus der früheren behavioristischen Konvention. Sie hat sich bei der Analyse vieler Verhaltensweisen von Tieren und bei der objektiven Untersuchung einiger menschlicher Verhaltensweisen zweifelsohne als nützlich erwiesen. Die Vorteile eines nichtvermittelnden Modells sind leicht sichtbar: es ist einfach, direkt und »sparsam«. Dieser letzte Vorteil bedarf weiterer Untersuchung.

Das Prinzip der Sparsamkeit besagt, daß man unnötige Schlußfolgerungen und unwesentliche Kompliziertheiten bei der Erklärung von Verhalten vermeiden sollte. Wenn zwei unterschiedliche Hypothesen ein Ereignis hinreichend erklären, bestimmt die Sparsamkeit, daß man der einfacheren, konservativeren Hypothese den Vorzug geben soll. Eine unsparsame Hypothese oder Theorie beruft sich also auf überflüssige Faktoren. Da diese Einflüsse oft nicht beobachtet werden, haben viele Verhaltensforscher die Begriffe »erschlossen« und »unsparsam« für Synonyme gehalten. Das bedeutet natürlich, daß Schlußfolgerungen über Beweise hinausgehen – sie sind konzeptuelle Schritte, die sich von den Daten entfernen. Das ist unbestreitbar eine fehlerhafte Darstellung des ursprünglich so formulierten Prinzips:

> Wir dürfen eine Handlung keinesfalls als das Ergebnis einer höheren psychischen Kraft ansehen, wenn sie interpretiert werden kann als das Ergebnis einer Kraft, die in der psychologischen Skala weiter unten steht (*Morgan*, 1899, S. 59).

Diese Vorschrift wird oft als »Lloyd Morgans Kanone« oder als »Occams Rasiermesser« bezeichnet (wobei das letztgenannte dem historischen Begründer dieses Prinzips, dem Theologen *Wilhelm von Occam* aus dem 14. Jahrhundert zur Ehre gereicht). *Morgans* Auffassung des Sparsamkeitsprinzip war in seinem eigenen Arbeitsbereich Zoologie eine Reaktion auf den Anthromorphismus seiner Zeit. Es bedeutete nicht, wie viele Behavioristen anscheinend meinen, ein klares Verbot von Schlußfolgerung oder Vermittlung. *Bannister* (1966) sagt, »Occams Rasiermesser sollte dazu benützt werden, unseren Geist zu schärfen, nicht aber unsere Einfälle wegzuschnippeln«. Einige zeitgenössische Interpretationen des Sparsamkeitsprinzips in der Verhaltenswissenschaft werden von *Newbury* (1954) besprochen.

Trotz der Verfälschung ihres Zweckes schwingen Verhaltensmodifikatoren weiterhin das Banner der Sparsamkeit, als ob es eine fundamentale Vorbedingung für die Wahrheitsfindung wäre. Leider hat das

Sparsamkeitsprinzip keine formale logische Rechtfertigung – Mutter Natur ist uns keine Einfachheit schuldig. Wenn zwei Theorien in ihren Fähigkeiten, Ereignisse vorherzusagen und zu erklären, völlig gleichwertig sind, haben wir keine *logische* Grundlage, die einfachere Theorie zu wählen. Wir haben jedoch eine gewisse *praktische* Rechtfertigung, die weniger komplizierte Theorie auszuwählen. Wenn alle anderen Dinge gleich sind, ziehen wir vielleicht jene Theorie vor, die leichter zu verstehen und zu vermitteln ist. Da außerdem alle Theorien künstliche symbolische Abbildungen der Welt, wie wir sie sehen (konstruieren), sind, wird unsere Wahl zwischen zwei Modellen gleicher Angemessenheit auf Vorlieben für bestimmte Symbole und ähnlichen atheoretischen Gesichtspunkten beruhen. Der springende Punkt ist jedoch, daß Sparsamkeit an und für sich kein logischer Wert ist.

Es gibt natürlich Gründe für die kontinuierliche Schätzung der Sparsamkeit in der Verhaltensmodifikation, wobei der Begriff »Sparsamkeit« in seinem gegenwärtigen terminologischen Sinn (und nicht in dem von *Morgan* beabsichtigten) verwendet wird. Für den heutigen Verhaltensforscher bedeutet Sparsamkeit soviel wie wissenschaftlicher Konservativismus, Exaktheit der Erklärung und eine starke Anlehnung an Daten. Im Gegensatz zu den spekulativeren Verhaltensmodellen beruft sich ein sparsames Modell auf ein Minimum an Schlußfolgerungen, und sehr oft »berührt es die Grundlagen« der Daten. Der Großteil des Modells beruht auf Daten, und man sollte sich vor der Versuchung einer exzessiven Spekulation und überflüssigen Verschönerung hüten.

Aus historischer Perspektive findet man genügend Bestätigung dafür, daß in der Verhaltenswissenschaft an dem vielseitigen Begriff der Sparsamkeit etwas festgehalten wurde. Wir haben immer wieder die Schwäche von Theorien miterlebt, die zu früh von spekulativen Hypothesen beherrscht wurden. Noch wichtiger ist es, daß wir die entscheidende Bedeutung einer Datenbasis kennengelernt haben. Im allgemeinen ist die Wahrscheinlichkeit eines Irrtums umso größer, je weiter man sich von Daten entfernt. Daten haben angeblich die Eigenart, fehlerhafte Begriffe zu »korrigieren«; sie sind von unbezahlbarem Wert bei den wissenschaftlichen Bemühungen um Selbsteinschätzung*. Leider verbringen viele Psychologen mehr Zeit damit, ihre Theorie statt die Phänomene, die sie angeblich erklären wollen, anzuschauen. Sie verschließen sich selber gegen eine von Daten gewonnene Rückmeldung – entweder durch ungenügende (und manchmal nicht existieren-

* Die Relativität unserer Datenbasis sollte hier nochmals wiederholt werden. Unsere Daten „korrigieren« wahrscheinlich unsere Begriffe, aber unsere Begriffe bestimmen und verzerren oft die Daten. Wir müssen uns dieser reziproken Beziehung und den eigenen Begrenzungen bei der Suche nach wissenschaftlicher Erkenntnis weiterhin bewußt bleiben.

de) Kontrollen der Realität oder indem sie sich auf Schlußfolgerungen höherer Ordnung konzentrieren, die einen bequemen Abstand von dem korrektiven Daten-Input haben.

Hier müssen wir jedoch aufpassen, daß wir die »Nähe zu den Daten« (d. h. praktisch völliges Vertrauen auf direkt beobachtbare Nachweise) nicht heiligsprechen. Wie bei den meisten Dichotomien, ruft auch diese ihre eigenen Probleme hervor. Meiner Meinung nach ist der wichtigste Grundsatz bei der Wahl zwischen zwei unterschiedlichen Verhaltensbeschreibungen *nicht* ihre Nähe zu den Daten. Man sollte sich vielmehr nach ihrer Angemessenheit richten – diejenige Beschreibung, die eine größere Vorhersage-Genauigkeit und Erklärungskraft besitzt, ist vorzuziehen, unabhängig von dem Umfang oder dem Mangel ihrer erschlossenen Variablen. *Skinner* hat immer wieder behauptet, daß vermittelnde Verhaltensmodelle den nichtvermittelnden vorzuziehen sind, und zwar dann (und nur dann), wenn sie sich bei der Vorhersage und Kontrolle von Verhalten als nützlicher erweisen (*Skinner*, 1953, 1963, 1969, 1971). Er wollte natürlich behaupten, daß eine solche Überlegenheit nicht gezeigt werden konnte. Dieses Buch behauptet, daß – zumindest in einigen Bereichen menschlichen Verhaltens – vermittelnde Hypothesen eine angemessenere Beschreibung liefern. Leider haben die Begriffe der Vermittlung und der Schlußfolgerung für viele Verhaltensforscher heute noch immer eine negative Bedeutung. Bevor wir einige Unzulänglichkeiten des nichtvermittelnden Modells untersuchen, ist eine kurze Besprechung des Schlußfolgerns (»inference«) an der Reihe.

Schlußfolgern: Der illegitime Sprung?

Die Diskussion über das nichtvermittelnde Modell (non-mediational model) läßt auf einen Tatbestand schließen, den man als erstes Gebot des rechten Flügels des Behaviorismus bezeichnen könnte: Du sollst keine Schlußfolgerungen ziehen. Eine Schlußfolgerung (»inference«) bedeutet einen Sprung von beobachteten auf nichtbeobachtete Ereignisse. Gemäß dem früheren (und besonders dem *Watson*schen) Behaviorismus sollten experimentelle Analysen und Begriffserklärungen auf direkt beobachtbare Ereignisse beschränkt bleiben. Diese Vorschrift, die sogar damals philosophisch naiv war, wurde bald zum impliziten Kennzeichen des Behaviorismus. Die Begriffe »Schlußfolgerung« und »nicht beobachtet« wurden in ihrer Nebenbedeutung zu technischen Obszönitäten. Der traditionellen psychodynamischen und »Trait-State«-Verhaltensbeschreibungen entledigte man sich rasch, indem man einfach auf ihre Verwendung erschlossener Variablen hinwies.

Die Anti-Schlußfolgerungs-Konvention spielt weiterhin bei der Beschreibung zeitgenössischer Behavioristen eine wichtige Rolle. Dennoch ist es zugleich überraschend und bedauerlich, daß dieses Vorurteil des Nichtvermittelnden so oft über logische Rechtfertigung und praktischen Nutzen hinausgerät. Viele heutige Verhaltensmodifikatoren halten alle Schlußfolgerungen für »schlecht«. Private, nicht beobachtete Ereignisse werden automatisch als »mentalistisch« eingestuft und sind deswegen illegitim und unwissenschaftlich. Erschlossene Vermittler, auch wenn man sie operational bestimmt, werden oft hochmütig als »weich«, unsparsam und überflüssig abgetan.

Interessant ist es, daß *Skinner* (1945) frühe Formen des methodischen Behaviorismus wegen ihrer Ausklammerung erschlossener privater Ereignisse ablehnte. Er argumentierte gegen die Behauptung, daß Unterscheidungen wie »publik-privat« mit »körperlich-geistig« gleichzusetzen seien, und er beanstandete *Borings* Behauptung, daß »Wissenschaft keine privaten Daten berücksichtigt«. Die Offenheit dieser frühen und oft übersehenen Rechtfertigung privater Ereignisse spiegelt sich am besten in *Skinners* eigenen Worten wider: »Die Ironie liegt darin, daß, während sich *Boring* auf einen Bericht meines externen Verhaltens beschränken muß, ich noch immer an einer Sache interessiert bin, die man als Bohren im Inneren bezeichnen könnte.«

Ungeachtet dieser ziemlich klaren Anerkennung privater Daten, gelobten viele »*Skinner*ianer« Enthaltsamkeit von Schlußfolgerungen. Ihre Vermeidung des Unbeobachteten wurde zweifelsohne durch eine Reihe von Faktoren beeinflußt – die offensichtliche Schwäche früherer Introspektionsmethoden, das Modell der »Naturwissenschaften«, und so weiter. Eine gewisse Ironie liegt in den frühen und heutigen Bemühungen, den Naturwissenschaften in bezug auf ihr Paradigma und ihre Theorie nachzueifern. Die Ironie rührt natürlich daher, daß sich heute Naturwissenschaften sehr stark auf Schlußfolgerungen verlassen. Kein Mensch hat jemals ein Elektron, ein Pi-meson oder ein Quark gesehen. Viele zeitgenössische Forscher, die der methodischen und begrifflichen Reinheit dessen nacheifern, was scherzhaft als »Heilige Dreieinigkeit« (*Skinner, Keller, Schoenfeld*) bezeichnet wurde, übersehen darüber hinaus den Umfang, in dem sich diese respektierten Forscher auf erschlossene Variablen verlassen haben. Sogar eine Beschreibung von größter Operationalisierung beruft sich auf eine Reihe von perzeptuellen und begrifflichen Sprüngen. So zeigt also *Skinners* ausgedehnte Diskussion um »regelgesteuertes Verhalten«, private Ereignisse und Problemlösen äußerst viele Schlußfolgerungen (1953, 1969). Obwohl er sich in terminologischer Hinsicht größte Mühe gibt, die verdeckten Ereignisse mit Etiketten des operanten Konditionierens zu versehen, indem er sie als »Reiz« und »Reaktion« benennt, beseitigt er nicht damit die Tatsache, daß sie erschlossen sind:

Einige der Gegenstände der Introspektion sind private (verdeckte) Reaktionen ... Die Reize, die sie erzeugen, sind schwach, aber dennoch von derselben Art wie solche, die durch offene Reaktionen erzeugt werden. Es wäre ein Irrtum, sich zu weigern, sie als Daten anzusehen, nur weil ein zweiter Beobachter sie nicht sehen oder fühlen kann, zumindest nicht ohne Hilfe von Instrumenten (*Skinner*, 1969, S. 242).

Instrumente erlauben uns natürlich nicht, ein Erlebnis direkt zu beobachten – sie helfen uns eben nur, unsere Schlußfolgerungen zu quantifizieren. *Skinner* hat nie die privaten Erfahrungen der anderen (ihre Träume, Erinnerungen usw.) oder ihre »schwachen Stimuli«, die – wie er behauptet – selber erzeugt sind, direkt angezapft. Nichtsdestoweniger verausgabt er sich über Hunderte von Seiten mit bedeutungsvollen Abhandlungen, mit denen er sie zu rechtfertigen sucht. Es ist ebenso zweifelhaft, daß *Keller* oder *Schoenfeld* (1950) behaupten würden, sie hätten »interozeptive« oder »propriozeptive« Stimuli gesehen. Diese Ereignisse haben jedoch bei ihrer Darstellung von komplexem Verhalten eine kritische erklärende Funktion. Schließlich kann die Doktrin des naiven Realismus – obwohl in vielen behavioristischen Schriften implizit vorhanden (*Mahoney, Kazdin & Lesswing*, 1974) – durch zeitgenössische Behavioristen nicht logisch verteidigt werden. Vielseitiger Beweis aus den Bereichen der Wahrnehmung, der Erkenntnistheorie und der Physik betonen, in welch überwältigender Art und Weise die alltägliche Erfahrung oder sogar die kontrollierten experimentellen Beobachtungen schlußfolgernd sind.

Schlußfolgerungen sind also nicht nur gerechtfertigt, sondern für die Verhaltenswissenschaften grundlegend. Keine noch so große Kampagne für nichtvermittelnde Prozesse kann perzeptuelle Sprünge und die begriffliche Kurzschrift aus unserer Analyse des Verhaltens beseitigen. Gerade der Prozeß der empirischen Induktion vermutet einen Reichtum an unbeobachteten, aber antizipierten Regelmäßigkeiten in der Natur. Die unbesehene Kritik an allen Schlußfolgerungen als »unwissenschaftlich« entstellt die zeitgenössische Wissenschaftstheorie aufs äußerste (z. B. *Nagel*, 1961; *Kuhn*, 1962; *Kaplan*, 1964; *Polanyi*, 1958, 1966; *Lakatos & Musgrave*, 1970).

Die primäre Frage bei Verhaltensdarstellungen vermittelnder gegenüber solchen nichtvermittelnder Art ist nicht darin zu sehen, ob Schlußfolgerungen gerechtfertigt und nützlich sind. Es wurde darauf hingewiesen, daß die Annehmbarkeit einer Hypothese oder Theorie durch ihre Angemessenheit und Vorhersagekraft bestimmt wird, nicht durch ihre Sparsamkeit oder durch ihren Mangel an Schlußfolgerungen. Viele Behavioristen nehmen natürlich einen strengen positiven Zusammenhang zwischen diesen Eigenschaften an – d. h., daß Verhaltensdarstellungen nicht-schlußfolgernder und sparsamer Art meistens über größere Vorhersage-Genauigkeit und Erklärungsbreite verfügen. Darin liegt eigentlich die Grundlage von *Skinners* oft falsch ausgelegter Stellung zur Vermittlung und Schlußfolgerung. Während er die Existenz und Bedeutung privater Erfahrung sehr stark verteidigt, behauptet er, daß der schwierige Zugang daraus ein ziemlich aussichtsloses Gebiet experimenteller Nachforschungen macht.

An diesem Punkt mag es nützlich sein, einige der vorwiegend behavioristischen Einwände gegen konventionelle Schlußfolgerungen zusammenzufassen. *Skinners* (1963) Artikel bietet uns wieder eine prägnante und ziemlich direkte Darstellung seiner Anschauungsbasis. Man sollte dabei bedenken, daß die Verbote gegen Schlußfolgerungen besonders gegen bestimmte Typen von Schlußfolgerungen gerichtet waren und nicht so sehr gegen Schlußfolgerungen an und für sich.

1. Behavioristen haben gegen solche Schlußfolgerungen Einwände gebracht, die sich auf nicht-körperliche (mentale) Phänomene (z. B. psychische Energie) berufen. Ihre Grundlage für diesen Einwand ist gewöhnlich metaphysisch, obwohl logisch ableitbare Verteidigungen aus einigen der nachfolgenden Argumente auch vorgeschlagen werden.

2. *Skinner* (1950) hat Einwände gegen Verhaltensdarstellungen gebracht, die Variablen anführen, die auf einem anderen Niveau als das beobachtete Ereignis liegen. Das bedeutet, daß Reiz-Reaktions-Beziehungen durch Reiz-Reaktions-Begriffe erklärt werden sollen. Die Einführung anderer Elemente – körperlich oder nicht körperlich beobachtet oder erschlossen – ist unnötig und verwirrend. Dieser Einwand ist im Grunde terminologischer Art und verlangt, daß der Theoretiker ein spezifisches System und Niveau einhält. Der fundamentale Einwand richtet sich gegen die Vermittlung, nicht gegen die Schlußfolgerung. Ihre Abwehr beruht mehr auf vermuteten und angeblichen praktischen Vorteilen bei der theoretischen Erklärung als auf irgendeinem formalen logischen Gegengrund.

3. Einwände werden häufig gegen »erklärende Fiktionen« (*Ullmann & Krasner*, 1969) geäußert. Eine erklärende Fiktion ist eine erschlossene Variable, deren einzige Rechtfertigung in der von ihr angeblich erzeugten Wirkung liegt: aggressives Verhalten wird beobachtet, eine Aggression, ein »Bedürfnis« oder ein »Trieb« werden zur Erklärung dieses Verhaltens erschlossen. Die einzige Rechtfertigung für diese Schlußfolgerung ist jedoch das zur Erklärung angeführte Verhalten. »Sie tötete ihn aus Haß. Woher wissen Sie, daß sie ihn haßte? Nun, sie tötete ihn doch, oder?« Der formale Einwand ist hier, daß viele konventionellen psychologischen Schlußfolgerungen in ihrer Logik kreisförmig sind. Sie enthalten analytische »Wahrheiten« (d. h. sie sind gemäß Definition wahr) und sind deshalb tautologisch.

4. Ein Hilfsargument kritisiert den Konkretisierungsprozeß, der häufig bei der traditionellen psychologischen Inferenz vorkommt. Was der Organismus *tut*, wird in das verwandelt, was der Organismus

hat. Erhöhte Aktivität wird »Neugierde«, aus schnellem Lernen wird »angeborene Intelligenz«. Eine Person verhält sich nicht schizophren – sie hat Schizophrenie. Wie *Mischel* (1968, 1971) hervorhebt, werden Tätigkeitswörter in Hauptwörter, Verhaltensproben in psychische Zustände verwandelt. Beschreibende Behauptungen entwickeln sich zu »erklärenden« (liebevolles Verhalten wird zu liebesinduziertem, schizophrenes Verhalten wird zu Schizophrenie-induziertem Verhalten, usw.). *Skinner* weitet diese Abneigung des Behaviorismus gegen Reifizierungen auf die Erklärung einer bewußten Erfahrung aus: »Sehen impliziert nicht etwas Gesehenes« (1969, S. 234). Denken impliziert keinen Gedanken, Erinnerung kein Gedächtnis.

5. *Skinners* hauptsächlicher Einwand gegen erschlossene Variablen beruht jedoch nicht auf ihren das Leib-Seele-Problem wieder einführenden, ihren kreisförmigen oder konkretisierenden Folgen. Er beruht vielmehr auf einer, wie er es nennt, »unvollständigen Kausalanalyse« (*Skinner*, 1959, 1963; *Blanshard & Skinner*, 1967). Wird ein beobachtetes Verhalten (Ereignis N) einem erschlossenen Einfluß (Ereignis n-1) zugeschrieben, so ist das dann und nur dann nützlich, wenn wir die vorhergehenden Bedingungen, die den erschlossenen Einfluß hervorriefen (d. h. Ereignis n-2, n-3 usw.), bestimmen können. Im Laufe der Zeit werden eine oder mehrere dieser Antezedenten beobachtbar werden. Da wir vermutlich akkurater sind, wenn unsere Analysen nur auf beobachteten Phänomenen beruhen, können wir ebensogut die intervenierenden »Stationen des geistigen Weges« vermeiden und uns um die beobachteten Elemente der Kette kümmern (*Skinner*, 1963). Dieses Argument kann folgendermaßen illustriert werden:

Beobachtetes Ereignis N-X	Nicht-beobachtetes Ereignis (n-4) (n-3) (n-2) (n-1)	Beobachtbares Ereignis N
Bestrafung durch Eltern während der Sauberkeitserziehung (Alter: 2 J.)	(libidinöser Schwerpunkt im analen Bereich) (anale Fixation)	Verhaltensweisen des Briefmarkensammelns (Alter: 12 J.)

Skinners Argument für nicht-vermittelnde Prozesse besagt, daß es nur dann zulässig ist, Ereignis N durch Hinweis auf Ereignis (n-1) zu erklären, wenn wir letzteres auch begründen können. Solange außerdem eine gesetzmäßige Beziehung zwischen zwei beobachteten Elementen in der Kette (Ereignisse N und N-X) besteht, sind Diskussionen über erschlossene Vermittler überflüssig – sie tragen nicht zu unserer Analyse bei. *Skinners* Argument ist grundsätzlich pragmatisch und findet in der praktischen Anwendung einige Unterstützung. Zuviele bedeutende Phänomene werden bis zu einer mentalen Station verfolgt und dann dort verlassen (*Skinner*, 1971, 1974). Der »Schwarze Peter« wird dem »inneren Menschen« oder einer unendlichen stattlichen Reihe psychischer Abstraktionen zugeschoben, und der Wissenschaftler – durch die Annahme verleitet, er habe ihre Ursache gefunden – beendet seine Untersuchung und wendet sich seinen anderen illusorischen relevanten Funden zu.

Leider ist die formale Haltbarkeit von *Skinners* Argument der »beobachtbaren Ursache« dürftig. Es setzt verschiedene fragliche Prämissen voraus. Ohne ihre Verwickeltheit zu bearbeiten, können sie folgendermaßen interpretiert werden. Zunächst beachte man die Annahme, daß eine erklärende (Ursache-Wirkung-) Aussage dann und nur dann angemessen ist, wenn die angenommene Ursache selbst erklärt werden kann. Das erinnert an einen unendlichen Regreß in der Kausalkette und eine *»reductio ad absurdum«*, da man nie eine ernste Ursache erreichen kann. Um dieses Dilemma zu handhaben, sagt *Skinner*, würde er betimmte beobachtbare Ursachen in der Kette akzeptieren und dabei einen unendlichen Regreß vermeiden, und wie durch Zauberei die erklärende Beschreibung »adäquat« werden lassen. Die Überlegenheit der Kausalität der Umweltbedingungen wurde kürzlich in *Skinners* (1974) Wiederholung des radikalen Behaviorismus sorgfältig ausgeführt: »Die Initialhandlung wird eher durch die Umwelt als durch den Wahrnehmenden begonnen« (S. 73).

Die willkürliche Ernennung eines externen »ersten Bewegers« hat offensichtlich logische Fehler. Wir haben keinen Grund zu glauben, daß beobachtete Ereignisse noch wichtigere oder »bessere« Ursachen darstellen als unbeobachtete. Unsere Vorliebe für sie geschieht aus Zweckmäßigkeit und nicht aus Logik: »Es ist genausoviel wert, eine Ursache in der Hand zu haben, wie zwei Ursachen im Kopf.« Leider haben Behavioristen im Suchen von »ersten Ursachen« in der externen Umwelt eine Vorgeschichte und nehmen einen Einbahn-Determinismus (Umwelt zu Verhalten) an. Wir beobachten eine Ereignissequenz in einer endlosen Kette von Veränderungen des Verhaltens und der Umwelt. Unsere verstandesmäßigen Vorurteile legen es nahe, daß das eine »eine Funktion von« dem anderen ist. Somit implizieren *Goldiamonds* (1965) Darstellungen von »Verhalten als eine Funktion der Umwelt« (V = f (x)) einen Einbahn-Kausalprozeß. *Bandura* (1971c) wies jedoch darauf hin, daß die Umwelt oft eine Funktion des Verhaltens (X = f (v)) ist, was auch bei vielen selbstregulatorischen Phänomenen erläutert wurde (*Thoreson & Mahoney*, 1974). Würden wir streng empirisch vorgehen, wäre unser einziges, auf Daten beruhendes Argument, daß Veränderungen der einen Größe häufig den Veränderungen der anderen vorausgehen oder ihnen folgen. Es ist willkürlich, sich in einer Analyse nur auf ein bestimmtes Ereignis zu konzentrieren. Obwohl unsere Forschungsartikel traditionsgemäß Figuren zeigen, in denen das Verhalten (eine »abhängige« Variable) mit der Umwelt (die »unabhängige« Variable) zusammengeschweißt wird, so können wir genausogut die Achsen unserer graphischen Darstellung umkehren. Die Beziehung bleibt ebenso wohlgeordnet; die Richtung ihrer Interpretation wird jedoch verändert. Wenn wir Kausalbegriffe anwenden wollen, findet man ausgiebige Evidenz dafür, einen *reziproken Determinismus*, in dem die Interaktion zwischen Umwelt und Verhalten zweiseitig ist, anzunehmen.

Das zweite Hauptproblem von *Skinners* Argument gegen vermittelnde Prozesse liegt darin, daß wir oft unfähig sind, ein beobachtbares kausales Element zu identifizieren. Der suizidale Klient wird uns vielleicht nicht mit genügend Daten versorgen, welche auf einige frühere beobachtbare Ereignisse hinweisen, die die Reaktion des Pulsadern-Öffnens erklären. Auch wenn er es täte, wären diese Ereignisse historisch und gingen daher über unsere Beobachtungsfähigkeit hinaus. So tauchen wir beispielsweise bei klinischen Anwendungen sehr oft in kausale Sequenzen hinein, nur soweit sie in der Therapie nützlich sind. Wie noch später in diesem Buch genauer gezeigt wird, erweitert sich die Sequenz oft nur bis zu der laufenden Selbststimulation des Individuums – d. h. seinem Muster privater Monologe. Auf welche Weise der suizidale Klient selbstkritisch und depressiv wurde, ist therapeutisch weniger wichtig, als die Art, wie diese selbststimulatorischen Einflüsse modifiziert werden können.

Die dritte Schwäche in *Skinners* Argumenten stammt von mehr empirischen als logischen Erwägungen her. Es gibt jetzt eine überwältigende Menge an Beweisen, die darauf hindeuten, daß ein Input-Output-Modell des »passiven Organismus« äußerst unangemessen ist. Es bestehen nicht nur komplexe kausale Interaktionen zwischen Umweltreizen und internen Stimulationen, sondern wir wissen auch, daß vieles, was »extern« ist, tatsächlich vermittelt ist. Der Mensch registriert nicht passiv die Welt, so wie sie wirklich ist; er filtriert, verändert und gestaltet die Erfahrungen, die seine »Realität« bilden. Einige der grundlegenden Phänomene, die diese vermittelnde Perspektive erfordern, werden im nächsten Kapitel ausführlich diskutiert. Bevor wir ihnen jedoch unsere Aufmerksamkeit zuwenden, müssen noch einige Konklusionen über die Rolle des Schlußfolgerns in der Verhaltensforschung gezogen werden.

Das Argument für ein nicht-vermittelndes S-R-Modell, das gegen das Schlußfolgern gerichtet ist, findet also formale logische Unterstützung. Seine praktischen und empirischen Vorteile sind auch durch die Komplexität der in Frage stehenden Phänomene begrenzt (vergleiche Kapitel 4). Zum Glück hat *Skinner* nicht an einer strengen, nicht-schlußfolgernden Perspektive festgehalten. Seine ausgedehnte Diskussion privater Vorgänge (1953) und seine häufige Verteidigung ihres Status als wissenschaftliche Variablen lassen wenig Platz für Zweifel. Er zwingt dem Unbeobachtbaren oft eine »Sprache des Beobachtbaren« auf, wodurch ihre Analyse vielleicht – oder vielleicht auch nicht – erleichtert wird. Betrachtet man *Skinners* Einstellung zu den verdeckten Ereignissen, sind zwei Tatsachen jedoch sehr klar:

1. Er lehnt Hinweise auf private Erfahrung ab, die einen metaphysischen Dualismus (d. h. Mentalismus), diskrepante Analyse-Ebenen (z. B. physiologischer Reduktionismus), erklärende Fiktionen, Konkretisierungen oder unvollständige Kausalanalysen heraufbeschwören; und
2. er verteidigt verdeckte Ereignisse als vermittelnde Verhaltensweisen, die nicht nur berechtigt, sondern auch für die umfassende experimentelle Analyse des komplexen menschlichen Verhaltens notwendig sind.

Diese beiden Behauptungen stehen in keinem Widerspruch zueinander; sie sind diskriminatorisch. *Skinner* verteidigt jene Schlußfolgerungen, die (wie er glaubt) zum Verständnis des Verhaltens nützlich sind, und er lehnt solche ab, die es nicht sind. Die Entscheidung, welche nützlich sind und welche nicht, ist keine einfache Sache.

Gerechtfertigtes Schlußfolgern: Legitimierung des Sprungs

Ich erinnere mich hier an die Geschichte eines reichen Geschäftsmannes, der bei einer Cocktail-Party zu der Frau eines Kollegen hinüberspazierte und sie fragte, ob sie mit ihm für eine Million Dollar schlafen würde. Nachdem sie festgestellt hatte, daß seine Frage ernstgemeint war, machte sie eine kurze Pause und stimmte dann zu. »Wie wäre es mit zwanzig Dollars?« entgegnete er. »Glauben Sie ich bin eine Nutte?« erwiderte sie ärgerlich. Darauf antwortete der Geschäftsmann ruhig: »Madame, *was* Sie sind, haben wir schon festgesetzt. Jetzt geht es nur noch um Ihren Preis.«

Wir sind zur Zeit nicht darum besorgt, *ob* Schlußfolgerungen gerechtfertigt sind, sondern vielmehr *wann* und *welche* Schlußfolgerungen zu unserem Verständnis von Verhalten beitragen. Die ausgiebige Literatur über Epistemologie und Wissenschaftstheorie läßt keinen Zweifel aufkommen, daß Schlußfolgerungen nicht nur akzeptabel, sondern auch bei unseren Bemühungen, Wissen zu sammeln, wesentlich sind. Auch wenn wir uns nur auf diejenigen Philosophen beschränken, die auf die behavioristische Philosophie den direktesten Einfluß hatten, gibt es an der völligen Verläßlichkeit kontrollierter Schlußfolgerung keinen Zweifel (vgl. *Kaplan,* 1964; *Turner,* 1967).

Betrachten wir zunächst einmal, welchen Zweck erschlossene Variablen beim Verständnis von Verhalten haben. In diesem Kapitel wurde früher darauf hingewiesen, daß die grundlegende Funktion vermittelnder Elemente ihr *verbindender** Charakter ist; d. h., sie haben den Zweck, zwei oder mehr beobachtbare Einheiten in einer zeitlichen Sequenz in Beziehung zu setzen. Dieses Zusammenbinden kann entweder strukturell sein – wie bei hypothetischen Konstrukten – oder beruflich – wie bei intervenierenden Variablen. Ihr grundlegender Zweck ist jedoch technischer Art. Gewöhnlich gewinnen wir vermittelnde Faktoren durch eine Schlußfolgerung, wenn dadurch die begründete Evidenz erhöht werden kann oder wenn solche Schlußfolgerungen die logische Konsistenz (Annehmbarkeit) unserer Hypothesen verbessern. Der letztgenannte Zweck ist meiner Meinung nach weniger vertretbar, weil er annimmt, daß die Realität »einen Sinn ergeben« muß. Schlußfolgerungen, die nur durch ihre begriffliche Eleganz gerechtfertigt werden, sind in der Verhaltenswissenschaft kostspielige Verzierungen; unsere Schlußfolgerungen müssen durch die Beziehungen, die sie vorhersagen, bewertet werden, nicht durch die Modelle, die sie auf Hochglanz polieren.

Selbst auf die Gefahr einer zu starken Vereinfachung hin möchte ich vorschlagen, daß die meisten induktiven (im Gegensatz zu den deduktiven) Schlußfolgerungen durch vier grundlegende empirische Ereignisse zustande kommen, von denen jedes als variabel angesehen werden kann. Im ersten Fall erzeugen zwei identische Reize verschiedene Reaktionen.

Fall 1	Reiz A	Reaktion A
	Reiz A	Reaktion B

Wir »erklären« diese scheinbare Verletzung des Determinismus, indem wir unbeobachtete Elemente postulieren (z. B. Stimulus-Differenzierung durch selektive Aufmerksamkeit oder Stimulus-Transformation, biologische Unterschiede in dem (den) Organismus (-en), Vorhandensein differentieller Reaktionen usw.). Der zweite Fall liegt vor, wenn auf zwei verschiedene Reize identische Reaktionen folgen.

Fall 2	Reiz A	Reaktion A
	Reiz B	Reaktion A

* Hier ist zu beachten, daß sich der Begriff „Verbindung“ auf Bezugspunkte bezieht, die bei der Verhaltensmodifikation typischerweise Reize und Reaktionen darstellen. Menschliches Handeln ist jedoch eine ungebrochene Kette; es ist willkürlich und irreführend, den nicht-beobachtbaren Größen die eintönige Aufgabe der Verbindung aufzugeben und gleichzeitig die beobachtbaren Größen als das »Fleisch« des Verhaltens anzusehen. Diesem Vorurteil mache ich hier und überall aus Notwendigkeit und Tradition, nicht aus Logik, mein Zugeständnis.

Wir »erklären« diese Verhaltensidentität, indem wir einen Faktor postulieren, der die Reize als gleich wertet. Eine dritte induktive Schlußfolgerung tritt dann auf, wenn kein beobachtbarer Reiz identifiziert werden kann.

Fall 3	(kein beobachteter Reiz)	Reaktion A

Um unsere (deterministische) Voreingenommenheit für Ursache-Wirkung-Zusammenhänge zufriedenzustellen, postulieren wir einen »impliziten« Reiz. Ähnlicherweise erklären wir im vierten Fall das Fehlen beobachtbarer Reaktionen durch vermutete vermittelnde Elemente (z. B. fehlende Stimuluswahrnehmung, implizite (verdeckte) Reaktionen, usw.).

Fall 4	Reiz A	(keine beobachtete Reaktion)

Die vier verschiedenen Beispiele können bei einer einzigen Person vorkommen und führen dabei zu *intra-individuellen* Schlußfolgerungen. Das ist zweifelsohne die beliebteste Abwechslung in der Psychologie, was auch durch die umfangreichen Schriften zur Persönlichkeitstheorie bestätigt wird (*Mischel,* 1968, 1971). Variabilität zwischen oder unter verschiedenen Personen führt zu *inter-individuellen* Schlußfolgerungen, wie bei Intelligenz unterschieden, anlagebedingte Verschiedenheiten, usw.

Das zuletzt genannte Schema leugnet natürlich strukturelle (physiologische) Vermittlung, die vermutlich bei allen Wechselbeziehungen zwischen Organismus und Umwelt, unabhängig von ihrer Variabilität, vorkommt. Es zeigt sich jedoch, daß Schlußfolgerungen zweckmäßig sind. Sie werden nur dann herangezogen, wenn die Dringlichkeit der Situation es erfordert. Bei dem wissenschaftlichen Unternehmen, das von *Kaplan* (1964) als das »Suchverhalten eines Betrunkenen« beschrieben wurde, geht es nicht um ein problemloses Verbinden von Erfahrung und Theorie. Es ist alles andere als eine elegante Hochzeitszeremonie, sondern vielmehr eine »Muß-Heirat«, bei der wir widerwillig nur dann neue Perspektiven akzeptieren, wenn wir durch die Auffälligkeit unserer Untaten dazu gezwungen werden.

Die Motivation zum Schlußfolgern ist dann im Grunde philosophischer Art, unabhängig davon, ob unsere Sprünge induktiv oder deduktiv waren. Wir vermuten – manchmal durch Erfahrung verstärkt –, daß es in der Natur Regelmäßigkeiten gibt und daß die Realität einen Sinn ergibt. Wir ziehen Schlußfolgerungen, wenn die offensichtliche »natürliche Ordnung« verletzt wird. Im allgemeinen verändern unsere Schlußfolgerungen entweder unsere beobachteten Daten oder die vermutete natürliche Ordnung.

1. Deterministische Sequenzen kommen in der Natur regelmäßig vor (natürliche Gesetze 1, 2, 3, ... n).

2. Sequenz X→Y verletzt das natürliche Gesetz n.

3. Daraus folgt also:

a) Das natürliche Gesetz n ist ungültig (und sollte zurückgewiesen oder verändert werden). Oder

b) Sequenz X→Y war illusorisch (wegen einer der vier vorher besprochenen Schlußfolgerungen).

Für den frommen Leser wäre eine alternative Schlußfolgerung, daß ein Wunder geschehen sei.

Die vorausgehenden Bemerkungen untersuchten die Frage, *wann* wir Schlußfolgerungen ziehen. Die Frage, *welche* Schlußfolgerungen gerechtfertigt sind, erfordert weitere Untersuchungen. Ich behaupte, daß der Großteil des hitzigen Streits über Schlußfolgerungen und Vermittlung sich um diese Frage dreht. Behavioristen mochten meistens solche erschlossenen Variablen nicht, die von traditionellen Psychologen ausgewählt wurden. »Ich-Stärke«, »Leistungsmotivation« und dergleichen hörte sich wissenschaftlich nicht so klar an, wie »Reflex Reserve« und »antizipatorische Zielreaktion«. Das legitime Kriterium zur Rechtfertigung einer Schlußfolgerung sollte jedoch nicht in seiner theoretischen Herkunft oder in seinen metaphorischen Assoziationen gesucht werden. Es ist auch nicht seine Sparsamkeit oder seine Nähe zu den Daten. Das einzige Kriterium für eine gerechtfertigte empirische Schlußfolgerung ist pragmatischer Art. *Eine Schlußfolgerung ist dann, und nur dann gerechtfertigt, wenn sie die Vorhersage-Genauigkeit oder die konzeptuelle Weite vergrößert.* Ein vermutetes Element ist in dem Maße logisch gerechtfertigt, in dem es sich bei der Vorhersage, Kontrolle oder beim Verstehen systematischer Beziehungen als nützlich erweist.

Man sollte beachten, daß »nachträgliche Bestimmungen« (im Gegensatz zu »Vorhersagen«) und ad-hoc-Erklärungen bei dieser Rechtfertigung unbedeutend sind. Obwohl nachträgliche Berichte über eine beobachtete Unregelmäßigkeit einige Vorteile einer Schlußfolgerung aufzeigen können, führen sie auch zu begrifflichen Ausweichmanövern. Ein Theoretiker kann zum Beispiel das korrigierende Feedback empirischer Tatsachen von sich fernhalten, indem er sich ad-hoc-Erklärungen zurechtlegt, die ihm jederzeit zur Verfügung stehen. So führen der *Freud*sche Abwehrmechanismus der »Reaktionsbildung« und der theologische Begriff der »göttlichen Paradoxie« (Gott wirkt auf seltsamen Wegen) in effektiver Weise zu geschlossenen philosophischen Systemen. Wichtigstes Kriterium für eine Schlußfolgerung ist also, ein Phänomen vorherzusagen und ihm nicht nachträglich eine Bedeutung zuzusprechen.

4. Kapitel

Die nichtvermittelnden S-R-Modelle sind inadäquat

Die Angemessenheit eines theoretischen Modells wird durch seine Fähigkeit bestimmt, systematische Beziehungen zu erklären oder zu beschreiben, wie wir im letzten Kapitel sahen. Es gibt gegenwärtig mehrere Mittel, solche Angemessenheit zu evaluieren. Vorhersage ist zweifellos das strengste Kriterium. Ex-post-facto-Erklärung ist ein zweites Kriterium. Wenn eine Hypothese einen beträchtlichen Teil der Verhaltensvariabilität erklären kann, wird sie für angemessen gehalten (vgl. *Sidman*, 1960). Wenn ein theoretisches Modell ein bestimmtes Phänomen weder vorhersagen noch erklären kann, ist es inadäquat. Wenn es erklären, aber nicht vorhersagen kann, zeigt es gewisse Angemessenheit. Wenn es ein Ergebnis sowohl erklären als auch vorhersagen kann, bietet es den vollständigen Ansatz.

Beim nicht vermittelnden Modell wird angenommen, daß auf einen öffentlich beobachtbaren Reiz systematisch eine öffentlich beobachtbare Reaktion folgt. Wie wir in diesem Kapitel sehen werden, sind solche einfachen und direkten Beziehungen jedoch selten. Auf denselben Reiz folgen oft verschiedene Reaktionen – sowohl innerhalb desselben Organismus als auch über die Zeit und über verschiedene Organismen. Überdies gibt es viele Beispiele, bei denen zwei verschiedene Reize entweder identische oder sehr verschiedene Reaktionen erzeugen, abhängig von bestimmten moderierenden Bedingungen. Schließlich treten Verhaltensmuster mit deutlicher physiologischer Erregung häufig bei Abwesenheit irgendeines vorhergehenden beobachtbaren Reizes auf. Diese Abweichungen von einfachen Input-Output-Regelmäßigkeiten ermutigen nicht nur zu einigen empirisch prüfbaren Schlußfolgerungen, sondern fordern dazu heraus. Nach dem Vermittlungsmodell ist zumindest ein Teil dieser Verhaltensvariabilität den Reaktionsprozessen innerhalb des Organismus zuzuschreiben. Die folgenden umfassenden Forschungsgebiete veranschaulichen diese Behauptung.

Vermittelte Reiztransformation

Ein in Wahrnehmung und Psychophysik lange bekanntes Phänomen ist, daß der Organismus nicht auf einen gewissen »echten« äußeren Reiz reagiert, sondern auf einen »wahrgenommenen Reiz«. Also kann es Beispiele geben, bei denen ein Organismus unterschiedlich auf zwei identische Reize reagiert. Wenn der Verhaltenswissenschaftler einige Mittel hat zu erfahren, wie ein Reiz wahrgenommen wird, kann er die Genauigkeit seiner Verhaltensvorhersagen erhöhen. Diese Tatsache wurde in einem von *Neal Miller* (1935) durchgeführten Experiment beeindruckend gezeigt. *Miller* bot die Symbole »T« und »4« in zufälliger Reihenfolge dar und bat studentische Versuchspersonen, sie laut auszusprechen. Auf die Aussprache von »T« folgte konsistent ein schmerzhafter Elektroschock; auf Verbalisierungen von »4« folgte niemals ein Schock. Bei einer darauffolgenden experimentellen Phase wurde den Versuchspersonen eine Reihe identischer Punkte dargeboten und sie wurden angewiesen, beim ersten Punkt »t zu denken«, beim zweiten »4 zu denken«, und so weiter in ständigem Wechsel. Physiologische Registrierungen ihres autonomen Reagierens zeigten, daß die Studenten auf den wahrgenommenen (oder vermittelnden) Punktreiz reagierten. Gedanken an »T« lösten deutliche autonome Erregung aus im Gegensatz zu Gedanken an »4« (Abbildung 4-1). Dieses Experiment veranschaulichte das Ausmaß, in dem die Kenntnis von Vermittlungsprozessen zur Vorhersagekraft des Forschers beitragen kann.

Der Einfluß vermittelter Reiz-Transformationen wird weiterhin in mehreren Experimenten von *Dulany* (1968) gezeigt. Er setzte Versuchspersonen in einen unangenehm heißen Experimentalraum und legte ihnen eine Aufgabe zum verbalen Lernen vor. Bei jedem von 100 Durchgängen sollten die Versuchspersonen zwischen zwei Stichprobensätzen unterscheiden. Nach einer Grundkurve von 20 Durchgängen folgte kontingent auf die Wahlen der Versuchspersonen ein Luftstoß, der entweder Zimmertemperatur hatte, 20 Grad kühler oder 20 Grad heißer war. Dieser Luftstoß wurde nach der Wahl des einen Satzes in einem Paar dargeboten, der vor einem Schlüsselwort den Artikel »ein« enthielt. Einigen Versuchspersonen wurde gesagt, daß der Luftstoß richtige Wahl bedeutete, während anderen gesagt wurde, daß er eine falsche Wahl bedeutete oder keinen Bezug dazu hatte, ob ihre Wahl richtig war oder nicht. Also wurde ein 2x3-Experimentalplan verwendet: kühle, neutrale und heiße Luftstöße wurden als verstärkende, bestrafende oder neutrale Reize interpretiert. Ein streng nicht vermittelndes Modell könnte vorhersagen, daß der offene Reiz (Luftstoß) gemäß seinen physikalischen Eigenschaften in systematischer Beziehung zum Verhalten stehen würde. *Dulanys* Daten zeigten jedoch, daß die Effekte der Luftstöße wesentlich durch das ihnen angehängte Etikett beeinflußt wurden. Wenn die Versuchspersonen einen heißen Luftstoß als bestrafend wahrnehmen, reagierten sie darauf als aversivem Reiz, indem sie die Wahl der bestraften Reaktion reduzierten. Wenn die Versuchspersonen jedoch denselben Reiz als Verstärker (mit der Bedeutung »richtig«) wahrnahmen, dann *erhöhte* sich ihre Wahl

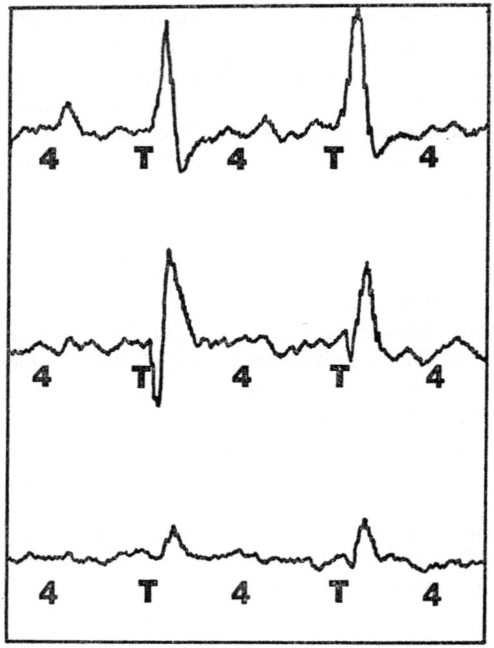

Abbildung 4-1: Durch Gedanken vermittelte konditionierte galvanische Hautreaktionen. (Nachdruck mit freundlicher Genehmigung aus *Miller,* 1935.)

dieses Satzes. Dasselbe traf für kalte Luftstöße zu. Obwohl dieser äußere Reiz physikalisch sehr verstärkend gewesen sein sollte, konnte er dadurch in eine Bestrafung umgewandelt werden, indem einfach festgesetzt wurde, daß die Versuchsperson ihn als Anzeichen einer falschen Wahl interpretierte.

Oben werden nur zwei von vielen Untersuchungen dargestellt, die nahelegen, daß äußere Reize oft durch kognitive symbolische Prozesse modifiziert werden. Menschen reagieren auf ihre Wahrnehmung oder Interpretation eines Hinweisreizes. In späteren Kapiteln werden weitere Nachweise der bedeutsamen Rolle verdeckter Reize dargestellt.

Semantische Konditionierung und Generalisation

Seit langem wurde erkannt (vor allem von russischen Forschern), daß beim Menschen an der klassischen Konditionierung mehr als die einfache Bildung isolierter Reiz-Reaktions-Verbindungen beteiligt ist

(*Pavlov,* 1955; *Platonov,* 1959; *Razran,* 1939, 1961, 1965). Wenn bei respondenten Paradigmen Wörter als zu konditionierende Reize verwendet werden, kommen einige komplexe Vermittlungsprozesse ins Spiel. Wenn zum Beispiel in Trainingsdurchgängen auf das Wort »Hase« immer ein schmerzhafter Elektroschock folgt, wird es zu einem konditionierten Reiz für autonome Erregung werden (erhöhter Puls, Atmung usw.). Wenn jedoch während der Testdurchgänge kein Schock dargeboten wird, werden menschliche Versuchspersonen auf den Reiz »Kaninchen« größere autonome Erregung zeigen als auf das Wort »Haare«. Sie generalisieren ihre konditionierte Reaktion also eher gemäß der semantischen Bedeutung anderer Worte als gemäß ihrer phonetischen Ähnlichkeit. *Maltzman* (1968) gibt einen ausgezeichneten Überblick über die Forschung und Theorie auf dem Gebiet der »semantischen Generalisierung«. Obwohl versucht wurde, sie durch komplexe Assoziationen von Reiz und Reaktion zu erklären, nähern sich diese Darstellungen notwendigerweise sehr dem vermittelnden Modell (vgl. *Osgood,* 1953; *Staats,* 1968a).

Wie wir in einem späteren Kapitel sehen werden, wurde auf dem Gebiet des menschlichen verbalen Lernens und der Informationsverarbeitung ausführlich geforscht. Einige Untersuchungen beschäftigen sich mit dem Thema der Assoziationen von Wörtern. Bei diesem Forschungsgebiet wird den Versuchspersonen ein Reizwort wie »Salz« gegeben, und sie sollen das *erste* Wort aufschreiben, das ihnen einfällt (z. B. »Pfeffer«, »Peter«, »Eis« usw.). Es wurden ausführliche Zusammenstellungen von Normen für Assoziationen von Wörtern veröffentlicht, die die Häufigkeit verschiedener Reaktionen auf Wortreize bei den Versuchspersonen zeigen. Im obigen Beispiel könnte »Pfeffer« eine sehr häufige (d. h. starke) Reaktion auf den Reiz »Salz« sein. Seine Assoziationsstärke, ausgedrückt durch den Prozentsatz der Versuchspersonen, die es berichteten, könnte um 0,9 liegen, »Peter« und »Eis« wären wahrscheinlich schwächere Assoziationen. *Maltzman* (1968) führte ein Experiment durch, bei dem er die Beziehung zwischen Assoziationsstärke und semantischer Generalisation untersuchte. Es wurde ein Paradigma der klassischen Konditionierung verwendet, auf das Wort »Licht« folgte ein aversives (110 Dezibel) Geräusch. Bei einigen Personen betrug das Intervall zwischen CS und UCS 0,5 Sekunden, bei anderen 10 Sekunden. Maße der autonomen Erregung und der klassischen Konditionierung wurden durch Registrierungen der galvanischen Hautreaktion der Handfläche und der peripheren Vasokonstriktion erhalten. In einer darauf folgenden Testphase wurden den Versuchspersonen die folgenden Generalisationsreize dargeboten: »Dunkelheit«, »Lampe«, »schwer«, »weich« und »Quadrat«. Der Assoziationswert dieser Wörter auf das Reizwort »Licht« reicht von hoch bis niedrig (»Dunkelheit« hat eine starke

Assoziation, »Quadrat« eine schwache Assoziation). Die Ergebnisse der Untersuchung von *Maltzman* werden in Abbildung 4-2 dargestellt. Versuchspersonen, die ein Intervall von 10 Sekunden zwischen CS und UCS erlebten, zeigten wenig semantische Generalisierung. Wenn jedoch das Intervall von 0,5 Sekunden verwendet wurde, wurde ein offensichtlich systematischer Zusammenhang beobachtet. Je stärker die (vermittelte) Assoziation zwischen einem Testreiz und dem ursprünglichen CS war, umso größer war die autonome Erregung (CR). Dies zeigte eine beeindruckende Regelmäßigkeit des Phänomens. Spätere Untersuchungen von *Maltzman* und anderen stellten in Frage, ob die semantische Generalisierung so einfach sei. Faktoren wie die Reihenfolge der Darbietung der Testreize und die Art der gemessenen autonomen Reaktionen deuteten mehr Komplexität an, als ursprünglich gefunden wurde. Die Forschung auf diesem Gebiet unterstützt jedoch die Rolle der Vermittlungsprozesse sogar bei einfachen Paradigmen des menschlichen Lernens sehr.

Symbolische Selbstreizung

Ein drittes schwieriges Gebiet für nicht-vermittelnde Modelle ergibt sich aus den seit langem bekannten Nachweisen, daß verbale und vorgestellte Reize beim menschlichen Verhalten eine sehr bedeutende Rolle spielen. *Pawlow* (1955 Übersetzung) bezog sich auf Sprache als »zweites Signalsystem«, das nur den Menschen mit einer unendlichen Quelle konditionierter Reize und der Fähigkeit zum komplexen Lernen ausstattet. Mehrere seiner frühen russischen Kollegen zeigten, daß Wörter allein starke emotionale Reaktionen bei Versuchspersonen auslösen konnten. *Platonov* (1959 Übersetzung) berichtete, daß Versuchspersonen beträchtliche physiologische Reaktionen auf die mit Schmerz assoziierten Wörter (z. B. »Verletzung«) zeigten und sogar auf den Tonfall, in dem diese Wörter ausgesprochen wurden. Ausführliche Forschung zeigte daraufhin, daß Wörter diese Erregung nicht nur direkt stimulieren können, sondern auch zu Elementen in Ketten von Konditionierungen »höherer Ordnung« werden können (z. B. *Staats*, 1968a, b; *Staats & Hammond*, 1972; *Staats, Minke, Martin & Higa*, 1972; *Staats, Gross, Guay & Carlson*, 1973; *O'Donell & Brown*, 1973). Bei ihrer Arbeit über Einstellungsbildung fanden *Staats* und seine Mitarbeiter, daß sowohl positive als auch negative Einstellungen durch einfache Koppelung zu konditionierender Reize mit emotional erregenden Wörtern (»gut«, »schlecht« usw.) gebildet werden konnten. Wie wir in späteren Kapiteln sehen werden, können Wörter auch als bedeutende Vermittler bei komplizierten Verhaltensaufgaben fungieren.

Die entscheidende Rolle verbaler und vorgestellter Reize beim

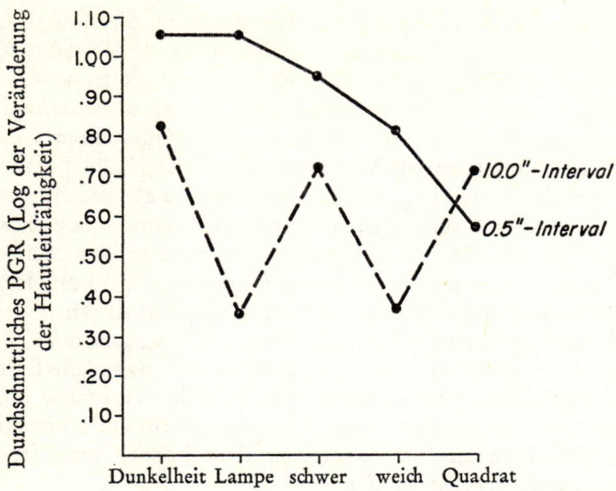

Generalisationstestwörter

Abbildung 4-2: Semantische Generalisierung der galvanischen Hautreaktion (GHR) nach klassischer Konditionierung mit zwei CS-UCS-Intervallen. (Nachdruck mit freundlicher Genehmigung aus *Maltzman,* 1968.)

menschlichen Verhalten wird durch die Tatsache, daß der Mensch ein sich selbst stimulierendes Wesen ist, deutlich vergrößert. Kurz nach dem Erwerb der Sprachfertigkeiten in der Kindheit beginnt der Mensch ein Leben lang offen und verdeckt mit sich selbst zu reden, was er nur selten unterbricht. Die hörbaren Monologe des kleinen Kindes, mit denen es sich selbst Verhaltensveränderungen gibt, werden allmählich durch unhörbare Selbstgespräche ersetzt, die ständig das Verhalten steuern und beeinflussen. Diese allmähliche »Internalisierung« des Sprachverhaltens mag eine relativ neue Entwicklung unserer Art sein. Einige Philosophen (z. B. *Jaynes,* 1974) vermuteten, daß ein Teil des Charismas von Christus von der seltenen Fähigkeit, »bei sich selbst« zu denken (d. h. verdeckt), gekommen sei. Der Überlebenswert der Fähigkeit, Verhaltensstrategien und interpersonelle Reaktionen zu verbergen, kann kaum bezweifelt werden (*Terrace,* 1971).

Lösen selbsterzeugte und verdeckte Reize Reaktionen aus, die denen bei externer Reizung vergleichbar sind? Wiederum sind die Daten sowohl ausführlich als auch eindrucksvoll. Wenn Versuchspersonen verschiedene Reize oder Verhaltensweisen »herbeidenken«

oder »sich vorstellen« sollen, werden meßbare physiologische Effekte beobachtet (vgl. *McGuigan & Schoonover*, 1973). *Shaw* (1940) berichtete zum Beispiel, daß Personen, die angewiesen wurden, sich das Heben von Gewichten verschiedener Schwere *vorzustellen*, Kontraktionen der Armmuskeln zeigten, die der vorgestellten Gewichtsmenge proportional waren. Wenn sie sich schmerzhafte Erfahrungen (z. B. physische Verletzung, soziale Zurückweisung) vorstellen sollten, zeigten die Versuchspersonen entsprechende emotionale Erregung (*Rimm & Litvak*, 1969). Die beste Dokumentation über symbolische Selbstreizung wird wahrscheinlich von *Bandura* (1969) vorgelegt, dessen vollständige und umfassende Literaturübersicht diesen Prozeß des menschlichen Verhaltens wiederholt betont. Versuchspersonen, die sich sexuelle Reize vorstellen sollen, zeigen beträchtliche sexuelle Erregung; jene, die angenehme oder entspannende verdeckte Aufgaben erhalten, zeigen ruhigere parasympathische Aktivität. Durch einfaches Hinweisen auf Gedanken an einen aversiven Reiz können beeindruckende Angstreaktionen erzeugt werden.

Den Effekten der symbolischen Selbstreizung kann nach ihrer nachgewiesenen Bedeutung für das Verhalten beim Menschen kaum genügend Gewicht beigemessen werden. Die Verhaltensmodifikatoren begannen erst vor kurzem, die Allgegenwart und Bedeutung der symbolischen Vermittlung zu erkennen und empirisch zu dokumentieren. Eine ständig anwachsende Literatur liefert ausführliche Replikationen für verdeckte Einflüsse und zeigt auch das Ausmaß, in dem diese Einflüsse bei üblichen Verhaltensproblemen eine Rolle spielen (*Bandura*, 1968, 1969, 1971a, b, c, d, 1973; *Kanfer & Phillips*, 1970; *Jacobs & Sachs*, 1971; *McGuigan & Schoonover*, 1973; *Thoresen & Mahoney*, 1974). Die Erinnerung an dieses Buch wird tatsächlich durch Diskussionen über symbolische Selbstreizung bei Verhaltensstörungen und therapeutischen Verfahren beherrscht werden.

Bewußtheit

Ein viertes Gebiet, auf dem das nicht vermittelnde Modell sich als unzulänglich erwies, ist das der *Bewußtheit*. Mehr als ein Jahrzehnt lang debattierten Psychologen über die Rolle der Bewußtheit beim menschlichen Lernen. Bewußtheit ist operational definiert als Fähigkeit der Versuchsperson, die ihr auferlegten Kontingenzen zu verbalisieren oder zu beschreiben. Theoretiker des nicht-vermittelnden Modells behaupteten im allgemeinen, daß Bewußtheit beim Lernen nicht notwendig sei (z. B. *Skinner*, 1953; *Verplanck*, 1962). Nach ihrer Ansicht sind Verhaltensverbesserungen immer einer fast automatisch festigenden Wirkung der verstärkenden Konsequenzen zu verdanken. Die Antithese zu dieser Ansicht wurde von mehreren Vermittlungstheoretikern vorgeschlagen, die behaupten, daß Bewußtheit eine wesentliche Voraussetzung des Lernens ist (*Dulany*, 1962, 1968; *Spielberger & DeNike*, 1966). Bei diesem letzteren Ansatz werden Konsequenzen von Reaktionen überwiegend eher als informative Hinweisreize gesehen denn als automatische »Gewohnheitsstampfer«.

Die die Rolle der Bewußtheit beim menschlichen Lernen untersuchende Forschung ist sowohl umfassend als auch kompliziert. Methodologische Probleme bei der tatsächlichen Diagnostik dieser vermittelnden Reaktion verdarben mehr als ein paar Untersuchungen, und eine definitive Entscheidung über die Notwendigkeit der Bewußtheit ist schwer zu treffen. Die übereinstimmenden Daten rechtfertigen jedoch eine versuchsweise Aussage: »Die Nachweise scheinen insgesamt zu zeigen, daß Lernen ohne Bewußtheit stattfinden kann, obgleich mit langsamer Geschwindigkeit, aber daß die symbolische Vorstellung der Reaktions-Verstärkungs-Kontingenzen die angemessene Reagibilität beträchtlich beschleunigen kann« (*Bandura*, 1969, S. 577). Bewußtheit mag beim Lernen nicht notwendig sein, aber sie wirkt zweifellos erleichternd. Dieser Schluß wird von *Bandura* in einer ausführlichen Diskussion der symbolischen Einflüsse bei der Verhaltensänderung gut dokumentiert.

Einerseits stellt Bewußtheit dar, was *Skinner* (1953) und andere »regelgesteuertes« (im Gegensatz zu »kontingenzgeformtem«) Verhalten nannten (d. h. die Versuchsperson reagiert auf eine symbolische Vorstellung oder Etikettierung der Verhaltenskontingenzen) (*Terrace*, 1971). Die wirksame Rolle der vom Versuchsleiter induzierten und von der Versuchsperson deduzierten Bewußtheit sowohl beim operanten als auch beim respondenten Lernen wurde umfassend überprüft (vgl. *Farber*, 1963; *Ayllon & Azrin*, 1964; *DeNike*, 1964; *Spielberger & DeNike*, 1966; *Spielberger, Bernstein & Ratliff*, 1966; *Bridger & Mandel*, 1964, 1965; *Mandel & Bridger*, 1967; *Bandura*, 1969; *Grings*, 1973).

Eine deutliche Veranschaulichung des erleichternden Einflusses der Bewußtheit wurde von *Spielberger & DeNike* (1966) vorgelegt. Die Versuchspersonen sollten Wörter auf ein Tonbandgerät sprechen. Die abhängige Variable – Anzahl der erzeugten menschlichen Substantive – wurde in einer Grundkurven-Phase (operantes Niveau) gemessen. Die Versuchspersonen wurden dann entweder einer Experimental- oder einer Kontrollbedingung zugewiesen. In der Experimentalgruppe folgte auf spätere Verbalisierungen menschlicher Substantive eine Verstärkung (»Mmm-hmm«) durch den Versuchsleiter. Kontrollpersonen erhielten diese Verstärkung nicht. Bewußtheit der Kontingenzen auf seiten der Experimentalpersonen wurde durch häufige Proben und einen Fragebogen nach dem Experiment eingeschätzt. Die Abbildung 4-3 zeigt die Ergebnisse. Die Daten der Experimentalpersonen werden nach bewußten und nicht bewußten Personen getrennt zusammengefaßt. Wie im Teil A der Abbildung gezeigt wird, beeinflußte das Wissen um die Verstärkungskontingenzen das Verhalten deutlich. Teil B zeigt die Geschwindigkeit, mit der die Bewußtheit ihren Einfluß ausübte. Nachdem die Versuchspersonen die Kontingenz verbalisiert hatten, erhöhte sich der durchschnittliche Prozentsatz der Erzeugung menschlicher Substantive signifikant.

Entsprechend beeindruckende Ergebnisse wurden auf den Gebieten der klasischen Konditionierung und der Löschung berichtet. *Notterman, Schoenfeld & Bersh* (1952) koppelten zum Beispiel einen Ton mit einem schmerzhaften Elektroschock. Nachdem durch den Ton konsistent konditionierte Herzratenreaktionen ausgelöst wurden, begannen die Löschungsdurchgänge. Eine Gruppe von Versuchspersonen wurde darüber informiert, daß die Schocks nicht fortgeführt würden, während eine zweite Gruppe uninformiert blieb. In einer dritten Gruppe wurde den Versuchspersonen gesagt, daß das Drücken eines Knopfs zur Vermeidung des Schocks führe. Es wurden sehr unterschiedliche Löschungskurven nachgewiesen. Die über die Löschung in-

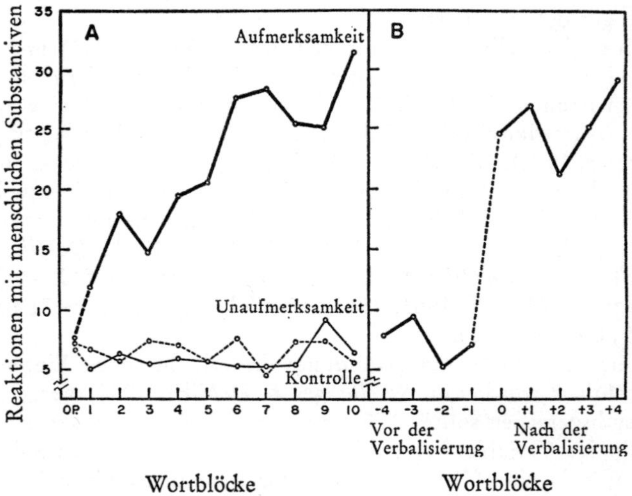

Abbildung 4-3: (A) Durchschnittlicher Prozentsatz der Reaktionen in Form eines menschlichen Substantivs durch bewußte, unbewußte und Kontrollgruppen bei der verbalen Konditionierungsaufgabe. (B) Durchschnittlicher Prozentsatz richtiger Reaktionen von Versuchspersonen in der bewußten Gruppe vor und nach der Verbalisierung der Verstärkungskontingenz: (Nachdruck mit freundlicher Genehmigung aus *Spielberger & DeNike*, 1966.)

formierten und die mit einer Vermeidungsreaktion ausgestatteten Versuchspersonen zeigten im Gegensatz zu den unbewußten Kontrollpersonen eine schnelle Löschung der Herzratenkonditionierung. Diese frühen Ergebnisse – die paradoxerweise von »operanten« Forschern beigetragen wurden – wurden in späteren Untersuchungen repliziert und erweitert. Ihre Implikationen symbolischer (vermittelnder) Einflüsse bei komplexem menschlichen Verhalten ist sowohl überraschend als auch heuristisch wertvoll.

Stellvertretende Lernprozesse

Ein fünftes Gebiet, das die Angemessenheit des nicht vermittelnden Modells ernsthaft in Frage stellte, ist das des stellvertretenden (oder Beobachtungs-)Lernens. Von einem Überlebens-Standpunkt aus ist es günstig, daß sich viele Arten bei der Entwicklung und Aufrechterhaltung ihrer lebenserhaltenden Reaktionen nicht ausschließlich auf Erfahrung durch Versuch und Irrtum verlassen. Die meisten jüngeren Glieder der phylogenetischen Skala erwerben umfassende überlebensrelevante Verhaltensweisen durch indirekte (d. h. stellvertretende) Prozesse – nämlich Beobachtung anderer Organismen. Die Tierforschung über das Phänomen des Beobachtungslernens zeigt, daß ein weiter Bereich an Verhaltensweisen durch Konfrontation mit vorher trainierten Tieren schnell gelernt werden kann. Die Reaktionen, die von einfachen Diskriminationen und Hebeldrücken bis zu komplexen Problemlösungsaufgaben reichen, wurden von Ratten, Tauben, Katzen, Hunden, Schimpansen und Affen stellvertretend gelernt (z. B. *Morgan*, 1896; *Thorndike*, 1898; *Watson*, 1908; *Haggerty*, 1909; *Crawford & Spence*, 1939; *Warden, Fjeld & Koch*, 1940; *Bavroff & Lard*, 1944; *Herbert & Harsh*, 1944; *Hayes & Hayes*, 1952; *Church*, 1957; *Darby & Riopelle*, 1959; *Corson*, 1967). Wertvolle Übersichten über einige Forschung auf diesem Gebiet werden von *Hall* (1963), *Riopelle* (1967) und *Bandura* (1969) geliefert. Diese Zusammenfassungen geben wenig Möglichkeit, die Wirkung und weite Verbreitung von Phänomene stellvertretenden Lernens bei Tieren anzuzweifeln.

Besonders beeindruckend sind die erstaunlichen »Einsparungen« sowohl an Zeit als auch an Mühe bei diesem Beobachtungslernen. Wenn experimentell naive Tiere das Verhalten vorher trainierter Versuchstiere beobachten können, brauchen sie wesentlich weniger Durchgänge, um die gestellte Aufgabe zu lernen. Bei Primaten tritt die perfekte Imitation manchmal fast sofort auf. Der Überlebenswert dieses »Lernens ohne Versuch« (*Bandura*, 1965) ist ganz offensichtlich, wenn man solche natürlichen Kontingenzen wie Erwerb von Futter und Vermeidung von Räubern betrachtet.

Ausführliche Forschung am Menschen dokumentierte ebenso die bedeutsame Rolle stellvertretender Prozesse. Von der Geburt bis zum Tod werden sehr viele komplexe menschliche Fertigkeiten durch Modelleinflüsse gelernt. Die meßbaren Effekte dieser Einflüsse wurden von *Bandura* (1969, 1971a, b, c, d) kategorisiert und beschrieben.

Zunächst kann eine Person neue Reaktionen durch die Beobachtung des Verhaltens anderer erwerben. Dem Verhaltensrepertoire der Person können neue und komplexe Fertigkeiten häufig schnell hinzugefügt werden. Darüber hinaus können rudimentäre und seltene Verhaltensweisen oft verfeinert und beschleunigt werden. Eine Untersuchung von *O'Connor* (1969) veranschaulicht das beeindruckende therapeutische Potential des geplanten stellvertretenden Trainings. Sozial zurückgezogene Vorschulkinder wurden in einer Spielsituation beobachtet. Die Häufigkeit ihrer sozialen Interaktion während der Vordiagnostik zeigte, daß sie im Gegensatz zu einer Vergleichsgruppe nicht isolierter Kinder soziale Defizite hatten. Der Hälfte der sozial zurückgezogenen Versuchspersonen wurde daraufhin ein Film über ein Kind gezeigt, das allmählich von isolierten zu nicht-isolierten Spielmustern fortschritt mit entsprechender Verstärkung durch die Gleichaltrigen. Die restliche Gruppe isolierter Kinder diente als Kontrolle, und ihr wurde ein sozial neutraler Film gezeigt. Die Effekte des Modellernens über Film werden in Abbildung 4-4 gezeigt. Kinder, die das zunehmend geselligere Modell beobachteten, zeigten einen deutlichen Anstieg der Häufigkeit sozialer Interaktionen.

Das Beobachtungslernen schließt den Erwerb von Information über Zusammenhänge zwischen Reaktion und Konsequenz ebenso ein wie von Komponenten des durchzuführenden Verhaltens. Ein Beobachter kann nicht nur lernen, wie etwas gemacht wird, sondern auch was die wahrscheinlichen Effekte sein werden. Dieser Motivationseffekt wurde wiederholt nachgewiesen (vgl. *Bandura,* 1969, 1971a, d). Wenn ein Modell für ein bestimmtes Verhalten verstärkt wird, werden die Beobachter daraufhin ihre eigene Rate dieses Verhaltens erhöhen. Entsprechend kann eine Reaktion bei einer Person unterdrückt werden, indem man sie die bestrafenden Konsequenzen bei einer anderen Person beobachten läßt. Bei den Effekten der direkten und beobachteten Konsequenzen gibt es bemerkenswerte Parallelen. Personen, die ein intermittierend verstärktes Modell beobachten, zeigen zum Beispiel größere Löschungsresistenz als Beobachter, die kontinuierliche Verstärkung sahen (*Berger & Johansson,* 1968). Der Einfluß stellvertretender Verstärkung und Bestrafung ist jedoch nicht unbegrenzt. *Bandura* (1971d) legt dar, daß Fabrikarbeiter ihre Arbeit nicht fortführen würden, wenn ihre einzige Belohnung die gelegentliche Beobachtung eines Kollegen wäre, der einen Scheck erhält.

Die Bedeutung und klinische Relevanz der Prozesse stellvertretenden Lernens wird vielleicht beim Erwerb und der Eliminierung menschlicher Ängste am deutlichsten gezeigt. Eine enorme Fülle an im Labor gewonnenen und klinischen Nachweisen bescheinigt den mächtigen Einfluß der Beobachtungsmechanismen auf diesem Gebiet. Menschliche Versuchspersonen werden zum Beispiel konditionierte Erregung auf Reize, die mit schmerzhaften Erlebnissen eines Modells gekoppelt wurden, schnell erwerben (z. B. *Berger*, 1962; *Bandura & Rosenthal*, 1966). Also kann der durchschnittliche Fernseher oder Zeitungsleser eine Anzahl beeinträchtigender Ängste durch stellvertretendes klassisches Konditionieren erwerben. Klinische Berichte zeigen die Häufigkeit, mit der Klienten phobische Vermeidungsmuster auf Reize zeigen, mit denen sie nie direkten oder aversiven Kontakt hatten. Viele Flugphobiker flogen zum Beispiel niemals; und obwohl wenige meiner Leser jemals direkt einen schmerzhaften Schlangenbiß

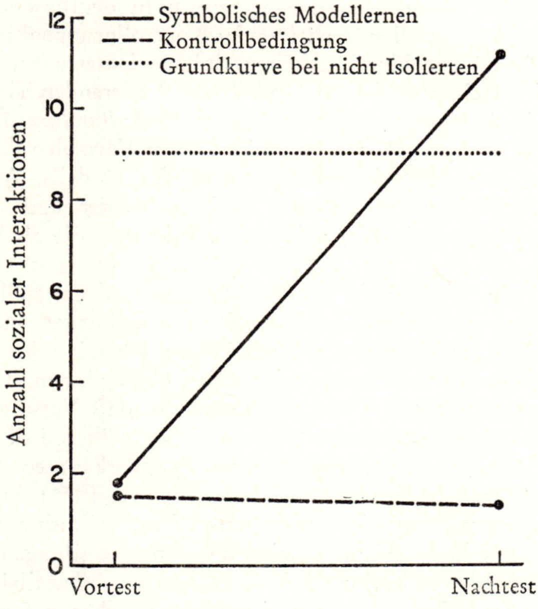

Abbildung 4-4: Durchschnittliche Anzahl sozialer Interaktionen, die von Versuchspersonen unter der Modell- und Kontrollbedingung vor und nach den Experimentalsitzungen gezeigt wurde. Die gepunktete Linie stellt das Niveau der Interaktion dar, die von 26 nicht-isolierten Kindern ausgeführt wurden, die während der Vortestphase der Untersuchung beobachtet wurden. (Nachdruck mit freundlicher Genehmigung aus *O'Connor*, 1969.)

erlebten, ist ihre Reaktion auf eine aus dem Käfig befreite Klapperschlange leicht vorauszusehen.

Genau wie autonome und Vermeidungsreaktionen durch Beobachtung erworben werden können, gibt es reichlich Nachweise, daß sie stellvertretend gelöscht werden können (vgl. *Rachman*, 1972; *Bandura* 1969, 1971b, 1972). *Bandura & Menlove* (1968) verwendeten zum Beispiel bei der Behandlung hundephobischer Kinder eine auf Modellernen basierende Therapie. Nach einer Vordiagnostik wurden die Kinder einer von drei Bedingungen zugewiesen: 1. ein einziges Modell, 2. mehrere Modelle oder 3. Kontrolle. Die Versuchspersonen beobachteten einen Film, der entweder ein einziges Modell oder mehrere verschiedene Modelle zeigte, die fortschreitend bedrohlichere Interaktionen mit Hunden ausführten. Wie in Abbildung 4-5 gezeigt wird, ergab die Erfahrung des symbolischen Modellernens einen deutlichen Anstieg des Annäherungsverhaltens an Hunde. Die Versuchspersonen bei den beiden Modellbedingungen zeigten in deutlichem Kontrast zum nach-experimentellen Verhalten der Kontrollgruppenkinder signifikant weniger Vermeidungsverhalten. Spätere Untersuchungen erweiterten und verfeinerten die auf Modellernen basierenden Therapieverfahren (z. B. *Bandura, Blanchard & Ritter*, 1968; *Bandura*, 1972).

Es wurde gezeigt, daß eine weite Skala von Variablen die stellvertretenden Lernprozesse beeinflußt. Status des Modells, Anzahl der Modelle, Ähnlichkeit von Modell und Beobachter und Aufgabenschwierigkeit sind einige der zahlreichen Faktoren, die als bedeutsam erkannt wurden.

Theoretische Erklärungen des Modellernens und der stellvertretenden Prozesse regten umfassende Forschungsbemühungen an. Eine der widersprüchlicheren Streitfragen beschäftigte sich mit seinen notwendigen Bedingungen und zugrundeliegenden Mechanismen. Theoretiker des nicht-vermittelnden Modells behaupteten, daß Verstärkung eine notwendige Voraussetzung der Imitation wäre, während sie die Nachweise des Beobachtungslernens bereitwillig anerkannten (*Miller & Dollard*, 1941; *Baer & Sherman*, 1964; *Gewirtz*, 1971). Die langfristige Aufrechterhaltung einer nicht verstärkten Imitation war ebenfalls eine Streitfrage. Nicht vermittelnde Ansätze schlugen vor, daß die Handlung der Imitation (d. h. die Erzeugung »paralleler« Reaktionen) wegen früheren Lernens sekundär verstärkende Eigenschaften erwirbt. Der Organismus entwickelt deshalb das, was »generalisierte Imitation« genannt wird – eine hohe Wahrscheinlichkeit zukünftigen imitierenden Verhaltens (sogar bei neuen Aufgaben). Diese Hypothese wurde jedoch kürzlich durch Nachweise über diskriminative Imitation in Frage gestellt. *Bandura & Barab* (1971) zeigten, daß Kinder bei ihrer Imitation eines Modells nicht wahllos uneingeschränkt sind. Wenn sie anfänglich auch ihre parallelen Reaktionen generalisieren

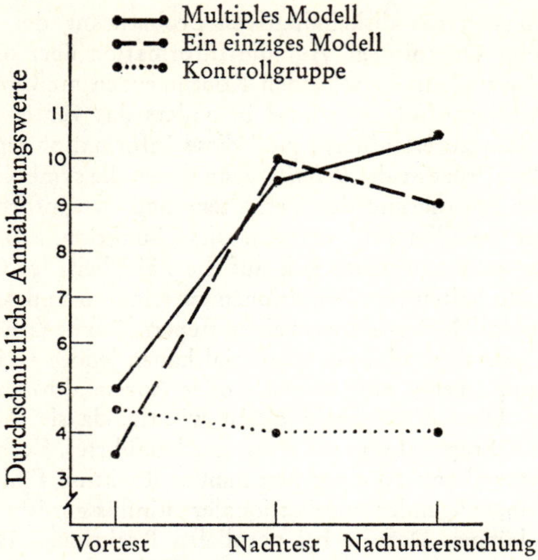

Abbildung 4-5: Median-Werte von Annäherung an Hunde, die von Kindern erreicht wurden, die entweder eine Bedingung mit einem einzigen Modell oder mehreren Modellen erhielten oder an einer Kontrollbedingung teilnahmen. (Nachdruck mit freundlicher Genehmigung aus *Bandura & Menlove*, 1968.)

mögen und im wesentlichen jedes vorgegebene Verhalten ausführen, entwickeln sie Diskriminationen und imitieren selektiv, wenn kontingente Verstärkung nur für bestimmte parallele Reaktionen gegeben wird.

Tatsächlich ist der »nicht-vermittelnde« Ansatz des Beobachtungslernens nicht nur unangemessen, sondern implizit auch vermittelnd. Er gibt an, gegenwärtige imitierende Verhaltensweisen durch Verstärkungskontingenzen zu erklären, aber gibt keine angemessene Erklärung der anfänglichen Erwerbungsprozesse. Überdies sind die Erklärungen der unverstärkten Imitation und der Parallelisierung neuer Reaktionen weit davon entfernt, nicht vermittelnd zu sein, wenn sie eine gefolgerte Prädisposition annehmen (»generalisierte Imitation«).

Banduras Ansatz des sozialen Lernens der stellvertretenden Prozesse erhielt umfassende empirische Unterstützung und zeigte beträchtliche Relevanz für therapeutische Anwendungen (vgl. *Bandura*, 1969a, b, c, d, 1972, 1973; *Rachmann*, 1972). Nach dieser Ansicht sind zumindest vier Teil-Prozesse beteiligt. *Aufmerksamkeits*prozesse haben eine Funktion bei der diskriminativen Beobachtung der Verhaltensweisen anderer Organismen. Auf die Information über die erforderliche Reaktion und die bestehenden Kontingenzen muß geachtet werden. Um das darauffolgende (und besonders das verzögerte) imitierende Verhalten zu erleichtern, muß diese Information irgendwie behalten werden. Prozesse des *Behaltens*, an denen die symbolische Kodierung und die Speicherung des Verhaltens und der Information über Kontingenzen beteiligt sind, erfüllen diese Funktion. *Motorische Reproduktions*prozesse beziehen sich auf die Fähigkeit des Organismus, symbolische Verhaltensrepräsentationen zu erinnern und anzuwenden, die offene parallele Verhaltensweisen steuern können. Erwerbungs-, Gedächtnis- und Reproduktionspotential haben jedoch geringe praktische Bedeutung, wenn *motivationale* oder Anreizfaktoren nicht vorhanden sind. Diese Unterscheidung ist wichtig, da sie direkte Tragweite für die Frage »Lernen versus durchgeführtes Verhalten« hat. Ein Organismus kann zu einer bestimmten Reaktion fähig sein, aber sie wegen ungenügender motivationaler Einflüsse nicht ausführen. Theoretisch können Defizite bei parallelen Reaktionen Defiziten bei einem oder mehreren der obengenannten Teil-Prozesse zugeschrieben werden.

Der Ansatz des sozialen Lernens stellvertretender Prozesse ist deshalb bemerkenswert, da er sowohl umfassend als auch weitgehend durch die bestehenden Nachweise gestützt wird. Wie wir in einem späteren Kapitel sehen werden, verwertet *Bandura* stark die Forschung und Theorie auf dem Gebiet der Informationsverarbeitung. Er integriert ebenso Komponenten des zentralen, somatischen und autonomen Nervensystems auf eine Weise, die komplexe und reziproke Interaktionen zuläßt.

Es kann kaum Zweifel darüber geben, daß das nicht-vermittelnde Modell viel zu unserem vorläufigen Verständnis der Lernphänomene beigetragen hat. Die Grundprinzipien und Grundlagenforschung, die durch dieses Modell geschaffen werden, stellen eine feste empirische Grundlage dar für umfassendere Analysen. Wie jedoch durch die in diesem Kapitel zusammengefaßte Forschung gezeigt wird, stellen immer mehr Nachweise die Angemessenheit des nicht-vermittelnden Modells ernsthaft in Frage. Untersuchungen der vermittelten Reiz-Transformation, der semantischen Konditionierung und Generalisierung, der symbolischen Selbstreizung, der Bewußtheit und der stellvertretenden Lernprozesse haben Daten bereitgestellt, die nicht leicht zu dem Input-Output-Grundschema passen. Sowie man den Phänomenen strenge Einfachheit auferlegen will, äußern die empirischen »Realitäten« lauten Widerspruch.

Der Verhaltenswissenschaftler hat die Wahl. Er mag dem konventionellen und lange respektierten Modell anhängen, das bei dem

Wachstum und der Anwendung der zeitgenössischen Verhaltenstherapie eine so wesentliche Rolle spielte. Dabei könnte er unter zunehmenden Druck gesetzt werden (besonders durch seine Daten), Phänomene zu ignorieren oder zu verzerren, die nicht in dieses Modell passen. Da diese Verzerrung zu einem schon fehlbaren Datenverarbeitungssystem hinzukommt, dürfte das bei unseren wissenschaftlichen Bestrebungen sehr wohl eine übertriebene und kostspielige Möglichkeit sein. Die zweite Möglichkeit, die von einer zunehmenden Zahl von Forschern verfolgt wird, ist die, das Modell zu revidieren.

Wissenschaftliche Kenntnis schreitet durch konkurrierende Paradigmen und praktische Überprüfungen voran (*Kuhn*, 1962; *Lakatos & Musgrave*, 1970). Als Verhaltenswissenschaftler werden wir uns angesichts der menschlichen Komplexität unserer Ignoranz mehr und mehr bewußt. Dies spiegelt einen sich entwickelnden Selbstzweifel auf der Suche nach psychologischem Wissen wider. Wir können erwarten, daß dieses Paradox fortbesteht: wie unser Wissen muß auch unsere Ignoranz zunehmen. Auftauchende Grenzen und andauernde Dilemmata werden unseren intellektuellen Appetit noch für lange Zeit nähren. Die wissenschaftliche Befriedigung wird weiterhin eher von Fragen als von Antworten, von der Suche eher als von den Schlüsseln herrühren. Diese andauernde Wißbegierde und allseitige Selbstüberprüfung sind die Kennzeichen einer empirischen Perspektive:

> Menschen, die übermäßig an ihre Theorien oder Ideen glauben, sind nicht nur schlecht darauf vorbereitet, Entdeckungen zu machen; sie machen auch sehr dürftige Beobachtungen (*Claude Bernard*, 1865, S. 38).

Der Überlebenswert des nicht-vermittelnden Modells ist fragwürdig, wenn man prüft, wie es zu den Daten paßt. Bei unserem Paradigma ist ein evolutionärer Fortschritt lange überfällig. Die Vermittlungsmodelle, die wir nun untersuchen werden, können unser Verständnis des komplexen menschlichen Verhaltens in Richtung auf eine besser angepaßte Begrifflichkeit verändern.

5. Kapitel

Messung und Theorie in den vermittelnden Verhaltensmodellen

Bevor wir einige der gegenwärtigen Vermittlungsmodelle untersuchen können, müssen wir hinsichtlich ihrer Evaluierung zu einer Übereinstimmung kommen. Wie können wir entscheiden, welches Modell oder welche Modelle angemessener sind? Diese Evaluierung erfordert zwei grundlegende Überlegungen: 1. unser Vertrauen zu den Daten, die ein bestimmtes Modell unterstützen, und 2. unsere Einschätzung, wie angemessen das Modell als formales theoretisches System ist. Die erste Überlegung bezieht sich auf die Methodik oder Messung: welche Daten liefern den vermittelnden Variablen Bestätigung? Die zweite Überlegung behandelt die formalen wissenschaftlichen Kriterien für Theoriebildung. Wir wollen uns jetzt diesen beiden Gebieten kurz zuwenden.

Die meisten verdeckten Vermittler, die von kognitiven Behavioristen in Anspruch genommen werden, unterscheiden sich von traditionellen psychologischen Schlußfolgerungen auf unterschiedliche und signifikante Art (*Mahoney*, 1970). Zunächst erhalten verdeckte Vermittler oft den Status einer impliziten »Reaktion«, wodurch ihre spezielle Funktion in manchen Zusammenhängen verdeutlicht wird. Durch die eindeutige Beschreibung der Rolle eines Vermittlers wird es leichter, seinen Beitrag zur Verhaltensanalyse empirisch zu evaluieren. Im Gegensatz zu der oft ausgiebigen Sequenz untereinander unabhängiger Schlußfolgerungen, denen man bei psychoanalytischen Persönlichkeitstheorien oft begegnet, ist ein zweites Unterscheidungsmerkmal, daß Schlußfolgerungen in der kognitiven Verhaltensmodifikation im allgemeinen direkter und unmittelbarer sind. Oft ist der Sprung nur eine einfache, einstufige Schlußfolgerung (z. B. vom mündlichen Bericht zur verdeckten Reaktion). Eine andere Unterscheidung besteht darin, daß man sich der vermittelnden Variablen, die von traditionellen Perspektiven vorgeschlagen wurden, nicht bewußt ist. Libidinöse Besetzungen und unterdrückte Impulse entziehen sich sogar der Einsicht ihrer Träger. Außer in bemerkenswerten Ausnahmen, nämlich im Bereich der Informationsverarbeitung, sind die meisten erschlossenen Vermittler in der kognitiven Verhaltensforschung von »einem Publikum von einer Person« zu beobachten (der Person, die sie erfährt). Sie müssen von ihrem Träger aber nicht erschlossen werden.

Schließlich unterscheiden sich traditionelle, tiefenpsychologische Vermittler von den erschlossenen Variablen, die in diesem Buch besprochen werden, durch deren Manipulierbarkeit bei der experimentellen Forschung. Persönlichkeitsattribute und anlagebedingte Persönlichkeitszüge werden meistens als statische Substrate angesehen, um ausgeführtes Verhalten zu erklären. Kognitive Vorgänge werden andererseits als komplizierte Verhaltensmuster angesehen; man kann sie messen (wenn auch indirekt), und ihren Einfluß auf Verhalten kann man durch systematische experimentelle Manipulation vorhersagen und kontrollieren.

Abhängige Variablen in der Vermittlungsforschung

Hinsichtlich der Messung sind einige abhängige Variablen, die in der kognitiven Verhaltensforschung verwendet werden, eines kurzen Blicks vorweg wert. Einige Vermittler werden vom Stimulus-Input erschlossen; andere werden von verschiedenen ausgeführten Verhaltensweisen abgeleitet. Die logischen Vorgänge bei diesen beiden Sprüngen sind sehr unähnlich und müssen noch weiter betrachtet werden. Nach *Reese* (1971) heißt es, »wenn vermittelnde Reaktionen auf Grund des verwendeten Stimulusmaterials erschlossen werden, ist die Schlußfolgerung deduktiver Natur« (S. 25). Wenn die Schlußfolgerung auf ein beobachtbares Verhalten zurückzuführen ist, behauptet *Reese*, sei sie nicht deduktiv. Er analysiert weiterhin einige logische Operationen, die bei der erschlossenen Vermittlung vorkommen. Deduktive Schlußfolgerungen tragen natürlich ein beträchtliches Risiko, wenn ihre Obersätze mehrdeutig sind. Induktive Schlußfolgerungen sind auch begrenzt, dennoch lassen sie sich meistens durch kumulative Wiederholung und selbst-korrigierende Verfeinerung zumindest teilweise verbessern.

Bei der erschlossenen Vermittlung ist es ein häufiger logischer Irrtum, »den Folgesatz als Behauptung einzuführen«. Einen vermittelnden Effekt, der noch zu beweisen ist, kann man nicht zur deduktiven Rechtfertigung seiner selbst verwenden. Wenn beobachtet wird, daß A B verursacht, können nachfolgende Beobachtungen von B nicht die Schlußfolgerung auf A nötig machen. Man kann beispielsweise behaupten, daß verdeckte Übung die Erinnerung verbessert. Wenn man Verfahren eingesetzt hat, um solche Übung hervorzurufen, zeigt es sich, daß die Beobachtung des verbesserten Verhaltens mit dem erschlossenen Vermittler übereinstimmt – aber kein Beweis für seine Existenz ist.

Die wichtigste Eigenschaft zur Rechtfertigung einer Schlußfolgerung ist unser zunehmendes Vertrauen in ihre empirische Nützlichkeit. Wissenschaftliche Erkenntnis wächst zusammen mit unserem bedingten

Vertrauen in die Daten und in unsere Interpretationen davon. Alles-oder-Nichts-Klassifikationen sind bei diesem induktiven Bemühen fehl am Platz. Erschlossene Variablen sind weder gut noch schlecht, gerechtfertigt oder nicht. Die Möglichkeit, sie zu verwenden, wird vielmehr entlang eines Nützlichkeits-Kontinuums evaluiert — wir bewerten unser relatives Vertrauen in ihre Nützlichkeit.

Es folgen einige allgemeine bekannte Kategorien von unabhängigen Variablen, die bei der kognitiven Verhaltensforschung verwendet werden.

1. *Vermittler-induzierte Leistungsunterschiede.* Die Erinnerung an Items in einem Gedächtnisexperiment kann man durch die Instruktionen, wie diese Items zu vermitteln oder zu behalten sind, beeinflussen. Man kann mindestens zwei Schlußfolgerungen ziehen – die eine bezieht sich auf tatsächliche Unterschiede der Vermittlungsstrategie, die durch Instruktionen zustande kamen, die andere betrachtet beobachtbare Leistungsunterschiede, die man diesen variierenden Vermittlern zuschreiben kann. Die Verhaltensunterschiede können durch die Größe, Art, Latenz und Dauer der Reaktion gemessen werden.

2. *Physiologische Korrelate.* Bei der Forschung über erregungsinduzierende Gedanken und Vorstellungsbilder werden oft Maße des Atems, des Hautwiderstandes (PGR), der kardiovaskulären Veränderungen, des Penisvolumens usw. verwendet. *Mc Guigan & Schoonover* (1973) beschreiben diese Forschung. Die duale Input-Output-Schlußfolgerung wird wieder verwendet.

3. *Kettenelemente.* Wenn man vermutet, daß ein verdecktes Ereignis ein anfängliches Glied in einer Reaktionskette darstellt, so ist das (beobachtbare) Schlußglied in der Kette oft als indirekter Hinweis darauf zu verwenden. Von zwanghaftem Verhalten nimmt man beispielsweise oft an, es wäre das Ergebnis von zwanghaften Grübeleien, wie etwa bei jemanden, der aus Angst vor Beschmutzung Händewaschrituale ausführt. Wenn Verfahren zur Modifikation von verdeckten Elementen einer Kette bei späteren offenen Elementen Veränderungen bewirken, ist eine Schlußfolgerung zu einem gewissen Grad berechtigt.

4. *Selbst-Berichte.* Wenn jemand berichtet, er habe ein verdecktes Ereignis erfahren, nimmt man diesen Bericht als indirekte Beweisquelle für sein Vorkommen. Der Grad des Vertrauens zu diesem Maß wird durch zahlreiche andere Faktoren beeinflußt – Elemente, die vielleicht zur Täuschung, zu zusätzlichen Beweisen der Vermittler, usw. Anlaß geben könnten.

5. *Nichtverbale Verhaltenskorrelate.* Viele verdeckte Phänomene werden aufgrund korrelierender Verhaltenselemente erschlossen, wie etwa Körperhaltung, Aktivierungsniveau, Blickkontakt, Sprechge-

schwindigkeit, Mimik, usw. Die neuere Depressionsforschung wies beispielsweise auf systematische Kovariationen zwischen einigen dieser Maße und anderen Merkmalen der Depression hin (z. B. *Williams, Barlow & Agras,* 1972).

Das entscheidende Problem, wenn die Genauigkeit von Messungen zum Erfassen erschlossener Variablen evaluiert wird, besteht darin, daß kein einziges Kriterium zur Verfügung steht. Da ein verdecktes Ereignis laut Definition nicht beobachtet werden kann, müssen Messungen davon natürlich indirekter Art sein. Selbstverständlich kann man »konvergierende Vertrauensgründe« in dem Maße beanspruchen, in dem ein erschlossener Vermittler in verschiedenen Verfahrensweisen und Verhaltensmaßnahmen impliziert ist. Die endgültige Beurteilung hängt jedoch von seiner Nützlichkeit und weniger von seiner epistemologischen Eleganz ab. Sollte der Vermittlungstheoretiker angesichts dieses etwas unordentlichen Dilemmas Zuspruch brauchen, findet er vielleicht durch die Worte von *Williard F. Day* Trost:

> Das ärgerlichste Problem, auf das man bei der Analyse der Rolle der privaten Ereignisse in der Verhaltenskontrolle stößt, ist für viele Behavioristen, daß, unabhängig von den Ereignissen aus der Umwelt und dem tatsächlich oft so aufgefaßten Verhalten, private Ereignisse anscheinend auf keine beobachtbare Art und Weise zu beobachten sind, wie etwa öffentliche Ereignisse. Andererseits möchte ich für meinen Teil dazu sagen, daß von einem psychologischen Gesichtspunkt öffentliche und private Ereignisse in ähnlicher Weise zu beobachten sind, wenn sie überhaupt beobachtbar sind, und daß methodische Probleme anscheinend daher kommen, daß wir eine falsche Auffassung davon haben, wo genau der wissenschaftliche Vorteil kontrollierter Experimente liegt (1971, S. 2).

Evaluierung der Theorie (des Modells)

Wir stehen vor viel zu vielen Modellen, die die Prinzipien des komplizierten menschlichen Verhaltens angeblich angemessen integrieren und vorhersagen. Wissenschaftler aus anderen Disziplinen heben tatsächlich oft hervor, daß Psychologen anscheinend eine starke Neigung dazu haben, leidenschaftlich Modelle aufzustellen. Diese theoretische Fruchtbarkeit wird durch verschiedene mögliche Einflüsse angetrieben. Einerseits könnte es daran liegen, daß die professionellen Futterpillen in unseren großen Versuchskäfigen großzügiger für theoretisches als für empirisches Bemühen verteilt werden. Die Psychologie ist aus ihrer philosophischen Tradition noch nicht völlig hinausgewachsen. Außerdem beschäftigt sie sich mit einem Gebiet, das der Interpretation und Ausschmückung sehr dienlich ist: wir haben eine seltene und oft unbequeme Verantwortung, da wir gleichzeitig Urheber und Gegenstand unserer eigenen Untersuchung sind.

Ein zweiter Faktor, der das Theoretisieren antreibt, ist Unwissenheit, ein Artikel, den wir in großem Überfluß besitzen. Wir dichten schnell etwas hinzu, wenn wir uns mit etwas in dieser Welt nicht auskennen. Damit kommen wir zum dritten Einfluß, der in einer aktiven Tendenz besteht, unsere Erfahrungen zu organisieren und ihnen »einen Sinn zu geben«. Es gibt jetzt eine sehr umfangreiche Literatur, die von der Wahrnehmung, der Philosophie, dem menschlichen Lernen bis zur Persönlichkeitstheorie reicht, und diese theoretische Einstellung unterstützt, nämlich unsere Welt zu integrieren, darüber Hypothesen aufzustellen und sie zu organisieren, je nach unseren impliziten und expliziten theoretischen Modellen (z. B. *Kelly*, 1955; *Kuhn*, 1962; *Neisser*, 1967; *Dulany*, 1968). Psychologen nehmen bei der Konstruktion von Modellen keine Monopolstellung ein – sie scheint eine Eigenschaft fast bei jedem Erwachsenen zu sein. *Jahoda* (1969) sagt: »Die Suche nach Ordnung, Regelmäßigkeit und Sinn ist eine allgemeine Eigenschaft menschlicher Denkprozesse. Es ist eine unserer wichtigsten Formen der Anpassung in unserer ewig wechselnden Welt« (S. 144 bis 145).

Vielleicht sollte man darauf hinweisen, daß diese »aktive Tendenz« zum Theoretisieren dem Organismus nicht unbedingt *innewohnt*. Abgesehen von offensichtlichen physiologischen Begrenzungen tragen viele Einflüsse des sozialen Lernens zur Bildung von Modellen bei. Wenn wir uns in der Kindheit das Symbol-(Sprach-)System unserer Kultur aneignen, lernen wir gleichzeitig einige Regeln (d. h. Kontingenzen), die sich auf ihre Anwendung beziehen. »Konsistenz« und »einen Sinn geben« werden oft als Modell vorgegeben und verstärkt; »logische« Beziehungen erhalten häufig eine sehr positive Bewertung. Wir lernen Hypothesen über wirkliche Kontingenzen aufzustellen, um die Konsequenzen unserer Handlungen vorherzusagen und zu antizipieren. Wenn unsere privaten Hypothesen den tatsächlichen, externen Kontingenzen sehr ähnlich sind, wird unser Verhalten meistens großzügiger verstärkt. Wir stellen dann Theorien auf, um unsere aus vergangenen Erfahrungen stammenden Erkenntnisse zu behalten – Erkenntnisse, die eine wichtige Rolle spielen, um zukünftiges Verhalten zu lenken.

Die Welt vorhersagbar zu machen, ist jedoch nicht einzige Motivation, um Modelle zu bilden. Wie wir in einem späteren Kapitel sehen werden, haben wir wesentliche Evidenz für unsere beschränkte Kapazität in der Verarbeitung von Information. Theorien funktionieren wie Kondensatoren – sie reduzieren die unendlich komplizierten Erfahrungen auf eine rationalisierte Menge von Regeln. Die Theoriebildung hat also einen ökonomischen Vorteil. Angenommen ein Modell faßt die grundlegenden und wichtigsten Beziehungen eines Phänomens entsprechend zusammen, können wir es anwenden, um unser

Verhalten zu lenken. Im wesentlichen sind unsere privaten Theorien kristallisierte Kontingenzen – symbolische Abbildung einer verkürzten Realität. Vorausgesetzt, daß Regeln richtig wiedergeben, »wie die Dinge sind«, sind die Vorteile des von Regeln gesteuerten Verhaltens offensichtlich:

> Das Verhalten einer Person, die ihre Chancen eingeschätzt, ihre Alternativen abgewogen oder die Konsequenzen einer Handlung erwogen hat, ist anders, und meistens wirkungsvoller als das Verhalten von jemandem, der nur den nicht-analysierten Kontingenzen ausgesetzt war (Skinner, 1969, S. 121–122).

Die unverhältnismäßig große Menge an Theorien in der Psychologie stammt vielleicht eher von den relativ komplizierten Zusammenhängen und dem Unwissen auf diesem Gebiet, und weniger von den wunderlichen Tendenzen, die die Verhaltensforscher in bezug auf Spekulationen einnehmen. Dessenungeachtet besteht jedoch wenig Zweifel, daß sich gegenwärtig die Psychologen mehr wegen ihrer Modelle als wegen ihrer Daten brüsten. Die schwierige und oft ermüdende Arbeit bei gut kontrollierten Experimenten stellt spärliche professionelle Anerkennung in Aussicht. Auch wenn sich der Verhaltensforscher von der Theoriebildung zur Forschung wendet, bleibt letzteres häufig auf Untersuchungen beschränkt, die Neuerungen einführen oder für das Modell wichtig sind. Nur selten wird die sorgfältige Arbeit bei der Wiederholung und Verbesserung von Experimenten und die unschätzbare Bedeutung von »negativen Ergebnissen« anerkannt. Die kreativen Theoretiker (die »Lehnstuhl-Sportler« in der Psychologie) erhalten eher professionelle Anerkennung als die experimentellen Forscher, die sich jahrelang mit mühseliger Replikation und parametrischer Forschung abmühen. Seltsamerweise halten unsere Fachzeitschriften »negative« experimentelle Ergebnisse für weniger informativ als »positive«, und dementsprechend berichten oder verfolgen die Forscher nur eine ausgewählte Minderheit an Problemstellungen.

Das Dilemma liegt nicht beim Theoretisieren an und für sich, sondern in der relativen Bewertung der Modellbildung im Gegensatz zur explorierenden Forschung. Viele Einwände, die *Skinner* (1950) gegen die vorschnelle Erzeugung von Theorien erhob, sind hier von Bedeutung. Es sollte nochmal wiederholt werden, daß *Skinners* klassische Schrift über die Nützlichkeit von Lerntheorien häufig falsch interpretiert wurde. Weit davon entfernt ein »Anti-Theoretiker« zu sein, hat er ausdrücklich anerkannt, daß Theoretisieren beim menschlichen Verhalten notwendig ist, und er selber hatte auch eine beträchtliche Menge davon anzubieten (vgl. *Skinner* 1969). Streng philosophisch gesehen ist es fraglich, ob irgendeine empirische Forschung völlig untheoretisch sein kann. Der Forscher hegt immer irgendwelche impliziten

Erwartungen, die seine Arbeit beeinflussen. Zusätzlich zu den Einwänden gegen die Ebenen der Analyse (vgl. Kapitel 3) wendet sich *Skinner* gegen die Kurzsichtigkeit, die durch die formale theoretische Einstellung herbeigeführt wurde. Wir tendieren dazu, nach Dingen zu suchen, die wir zu finden erwarten, und solche Dinge zu übersehen, die nicht in unser Modell hineinpassen. »Gib einem kleinen Jungen einen Hammer, und er wird der Ansicht sein, alles, was er antrifft, müßte mit dem Hammer bearbeitet werden« (*Kaplan*, 1964, S. 28). *Skinner* weist mit Recht darauf hin, daß dieses theoretische Vorurteil nicht nur das, was wir suchen, einschränkt, sondern auch das, was wir finden, und wie wir es interpretieren. Solche Befangenheit führt offensichtlich in einer so jungen und elementaren Wissenschaft wie der Psychologie zu einem Rückschritt.

Dann sehen wir uns einem Dilemma gegenüber. Die Menschen scheinen eine Neigung zu haben, Hypothesen und Theorien über ihre Welt aufzustellen. Bis zu einem bestimmten Grade dient diese Tendenz der Anpassung. Unsere Theorien beeinflussen uns jedoch hinsichtlich der Art, wie wir mit unserer Welt umgehen. Unsere Vorurteile enstehen durch unsere theoretische Brille. Die einzige Lösung scheint durch einen Kompromiß zustande zu kommen: wir müssen unsere Modelle untersuchen und bewerten, um zu bestimmen, wie nützlich und adaptiv sie sind. Noch wichtiger ist es, für Revisionen unserer Theorien ständig offen zu sein, was uns durch spätere Erfahrung abverlangt wird; wir müssen auch ständig anerkennen, daß sogar *diese* Erfahrung durch unsere theoretischen Annahmen verzerrt wurde.

Die formalen Kriterien zur Evaluierung einer Theorie sprengen den Rahmen dieses Textes (vgl. *McGeogh*, 1933; *Estes* et al., 1954; *Kuhn*, 1962, 1970a, b; *Marx & Hillix*, 1963; *Turner*, 1967; *Popper*, 1972). Einige allgemeine praktische Richtlinien können jedoch kurz angemerkt werden. Zwei umfassende Gesichtspunkte können untersucht werden: 1. die formalen symbolischen Aspekte einer Theorie (d. h. ihre Begriffe, Postulate usw.), und 2. ihre empirische Angemessenheit (d. h. Zusammenfassung des vorhandenen Wissens, heuristische Vorhersagen, usw.). Ich schlage hier eine Dichotomie vor, bei der die erste Kategorie Zusammenhänge zwischen theoretischen Konzepten behandelt, während sich die zweite mit der Übereinstimmung zwischen Theorie und Daten beschäftigt.

Ganze Bände wurden der formalen Struktur und Evaluierung von Theorien gewidmet. Obwohl eine langatmige Abschweifung in die Analyse von Systemen uns zu weit vom gegenwärtigen Thema führen würde, glaube ich, daß eine kurze Zusammenfassung uns die Untersuchung der nachfolgenden Modelle erleichtern wird.

1. Begriffliche Aspekte einer Theorie

Von der formalen Systemanalyse her betrachtet, wird ein theoretisches Modell oft aufgrund von verschiedenen begrifflichen Kriterien evaluiert. Dazu zählen a) die symbolische Struktur b) die Terminologie c) Voraussetzungen oder Vorannahmen d) interne Konsistenz e) Beziehungsregeln und f) Ableitungen mit Vorhersagecharakter.

Die *symbolische Struktur* eines Modells ist seine übergreifende begriffliche Architektur. Ist es vertikal (d. h. hierarchisch) auf verschiedenen grundlegenden Axiomen aufgebaut, oder breitet es sich horizontal über gleichermaßen gewichtete Prinzipien aus?

Die *Terminologie* spielt bei der formalen begrifflichen Analyse einer Theorie eine entscheidende Rolle. Hat sie eine eindeutige Ausdrucksweise? Werden sowohl unabhängige als auch abhängige Variablen in der »Datensprache« ausgedrückt, d. h. durch Verfahren erklärt, die der objektiven oder quantifizierbaren Messung zugänglich sind? Die Betonung liegt in dieser Hinsicht auf ihrer Kommunizierbarkeit. Strenges Haften an einem formalen Operationalismus (*Bridgman*, 1927) ist auf Grund der anerkannten Begrenzung dieser Perspektive selten erforderlich (vgl. *Langfeld*, 1945; *Bridgman*, 1954; *Benjamin*, 1955; *Plutchik*, 1963).

Die *Voraussetzungen oder Vorannahmen* eines Modells sind natürlich zu seiner Evaluierung sehr wichtig. Viele theoretische Kontroversen lassen sich auf der Diskussion unterliegende Annahmen reduzieren. Das gilt besonders für die Bereiche der Philosophie, Religion und Ethik.

Die *interne Konsistenz* einer Theorie bezieht sich auf ihr begriffliches Haushalten. Wenn sich Postulate oder Prinzipien innerhalb des Modells widersprechen, ist die logische Kohärenz des Systems in Frage gestellt. Zur Erläuterung sei ein Beispiel aus der Religionsphilosophie angeführt. Ein Modell, das vorgibt die Existenz Gottes zu beweisen, kann diese Behauptung nicht gleichzeitig durch a) Hinweise auf »Ordnung« und »Plan« im Universum (das teleologische Argument) und b) durch Beispiele von Abweichungen von dieser Ordnung (Wunder), verteidigen.

Die *Beziehungsregeln* bestimmen die logischen Operationen, welche die theoretischen Konzepte oder Prinzipien verbinden. Diese Regeln treten oft in Form von technischen symbolischen Operationen auf, und reichen von Deduktion und Induktion bis zu Verfahren wie Äquivalenztransformationen, Transitivität, kommutativen Regeln, usw.

Ableitungen mit Vorhersagecharakter sind die Brücke zwischen Theorie und Realität. Hier liegt der Punkt, an dem das Modell »seinen Kopf herausstreckt«. Theoretisch abgeleitete Vorhersagen liefern empirische Möglichkeiten, um dieses Modell zu testen. Wie schon an früherer Stelle gesagt wurde, isolieren sich allzu viele Theorien selber von den Daten, da sie keine eindeutigen Vorhersagen machen können. Dieses Kriterium ist daher bedeutender für die begriffliche Angemessenheit eines Modells.

2. Empirische Angemessenheit einer Theorie

Die zweite grundsätzliche Frage bei der Evaluierung eines Modells beschäftigt sich mit seiner »Beziehung zur Realität«. Wie gut bildet es die Zusammenhänge in der Realität ab und wie gut sagt es sie voraus? Verschiedene Kriterien werden wieder angeführt, von denen die grundsätzlichsten a) zusammenfassende Erklärung, b) heuristische Vorhersage und c) Datensensibilität sind.

Einer der wichtigsten Punkte bei der Evaluierung von Theorien ist die *Zusammenfassung*. Stimmt das Modell mit unseren gegenwärtigen Erkenntnissen überein? Umfaßt es einen großen Bereich bewiesener Zusammenhänge? Kann es bekannte »Tatsachen« auf nützliche Art reduzieren (zusammenfassen)? Anders ausgedrückt, »erklärt« das Modell das, was wir schon wissen? Wegen eines persönlichen philosophischen Vorurteils – nämlich daß die Wissenschaft nicht erklären, sondern nur beschreiben kann – zögere ich hier den Begriff »erklären« zu verwenden. Vorhersagen und Erklärungen sind beide formale Beschreibungen, wobei Vorhersagen dem fraglichen Ereignis vorausgehen. Auch wenn man zeigen kann, daß ein Satz eine logische Konsequenz von Postulaten, Prinzipien oder Gesetzen ist, bekommt man dadurch keine Antwort auf die Frage »warum?«. Ich werde mich jedoch der Tradition beugen und den Begriff »Erklärung« anwenden, um auf die Beschreibung von Zusammenhängen hinzuweisen. Es genügt die Erklärung, daß Modelle oft aufgrund ihrer Fähigkeit, bekannte oder beobachtete Zusammenhänge zu begründen (zu erklären oder zu beschreiben), evaluiert werden.

Bei einem zweiten empirischen Kriterium geht es um die Frage der *heuristischen Vorhersage*. Das Modell sollte nicht nur Vorschläge hervorbringen, die durch die empirische Forschung Unterstützung finden, sondern es sollte auch Zusammenhänge vorhersagen, die vorher nicht vorhergesagt wurden. Das bedeutet, daß die Theorie aufgrund des neuen Wissens, zu dem sie Anregung gab, bewertet werden kann. Das Modell sollte bestehende Phänomene nicht nur ebenso gut (oder sogar noch besser) als rivalisierende Modelle zusammenfassen (erklären), sondern es sollte auch aufgrund empirisch bestätigter neuer Vorhersagen unser Verständnis verbessern.

Das letzte Beurteilungskriterium ist die *Datensensibilität*. Das Modell soll durch eine bestimmte Form objektiven Experimentierens oder Beobachtens für die Realitätsüberprüfung offen sein. Obwohl man ein strenges Festhalten an der Falsifikation nicht logisch verteidigen kann (vgl. Kap. 16), muß meistens die Beurteilung von Theorien auf Daten beruhen. An manchen(m) Punkt(en) muß das Modell zur Realität in Beziehung stehen und diese Beziehungen sollten auf eine gewisse Kongruenz und Verträglichkeit zwischen Modell und Realität hinweisen: »Wenn man die experimentelle Methode allein betrachtet, stellt sie nichts anderes als eine Beweisführung dar, wobei wir unsere Ideen auf methodischem Weg der Erfahrung zugänglich machen (*Claude Bernard,* 1865, S. 2).

Die Evaluierung eines Modells hängt nicht nur von seiner Sensibilität für Daten ab, sondern auch von den Arten der Daten, die auf das Modell zu beziehen sind. Bei wissenschaftlichen Bemühungen versucht man Erfahrungen zu integrieren, die sich enorm unterscheiden können in bezug auf ihre Glaubwürdigkeit. Manchmal ist Wissenschaft eine kumulative Täuschung – ein lose organisiertes System populärer Vermutungen darüber, »wie die Dinge sind«. Sie ist kumulativ, weil unsere Theorien oft aus vorherigen Paradoxien hervorgehen*. Da sich viele unserer Ausgangsstellungen als sehr ungenau erweisen, zeigt sich oft, wie irreführend sie sind.

Der empirische Status eines Modells konzentriert sich hinsichtlich der Daten auf zwei Aspekte: 1. unser Vertrauen auf die Genauigkeit der existierenden Daten, und 2. die Kompatibilität dieser Daten mit dem Modell. Verschiedene Arten von Daten garantieren verschiedene Grade von Vertrauen. Obwohl es keine absoluten Maßstäbe gibt, um festzustellen, wieviel Vertrauen durch die verschiedenen Arten von Daten gerechtfertigt ist, kann man versuchen, einige Verallgemeinerungen zu machen. Wie schon an anderer Stelle (*Thoresen & Mahoney,* 1974) deutlich wurde, wächst unser Vertrauen auf eine bestimmte Reihe von Daten durch:

1. eine »objektive« Definition der unabhängigen und abhängigen Variablen (z. B. Behandlungsverfahren und Messungen der Ergebnisse);
2. eine objektive und möglichst quantifizierte Messung der unabhängigen Variablen;
3. eine objektive und möglichst quantifizierte Messung der abhängigen Variablen;
4. Beobachtung der abhängigen Variable mit und ohne unabhängige Variablen (z. B. mit Gruppenvergleich oder Einzelfallplänen);
5. das Vorhandensein von langfristigen Follow-up-Daten;
6. unabhängige Replikation; und
7. die Evaluierung und Kontrolle möglicher äußerer Einflüsse (z. B.

* Wir sollten hier vorsichtig sein und nicht annehmen, daß wissenschaftliche Erkenntnis eine ordentliche Anhäufung von »Tatsachen« darstellt. In Kapitel 16 werden wir sehen, daß diese Perspektive durch die Historiographie der Wissenschaft ernsthaft in Frage gestellt wird.

Erwartungen der Versuchspersonen, Voreingenommenheit des Versuchsleiters, usw.).

Während das Fehlen dieser Faktoren uns nicht verbietet, auf diese Daten irgendein Vertrauen zu haben, schränkt es doch unser Vertrauen ein. Unkontrollierte Fallberichte sind empirisch gesehen nicht unbedeutend (*Lazarus & Davison*, 1971). Ihr Einfluß ist jedoch eher bescheiden. Vielleicht brauchen wir viele solcher Berichte, um das Vertrauen herzustellen, das durch ein einzelnes, gut kontrolliertes Experiment zustande kommt.

Die Verfahren und Verdienste der Einzelfall- und Gruppenexperimente wurden von zahlreichen Forschern erörtert (vgl. *Kazdin*, 1973a; *Campbell & Stanley*, 1963; *Paul*, 1969c; *Thoresen & Mahoney, 1974)*. Leider hat die Dichotomisierung dieser beiden Methoden dazu geführt, Meinungen über die »richtige« Art der Forschung zu polarisieren (vgl. *Mahoney*, 1974a). Redundante Polemiker stritten sich darüber, daß Einzelfalldaten niemals mehr als einen hinweisenden Charakter hätten oder daß Vergleichsgruppen-Methoden immer die Individualität und die Übergangsstadien vernachlässigen. Ich will mich hier nicht länger mit diesen Argumenten oder ihrer logischen Grundlage aufhalten. Es genügt der Hinweis, daß in diesem Buch sowohl Einzelfall- als auch Gruppenexperimente als einzigartig und unschätzbar in ihrem Beitrag zum wissenschaftlichen Fortschritt angesehen werden. Jede Methode ist hinsichtlich der Fragen, die sie stellt, und der Antwort, die sie liefert, begrenzt. Darüber hinaus besteht kein Verbot, beide zu integrieren, um die Aussagekraft unserer Forschungsbemühungen zu maximieren.

In der bisherigen Diskussion wurden einige Kriterien hervorgehoben, die oft bei der Evaluierung eines theoretischen Modells verwendet werden. Ob diese Kriterien selber haltbar sind, ist eine Frage, die weit über unser jetziges Interesse hinausgeht. Ich schlage auch hier wieder vor, eine pragmatische Haltung einzunehmen, und die relative Nützlichkeit und konvergierende Vertrauensgründe zu betonen. Aufgrund meiner eigenen Voreingenommenheit lege ich mehr Wert auf die empirischen Kriterien und die überprüfbaren Vorhersagen, die aus einem Modell abgeleitet werden können. Eine »feste« und häufig verwendete Grundlage an Daten gibt einem bei seinen theoretischen Streifzügen eine willkommene Sicherheit.

Genug philosophiert – weiter zu den Daten!

6. Kapitel

Vermittlungsmodell I: Verdecktes Konditionieren

Das erste Vermittlungsmodell, das wir überprüfen werden, betrachtet innere Ereignisse als verdeckte Formen offener Phänomene. Überdies erlegt das Modell des verdeckten Konditionierens, wie der Name schon sagt, innerer Erfahrung die Theorie und Sprache des Konditionierens auf. Gedanken, Vorstellungen, Erinnerungen und Empfindungen werden als verdeckte Reize, verdeckte Reaktionen oder verdeckte Konsequenzen beschrieben. Der Schädel wird zu einer ziemlich vollen *Skinner*-Box, wo angeblich solche konventionellen Prinzipien wie Verstärkung, Bestrafung und Löschung die Funktion und Strukturierung innerer Erfahrung beschreiben. Im Modell des verdeckten Konditionierens werden die erschlossenen Vermittler häufig so diskutiert, als ob sie ausgeblendete Darstellungen oder Annäherungen an öffentlich beobachtbare Ereignisse wären. Innere Vorstellungen werden zum Beispiel manchmal als konditionierte Wahrnehmungen physikalischer Objekte beschrieben und Gedanken als Sprache mit niedriger Amplitude betrachtet.

Die Perspektive des verdeckten Konditionierens ist *keine* neue Errungenschaft auf dem Gebiet, obwohl ihre Sichtbarkeit in den letzten Jahren enorm zunahm. Und ihre ausführlichste Darstellung befindet sich ironischerweise in einem Buch, das für seine nicht vermittelnde Sichtweise bekannt ist – nämlich *Skinners* (1953) *Science and Human Behavior. Skinner* widmet ganze vier Kapitel inneren Ereignissen und verstreut Implikationen des verdeckten Konditionierens über viele andere Teile seines Buches. Obwohl er kein formalisiertes Vermittlungsmodell vorstellt, verteidigt er wiederholt die Annahme, daß die Prinzipien und Methoden des operanten Konditionierens auf Phänomene innerhalb des Organismus angewendet werden können. Diese Unterstützung einer Perspektive des verdeckten Konditionierens wurde häufig wiederholt (vgl. *Skinner,* 1963, 1969), erst kürzlich in *About Behaviorism* (1974).

Es gab natürlich zahlreiche historische Vorläufer, die in ihren Analysen des Verhaltens verdeckte vermittelnde Reize und Reaktionen heranzogen (z. B. *Pawlow,* 1955; *Thorndike,* 1911; *Guthrie,* 1935; *Tolman,* 1932; *Miller & Dollard,* 1941; *Hull,* 1943). Wenn die Perspektive des verdeckten Konditionierens auch eine Vielzahl molekula-

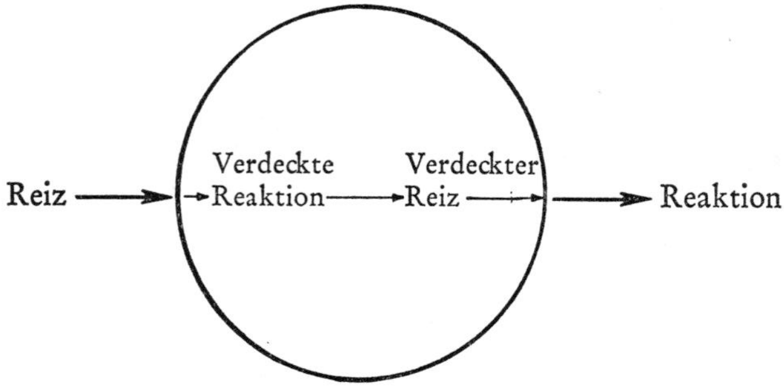

Vermittlungsmodell I
Abbildung 6-1

rer Formen annahm (vgl. *Osgood,* 1953; *Staats,* 1968a, b; *Cautela,* 1971a), blieb ihre molare Prämisse unverändert – die Prozesse und Prinzipien, die verdeckte Phänomene beschreiben, liegen auf einem Kontinuum mit jenen, die offenes Verhalten beschreiben.

Die Kontinuitätsannahme

Die Annahme der Kontinuität oder Identität von offenen und verdeckten Prinzipien des Lernens ist bedeutsam, vor allem für die theoretische Angemessenheit des Modells der verdeckten Konditionierung. Wenn wir berechtigt sind eine solche Kontinuität anzunehmen, können wir von offenen Phänomenen des Lernens auf verdeckte Prozesse extrapolieren.

Die Kontinuitätsannahme wurde von Verhaltensmodifikatoren wiederholt verteidigt (vgl. *Skinner,* 1953, 1963; *Homme,* 1965; *Bandura,* 1969; *Mahoney,* 1970; *Ullmann,* 1970). Diese Verteidigungen basierten überwiegend eher auf logischen Schlußfolgerungen als auf empirischen Demonstrationen. Wir haben also keinen Grund zu der Annahme, daß innere Phänomene sich irgendwie von öffentlichen Phänomenen unterscheiden.

> Wir müssen nicht annehmen, daß Ereignisse, die innerhalb eines Organismus ablaufen, deshalb spezielle Eigenschaften haben. Ein inneres Ereignis kann durch seine begrenzte Zugänglichkeit unterschieden werden, aber soweit wir wissen nicht durch eine besondere Struktur oder Art (Skinner, 1953, S. 257).

Aus der Perspektive der formalen Logik wirft die Kontinuitätsannahme einige ziemlich komplexe Fragen auf, angefangen damit, daß sie alle epistemologischen Probleme mit sich bringt, die im logischen

Prozeß der Induktion enthalten sind (vgl. *Turner*, 1967). Sie schließt eine »Ordnung« oder »Rationalität« in der Natur ein, die eher angenommen als real sein dürfte. Schließlich ist die Verteidigung der Kontinuität von offen und verdeckt ein Analogieargument. Kurz gesagt wird angenommen, daß 1. ähnliche Ereignisse ähnliche Prozesse einschließen und daß 2. innere Ereignisse öffentlichen Ereignissen ähnlich sind. Auch wenn die erste Annahme valid wäre, müßten wir die zweite durch empirische Forschung erhärten. Die zweite Annahme stellt jedoch eigene Probleme. Man kann leicht Unterschiede zwischen einigen Klassen offenen und verdeckten Verhaltens unterscheiden (z. B. Amplitude, Frequenz usw.). Auf welchen Dimensionen soll die Ähnlichkeit bewertet werden? In dem Ausmaß, wie die Phänomene unähnlich sind, wird das Argument entkräftet; in dem Ausmaß, wie sie ähnlich sind, muß unsere Konklusion immer noch auf einer epistemologisch spärlichen Hauptprämisse beruhen.

Glücklicherweise haben wir wenigstens einigen Grund, diese philosophischen Dilemmata bei der Verteidigung der Kontinuitätsannahme zu umgehen. Obwohl ihr logischer Status problematisch ist, befindet sie sich mit einer endlosen Reihe anderer »formal unlogischer« wissenschaftlicher Prämissen (z. B. Falsifizierbarkeit, Induktion usw.) in guter Gesellschaft. Zum Glück gestattet der zeitgenössische Wissenschaftler der Logik selten, sein Fortschreiten zu behindern. Ich werde meine Verteidigung wieder eher auf Daten begründen als auf Philosophie. Der vorliegende Text liefert eine ziemlich ausführliche Übersicht über die Nachweise, die die Auffassung stützen, daß verdeckte Phänomene durch gesetzmäßige Beziehungen und systematische Prozesse beschrieben werden können. Überdies scheinen zumindest einige dieser Prozesse mit den bei offenen Phänomenen beobachteten parallel zu laufen. Durch die folgende Forschung wird dies gezeigt.

Mahoney, Thoresen & Danaher (1972) führten zwei Experimente durch, die die Kontinuitätsannahme empirisch überprüfen sollten. Sie belohnten und bestraften Versuchspersonen in einem verbalen Lernexperiment differentiell für die Ausführung ausgewählter verdeckter (vermittelnder) Operationen. Im Experiment wurde den Versuchspersonen eine Reihe von Paaren von Substantiven vorgelegt (z. B. »Schwein-Schreibmaschine«). Bei einem nachfolgenden Gedächtnistest wurde den Versuchspersonen das erste Glied eines Paares vorgegeben und sie wurden gebeten, das damit verbundene Substantiv zu äußern. Die abhängige Variable war die verdeckte vermittelnde Reaktion (assoziative Methode), die von den Versuchspersonen bei der Erinnerung an die Liste verwendet wurde. Es wurden vier Assoziationsmethoden beobachtet: 1. Wiederholung, wobei die Paare von Substantiven einfach immer wieder verdeckt rekapituliert wurden; 2. Sätze und Bilder, bei denen die beiden Substantive in einem Satz zusammen ver-

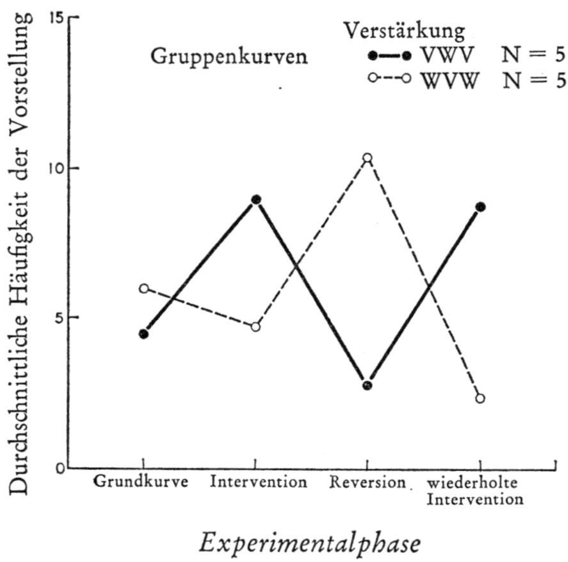

Abbildung 6-2: Durchschnittliche Häufigkeit von Vorstellungen, wenn die Versuchspersonen abwechselnd für Selbstberichte über Vorstellung (V) oder Wiederholung (W) verstärkt wurden. (Nachdruck mit freundlicher Genehmigung aus *Mahoney, Thoresen & Danaher,* 1972.)

wendet wurden; 3. Vorstellung, wobei die beiden Substantive auf ungewöhnliche Weise interagierend vorgestellt wurden (z. B. ein Schwein, das auf einer Schreibmaschine sitzt) und 4. andere assoziative Methoden. Bei beiden Experimenten war die Vorstellung die vermittelnde Reaktion, die zur Modifikation ausgewählt wurde. Diese Wahl basiert auf Nachweisen, daß Erinnerung bei Paarassoziationen oft entscheidend überlegen ist, wenn die Paare von Substantiven durch Vorstellung vermittelt werden und nicht durch andere assoziative Methoden (vgl. *Bower,* 1970, 1972; *Paivio,* 1971). Die Vorstellung stellte deswegen eine verdeckte Reaktion dar, deren Reliabilität indirekt überprüft werden konnte (über Leistungsverbesserungen).

Im ersten Experiment wurden die Effekte externer positiver Verstärkung auf verdecktes Reagieren überprüft. Den Versuchspersonen wurden Paare von Substantiven vorgelegt und sie wurden gebeten, durch Schreiben auf eine Tafel ihre verdeckte assoziative Reaktion anzuzeigen »W« (»Wiederholung«), »S« (»Satz«), »V« (»Vorstellung«) oder »A« (»Anderes«). Ihre berichteten Reaktionen wurden durch eine Einwegscheibe überwacht. Die ersten 15 Paare von Substantiven stellten eine Grundkurvenphase dar, in der das »operante Niveau« der Vorstellung der Versuchspersonen festgestellt wurde. Während einer darauffolgenden Verstärkungsintervention wurden Personen, die wenig Vorstellung berichteten, immer dann mit Zehncentstücken belohnt, wenn sie Vorstellung als ihre verdeckte assoziative Methode verwendeten. Während dieser anfänglichen Verstärkungsintervention wurden Versuchspersonen mit hohen Grundkurvenwerten in Vorstellung für verdeckte Wiederholung belohnt. Die Verstärkung wurde 15 Durchgänge lang durchgeführt, danach begann eine Umkehrungsphase. Während dieser dritten experimentellen Phase wurden die Versuchspersonen für Berichte über verdeckte Reaktionen, die den vorher verstärkten entgegengesetzt waren, durch Geld belohnt. Also wurden Versuchspersonen, die während der ersten Verstärkungsintervention für Vorstellung belohnt wurden, nun für Wiederholung belohnt und Wiederholungs-Versuchspersonen wurden nur für Vorstellung belohnt. Eine letzte experimentelle Phase stellte wieder die ursprünglichen Verstärkungskontingenzen (Phase zwei) her. Dann wurde ein Test der Erinnerung an alle 60 Paarassoziationen durchgeführt. Das Experiment hatte also ein »ABCB«-Design (Grundkurve, Intervention, Umkehrung, wiederholte Intervention). Nach der Grundkurve wurden VWV-Versuchspersonen der Reihe nach für Vorstellung, Wiederholung und entsprechend Vorstellung verstärkt; WVW-Versuchspersonen erfuhren das Gegenteil dieser Sequenz. Wie die Abbildung zeigt, entsprach das subjektive Vorstellungsverhalten sehr genau den experimentellen Phasen. Wenn Vorstellung verstärkt wurde, nahm sie zu; wenn Wiederholung verstärkt wurde, nahm Vorstellung ab.

An diesem Punkt könnte ein nicht vermittelnder Theoretiker natürlich entgegnen, daß »Vorstellungs«-reaktionen weder verstärkt noch registriert wurden. Es wurde beobachtet, daß die Versuchsperson mit größerer Häufigkeit den Buchstaben »V« auf eine Tafel schrieb. Wenn »Schreiben von V« verstärkt wurde, nahm es zu; wenn »Schreiben von W« verstärkt wurde, nahm »Schreiben von V« ab. Diese periphere Interpretation steht jedoch ernsthaften Problemen gegenüber, wenn die Erinnerungsleistungen der Versuchspersonen überprüft werden. Die Erinnerungsleistung jeder Versuchsperson wurde durch den Vergleich des Prozentsatzes der Erinnerung bei vorgestellten gegenüber nicht vorgestellten Items bewertet. Alle zehn Versuchspersonen zeigten bei Items, die sie über Vorstellung verdeckt assoziiert hatten, überlegene Erinnerung ($p<0{,}002$). Der Peripheralist hätte natürlich Schwierigkeiten zu erklären, warum das Schreiben des Buchstaben »V« zu konstant besseren Leistungen führt als denen, die nach dem Schreiben des Buchstaben »W« erbracht werden.

In ihrem zweiten Experiment verwendeten *Mahoney, Thoresen & Danaher* (1972) dasselbe Paradigma zur Überprüfung der Effekte der

Bestrafung auf verdecktes Reagieren. Nachdem die Grundkurvenhäufigkeiten der Vorstellung festgestellt waren, wurden die Versuchspersonen für Berichte über Vorstellung, Wiederholung und Vorstellung (VWV-Bedingung) oder das Gegenteil (WVW-Bedingung) differentiell bestraft. Die Ergebnisse dieses Experiments werden in Abbildung 6-3 gezeigt. Wiederum wurden die von den Versuchspersonen berichteten verdeckten Reaktionen durch externe Konsequenzen entscheidend verändert. Vorstellung nahm ab, wenn sie bestraft wurde; wenn Wiederholung bestraft wurde, nahm Vorstellung zu. Der Erinnerungstest unterstützte wieder die subjektive Vorstellung. Bei elf der zwölf Versuchspersonen war die durch Vorstellung vermittelte Erinnerung der durch Wiederholung vermittelten Erinnerung überlegen ($p<0{,}001$).

Mehrere andere Forschungsrichtungen unterstützten ebenfalls die Kontinuitätsannahme. Experimente, die sich mit Wortassoziationen, serialer Erinnerung und sexuellen Phantasien auseinandersetzten, zeigten, daß verdeckte vermittelnde Prozesse oft stark auf Verstärkungs- und Bestrafungskontingenzen reagieren (z. B. *Glucksberg & King*,

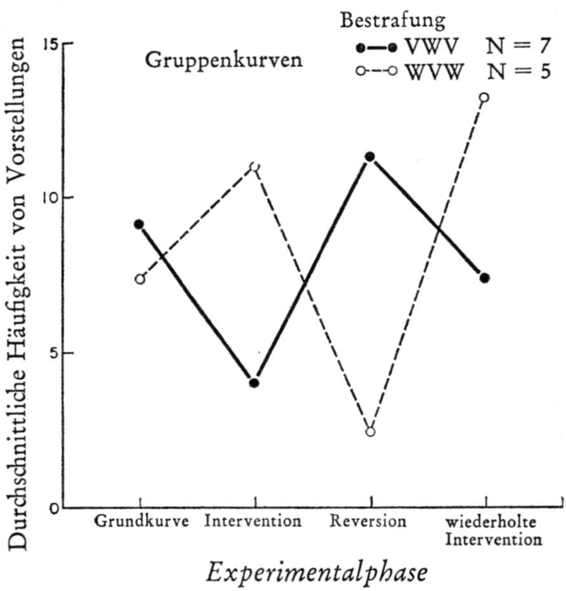

Abbildung 6-3: Durchschnittliche Häufigkeit von Vorstellungen, wenn die Versuchspersonen abwechselnd für Selbstberichte von Vorstellungen (V) oder Wiederholungen (W) bestraft wurden. (Nachdruck mit freundlicher Genehmigung aus *Mahoney, Thoresen & Danaher*, 1972.)

1967; *Eriksen & Kuethe*, 1956; *Harsch & Zimmer*, 1965; *Marks, Rachman & Gelder*, 1965; *Marks & Gelder*, 1967; *Atkinson & Wickens*, 1971).

Die oben angeführte vorläufige Evidenz legt nahe, daß wir zumindest versuchsweise berechtigt sind, ein gewisses Ausmaß an Übereinstimmung von offenem und verdecktem Verhalten anzunehmen. Wir sollten bei diesem »honeymoon« jedoch vorsichtig sein. Die Tatsache, daß eine Handvoll Untersuchungen spezifische und vereinfachte Parallelen zeigten, bedeutet noch nicht, daß andere entsprechend positiv sein werden. Es bedeutet sicherlich nicht, daß verdeckte Reaktionen *nichts als* verkleinerte Hebeldrucke sind. Meine vorwissenschaftliche Ahnung ist, daß die Kontinuitätsannahme nur teilweise berechtigt ist. Auf molarem Niveau und bei der Beschäftigung mit autonom bewerteten Inputs scheint es eine grobe Entsprechung von offenen und verdeckten Prozessen zu geben. Wir wissen nun jedoch, daß fast alle Verhaltensweisen in komplexen Ketten oder Sequenzen organisiert sind und es zunehmend Nachweise gibt, daß die Art der Organisation von solchen Faktoren wie Dominanz welchen Nervensystems, Spezialisierung der Hemisphären und so weiter abhängt (*Sperry*, 1973; *Nebes*, 1974). Natürlich bestehen noch systematische Beziehungen, aber sie mögen der adäquaten Beschreibung durch traditionelle Konditionierungsprinzipien nicht zugänglich sein.

Wie schon vorher erwähnt wurde, teilt das Modell der verdeckten Konditionierung innere Ereignisse oft nach ihrer Funktion ein: Reiz, Reaktion oder Konsequenz. Wir werden nun diese Kategorisierungen kurz ansprechen.

Verdeckte Ereignisse als Reize

»Man kann eine emotionale Reaktion erzeugen, indem man ein emotionales Ereignis erzählt« (*Skinner*, 1953, S. 275). Vermittelte Selbsterregung ist eine gut belegte Tatsache. Die physiologischen Effekte symbolischer Handlungen sind seit langem bekannt und wurden ausführlich repliziert (z. B. *Darrow*, 1929; *Hudgins*, 1933; *Miller*, 1935; *Menzies*, 1937; *Shaw*, 1940; *Pavlov*, 1955; *Platonov*, 1959). Einiges von diesen Nachweisen wurde in unserer früheren Diskussion über Reiztransformation und symbolische Selbstreizung vorgelegt (Kapitel 4).

Neuere Untersuchungen des Phänomens der symbolisch vermittelten Erregung zeigen, daß sie bei fehlangepaßten Verhaltensmustern nicht nur gut belegt, sondern auch relativ häufig ist (vgl. *Bandura*, 1969). Die physiologische Forschung mit wirklich Tausenden von Versuchspersonen bestätigt die Erregungskapazität verdeckter Ereignisse. Um nur einige wenige zu nennen, *Barber & Hahn* (1964) maßen Puls, galvanische Hautreaktion und Frontalisaktivität bei Versuchspersonen, die einen schmerzhaften äußeren Reiz (einen kalten Umschlag) entweder direkt erfuhren oder sich diese Erfahrung »bloß« vorstellten. Sie fanden, daß das subjektive Unbehagen und die gemessenen physiologischen Reaktionen der Versuchspersonen ähnlich waren, gleich ob die aversive Reizung real oder vorgestellt war. *Craig* (1965) berichtete ebenfalls Nachweise, die die autonomen Effekte stellvertretender und vorgestellter Stressoren bestätigen.

Robert M. Stern und seine Kollegen belegten in einer Reihe gut kontrollierter Untersuchungen ebenfalls die physiologischen Korrelate symbolischer Aktivität (vgl. *Stern & Kaplan*, 1967; *Stern & Lewis*, 1968). Die Versuchspersonen konnten ihre galvanischen Hautreaktionen mit Leichtigkeit willentlich kontrollieren, indem sie sich emotionale oder nicht emotionale Ereignisse vorstellten. Die physiologische Erregung wurde sowohl *zwischen* der Experimental- und der Kontrollgruppe als auch innerhalb der Versuchspersonen während alternierender experimenteller Phasen nachgewiesen. Diese Forscher erweiterten ihre Beobachtungen auf ein interessantes Phänomen auf dem Gebiet des Theaters. Es können zwei umfassende Kategorien des Schauspielunterrichts beschrieben werden – 1. eine etwas traditionelle Schule, in der emotionaler Ausdruck durch stereotype Formen des Gesichts- und Stimmausdrucks gelernt wird; und 2. die »Methoden«-Schauspielschule (begründet durch *Stanislavsky*), in der den Schauspielern gelehrt wird, Emotionen durch das Zurückrufen emotionaler Erinnerungen auszudrücken. *Stern* und seine Kollegen fanden, daß Methoden-Schauspieler ihre physiologische Erregung besser kontrollieren konnten als andere Schauspieler. Das Wiedererleben stressender Erfahrungen kann die willentliche Kontrolle autonomer Reaktionen offensichtlich erhöhen.

Mehrere andere Untersuchungen überprüften die Beziehung zwischen verdeckten Handlungen und physiologischen Reaktionen. *Grossberg & Wilson* (1968) berichteten zum Beispiel zusätzliche Nachweise für die Erregungskapazität der Vorstellung. Versuchspersonen, die sich angstauslösende Situationen vorstellen sollten, zeigten größere autonome Reagibilität als Personen, die sich neutrale Situationen vorstellten. *Rimm & Litvak* (1969) fanden ähnlicherweise signifikante Unterschiede in den Atemreaktionen nach spezifizierten verdeckten Aktivitäten. In ihrer Untersuchung sollten die Versuchspersonen in der Experimentalgruppe emotional erregende Triaden verdeckt verbalisieren. (Z. B.: »Ich könnte verwundet oder verkrüppelt werden ... dies könnte mich häßlich und unfähig machen ... was für ein schrecklicher Gedanke.«) Andererseits vokalisierten die Kontrollversuchspersonen still neutrale Syllogismen. (Z. B.: »Erfinder sind einfallsreich ... *Edison* war ein Erfinder ... deshalb war er einfallsreich.«) Die Versuchspersonen in der Experimentalgruppe zeigten signifikante Anstiege der Herzrate und der Tiefe der Atmung.

In einer neueren Untersuchung von *Waters & McDonald* (1973) wurde die durch äußere (auditiv versus visuell) und vorgestellte Reizung bewirkte autonome Erregung bei rattenphobischen Versuchspersonen verglichen. Die äußeren Stimuli bestanden aus Beschreibungen auf Tonbändern und Dias von Ratten, während die verdeckten Reize durch Anweisung, sich abgestufte Situationen der Interaktion mit Ratten vorzustellen, herbeigeführt wurden. Drei Maße der autonomen Aktivität zeigten, daß vorgestellte Reize häufig sogar stärkere Erregung auslösten als visuelle und auditive Reize. *May & Johnson* (1973) fügten zusätzliche Nachweise der symbolisch induzierten physiologischen Aktivität hinzu.

Proctor & Malloy (1971) zeigten in einer einfachen Untersuchung der konditionierten emotionalen Erregung, daß symbolische *Begriffe* autonome Erregungskapazitäten erwerben können. Die Versuchspersonen lernten, beim Ordnen komplexer Reize eine zwei Bedingungen enthaltene Regel anzuwenden. Sie erforderte, daß die Anordnung der Reizobjekte zwei Bedingungen genügte. Wenn ein Reiz zum Beispiel sowohl *rechteckig* als auch rot ist oder weder rechteckig noch rot, dann ist das ein positives Beispiel einer rechteckig-rot zweikonditionalen Regel. Ein Trainingskriterium von 16 aufeinanderfolgenden fehlerlosen Sortierungen stellte sicher, daß jede Versuchsperson den Begriff gebildet hatte. Auf zweikonditionale Sortierungen folgte später ein schmerzhafter Elektroschock. In einer letzten experimentellen Phase zeigten die Versuchspersonen auf positive Beispiele des zweikonditionalen Begriffs antizipatorische Erregung, obwohl nur einerlei Reize verwendet wurden. Diese Daten unterstützen stark eine Vermittlungsinterpretation.

Sexuelle Phantasien und vorgestellte erotische Reize zeigten Kontrollen über eine Anzahl physiologischer Reaktionen. Obwohl Nachweise keineswegs fehlen (vgl. *Masters & Johnson*, 1966, 1970; *Annon*, 1973), haben die meisten von uns aus ihren eigenen Träumen ausreichende persönliche Daten, um sie von dieser Beziehung zu überzeugen.

Es könnten weitere Dokumentationen symbolisch vermittelter Erregung geboten werden. Für den vorliegenden Zweck waren sie jedoch ausreichend – verdeckte Ereignisse können beim menschlichen Verhalten als wirksam kontrollierende Reize dienen.

Verdeckte Ereignisse als Reaktionen

Die zweite funktionale Rolle verdeckter Ereignisse hat mit ihrer Durchführung als Reaktion zu tun. Im Modell der verdeckten Konditionierung werden diese inneren Reaktionen oft als vermittelnde

Elemente in einer Kette betrachtet (vgl. *Skinner*, 1953; *Staats*, 1968a, b). Ein verdeckter »Impuls« wird manchmal als vermittelnde vorausgehende Reizung mit nachfolgendem offenen Verhalten postuliert (*Lindsley*, 1969; *Homme*, 1965; *Ackermann*, 1963).

Innerhalb der Grenzen der Perspektive des verdeckten Konditionierens richtete sich überraschend wenig Forschung auf innere Ereignisse als Reaktionen. Darüber hinaus beeinflußte *Skinners* (1953) operante Analyse des Denkens offensichtlich die Wahrnehmungen dieser Ereignisse bei den Forschern. Verdeckte Erfahrungen werden typischerweise eher als überwiegend *operant* gesehen und nicht als *respondente* Verhaltensweisen. Eine Ausnahme war die Arbeit von *Staats* (1966, 1968a, b), der in seinem theoretischen Ansatz der Sprache und des Denkens sowohl instrumentelle als auch klassische Konditionierung eingliederte. Nach *Staats'* Einstellungen und Verstärker unterscheidender Theorie kann ein verdecktes Ereignis als emotionsauslösender Reiz, als verstärkende Konsequenz und/oder diskriminativer Hinweisreiz dienen. Zum Beispiel könnte die Vorstellung eines nackten und empfänglichen Sexpartners sowohl sexuelle Erregung als auch verstärkende vorangehende Gedanken auslösen und auf den Beginn offener sexueller Handlungen hinweisen.

Es ist sehr ironisch, den offensichtlich doppelten Maßstab zu bemerken, den einige operante Forscher an verdeckte Reaktionen und Vermittlung anlegen. Wenn *Goldfried* (1966) und *Skinner* (1966) auch »kognitive« Ansätze des Problemlösens energisch kritisieren, postulieren sie beide »Unterweisungsreize« und »vorhergehende Reaktionen«, als ob diese Schlußfolgerungen irgendwie legitimer wären. Durch systematischen Ausschluß solcher Gebiete wie des Problemlösens aus der konventionellen operanten Forschung war es einem Vertreter der nicht vermittelnden Theorie möglich, ausreichend über angenommene Vermittlungsprozesse zu spekulieren. Diese Strategie läßt dem Theoretiker natürlich unbegrenzten Raum zum Philosophieren ohne das begleitende Risiko der empirischen Nichtbestätigung. Wenn *Skinners* ausführliche Analysen innerer Ereignisse kontrolliertem Experimentieren unterworfen würden, würde sich ein heuristisch ergiebigerer und funktionalerer Beitrag ergeben.

Trotz der anti-kognitiven Konvention untersuchte eine Reihe von Arbeiten verdeckte Reaktionen von einer Konditionierungsperspektive aus. *Reeses* (1971) Analyse verbaler und nonverbaler Vermittlung ist ein Beispiel. Die Theorie und Forschung von *Osgood* (1953) und *Staats* (1968a, b) sind andere. Es gab auch einen neueren Trend zur operanten Analyse der Begriffsbildung der linguistischen Regeln (z. B. *Proctor & Malloy*, 1971; *Catania*, 1972a; *Garcia, Guess & Byrnes*, 1973; *Guess & Baer*, 1973).

Eine klinisch relevante Forschungsrichtung untersuchte auch das

Phänomen der experimentellen Halluzinationen (z. B. *Hefferline, Bruno & Camp*, 1973; *Stoyva*, 1973). *Hefferline* und seine Kollegen liefern eine lobenswert einfache Definition einer experimentell induzierten Halluzination: »Eine Halluzination ist ein (verbaler) Bericht über eine sensorische Wahrnehmung, die in Abwesenheit des adäquaten externen Reizes (UCS), aber in Anwesenheit eines anderen externen Reizes (CS) gemacht wurde, der in der Vergangenheit in enger zeitlicher Kontiguität zum UCS und wahrscheinlich zum begleitenden Bericht auftrat (S. 311).« Diese Forscher zeigten, daß das graduelle Ausblenden eines unkonditionierten Reizes manchmal zu fortgesetzten (halluzinatorischen) Berichten über sein Vorhandensein führen kann, lange nach seiner Tilgung aus dem Experiment. Ein interessantes von *McGuigan* (1973) berichtetes Ergebnis läßt vermuten, daß die während schizophrener Halluzinationen gehörten »Stimmen« tatsächlich vom eigenen Sprechapparat der Person stammen können. Das bedeutet, daß der Schizophrene seine eigenen stillen Vokalisierungen »hören« durfte, aber sie äußeren Quellen zuschreibt.

Mehrere Forscher untersuchten die physiologischen Korrelate des Denkens (z. B. *Chapman*, 1973; *McGuigan*, 1973). Obwohl diese Untersuchungen sich im allgemeinen nicht mit den funktionalen Eigenschaften verdeckter Ereignisse beschäftigten, trugen sie zu unserer methodologischen Neigung zu solchen Forschungen bei. Es wurde zum Beispiel gezeigt, daß Versuchspersonen verschiedene physiologische Reaktionen zeigen, wenn sie einfache ($2 + 7 = ?$) versus komplexe ($24 \times 17 = ?$) Kopfrechnungen ausführen sollten. Wie wir in Kapitel 7 sehen werden, können diese Ergebnisse vielversprechend für die Evaluierung einiger der therapeutischen Verfahren sein, die vom Modell der verdeckten Konditionierung abgeleitet wurden.

Verdeckte Ereignisse als Konsequenzen

Die dritte funktionale Rolle innerer Ereignisse beim Modell des verdeckten Konditionierens betrifft ihre Fähigkeiten, als Konsequenzen des Verhaltens zu dienen. Es wird behauptet, daß symbolische Ereignisse offene oder verdeckte Reaktionen verstärken oder bestrafen können. Viele dieser verdeckten Konsequenzen nehmen die Form symbolischer Darstellung externer Konsequenzen an.

Weiner (1965) berichtete eine der ersten Laboruntersuchungen über die Effekte verdeckter Konsequenzen. Er bat zwei Hilfsschwestern, eine instrumentelle Aufgabe auszuführen, an der Hebeldrücken beteiligt war. Während zehn Grundkurvensitzungen wurden die Versuchspersonen nach einem fixierten Intervallplan (10 Sekunden) mit Punkten verstärkt. Während der zweiten experimentellen Phase wurden zehn Sitzungen halbiert und der oben erwähnte Plan (FI-10") wurde zufällig mit einer Bestrafungskontingenz alterniert. Wenn die Bestrafungskontingenz wirksam war, führte jede Reaktion zu einem gelben Licht und dem Abzug eines Punktes vom Punktzähler der Versuchsperson. In einer letzten experimentellen Phase wurden die halben Sitzungen wieder zufällig alterniert. Während der Bestrafungskomponenten dieser dritten Phase (die durch einen Ton angezeigt wurden) wurden die Versuchspersonen jedoch angewiesen, sich den Verlust eines Punktes für jeden Hebeldruck *vorzustellen.* Das gelbe Licht wurde nicht dargeboten und der sichtbare Punktzähler bestätigte, daß sie in dieser Phase für Reagieren wirklich nichts abgezogen bekamen. Die Ergebnisse der beiden Versuchspersonen werden in Abbildung 6-4 dargestellt. Obwohl es beträchtliche Variabilität zwischen den Versuchspersonen gab, sind Effekte der vorgestellten Bestrafung offensichtlich. Während der anfänglichen Verstärkungsphase reagierten beide Versuchspersonen mit beständigen Raten und sie schränkten ihr Reagieren während der externen Bestrafungssitzungen (Phase zwei)

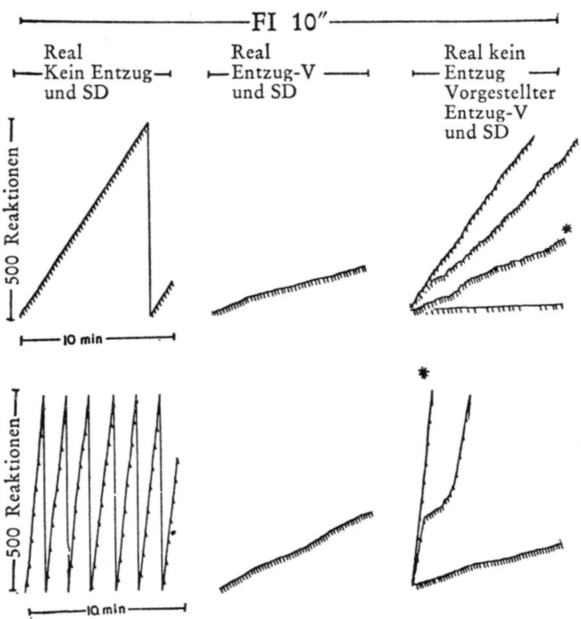

Abbildung 6-4: Die Reaktionsraten zweier Versuchspersonen während aufeinanderfolgender Phasen von fixierter Intervallverstärkung (links). (Nachdruck mit freundlicher Genehmigung aus *Weiner*, 1965.)

ein. In der dritten Phase (vorgestellte Bestrafung) zeigte die erste Versuchsperson bemerkenswerte Reaktionsunterdrückung und die zweite zeigte erhöhte Leistungsvariabilität. Wenn diese Daten ihrem Wesen nach auch nur anregend sind, unterstützen sie doch die Auffassung, daß symbolische aversive Konsequenzen einen gewissen Einfluß auf menschliches Verhalten ausüben können.

Die Effekte »verdeckter Verstärker« erhielten kürzlich einige experimentelle Aufmerksamkeit, aber die Evidenz ist wiederum sehr vorläufig. *Cautela* und seine Kollegen berichteten eine Reihe von Untersuchungen über verdeckte positive und negative Verstärkung (vgl. *Cautela*, 1970a, b, 1971a; *Cautela, Steffan & Wish*, in Druck; *Ascher & Cautela*, 1972; *Steffan*, 1971, 1972). Bei diesen Untersuchungen bedeutete verdeckte positive Verstärkung ein Training der Versuchspersonen, sich angenehme Erfahrungen vorzustellen (z. B. »seine Lieblingsspeise essen oder ein Tennismatch gewinnen«). Nach diesem Training erhielten die Versuchspersonen eine experimentelle Aufgabe und verschiedene Hinweise, sich nach ausgewählten Reaktionen verdeckt zu verstärken. Zum Beispiel verwendeten *Cautela, Steffan & Wish* (in Druck) das Hinweiswort »Verstärkung«, um verdeckte positive Konsequenzen bei einer Untersuchung mit Schätzungen von Kreisumfängen anzuregen. Versuchspersonen, die ein Training verdeckter positiver Verstärkung (VPV) erhalten hatten, wurden nach Über- oder Unterschätzungen systematisch Hinweisreize gegeben. Die Autoren fanden, daß VPV-Versuchspersonen größere Leistungsänderungen zeigten als Versuchspersonen, die nichtkontingente VPV-Hinweise, keine Rückmeldung oder VPV-Hinweise auf weniger bevorzugte vorgestellte Verstärker erhielten ($p<0{,}01$, einseitig).

Ascher (1973) verwendete bei einer weiteren Untersuchung der Effekte der VPV eine Taffel-Kartenaufgabe. Den Versuchspersonen wurden Karten vorgelegt, die sechs Pronomina (»ich, du, er, sie, wir, sie«) enthielten und die Infinitivform eines häufigen Verbs. Ihre Aufgabe bestand darin, einen Satz zu bilden und dabei eines der Pronomina und das Verb zu verwenden. Es gab vier Gruppen und jede Gruppe wurde vier Bedingungen (Phasen) unterworfen:

I. *Verdeckte positive Verstärkung*
Bedingung (Phase) 1: Grundkurvendiagnostik der Pronomenauswahl (50 Durchgänge).

Bedingung (Phase) 2: VPV-Training; Auf den verbalen Hinweis »Wechsel« wurden vorgestellte Verstärkungssituationen gelernt. Drei Pronomina wurden zur Verstärkung ausgewählt. Ein Pronomen wurde verstärkt, indem die Versuchsperson es sich vorstellte (z. B. auf einem Anschlagbrett) und dann zu einer VPV überging. Eines der Pronomina wurde 30mal mit VPV gekoppelt, während jedes der beiden

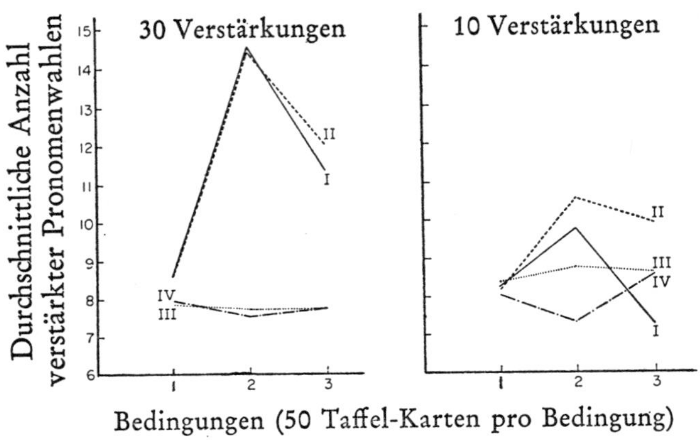

Abbildung 6-5: Durchschnittliche Häufigkeit der Auswahl von Pronomina nach verdeckter Verstärkung (Gruppen I und II) oder Kontrollverfahren. (Nachdruck mit freundlicher Genehmigung aus *Ascher*, 1973.)

anderen 10mal gekoppelt wurde. Die Versuchspersonen erhielten dann eine zweite Darbietung der 50 Taffel-Karten, um einen VPV-Effekt auf die Pronomenauswahl festzustellen.
Bedingung (Phase) 3: Löschung; die Versuchspersonen sollten sich die drei Pronomina ohne einen Hinweis auf VPV vorstellen. Dann wurden die 50 Taffel-Karten zum letztenmal dargeboten.
II. *VPV-Löschungskontrolle.* Die Bedingungen (Phasen) 1 und 2 waren mit denen der Gruppe I identisch. In der dritten Phase erhielten die Versuchspersonen vor der letzten Testreihe kein Löschungstraining.
III. *VPV-Kontrolle.* Die Bedingungen 1 und 3 waren mit denen der Gruppe II identisch. In der zweiten experimentellen Phase sollten sich die Versuchspersonen ihre VPV 50mal vorstellen und sollten sich dann die drei Pronomina 50mal vorstellen. Dieses Verfahren sollte die von den Gruppen I und II erfahrene Koppelung von Pronomen und VPV kontrollieren.
IV. *Kontrolle.* An allen drei Phasen waren Grundkurvenregistrierungen beteiligt.

Die Ergebnisse dieser Untersuchung werden in Abbildung 6-5 dargestellt. Statistische Haupteffekte wurden für die Gruppen ($p<0{,}001$), die Bedingungen (Phasen) ($p<0{,}001$) und die Anzahl der Verstärkungen ($p<0{,}05$) festgestellt. Wie in der Abbildung veranschaulicht wird, ist der Effekt der Koppelung von Pronomen und VPV beeindruckend, besonders bei dem dicht wiederholten Pronomen. Es ist bemerkenswert, daß *Aschers* Paradigma eher assoziativ als instrumentell war. Nach der Auswahl eines bestimmten Pronomens durch die Versuchsperson wies er nicht auf VPV hin, sondern koppelte VPV mit vom Versuchsleiter bestimmten Pronomina. Die Daten legen eine erhöhte Attraktivität der mit VPV assoziierten Pronomina nahe, obwohl diese Ergebnisse auch anderen als Konditionierungsinterpretationen zugänglich sind. Das Fehlen eines Löschungseffekts und das Auslassen einer neutralen Vorstellungs- (Informationskontroll-)gruppe stellen die Angemessenheit einer Konditionierungsinterpretation in Frage.

Epstein & Peterson (1973) nahmen in einer Laboruntersuchung über verdeckte Verstärkung und verdeckte Bestrafung Grundkurvenmessungen der Zahlenwahlen (0–100) der Versuchspersonen vor. Darauf folgte ein Training einer positiven Gegenvorstellung (die Vorstellung »mit Leuten zu sprechen, die dich mögen«) und negative Vorstellung (die Vorstellung, »Country- und Western-Musik zu hören«). Man entschuldigte sich nicht bei Johnny Cash. In einer dritten experimentellen Phase wurden die Versuchspersonen in einer Gruppe angewiesen, nach der Auswahl einiger Zahlen eine positive Vorstellung zu erzeugen und eine negative nach anderen Zahlenwahlen. Diese Kontingenz wurde für die Versuchspersonen in der zweiten Gruppe umgekehrt. Die statistischen Analysen zeigten einen Anstieg der Auswahl der verdeckt verstärkten Zahlen und eine Abnahme der verdeckt bestraften Wahlen. Die Interpretation dieser Ergebnisse als Unterstützung für die Hypothese der verdeckten Konditionierung wird durch das Fehlen einer Informationskontrollgruppe wieder einmal erschwert. Zwei von *Steffan* (1971, 1972) berichtete Untersuchungen bieten unterschiedliche Nachweise der Effekte der verdeckten positiven Verstärkung.

Die einzige vorhandene Laboruntersuchung über »verdeckte negative Verstärkung« (VNV) wurde von *Ascher & Cautela* (1972) berichtet. Beim VNV-Verfahren soll sich eine Versuchsperson eine aversive Situation vorstellen und dann die Aufmerksamkeit auf eine zu verstärkende Vorstellung richten. Da die letztere mit der Beendigung eines (verdeckten) aversiven Reizes korreliert, ist das Verfahren der negativen Verstärkung ähnlich (*Cautela*, 1970a). *Ascher & Cautela* verglichen in ihrer Laboruntersuchung die Effekte der VNV mit zwei Kontrollbedingungen. Die Versuchspersonen in der VNV-Gruppe wurden angewiesen, sich eine häßliche Situation eigener Wahl vorzustellen. Wenn eine »angemessen« aversive Situation berichtet wurde, wies der Versuchsleiter die Versuchsperson an, sich den Klang einer läutenden Glocke vorzustellen und suggerierte, daß »während Sie sich das vorstellen, die häßliche Situation verschwinden wird und alles was bleiben wird ist der Klang der läutenden Glocke«. Die Personen in der einen Kontrollgruppe erhielten getrennte Durchgänge der Vorstellung der läutenden Glocke und später die häßlichen Situationen; die beiden Vorstellungen wurden im Gegensatz zum VNV-Verfahren nicht gekoppelt. Eine zweite Kontrollgruppe erhielt kein formales Training. Alle Versuchspersonen unterzogen sich dann einem dreiphasigen experimentellen Test, der die früher von *Cautela, Steffan & Wish* (in Druck) verwendete Aufgabe der Schätzung von Kreisumfängen enthielt. Nach der Grundkurvendiagnostik der Schätzungen, Überschätzungen und Unterschätzungen der Kreisumfänge durch die Versuchspersonen sagte der Versuchsleiter das Wort »Glocke«. Die Über- und Unterschätzungsphasen wurden ausbalanciert und der Rückmeldungshinweis (»Glocke«) wurde den Versuchspersonen unter allen drei Bedingungen dargeboten.

Eine Varianzanalyse ergab die vorhergesagten Veränderungen der Schätzungen von Kreisumfängen bei VNV-Versuchspersonen, aber keine systematischen Unterschiede zu einer der beiden Kontrollbedingungen. Es ist bemerkenswert, daß beträchtliche Variabilität auftrat (das Verhältnis der Varianzen der beiden Kontrollgruppen überschritt in einer experimentellen Phase 25:1). Die Ergebnisse werden so interpretiert, daß sie Unterstützung für die mächtigen Effekte der VNV als verdecktes Konditionierungsverfahren liefern.

Leider kann die Untersuchung von *Ascher & Cautela* (1972) paradigmatisch kritisiert werden. Um damit anzufangen, der Begriff »negative Verstärkung« bezieht sich gewöhnlich auf ein Konditionierungsverfahren, bei dem die Beendigung eines aversiven Reizes der Ausführung einer Zielreaktion *folgt.* Beim VNV-Verfahren *geht* die Beendigung des unangenehmen Reizes jedoch der Reaktionsemission *voraus* (*Cautela,* 1970a). Das bei der vorhergehenden Untersuchung verwendete Paradigma fügt zusätzliche Komplikationen hinzu durch die Verwendung eines Verkettungsverfahrens »höherer Ordnung« – auf die VNV wurde nach den ausgewählten Reaktionen nicht explizit hingewiesen. Es wurde vielmehr ein Reiz dargeboten, der vorher mit VNV-Training assoziiert war (das Wort »Glocke«). Es ist nicht klar, ob die VNV-Versuchspersonen angewiesen wurden, sich das Läuten der Glocke vorzustellen, wenn sie während der Testphase darauf hingewiesen wurden. Darüber hinaus gab es keine Kontrolle für den Informationsgehalt dieses Hinweiswortes. Die Autoren bemerken, daß einige Versuchspersonen (vermutlich Kontrollgruppen) fragten, warum der Versuchsleiter gelegentlich während der Testphase das Wort »Glocke« sagte. Bei den Personen in der VNV-Gruppe wäre eine vernünftige, von den Versuchspersonen erstellte Hypothese gewesen, daß diese Hinweise anzeigten, in welche Richtung der Versuchsleiter die Schätzungen der Kreisumfänge tendieren lassen wollte. Also könnten die Daten alternativ hinsichtlich informativer Rückmeldung und Anforderungscharakteristiken (*Rosenthal,* 1966) eher als hinsichtlich einer

Konditionierung interpretiert werden. Die Autoren berichten, daß ein kurzes nachexperimentelles Interview zeigte, daß die Versuchspersonen die Absicht des Versuchsleiters nicht im voraus vermutet hatten. Es wird jedoch nicht erwähnt, ob die Versuchspersonen die Testphasenkontingenzen unterschieden hatten.

Eine letzte Bemerkung über die Untersuchung von *Ascher & Cautela* (1972) betrifft ihre kurze Beschreibung der Vorstellungsverfahren. Die fehlende Standardisierung der unangenehmen Situationen ist vermutlich weniger ärgerlich als die Tatsache, daß die Vorstellungsmodalität nicht festgelegt wurde. Die Versuchspersonen stellten sich vermutlich »visuelle« unangenehme Situationen vor, aber es ist nicht klar, ob sie einheitlich eine »auditive«, »visuelle« oder kombinierte Vorstellung der läutenden Glocke erzeugten. Ausführliche Forschung über das Phänomen der Vorstellung zeigte kürzlich, daß ihr gegenwärtiger Einsatz durch Verhaltensmodifikatoren erstaunlich naiv und unkontrolliert sein dürfte (vgl. *Richardson*, 1969; *Paivio*, 1971; *Segal*, 1971; *Sheehan*, 1972).

Bevor wir die Angemessenheit des Modells der verdeckten Konditionierung überprüfen, werden wir einen kurzen Überblick über die therapeutischen Anwendungen dieses Paradigmas geben.

7. Kapitel

Die Therapien mit verdecktem Konditionieren: Gegenkonditionieren, Gedankenstop und coverante Kontrolle

Die Klassifikation der therapeutischen Verfahren, die vom Modell des verdeckten Konditionierens abgeleitet werden, ist keine einfache Aufgabe. Die Ableitungen von diesem Modell sind oft implizit und viele der Techniken, die wir diskutieren werden, kombinieren Strategien, die von mehr als einem Modell für sich in Anspruch genommen werden könnten. Bei den verschiedenen Techniken werden auch variierende Grade von Vermittlung verwendet.

Thoresen & Mahoney (1974) weisen darauf hin, daß verdeckte Ereignisse in verschiedenen Kombinationen funktionell mit offenen Ereignissen interagieren können. Wenn wir die fundamentale ABC-Konditionierungsfolge annehmen (Antecedent: vorausgehender Reiz, Behavior: Verhalten, Consequence: Konsequenz), kann jede dieser drei Komponenten entweder offen oder verdeckt sein, und es ergeben sich die folgenden Möglichkeiten:

1. Offener vorausgehender Reiz – Offenes Verhalten – Offene Konsequenzen
2. Offener vorausgehender Reiz – Offenes Verhalten – *Verdeckte* Konsequenzen.
3. Offener vorausgehender Reiz – *Verdecktes* Verhalten – Offene Konsequenzen.
4. Offener vorausgehender Reiz – *Verdecktes* Verhalten – *Verdeckte* Konsequenzen.
5. *Verdeckter* vorausgehender Reiz – Offenes Verhalten – Offene Konsequenzen.
6. *Verdeckter* vorausgehender Reiz – *Verdecktes* Verhalten – Offene Konsequenz.
7. *Verdeckter* vorausgehender Reiz – Offenes Verhalten – *Verdeckte* Konsequenz.
8. *Verdeckter* vorausgehender Reiz – *Verdecktes* Verhalten – Verdeckte Konsequenz.

Die Komplexität der obigen Kombinationen wird erhöht, wenn man die Unterarten der Elemente betrachtet (z. B. positive, neutrale und aversive Konsequenzen, diskriminativer Reiz usw.). Da die Therapien mit verdecktem Konditionieren selten solche isolierten Folgen wie die oben dargelegten verwenden, wird unsere Übersicht ein Klassifikationsschema verwenden, das eher mit der gegenwärtigen klinischen Praxis übereinstimmt.

Verdecktes Gegenkonditionieren

Ich sollte vielleicht diese Klassifikation mit einer kurzen Erklärung des Begriffs »Gegenkonditionieren« einleiten. In der Terminologie der traditionellen Laborforschung bezieht sich Gegenkonditionieren auf einen angenommenen Prozeß, bei dem die Valenz eines Reizes durch Assoziation mit einem Stimulus unterschiedlicher Valenz verändert wird. Die beteiligten Valenzen sind gewöhnlich dichotom (positiv/negativ). Zum Beispiel kann ein aversiver Reiz (d. h. einer, bei dem der Organismus sich darum bemüht, ihn zu beenden, abzuschwächen oder zu vermeiden) in abgeschwächter Form gleichzeitig mit (oder unmittelbar vor) einem starken positiven Reiz (d. h. einem, bei dem der Organismus sich bemüht, ihn zu erzeugen, zu steigern oder aufrechtzuerhalten) dargeboten werden. Auf diese Weise kann ein negativer Reiz neutrale oder leicht positive Valenz erwerben und ein früher positiver Reiz kann aversive Eigenschaften erwerben. Für klinische Zwecke weckt die Gegenkonditionierungsstrategie natürlich Hoffnungen bei der Eliminierung fehlangepaßten Vermeidungsverhaltens (z. B. bei sexuellen Abweichungen, Abhängigkeiten usw.).

Systematische Desensibilisierung

Joseph Wolpes systematische Desensibilisierung (1958) war eines der frühesten Gegenkonditionierungsverfahren, das Elemente eines Modells von verdecktem Konditionieren enthielt. Bei dieser Behandlungsstrategie wird der Klient gebeten, sich eine Reihe angstauslösender Ereignisse vorzustellen. Diese Ereignisse sollen Reizen oder Verhaltensweisen des wirklichen Lebens ähnlich sein, die bei der Person gegenwärtig Angst auslösen. Es wird eine Hierarchie aufgestellt, bei der die vorgestellten Situationen nach ihrem Erregungspotentional in eine Rangreihe gebracht werden. Der Klient lernt dann tiefe Muskelentspannung (*Jacobson,* 1938), die einen gegenkonditionierenden Faktor liefern soll. Nach *Wolpe:*

> Wenn eine der Angst antagonistische Reaktion in der Gegenwart angstauslösender Reize erzeugt werden kann, folgt darauf eine völlige oder teilweise Unterdrückung der Angstreaktion, die Verbindung zwischen diesen Reizen und den Angstreaktionen wird geschwächt werden (S. 71).

Die drei Bestandteile der systematischen Desensibilisierung sind also 1. Erstellung einer abgestuften Hierarchie angstauslösender Reize,

2. Entspannungstraining und 3. die graduelle Paarung von Hierarchie-Items mit einem entspannten Zustand. Diese dritte Komponente bringt nach *Wolpe* den Prozeß der »reziproken Hemmung« herein, bei dem der früheren (fehlangepaßten) Konditionierung physiologisch entgegengewirkt wird.

Die empirische Stellung der systematischen Desensibilisierung als verhaltenstherapeutisches Verfahren wurde ausführlich untersucht (vgl. *Bandura*, 1969; *Paul*, 1969; *Wilson & Davison*, 1971; *Davison & Wilson*, 1973). Es scheint kaum Auseinandersetzungen darüber zu geben, *ob* das Verfahren wirksam ist, Kontroversen bestehen jedoch darüber, *wie* es wirkt. Der gegenwärtige Konsens scheint jedoch dahin zu gehen, daß *Wolpes* Auffassung als reziproke Hemmung (Gegenkonditionierung) unangemessen ist. Entspannung ist eine fördernde aber keine notwendige Komponente des Verfahrens.

Unser jetziges Diskussionsthema betrifft den häufigen Einsatz vorgestellter Reize bei der systematischen Desensibilisierung. Obwohl Hierarchien des wirklichen Lebens (*in vivo*) manchmal verwendet werden, ist die vorherrschende Reizmodalität bei der Desensibilisierung verdeckt. Es wird angenommen, daß Reaktionen, die in der Gegenwart dieser verdeckten Ereignisse gelernt werden, auch ihre externen Bezugspunkte generalisieren werden. Obwohl es manchmal wenig Transferverlust gibt, zeigt die vorliegende Evidenz beträchtliche Varabilität bei dieser Generalisation (*Bandura*, 1969). Das Lernen angepaßter Verhaltensweisen scheint durch den Einsatz wirklicher angstauslösender Reize in der Behandlung erleichtert zu werden.

Es ist eine bedauerliche Tatsache, daß Verhaltensmodifikatoren der Rolle verdeckter Ereignisse bei der Desensibilisierung nur wenig empirische Aufmerksamkeit widmeten. Trotz lobenswerter Standardisierung und Verfeinerung von Parametern anderer Aspekte dieses therapeutischen Verfahrens, begannen Bemühungen um die Untersuchung des Beitrags und der Funktion symbolischer Prozesse erst kürzlich. Es ist jedoch bemerkenswert, daß frühe Verfahrensrichtlinien die angenommene Bedeutung vorgestellter Ereignisse bei der systematischen Desensibilisierung stark betonten. *Paul* (1966) hob zum Beispiel heraus, daß es wichtig ist, daß der Klient sich selbst in der gefürchteten Situation vorstellt – nicht als ob er sich selbst in einem Film sähe, sondern als ob er tatsächlich dort wäre. Lebhafte, multisensorische Bilder werden betont, wahrscheinlich in der Annahme, daß dadurch größere Ähnlichkeit mit den Ereignissen des wirklichen Lebens erreicht wird.

Auf den Zusammenhang zwischen der Lebhaftigkeit der Vorstellung und dem Ergebnis der Therapie wurde hingewiesen, aber endgültige Daten fehlen (vgl. *McLemore*, 1972). Eines der Probleme bei der Erforschung dieser Frage war das Fehlen eines genauen Index der

Vorstellung. Wenn auch einige Forscher versuchten, Korrelate der lebhaften Vorstellung festzustellen, waren ihre Ergebnisse fast übereinstimmend negativ (vgl. *Rimm & Bottrell,* 1969; *Danaher & Thoresen,* 1972; *McCullough & Powell,* 1972; *Rehm,* 1973; *Paivio,* 1973). Darüber hinaus scheint die subjektive Lebendigkeit der Vorstellung nicht mit dem therapeutischen Ergebnis zu korrelieren (z. B. *Davis, McLemore & London,* 1970; *Kazdin,* 1973d, in Druck, a, b).

Eine Reihe interessanter Untersuchungen erforschte die Rolle der »emotiven Vorstellung« bei Gegenkonditionierungsparadigmen. Obwohl *Chappell & Stevenson* (1936) nicht die Perspektive des Konditionierens einnahmen, berichteten sie vom Einsatz positiver Vorstellungen bei der Behandlung von Magengeschwüren. 32 Patienten in einer Experimentalgruppe lernten, sich immer dann angenehme Situationen vorzustellen, wenn sie Angst erlebten. Sie berichteten signifikant größere Verbesserungen der Symptomatologie als 20 Kontrollpatienten. Ein Follow-up über drei Jahre zeigte beeindruckende Aufrechterhaltung.

Spätere Forschungen auf diesem Gebiet wurden durch die Arbeit von *Arnold A. Lazarus* und seinen Mitarbeitern angeregt (vgl. *Lazarus & Abramovitz,* 1962; *Lazarus, Davison & Polefka,* 1965). Bei der Behandlung kleiner phobischer Kinder trafen diese Forscher beim Einsatz von Entspannung zur Hemmung von Angst auf Schwierigkeiten. Als alternative antagonistische Reaktion sollten die Kinder gefürchtete Situationen visualisieren und positive Vorstellungen in sie einbauen. Ein Zehnjähriger wurde zum Beispiel wegen exzessiver Dunkelangst zur Behandlung überwiesen. Zum verdeckten Gegenkonditionieren wurden vorgestellte Situationen verwendet, in denen Dunkelheit mit Helden von Comic-Büchern gekoppelt wurde:

> Nun schließ bitte deine Augen und stell dir vor, daß du mit deiner Mutter und deinem Vater im Eßzimmer sitzt. Es ist Nacht. Plötzlich erhältst du über das Taschenradio ein Zeichen, das dir Supermann gab. Du rennst schnell in die Diele, weil dein Auftrag geheim bleiben muß. Vom Korridor kommt nur ein wenig Licht in die Diele. Nun stell dir vor, daß du allein in der Diele bist und auf den Besuch von Supermann und Kapitän Silber wartest (*Lazarus & Abramovitz,* 1962, S. 193).

Spätere Arbeiten erweiterten den Einsatz der positiven Vorstellung auf die Behandlung von Schmerztoleranz und anderer Vermeidungsmuster. *Horan* (1973) wies zum Beispiel darauf hin, daß emotive Vorstellung eine nützliche Technik zur Verminderung der Beschwerden und Ängste bei Geburten sein könnte. In einer Laboruntersuchung berichteten *Horan & Dellinger* (in Druck), daß in emotiver Vorstellung geübte Versuchspersonen schmerzhaftes Eintauchen in eiskaltes Wasser viel länger ertragen konnten als Kontrollpersonen oder Versuchspersonen, deren Aufmerksamkeit abgelenkt wurde. *Hekmat und Vanian*

(1971) berichteten ähnliche Erfolge bei der »semantischen« Desensibilisierung der Schlangenphobie. Diese Forscher koppelten das Wort »Schlange« mit positiven Vorstellungen und fanden signifikante Verbesserungen in Maßen der subjektiven Angst, dem semantischen Differential und der motorischen Annäherung. Wenn diese Voruntersuchungen auch Hoffnungen wecken, muß der therapeutische Wert der positiven Vorstellungsverfahren weiter empirisch untersucht werden. Eine interessante Frage betrifft die Funktion der emotiven Vorstellung bei Gegenkonditionierungsparadigmen. Rufen Vorstellungen angenehmer Situationen einen allgemeinen Zustand der kognitiven Entspannung hervor (*Rachmann*, 1968), der dann der Angst entgegenwirkt?

Die Modalität der symbolischen Ereignisse bei der verdeckten Gegenkonditionierung wurde sehr wenig beachtet. In der klinischen Praxis der Desensibilisierung wird den Klienten oft gesagt, sie sollten eine Situation *visualisieren!* Um die Lebendigkeit ihrer kognitiven Rekapitulation zu erhöhen, werden sie oft angewiesen, sich vorzustellen, Töne zu *hören*, die mit einem bestimmten Verhalten assoziiert sind, die entsprechende Reizung zu *fühlen* (z. B. die Form des Zahnarztstuhls) und relevante Reize zu *schmecken* oder zu *riechen*. Bei den Beschreibungen der Verfahren erhält der Leser jedoch oft den Eindruck, daß »einfache« visuelle Vorstellung die einzige Methode der Darbietung der Hierarchie war. Symbolische Darbietungen bei der Desensibilisierung sind weit davon entfernt, einfach zu sein und wir sind pflichtvergessen, wenn wir weiterhin ihre möglichen einschränkenden Einflüsse übersehen.

Andere Einsatzmöglichkeiten vorgestellter Ereignisse wurden in Analogien zum verdeckten Konditionieren berichtet. Wir werden einige davon in späteren Diskussionen untersuchen. Zwei hier erwähnenswerte Einzelfalluntersuchungen verwendeten Vorstellungsreize bei Gegenkonditionierungsverfahren. *Efron* (1957) berichtete die erfolgreiche Kontrolle epileptischer Anfälle bei einem Patienten durch Einsatz einer verdeckt vermittelten konditionierten Hemmung. Der Geruch von Jasmin – der bei diesem Patienten Anfälle zu hemmen schien – wurde mit einem Armband gekoppelt. Während einer späteren Behandlungsphase berichtete der Patient, Anfälle durch bloßes Denken an das Armband verhindern zu können. *Wilson* (1973a) liefert ein anderes Beispiel eines Koppelungsverfahrens mit Einsatz vorgestellter Reize. Ein Klient, der an Harnverhaltung litt (Unfähigkeit, öffentlich zu urinieren), wurde angewiesen, sich die Anwesenheit anderer Personen im Moment vor dem Urinieren (kurz vor der Miktion) vorzustellen. Es wurde eine signifikante Verbesserung berichtet.

Wenn auch Vergleiche von wirklichen und vorgestellten Hierarchien nicht selten waren (z. B. *Agras*, 1967; *Litvak*, 1969; *O'Neill & Howell*, 1969; *Barlow, Leitenberg, Agras & Wincze*, 1969; *Waters & Mc-*

Donald, 1973), gibt es im Grunde genommen keine Untersuchung der Unterschiede zwischen verdeckten Modalitäten. Ein hinderliches methodologisches Problem ist hier natürlich der relative Mangel an Kontrolle über die verdeckten Handlungen der Versuchspersonen. Der Einsatz geplanter verdeckter Anweisungen, die idiosynkratische Wiederholungen mildern, kann jedoch angemessene experimentelle Kontrollen ermöglichen (vgl. *Bandura, Grusec & Menlove*, 1966; *Gerst*, 1969; *Bandura & Jeffery*, 1973).

Wie bei anderen Variationen des Desensibilisierungsverfahrens (vgl. *Bandura*, 1969) gibt es nur spärliche Nachweise, die bei den oben dargestellten verdeckten Techniken eine physiologische Gegenkonditionierungshypothese unterstützen. Ob eine einfache graduelle Löschungshypothese angemessen ist, muß jedoch noch gezeigt werden. Wie wir in späteren Diskussionen sehen werden, scheint bei Therapien, die symbolische Hierarchien verwenden, mehr vorzugehen als lediglich »verdeckte Konfrontation mit dem Reiz«.

Umkonditionierung des Orgasmus

Ein zweites Hauptgebiet des Einsatzes symbolischer Reize in der klinischen Verhaltenstherapie waren sexuelle Abweichungen. *McGuire, Carlisle & Young* (1965) vermuteten, daß sexuell abweichendes Verhalten bei Erwachsenen auf die Verwendung abweichender (z. B. homosexueller) Vorstellungen während der Masturbation zurückzuführen sein könnte. Nach diesen Forschern kann die Koppelung solcher Vorstellungen mit sexuellem Orgasmus starke Annäherungreaktionen auf die äußeren Bezugspunkte der Vorstellungen bewirken.

Zur Überprüfung dieser Hypothese führte *Davison* (1968a) eine erfolgreiche Einzelfalluntersuchung durch, bei der sexuelle Erregung und Orgasmus von sadistischen Phantasien auf angemessenere heterosexuelle Vorstellungen umorientiert wurden. Bei diesen Untersuchungen wurde der Klient angewiesen, mit seinen üblichen (kulturell abweichenden) Phantasien sexuelle Erregung herbeizuführen und mit Masturbation zu beginnen. Kurz vor dem Orgasmus sollte der Klient seine Aufmerksamkeit auf ein »Playboy«-Ausklappschild richten. Allmählich wurde der heterosexuelle Reiz an früheren Punkten der Masturbationskette eingeführt. *Marquis* (1970) berichtet einen erfolgreichen Einsatz dieses Verfahrens bei einer Vielzahl von sexuellen Abweichungen. Mehrere andere Forscher fanden ebenfalls, daß geplante Masturbationsphantasien die Sexualtherapie unterstützen (z. B. *Lobitz & LoPiccolo*, 1972). *Barlow* (1973), *Annon* (1973) und *Wilson & Davison* (1974) lieferten ausgezeichnete Übersichten über die zunehmenden Nachweise für dieses Verfahren.

Eine interessante Frage beim Einsatz der Umkonditionierung des Orgasmus betrifft die Rolle der Bewußtheit und Erfolgserwartung. *Ma-*

sters & Johnson (1970) erkennen, daß Männer mit Ejaculatio praecox oft auf kognitive Ablenkung als Mittel zur Verzögerung des Orgasmus zurückgreifen. Häufig verwendete Ablenkungen könnten die mentalen Wiederholungen von sportlichen Ereignissen sein, finanzielle Verpflichtungen usw. Viele Ereignisse sind zufällig mit Masturbation und Orgasmus assoziiert, aber nur eine geringe Auswahl davon wird mit Erregungspotential ausgestattet. Pillen, Bettdecken und Gedanken an behaarte Handrücken werden selten als erotische Reize dargestellt.

Ein Verhaltenstherapeut vertrat die Auffassung, daß Männer häufiger an sexuellen Abweichungen leiden als Frauen, weil ihr Sexualorgan außen liegt und deshalb in zufälliger Kontiguität mit einer Vielzahl von Reizen angeregt werden kann. Wenn das der Fall ist, warum treffen wir dann nicht auf mehr Seifen-, Urin- oder XY-Fetischisten? Ein automatischer Konditionierungsprozeß scheint nicht angemessen zu sein. Wie wir in den Kapiteln 9 und 10 sehen werden, scheinen Aufmerksamkeitsprozesse unsere selektive Konditionierung zu vermitteln. Darüber hinaus legt die Tatsache, daß bestimmte Reizkategorien (z. B. Bekleidungsstücke) den Inhalt von Fetischen zu beherrschen scheinen, die Möglichkeit nahe, daß unsere sexuelle Konditionierung durch begriffliche und kategoriale Merkmale beeinflußt wird. Diese Fragen werden ausführlicher betrachtet werden, wenn wir die kognitiven Vermittlungsmodelle ansprechen.

Gedankenstop

Wie der Name schon sagt, ist Gedankenstop ein Verfahren, das unerwünschtes Grübeln unterdrücken oder eliminieren soll. Es wurde zuerst von *Alexander Bain* (1928) vorgeschlagen und von *Taylor* (1955, 1963) und *Wolpe* (1958, 1969; *Wolpe & Lazarus*, 1966) wieder aufgegriffen. Bei dieser klinischen Strategie wird der Klient angewiesen, absichtlich sein fehlangepaßtes grübelndes Verhalten auszuführen. Wenn er dem Therapeuten anzeigt, daß unerwünschte Gedanken kommen, ruft der Therapeut laut »STOP!« Dies bewirkt beim Klienten gewöhnlich eine Schreckreaktion, nach der der Therapeut darauf hinweist, daß diese Ablenkung die Grübelfolge erfolgreich beendete. Weitere Durchgänge werden dann durchgeführt und der Klient lernt allmählich, das Wort »STOP!« leise zu sich selbst zu sagen.

Leider gibt es nur spärliche empirische Nachweise über die Wirksamkeit des Gedankenstops. Bis jetzt wurde nur eine kontrollierte Gruppenuntersuchung berichtet. *Wisocki & Rooney* (1974) verglichen vier Bedingungen hinsichtlich ihrer Wirkungen bei der Reduktion von Rauchverhalten: Gedankenstop, verdeckte Sensibilisierung (eine Technik, die kurz beschrieben werden wird), eine Aufmerksamkeits-Placebo-Strategie und keine Behandlung. Die Folgerungen, die aus dieser Untersuchung gezogen werden können, werden leider durch mehrere methodische Schwierigkeiten eingeschränkt. Die Bedingung der zufälligen Zuweisung wurde nicht erfüllt – Kontrollpersonen waren jene Freiwilligen, die »ihre Zeitplanung nicht dem Behandlungsprogramm anpassen konnten«. Für die Kontrollen wurden keine Daten vor der Behandlung, nach der Behandlung und keine Nachuntersuchungsdaten berichtet. Obwohl die statistischen Analysen keine Unterschiede in der Rauchhäufigkeit vor der Behandlung zeigten, weisen die berichteten Daten darüber hinaus auf beträchtliche Variabilität hin (Gedankenstop – und Aufmerksamkeits-Placebo-Versuchspersonen rauchten während der Grundkurve vor Beginn der Behandlung fast zweimal soviel Zigaretten täglich wie die Versuchspersonen mit verdeckter Sensibilisierung). Ein statistischer Vergleich der Effekte des Gedankenstops und der verdeckten Sensibilisierung wurde nicht berichtet. Schließlich zeigte eine Nachuntersuchung nach vier Monaten keine signifikanten Unterschiede zwischen den Gruppen. In Anbetracht dieser methodischen Einschränkungen liefern die Daten nur spärliche Unterstützung für einen Behandlungseffekt.

Rimm, Saunders & Westel (1974) berichteten eine Gruppenuntersuchung, in der Gedankenstop mit »verdeckter Selbstbehauptung« (symbolische Verhaltensübung selbstbehauptender bewältigender Reaktionen) kombiniert wurde. Versuchspersonen, die sich diesem Verfahren unterzogen, überwanden ihre Schlangenvermeidung erfolgreicher als Personen in einer Aufmerksamkeits-Placebo-Kontrollgruppe. Der aktive Beitrag des Gedankenstops per se wurde jedoch nicht gemessen.

Mehrere Einzelfalluntersuchungen berichteten den erfolgreichen Einsatz von Gedankenstopverfahren (z. B. *Wolpe*, 1958, 1969, 1971; *Wolpe & Lazarus;* 1966; *Taylor*, 1963; *Gershman*, 1970; *Stern*, 1970; *Gentry*, 1970; *Beck*, 1970b; *Garfield, McBrearty & Dichter*, 1969; *Yamagami*, 1971; *Kumar & Wilkinson*, 1971; *Campbell*, 1973; *Wisocki*, 1973b; *Cautela & Baron*, 1973; *Rimm*, 1973; *Rosen & Schnapp*, 1974). Bei vielen dieser Anwendungen wurde Gedankenstop mit einem weiten Bereich anderer Verfahren kombiniert (z. B. Entspannungstraining, systematische Desensibilisierung, positive Gegenvorstellung, verdeckte Sensibilisierung usw.). Neben dem Einsatz unstandardisierter Behandlungskombinationen erfüllten die meisten nicht die methodischen Anforderungen an eine kontrollierte empirische Einzelfalluntersuchung. Kaum operationale Definitionen, keine Kontrollverfahren bei einer Person, keine Nachuntersuchungsmessungen sind nur einige der methodischen Schwierigkeiten, die viele dieser Anwendungen des Gedankenstops bei einem Einzelfall kennzeichneten. *Stern* (1970) kombinierte zum Beispiel durch Medikamente unterstütztes Entspannungstraining mit Gedankenstop bei der Behandlung eines Zwangspatienten. Über das Ergebnis der Therapie oder eine Nachuntersuchung wurden keine quantifizierbaren Daten berichtet. Der Autor beschloß seinen Einzelfallbericht jedoch mit einer optimistischen Interpretation: obwohl der Patient »eine zwanghafte Persönlichkeit blieb, wurde vermutet, daß seine Persönlichkeitseigenschaften nun zu einem wirksameren Zweck eingesetzt werden konnten« (S. 442). Diese Aussage steht den Folgerungen nach »psychodynamischen« Therapien gefährlich nahe, die ständige Fehlanpassung des Verhaltens verteidigen, indem sie betonen, daß der Klient nun zumindest »Einsicht« in ihre Ursache hat.

Die theoretische Grundannahme des Gedankenstops als »Konditionierungs«-Verfahren ist nicht völlig klar. Wenige Ratten oder Tauben sind einer analogen Version dieser Strategie unterzogen worden. Mehrere Therapeuten wiesen darauf hin, daß abrupte kognitive Ablenkung und Inkompatibilität die angenommenen zugrundeliegenden Prozesse darstellen. Wenn die Aufmerksamkeit von verdeckten Grübeleien abgelenkt werden kann, werden sie (theoretisch) aufhören. Darüber hinaus kann das stille Vokalisieren einer Selbstinstruktion unvereinbar mit anderen (fehlangepaßten) stillen Vokalisierungen sein (vgl. *Bergin,* 1969; *Wisocki & Rooney,* 1974). *Mahoney* (1971) versuchte, das Merkmal Ablenkung der Aufmerksamkeit bei Gedankenstop zu überprüfen und ersuchte einen zwanghaften Klienten, immer dann von einer vierstelligen Zahl um 7 zurückzuzählen, wenn er unerwünschte Grübeleien erfuhr. Diese Strategie wurde vom Gebiet der Informationsverarbeitungsforschung entliehen. Leider schien das Ablenkungsverfahren Zwangsdenken eher zu steigern als zu vermindern. *Campbell* (1973) kombinierte ein Zurückzählverfahren mit einem Training positiver Gegenvorstellungen und berichtete erfolgreichere Ergebnisse.

Eine untersuchenswürdige Spekulation ist, daß Gedanken*substitutions*verfahren sich als wirksamer erweisen könnten als einfache Beendigungs- oder Ablenkungsstrategien. Zudem würden Forscher auf diesem Gebiet vielleicht gut daran tun, den Einsatz psychophysiologischer Messungen bei der Überprüfung der Gedankenveränderungsverfahren zu bedenken. Wie schon früher erwähnt wurde, gibt es Nachweise, daß grobe Denkkategorien auf der Grundlage eines EMG der Stimmbänder und anderer physiologischer Reaktionen unterschieden werden können (vgl. *Jacobson,* 1973; *McGuigan,* 1973). Über den Gebrauch solcher abhängiger Variablen könnte man eine direkte Überprüfung der Gedankenstoptechniken erhalten.

Es ist wieder interessant, unsere Naivität hinsichtlich menschlicher Vermittlungsprozesse zu bemerken. Gedankenstop wurde fast ohne Ausnahme so verwendet, als ob alle grübelnden Vermittlungen *verbal* wären. Den möglichen Unterschieden zwischen therapeutischer Beendigung fehlangepaßter leiser Vokalisierungen und fehlangepaßter *Vorstellungen* wurde wenig Interesse geschenkt. Obwohl wir nun wissen, daß sowohl Gedanken als auch Vorstellungen deutliche physiologische Erregung bewirken können, wissen wir sehr wenig über die wirksamsten Mittel zur abrupten Beendigung dieser inneren Ereignisse. Neuere Laboruntersuchungen von *Horowitz* und seinen Mitarbeitern bestätigen, daß stressende Erfahrungen die Häufigkeit sich wiederholender und fehlangepaßter Gedanken erhöhen *(Horowitz & Becker,* 1971a, b, c; *Horowitz, Becker & Moskowitz,* 1971). Gedankenstop stellt einen vorläufigen Versuch dar, Mittel zur Kontrolle und Eliminierung solcher verdeckter Folgen zu entwickeln. Wie die vorhergesehene Diskussion zeigte, sind unsere Kenntnisse und Verfahren jedoch gegenwärtig rudimentär und entbehren starker empirischer Unterstützung. Umfassende methodische Verbesserungen sind bei der Standardisierung und systematischen Erforschung der Strategien zur Beendigung von vermittelnden (verdeckten) Vorgängen überfällig. Bis solche Verbesserungen kommen, werden wir in unserem Zustand der relativen Ignoranz bleiben und uns mit einer Therapie abmühen, die kaum durch etwas anderes als Tradition gestützt wird.

Coverant-Kontrolle

Eine dritte Therapie verdeckten Konditionierens wurde in *Hommes* (1965) klassischem Artikel über »Coverants, die Operanten des Geistes« angeregt. Der Begriff *coverant* ist eine Abkürzung von *covert operant* (verdeckter Operant) und beschreibt genau *Hommes* Sichtweise. Nach diesem Standpunkt sind Gedanken frühe Bestandteile einer Reaktionskette. Stille Vokalisierungen wie »Ich brauche unbedingt eine Zigarette« können einem unerwünschten Zielverhalten (z. B. Rauchen) vorausgehen und es funktionell aktivieren. *Homme* verwendete *Premacks* (1965) Definition der Verstärkung über differentielle Wahrscheinlichkeit und schlug eine geplante Folge zur Modifikation fehlangepaßter Coverants vor. Nach diesem Paradigma der »Coverant-Kontrolle« können Reize, die früher unangemessene Coverants auslösten, zu Hinweisreizen für Coverants werden, die mit dem unerwünschten Zielverhalten (ZV) unvereinbar sind. Die Person kann zum Beispiel lernen, Anti-ZV-Coverants in der Gegenwart von ZV-Reizen zu erzeugen. Dies wird in den folgenden ersten beiden Phasen dargestellt.

1.	2.	3.	4.
ZV Reize	*Anti-ZV-Coverant*	*Pro-contra-ZV-Coverant*	*Belohnung*
Rauch-reize	»Rauchen verursacht Mundgeruch«	»Ich werde Geld sparen, wenn ich nicht rauche«	Kaffee

Um die Beendigung der Reaktionskette bei einem aversiven Bestandteil (Phase 2) zu vermeiden, empfiehlt *Homme,* daß ein zu verstärkendes Verhalten eingefügt und dann eine Belohnung (Verhalten mit hoher Wahrscheinlichkeit) gegeben wird. Also könnte eine Person auf einen Zigarettenautomaten treffen. Um ihrem gewohnten Drang nach einer Zigarette entgegenzuwirken, beschäftigt sie sich mit einem Anti-Rauch-Coveranten (z. B. »Rauchen verursacht Krebs«). Darauf folgt ein Gedanke, der mit *Nicht*rauchen vereinbar ist (z. B. »mein Essen wird besser schmecken, wenn ich nicht rauche«). Dieser positive Coverant wird durch die Beschäftigung mit einer höchstwahrscheinlichen (belohnenden) Aktivität verstärkt, wie z. B. eine Tasse Kaffee zu trinken.

Einige der theoretischen Probleme bei *Hommes* Coverant-Kontrollfolge wurden früher diskutiert *(Mahoney,* 1970, 1972). In Kürze, es ist leicht möglich, daß auf für das Zielverhalten relevante Gedanken häufig eher durch die verstärkende Aktivität als durch die Reize des Zielverhaltens hingewiesen wird. So könnte eine Person, die sich entschlossen hat, Kaffee als ihre Belohnung für eine Anti-Rauch-Coverant-Abfolge zu verwenden, durch Kaffeereize unabsichtlich an ihre Bemühungen zur Reduktion des Rauchens erinnert werden. Auf dem Gebiet des Belohnungsaufschubs gibt es Nachweise, daß diese zufälligen Hinweise tatsächlich mit Vermeidung von Zigaretten interferieren könnten (vgl. *Mischel,* in Druck). Ein zweites spekulatives Problem betrifft die enge zeitliche Koppelung von negativen Coverants und Verstärkern. Diese Kontiguität ähnelt einer Gegenkonditionierungsfolge und könnte die unterdrückenden Effekte des negativen Coverant gefährden. Zusätzlich besagt *Hommes* Coverant-Kontroll-Folge, daß Verstärker *automatisch* bestärkende Wirkung haben. Im wesentlichen wird dem Klienten gesagt, daß er aus täglichen Verstärkern (z. B. Mahlzeiten) das Maximum herausholen soll, indem er zu verstärkende Reaktionen vor sie setzt. Diese Annahme des Automatismus wird am Ende des Kapitels 8 ausführlicher diskutiert werden. Zum gegenwärtigen Zeitpunkt genügt es zu sagen, daß sie empirisch wenig gestützt ist.

Ein letzter Einwand gegen die von *Homme* vorgeschlagene Strategie betrifft seine Fehlanwendung der Verstärkungstheorie von *Pre-*

mack (1965). Nach *Premack* (1965, 1971) können Verhaltensweisen mit hoher Wahrscheinlichkeit kontingent als Verstärker für Verhaltensweisen mit niedriger Wahrscheinlichkeit verwendet werden und umgekehrt können die letzteren als Bestrafungen für die ersteren verwendet werden. Hier muß jedoch eine wichtige Unterscheidung zwischen Reaktions*wahrscheinlichkeit* und Reaktions*häufigkeit* gemacht werden. *Premacks* Gebrauch des Begriffs Wahrscheinlichkeit bezieht sich auf eine Operation, bei der der Organismus freien (d. h. nicht kontingenten) Zugang zu verschiedenen Verhaltensweisen hat. Ihre Wahrscheinlichkeit ist durch das relative Ausmaß an Zeit bestimmt, die mit jeder der verfügbaren Aktivitäten verbracht wird. Reaktionshäufigkeit bezieht sich andererseits auf die Auftretensrate eines Verhaltens unabhängig davon, ob seine Verfügbarkeit kontingent oder nicht kontingent ist. Hausarbeiten und das Zahlen von Steuern können relativ häufige Reaktionen sein, aber nur wenige würden behaupten, daß sie von Natur aus verstärkend sind. Ihre hohe Häufigkeit ist ein Ergebnis der Kontingenzen, denen sie unterliegen. *Homme* (1965) und mehrere andere Forscher verwendeten triviale Verhaltensweisen mit hoher Frequenz (z. B. Gebrauch eines bestimmten Bürostuhls, Aufdrehen eines Wasserhahns, Abnehmen des Telefons), als ob sie Verstärker im Sinne von *Premack* wären. Die Tatsache, daß einige dieser Untersuchungen aussichtsreiche Ergebnisse berichteten, kann mehr von der *Hinweis*funktion dieser Aktivitäten abgeleitet werden als von irgendwelchen inhärenten verstärkenden Eigenschaften. Es besteht natürlich die empirische Möglichkeit, daß auch lästige Verhaltensweisen mit hoher Auftretenshäufigkeit verstärkend wirken können dank ihrer instrumentellen Rolle in einer Reaktionskette, die schließlich verstärkt wird. Man kann sich Situationen vorstellen, in denen eine Person hart arbeitet, um einen Mülleimer auszuleeren oder einen Boden aufzuwischen. Solche negative Verstärkung bietet jedoch ein sehr unterschiedliches Bild im Vergleich zu dem, was gewöhnlich unter Verstärkung im Sinne von *Premack* verstanden wird.

Die begriffliche und theoretische Komplexität der Anwendung der Strategien von *Premack* auf Verhalten Erwachsener erfordert mehr Platz, als unsere gegenwärtige Diskussion ermöglicht. Es mag genügen, darauf hinzuweisen, daß unangemessene Analogien diese Extrapolierungen ernstlich in Frage stellen, vor allem wie sie in der bisherigen Literatur berichtet wurden. Eine genauere Diskussion dieser Probleme wurde an anderem Ort dargelegt (*Mahoney*, 1972; *Danaher*, im Druck).

Die empirischen Nachweise für die Wirksamkeit der von *Homme* vorgeschlagenen Coverant-Kontrollstrategie sind spärlich. Obwohl verschiedene Forscher ihre Überprüfung berichteten, veränderten sie entweder die von *Homme* vorgeschlagene Folge oder ließen eine Verfahrensbeschreibung weg (z. B. *Tooley & Pratt*, 1967; *Rutner*, 1967; *Keutzer*, 1968; *Lawson & May*, 1970; *Tyler & Straughan*, 1970; *Gordon*, 1971; *Chapman, Smith & Layden*, 1971). Einige neuere Untersuchungen lieferten eine direktere Überprüfung der Wirksamkeit der Coverant-Kontrolle.

Horan & Johnson (1971) teilten 96 übergewichtige Frauen auf vier experimentelle Bedingungen auf: verstärkte Coverants, geplante Coverants, Information und Ermutigung oder verzögerte Behandlungskontrolle. Personen der ersten beiden Gruppen sollten negative/positive Paare von Coverants still vokalisieren (z. B. »Übergewichtigkeit verkürzt die Lebensdauer«, »wenn ich abnehme, werden meine Kleider besser passen«). Auf »verstärkte Coverants« folgte ein sehr häufiges Ereignis, das mindestens siebenmal täglich auftrat (z. B. »sich auf einen bestimmten Stuhl setzen«). Versuchspersonen in der Gruppe mit geplanten Coverants sollten sich die Paare von Coverants einfach siebenmal täglich selbst sagen. Nach achtwöchiger Behandlungsdauer hatten die Personen in der Gruppe mit verstärkten Coverants 5,66 Pfunde verloren im Vergleich zu durchschnittlichen Gewichtsverlusten von 2,72, 3,13 und 0,02 Pfunden in den Gruppen mit geplanten Coverants, Information und der Kontrollgruppe. Dieses Ergebnis ist jedoch auch mit einer Hinweisinterpretation vereinbar. Es ist bemerkenswert, daß kein experimentelles Verfahren eine Aufrechterhaltung der Häufigkeiten dieser verdeckten Verhaltensweisen ergab.

In einer späteren Untersuchung verglichen *Horan, Baker, Hoffmann & Shute* (1974) die Effekte positiver und negativer Coverants, Belohnungen in Form von Nahrung und in anderer Form, und Gruppen- versus Einzelberatung. Ein 2 x 2 x 2-Design wurde verwendet, und der Gewichtsverlust stellte wieder die abhängige Variable dar. Es wurde berichtet, daß positive Coverants signifikant größere Reduktionen bewirkten als negative. Belohnungen in Form von Nahrung versus in anderer Form ergaben keine signifikant verschiedenen Effekte.

Danaher (1974) untersuchte die Rolle des Hinweisens versus Konsequenzen bei der Behandlung des Rauchens über Coverant-Kontrolle. Ein 2 x 2-Design wurde verwendet, bei dem Art des Hinweisreizes (Rauchdrang versus Belohnungsreize) mit Art der Konsequenz (häufiges Ereignis versus geschätzte Reaktion) kombiniert wurde. Eine Kontrollgruppe war auch beteiligt. Die abhängigen Variablen waren die Anzahl der täglich gerauchten Zigaretten, Häufigkeit des Rauchdrangs und Intensität des Drangs. Die Analysen der Daten nach dreiwöchiger Behandlung ergaben signifikante Abnahme des Rauchens bei Versuchspersonen in allen Gruppen. Es wurden keine Unterschiede zwischen den Gruppen festgestellt. Eine Nachuntersuchung nach acht Monaten zeigte einen Rückfall auf das Rauchverhalten vor der Behandlung. Bemerkenswert ist, daß *Danaher* bei Versuchspersonen, die das Kriterium der 9prozentigen Durchführung der entsprechenden Coverant-Kontrollstrategien erreichten, tägliche Selbstbelohnungen mit hereinnahm. Trotz dieses zusätzlichen Merkmals hatten die Coverant-Kontroll-Versuchspersonen keine beeindruckenden Erfolge bei der Reduktion des Rauchens.

Mehrere andere Untersuchungen überprüften die Wirksamkeit des Coverant-Kontrolltrainings bei der Behandlung des Rauchens (z. B. *Johnson*, 1968; *Hark*, 1970; *Gardiner*, 1971). Ihre Ergebnisse unterstützen die therapeutischen Erwartungen an diese Strategie relativ wenig. Es sollte jedoch erwähnt werden, daß Zigarettenrauchen eines der schwierigsten klinischen Probleme darstellt, auf die Verhaltensmodifikatoren bis jetzt trafen (vgl. *Bernstein*, 1969). Die relative Unwirksamkeit der Coverant-Kontrolle bei seiner Behandlung sollte gegen den Hintergrund anderer Therapien gesehen werden, die gleich erfolglos waren.

Hommes Beitrag zur kognitiven Verhaltensmodifikation beschränkt sich nicht auf die klinische Wirksamkeit seiner vorgeschlagenen Coverant-Kontrollfrage. Er verteidigte den empirischen Status innerer Ereignisse und legte die lang überfällige Betonung auf die Rolle verdeckter Aktivitäten bei der Steuerung und Modifikation offener Reaktionen. Der heuristische Beitrag dieser Betonung kann kaum übersehen werden.

Neuere Bemühungen, das verdeckte »Repertoire« zu analysieren und zu planen, erhielten oft Anregungen aus *Hommes* (1965) Vorschlägen. *Ackerman* (1972, 1973) stellte zum Beispiel eine interessante operante Analyse der Bedingungen dar, die die Modifikation innerer Impulse erschweren. Nach *Ackerman* vermitteln Impulse (verdeckte Ereignisse, die Repräsentationen in der Vorstellung oder das Thema betreffende stille Vokalisierungen enthalten) viele konsumatorische Reiz-Reaktions-Folgen. Gedanken und Vorstellungen von Nahrung können zum Beispiel diese Funktion erfüllen. Bei einem relativ kontinuierlichen Verstärkungsplan werden diese Impulse durch tatsächliches Auftreten des konsumatorischen Verhaltens auf hoher Häufigkeit gehalten. Wenn die Person sich entschließt, ein konsumatorisches Verhalten zu reduzieren oder zu beenden, entwickelt sich ein Löschungsprozeß. Verdeckte Impulse dauern an, aber können schnell aufhören, wenn totale Abstinenz eingeführt wird (z. B. abruptes Aufhören des Rauchens). Wenn eine solche Abstinenz nicht eintritt, kann die partielle Reduktion des konsumatorischen Verhaltens die Impulshäufigkeit tatsächlich erhöhen. Da der Impuls ein verdeckter diskriminativer Reiz für die offene Reaktion ist, verschlimmert dieser intermittierende Verstärkungseffekt das Problem. Die Person nimmt das konsumatorische Verhalten allmählich wieder auf und macht dadurch die Impulse während des nachfolgenden Selbststeuerungsunternehmens sogar löschungsresistenter. Diese Vermutungen legen die klinische Implikation nahe, daß präkonsumatorische Impulse oft direkte Modifikation erfordern. In Fällen, bei denen eine konsumatorische Reaktion nicht völlig unterdrückt werden kann (z. B. Essen), kann es nützlich sein, eine zeitliche Trennung von Impuls und konsumatorischer Reaktion einzuplanen. Auf Essen kann zum Beispiel künstlich hingewiesen werden (durch Verwendung eines Zeitgebers) und es darf nicht unmittelbar auf das Auftreten eines Eßimpulses erfolgen. Die Aussichten einer solchen Strategie müssen natürlich noch empirisch untersucht werden.

Der klinische Einsatz geplanter Coverants wurde in einigen Einzelfalluntersuchungen dargestellt. Es ist bestimmt schwierig, einige dieser Anwendungen von solchen zu unterscheiden, die bei den »kognitiven Therapien« in einem späteren Abschnitt dieses Buches beschrieben werden. Jedoch beschrieben die meisten, die hier kurz erwähnt werden, ihre therapeutischen Grundannahmen als modifizierte Form der Coverant-Therapie. *Johnson* (1971) berichtete zum Beispiel die erfolgreiche Behandlung zweier Klienten mit einem Verfahren, das geplante stille Vokalisierungen enthielt. *Jackson* (1972), *Todd* (1972) und *Ince* (1972) paßten bei erfolgreichen klinischen Anwendungen die Coverant-Konditionierungsverfahren an die Depressionsbehandlung an. *Mahoney* (1971) verwendete eine modifizierte Coverant-Strategie im Fall einer 22jährigen Frau, die sich über unkontrollierbare selbstkritische Zwangsgedanken beklagte. Nach einer Grundkurvendiagnostik der Häufigkeit der Zwangsgedanken wurde die Klientin angewiesen, immer dann sieben zurückzuzählen, wenn sie unerwünschte Grübeleien erlebte. Die Ablenkungsstrategie schien unerwünschte Gedanken zu erhöhen, deshalb wurde eine *»taktile* Aversionsstrategie« eingeführt. Sie bestand darin, daß die Klientin ein breites Gummiband um ihr Handgelenk trug und es immer dann schnappen ließ, wenn sie Zwangsgedanken hatte. Die berichteten Grübeleien nahmen beträchtlich ab und blieben für den Rest der Therapie aus (Abbildung 7-1). Es wurde auch eine Strategie zum »Priming« und zur Verstärkung positiver Selbstgedanken verwendet. Die Klientin schrieb positive Selbstaussagen auf drei Karten, die an ihrer Zigarettenpackung befestigt wurden. Jedesmal wenn sie nach einer Zigarette griff, mußte sie die oberste Karte lesen, sie an das untere Ende des Stapels zurückstecken und dann ihre Zigarette rauchen. Bei einer vierten Karte mußte sie einen neuen und spontanen positiven Selbstgedanken erzeugen. Allmähliche Zurücknahme der Hinweisreize ergab fortschreitende Zunahme der angegebenen positiven Coverants (Abbildung 7-2). Ein Nachuntersuchungskontakt nach vier Monaten zeigte angemessene Aufrechterhaltung und beeindruckende Verbesserungen in anderen Bereichen (Arbeit, Abhängigkeit von der Familie, heterosexuelle Beziehungen).

Einige Gedanken über die vorhergehende Einzelfalluntersuchung sind angebracht. Eine Nachuntersuchung nach drei Jahren zeigte, daß die Klientin weiterhin unabhängig und erwerbstätig war. Zwei Jahre nach Beendigung der Therapie hatte sie eine kurze suizidale Episode und wurde zwei Wochen lang hospitalisiert. Während des darauffolgenden Jahres gab es kein Anzeichen einer weiteren Fehlanpassung. Diese Daten legen einen mäßigeren Optimismus nahe als der ursprüngliche Einzelfallbericht. Meine eigene gegenwärtige Meinung ist, daß das in diesem Fall angenommene theoretische Mo-

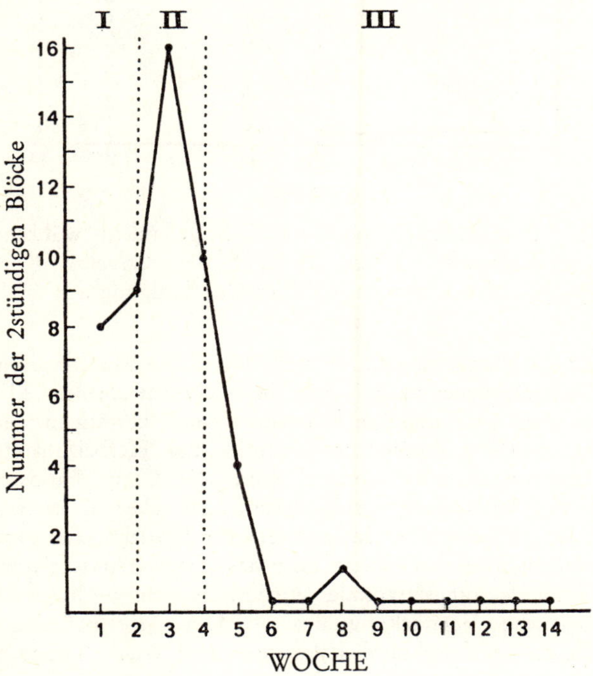

Abbildung 7-1: Häufigkeit der Zwangsgedanken während der Grundkurvendiagnostik (Phase I), einer Intervention des Zurückzählens (Phase II) und Selbstbestrafung (Phase III). (Nachdruck mit freundlicher Genehmigung aus *Mahoney*, 1971.)

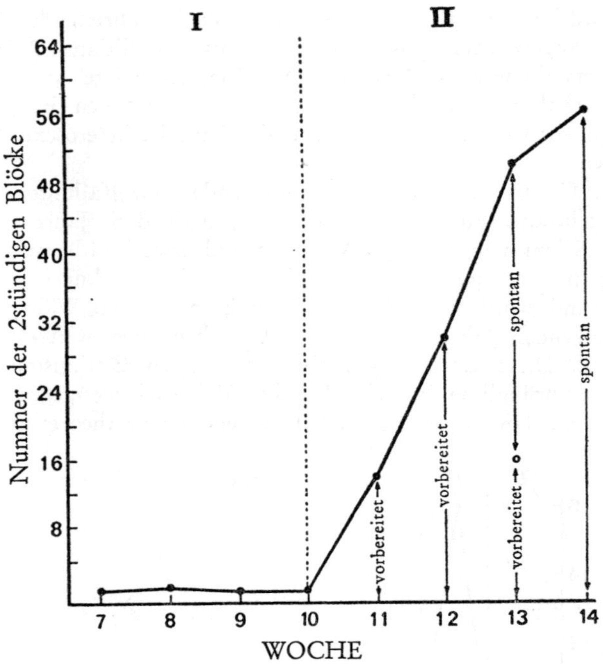

Abbildung 7-2: Häufigkeit positiver Selbstgedanken während der Grundkurvendiagnostik (Phase I) und der Coverant-Kontrolle (Phase II). (Nachdruck mit freundlicher Genehmigung aus *Mahoney*, 1971.)

dell relativ naiv und zu einfach war. Wenn die Modifikation verdeckter Selbstaussagen auch weiterhin vielversprechende klinische Wirkungen zeigt (wie mehrere folgende Kapitel bestätigen werden), mögen einfache Konditionierungsprinzipien zur Herbeiführung solcher Veränderungen nicht optimal sein. Die Gummibandstrategie mag klinische Ausstattungskosten vermindern, aber es ist fraglich, ob sie die konditionierte »taktile Aversion« bewirkt, die angenommen wurde. In ähnlicher Weise mag das Zigarettenverfahren eher häufige Hinweise auf subvokale Wiederholungen geschaffen haben als automatische Verstärkungseffekte. Meine gegenwärtige Vermutung ist, daß Aufmerksamkeitsfaktoren und Wiederholungsoperationen für viele der kognitiven Verhaltensänderungen verantwortlich sind, die im obigen Fall berichtet wurden, und sogar diese scheinen nach der Ambivalenz der Nachuntersuchungsdaten unangemessen gewesen zu sein. Ähnliche Folgerungen werden durch eine neuere Replikation der Gummibandtechnik (*Bass*, 1973) nahegelegt. Diese

Spekulationen verdienen in der zukünftigen klinischen Forschung genaue empirische Überprüfung.

Die Perspektive der verdeckten Konditionierung wurde natürlich bei der Verhaltenstherapie vieler Denkstörungen reichlich angewendet. Zwangsgedanken, Halluzinationen und Illusionen wurden als modifizierbare verdeckte Reaktionen betrachtet, die durch externe Kontingenzen beeinflußt werden können. Selbstregistrierung, Desensibilisierung, Aversionstherapie, Löschung und selektive Verstärkung waren unter den zahlreichen therapeutischen Strategien, die zu ihrer Behandlung verwendet wurden. Obwohl uns eine ausführliche Diskussion weit von unserem gegenwärtigen Thema wegführen würde, bestätigen die folgenden ausgewählten Hinweise das Ausmaß, in dem Verhaltensmethoden auf Störungen angewandt wurden, die fehlangepaßte verdeckte Reaktionen einschließen: *Walton & Mather*, 1963; *McGuire & Vallance*, 1964; *Haslan*, 1965; *Mees*, 1966; *Weiner*, 1967; *Marks, Crowe, Drewe, Young & Dewhurst*, 1969; *Rutner & Bugle*, 1969; *Bergin*, 1969; *Bucher & Fabricatore*, 1970; *Mather*, 1970a, b; *Rachman*, 1971; *Rachman, Hodgson & Marks*, 1971; *Alumbaugh*, 1971; *Hodgson & Rachman*, 1972; *Hodgson, Rachman & Marks*, 1972; *Nydegger*, 1972; *Haynes & Geddy*, 1973; *Rachman, Marks & Hodgson*, 1973; *Solyom & Kingstone*, 1973; *Marks*, 1973; *Kenny, Solyom & Solyom*, 1973; *Hallam*, in Druck; *Marshall*, 1974, in Druck, a; *Taylor*, 1974).

Die vorangehende Literatur unterstützt die klinische Durchführbarkeit direkter therapeutischer Veränderung fehlangepaßter innerer Ereignisse. Zwangsgedanken, Halluzinationen und Phantasien erwiesen sich als reagibel auf einen weiten Bereich von Techniken. Wenn die Erfolgsraten auch nicht gleichförmig positiv waren und viele methodologische Probleme auftraten, sollten die klinischen Möglichkeiten dieser bahnbrechenden Bemühungen nicht übersehen werden. Es ist erstaunlich, daß diese Forschungsrichtung nicht noch schneller eskalierte. Von der Auftretenshäufigkeit von Denkstörungen sowohl bei ambulanten als auch chronischen Populationen her betrachtet wird klinische Forschung auf diesem Gebiet dringend erforderlich. Ein beständiges (und möglicherweise abschreckendes) Problem war natürlich das Fehlen objektiver Maße für verdeckte Aktivitäten. Die neueren Bemühungen um solche Maße (z. B. *Lowe*, 1973) werden die erhöhte experimentelle Aktivität auf diesem Gebiet hoffentlich anregen.

8. Kapitel

Die Therapien des verdeckten Konditionierens: Verdeckte Sensibilisierung, Verstärkung, Löschung und Modellernen

Als technischer Hinweis wurde der Begriff »verdecktes Konditionieren« wahrscheinlich am häufigsten bei der Theorie und Forschung von *Joseph R. Cautela* verwendet. In einigen heuristischen Beiträgen zur Theorie und zu Verfahrensweisen schlug *Cautela* vor, aus den Konditionierungsparadigmen des Labors Verfahren einer verdeckten Therapie abzuleiten (*Cautela,* 1966, 1967, 1969a, b, 1970a, b, c, d, 1971a, b, 1972, 1973). Das vorliegende Kapitel untersucht einige dieser abgeleiteten Verfahren und beschäftigt sich mit dem Nachweis ihrer klinischen Wirksamkeit.

Verdeckte Sensibilisierung

Die *verdeckte Sensibilisierung* war die Form des verdeckten Konditionierens, die am frühesten und in vielen Bereichen übernommen wurde. Bei diesem Verfahren wird ein Problemverhalten in der Vorstellung geübt, und mit einem aversiven symbolischen Ereignis (z. B. Szenen mit Übelkeit, Schmerz, sozialer Lächerlichkeit) gepaart. Der Anstoß für seine klinische Anwendung kam aus verschiedenen älteren Berichten über »hypnotisch induzierte Aversionen« (vgl. *Strel'chuk,* 1957; *Lazarus,* 1958; *Miller,* 1959, 1963). Hypnotisierte Klienten wurden angeleitet, sich einige problematische Verhaltensweisen vorzustellen, und währenddessen Gefühle von Übelkeit und Unwohlsein aufkommen zu lassen. Laut Berichten war diese Technik bei der Behandlung von Alkohol, sexuellen Abweichungen und Zwängen erfolgreich.

Im Jahre 1966 gab *Cautela* diesem symbolischen Aversionsverfahren eine feste Form und nannte es »verdeckte Sensibilisierung« (»covert sensitization«). Über zwei erfolgreiche Fälle mit Alkoholismus und Übergewicht wurde berichtet. In einem späteren Artikel lieferte *Cautela* (1967) eine mehr formale theoretische Rechtfertigung für die verdeckte Sensibilisierung und beschrieb dieses Verfahren in sehr lebhafter Weise. Beispielsweise könnte die verdeckte Sensibilisierung von Übergewicht nach einem Entspannungstraining vielleicht folgende Szene enthalten:

Ich möchte, daß Sie sich vorstellen, Sie hätten gerade ihre Hauptmahlzeit beendet und Sie wollen gerade mit Ihrer Nachspeise, einem Apfelstrudel, beginnen. In dem Moment, in dem Sie sich eine Gabel nehmen wollen, bekommen Sie in der Magengrube ein komisches Gefühl. Sie beginnen sich unwohl, übel und völlig schlecht zu fühlen. Wenn Sie Ihre Gabel berühren, fühlen Sie einige Essensstücke, die sich Ihren Hals hinaufschieben. Sie sind schon fast dabei, sich zu übergeben. Wie Sie die Gabel in den Strudel hineinstechen, kommt Ihnen das Essen in den Mund. Sie versuchen, Ihren Mund geschlossen zu halten, weil Sie Angst haben, das Essen überall hin zu spucken. Sie bringen das Stück Strudel immer näher an Ihren Mund. Gerade als Sie Ihren Mund öffnen wollen, erbrechen Sie. Sie spucken alles über Ihre Hände, Ihre Gabel und über den Strudel. Es breitet sich über den ganzen Tisch aus und über das Essen der anderen Leute. Ihre Augen tränen. Schleim ist überall in Ihrem Mund und in Ihrer Nase. Ihre Hände fühlen sich klebrig an. Es gibt einen fürchterlichen Geruch. Wenn Sie diese Schweinerei anschauen, müssen Sie einfach immer wieder kotzen, bis nur noch wässeriges Zeug herauskommt. Alle Leute schauen Sie ganz schockiert an. Sie wenden sich von dem Essen ab, und beginnen sich sofort besser zu fühlen. Sie rennen aus dem Zimmer, und während Sie herausrennen, fühlen Sie sich immer wohler. Sie waschen sich und richten sich her und fühlen sich wunderbar (*Cautela*, 1967, S. 462).

Die Fluchtszene, bei der unmittelbare Erleichterung auf das Beenden des Zielverhaltens folgt, wird als sehr wichtige Komponente der Therapie betont.

Der theoretische Hintergrund der verdeckten Sensibilisierung stellt einige interessante begriffliche Probleme. Am Ende des Kapitels werden wir etwas näher darauf eingehen. Im Moment sollte man sich nur merken, daß *Cautela* in seiner Ansicht schwankte, ob nämlich das Verfahren durch ein Paradigma der verdeckten klassisch konditionierten Aversion (1966) oder durch ein Analogon der verdeckten Bestrafung zu erklären sei (1973). Außerdem wird eine strenge Parallele zur Konditionierung durch die Tatsache in Frage gestellt, daß die Wirkung der verdeckten Sensibilisierung nicht vermindert wird, wenn man eine rückwirkende an Stelle einer vorwirkenden Konditionierungssequenz anwendet (z. B. *Ashem & Donner*, 1968; *Sachs & Ingram*, 1972).

Empirische Bestätigung für die Wirksamkeit der verdeckten Sensibilisierung und anderer Verfahren des verdeckten Konditionierens wurde in einigen Übersichtsartikeln dargestellt (vgl. *Cautela*, 1971a, 1972, 1973; *Agras*, 1972; *Wisocki*, 1972; *Thoresen & Mahoney*, 1974). In dieser Diskussion hier wollen wir eine Zusammenfassung der Bestätigung geben, und mögliche Ursachen für ihre ausgesprochene Variabilität vorschlagen. Mit der Anwendung auf bestimmte Problembereiche wollen wir uns getrennt beschäftigen.

Alkoholismus

Für die Behandlung von Alkoholismus durch verdeckte Sensibilisierung wurde der Weg durch die frühen Arbeiten von *Strel'chuk* (1957) und *Miller* (1959) gebahnt. *Miller* benützte beispielsweise ein hypnotisches Aversionsverfahren und fand, daß 24 behandelte Alkoholiker ausgesprochen erfolgreich waren, indem sie über eine Nachbehandlungs-Follow-up von neun Monaten abstinent blieben. *Cautela* (1966) berichtete über die erfolgreiche Behandlung einer 29jährigen Krankenschwester, die exzessiv trank, um soziale Ängste zu mindern. Weitere positive Ergebnisse kamen von *Anant* (1967), der 26 stationäre Alkoholiker behandelte. Nachuntersuchungen in unterschiedlichen Abständen zeigten eine beeindruckende Aufrechterhaltung des Therapieerfolgs. Leider wird ihr Beitrag zu der Beurteilung der verdeckten Sensibilisierung durch das Fehlen experimenteller Kontrollen und durch die oft dürftige Datendarstellung in vorausgehenden Untersuchungen eingeschränkt.

In einigen neueren Untersuchungen wurden wenigstens einige dieser methodischen Probleme behoben. *Ashem & Donner* (1968) nahmen beispielsweise eine unbehandelte Kontrollgruppe, um die Wirkung der Verfahren zu evaluieren. Bei dem rückwirkenden Paradigma wurde Übelkeit vor (statt nach) der Vorstellung des problematischen Verhaltens induziert. Die Behandlungsergebnisse zeigten keine unterschiedliche Wirkung zwischen den zwei Experimentalgruppen. Bei einer Follow-up-Untersuchung nach sechs Monaten berichteten vierzig Prozent der erreichten Versuchspersonen, abstinent zu sein. Alle Versuchspersonen der Kontrollgruppe tranken zu dieser Zeit noch. Diese Befunde, die konservativer als in vorherigen Untersuchungen sind, müssen auch mit Vorsicht interpretiert werden, da ihnen eine Aufmerksamkeits-Placebo-Kontrollgruppe fehlte. Auffallend ist es, daß die Autoren die Gleichheit der Gruppen mit vorwirkendem und rückwirkendem Konditionieren als Hinweis dafür ansahen, daß Versuchspersonen der letzten Gruppe während der Behandlung vorwirkende Assoziationen machten.

In einer Untersuchung aus dem Jahre 1970 verglich *Rohan* (zitiert von *Wisocki,* 1972) die Effekte der verdeckten Sensibilisierung und der elektrischen Aversion bei 30 stationären Alkoholikern. Eine Follow-up-Untersuchung nach 3 Monaten wies darauf hin, daß Versuchspersonen, die eine elektrische Aversionstherapie erhalten hatten, eine bessere Aufrechterhaltung des Therapieerfolges zeigten. *Wisocki* deutet jedoch darauf hin, daß eine Anzahl methodischer Mängel den informativen Wert dieser Untersuchung anscheinend reduzierte. In einem besser kontrollierten Experiment untersuchte *Wilson* (1974a) die unterdrückenden Effekte der verdeckten Sensibilisierung und der elektrischen Aversion auf das Trinkverhalten von (schweren) Gamma-Alkoholikern. Tatsächlicher Alkoholkonsum wurde in einer realitätsgetreuen Laborumgebung gemessen. Die Daten aus sechs kurzen Untersuchungen wiesen darauf hin, daß beide Behandlungsverfahren ungefähr gleich effektiv waren und keines von beiden in seinen unterdrückenden Effekten besonders erfolgreich war.

Die oben angeführten Untersuchungen liefern nur dürftige Evidenz für die Wirksamkeit der verdeckten Sensibilisierung bei der Behandlung von Alkoholismus. Die enorme Variabilität der Ergebnisse und die ebenso auffallende Verschiedenheit der Verfahren rechtfertigt es, unser Urteil aufzuschieben, bis angemessenere empirische Beweise zur Verfügung stehen. Die Tatsache, daß zumindest einige Alkoholiker von der Technik anscheinend profitieren, lädt dazu ein, die Prädikator-Variablen und die Behandlungskomponenten näher zu untersuchen.

Rauchen

Über das Koppeln einer externen aversiven Stimulierung (z. B. ein elektrischer Schock) mit dem Rauchverhalten in der Vorstellung wurde berichtet (z. B. *Steffy, Meichenbaum & Best,* 1970; *Berecz,* 1972), aber kontrollierte Vergleiche mit der verdeckten Sensibilisierung müssen noch untersucht werden. Untersuchungen über die Wirksamkeit des letzteren wichen immer wieder in ihrem Verfahren ab von den Behandlungsrichtlinien, die *Cautela* (1972) vorschlug. Methodische Probleme stellten außerdem die empirische Bedeutung dieser Untersuchungen in Frage.

Tooley & Pratt (1967) kombinierten verdeckte Sensibilisierung mit Coverant-Kontrolle und Kontingenz-Management bei der Behandlung eines rauchenden Paares. Sie berichten, daß die verdeckte Sensibilisierung während der ersten Behandlungsphase wirksam war, daß aber ihre therapeutische Stärke sehr schnell abnahm. Aufgrund eines vorläufigen Berichts von *Wagner* (1969) verglichen *Wagner & Bragg* (1970) die Wirksamkeit der Desensibilisierung, der verdeckten Sensibilisierung, einer Kombination beider Verfahren, Entspannung alleine und der Beratung. Die kombinierte Gruppe erhielt eine systematische Desensibilisierung, bezogen auf eine standardisierte Hierarchie der Zigarettendeprivation. Wenn die Versuchspersonen Unruhe signalisierten, wurden sie angewiesen, sich eine Szene aus der verdeckten Sensibilisierung vorzustellen. Nach vier Wochen Behandlungszeit gab es keine Unterschiede zwischen den Gruppen. Bei einem Follow-up nach 90 Tagen zeigte es sich jedoch, daß die Versuchspersonen der kombinierten Gruppe weniger Rückfälle zeigten als Personen der anderen Gruppen. Interessanterweise zeigten die Versuchspersonen mit verdeckter Sensibilisierung nach diesem Zeitraum den größten Rückfall.

Ähnlich pessimistische Ergebnisse stammen aus einem Bericht von *Lawson & May* (1970), die in einer Untersuchung verdeckte Sensibilisierung, Coverant-Kontrolle, Kontingenz-Management und Selbstüberwachung (self-monitoring) miteinander verglichen. Die sehr kleine Stichprobe (N=12) und das Fehlen von Nachkontroll-Daten schränken die Schlußfolgerungen, die aus dieser Untersuchung gezogen werden können, ein. Analysen nach der Behandlung zeigten jedoch keine signifikanten Unterschiede zwischen den vier Gruppen. *Sachs, Bean & Morrow* (1970) benützten eine Aufmerksamkeits-Placebo-Kontrollgruppe (Selbstüberwachung) und verglichen ihre Wirksamkeit mit der verdeckten Sensibilisierung oder einem Selbstkontrollverfahren. Nach drei Wochen konnte man keine Behandlungseffekte finden. Eine Nachuntersuchung nach einem Monat zeigte, daß lediglich die Versuchspersonen der Experimentalgruppe ihr Rauchen in bezug zur Grundratenerhebung reduziert hatten. Leider kann vielleicht die hohe Ausfallquote (35%) die Behandlungseffekte vergrößert haben. Eine Untersuchung von *Gordon* (1971) konnte ebensowenig eine differentielle Überlegenheit der verdeckten Sensibilisierung nachweisen. Zwei unveröffentlichte Untersuchungen (*Mullen*, 1967; *Viernstein*, 1968) weisen auf eine kurzfristige Unterdrückung des Rauchens hin, aber das Fehlen der Aufmerksamkeits-Placebo-Kontrollgruppen und langfristige Nachkontrollen schränken die Schlußfolgerungen daraus ein. Schließlich bleibt die Bedeutung von *Wisocki & Rooneys* (1971) Vergleich des Gedankenstops mit der verdeckten Sensibilisierung durch verschiedene methodische Mängel (vgl. Kapitel 7) unklar.

Wie schon früher erwähnt, ist es wegen fehlender standardisierter Verfahren und vieler methodischer Probleme gegenwärtig nicht möglich, irgendwelche bestimmten Schlußfolgerungen zu ziehen. Während wir die Nullhypothese nicht bestätigen können, ist es offensichtlich, daß die Wirksamkeit der verdeckten Sensibilisierung bei der Behandlung des Rauchens nicht genügend bewiesen werden konnte.

Übergewicht

Cautela (1966) berichtete über die erfolgreiche Behandlung von Überessen mit der verdeckten Sensibilisierung bei einer Klientin. Bei einer Nachkontrolle nach sieben Monaten hielt sie immer noch ihr um 66 Pfund reduziertes Gewicht aufrecht. Dieser Bericht ermutigte dazu, die verdeckte Sensibilisierung in verschiedene Verhaltensprogramme für Übergewicht einzuführen (vgl. *Stunkard & Mahoney*, im Druck). Leider versuchte nur eines dieser Programme den Beitrag der verdeckten Sensibilisierung zur Gewichtsabnahme isoliert zu betrachten. *Manno & Marston* (1972) verglichen eine Kontrollgruppe, verdeckte Sensibilisierung und verdeckte Verstärkung (ein Verfahren, das noch kurz beschrieben wird). Beide Therapien mit verdeckter Konditionierung erzielten signifikant größere Gewichtsabnahmen als die Kontrollgruppe. Die beiden zuerst genannten Therapien unterschieden sich nicht voneinander. Eine Nachuntersuchung nach drei Monaten zeigte, daß in beiden Behandlungsgruppen die Gewichtsabnahme von 8,9 Pfund aufrechterhalten wurde. Während diese hohe Gewichtsabnahme nicht den Berichten von *Cautela* näherkommt, könnten vielleicht diese unterschiedlichen Ergebnisse durch Unterschiede im Gewicht vor der Behandlung und durch verschiedenartige Behandlungsverfahren erklärt werden.

In einer gut kontrollierten Gruppenuntersuchung verglichen *Janda & Rimm* (1972) die Wirkungen der verdeckten Sensibilisierung mit einer Aufmerksamkeits-(Entspannungs-)Kontrollgruppe und einer Kontrollgruppe ohne Behandlung. Umfassende statistische Analysen nach einer Behandlungszeit von sechs Wochen erbrachten keine Unterschiede zwischen den drei Gruppen, aber bei einer Nachuntersuchung nach sechs Wochen zeigten sich hochsignifikante Unterschiede. Die Versuchspersonen mit verdeckter Sensibilisierung hatten 11,7 Pfund abgenommen, im Vergleich zu der Abnahme von 2,3 Pfund und einer Zunahme von 0,9 Pfund bei den Versuchspersonen der Aufmerksamkeitskontrolle und der Kontrollgruppe. Interessanterweise fanden *Janda & Rimm*, daß die individuelle Gewichtsabnahme bei Versuchspersonen mit verdeckter Sensibilisierung mit ihrer subjektiv berichteten Unruhe während der aversiven Vorstellung signifikant korrelierte ($r = .53$).

Die therapeutische Hoffnung, die aus den oben genannten Untersuchungen hervorgeht, muß man jedoch im Licht verschiedener anderer Untersuchungen evaluieren, die nicht die Wirksamkeit der verdeckten Sensibilisierung zeigen konnten. *Meynen* (1970) verglich beispielsweise Entspannung, verdeckte Sensibilisierung und eine modifizierte Form der systematischen Desensibilisierung miteinander. Nach acht Wochen Behandlungzeit hatten alle drei Gruppen signifikante Gewichtsverluste zu verzeichnen, und Unterschiede zwischen den Gruppen waren nicht zu erkennen. *Lick & Bootzin* (1971) berichteten ähnlich pessimistische Ergebnisse. Vierzig Frauen mit Übergewicht ordneten sie vier verschiedenen Gruppen zu: (1) Kontrollgruppe ohne Behandlung, (2) verdeckte Sensibilisierung mit einer Erleichterungs-(Flucht-)Szene, (3) verdeckte Sensibilisierung ohne eine Erleichterungsszene, und (4) verdeckte Sensibilisierung mit Instruktionen der »automatischen Immunisierung«. Bei der letzten Gruppe folgte das Therapieverfahren den Prinzipien des klassischen Konditionierens. Die Behandlung lief über eine Zeit von vier Wochen und nach fünf Wochen erfolgte eine Nachuntersuchung. Obwohl die behandelten Versuchspersonen angaben, daß die Attraktivität ihrer Lieblingsspeisen abgenommen hätte, zeigten statistische Analysen einen sehr geringen Gewichtsverlust (vier Pfund über 10 Wochen) und keine Unterschiede zwischen den Gruppen.

Vorher wurde bereits erwähnt, daß *Sachs & Ingram* (1972) keine unterschiedlichen Effekte zwischen vorwirkender und rückwirkender verdeckter Sensibilisierung finden konnten. Mit Hilfe eines ausbalancierten Designs mit 10 Versuchspersonen nahm der selbstberichtete Verzehr von Nahrung unabhängig von den Behandlungsverfahren signifikant ab. Angaben über das Körpergewicht der Versuchspersonen lagen nicht vor. *Wilson* (1974b) berichtete vor kurzem über drei Untersuchungen, in denen er versuchte, die Wirkung der verdeckten Sensibilisierung auf Nahrungskonsum und Gewichtsabnahme zu bewerten. In einer Untersuchung zeigte sich, trotz Hinzufügen von aversiver Vorstellung und Entspannung zu dem übrigen Behandlungspaket (Stimuluskontrolle, Selbstüberwachung usw.), keine größere Gewichtsabnahme. Bei einer zweiten Untersuchung benützte man einen genialen und ziemlich unauffälligen »Geschmackstest«, um die Wirkung der verdeckten Sensibilisierung zu evaluieren. Versuchspersonen ließ man kleine Zwischenmahlzeiten einnehmen und bat sie, deren Schmackhaftigkeit einzuschätzen. Verdeckte Sensibilisierung zusätzlich zu einem Selbstüberwachungsverfahren wirkte sich auf die tatsächliche Nahrungseinnahme nicht aus. In einer letzten Studie fanden *Wilson* und seine Kollegen, daß die verdeckte Sensibilisierung als isolierte Methode zur Gewichtsabnahme ziemlich ineffektiv sei.

Eine gut kontrollierte Untersuchung von *Foreyt & Hagen* (1973) läßt ebenfalls an der therapeutischen Angemessenheit der verdeckten Sensibilisierung bei der Gewichtskontrolle zweifeln. Neununddreißig Frauen mit Übergewicht wurden drei Gruppen zugeordnet: verdeckte Sensibilisierung, Aufmerksamkeits-Placebo und eine Kontrollgruppe ohne Behandlung. Über eine Behandlungsdauer von neun Wochen wurden achtzehn Sitzungen abgehalten. Mit Hilfe von standardisierten Szenen der Essensannäherung wurden Versuchspersonen der Sensibilisierungsgruppe angewiesen, sich aversive (Übelkeit-erregende) Szenen vorzustellen. Bei der Aufmerksamkeits-Placebo-Gruppe folgte auf dieselben Szenen positive Vorstellung. Nach neun Wochen zeigten sich zwischen den drei Gruppen keine signifikanten Unterschiede. Die Versuchspersonen der Aufmerksamkeits-Placebo-Gruppe hatten 8,5 Pfund im Unterschied zu 4,1 und 3,7

Pfund abgenommen (verdeckte Sensibilisierung und Kontrollgruppen in dieser Reihenfolge). Diese Ergebnisse wurden von den Autoren als Hinweis für Erwartungseinflüsse angesehen.

Durch Hinzufügen der vorausgehenden Untersuchungen kann man vermuten, daß die klinische Wirksamkeit bei der Behandlung von Übergewicht noch nicht völlig klar ist. Widersprüchliche Ergebnisse weisen darauf hin, daß die Unterschiedlichkeit der Resultate vielleicht aufgrund von unterschiedlichen Verfahren, verschiedenen Populationen oder unspezifischen Faktoren in der Behandlungsstrategie zustande gekommen sein könnte. Wir haben auch hier wieder die Verpflichtung, unsere Schlußfolgerungen aufzuschieben, bis angemessenere und ausgedehntere Beweise zur Verfügung stehen.

Sexuelle Abweichung

Die Verwendung der verdeckten Sensibilisierung bei der Behandlung sexueller Abweichungen wurde ziemlich ausgiebig untersucht. Eine Reihe von Fallberichten zeigte, daß diese Methode bei so unterschiedlichen Störungen wie Homosexualität, sadistischen Phantasien und Pädophilie klinisch vielversprechend zu sein schien (z. B. *Miller*, 1963; *Gold & Neufeld*, 1965; *Kolvin*, 1967; *Davison*, 1968a, 1969; *Cautela & Wisocki*, 1971; *Kendrick & McCullough*, 1972; *Curtis & Presly*, 1972; *Farr & Tucker*, 1974). Die Genialität von Therapeuten, die die verdeckte Sensibilisierung bei sexuellen Abweichungen anwenden, wird sehr gut bei *Davison* (1968a) illustriert, der einen Klienten mit sadistischen Phantasien behandelte:

> Mit geschlossenen Augen wurde er angeleitet, sich eine typische sadistische Szene vorzustellen, ein hübsches Mädchen, das an Pflöcken am Boden festgebunden ist, und verzweifelt hin- und herstrampelt, um sich zu befreien. Beim Anblick des Mädchens sollte er sich vorstellen, daß jemand mit einem glühenden Eisen an seine Augen kommt und schließlich seine Augenbrauen ansengt. Als sich dieses Vorstellungsbild als erfolglos erwies, wurde ein zweites versucht, nämlich von einem grausam aussehenden Karate-Experten in die Leisten getreten zu werden. Als er auch diesem Vorstellungsbild gleichgültig gegenüber wurde, schilderte ihm der Therapeut eine große Schüssel »Suppe«, die aus dampfendem Urin bestand, auf dem sich stinkende Fäkalienknödel hin und her bewegten. Seine Grimassen, Windungen und Stöhnen zeigten, daß ein wirksames Vorstellungsbild gefunden worden war; die folgenden 5 Minuten wurden mit der Vorstellung verbracht, er selber trinke aus der Schüssel und fühle sich die ganze Zeit dabei kotzübel, während er über die schwimmenden Trümmer hinweg das strampelnde Mädchen anschaue (S. 86).

Durch eine Reihe von gut geplanten Einzelfalluntersuchungen wurden in diesem Gebiet kontrollierte experimentelle Analysen geliefert. *Barlow, Leitenberg & Agras* (1969) berichteten über die erfolgreiche Behandlung zweier Klienten mittels der verdeckten Sensibilisierung. Ein Klient mit Pädophilie und ein Homosexueller sollten beide das Erregungspotential bei abweichenden sexuellen Szenen subjektiv einschätzen. Diese Ratings wurden durch ein Sortierverfahren quantifiziert, bei dem stärker erregende Szenen eine höhere Gewichtung als weniger erregende erhielten. Die Klienten sollten auch die Häufigkeit abweichender sexueller Triebregungen zwischen den Behandlungssitzungen aufzeichnen. Schließlich wurde der Hautwiderstand (PGR) während aller experimentellen Phasen gemessen. Nach fünf Sitzungen für die Grundratenerhebung begann die verdeckte Sensibilisierung. Die Autoren liefern eine empfehlenswerte Spezifizierung des Verfahrens (z. B. Dauer der Szene, Intervalle zwischen den Darbietungen und gesamte Anzahl der Paarungen). Nach der verdeckten Sensibilisierung wurden die Bedingungen der Grundrate wieder eingeführt. Diese Löschungsphase wurde den Klienten als »der beste Therapieverlauf zu diesem Zeitpunkt« beschrieben, und für die Umkehrphase wurden keine ausdrücklichen Erwartungen ausgelöst. In einer Schlußphase mit erneuter Aneignung wurden wieder Verfahren der verdeckten Sensibilisierung angewendet. Figur 8-1 zeigt die Ratings der subjektiven Erregung und die Häufigkeit der sexuellen Triebregungen bei dem Klienten mit Pädophilie. Diese Maße korrelierten sehr gut mit der Experimentalphase. PGR-Maße zeigten ähnliche Phasenmuster. Entsprechende Ergebnisse erhielt man mit dem homosexuellen Klienten. Während diese Untersuchung von keiner Nachuntersuchung oder naturalistischen Verhaltensübung berichtete, unterstützt sie vorläufig die Wirksamkeit der verdeckten Sensibilisierung bei sexuellen Abweichungen.

Eine Wiederholung und Verbesserung der zuletzt genannten Studie wurde von *Barlow, Agras, Leitenberg, Callahan & Moore* (1972) angegeben. Vier homosexuelle Männer erhielten eine etwas modifizierte Behandlung. Der Umfang des Penis wurde mittels eines Plethysmographen gemessen, der eine direktere Einschätzung der sexuellen Reaktivität gewährte. Um die Rolle der Erwartung und der Anforderungseigenschaften zu evaluieren, wurde das vorige experimentelle Verfahren geändert. Phase I (Grundratenerhebung) wurde als therapeutische Strategie dargestellt, bei der Klienten glauben sollen, sie würden lernen, eine entspannte Reaktion an Stelle der früheren Erregung bei homosexuellen Szenen zu setzen. Phase II (verdeckte Sensibilisierung) wurde mit *negativen* Instruktionen eingeleitet, bei denen Erwartungen erhöhter sexueller Erregung vermittelt wurden: »Um die besten Ergebnisse zu erzielen, werden wir die Spannung erhöhen, indem wir die sexuell erregenden Szenen mit Vorstellungsbildern des Erbrechens paaren werden. Sie werden wahrscheinlich eine Zunahme an sexueller Erregung gegenüber Männern und stärkere homosexuelle Bedürfnisse feststellen, aber seien Sie nicht beunruhigt, das ist ein Teil der Behandlung (S. 412–413).« Löschung (Phase III) wurde als therapeutische Umkehrung präsentiert, wobei die sexuelle Erregung abnehmen würde. Schließlich wurde (in Phase IV) die verdeckte Sensibilisierung mit positiven Erwartungen wieder eingeführt. Trotz der oben erwähnten gegentherapeutischen Instruktionen richteten sich die sexuellen Reaktionen der Klienten nach den tatsächlichen Experimentalphasen. Der Penisumfang nahm während der beiden Phasen mit verdeckter Sensibilisierung ab.

Die Aussicht auf klinischen Erfolg dieser Ergebnisse stammt aus einer nachfolgenden Untersuchung von *Callahan & Leitenberg* (1973). Bei einer ausbalancierten Einzelfalluntersuchung wurden sechs Klienten mit sexuell abweichendem Verhalten durch verdeckte Sensibilisierung und elektrische Aversion behandelt. Maße des Penisumfanges zeigten hinsichtlich der beiden Verfahren keine Unterschiede. Jedoch ließen subjektive Einschätzungen des sexuellen Drangs und der abweichenden Phantasien vermuten, daß die verdeckte Sensibilisierung der elektrischen Aversion bedeutend überlegen war. Nachkontrolluntersuchungen von vier bis achtzehn Monaten zeigten in fünf der sechs Fälle sehr günstige Daten hinsichtlich des Fehlens tatsächlicher abweichender Verhaltensweisen.

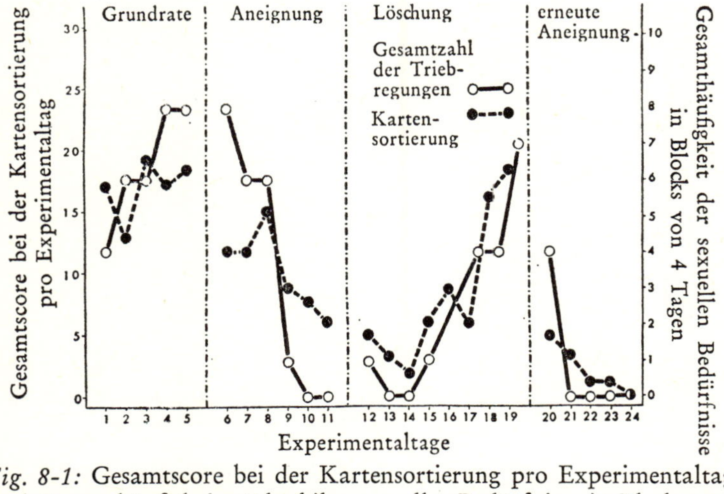

Fig. 8-1: Gesamtscore bei der Kartensortierung pro Experimentaltag und Gesamthäufigkeit pädophiler sexueller Bedürfnisse in Blocks von vier Tagen um jeden Experimentaltag. (Wiedergabe mit freundlicher Genehmigung von *Barlow, Leitenberg & Agras*, 1969.)

Eine Reihe von Untersuchungen von *Maletzky* liefert aussichtsreiche Evidenz für ein »assistiertes« Verfahren mit verdeckter Sensibilisierung (*Maletzky*, 1973, 1974, im Druck; *Maletzky & George*, 1973). Das konventionelle Verfahren wurde verändert, indem ein aversiver Geruch (Valeriansäure) der Übelkeitsvorstellung hinzugefügt wurde. Diese Technik war bei der Behandlung von zehn Exhibitionisten äußerst erfolgreich (*Maletzky*, 1974). Die Therapieergebnisse wurden bewertet auf der Basis von (1) selbst-berichteten verdeckten Aktivitäten (Bedürfnissen, Phantasien, Träumen), (2) Selbstbericht über das Auftreten von Exhibitionismus, (3) Unterdrückungen, und (4) Verhalten während eines »Versuchungstests«, der von einem Helfer des Versuchsleiters durchgeführt wurde (z. B. eine attraktive Frau wurde dafür bezahlt, daß sie am Auto der Versuchsperson sehr verführerisch vorbeispazieren würde). Figur 8-2 illustriert die Behandlungseffekte auf offene und verdeckte exhibitionistische Verhaltensweisen. Die Korrelation zwischen diesen beiden Indizes ist bemerkenswert. Eine Nachkontrolle nach 12 Monaten zeigte bei allen Versuchspersonen die totale Eliminierung exhibitionistischen Verhaltens. Es waren keine polizeilichen Verhaftungen erfolgt und alle Klienten bestanden ihren Versuchungstest nach einem Jahr mit fliegenden Fahnen.

Die vorausgehenden Ergebnisse deuten darauf hin, daß verdeckte Sensibilisierung bei der Behandlung einer ganzen Reihe von sexuellen Abweichungen klinisch ziemlich vielversprechend zu sein scheint.

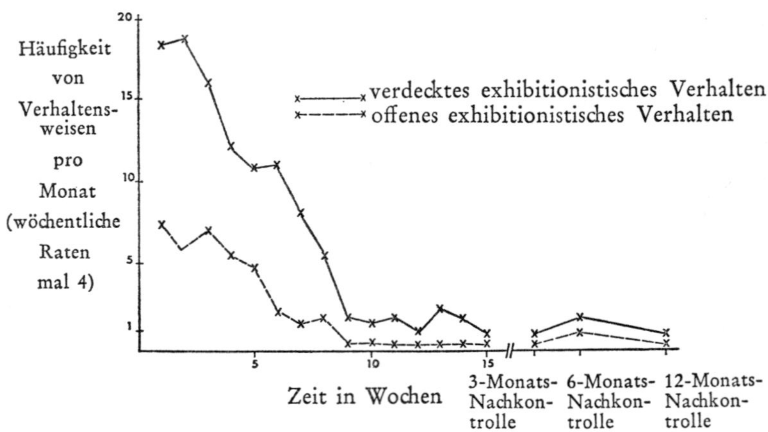

Fig. 8-2: Mittlere Häufigkeit des verdeckten und offenen exhibitionistischen Verhaltens während einer Behandlung und bei einer Nachkontrolle. (Wiedergabe mit freundlicher Genehmigung von *Maletzky*, 1974.)

Obwohl wir vor einer unglückselig geringen Zahl von kontrollierten Untersuchungen stehen, liefern uns die wenigen verfügbaren ein optimistisches Omen. Variationen in den Verfahren, wie von *Maletzky* (1974) beschrieben, können sich nützlich erweisen, um die offensichtliche Variabilität der Reaktionen auf die Behandlung zu reduzieren. Trotz unseres vorsichtigen Optimismus ist es ganz offensichtlich, wie nötig dieses Gebiet empirische Replikation und Verbesserung braucht.

Einige wenige Untersuchungen beschäftigten sich mit der Wirksamkeit der verdeckten Sensibilisierung bei der Therapie solcher Störungen wie Drogensucht und Zwänge (z. B. *Kolvin*, 1967; *Cautela*, 1966; *Steinfeld*, 1970; *Wisocki*, 1970, 1973b). Obwohl sie heuristisch wertvoll sind, können sie erst nach kontrollierter experimenteller Forschung evaluiert werden.

Zusammenfassend ist zu sagen, daß verdeckte Sensibilisierung hauptsächlich bei vier klinischen Problemen eingesetzt wurde – Alkoholismus, Rauchen, Übergewicht und sexueller Abweichung. Obwohl die dürftige Bestätigung und die häufigen methodischen Mängel die Schlußfolgerungen, die daraus zu ziehen sind, einschränken, haben die vorläufigen Daten hinweisenden Charakter:

1. die verdeckte Sensibilisierung zeigte keine dauerhafte oder beeindruckende Wirksamkeit bei der Unterdrückung des Alkoholkonsums oder des Rauchens.
2. sie zeigte bei Übergewicht unterschiedlichen Erfolg; und
3. sie zeigte in den vorläufigen Anwendungen bei sexuellen Abweichungen eine beeindruckende und relativ beständige Wirksamkeit.

Ehe wir unsere Aufmerksamkeit den übrigen Verfahren des verdeckten Konditionierens zuwenden, sollte kurz auf einige begriffliche und verfahrensmäßige Probleme hinsichtlich der verdeckten Sensibilisierung hingewiesen werden.

Erstens, durch das Fehlen eines standardisierten Therapieverfahrens, werden empirische Replikationen und eindeutige Bewertungen der Ergebnisse verhindert. Spezifische, quantifizierbare Operationen sollten entwickelt werden, um eine Verfahrensgrundlage zu schaffen, von der aus therapeutische Verbesserungen und Therapieergebnisse eingeschätzt werden können.

Ein zweites Problem bezieht sich auf die Isolation der Therapiekomponenten in einem Paket mit verdeckter Sensibilisierung. Zusätzlich zu der Bedeutung des Entspannungstrainings, der Selbstüberwachung und Verstärkung durch den Therapeuten müssen die verdeckten Komponenten des Pakets extra evaluiert werden – verdeckte Übung eines Problemverhaltens, symbolisch induzierte Übelkeit, verdeckte Flucht vor einer aversiven Szene, verdeckte Verstärkung usw. Auch der Beitrag der Therapeutenerwartung muß noch evaluiert werden.

Die differentiellen Effekte von anderen Formen der aversiven Vorstellung müssen noch ebenso untersucht werden. Während man üblicherweise übelkeitserregende Szenen verwendete, beachtete man weniger, wie vielversprechend es sein könnte, Vorstellungsbilder mit anderen Arten von aversiver Erfahrung zu benützen (körperliche Verletzung, sozialer Ausschluß usw.). Ein faszinierender Unterpunkt ist die Frage, ob »naturalistische« verdeckte Konsequenzen wirksamer als künstliche sind. Übelkeit ist eine begreifliche Konsequenz bestimmter Aktivitäten (z. B. konsumatorische Reaktionen), kommt aber mit geringerer Wahrscheinlichkeit bei anderen vor (z. B. zwanghaftem Kontrollieren).

Eine noch kritischere Frage beschäftigt sich damit, welchen Beitrag die autonome Erregung zur erfolgreichen verdeckten Aversion liefert. Muß eine Person negative physiologische Aktivität erfahren, um Vermeidungsassoziationen zu entwickeln? Ist das Wesen dieser Erregung ein bedeutendes Merkmal? Eine mögliche Studie könnte vielleicht autonome Aktivität (z. B. mit Drogen) herbeiführen und dann ihr Etikett manipulieren (positiv/negativ – z. B. Erregung/Angst), um festzustellen, ob die Physiologie oder ihr kognitives Etikett eine größere Rolle bei der verdeckten Aversion spielt. Diese Vermutung stammt aus einigen Forschungsarbeiten, die in einem späteren Kapitel dargestellt werden, und aus der vorher zitierten Arbeit über semantische Generalisation und Einstellungsbildung.

Ein letztes Problem wird durch die Richtung, die bei unserem vorherigen Literaturüberblick zur verdeckten Sensibilisierung gezeigt wurde, nahegelegt. Zur Zeit scheint die Wirksamkeit der verdeckten Sensibilisierung vielleicht mit dem Ausmaß, in dem vorgestellte (visuelle) Phantasien dem Problemverhalten vorausgehen, positiv zu korrelieren. Sexuelle Abweichungen werden sehr häufig durch phantasiertes Verhalten und erotische Vorstellungsbilder vermittelt. Bisher beschäftigte man sich noch nicht formal mit dem Überhandnehmen der auf Essen bezogenen Vorstellungsbilder bei Übergewicht, obwohl klinische Berichte weitreichende individuelle Unterschiede andeuten. Rauchen und Alkoholismus wurden andererseits selten als durch die Vorstellung vermittelte Verhaltensmuster beschrieben. Tatsächlich berichten Klienten dieser letzten beiden Kategorien oft, daß sie sich nicht irgendeiner Art von Vermittlung bewußt sind, die der Ausführung ihres problematischen Verhaltens vorausgeht. Das kann teilweise der Tatsache zugeschrieben werden, daß diese Muster ziemlich schnelle und oft private Konsumationshandlungen einschließen (wodurch sie sich von den meisten sexuellen Handlungen unterscheiden). Wenn die verdeckte Sensibilisierung darauf gerichtet ist, die symbolischen Repräsentationen (Vermittler) von unerwünschten Verhaltensweisen therapeutisch zu ändern, müssen das natürliche Auftreten und die funktionelle Rolle dieser vermittelnden Aktivitäten bestimmt werden. Es scheint überflüssig, vorgestellte Verhaltensweisen mit Aversionen in Verbindung zu bringen, wenn symbolische Ereignisse bei der Ausführung eines bestimmten Verhaltensmusters keine funktionale Rolle spielen.

Verdeckte Verstärkung

Ein zweites Verfahren des verdeckten Konditionierens beschäftigt sich mit dem Paaren eines vorgestellten Verhaltens und eines vorgestellten Verstärkers (*Cautela,* 1970a, b). Zwei Variationen dieses verdeckten Verstärkungsverfahrens wurden skizziert: positive und negative. Bei der verdeckten positiven Verstärkung wird jemand darin trainiert, sich eine angenehme Aktivität (z. B. eine Lieblingsspeise zu essen) vorzustellen. Nach diesem Anfangstraining werden Reaktionen und Konsequenzen symbolisch gepaart. Die Person wird gebeten, sich einige erwünschte Reaktionen vorzustellen (z. B. sich durchzusetzen) und dann zu einem Verstärkungsbild überzuwechseln. Das Wechseln des Vorstellungsbildes wird anfänglich vom Therapeuten durch Aussprechen des Wortes »Verstärkung« eingeleitet. Später werden die Klienten angehalten, diese Technik alleine durchzuführen.

Eine Beschreibung der verdeckten positiven Verstärkung liefert uns *Cautela* (1970b) mit der Behandlung eines Studenten mit Prüfungsangst. Der Klient war dreimal durch seine Abschlußprüfung bei der Promotion durchgefallen und hatte sehr große Angst um den Erfolg seiner letzten Gelegenheit. Zuerst lernte er durch Training sich vorzustellen, daß »er mit Skiern einen Berg hinunterfahre und sich sehr heiter fühle«, und zwar als Reaktion auf das Aussprechen des Wortes »Verstärkung« durch den Therapeuten. Dann wurde diese positive Vorstellung mit dem Verhalten in der Vorstellung gepaart:

> Wir wollen jetzt an der Examenssituation arbeiten. Es ist der Tag der Prüfung und Sie fühlen sich zuversichtlich (»Verstärkung«). Sie betreten das Gebäude, in dem die Prüfung stattfinden wird (»Verstärkung«). Denken Sie daran, daß Sie versuchen sollten, sich in allen Szenen zuversichtlich zu fühlen. Jetzt betreten Sie das Gebäude und gehen zum Seminarraum (»Verstärkung«). Sie setzen sich hin und blödeln etwas mit einem anderen Studenten, der ebenfalls an der Prüfung teilnimmt. Sie haben ein gutes Gefühl; Sie wissen, daß Sie vorbereitet sind (»Verstärkung«).

Der Aufsichtsführende verteilt die Prüfungsaufgaben (»Verstärkung«). Sie lesen die Fragen und können alles beantworten (»Verstärkung«).

Jetzt machen wir das noch einmal. Diesmal schauen Sie die Fragen durch, und Sie sind sich bei einer Frage nicht ganz sicher, aber Sie sagen sich »Ach ja, ich kann die Prüfung auch noch bestehen, wenn ich diese Frage nicht beantworte« (»Verstärkung«). – Also gut, diesmal schauen Sie sich die Prüfungsaufgaben an, und Sie entdecken zwei Fragen, über die Sie sich nicht ganz sicher sind, und Sie sagen »Ach ja, ich kann die Prüfung immer noch bestehen, wenn ich mir Zeit lasse und mich entspanne« (»Verstärkung«). (1970b, S. 39).

Nach zehn Therapiestunden bestand der Klient seine Prüfung zur Promotion und gab an, daß er währenddessen zuversichtlich und entspannt war.

Cautela (1970b) berichtet, daß die verdeckte positive Verstärkung sein wichtigster therapeutischer Ansatz wurde, den er ab und zu durch andere verhaltenstherapeutische Verfahren ergänzt. Er behauptet, sein Vertrauen in die Wirkung dieses verdeckten Konditionierungsverfahrens sei gegründet auf 1. die nachgewiesene Wirksamkeit anderer verhaltensmodifikatorischer Verfahren (z. B. Desensibilisierung), 2. die Tatsache, daß man dafür keine Widersprüche in den Schriften von Lerntheoretikern wie *Pavlov, Hull & Guthrie* finden könne, und 3. Beobachtungen über die klinische Wirksamkeit dieses Verfahrens. Wir richten unsere Aufmerksamkeit jetzt auf die Evaluierung des zuletzt genannten Verfahrens.

Zwei Laboruntersuchungen, die auf eine Bestätigung der Wirksamkeit der verdeckten positiven Verstärkung hinweisen, wurden in Kapitel 6 diskutiert (*Cautela, Steffan & Wish,* in Druck; *Ascher,* 1973). Einige Untersuchungen wurden berichtet, bei denen dieses Verfahren verdeckten Konditionierens eingesetzt wurde, um eine Einstellungsänderung zu bewirken. *Cautela, Walsh & Wish* (1971) versuchten beispielsweise, die Einstellung von Studenten hinsichtlich mental Retardierter zu modifizieren. Versuchspersonen der Experimentalgruppe lernten, positive Vorstellungen mit Gedanken an Retardierte zu paaren, während die Versuchspersonen der Kontrollgruppe sich nur die Retardierten vorzustellen hatten. Die Antworten auf den Fragebögen ließen eine Zunahme positiver Einstellungen bei der Experimentalgruppe vermuten. Auch hier fehlte eine Aufmerksamkeits-Placebo-Kontrollgruppe. *Krop* und seine Kollegen berichteten über zwei Untersuchungen, in denen die verdeckte positive Verstärkung eingesetzt wurde, um das Selbstbild bei emotional gestörten Kindern und psychiatrischen Patienten zu verbessern (*Krop, Calhoon & Verrier,* 1971; *Krop, Perez & Beaudoin,* 1973). In ihrer Studie von 1971 bekamen 36 Kinder aus der Tennessee self-concept-Skala 34 Items vorgelegt. Sie wiederholten dann den Test entweder mit 1. offener Verstärkung (ein Token und ein Bonbon) nach Selbstaussagen mit positivem Selbstbild, 2. verdeckter positiver Verstärkung nach diesen Selbstaussagen, oder 3. keine Änderung des Verfahrens (Kontrollgruppe). Das erneute Testen unmittelbar nach diesen Manipulationen und bei einer Nachkontrolle nach zwei Wochen zeigte größere Verbesserungen für die Gruppen mit verdeckter und offener Verstärkung. In einer nachfolgenden Untersuchung bekamen 69 psychiatrische Patienten aus der Selbstbild-Skala 62 Items vorgelegt; sie wurden dann einer Kontrollgruppe, einer Gruppe mit einer nicht-kontingenten Verstärkung oder einer Gruppe mit verdeckter Verstärkung zugeordnet. Personen der beiden letzten Gruppen erhielten ein Training in positiver Vorstellung. Als der Test zum zweiten Mal gegeben wurde, sollten sich die Versuchspersonen auf einen Hinweisreiz selber nach zufällig ausgewählten Items verdeckt verstärken. Versuchspersonen der Experimentalgruppe bekamen den Hinweisreiz nur nach einer Selbstaussage mit positivem Selbstbild. Statistische Analysen der Daten folgten nach der dritten Durchführung des Tests. Die verdeckte positive Verstärkung korrelierte wieder mit einer nominalen Zunahme (3.99 Punkte) des Selbstkonzepts. Diese Zunahmen waren statistisch signifikant. Daten über die Häufigkeit der Verstärkung in der nicht-kontingenten Gruppe wurden nicht angegeben. Leider wurde in keiner der oben genannten Untersuchungen eine Informationskontrollgruppe eingesetzt. Das Scheitern von anderen Forschern, ähnlicherweise die Reaktionen des Selbstbildes durch direktes verbales Konditionieren zu verbessern, weist darauf hin, daß weitere empirische Forschung notwendig ist (*Babladelis*, 1973). Außerdem stellen sich durch eine Studie von *Kingsley* (1973) einige Fragen hinsichtlich der Rolle der vorgestellten Konsequenzen beim verdeckten Konditionieren. Positive selbstbewertende Aussagen wurden als abhängige Variable verwendet; die Versuchspersonen wurden trainiert, neutrale, verstärkende oder aversive Vorstellungen bei sich selber auszulösen. Trotz markanter Unterschiede der verdeckten Konsequenzen unterschieden sich die Versuchspersonen mit verdeckter Verstärkung und verdeckter Bestrafung (Sensibilisierung) in einer nachfolgenden Selbstbewertung nicht von einer Kontrollgruppe mit neutralen Vorstellungsbildern.

Wisocki (1973a) berichtet von einer Studie mit 32 Studenten, wobei Prüfungsangst mittels verdeckter positiver Verstärkung behandelt wurde. Nachdem die Versuchspersonen der Experimentalgruppe eine Selbstbericht-Skala ausgefüllt hatten, erhielten sie über einen Zeitraum von vier Wochen fünf Sitzungen mit verdecktem Konditionieren. Die Kontrollgruppe erhielt keine Behandlung. Nachdem die Selbstbericht-Skala zum zweiten Mal gegeben wurde, zeigten

Analysen, daß die Versuchspersonen mit verdeckter Verstärkung ihre subjektive Angst mehr reduziert hatten als eine Kontrollgruppe. Es wurde berichtet, daß die Lebhaftigkeit der Vorstellungsbilder mit der Angstreduktion signifikant korrelierte. Bei einer Nachuntersuchung nach sechs Wochen stellte sich heraus, daß die Versuchspersonen der Experimentalgruppe sich besser entspannen konnten, bessere Noten und ein größeres Selbstvertrauen hatten. Leider erfolgte diese Nachkontrolle zwei Wochen nach der Abschlußprüfung und die Möglichkeit einer spontanen Verbesserung wurde nicht beurteilt – Versuchspersonen der Kontrollgruppe wurden auch nicht mehr herangezogen. *Wisocki* bemerkt, daß sich bei fünf Versuchspersonen der Experimentalgruppe, die nur an drei Behandlungssitzungen teilgenommen hatten, die nach der Therapie angegebene Angst nicht von der parallelisierten Kontrollgruppe unterschied. Da insgesamt nur fünf Sitzungen stattfanden, ist die Wirkung von zweimaliger Abwesenheit bemerkenswert. *Wisocki* gibt zu, daß in der obengenannten Untersuchung Placebo-Effekte nicht kontrolliert wurden. Andere Maße außer der selbstberichteten Angst hätten vielleicht auch ihre klinische Bedeutung vergrößern können.

Flannery (1972a) fand drei Sitzungen mit verdeckter positiver Verstärkung ausreichend, um bei Schwesternschülerinnen mit Rattenphobien therapeutische Verbesserungen zu bewirken. Nach den Vortest-Messungen präsentierte man das verdeckte Konditionieren entweder *in vivo* (während einer versuchsweisen Annäherung an eine Ratte) oder in der standardisierten Vorstellungsart. Eine Kontrollgruppe erhielt ein kurzes Training in verdeckter positiver Vorstellung, aber keine intervenierende Stimulusdarbietung. Nachtest-Messungen der Verhaltensannäherung und der subjektiven Angst zeigten signifikante Verbesserungen bei beiden Experimentalgruppen, wobei die Versuchspersonen mit *in vivo*-Training überlegen waren. Eine Generalisation und Follow-up-Daten wurden nicht angegeben. Übereinstimmend mit anderer Forschung, die auf Löschungsprozesse bei »Gegenkonditionierungs«-Verfahren hinweist (vgl. *Bandura*, 1969), scheint die Variable der *in vivo*-Darbietung in *Flannerys* Experiment sehr wichtig zu sein. Während weniger als sieben Prozent der Versuchspersonen mit der standardisierten verdeckten Verstärkung nach der Behandlung die Ratte halten konnten, taten es 73% der *in vivo*-Versuchspersonen. Leider fehlten auch hier Kontrollgruppen mit Stimulusdarbietung allein und mit einer Aufmerksamkeits-Placebo-Bedingung.

Bei einem vierwöchigen Übergewichtsprogramm fanden *Manno & Marston* (1972), daß verdeckte positive Verstärkung und verdeckte Sensibilisierung beide wirkungsvoller als eine Kontrollgruppe mit Kontakt waren. Signifikante Veränderungen hinsichtlich der selbstberichteten Essensvorlieben und der tatsächlichen Essensgewohnheiten wurden nur in der Gruppe mit verdeckter Verstärkung gefunden. Es ist bemerkenswert, daß für die Versuchspersonen in dieser Gruppe »bewältigende« Vorstellung und reaktionsrelevante Verstärkung in dem Behandlungsverfahren miteingeschlossen waren. Zum Beispiel folgten auf Szenen mit Verlockung durch Speisen verdeckte Übungen mit anpassungsorientierten Reaktionen (sich sagen: »Ich mag es nicht mehr«, und es wegschieben). Die realistischen Konsequenzen dieses Musters wurden dann durch die Vorstellung herbeigeführt – Lob von Freunden, besseres körperliches Aussehen usw.

In der vorher zusammengefaßten Studie von *Foreyt & Hagen* (1973) benützte man positive Vorstellung als eine »Placebo«-Strategie, um die verdeckte Sensibilisierung zu evaluieren. Die Versuchspersonen mit Übergewicht sollten sich Szenen mit Essensannäherung vorstellen und dann zu einer sehr angenehmen Vorstellung umschalten (z. B. durch ein Feld mit wunderschönen Blumen an einem warmen Sommertag spazieren). Trotz der Tatsache, daß die Versuchspersonen der Aufmerksamkeits-Placebo-Gruppe verdeckte positive Verstärkung für symbolisches Üben in der Essensannäherung bekamen, waren sie am Ende der Untersuchung nicht schwerer als zu Beginn. Im Gegenteil, ihre Gewichtsverluste waren in nicht-signifikanter Weise größer als die der verdeckten Sensibilisierungs- und der nichtbehandelten Kontrollgruppen. Außerdem zeigten Versuchspersonen mit verdeckter Verstärkung signifikante Abnahme bei der subjektiven Einschätzung hinsichtlich der Schmackhaftigkeit ihrer Lieblingsspeisen. Kontext- und Erwartungsfaktoren müssen in erster Linie auch weiter erforscht werden.

Bei einem Projekt, in dem das Verhalten bei Sonderschul-Leseaufgaben verbessert werden sollte, verglichen *Schmickley* et al. (1974) die Wirkung der verdeckten positiven Verstärkung mit einem Kontrollverfahren, das neutrale Vorstellungen benützte. Nach drei Wochen zeigten Datenanalysen der Messungen, die vom Leseverhalten, der Aufgabenbewertung bis zum Verständnis reichten, keine Unterschiede hinsichtlich der Gruppen.

Eine gut kontrollierte Einzelfalluntersuchung von *Blanchard & Draper* (1973) versuchte, den relativen Beitrag der symbolischen Stimulusdarbietung bei verdeckten Verstärkungsverfahren zu evaluieren. Eine zwanzigjährige Frau wurde wegen ihrer Rattenphobie behandelt. Maße der Verhaltensannäherung, der physiologischen Erregung und der subjektiven Angst wurden durch einen Assistenten erhoben, der die Behandlungsbedingungen nicht kannte. Nach einer Grundrate von einsichtsorientierter Therapie wurden drei Stunden mit verdeckter standardisierter Verstärkung abgehalten. Darauf folgten 1,5 Stunden mit verdeckter Darbietung (die Vorstellung von

Rattenszenen ohne irgendeine assoziierte Vorstellung), 1,5 Stunden verdeckte Verstärkung, eine kurze Löschungsphase und 1,5 Stunden mit partizipierendem Modellernen. Verhaltensmäßige, physiologische und Selbstbericht-Maße zeigten therapeutische Verbesserungen, die bis zu einer Nachkontrolle nach 4,5 Monaten aufrechterhalten wurden. Als bei der verdeckten Darbietung ein verdeckter Verstärker hinzugefügt wurde, schienen sich die Verhaltensannäherungen nicht wesentlich zu verändern, obwohl subjektive Maße darauf hindeuteten, daß dadurch vielleicht die Therapie erleichtert wurde. Diese Ergebnisse stimmen mit einer Gruppenuntersuchung von *Kazdin* (1973d) überein, die weiter unten berichtet wird.

Marshall und seine Kollegen berichteten über eine Reihe von Untersuchungen, die den Beitrag der positiven Vorstellung zum verdeckten Konditionieren untersuchten. Bei dieser Untersuchung fand man, daß angenehme Vorstellungsszenen ebenso wirksam waren wie muskuläre Entspannung in der Desensibilisierung (*Marshall, Strawbridge & Keltner*, 1972). Zwei andere Untersuchungen beschäftigten sich speziell mit verdeckter positiver Verstärkung. Bei der ersten (*Marshall*, in Druck, b) fand man, daß dieses Verfahren ebenso effektiv war wie die systematische Desensibilisierung zur Behandlung von Schlangenphobien. In einer zweiten Untersuchung wurde verdeckte positive Verstärkung mit einem umgekehrten Verfahren verglichen, bei dem man sich vor Beginn des symbolischen Übens des Zielverhaltens eine angenehme Szene vorstellte (*Marshall, Polgrin & Boutilier*, 1974). Eine direkte Ableitung aus dem Modell des verdeckten Konditionierens deutet darauf hin, daß diese rückwirkende verdeckte Verstärkungsstrategie tatsächlich ein vollkommenes Analogon zum »verdeckten Privilegienentzug« (»covert response cost«) darstellte – d. h. ein angenehmer Stimulus wurde kurz vor dem Emittieren des Zielverhaltens beendet. (Die Tatsache, daß die Stimulusbeendigung dem symbolischen Verhalten vorausging und ihm nicht folgte, läßt das Analogon nicht mehr als sehr ähnlich erscheinen. Trotz der Umkehrung des Verfahrens fanden *Marshall* und seine Kollegen keine Unterschiede zwischen den beiden Verfahren des verdeckten Konditionierens. Anscheinend ist strenges Festhalten an sequentieller Kontiguität kein notwendiges Element.)

Bei vielen Fallstudien wurde verdeckte positive Verstärkung oft zusammen mit anderen Behandlungsstrategien beschrieben (z. B. *Wisocki*, 1970, 1973b; *Cautela*, 1970b; *Kendrick & McCullough*, 1972). Es ist deswegen schwierig, den Beitrag dieser Therapiekomponente zu bewerten.

Ehe wir die Ergebnisse zur verdeckten Verstärkung zusammenfassen, sollten wir eben die wenigen Anwendungen der verdeckten *negativen* Verstärkung anmerken. Wie in Kapitel 6 beschrieben wurde, wird bei diesem Verfahren eine verdeckte aversive Vorstellung genau dann beendet, wenn die vorgestellte Ausführung eines erwünschten Verhaltens beginnt. Zum Beispiel:

Ein Junge mit einer Schulphobie sollte sich vorstellen, daß sein Arm blutet (aversiver Stimulus). Er wechselte dann zu der Vorstellung, daß er zur Schule ginge und zu sich selber sage: »Es macht nichts, wenn mich der Lehrer kritisiert. Ich gehe zur Schule, um soviel wie möglich zu lernen.«

Ein Mann mit Impotenz sollte sich vorstellen, daß ihn sein Chef anbrülle (aversiver Stimulus). Dann wechselte er sofort zu einer Szene, bei der er neben seiner Frau nackt im Bett lag und sich entspannt fühlte.

Ein Homosexueller stellte sich vor, daß sich eine Ratte seiner Kehle annähere (aversiver Stimulus); und dann wechselte er zu der Vorstellung, daß er ein nacktes Mädchen umarme (Cautela, 1970a, S. 275–276).

Daten über die klinische Wirksamkeit der verdeckten negativen Verstärkung existieren sozusagen gar nicht. Obwohl *Cautela* (1970a) eine Erfolgsrate von 90% schätzt, wird kein Nachweis zur Unterstützung zitiert. Die Studie von *Ascher & Cautela* (1972), die in Kapitel 6 dargestellt wurde, bietet sowohl methodisch als auch hinsichtlich der Aufgabenrelevanz (Einschätzung der Größe eines Kreises) sehr bescheidene Bestätigung. Bei einer Untersuchung von *Cautela & Wisocki* (1969) versuchte man, die Einstellungen von College-Studenten zu alten Leuten zu verändern. Nachdem die Versuchspersonen der Experimentalgruppe einen Einstellungsfragebogen ausgefüllt hatten, sollten sie sich eine Szene vorstellen, in der sie bluteten und dabei von einer älteren Person getröstet wurden. Nach zehn Tagen Übung zu Hause zeigten die Versuchspersonen der Experimentalgruppe mehr negative Einstellungen. Die Schlußfolgerungen aus dieser Untersuchung bleiben durch methodische Mängel wieder unklar.

In der vorher beschriebenen Studie von *Marshall* (in Druck, b) fand man die verdeckte negative Verstärkung fast gleichwertig mit einem »nicht-kontingenten« Verfahren, bei dem die Reihenfolge der verdeckten Übungs- und der verdeckten Verstärkungsvorstellungen randomisiert wurde.

Es ist bemerkenswert, daß bei zwei Untersuchungen anscheinend eine Variante des verdeckten negativen Verstärkungsverfahrens als experimentelle Kontrolle verwendet wurde. *Ashem & Donner* (1968) und *Sachs & Ingram* (1972) benützten eine *rückwirkende* verdeckte Sensibilisierungstechnik, bei der aversive Szenen vor der symbolischen Übung des unerwünschten Verhaltens in der Vorstellung hervorgerufen wurden. Bei beiden Studien wurden keine Unterschiede zwischen den *unterdrückten* Effekten der verdeckten Sensibilisierung und der verdeckten negativen Verstärkungsstrategie gefunden. *Cautela* (1973) interpretiert diese Ergebnisse dahingehend, daß Übelkeit bei der verdeckten negativen Verstärkung nicht eingesetzt werden sollte. Andere aversive Stimuli, die eine abrupte Beendigung besser zulassen, werden empfohlen. Jedoch die Bestätigung der »rückwirkenden« verdeckten Sensibilisierung könnte alternativ als Hinweis auf mögliche Einflüsse der »Erwartungs«-Faktoren beim beobachteten Ereignis gedeutet werden. Dasselbe klinische Verfahren hat offensichtlich entgegengesetzte Wirkung, je nach dem, ob es als unterdrückende oder erleichternde Behandlung dargeboten wird. Außerdem bestätigen viele andere Untersuchungen die Vermutung, daß ein großer Teil der Varianz beim verdeckten Konditionieren auf kognitive Prozesse und nicht so sehr auf »orthodoxes« Konditionieren zurückzuführen ist (z. B. *Kingsley*, 1973; *Foreyt & Hagen*, 1973; *Schmickley* et al., 1974; *Marshall, Polgrin & Boutilier*, 1974).

Zusammenfassend ist der empirische Nachweis für die Wirksamkeit der verdeckten Verstärkung wesentlich bescheidener, als einige ihrer Befürworter vorgeben. Bis auf bemerkenswerte Ausnahmen verließ man sich in den Studien nur auf Papier-und-Bleistift-Maße des Verhaltens. Leider gibt es nur eine geringe Zahl gut kontrollierter Forschungsarbeiten mit klinisch relevanten abhängigen Variablen. Die Untersuchung von zwei Hauptforschungsthemen ist längst überfällig – bei einem geht es darum, ob verdeckte Verstärkungsverfahren die therapeutische Verbesserung zuverlässig bewirken oder nicht; beim anderen geht es um die Analyse der beteiligten Prozesse (z. B. symbolische Stimulusdarbietung, verdecktes Üben angemessener Reaktionen, Spezifikation und Betonung realistischer Verhaltenskonsequenzen).

Verdeckte Löschung

Ein drittes Verfahren des verdeckten Konditionierens wurde von *Cautela* (1971b) vorgeschlagen und als »verdeckte Löschung« bezeichnet. Bei dieser Technik soll der Klient ein unerwünschtes Verhalten ohne irgendwelche assoziierten Konsequenzen in der Vorstellung ausüben. Vor der Behandlung erfolgt meist eine kurze Erklärung des Grundprinzips, und es wird darauf hingewiesen, daß das Problemverhalten durch die verdeckte Übung abnehmen wird. Dann werden verdeckte Löschungsszenen eingesetzt. Ein Stotterer bekam beispielsweise folgendes gesagt:

Sie sitzen in Ihrem College-Café. Suchen Sie sich einen Platz aus, an dem Sie gewöhnlich sitzen (Pause). Sie können Studenten hören und sehen, die herumlaufen, essen und sich unterhalten (Pause). Sie essen gerade Ihr Lieblingsmittagessen (Pause). In Ihrer Nähe ist ein leerer Platz

(Pause). Ein hübsches blondes Mädchen kommt zu Ihnen und fragt, ob sie sich neben Sie setzen darf (Pause). Sie stottern: »J . . j . . j . . j . . ja.« Sie reagiert überhaupt nicht auf Ihr Stottern (Cautela, 1971b, S. 193 bis 194).

Es ist nicht klar, ob das Mädchen in der oben beschriebenen Szene wegging, sich hinsetzte oder regungslos blieb. *Cautela* (1971b) stellt noch sieben weitere Fälle zur Erläuterung des verdeckten Löschungsverfahrens vor. Bei einem dieser acht Fälle wurde das Ergebnis als erfolgreich bezeichnet. Auf die Ergebnisse der sieben anderen Fälle wird nicht hingewiesen. Bei dem einen erfolgreichen Fall wurde verdeckte Löschung mit äußeren Kontingenzen ergänzt (Drohung, von der Schule ausgeschlossen zu werden), um das störende Verhalten eines Jungen in der Schule zu reduzieren. *Cautela* empfiehlt die Kombination von verdeckter Löschung mit anderen Verfahren (z. B. verdeckte Sensibilisierung, verdeckte Verstärkung), um ihre Wirkung zu vergrößern.

Die empirische Bestätigung für die Wirksamkeit der verdeckten Löschung ist nominell. *Cautela* (1971b) zitiert *Aschers* (1973) Laboruntersuchung über verdeckte Verstärkung als unterstützenden analogen Beweis, da sie eine Löschungsphase enthielt. Wie jedoch in Kapitel 6 schon angedeutet wurde, fand *Ascher* (1973) keinen Löschungseffekt. *Gotesdam & Melin* (1974) berichten, daß sie verdeckte Löschung bei der Behandlung von vier stationären Amphetaminsüchtigen benützten. Die Klienten wurden trainiert, sich Amphetaminspritzen vorzustellen, ohne angenehm physiologische »Blitze« dabei zu haben. Pro Tag erfolgten acht bis fünfzehn Durchgänge. Alle vier Klienten gingen ohne Erlaubnis weg nach Behandlungszeiten zwischen zwölf Durchgängen (pro Tag?) bis zu hundert Durchgängen. Beim nachfolgenden Spritzen der tatsächlichen Drogen berichteten alle Klienten, daß sie mindestens einmal, nachdem sie sich gespritzt hatten, keine »Blitze« mehr erfahren hätten. Bei Nachkontrollen nach neun Monaten zeigte sich, daß zwei der Klienten drogenabstinent waren, einer hatte nach 2,5 Monaten einen Rückfall und der dritte hatte mit Drogen aufgehört, aber sein Alkoholkonsum hatte zugenommen.

Über andere direkte Tests mit der verdeckten Löschung gibt es keine Berichte. Es sollte jedoch beachtet werden, daß Kontrollgruppen mit »Stimulusdarbietung allein« bei der Forschung über die standardisierte systematische Desensibilisierung ein Verfahren einsetzen, das der verdeckten Löschung von *Cautela* sehr ähnlich sieht. Die Versuchspersonen erhalten die Instruktionen, sich einfach gefürchtete Szenen oder Verhaltensweisen vorzustellen (ohne gleichzeitige Entspannung oder positive Vorstellungen). Die Vorstellungsinstruktionen unterscheiden sich etwas – bei der verdeckten Löschung wird das Fehlen von Konsequenzen besonders herausgestrichen –, aber ihre Ähnlichkeiten sind markant. Die nachgewiesenen Wirkungen der verdeckten Stimulusdarbietung weisen auf einen möglichen Löschungsprozeß hin (z. B. *Cooke*, 1968; *Crowder & Thornton*, 1970; *Nawas, Welsch & Fishman*, 1970; *Foxman*, 1972; *Wolpin & Raines*, 1966; *Craighead*, 1973). Bei einigen Studien bezweifelte man jedoch, ob verdeckte Darbietung allein der verdeckten Darbietung mit Entspannung gleichzusetzen wäre (*Davison*, 1968b; *Lomont & Edwards*, 1967; *Paul*, 1969b). »Die verschiedenen Ergebnisse als Ganzes deuten darauf hin, daß Entspannung eher eine erleichternde als eine notwendige Bedingung ist, um Vermeidungsverhalten zu beseitigen« (*Bandura*, 1969, S. 439).

Daten über die Wirksamkeit der »Implosionstherapie« und symbolischer Flooding-Verfahren können auch als wichtig für verdeckte Löschungsprozesse aufgefaßt werden (*Stampfl & Levis*, 1967). Bei dieser Strategie werden angstauslösende Szenen in der Vorstellung stärker ausgeschmückt und ausgiebig geübt. Anstelle eine aversive Vorstellung zu beenden (wie in der Desensibilisierung), hält der Klient die Vorstellung aufrecht und übertreibt ihre Intensität.

Jemand mit Schlangenangst würde also gebeten werden, sich vorzustellen, er nehme eine Schlange in die Hand und spiele mit ihr. Man würde versuchen, daß er sich bewußt würde, wie er auf das Tier reagiere. Er würde die Instruktion erhalten, zu fühlen, wie glitschig die Schlange sei. Dann würde man ihn bitten, zu erfahren, wie die Schlange über seinen Körper kriecht und seine Haut beißt und zerreißt. Szenen, in denen ihn Schlangen erdrücken oder verschlingen, oder in denen er vielleicht in eine Schlangengrube fällt, wären angemessene Implosionen (Hogan, 1966, S. 26).

Die Übertreibungen übernehmen oft psychoanalytische Themen, die der Therapeut vorschlägt (vgl. *Stampfl & Levis*, 1967). Zum Beispiel würde man jemanden mit Angst vor Beschmutzung anweisen, sich vorzustellen, er würde in eine Toilette hineinfallen, in einem übelriechenden Pfuhl voll abgestandenem Urin und larvenverseuchtem Kot herumschwimmen, Kotklumpen schlucken, und so weiter. Jemand mit einer Fahrphobie soll die Vorstellung von einem näherkommenden Fahrzeug in eine riesige Brust oder einen Penis auf Rädern verwandeln. Es wird überhaupt nicht versucht, diese Übertreibungen auf realistisch wahrscheinliche oder sogar mögliche Erfahrungen des täglichen Lebens zu beschränken.

Die Unterschiede zwischen Implosionstherapie und verdeckter Löschung sind sehr deutlich. Außerdem deutet der fragwürdige Nachweis über die Wirksamkeit der Implosionstherapie darauf hin, daß sie zur Verteidigung der verdeckten Konditionierungsprozesse wenig zu bieten hat (vgl. *Morganstern,* 1973).

Zusammenfassend ist zu sagen, daß der Nachweis der verdeckten Löschung fragwürdig ist. Nur eine Stunde verwendete in formaler Hinsicht das von *Cautela* (1971b) vorgeschlagene klinische Verfahren, und ihre Ergebnisse sind als Nachweis nicht beeindruckend (*Gotesdam & Melin,* 1974). Relevante Forschung auf dem Gebiet der Desensibilisierung wies darauf hin, daß verdeckte Stimulusdarbietung vielleicht die subjektive Erregung und die verhaltensorientierte Vermeidung reduzieren könnte. Die erleichternde Rolle der positiven assoziierten Elemente (z. B. Entspannung) und die relative Überlegenheit des *in vivo-* und des teilnehmenden Modellernens sollten jedoch beachtet werden. Schlußfolgerungen, wie aussichtsreich die verdeckte Löschung in klinischer Hinsicht ist, müssen auch hier wieder verschoben werden, bis genügend empirische Daten zur Verfügung stehen.

Verdecktes Modellernen

Ein anderes verdecktes Konditionierungsverfahren, das von *Cautela* (1971c) vorgeschlagen wurde, ist das »verdeckte Modellernen«, bei dem der Klient in der symbolischen Übung von angemessenem Verhalten angewiesen wird. Da in gegenwärtigen Formen des Modelllernens oft keine strenge Konditionierungsperspektive enthalten ist (vgl. *Bandura,* 1969, 1971a), sind die theoretischen Grundlagen dieses Verfahrens als Beispiel für verdecktes Konditionieren nicht eindeutig.

Der empirische Nachweis über die Wirkungen des verdeckten Modellernens ist bisher noch vorläufiger Art. *Cautela* (1971c) und *Flannery* (1972b) berichten erfolgreiche Fallgeschichten, aber die aktiven therapeutischen Komponenten bei diesen Anwendungsgebieten sind noch unklar. *Cautela, Flannery & Hanley* (im Druck) führten eine Gruppenuntersuchung durch, bei der die Effekte des *in-vivo*-(offenen)Modellernens mit verdecktem Modellernen verglichen wurden. Das Vermeidungsverhalten ließ bei beiden Methoden nach. *Maultsby* (1971a) schlägt vor, »rationale emotive Vorstellung« nach dem Modell von *Ellis* (1962) zu verwenden, aber es werden keine Angaben über die Effektivität gegeben.

Der weitaus beeindruckendste Beweis über die Stärke des verdeckten Modellernens stammt aus einer Reihe von gut kontrollierten Untersuchungen von *Alan Kazdin* (*Kazdin,* 1973b, d, im Druck, a, b). In der ersten Untersuchung (1973b) wurden 64 Stunden mit Schlangenphobie hinsichtlich ihrer Schlangenvermeidung im Vortest parallelisiert und nach dem Zufallsprinzip zu vier experimentellen

Bedingungen zugeordnet: 1. verdecktes »bewältigendes« Modell, 2. verdecktes »meisterhaftes« Modell, 3. Kontrolle der Szene, und 4. verzögerte Behandlungskontrolle. Ein bewältigendes Modell zeigt »anfängliche Zurückhaltung«, ähnlich wie ein vermeidender Beobachter, aber geht aktiv an die Bewältigung der Angst, entspannt sich und vollendet allmählich die Aufgabe. Im Gegensatz dazu zeigt ein meisterhaftes Modell keine Angst und ist während seines Handelns kompetent. Die Unterscheidung zwischen einem »bewältigenden« und einem »meisterhaften« Modell wurde vorgeschlagen, weil nachgewiesen wurde, daß die beobachtete Ähnlichkeit zwischen dem Modell und dem Beobachter die Wahrscheinlichkeit der Nachahmung erhöht (*Bandura,* 1969, 1971a). Eine vorherige Untersuchung von *Meichenbaum* (1971a) hatte gezeigt, daß ein Film mit einem bewältigenden Modell wirksamer als ein Film mit einem meisterhaften Modell war, um die Schlangenvermeidung zu reduzieren. Eine typische bewältigende Modellszene sieht in der Untersuchung von *Kazdin* (1973b) folgendermaßen aus:

> Stellen Sie sich vor, daß die Person (Modell) sich Handschuhe anzieht und die Schlange aus dem Käfig herauszunehmen versucht. Dabei zögert die Person irgendwie und vermeidet zunächst, die Schlange zu packen. Sie hält kurz an und entspannt sich, fühlt sich ruhiger, und nimmt die Schlange in die Hand (S. 89).

Die letzten beiden Aufgaben mit der Schlangeninteraktion waren bei beiden Arten des Modellernens identisch. Eine Kontrollgruppe mit Stimulusdarbietung allein stellte sich 14 Szenen mit Schlangenannäherung und ohne Interaktion mit dem Modell vor. Versuchspersonen der Wartekontrollgruppe wurden nur Vor- und Nachtest-Messungen unterzogen. Die Untersuchung wurde mit vier Versuchsleitern durchgeführt, die die experimentellen Hypothesen nicht kannten; jeder Versuchsleiter hatte bei jeder Behandlungsbedingung die gleiche Anzahl von Versuchspersonen.

Datenanalysen des Nachtests zeigten, daß die beiden Gruppen mit verdecktem Modellernen signifikante Verbesserungen in Verhaltensmaßnahmen der Annäherung an Schlangen und in den subjektiven Angstmaßen aufwiesen. Beide Gruppen mit Modellernen waren der Gruppe mit Stimulusdarbietung allein und der Wartekontrollgruppe überlegen. Außerdem war das bewältigende Modell signifikant wirksamer in der Leistungsverbesserung als die Gruppe mit dem meisterhaften Modell. Nach dem Nach-Test erhielt die Wartekontrollgruppe eine Therapie mit verdecktem Modellernen, ohne die Wirkung des Modells zu beschreiben (bewältigend versus meisterhaft). Man erhielt signifikante Zunahmen im Annäherungsverhalten. Eine Nachkontrolle nach drei Wochen zeigte, daß die Versuchspersonen mit verdecktem Modellernen ihre Verbesserungen aufrechterhalten hatten (vgl. Figur 8-3) und daß sich die Kontrollgruppen mit Stimulusdarbietung allein nicht verändert hatten.

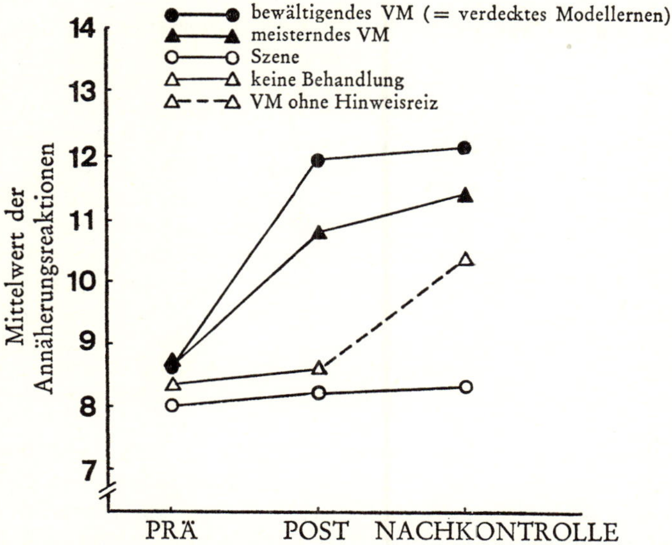

Fig. 8-3: Mittlere Anzahl der Annäherungsreaktionen, die vor, unmittelbar nach und 3 Wochen nach der Behandlung ausgeführt wurden. (Wiedergabe mit freundlicher Genehmigung von *Kazdin,* 1973b.)

Außer uns ein empfehlendes Modell experimenteller Exaktheit zu liefern, weist die Untersuchung von *Kazdin* (1973b) auf die Bestätigung einiger Prozesse, die bei anderen verdeckten Konditionierungsverfahren zu Erfolg führen könnten. Zum Beispiel deutet das Fehlen von signifikanten Verbesserungen bei der Kontrollgruppe mit Stimulusdarbietung allein darauf hin, daß einfache »symbolische Löschung« die resultierende Varianz bei anderen verdeckten Strategien nicht zu erklären vermag. Es gibt natürlich eine Möglichkeit, daß das bewältigende Modell relevante Information über adaptive streßreduzierende Reaktionen liefert.

Diese Hypothese wurde in einer zweiten Untersuchung mit 70 Versuchspersonen mit Schlangenphobie geprüft (*Kazdin,* im Druck, a). Ein ähnliches Meßverfahren, ein experimentelles 2 x 2-Design, wurde verwendet: die Wechselwirkung zwischen angstunrelevanter Modellähnlichkeit (Alter und Geschlecht) und angstrelevanter Ähnlichkeit (bewältigend versus meisterhaft) wurde untersucht. Eine

Kontrollgruppe mit Stimulusdarbietung allein wurde ebenfalls wieder verwendet. Die Ergebnisse des Nachtests und der Kontrolle zeigten, daß Ähnlichkeiten von Alter und Geschlecht zwischen Modell und Beobachter wichtiger waren als die Unterscheidung zwischen Bewältigung und Meisterung. Die größte Verbesserung schien in der Gruppe mit maximaler Ähnlichkeit vorzukommen (sowohl Alter – Geschlecht als auch Bewältigung). Die Kontrollgruppe mit Stimulusdarbietung allein zeigte auch hier wieder keine Verbesserung. Diese Ergebnisse unterstützen die Wirksamkeit von Verfahren des verdeckten Modellernens und deuten darauf hin, daß Eigenschaften des Modells die klinischen Ergebnisse beeinflussen können. Ob diese Einflüsse durch differentielle Aufmerksamkeit ähnlichen Modellen gegenüber vermindert werden, muß noch untersucht werden.

In einer nachfolgenden Wiederholungsstudie (*Kazdin*, im Druck, b) fand man, daß die Vermeidung nicht stärker abnahm, wenn die Versuchsperson sich vorstellte, ein verdecktes Modell zu sein, als wenn sie sich eine andere Person vorstellte. Verdecktes Modellernen bewirkte auch wieder signifikante Verbesserungen bei Versuchspersonen mit Schlangenphobien, und ein bewältigendes Modell war wirksamer als ein meisterhaftes Modell.

In einer vierten Studie untersuchte *Kazdin* (1973d) die Wirksamkeit des verdeckten Modellernens bei der Entwicklung von Selbstsicherheit. 45 unsichere Volontäre wurden vier experimentellen Bedingungen zugewiesen: 1. verdecktes Modellernen, 2. verdecktes Modellernen plus verdeckte Verstärkung, 3. eine Kontrollgruppe ohne Modell, und 4. eine Wartekontrollgruppe. Selbsteinschätzung der Selbstsicherheit, tatsächliches Verhalten während eines verhaltensorientierten Rollenspieltests und Nachgiebigkeit hinsichtlich der Forderungen einer Telefonwerbung im Nachtest bildeten die abhängigen Variablen. Man unterteilte die Therapieszenen hinsichtlich der Situation (z. B. in einem Restaurant ein angebranntes Steak serviert bekommen), der selbstsicheren Reaktion (z. B. das Steak zurückgehen lassen), und der verstärkenden Konsequenzen (z. B. Entschuldigungen des Kellners und Erhalten eines richtigen Steaks). Die Versuchspersonen der Kontrollgruppe, die kein Modell bekamen, stellten sich nur die Situation vor, Personen mit verdecktem Modelllernen stellten sich die Situation und die selbstsichere Reaktion des Modells vor. Personen in der Gruppe mit verdecktem Modellernen und verdeckter Verstärkung stellten sich alle drei Komponenten der Szene vor. Analysen des Nachtests und der Nachkontrolle zeigten für beide Gruppen mit verdecktem Modellernen signifikante Verbesserungen, mit einer gelegentlichen leichten Überlegenheit der Personen mit verdeckter Verstärkung. Es ist bemerkenswert, wie realistisch die antizipierten positiven Konsequenzen bei dem Verfahren sind.

Die vorausgehende Forschung gibt in beeindruckender Weise eine übereinstimmende und vorläufige Bestätigung, daß die Verfahren des verdeckten Modellernens in klinischer Hinsicht vielversprechend sind. Unabhängige Wiederholungen und parametrische Verbesserungen werden definitivere Schlußfolgerungen erleichtern. Einige Punkte der Forschung bedürfen besonderer empirischer Untersuchung. Zum Beispiel verdient der Beitrag, den die an einem Therapieverfahren beteiligten Prozesse leisten, eine Überprüfung. *Kazdins* Untersuchungen wiesen schon darauf hin, daß enthemmende (Löschungs-) Prozesse wahrscheinlich für die Therapieergebnisse keine entscheidende Rolle spielen. Bei einem alternativen Vorgang geht es um die Erweiterung des Verhaltensrepertoires eines Klienten durch systematische Klärung und Beschreibung von Reaktionen. Verdeckte Übung dieser »kognitiven Entwürfe« kann vielleicht sowohl die Aufrechterhaltung als auch die Generalisierung von Reaktionsverbesserungen erleichtern. Die Übung von motorischer Aktivität in der Vorstellung muß noch evaluiert werden. Was würde passieren, wenn sich Versuchspersonen beim verdeckten Modellernen eher eine passive als eine aktive Darbietung vorstellen würden (z. B. der gefürchtete Gegenstand wird ihnen immer nähergebracht, statt daß sie sich ihm annähern)? Vergleiche von verdecktem Modellernen mit anderen Verfahren des offenen und partizipierenden Modellernens könnten auch noch Information über die Prozesse und die relative Wirksamkeit dieser Strategien liefern.

Die Unterschiede der Verfahren bei der verdeckten Löschung und dem verdeckten Modellernen müssen noch genauer spezifiziert werden. In einigen Untersuchungen, die Kontrollgruppen mit »Stimulusdarbietung allein« verwendeten (z. B. bei der Desensibilisierungsforschung), ist die genaue Art der verdeckt geübten Ereignisse alles andere als deutlich. Aufgrund von *Kazdins* Ergebnissen können unterschiedliche Wirkungen auftreten, wenn Stimuluselemente ohne symbolische Verhaltensübung durch die Vorstellung hervorgerufen werden. Die Rolle von verdeckten Konsequenzen muß auch noch weiter untersucht werden. Wie schon früher erwähnt wurde, kann die lebensnahe Relevanz symbolischer Verstärker bei ihrer Wirksamkeit von Bedeutung sein. *Cautela* und seine Mitarbeiter benützen oft für das Ziel unwichtige verdeckte Verstärker. Andere Forscher (z. B. *Manno & Marston*, 1972; *Kazdin*, 1973d) verwendeten realistische antizipierte Konsequenzen. Es bedarf weiterer Untersuchungen, um festzustellen, ob diese beiden Strategien unterschiedliche Wirkungen haben.

Eine zusätzliche Forschungsfrage beschäftigt sich mit der Persönlichkeit des verdeckten Modells. Bisher war der symbolische Spieler vorwiegend eine ähnliche, aber andere Person als der Klient selber.

Kazdins Artikel (im Druck, b) ist der einzig existierende Bericht über eine Analyse der Persönlichkeit. Weitere Untersuchungen werden hoffentlich andere Faktoren erforschen, die zu den Eigenschaften des verdeckten Modells beitragen (z. B. die Effekte eines verdeckten Modells, das immer größere Ähnlichkeit mit dem Klienten hat).

Noch ein anderes Problem beschäftigt sich mit dem erstaunlichen Fehlen einer Korrelation zwischen der Lebhaftigkeit des Vorstellungsbildes und der Wirksamkeit des verdeckten Modellernens (*Kazdin*, 1973d, im Druck, a, b). Ob diese Nicht-Übereinstimmung das Fehlen einer wahren Beziehung oder die Ungenauigkeit in der Messung von Vorstellungsbildern widerspiegelt, bleibt abzuwarten. Wenn sich die Nicht-Übereinstimmung wirklich bestätigen läßt, stehen wir vor der komplizierten Frage, in welcher Art und Weise sich die symbolischen Verhaltensübungen auf eine therapeutische Verhaltensänderung auswirken.

Wenn man von der anfänglichen Evidenz des verdeckten Modelllernens ausgeht, kann man einen wesentlichen Teil der Varianz bei anderen Verfahren, die auf Vorstellungsbildern beruhen (z. B. Desensibilisierung, verdeckte Sensibilisierung), eher durch symbolische Übungsprozesse als durch »Gegenkonditionierung« erklären. Die Effekte von feinen Manipulationen bei Vorstellungsbildern können beträchtlich sein, wie die Untersuchungen von *Meichenbaum & Kazdin* andeuten. Diese Ergebnisse rufen bei den Vorstellungstherapien nach objektiveren Spezifikationen hinsichtlich des Verfahrens und nach einer Analyse der Verhaltensänderungsprozesse. Drei Nervensysteme sind beim vermeidenden Klienten wirksam – das zentrale, das somatische und das autonome. Sind Inputs beim einen wichtiger als Inputs beim anderen? Gibt es sequentielle oder interaktive Kombinationen, die den therapeutischen Erfolg erleichtern könnten?

Mit zwei abschließenden Bemerkungen wollen wir unsere Diskussion über das verdeckte Modellernen beenden. Erstens ist die Konditionierungsgrundlage dieses Verfahrens sehr dürftig. Wir werden noch in späteren Kapiteln sehen, daß ein kognitives Modell, das auf Information gegründet ist, die Vorgänge bei den Therapien mit Modellernen anscheinend besser beschreiben kann. Deshalb wird sich die vorläufige Aussicht auf Erfolg bei Techniken des verdeckten Modelllernens eher auf kognitive vermittelnde Modelle und nicht so sehr auf das verdeckte Konditionierungsmodell stützen. Zweitens sind Verfahren des verdeckten Modellernens weder neu noch der Verhaltensmodifikation angeboren. Beispielsweise empfahl ein frühes Trainingsprogramm zur Selbstverbesserung, erfolgreiche Verhaltensweisen in Gedanken zu üben, ehe man versucht sie auszuführen (*Pelman*, 1919). *Beck* (1970b) und *Singer* (1972) dokumentieren die umfangreiche Anwendung von »mentaler Übung« und »eidetischer Vorstellung« bei Aktivitäten, die sich von athletischer Übung bis zur Psychotherapie erstrecken. Athleten benützen häufig Strategien des verdeckten Modellernens, um ihr sportliches Verhalten zu verfeinern und zu verbessern (z. B. *Suinn,* 1972a). Anekdotenhafte Evidenz für die Verbreitung dieser symbolischen Übungen kann man leicht erhalten. In einer Reihe von informellen Gesprächen bat ich Ringkämpfer, Turner und olympische Gewichtheber, die in Wettkämpfen mitmachten, mir ihre Gedankenprozesse vor und während des Wettkampfes zu beschreiben. Alle acht der Interviewten beschrieben ganz spontan die Verwendung von verdeckter Übung, wobei sie Vorstellungsbilder besonders stark betonten. (Z. B. »Ich stelle mir vor, ich sei schon bei der nächsten Phase meiner [Stufenbarren-]Routineübung, während ich noch eine Phase weiter zurück bin«, »Ich gehe erst die verschiedenen Bewegungen in Gedanken durch, ehe ich die Hantel nehme«, usw.) Wenn man bedenkt, wie leicht diese Verhaltensmaße zu quantifizieren sind, ist es etwas erstaunlich, daß sich Verhaltensmodifikatoren in ihren Forschungbemühungen nicht stärker auf Athleten konzentriert haben.

Eine verdeckte Bemerkung

Mein eigener Sinn für Humor und die Vorschläge verschiedener Kollegen bewegen mich jetzt an dieser Stelle, einige neuartige verdeckte Techniken vorzustellen (z. B. verdeckte Lobotomie, verdecktes Nacktmarathon). Ein Kollege sah sogar voraus, daß wir bald verdeckte Artikel in verdeckten Fachzeitschriften publizieren würden. Diese Bemerkungen beziehen sich natürlich darauf, daß in letzter Zeit die Umwandlung von offenen therapeutischen Techniken in verdeckte Konditionierungsstrategien zugenommen hat. Während es wahrscheinlich eine Anpassungsfertigkeit ist, unsere wissenschaftlichen Bemühungen manchmal als eine »Komödie der Irrungen« betrachten zu können, müssen wir aufpassen, daß wir die heuristischen Elemente und die Determinanten bei unseren neuartigen Orgien nicht übersehen. Bemühungen, unsere therapeutischen Techniken zu erweitern und zu verfeinern, spiegeln eine humane und empirische Hingabe wider. Unser Enthusiasmus verleitet uns jedoch oft, Neuerungen auf Kosten von experimenteller Validierung vorzuziehen.

Wie wir in den letzten beiden Kapiteln sahen, bekamen wir von den verdeckten Konditionierungstherapien ein gemischtes und ziemlich bescheidenes Bild. Der geringe empirische Beweis von Gedankenstop, verdeckter Kontrolle, verdeckter negativer Verstärkung und verdeckter Löschung unterstützte nicht die Behauptung, daß diese Verfahren durchweg zu zuverlässigen und klinisch signifikanten therapeutischen Veränderungen führen. Die übrigen Techniken, mit

Ausnahme des verdeckten Modellernens und einiger Formen der verdeckten Sensibilisierung, erwiesen sich im allgemeinen in ihrer Wirksamkeit als gemischt oder unbedeutend. Verdeckte Sensibilisierung war ganz besonders bei der Behandlung von sexuellen Abweichungen wirksam. Die verdeckten Konditionierungstherapien (Desensibilisierung und Umkonditionieren des Orgasmus) zeigten sich bei der Anwendung als günstig, aber einfache Konditionierungsprozesse scheinen ihre Effektivität nicht genügend zu erklären. Verdecktes Modelllernen, das vielleicht noch genauer als eine kognitive, auf Information beruhende Strategie klassifiziert werden kann, steht ganz allein als durchweg effektives Verfahren. Unser Evaluierungsversuch beruht jedoch jetzt, wie auch zu anderen Zeiten, auf einer sehr mageren Forschung. Trotz der umfangreichen Verwendung der verdeckten Konditionierungstherapien in der Verhaltensmodifikation blieben die kontrollierten empirischen Evaluierungen und Verfeinerungen peinlicherweise hinter der klinischen Anwendung zurück. Seitdem uns die heutigen Taktiken der Zeitschriftenveröffentlichungen anscheinend in selektiver Weise »Erfolge« vorführen, und unser Wissen um negative Ergebnisse verbergen, ist die Bescheidenheit der vorausgehenden Befunde um so bemerkenswerter.

Die vorausgehenden Bemerkungen behaupten nicht, daß verdeckte Konditionierungstechniken ineffektiv sind. Sie sprechen vielmehr die Tatsache an, daß die Wirksamkeit vieler dieser Verfahren noch bewiesen werden muß. Durch weitere Forschung werden wir hoffentlich eine genauere und umfangreichere Grundlage erhalten, um Empfehlungen für die klinische Behandlung zu geben. Als Verhaltenswissenschaftler befinden wir uns wieder in der vertrauten Position, Urteile aufzuschieben, bis mehr Daten zur Verfügung stehen.

Ehe wir unsere Diskussion beenden, sind einige kurze Bemerkungen über die Angemessenheit des Modells des verdeckten Konditionierens an der Reihe. In Kapitel 5 besprachen wir einige allgemeine Richtlinien, um diese Angemessenheit zu evaluieren. Die Untersuchungen des Modells »Verdecktes Konditionieren« anhand dieser Richtlinien legen folgende evaluierende Bemerkungen nahe.

Begriffliche Aspekte der Theorie

Das Modell des verdeckten Konditionierens stellt im Grunde eine horizontale Reihe von Prinzipien auf, die vorwiegend direkt der traditionellen Konditionierungstheorie und -forschung entliehen wurden.

Die Terminologie des Modells ist oft in operationaler Hinsicht ungenau und ausgesprochen metaphorisch. Verdeckte Ereignisse werden als »Stimuli« und »Reaktionen« bezeichnet, ohne die herausragenden, hinweisenden Unterschiede in dieser Anwendung zu berücksichtigen. Offenkundige Unklarheiten hinsichtlich der Art der verdeckten Ereignisse bedroht die objektive Kommunikation und empirische Replikation der verdeckten Konditionierungsphänomene. Fast die gesamte symbolische Aktivität läßt sich in verdeckte auditive (subvokale) oder visuelle (Vorstellungs-)Kategorien aufteilen. Programmierte verdeckte Aktivitäten werden oft nur vage spezifiziert und die Übereinstimmung zwischen erwünschter und tatsächlich ausgeführter Vermittlung wird selten evaluiert. Behandlungsverfahren und erklärende Berichte werden oft durch eine Konditionierungsterminologie ausgedrückt, wenn signifikante operationale Diskrepanzen existieren (z. B. als verdeckte negative Verstärkung und verdeckte Löschung). Diese Unklarheit zeigt sich bei der Beschreibung einiger Verfahren verdeckten Konditionierens als Schwankung zwischen Grundprinzipien des klassischen und operanten Konditionierens.

Man sollte beachten, daß die metaphorische Terminologie des verdeckten Konditionierens eigentlich nicht problematisch ist. Metaphorisches Denken ist beim Bilden von Modellen ein wertvolles und vielleicht notwendiges Element. Der Theoretiker muß jedoch ständig die Nützlichkeit der geborgten Metaphern anerkennen und bewerten. Beim verdeckten Konditionieren bekamen viele Begriffe eher eine wahre als eine metaphorische Bedeutung. Solche illegitime Übertragung gleichwertiger Bedeutungen wurde durch unklaren und widersprüchlichen Gebrauch verschlimmert.

Das Modell des verdeckten Konditionierens stellt einige implizite Vermutungen über menschliches Verhalten auf. Zwei der wichtigsten Annahmen sind die Kontinuitätsannahme und die Automatismusannahme. Die Kontinuitätsannahme behauptet, daß verdecktes Verhalten den gleichen Prinzipien wie offenes Verhalten gehorcht. Während der vorläufige Nachweis diese Annahme provisorisch unterstützt, geht die umfangreiche Ableitung der Konditionierungsparameter von symbolischen Ereignissen weit über die existierenden Daten hinaus. Klinische Empfehlungen für die Verwendung intermittierender verdeckter Konsequenzen haben beispielsweise in der gegenwärtigen Experimentalpsychologie keine Grundlage.

Während es meistens unausgesprochen bleibt, wie beherrschend die Automatismusannahme ist, ist sie doch sehr sichtbar. Einfach gesagt, behauptet diese Annahme »ein Verstärker hat eine Wirkung, obwohl das vorausgehende Verhalten ihn nicht hervorruft« (*Skinner,* 1974, S. 134). Techniken verdeckten Konditionierens nehmen an, daß Vorstellungsereignisse (und ihre externen Gegenstücke) durch einfache Assoziation mit stark gewerteten Erfahrungen automatisch positive oder negative Eigenschaften annehmen. Zum Beispiel berufen sich *Hommes* »coverant-control«-Strategie und das Verfahren der Umkonditionierung des Orgasmus beide auf Prinzipien des automatischen Konditionierens. Wie unser kurzer Überblick über die Literatur des Bewußtseins zeigte (Kapitel 4), scheint dieser Automatismus eher die Ausnahme als die Regel zu sein. Menschliches Lernen wird größtenteils durch symbolische Prozesse vermittelt, und weniger offensichtlich durch Stimulus-Reaktions-Kontiguitäten produziert. Die Spezifität der Verhaltensänderung beim verdeckten Konditionieren stellt die Automatismusannahme ebenso in Frage.

Vielleicht sollte man beachten, daß *Skinner* die Automatismusannahme im menschlichen Lernen sowohl unterstützte als auch in Frage stellte (vgl. *Mahoney*, 1970). Beispielsweise sollten wir nicht erwarten, daß der paranoide Schizophrene seine Verfolgungswahnvorstellungen durch wiederholtes, zufälliges Paaren von verdächtigen Gedanken mit Mahlzeiten entwickelte. Aufgrund neuerer Ergebnisse aus der Tierforschung beginnt man sich sogar die Frage zu stellen, ob operante Verstärkung so »einfach«, wie die Theorie es vorschlägt, funktioniert. *Staddon & Simmelhag* versuchten zum Beispiel, die frühe Arbeit von *Skinner* (1948) über »abergläubische« Tauben zu replizieren. *Skinner* beobachtete, daß Verstärkung, die nach regelmäßigen Intervallen (aber unabhängig vom Verhalten) erfolgte, zur Entwicklung bizarrer Reaktionsmuster bei Tauben führte (z. B. sich im Kreise drehen, übertriebenes Dehnen des Halses). Er schlug als Erklärung vor, daß diese Reaktionen durch nachfolgende Verstärkung zufällig verstärkt worden waren. Der Versuch einer Replikation durch *Staddon & Simmelhag* (1971) konnte jedoch *Skinners* Behauptung nicht unterstützen. In dieser späteren Untersuchung fand man, daß viele der Verhaltensweisen, die *Skinner* der »abergläubischen« Verstärkung zugeschrieben hatte, auf die Futterzuteilung *folgten* und ihr nicht vorausgingen. Unser Verhalten als Versuchsleiter scheint oft abergläubischer zu sein als das unserer Versuchssubjekte.

Was die interne Konsistenz betrifft, so liefert das Modell des verdeckten Konditionierens zumindest einen offensichtlichen Widerspruch in sich. Die Sequenz von Vorstellung einer aversiven Szene und dann Umschalten auf symbolische Übung wird sowohl als beschleunigende (verdeckte negative Verstärkung) wie auch als verlangsamende (rückwirkende verdeckte Sensibilisierungs-)Strategie definiert. Dieser offensichtliche Widerspruch deutet darauf hin, daß andere moderierende Einflüsse bei diesen zwei Therapieverfahren wirken.

Empirische Angemessenheit der Theorie

Das Modell des verdeckten Konditionierens behauptet nicht, gegenwärtiges Wissen zusammenzufassen oder zu integrieren. Seine Übereinstimmung mit zumindest einigen Aspekten von diesem Wissen ist eindeutig. Die Evidenz des selektiven verdeckten Konditionierens (z. B. beim Umkonditionieren des Orgasmus) impliziert, daß eine einfache experimentelle Kontiguität nicht ausreicht. Das Modell ist auch nicht in der Lage, spontane symbolische Übung von unangenehmen Erfahrungen (traumatischen Erinnerungen, Alpträumen usw.) zu erklären. Wenn symbolische Ereignisse genau parallel zu extrinsischen Phänomenen vorkommen, könnte man vielleicht erwarten, daß negative Grübeleien tatsächlich fehlen und daß man sich sehr häufig in angenehme verdeckte Träumereien vertieft.

Da das Modell verdeckten Konditionierens sehr stark auf Laborkonditionierungsphänomene zurückgreift, ruht seine Angemessenheit teilweise auf der Angemessenheit seines Vorläufers. Während die »gegenwärtige Lerntheorie« in ihrer Evaluierung eine komplizierte Verschmelzung darstellt (*Mahoney, Kazdin & Lesswing*, 1974), können einige umfassende Generalisationen aufgestellt werden. Bis vor einigen Jahren bestand hinsichtlich einiger »fundamentaler« Lernprinzipien, wie Verstärkung, Unmittelbarkeit der Konsequenzen und so weiter, Übereinstimmung. Obwohl die Vorgänge und der begriffliche Umfang dieser Regelmäßigkeiten im Lernen manchmal in Frage gestellt wurden, geschah das mit den grundlegenden Prinzipien nicht. Verstärkung bewirkt eine Zunahme des Verhaltens; Unmittelbarkeit der Konsequenzen erleichtert Lernen; intermittierende Konsequenzen stärken die Löschungsresistenz. Dieses waren die nicht in Frage gestellten Grundlagen des Konditionierungsmodells. Ihre empirische Validität entstand durch ausgiebige Replikationen.

Die letzten Jahre waren jedoch Zeugen einer wachsenden Anzahl von Berichten, die sich mit Ausnahmen und Widersprüchen hinsichtlich »anerkannter« Lerngesetze beschäftigen. Während uns eine historische Dokumentation zu weit abseits bringen würde, sind einige herausragendere Arbeiten bemerkenswert. *Breland & Breland* (1961) legten zum Beispiel einen frühen Artikel über das »Fehlverhalten des Organismus« vor, der Anekdoten über Mißerfolge beim operanten Verstärken von Tieren dokumentierte. Sie hatten den Eindruck, daß bestimmte Kategorien von instinktivem Verhalten der Veränderbarkeit von Reaktionsmustern, die den Arten eigen sind, Grenzen setzen. *Brown & Jenkins* (1968) beschrieben ein neuartiges Laborverfahren, »Selbst-Shaping« genannt, das zu einer rapiden Aneignung von Reaktionen führte, wobei die mühseligen Verstärkungen von sukzessiven Approximationen durch den Versuchsleiter fehlen. Selbst-Shaping wurde inzwischen zu einem vertrauten und gut replizierten Labor-Verfahren, trotz seiner offensichtlichen Verletzung peripherer Prinzipien. In einer nachfolgenden Reihe von gut durchgeführten Laborexperimenten zeigten *Williams & Williams* (1970), daß Phänomene des operanten Lernens viel komplizierter sein können, als wir antizipiert hatten. Ihre Forschung über »negative automaintenance« zeigte, daß Tauben Tausende von Malen einen Schlüssel picken werden, trotz der Tatsache, daß das Schlüsselpicken zur *Wegnahme* von andererseits verfügbarem Futter führt. Ihre Daten weisen auch wieder auf mögliche ethologische Faktoren beim Verhalten von Tauben hin.

Die Arbeit von *Neal Miller* und seinen Kollegen über die operante Kontrolle autonomer Reaktionen weckte ernstliche Zweifel hinsichtlich der ehrwürdigen Dichotomie zwischen instrumentellem und klassischem Konditionieren (*Miller*, 1969). Einige Studien von *Neuringer* (1969, 1970a) zeigten, daß Tiere bei freiem Futter und bei fehlender Deprivation arbeiten. Die Bestätigung dafür begann anzuwachsen, daß die Unmittelbarkeit von Verstärkung manchmal das Lernen eher beeinträchtigt als erleichtert (vgl. *McKeachie*, 1974), und die Ergebnisse von *Staddon & Simmelhag* (1971) wiesen darauf hin, daß molekulare Verstärkungsprozesse weder automatisch noch einfach sind. Das Grollen einer begrifflichen Revolution hinsichtlich der »grundlegenden Lerngesetze« wurde immer lauter, als wir ein neues Jahrzehnt begannen (vgl. *Estes*, 1971; *Bolles*, 1972; *Dember*, 1974).

Die vorausgehenden Arbeiten werfen das Konditionierungsmodell natürlich nicht um. Sie betonten nur, daß unsere wissenschaftlichen Gesetze nützliche, beschreibende Zusammenfassungen der gegenwärtigen Evidenz sind. In dem Maße, in dem neue Evidenz heranwächst, müssen alte Gesetze neu bewertet und verfeinert werden. Universelle Generalisationen sind ein verlockendes aber täuschendes Ziel. Sogar das Verhalten von niedrigeren Wesen ist komplizierter, als unsere gegenwärtigen empirischen Modelle anerkennen. Operante Verstärkung und klassisches Konditionieren liefern keine ausreichenden Erklärungen. Während wir bei unserer unvermeidlich verzerrten Annäherung an die Realität vielleicht immer noch ein »befreites« Lernmodell anstreben, sollten wir bei dieser Bemühung zumindest eine berechtigte Bescheidenheit annehmen.

Das Modell des verdeckten Konditionierens hat sich »in Freud und Leid« mit den Laborkonditionierungsphänomenen vermählt. Obwohl neuere Ergebnisse die »grundlegende Lerntheorie« nicht widerlegten, deuten sie mit Sicherheit darauf hin, daß die Prozesse der Verhaltensänderung viel komplizierter sind, als die meisten Lerntheorien bisher anerkannt haben. Deswegen muß die indirekte Bestätigung, die aus der Konditionierungsforschung im Labor stammt, so angesehen werden, daß sie »unter ständiger Überprüfung« steht. Wir haben kein umfassendes und eindeutiges Modell, um offenes menschliches Verhalten zu erklären, ganz abgesehen von einem Modell, das direkt zu verdeckten Ereignissen hinführt.

Schließlich beruht die empirische Angemessenheit des Modells verdeckten Konditionierens sehr direkt auf seiner eigenen Darstellbarkeit. Da es sich vorwiegend klinischen therapeutischen Strategien zuwendet, deuten Evaluierungen seiner Ergebnisse darauf hin, ob es erfolgversprechend ist. Wie in den letzten beiden Kapiteln angedeutet wurde, weist die empirische Evidenz hinsichtlich der Wirksamkeit von Verfahren, die vom Modell verdeckten Konditionierens stammen, vorläufig darauf hin, daß seine klinische Nützlichkeit problemspezifisch und insgesamt bescheiden ist.

Mit dieser Evaluierung im Kopf, wenden wir uns einem zweiten Vermittlungsmodell zu – das auf der kognitiven (informationsverarbeitenden) Forschung beruht.

9. Kapitel

Vermittlungsmodell II: Informationsverarbeitung

Wie der Name schon sagt, betont das Modell der *Informations*verarbeitung die Aufnahme, Speicherung und Anwendung von Information. Obwohl vom Standpunkt der Informationsverarbeitung Reiz*input* und Verhaltens*output* noch als Grundlage verwendet werden, zieht sie sehr unterschiedliche Vermittler zur Verbindung dieser beiden Vorgänge heran. Anstatt verdeckte Reiz-Reaktions-Mechanismen zu postulieren, werden eher strukturelle und funktionale Merkmale verschiedener anderer Disziplinen herangezogen. Kybernetische Theorie, Linguistik, Wahrnehmung und Computeranalogien tragen auf fruchtbare Weise zum Modell der Informationsverarbeitung bei.

Ich sollte vielleicht hervorheben, daß »Informationsverarbeitung« nur eine von mehreren oft gebrauchten Bezeichnungen für dieses Modell ist. »Kognitive Psychologie«, »verbales Lernen« und »menschliches Gedächtnis« sind Begriffe, die sich gelegentlich in ihrer Bedeutung überschneiden. Der Begriff Informationsverarbeitung enthält jedoch das, was ich für die beiden Grundzüge des Modells halte – nämlich 1. den Gebrauch von Information als das grundlegende Element beim Lernen und 2. die Erkenntnis, daß bei diesem Lernen aktive Prozesse beteiligt sind.

Die vorliegende Beschreibung der Informationsverarbeitung wird notwendigerweise kurz und selektiv sein. Ganze Bücher wurden über Phänomene geschrieben, denen wir nur begrenzte Aufmerksamkeit schenken können. Der an einer detaillierten Darstellung interessierte Leser muß Originalquellen heranziehen. Besonders geeignet sind *Ulric Neissers* klassische *»Cognitive Psychology«* (1967) und die Texte von *Adams* (1967) und *Norman* (1969). Verschiedene neuere Bücher bieten wertvolle Zusammenfassungen zeitgenössischer Trends und neuerer Erkenntnisse auf diesem Gebiet (z. B. *Kintsch,* 1970; *Hall,* 1971; *Melton & Martin,* 1972; *Anderson & Bower,* 1973). Meine Wiedergabe der Informationsverarbeitung stützt sich auf ein Modell, das dem von *Atkinson & Shiffrin* (1971) vorgeschlagenen ähnlich ist. Wie schon im Vorwort erwähnt, schulde ich *Dick Atkinson* und *Gordon Bower* Dank für meinen theoretischen Zugang zu diesem Gebiet.

Beginnen wir mit einer schwierigen Definition. Was ist Information? Die grundlegende Richtung dieses Modells orientiert sich natürlich ausschließlich an dem Konzept der Zustände und Veränderungen dieser Größe. Man sagt, daß Information *aufgenommen* und in komplexe Kodes *umgeformt* wird. Diese kodierte Information wird *gespeichert*, bis sie *reproduziert* und im Verhalten *nutzbar gemacht* wird. In Anlehnung an das Gebiet der Computerwissenschaft sagt man oft, daß Information in der Form von »bits« gespeichert wird. Leider ist die technische Definition von Information keine einfache Sache. Ein Vorschlag von *George A. Miller* (1956) besagt, daß Information die Reduktion von Varianz oder Ungewißheit ist. *Miller* verwendet eine binäre (dichotome) Kategorisierung, bei der ein Ereignis eine von zwei Formen annehmen kann (nämlich an/aus, positiv/negativ), und schlägt damit vor, daß Information all das ist, was die Ungewißheit reduziert, die mit dem Zustand des fraglichen Ereignisses zusammenhängt. Natürlich gibt es mit dieser Definition Probleme. Erstens ist die Unsicherheit reduzierende Eigenschaft der Information nicht dem Input inhärent. Sie ist eine Interaktion des Input und seiner Anwendung durch den Empfänger. Zwei Individuen könnte zum Beispiel ein Hinweis auf die Lösung eines Rätsels gegeben werden. Der physikalische Input ist identisch, aber sein Informationswert wird durch die Tatsache beeinflußt, ob er von den beiden Spielern angemessen verarbeitet und angewandt wird. Zweitens muß die Definition der Information weit genug sein, um die Bandbreite aller potentiellen Inputs im menschlichen Verhalten erfassen zu können. Obwohl die meisten von uns sich der unzähligen homöostatisch-physiologischen Prozesse, die unsere Biologie charakterisieren, nicht bewußt sind, werden nur wenige die Existenz einer Informationsfeedbackschleife bei der Aufrechterhaltung unseres Lebenserhaltungssystems bezweifeln. Wir reagieren unbewußt auf Veränderungen von Blutzucker, Osmose und so weiter. Es ist also offensichtlich, daß Information keine »höheren psychischen Prozesse« oder Bewußtheit benötigt.

An dieser Stelle wäre ich gerne in der Lage, eine objektive und eindeutige Definition von Information anzubieten, die diese Probleme umgeht. Leider kenne ich keine solche Definition und gestehe gerne meine gegenwärtige Unfähigkeit ein, eine zu geben. Wir brauchen unseren Exkurs jedoch nicht wegen dieser scheinbaren Schwierigkeiten bei der grundlegenden Terminologie abzubrechen. Von einer eher pragmatischen als semantischen Perspektive scheinen nur wenige Probleme bei der effektiven Kommunikation von Informationsverarbeitungsforschung zu bestehen. Sogar ein nur flüchtiger Blick in die technischen Zeitschriften dieses Gebiets wird die Leichtigkeit bescheinigen, mit der auf Information basierende Untersuchungen objektiv durchgeführt werden (vgl. *Cognition, Cognitive Psy-*

chology, Journal of Verbal Learning and Verbal Behavior). Ein Grund dafür ist vielleicht die Verwendung operational definierter Inputs bei solchen Untersuchungen. Wenn bei umfassenden theoretischen Konzeptionen auch der globale Begriff »Information« verwendet wird, wird die tatsächliche Forschung mit objektiv spezifizierten Variablen durchgeführt.

Das Modell der Informationsverarbeitung ist sehr vermittelnd: das heißt es behauptet, daß zwischen Input und Output eine ganze Menge vor sich geht. Nach *Miller, Galanter & Pribram* (1960) bietet diese Perspektive eine günstige Alternative

zu automatenhaften Reiz-Reaktions-Auffassungen des Menschen ... (Es ist so angemessen, zwischen den Reiz und die Reaktion ein wenig Weisheit einzufügen. Es besteht keine besondere Notwendigkeit, sich dafür zu entschuldigen, da sie schon dort war, bevor die Psychologie kam) (S. 2).

Diese Autoren behaupten bei ihrer Kritik an der Analyse der verdeckten Konditionierung des komplexen menschlichen Verhaltens, daß das Heranziehen verdeckter Reaktionen und verdeckter Reize »nichts bringt außer objektive Konzepte und subjektive Äquivalente als gleich hinzustellen und den Reflexbogen noch als Herrscher – obgleich ziemlich geisterhaften Herrscher – über die Geistesmaschinerie zu belassen (S. 19)«. Eine flehentlich direkte Verteidigung der Vermittlungsforschung wird von *Neisser* (1967) vorgelegt, der behauptet, daß der Grund der Untersuchung kognitiver Prozesse ist, »daß es sie gibt« (S. 5).

Der Theoretiker der Informationsverarbeitung betrachtet den Menschen grundsätzlich eher als aktiven Verarbeiter von Erfahrungen denn als passive oder funktional leere Zusammensetzung von Reiz-Reaktions-Verbindungen. Es wird angenommen, daß der Organismus nicht auf eine »reale Welt« reagiert, sondern auf seine eigene vermittelte Wiedergabe davon. Diese Vermittlung nimmt oft die Form von Reizselektion, -verzerrung und -umformung an. Es bestehen offensichtlich Parallelen zwischen der vermittelten Realität der Informationsverarbeitung und den erkenntnistheoretischen Schriften verschiedener Philosophen (z. B. *Immanuel Kant).*

Nach diesem Modell werden die Reaktionen des Organismus durch seine Informationsverarbeitung beeinflußt – durch die Art, auf die er Stimulierung vermittelt. Es werden vier umfassende Kategorien der Verarbeitung postuliert:

1. *Aufmerksamkeit,* die sich mit selektiver Orientierung auf spezifische Stimuli und ihre Assimilation beschäftigt,

2. *Kodierung,* was symbolische Verschlüsselung des Reizes nach verschiedenen Faktoren (physikalische Merkmale, Semantik usw.) bedeutet,

3. *Speicherung,* was einfach das Behalten kodierter Information ist und

4. *Reproduktion,* was die folgende Anwendung der gespeicherten Information zur Verhaltenssteuerung einschließt.

Zwischen den funktionellen *Prozessen* der Informationsübermittlung und den beteiligten *strukturellen* Elementen muß eine Unterscheidung getroffen werden. Diese strukturellen Merkmale nehmen oft die Form hypothetischer Konstrukte an – sie sind erschlossene Substrate, die die Informationsübermittlung ermöglichen. Das Modell der Informationsverarbeitung hat drei allgemeine strukturelle Merkmale: 1. einen *sensorischen Speicher,* der die Stimulierung (internale und externale) empfängt, 2. ein *Kurzzeitgedächtnis,* das selegierten Input kurz speichert, und 3. ein *Langzeitgedächtnis,* das dem längerfristigen Behalten von Information dient.

Den mit der Computerwissenschaft vertrauten Personen sollten einige Metaphern und Analogien offensichtlich sein. Die Nervensysteme (autonom, zentral und somatisch) bilden die »hardware« des menschlichen Computers – d. h. seine physikalische Maschinerie. Drei Hauptteile werden beschrieben – ein sensorischer Speicher, ein Kurzzeitgedächtnis und ein Langzeitgedächtnis. Die »software« des Systems ist das umfassende Set von Programmen, die die Informationsübermittlung und -speicherung kontrollieren. Vier grundlegende Programme werden postuliert (Aufmerksamkeit, Kodierung, Behalten und Reproduktion), jedes davon mit zahllosen »Unterprogrammen«. Ich stellte diese Computeranalogie in sehr vereinfachter und gekürzter Form dar. Genauere Erklärungen können bei *Feigenbaum & Feldman* (1963) und *Apter* (1970) gefunden werden.

Wir werden jeden der funktionalen Prozesse in Verbindung mit den assoziierten strukturellen Elementen diskutieren, um die Integration des komplexen Systems in das Modell der Informationsverarbeitung hervorzuheben. Man sollte beachten, daß Abbildung 9-1 eine drastisch vereinfachte Darstellung des Modells liefert.

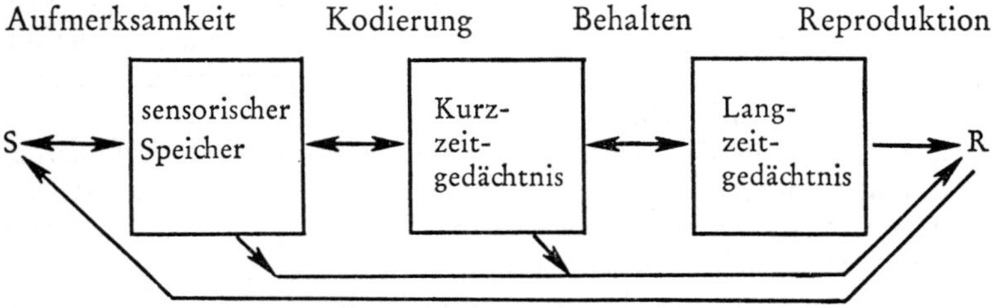

Vermittlungsmodell II
Abbildung 9-1

Einfach ausgedrückt, scheint der Prozeß der Aufmerksamkeit eine häufige Voraussetzung des Lernens zu sein. Vorausgesetzt daß Lernen mit verschiedenen Situationen assoziierte Verhaltensweisen einschließt, erfordert der Erwerb verhaltensrelevanter Information irgendeine Form selektiver experimenteller fokaler Aufmerksamkeit. Wir achten nicht nur auf die einem Verhalten vorausgehenden Ereignisse, sondern auch auf seine Konsequenzen. Der Organismus ist in engem Kontakt mit den ständigen reziproken Interaktionen zwischen ihm selbst und der äußeren Umwelt. Wenn auf seine sensorischen Rezeptoren Reize einwirken, achtet er auf ihre Veränderung und Anordnung.

Die »selektive Aufmerksamkeit« beherrschte lange Zeit die Interessen der Forscher auf diesem Gebiet. Der Organismus selektiert und assimiliert nur einen kleinen Teil eines wahren Bombardements mit einwirkenden Reizen. Wenn Sie zum Beispiel diese Seite lesen, achten Sie auf eine Menge visueller Symbole und ignorieren viele andere einwirkende Reize (z. B. die taktile Reizung durch Ihre Kleidung oder den Stuhl, das schwache Summen eines Lichts oder Geräts, der Anblick Ihrer Hand auf den Buchseiten usw.). Wir sind perzeptiv engstirnig und achten nur auf eine kleine Auswahl der verfügbaren Information. Ferner scheinen wir gewisse Kontrolle über unsere eigene Selektivität zu haben. Der Leser kann zum Beispiel finden, daß er oder sie auf irgendeine der oben genannten Reizungen achtet. Ein anderes Beispiel dieser kontrollierten Selektivität ist das »Cocktailparty«-Phänomen (*Cherry*, 1953; *Treisman*, 1964). Wenn wir in einem Raum voller sich unterhaltender Leute stehen, können wir die »Kanäle wählen« und mehrere der stattfindenden Unterhaltungen auswählen. Trotz des Gesummes der Geräusche und der relativen Entfernung von einigen der Sprecher können wir eine oder mehrere Stimmen aussondern. Das trifft besonders dann zu, wenn unser Name von jemandem am anderen Ende des Raums genannt wurde! Bei dem Monolog einer Person der uns physisch nächsten Gruppe lächeln wir und nicken verbindlich mit dem Kopf, während wir verdeckt einer Unterhaltung zuhören, die in mehreren Metern Entfernung vor sich geht.

Die Nachweise der selektiven Aufmerksamkeit sind verfeinerter und umfassender als diejenigen, die durch Cocktailparties geboten werden. Dieses Phänomen wurde häufig untersucht, und mehrere theoretische Modelle wurden zu seiner Erklärung vorgeschlagen (vgl. *Norman*, 1969; *Neisser*, 1967). Seine Bedeutung für klinische Phänomene und therapeutische Verfahren wird in Kapitel 10 ausführlicher untersucht werden.

Dem formalen Erkennen eines Reizes scheinen jedoch einige Aufmerksamkeitsprozesse voranzugehen. Diese erschlossenen Prozesse – die »prä-attentive Mechanismen« genannt werden (*Neisser*, 1967) – ermöglichen es dem Organismus, einen weiten Bereich an Aktivitäten auszuführen, ohne bewußt auf sie zu achten. Die meisten von uns haben zum Beispiel die Erfahrung des »unbewußten Fahrens« gemacht. Plötzlich wird uns klar, daß wir gefahren sind ohne »aufzupassen«. Es mögen viele Minuten und Kilometer vergangen sein, während wir in zerstreuter Träumerei dahinfuhren. Trotz dieser Unaufmerksamkeit blieben wir offensichtlich auf der beabsichtigten Strecke, befolgten Verkehrsregeln, und es gelang uns, Zusammenstöße zu vermeiden. Aus der alltäglichen Erfahrung könnten viele Beispiele genannt werden; wir führen oft relativ komplexe Handlungen aus, während wir auf andere Reize achten (Tagträume, Unterhaltungen, Fernsehen usw.). Arbeiter mit relativ monotonen Aufgaben sind wahrscheinlich Experten in dieser Dualität (z. B. Fließbandarbeiter). Einige von uns würden gerne glauben, daß sie bei bestimmten Berufen weniger häufig auftritt (z. B. Chirurgen und Piloten).

Obwohl die Phänomene der prä-attentiven Mechanismen bei Wahrnehmungsaufgaben im Labor empirisch untersucht wurden, wurde in der natürlichen täglichen Umwelt wenig getan. Subjektive Berichte legen nahe, daß sie nur dann angetroffen werden, wenn eine Aufgabe relativ einfach oder routinehaft ist. Die Person, die gerade Autofahren lernt, wird selten von ihren perzeptiv-motorischen Anweisungen abgelenkt. Interessanterweise scheinen prä-attentive Merkmale einige Inputs ohne unsere gerichtete Aufmerksamkeit zu filtern und zu assimilieren. Wenn wir eine Routineaufgabe ausführen, können wir durch eine relativ kleine Diskrepanz in der Aufgabensituation aus unseren Träumereien herausgebracht werden. Wenn wir zum Beispiel an einem vertrauten Gebäude oder Bürgersteig entlanggehen, können wir plötzlich unsere Träumereien beenden und auf die äußere Situation achten und sehen, daß sich irgend etwas verändert hat. Veränderungen der Routine scheinen gerichtete Aufmerksamkeit zu stimulieren. Die Entdeckung von Diskrepanzen legt nahe, daß wir tatsächlich »unbewußt« Reize assimilierten. Prä-attentive Prozesse wirken natürlich nicht unveränderlich. Viele Veränderungen der Routine (z. B. die Frisur der Ehefrau) mögen zeitweilig nicht bemerkt werden, bis auffallender Input geliefert wird (z. B. die Rechnung eines Friseurs). Die gelegentliche Wirkung dieser Mechanismen sollte jedoch nicht übersehen werden. Untersuchungen ihrer kontrollierenden Einflüsse in der natürlichen Umwelt sind dringend nötig.

Die physischen Substrate der Aufmerksamkeit und Wahrnehmung wurden ausführlich untersucht. Obwohl der sensorische Speicher ein bildliches Konstrukt ist, nahmen seine Bestandteile physiologische Bezugspunkte an (Rezeptorsysteme, afferente und retikuläre Leitungen usw.). Zwei interessante Themen auf diesem Gebiet sind die Konzepte der »ikonischen« und »Echo«-Speicherung. Es gibt Nachweise, daß fast die gesamte einwirkende Stimulierung sehr kurz behalten wird, bevor sie weiter verarbeitet oder verworfen wird. Wenn der dargebotene Reiz visuell ist, wird die Speicherung »ikonisch« genannt; wenn er auditiv ist, wird der Begriff »Echospeicherung« verwendet. Einige der stärksten Nachweise des Bestehens der ikonischen Speicherung wurden von *Sperling* (1960) berichtet, der eine geschickte experimentelle Strategie verwendete. Die Versuchspersonen wurden während eines sehr kurzen Intervalls (50 Millisekunden) mit einer 3 x 3-Matrix von Reizbuchstaben konfrontiert. Zum Beispiel:

KRZ
NFB
DJH

Ihre Aufgabe war, sich an so viele dieser Buchstaben wie möglich zu erinnern. Wenn ein Standarderinnerungstest durchgeführt wurde, konnten die Personen gewöhnlich weniger als die Hälfte der Buchstaben reproduzieren. Bei einem alternativen Erinnerungstest wurde ein Auswahlverfahren verwendet, bei dem ein Ton nach der Darbietung der Versuchsperson einen Hinweisreiz gab, sich nur an eine der drei Buchstabenzeilen zu erinnern. In dieser Situation wurde die Reizmatrix dargeboten, ein Ton erklang und die Erinnerungsleistung der Versuchsperson wurde registriert. Durch zufällige Stichprobenziehung (Hinweis auf jede der verschiedenen Matrixzeilen innerhalb der Versuchspersonen) konnte *Sperling* die kurze (ikonische) Speicherung aller Reize nachweisen. Vermutlich können die Versuchspersonen, die einen Standarderinnerungstest bekommen, deshalb nur einen Teil der Reize berichten, da der ikonische Speicher sehr schnell zerfällt. Eine lebensechte Analogie zur Echospeicherung könnte das »Was-hast-du-gesagt?«-Phänomen sein. Wir bitten häufig jemanden, sich selbst zu wiederholen, und finden heraus, daß die Wiederholung unnötig war. Manchmal führten wir eine innere »sofortige Wiederholung« durch, möglicherweise durch Durchmustern der echoartigen Speicherung, sogar bevor wir unsere Bitte beendeten.

Auf dem Gebiet der Aufmerksamkeit gibt es viele Themen, für die wir weder Zeit noch Raum haben. Zum Beispiel wurde den konkurrierenden Theorien des »Zuordnens zu Schablonen«, des »Entdeckens von Merkmalen« und der »konstruktiven Synthese« (vgl. *Neisser*, 1967) umfangreiche Literatur gewidmet. Beim Zuordnen zu Schablonen wird angenommen, daß die perzeptive Wiedererkennung dann auftritt, wenn ein ankommender Reiz einer gespeicherten

»Schablone« oder einem Bild entspricht. Ein passiver Zuordnungsprozeß wird nahegelegt. Das Entdecken von Merkmalen ist eine alternative Theorie, bei der kritische Eigenschaften oder Merkmale eines Reizes bestimmt und verarbeitet werden (z. B. Linearität, Umfang usw.). Ein drittes Modell – das für klinische Störungen relevant sein mag – legt nahe, daß die menschliche Wahrnehmung konstruktive synthetische Prozesse mit sich bringt – das heißt, daß der Organismus einen großen Teil seines »Inputs« selbst erzeugt (und verzerrt). Nach dieser letzten Ansicht ist Wahrnehmung keine passive Zuordnungsoperation, sondern ein aktives und Schwerpunkte setzendes Verarbeitungsmuster.

Die »Erwartung« ist ein letztes Thema, das eine große Bedeutung für Verhaltensstörungen und therapeutische Verbesserungen hat. Kurz gesagt weist die Informationsverarbeitungsforschung über Wahrnehmung stark darauf hin, daß unsere Wahrnehmungen durch Faktoren wie früheres Lernen und Reizkontext stark beeinflußt werden. Eine vertikale Linie wird zum Beispiel in Abhängigkeit von ihrem perzeptiven Kontext unterschiedlich wahrgenommen. Wenn ihr Buchstaben des Alphabets vorausgehen oder nachfolgen, wird sie als der Buchstabe »l« »gesehen«. In einer mathematischen Reihe wird der Reiz für die Zahl »eins« gehalten. Andererseits kann er in einer geometrischen Figur einfach als Teil einer vertikalen Linie wahrgenommen werden.

Unsere inneren Erfahrungen sind weder naiv noch unabhängig. Wir nehmen Stimulierung unterschiedlich wahr und benennen sie unterschiedlich. Einige der Faktoren, die unsere perzeptive Einstellung oder unsere Erwartung zu beeinflussen scheinen, schließen den unmittelbaren physikalischen Kontext ein (z. B. umgebende Reize), den zeitlichen Kontext (Ausmaß und Art der vorhergehenden Erfahrungen), Vertrautheit mit dem Reiz und begriffliche Kategorien. Wenn wir vorher darüber informiert werden, daß eine Reihe zweideutiger Reize eher aus verzerrten Buchstaben als aus geometrischen Symbolen besteht, wird unsere Wahrnehmung in Richtung auf Buchstaben voreingenommen sein. Berufskorrektoren liefern ein ausgezeichnetes Beispiel der Effekte der perzeptiven Erwartung. Ich kann mich mit nachträglicher Heiterkeit an den Einfluß eines Korrekturlesers auf eine Kurzgeschichte erinnern, die während meiner Oberschulzeit veröffentlicht wurde. Mit meiner Leidenschaft für Wortspiele hatte ich mühsam eine Geschichte konstruiert, die sich um eine verdächtige Romanze zwischen der Heldin Spring Heatherton und dem lokalen Totengräber rankte. Spring war ein schmächtiges Mädchen und der Totengräber war ein ziemlich korpulenter Mann. Genau entwickelte ich ein Thema von Kleinstadtklatsch über ihre heimliche Romanze und führte zur entscheidenden durch ein Wortspiel hervorgehobenen Szene hin, in der die kurzarmige Spring gesehen wurde, wie sie den Totengräber umarmte. Meine entscheidende Zeile lautete: »And there it was for all to see – Spring was just around the coroner« (Coroner = Leichenbeschauer, Untersuchungsrichter). Wie Sie nach unserer vorhergehenden Diskussion *erwarten* können, änderte der wohlmeinende Korrekturleser der Zeitung die Schreibweise von »coroner« zu »corner« (ein in diesem Zusammenhang viel vertrauteres Wort) und nahm meiner Kurzgeschichte damit jeglichen Anschein von Witz oder sozialer Befreiung weg (vorausgesetzt, daß sie welchen hatte).

Wie wir in Kapitel 10 sehen werden, wird der Begriff »Erwartung« bei Diskussionen klinischer Phänomene auf parallele aber bedeutsam verschiedene Weise verwendet. Die perzeptiven Grundlagen und die informationstheoretischen Begründungen dieses Konzepts sind jedoch beachtenswert.

Kodierung und Kurzzeitgedächtnis

Die Tatsache, daß ein Reiz unsere Aufmerksamkeit erhielt, stellt noch nicht sicher, daß er im Gedächtnis gespeichert wird. Die Prozesse und Parameter der Informationsübermittlung vom sensorischen Speicher zu den »Gedächtnisbanken« nahmen die Interessen zahlreicher Forscher lange in Anspruch. Vorher wurde erwähnt, daß häufig zwischen der relativ kurzen »Kurzzeit«-Informationsspeicherung und dem dauerhafteren »Langzeit«-Gedächtnis unterschieden wird. Die Lebensfähigkeit dieser Unterscheidung blieb nicht unangefochten (*Melton*, 1963; *Wickelgren*, 1973). Die Unterscheidung von ikonischer/Echospeicherung, Kurzzeitgedächtnis und Langzeitgedächtnis ist offensichtlich mehr am Verfahren orientiert als an der Theorie. Die Testintervalle variieren bei jedem der drei. Bei der ikonischen/Echospeicherung wird die Leistung nach sehr kurzen Intervallen (Millisekunden) bewertet. Bei Untersuchungen des Kurzzeitgedächtnisses werden die Tests nach einem Intervall von verstrichenen Sekunden durchgeführt. Die Dauerhaftigkeit des Langzeitspeichers wird jedoch oft nach Stunden, Tagen oder sogar Monaten nach dem ursprünglichen Lernen bewertet. Verschiedene Arten und Methoden des Lernens scheinen die Dauer der Informationsspeicherung zu beeinflussen. Zum Beispiel ist es wahrscheinlich, daß Sie sich an das erinnern, was Sie zum Frühstück aßen, an ihre jetzige Telefonnummer und an die Szene Ihres ersten Geschlechtsverkehrs. Können Sie sich jedoch an das erinnern, was Sie am Donnerstag letzter Woche zu Mittag aßen, an die Gedichte, die Sie in der vierten Klasse aufsagten oder an die Nummer Ihres Führerscheins? Warum erinnern wir uns an einige Dinge und vergessen andere?

Durch einen umfassenden Bestand an Nachweisen wurden bei der Informationsverarbeitung mehrere Faktoren festgestellt, die die Kurzzeitspeicherung beeinflussen (vgl. *Melton & Martin*, 1972). Erstens scheint die Dauer der Konfrontation mit dem Reiz positiv mit der späteren Erinnerung zu korrelieren. Auf diese Variable wird oft mit dem Begriff der *Rekapitulationsprozesse* verwiesen (*Atkinson & Shiffrin*, 1971). Je länger ein Item im Scheinwerferlicht unserer Aufmerksamkeit steht, mit um so größerer Wahrscheinlichkeit erinnern wir uns daran. Man beachte, daß der Begriff »Rekapitulation«, wie er hier gebraucht wird, nicht einfach wiederholende Übung bedeutet. *Wiederholung* oder die Häufigkeit, mit der ein Item entweder dargeboten oder aus dem Gedächtnis reproduziert wird, erhöht ebenso die Erinnerung. Wir wiederholen also häufig eine neue Telefonnummer oder Straßenrichtungen, während wir telefonieren oder suchen. Ein dritter Faktor beim Kurzzeitgedächtnis betrifft die zeitliche *Position* eines Items. Wenn wir bei einer Party ankommen und einer Reihe von Leuten vorgestellt werden, kann unsere Fähigkeit, sich an ihre Namen zu erinnern, durch die Reihenfolge der Vorstellungen beeinflußt werden. An Leute, die wir zuerst und zuletzt treffen, werden wir uns besser erinnern als an Leute in der Mitte der Vorstellungskette. *Atkinson & Shiffrin* erklären die Positioneffekte, indem sie darauf hinweisen, daß die anfänglichen Items in einer Liste mehr innere Wiederholung erfahren, während die letzten Items noch im Kurzzeitspeicher sind.

Der Prozeß der Kodierung ist eine vierte Variable, die das Gedächtnis bedeutsam beeinflußt. Wir transformieren Stimulierung oft in einen inneren »Kode«, um die Erinnerung daran zu erleichtern und ökonomisch zu machen. Das Wesen dieser verschiedenen Kodierungsprozesse wurde ausführlich untersucht (vgl. *Melton & Martin*, 1972). Viele unserer Kodes scheinen sich zum Beispiel auf Symbolsysteme (z. B. Sprache) und begriffliche Kategorien zu stützen. Nach dem Psychologen *George A. Miller* (1956) haben wir beschränkte Verarbeitungskapazität und können nur mit einer bestimmten Informationsmenge gleichzeitig umgehen. *Miller* vermutete, daß der Mensch durchschnittlich sieben »bits« an Information gleichzeitig verarbeiten kann. *Miller* behauptete in einem klassischen Artikel über die »magische Zahl ›sieben‹ plus oder minus zwei«, daß unsere beschränkten Informationsverarbeitungskapazitäten uns dazu zwingen, Information durch einen »Zusammenfassung zu Einheiten« (chunking) genannten Prozeß zu verringern und zu verdichten. Bei der »Zusammenfassung zu Einheiten« verwenden wir eine Art geistiger Kurzschrift, um Gedächtnisitems zu kodieren und zu speichern. Zum Beispiel erfüllen Gedächtnishilfen solch einen Zweck. Wir erinnern uns eher an einen informativen Reim (»Dreißig Tage hat der September«...) als an die Anzahl der Tage jedes Monats. Sprachregeln werden häufig auch in der Form ökonomischer Einheiten gespeichert (z. B. »›i‹ before ›e‹ except after ›c‹ or when pronounced as an ›a‹ as in ›neighbor‹ and ›weigh‹«).

Nicht alle Gedächtnisstützen sind ausschließlich verbal. *Miller, Galanter & Pribram* (1960) geben das Beispiel einer Gedächtnisstütze, die Vorstellung verwendet. Die Person lernt zunächst eine Reihe von Assoziationen von Zahl und Vorstellung:

one is a bun, two is a shoe, three is a tree, four is a door, five is a hive, six are sticks, seven is heaven, eight is a gate, nine is a line, and ten is a hen.

Um sich an eine Liste von bis zu zehn Substantiven zu erinnern, muß man lediglich eine neue Vorstellung schaffen, die jede der betreffenden Komponenten kombiniert. Nehmen wir zum Beispiel an, daß Sie daran denken müssen, Zigaretten zu kaufen, einen Brief aufzugeben und zur Wäscherei zu gehen. Nach dem Erlernen des obigen mnestischen »Aufhänger«-Systems könnten Sie lebhafte Vorstellungen wie die folgenden heraufbeschwören: eine rauchende Zigarette, die aus einem *Kuchen* hervorsteht, ein Brief, der in einem Schuh *steckt* und ein in Plastikfolie eingewickelter Anzug, der in einem *Baum* hängt. Dieses System ist eine sehr wirksame Gedächtnisstütze. Die Person kann sich an eine Anzahl von Items erinnern, indem sie einfach ihre mnestischen »Aufhänger« kontrolliert (Kuchen, Schuh usw.), um zu sehen, ob sie irgendwelche neue Information über sie gespeichert hat. Wie wir bei unserer späteren Diskussion der kognitiven Therapien sehen werden, können Kodierungsstrategien und auf Verhalten hinweisende Gedächtnisstützen eine nützliche therapeutische Hilfe darstellen.

Behalten, Reproduktion und Langzeitgedächtnis

An einige Dinge erinnern wir uns über einen kurzen Zeitabschnitt (z. B. bis die Abschlußexamina vorbei sind). Andere Information scheint fast über unbegrenzte Zeitspannen behalten zu werden. Was bewirkt den Unterschied?

Zur Erklärung des Phänomens des Vergessens wurden zumindest vier verschiedene Prozesse angeführt. Erstens legt die *Zerfallshypothese* nahe, daß die »Gedächtnisspuren« allmählich schwächer werden oder erodieren, bis sie gelegentlich wieder stimuliert werden. Die Erinnerung an die Lehrerin, die uns in der zweiten Klasse unterrichtete, kann wie eine alte Photographie in Vergessenheit geraten, bis sie durch gelegentliche Verabreichung von Hinweisreizen (z. B. durch ein Album) wiederkommt. Die *Interferenzhypothese* legt andererseits nahe, daß wir aufgrund anderer Erfahrungen vergessen, die mit den gespeicherten Erinnerungen interferieren. Unsere »geistige Kartei« ist mit einer Menge an Inputs vollgestopft und viele Gedächtnisspuren gehen in dem Gemisch verloren. Nach dieser Ansicht verblaßt der Name der Lehrerin aus unserer zweiten Klasse nicht, sondern wird eher weniger zugänglich. Wir haben wegen der Vielzahl anderer intervenierender Erfahrungen und Erinnerungen, die danach folgten (z. B. andere Namen, andere Lehrer usw.), Schwierigkeiten »ihn zu finden«. Ein anderer Prozeß des Informationsverlusts ist der des *gerichteten Vergessens*. Wenn wir angewiesen werden, auf bestimmte Reize oder Erfahrungen nicht zu achten, wird die Wahrscheinlichkeit der späteren Erinnerung an sie deutlich reduziert.

Bei der vierten Hypothese wird vermutet, daß wir gelegentlich *motiviertes* Vergessen zeigen. Erinnerungen, die mit sehr schmerzhaften Erfahrungen verbunden sind, können weniger zugänglich werden. Dies läuft natürlich dem psychodynamischen Prozeß der »Verdrängung« parallel. Um bei unserer Lehrerin aus der zweiten Klasse zu bleiben, wir können ihren Namen vergessen, weil der mit sehr aversiven Erfahrungen verbunden ist. Die klinische Bedeutung des motivierten Vergessens sollte sogleich offensichtlich sein.

Bei einigen Laboruntersuchungen erhielt es eine vorläufige Unterstützung (vgl. *Zeller*, 1950; *Eriksen & Kuethe*, 1956; *D'Zurilla*, 1965; *Glucksberg & King*, 1967). Bei der von *Glucksberg & King* (1967) beschriebenen Untersuchung zum Beispiel lernten die Versuchspersonen anfänglich eine Liste von Paarassoziationen (z. B. »MYV-Obst«). Dann lasen sie eine Liste von Wörtern, die nach den Wortassoziationsnormen implizit assoziiert waren mit den Reaktionswörtern (z. B. »Baum«). Auf einige dieser Assoziationen folgte ein Schock. Bei einem späteren Gedächtnistest waren die Leistungen der Versuchspersonen bei Items, die implizit mit Schock assoziiert waren, signifikant schlechter. Die klinische Bedeutung des motivierten Vergessens wird in mehreren von *Marks* und seinen Mitarbeitern berichteten Einzelfallstudien gut dargestellt (*Marks, Rachman & Gelder*, 1965; *Marks & Gelder*, 1967). Diese Forscher verwendeten elektrische Aversion zur Reduktion von störenden Gedanken und abweichenden sexuellen Phantasien. Die Klienten wurden angewiesen, diese fehladaptiven Grübeleien im Labor aktiv zu erzeugen und wenn sie eine lebhafte Vorstellung anzeigten, wurde ein schmerzhafter elektrischer Schock durchgeführt. Interessanterweise zeigten die Klienten bei der Erzeugung abweichender Vorstellungen fortschreitend längere Latenzen, bis sie schließlich eine totale Unfähigkeit berichteten, diese symbolischen Ereignisse zu aktivieren. Entsprechende Verbesserungen bei den täglichen Verhaltensmustern legten nahe, daß sie bei den Berichten über »Verdrängung« der abweichenden Vorstellungen ehrlich waren. Eine Einzelfalluntersuchung von *Thomson* (1971) gibt dem Phänomen des motivierten Vergessens auch eine sehr indirekte Unterstützung. Während der Desensibilisierung erinnerte sich der Klient spontan an eine seit langem vergessene traumatische Erfahrung, die mit einer der verlangten Hierarchiesituationen zusammenhing. Wenn die oben genannten Untersuchungen auch nur anregend sind, ermutigen sie weitere Untersuchungen dieser Art des Vergessens. Eine Frage, die gestellt werden muß, beschäftigt sich damit, ob traumatische Erlebnisse Kodierungs- oder Reproduktionsoperationen beeinflussen (*Holmes & Schallow*, 1969). Neuere Ergebnisse über die Tendenz von Personen, ein kürzliches Trauma still zu wiederholen, müssen mit den Hypothesen des motivierten Vergessens integriert werden (*Horowitz & Becker*, 1971a, b, c). Wir »verdrängen« offensichtlich nicht alle unsere aversiven Erinnerungen. Tatsächlich scheinen viele Personen bei solchen Ereignissen zu verweilen. Was sind die Variablen, die die Erinnerung an ein Trauma und das motivierte Vergessen beeinflussen? Wir sind wieder mit einer interessanten Frage und einer geringen Zahl an Daten konfrontiert.

Der Status der nicht behaltenen Information führt zu einer anderen relevanten Frage. »Verschwinden« vergessene Items irgendwie aus unseren Köpfen oder verlieren wir einfach den Zugang zu ihnen? Ist es also möglich, daß vergessene Information im Speicher tatsächlich »noch vorhanden« ist, wir aber unfähig sind, sie zu reproduzieren. Wenn wir uns wieder auf die Analogie zum Karteiensystem stützen, ist es dann möglich, daß die Karten nicht verlorengehen, sondern nur falsch eingeordnet werden? Die Frage der Beständigkeit des Gedächtnisses beschäftigte Psychologen mehrere Jahrhunderte lang. Eine der beeindruckendsten Unterstützungen der Beständigkeit des Gedächtnisses kommt aus den anekdotischen Fallberichten eines Hirnchirurgen, *Wilder Penfield* (1959). Seine frühe Arbeit schloß die chirurgische Behandlung der Fokalepilepsie durch Kraniotomien ein. Bei diesem Verfahren wird ein Teil des Schädels entfernt, um die Abtragung von Teilen des Temporallappens zu ermöglichen. Der Patient bekommt eine lokale Anästhesie und bleibt während der Operation wach und bei Bewußtsein. Penfield fand bei der Anwendung von elektrischer Stimulierung bei Teilen des freigelegten Gehirns, daß Patienten lebhafte subjektive Erlebnisse berichteten, die oft aus seit langem vergessenen Erinnerungen bestanden. *Penfield* sammelte bei über einem Tausend solcher Operationen ausführliche Berichte dieser Art und formulierte schließlich eine Theorie der Beständigkeit des Gedächtnisses. Der gegenwärtige Status dieser Theorie ist jedoch weit davon entfernt, eindeutig zu sein (vgl. *Adams*,

1967; *Neisser*, 1967). Es ist jedoch bemerkenswert, daß die Hypothese (wenn nicht die Erinnerung an sie) beständig zu sein scheint. *John B. Watson* (1924) spielte zum Beispiel auf eine solche Hypothese an, als er das *Freud*sche Unbewußte als Aggregat der Erfahrungen des Kindes vor dem Spracherwerb beschrieb (S. 263–265). Die Implikation der Vermutung von *Watson* ist natürlich, daß wir auf Reize reagieren können, aber uns wegen der relativen Unordnung in unseren kindlichen Karteiensystemen nicht an die ursprünglichen Lernbedingungen erinnern können.

Die Übermittlung der Information vom Kurzzeit- zum Langzeitspeicher warf mehrere andere interessante Forschungsfragen auf. Was sind zum Beispiel die physiologischen Prozesse bei der Gedächtnisbildung? Die Forscher sprechen häufig über eine Gedächtnis*spur*, die grundlegende Einheit der Speicherung. Sind strukturelle Veränderungen der Verbindungen zwischen Nervenzellen (z. B. an den Synapsen) beteiligt?

Das Wesen der Spur ist jedoch nicht klar.

Wird sie als intrazelluläres Protein chemisch gespeichert? Der Prozeß der Stabilisierung oder Errichtung der relativen Beständigkeit eines Items wird häufig *Konsolidierung* einer Erinnerung genannt. Ist dieser Konsolidierungsprozeß dichotom oder allmählich? Speichern wir also Information nach dem Alles-oder-Nichts-Prinzip (entweder behalten wir sie oder wir behalten sie nicht)? oder ist die Spur anfänglich »schwach«, wird aber allmählich durch spezifische Konsolidierungsprozesse (Rekapitulation, Wiederholung usw.) gestärkt? Einige Evidenz für die allmähliche Speicherung wird durch das Phänomen der retrograden Amnesie nach schweren Kopfverletzungen geliefert. Ein starker Schlag auf den Kopf führt manchmal zu Gedächtnisverlusten, die sich meist auf sehr neue Erlebnisse beziehen. Dies deutet natürlich an, daß neue Erfahrungen noch nicht in einem größeren und dauerhafteren Gedächtnisspeicher konsolidiert wurden und daß die Kopfverletzung mit dieser Konsolidierung interferiert haben mag.

Ein Großteil der Forschung über Gedächtnis und Informationsverarbeitung unterschied zwischen den Verhaltensweisen der Erinnerung und der Wiedererkennung. Bei Erinnerungsverfahren wird der Versuchsperson eine offene Frage gestellt und sie wird gebeten, die richtige Antwort zu geben (z. B. *Richard Nixons* zweiter Vorname ist . . . .). Eine Wiedererkennungsleistung stellt andererseits die richtige Antwort zwischen mehrere dargebotene Alternativen (z. B. *Richard Nixons* zweiter Vorname ist: a) Mitchell, b) Milhouse, c) Mischievous, d) Melvin). Die Wiedererkennungsleistung ist gewöhnlich der Erinnerung weit überlegen, was nahelegt, daß verschiedene Prozesse beteiligt sein können. In der Situation eines Erinnerungstests werden der Person selten Hinweisreize gegeben, die ihr anzeigen, wo sie in ihren Gedächtnisspeichern »nachsehen« muß, so daß sie sich vermutlich mit *Such*verfahren beschäftigen muß. Andererseits erfordert die Wiedererkennung lediglich, daß die Person die dargebotenen Alternativen mit den in ihren Gedächtnisspeichern enthaltenen vergleicht – sie muß den Reiz nur »zuordnen«.

Die Modalitäten der Informationsspeicherung sind ein interessantes Thema, das große Relevanz für klinische Anwendungen hat. Beim konventionellen Experimentieren beschäftigte man sich mit zwei Hauptformen der Informationsspeicherung: visuelle Vorstellung und auditiv/verbale Kodierung. Die Parallelen und Unterschiede der beiden wurden neuerdings empirisch stark beachtet. Bei einigen Arten von Information (z. B. bei konkreten Paaren von Substantiven) scheint die Speicherung in Form von Vorstellungen überlegen zu sein (vgl. *Bower*, 1970; 1972; *Paivio*, 1971). Die Versuchspersonen zeigen bessere Erinnerung, wenn sie ein Paar von Substantiven wie »Schildkröte – Phonographie« durch eine lebhafte Vorstellung vermitteln (z. B. eine benommene Schildkröte auf einem sich drehenden Plattenteller) als durch andere Assoziationsmethoden (z. B. einfache Wiederholung). Dies wurde in der von *Mahoney, Thoresen & Danaher* (1972) berichteten Untersuchung veranschaulicht (vgl. Kapitel 6) und durch das mnestische Aufhängersystem, das von *Miller, Galanter & Pribram* (1960) vorgeschlagen wurde. Nur wenige Berichte über die Funktion der vorstellungsmäßigen Erinnerung kamen dem von *Francis Galton* (1883) gleich, der von einem geschickten Assoziierer berichtete. *Galtons* Freund war gerüchtweise in der Lage, die lebhafte Vorstellung eines Rechenschiebers heraufzubeschwören, ihn dann symbolisch einzustellen und in der Vorstellung genaue Berechnungen durchzuführen!

Vorstellung bewirkt jedoch nicht immer besseres Behalten. Verbale – und vor allem »organisatorische« – Kodierungsverfahren sind bei der Erinnerung an abstrakte und komplexere Information oft wirksamer. Die Items können nach Beziehungen (z. B. Ursache-Wirkung, räumlich), Kategorien (z. B. Oberbegriffen) und so weiter gespeichert werden. Ich werde hier eine Vermutung vorwegnehmen, die in Kapitel 14 genauer betrachtet wird – nämlich daß einige der Unterschiede zwischen vorstellungsmäßigem und verbalem Gedächtnis von den entsprechenden Entwicklungsgeschichten abzuleiten sind. Die visuelle Vorstellung war vermutlich eine frühere Form der Vermittlung – der Höhlenmensch konnte Gedächtnisitems (vor allem räumliche und zeitliche) über »geistige Bilder« speichern. Als sich ein Sprachsystem entwickelte, veränderten sich die Art des Inputs aus der Umwelt und die Informationsspeicherung entscheidend. Man trifft jetzt nicht selten Personen, die Schwierigkeiten oder totale Unfähigkeit berichten, visuelle Vorstellung zu erzeugen. Das wird in der Literatur über Desensibilisierung und verdeckte Konditionierung gut nachgewiesen. Ob dieses Phänomen die graduelle evolutionäre Löschung des auf Vorstellung basierenden Gedächtnisses anzeigt, ist eine interessante aber spekulative Hypothese. Wir werden sie in Kapitel 14 wieder aufgreifen, wenn Spekulation unsere explizite Aufgabe ist.

Information, die angemessen kodiert und gespeichert wurde, wird mit größerer Wahrscheinlichkeit reproduziert und beim späteren Verhalten nutzbar gemacht. Die grundlegenden Fragen bei der Reproduktion von Erinnerungen scheinen sich um Such-, Auswahl- und Reaktionserzeugungsprozesse zu zentrieren. Wenn eine Person die richtigen Items wiedererkennen kann, nehmen wir an, daß seine »Unterprogramme« der Suche – um bei der Computerwissenschaft eine Anleihe zu machen – angemessen sind. Wenn sie sich an das Item erinnern kann, schließen wir auf Geübtheit sowohl bei Such- als auch bei Reproduktionsoperationen.

Einige der interessantesten Daten über die Reproduktion von Erinnerungen werden durch das »Zungenspitzen«-Phänomen veranschaulicht (*Brown & McNeill*, 1966). Jeder von uns hat die schmerzlich frustrierende Erfahrung gemacht, zu versuchen, sich an einen Namen oder ein Wort zu erinnern, von dem wir wissen, daß wir es gespeichert haben, das wir aber nicht reproduzieren können. *Brown & McNeill* operationalisierten dieses Phänomen, indem sie den Versuchspersonen Definitionen ungebräuchlicher Worte vorlegten und sie fragten 1. ob sie glaubten, das Wort zu kennen, 2. ob sie es nennen könnten, und 3. vorausgesetzt, daß sie das Wort kannten, aber sich nicht sofort daran erinnern konnten (d. h. daß es »auf der Zungenspitze« lag), ob sie *irgendwelche* Information über das Wort liefern konnten (z. B. enthaltene Buchstaben, Anzahl der Silben). Die Versuchspersonen, die berichteten, es auf der Zungenspitze zu haben, waren beim Liefern von Teilinformationen beeindruckend erfolgreich. In 47 Prozent der berichteten Zungenspitzenfälle konnten die Versuchspersonen die Anzahl der Silben eines Worts genau angeben und 51 Prozent berichteten korrekt den Anfangsbuchstaben. Weitere Nachweise dieses Phänomens werden durch *Harts* (1965) Forschung über »das Gefühl des Wissens« geliefert. Versuchspersonen wurden, nachdem sie sich an Testitems nicht erinnern konnten, gefragt, ob sie das »Gefühl« hätten, daß sie das nicht getroffene Item wüßten. Bei einem darauffolgenden Wiedererkennungstest waren die Versuchspersonen bei Items, bei denen sie das Gefühl hatten, sie zu wissen, weit erfolgreicher.

Das Zungenspitzenphänomen legt nahe, daß es bei der menschlichen Informationsverarbeitung Fälle geben kann, in denen wir »wissen, daß wir wissen«, aber energischen Leistungsanforderungen (z. B. Erinnerung) nicht nachkommen können. *Polanyis* (1964) Spekulationen über »passives Wissen« sind anregende Parallelen. Die größte Bedeutung der Ergebnisse von *Brown & McNeill* (1966) betrifft jedoch die spezifischen Aspekte der menschlichen Informationsspeicherung. Diese Forscher schlagen ein kognitives Karteiensystem vor, bei dem Gedächtnisitems mit verschiedenen Merkmalen versehen sind (z. B. phonemisch, semantisch, assoziativ usw.). Sie schlagen die Metapher der Lochkarten im Kopf vor. Während der Wiedergewinnungsoperationen sucht die Person nach diesen verschiedenen Merkmalen (z. B. »beginnt mit dem Buchstaben ›R‹, zwei Silben, eine Vogelart, reimt sich mit ›Knabe‹«). Je mehr Merkmale (Anhaltspunkte für die Suche) verfügbar sind, desto erfolgreicher ist die Reproduktionsoperation.

Es ist interessant, daß die meisten von uns sowohl vorstellungsmäßige als auch verbale Suchroutinen verwenden. Wenn Sie zum Beispiel gefragt werden, was Sie letztes Jahr an Silvester machten, so ist es wahrscheinlich, daß Sie in der Vorstellung Ihre Ferienerlebnisse wiederholen werden. Interessanter ist vielleicht die Tatsache, daß wir oft äußere Hinweisreize anwenden, um unser Gedächtnis zu unterstützen. Während Sie zum Beispiel in der Küche saubermachen, können Sie an etwas denken, das Sie erledigen müssen. Beim Gehen in das Wohnzimmer merken Sie, daß Sie Ihre Aufgabe vergessen haben. Um die Erinnerung daran zu erleichtern, kehren Sie zur Küche zurück und wiederholen in Gedanken Ihre Aktivitäten. Zufällig assoziierte Hinweisreize können der Schlüssel zu dieser Operation sein.

Das Phänomen der »zufälligen Reproduktion« ist wahrscheinlich den meisten von uns vertraut. Obwohl wir nicht absichtlich mit einem Suchprogramm begannen, sehen wir uns selbst Items oder Phantasien aus der Vergangenheit reproduzieren. Zum Beispiel ist während seltener Besuche bei Verwandten oder früheren Nachbarn die Häufigkeit von Kindheitserinnerungen und -träumen wahrscheinlich viel größer. Dies liegt wahrscheinlich an der Hinweisfunktion der Umweltreize. Ein eindrucksvoll großer Prozentsatz unserer täglichen Träumereien wird wahrscheinlich durch zufällige Reproduktion bewirkt. Die Analyse der Assoziationen und Antezedenten solcher Reproduktionen kann eine interessante Frage sein. Man fährt zur Arbeit und erinnert sich plötzlich an die Häuser auf einer Straße aus der Kindheit oder an den Namen eines seit langem vergessenen Spielgefährten. Unmittelbare Analysen dieser Reproduktionen ergeben häufig gegenwärtige Hinweisreize oder Assoziationen, die zur ins Gedächtnis gerufenen Erinnerung führen – der Anblick eines alten Briefkastens, ein Lied im Radio usw. Eine genaue Verstärkungsanalyse der Reproduktion könnte vorhersagen, daß wir die meiste Zeit mit angenehmen Träumereien verbringen. Experimentelle Daten (z. B. *Klinger*, 1971) und unsere eigene Introspektion stellen diese Vorhersage jedoch in Frage. Die meisten unserer Reproduktionen scheinen assoziativ oder instrumentell zu sein (z. B. beim Problemlösen).

Der Aspekt der Reproduktion von Erinnerungen, der uns vermutlich am vertrautesten ist, ist der der Frustration. Wir versuchen uns an einen Namen oder eine nicht vertraute Adresse zu erinnern und sind aufgebracht wegen unserer Unfähigkeit, sie wiederzufinden. Wir »strengen« uns kognitiv an und finden heraus, daß dies die Angelegenheit nur verschlimmert. Nachdem wir frustiert aufgaben, reproduzieren wir das vergessene Item häufig fast automatisch. Die Verbreitung dieser Erfahrung wird durch häufige Empfehlung bescheinigt, »aufzuhören über etwas nachzudenken«, an das wir uns kaum erinnern können. Eine mögliche Erklärung dieses Phänomens besagt, daß wir unser erstes Suchprogramm perseverieren. Wenn wir an unseren Gedächtnisspeicher die falsche »Frage« stellten, ist es sehr schwierig, diese Frage im Laufe einer aktiven Suchoperation zu modifizieren. Wenn wir dieses unangemessene Suchprogramm jedoch fallen lassen, erhöhen wir die Wahrscheinlichkeit, daß bei unserem nächsten Versuch zur Lokalisation jenes Gedächtnisitems alternative Hinweisreize zur Suche verwendet werden.

Eine letzte Frage zum Langzeitgedächtnis betrifft Wiederfinden versus *Rekonstruktion* gespeicherter Information. Sir *Frederic Bartlett* (1932) vermutete, daß wir erinnertem Material häufig eine idiosynkratische Organisation auferlegen. Bei einer Reihe von Untersuchungen bat *Bartlett* die Versuchspersonen, eine Prosapassage oder Geschichte nach variierenden Zeitintervallen zu reproduzieren. Seine Daten legten nahe, daß die Personen die Information eher »rekonstruierten« als sich daran zu erinnern. Sie gaben oft ganz verzerrte Versionen des ursprünglichen Materials und es gelang ihnen nicht, konfabulierte Elemente genau zu unterscheiden. Manche Versuchspersonen brachten überaus kreative Berichte hervor, um ihre idiosynkratischen Versionen der Passage oder Geschichte zu stützen. Nach *Bartlett* spiegeln diese Ergebnisse einen aktiven Rekonstruktionsprozeß beim Gedächtnis wider (vgl. *Zangwill*, 1972). Das Ausmaß der Verzerrung und Rekonstruktion scheint sich mit fortschreitend längeren Zeitintervallen zu erhöhen. *Norman* (1969) zeigt, daß dieses Phänomen mit einem Großteil unseres Wissens über Kurz- und Langzeitgedächtnis übereinstimmt – nämlich daß die Personen dem Material oft eine Organisation auferlegen (z. B. über Gedächtnisstützen, kategoriale Kodierung usw.). Die eindrucksvolle Bedeutung der Rekonstruktion für klinische Selbstberichte muß kaum ausgeführt werden. Wir sollten jedoch die offensichtliche Rolle der Organisation beim Gedächtnis besonders beachten. Wenn wir von den Klienten erwarten, daß sie die Information aus der Therapie lernen und dauerhaft behalten, kann ihre Darbietung in systematischer und organisierter Weise sehr wichtig sein.

Die obige Darstellung des Modells der Informationsverarbeitung war notwendigerweise kurz. Für den mit diesem Forschungsgebiet vertrauten Leser werden meine Verallgemeinerungen und auffallenden Auslassungen offensichtlich sein. Dem Anfänger mag das Vorhergehende unnötig komplex erscheinen. Da ich dadurch alle außer meine nächsten Verwandten verschreckt habe, werde ich zum Schaden noch den Spott hinzufügen, indem ich eine kurze allgemeine Zusammenfassung gebe.

Das Modell der Informationsverarbeitung betrachtet den Menschen als aktiven Vermittler der Stimulierung. Es werden die Prozesse des Erwerbs, der Übermittlung, Speicherung, der Reproduktion und der Verwendung von Information betont. Üblicherweise werden drei grundlegende strukturelle Elemente vorgeschlagen: ein sensorischer Speicher, ein Kurzzeit- und ein Langzeitgedächtnis. Zwischen dem Input aus der Umwelt und dem Reaktionsoutput werden vier umfassende Kategorien von Prozessen postuliert, die die Informationsübermittlung beeinflussen: 1. Aufmerksamkeit, 2. Kodierung, 3. Behalten und 4. Reproduktion. Ein gut bestätigtes Ergebnis der Aufmerksamkeitsforschung betrifft unsere Selektivität bei der Reizverarbeitung. Die Speicherung der Gedächtnisitems scheint durch einige Merkmale beeinflußt zu werden: a) vorstellungsmäßige versus verbale Kodierung, b) das Außmaß, der Kontext und die Bedeutung eines Reizes, c) Dauer der Rekapitulation, d) Darbietungshäufigkeit (Wiederholung), e) zeitliche Faktoren (z. B. Positionseffekte) und f) assoziiertes affektives Erleben (z. B. Verstärkung oder Bestrafung). Es gibt einige Evidenz, daß unsere Kapazität der Informationsverarbeitung begrenzt ist. Um uns dieser Begrenzung anzupassen, fassen wir häufig Gedächtnisitems zu Einheiten zusammen oder gruppieren sie und erlegen ihnen ein ökonomisches Organisationsschema auf (z. B. über Gedächtnisstützen). Die Reproduktion der Information scheint durch die Angemessenheit verschiedener Suchoperationen und das Hervortreten der Merkmale (z. B. phonemisch, semantisch usw.) beeinflußt zu werden. Aktive Rekonstruktionsprozesse können zumindest einige Arten der Reproduktion von Erinnerungen charakterisieren. Unsere gegenwärtigen Kenntnisse über die Beständigkeit des Gedächtnisses, seine physiologischen Grundlagen und das Wesen des Vergessens sind noch unzureichend. Wenn Analogien aus der Computerwissenschaft und der kybernetischen Theorie auf diesem Gebiet auch heuristisch waren, werden die Grenzen dieser Analogien ständig überprüft.

Eine umfassende Bewertung des Modells der Informationsverarbeitung wäre ein ehrgeiziges und ungewisses Unternehmen, nicht nur wegen der Verzweigtheit und des Umfangs der Literatur, sondern auch wegen der Fülle verschiedener Modelle auf diesem Gebiet. Die Neigung des Menschen zur Theoriebildung ist selten so offensichtlich wie auf diesem Gebiet. Wir stehen nicht nur einem Überfluß an allgemeinen Modellen gegenüber, sondern auch einer fast unendlichen Reihe an Untertheorien über verschiedene Fragen (z. B. Aufmerksamkeit, Kurzzeitgedächtnis usw.). Ein Ausblick auf die Angemessenheit eines Informationsmodells kann von seinem kurzen Vergleich mit dem Modell des verdeckten Konditionierens abgeleitet werden. Man wird sich daran erinnern, daß das letztere als im Grunde genommen horizontaler Satz von Grundgedanken beschrieben wurde. Das Modell der Informationsverarbeitung kombiniert andererseits horizontale und vertikale Aspekte. Das Gedächtnis wird sowohl in Begriffen der horizontalen Übermittlung (auf gleicher Ebene) als auch der vertikalen (hierarchischen) Organisation aufgefaßt. Während der Erforscher der verdeckten Konditionierung wahrscheinlich weniger und konservativere Schlußfolgerungen zieht, postuliert der Informationsverarbeiter häufig umfassende Vermittlungsvariablen. Obwohl der Informationstheoretiker sich häufig »weiter von Daten entfernt«, beschäftigt er sich jedoch anscheinend mit einer umfassenderen und komplexeren Angelegenheit. Er ergänzt assoziative Grundgedanken durch funktionale Regeln, die andere Beziehungsvariablen beschreiben (z. B. selektive Aufmerksamkeit, kategoriale Kodierung usw.). Beide Modelle verwenden in ihrer beschreibenden und erklärenden Sprache ausgiebig Metaphern. Das Modell der verdeckten Konditionierung entlehnt seine Metaphern aus der Theorie und Forschung der Konditionierung im Labor; verdeckte Ereignisse werden als relativ isolierte Reiz-Reaktions-Einheiten betrachtet. Beim Informationsmodell werden Metaphern mehr aus der Kybernetik, Systemtheorie und Computerwissenschaft genommen. Anstatt isolierter Reize und Reaktionen treffen wir auf Sequenzen von Ereignissen (»Prozesse«), die mit beträchtlicher Komplexität geformt und verzweigt sind. Trotz dieser Unterschiede in der Art und Form der erschlossenen Vermittler hängen sowohl das Modell der verdeckten Konditionierung als auch das der Informationsverarbeitung bei der Untersuchung und Bewertung ihrer Hypothesen einem methodologischen Behaviorismus an.

Eine der Annahmen des Modells der Informationsverarbeitung, die kürzlich in Frage gestellt wurde, betrifft die Implikation einer geschlossenen Feedbackschleife (von *Bertalanffy*, 1967). Nach der

Computeranalogie des menschlichen Verhaltens (vgl. *Miller, Galanter & Pribram,* 1960; *Hilgard & Bower,* 1966; *Newell & Simon,* 1972), führt der Organismus instrumentelles Verhalten aus, um die Diskrepanz zwischen tatsächlichen und adaptiven Zuständen des Systems zu verringern. Der Mensch sucht also nicht nur physiologisch nach Homöostase, sondern auch in Begriffen des Informationsfeedbacks und des Lernens. Von *Bertalanffys* Auffassung ist, daß der Mensch ein offenes, wachsendes System ist, ein kreativer Synthesizer der Erfahrung. Er sucht nicht nach einem beständigen Zustand, sondern verfolgt ständig eine Erweiterung des Systems. Diese Kritik ist zumindest teilweise gerechtfertigt, wenn wir unsere Aufmerksamkeit auf das im vorliegenden Kapitel diskutierte Modell beschränken. Passive Speicherung von Information und Suchen nach Gleichgewicht kennzeichnen alle Informationsmodelle des menschlichen Wesens jedoch nicht genau. Den Phänomenen der Neugierde, Kreativität und des instrumentellen Problemlösens wurde umfangreiche Literatur gewidmet (vgl. *Spivack & Shure,* 1974; *Davis,* 1973; *Newell & Simon,* 1972; *Bourne & Dominowski,* 1972). Die kognitive Homöostase ist eine bei der Erforschung des menschlichen Lernens kaum angetroffene Annahme.

Ein anderer theoretischer Kritikpunkt des Modells der Informationsverarbeitung betrifft seinen »impliziten Dualismus«. Viele mentalen Ängste des Behavioristen werden durch Diskussionen über unseren »verdeckten Computer« ausgelöst. *Skinner* (1969) nimmt zum Beispiel wiederholt Abstand von der Annahme, daß »Sehen etwas Gesehenes einschließt«:

> Es wird oft gesagt, daß der Mensch im Inneren Erinnerungen speichert und sich an sie erinnert... Ein Mensch muß die stimulierende Umwelt nicht kopieren, um sie wahrzunehmen und er muß keine Kopie machen, um sie in Zukunft wahrzunehmen. Wenn ein Organismus bei der Konfrontation mit Verstärkungskontingenzen durch sie verändert wird und sich deshalb in Zukunft anders verhält, brauchen wir nicht zu sagen, daß er die Kontingenzen speichert. Was »gespeichert« wird, ist ein modifizierter Organismus, keine Registrierung der modifizierten Variablen (S. 274).

Skinner scheint jedoch bei seiner Leugnung gespeicherter Umwelten inkonsistent zu sein. Wenn der kognitive Theoretiker von Informationsspeicherung spricht, greift *Skinner* hurtig sein metaphorisches Schlußfolgern an. *Skinner* baut jedoch bei seiner eigenen Erklärung des regelgesteuerten Verhaltens explizit auf Speicherung symbolischer Kontingenzen:

Eine Person ... konstruiert vergleichbare Reize für sich selbst, wenn sie Beschlüsse faßt, Absichten verkündet, Erwartungen bekundet und Pläne formuliert. Die auf diese Weise erzeugten Reize kontrollieren ihr Verhalten am wirksamsten, wenn sie external, auffällig und dauerhaft sind – wenn der Beschluß gefaßt ist oder der Plan tatsächlich in sichtbarer Form abgefaßt wird –, aber sie sind auch von Nutzen, wenn sie gelegentlich wieder aufgefrischt werden wie bei der Erinnerung an den Beschluß oder bei der Überprüfung des Plans.

Es ist bemerkenswert, daß *Skinner* (1969, 1974) die Erinnerung an eine »Reaktion« als weniger problematisch verteidigt als die Erinnerung an ein symbolisches Etikett oder einen Reiz für diese Reaktion. Umfangreiche Literatur legt jedoch nahe, daß bildhafte Speicherung eher die Regel als die Ausnahme ist. Darüber hinaus wird die Reaktionserzeugung bedeutsam durch Hinweisreize und Merkmalfragen beeinflußt, wie durch unsere Diskussion der Reproduktionsprozesse bescheinigt wird.

Die Crux von *Skinners* Einwendungen gegen kognitive und auf Information basierende Perspektiven liegt in der Interpretation und nicht in den Daten. Wenn *Skinner* (1974) auch bereitwillig die Phänomene der selektiven Aufmerksamkeit, Klassifikation und so weiter anerkennt, warnt er vor ihrer Refikation als kybernetische Entitäten und nicht als verdeckte Verhaltensweisen:

Menschliche Wesen achten auf die Welt, in der sie leben oder vernachlässigen sie. Sie suchen nach Dingen in dieser Welt. Sie generalisieren von einem Ding auf ein anderes. Sie diskriminieren. Sie reagieren auf einzelne Merkmale oder besondere Gruppen von Merkmalen als »Abstraktionen« oder »Begriffe«. Sie lösen Probleme, indem sie Dinge sammeln, klassifizieren, arrangieren und neu arrangieren ... Sie ... abstrahieren Regeln und Pläne, die es ihnen ermöglichen, angemessen zu reagieren, ohne direkt mit den Kontingenzen konfrontiert zu werden. Sie entdecken und verwenden Regeln, um neue Regeln aus alten Regeln abzuleiten. All dieses und viel mehr ist einfaches Verhalten und das trifft sogar dann zu, wenn sie sich verdeckt verhalten (S. 223).

Seine Bewertung der Theorie des Modells der Informationsverarbeitung läßt jedoch den Zweifeln wenig Raum:

Die Metapher der Speicherung im Gedächtnis verursachte viel Ärger. Der Computer ist ein schlechtes Modell ... Die Annahme eines parallelen inneren Registrierungsprozesses erweitert unser Verständnis dieser Art des Denkens nicht. (Übrigens ist es nicht der Behaviorist, der den Menschen als Maschine darstellt, sondern der kognitive Psychologe durch sein Computermodell des Geistes.) (1974, S. 110).

Es ist interessant, daß *Skinner* (1974) alle Vermittlungsmodelle darin gleichzustellen scheint, daß sie von einem »mentalistischen« Rahmen abgeleitet werden. Er verwendet wiederholt »kognitive Psychologie« und »Informationstheorie«, als ob sie synonym wären, mit mentalistischen Perspektiven und behauptet nachdrücklich, daß sie uns »viel nützliche Evidenz kosteten (S. 118)« und verheerende Rache (S. XIII) an unseren wissenschaftlichen Bemühungen nahmen.

Selektive Datenverarbeitung und Widerstand, sich außerhalb eines Paradigmas zu begeben, um seine Angemessenheit zu bewerten, sind leicht erkennbare Merkmale der operanten Kritik an der Informationsverarbeitung. Nachdem er lebhafte Argumente gegen die Tunlichkeit dessen vorlegt, was uns der kognitive Psychologe über Vorgänge innerhalb des Organismus erzählt, arbeitet der operante Kritiker ausführlich heraus, was darin *nicht* vor sich geht. Er leugnet die Wirkung der Kodierungs-, Such- und Reproduktionsmechanismen, aber argumentiert dann für das Bestehen kontingenzgeformten verdeckten Verhaltens. Es ist ironisch und verblüffend, die relative Fülle an operanten Vermutungen über Denkprozesse und den entsprechenden Mangel an operanter Forschung auf diesem Gebiet zu überprüfen. Das Verhältnis von Theorie zu originalen Daten in ihren Schriften würde wahrscheinlich manch einen kognitiven Theoretiker verblüffen. Wenn es *Daten* zur Stützung der operanten Analyse des Denkens gibt, sind sie seit langem überfällig zur Mitteilung. Fortgesetzte theoretische Dialoge verdienen Erhärtung durch Forschung, und der operante Kritiker könnte gut daran tun, zuzugestehen, daß seine »privilegierte Kenntnis« dessen, was innerhalb des Organismus vor sich geht und was nicht, wahrscheinlich weniger auf Daten basiert als die des kognitiven Theoretikers. Extrapolierungen aus der operanten Forschung verlieren ihren heuristischen Wert, wenn sie unkritisch als »erklärend« angenommen werden und nicht empirisch auf ihre Angemessenheit hin untersucht werden. Wie im vorliegenden und in den folgenden Kapiteln dargestellt wird, wird die operante Analyse der Vermittlung durch die bestehenden Daten nur äußerst zaghaft herausgefordert.

Manchmal wird das Argument, daß kognitive Theorien »mentalistisch« sind, durch Verweisung auf Homunculusmetaphern bei Informationsmodellen verteidigt. Wir erhalten manchmal den Eindruck, daß unsere Verarbeitungsoperationen von einer Neuauflage des »kognitiven Kontrolleurs« koordiniert und kontrolliert werden, einem schwachen Nachkommen des »kleinen Mannes im Kopf«, der von den Philosophen vor mehreren Jahrhunderten postuliert wurde. *Neisser* (1967) postuliert in seiner interessanten Theorie der menschlichen Informationsverarbeitung ein »Ausführungs-Programm«, das unsere Verarbeitungsoperationen reguliert. Wissend um das Problem des Homunculus und seines Regresses ›in infinitum‹ (d. h. wer kontrolliert den Kontrolleur?) verteidigt *Neisser* das »Ausführungs-Programm als lebensfähige und nicht dualistische Lösung. Kognitives Stiefelschnüren ist nicht unlogisch. Komplexe Computersysteme werden häufig durch ein ausführendes Programm gesteuert, das verschiedene Operationen *inklusive seiner eigenen* überwacht.

Ich neige dazu, mit *Neissers* Verteidigung der »Executive« übereinzustimmen, und bin durch ihre heuristische Verheißung besonders beeindruckt. Ein weiterer Kommentar über das Dualismusargument bei der Informationstheorie ist jedoch angebracht. Im besonderen würde ich vorschlagen, daß die Homunculusfrage beim kognitiven (Gedächtnis-)Modell wiederum die linguistische Verwirrung zeigt, die unsere Wahrnehmung dessen, wie die Dinge sind, frustriert. Eine Wirkung setzt eine Ursache voraus; Kontrolle setzt einen Kontrolleur voraus. Der kognitive Computer setzt einen kognitiven Computerprogrammierer voraus. Wir suchen immer nach dem »Agens« einer zielgerichteten Handlung, anstatt eine solche Handlung als Teil des Systems selbst zu betrachten. Genau wie Selbsterkenntnis keine existentielle Entität (das »Selbst«) voraussetzen muß, erfordert Informationsverarbeitung keinen Informations*verarbeiter.* Wir müssen weiterhin jene Beispiele überprüfen und unterscheiden, in denen unsere Metaphern und linguistischen Befangenheiten nützlich sind, und solche, wo sie es nicht sind.

Der empirische Status des Modells der Informationsverarbeitung wurde im vorliegenden Kapitel wenig erhärtet. Unterstützende Daten sind jedoch nicht schwer zu finden, wie durch die reiche Literatur zu diesem Gebiet widergespiegelt wird (vgl. *Neisser*, 1967; *Adams*, 1967; *Norman*, 1969; *Kintsch*, 1970; *Hall*, 1971; *Melton & Martin*, 1972; *Anderson & Bower*, 1973). Da dieses Modell nicht spezifisch auf klinische Phänomene ausgerichtet ist, mag seine Bedeutung für den praktizierenden Therapeuten und klinischen Forscher nicht offensichtlich sein. Im nächsten Kapitel werden wir einige Revisionen und Erweiterungen eines auf Information basierenden Modells des menschlichen Verhaltens betrachten. Die mögliche Rolle verschiedener kognitiver Prinzipien bei der Entwicklung, Aufrechterhaltung und Änderung fehladaptiver Reaktionsmuster wird besonders betont.

10. Kapitel

Das Vermittlungsmodell III: Das Modell des kognitiven Lernens

Das Modell, welches in diesem Kapitel vorgestellt wird, ist alles andere als revolutionär. Es stellt den Versuch dar, verschiedene unterschiedliche Perspektiven zu integrieren, die von den formalisierten Theorien von *Bandura* (1971c) und *Bem* (1972) bis zu den klinischen Methoden von *Ellis* (1962), *Kanfer* (1971) und *Thoresen & Mahoney* (1974) reichen. Metaphern und Analogien werden sowohl von der »Lerntheorie« als auch von Perspektiven aus der Informationstheorie gebildet.

Während die Analyse klinischer Phänomene von einer kognitiven, auf Information beruhenden Perspektive aus nicht neu ist (vgl. *Kelly*, 1955; *Rotter, Chance & Phares*, 1972), zeugten die vergangenen Jahre von einer bedeutenden Zunahme der Bemühungen, den Ansatz des »kognitiven Lernens« zu verfeinern und zu operationalisieren (z. B. *Bandura*, 1969; *Breger*, 1969; *Estes*, 1971; *Kanfer & Karoly*, 1972; *Staats*, 1972; *Mischel*, 1973, in Druck). Eine rapide anwachsende Sammlung von Beweisen deutet darauf hin, daß diese Konvergenz zu einer kognitiven verhaltensorientierten Perspektive klinisch vielversprechend ist. Man sollte jedoch in Erinnerung behalten, daß sich das Modell gegenwärtig noch in einem embryonalen und vorläufigen Zustand befindet. Fortgesetzte empirische Untersuchungen müssen über seine Verfeinerungen, seine Reifung oder seine Beseitigung entscheiden.

Die grundlegenden Merkmale und die begriffliche Eigenart des Modells kognitiven Lernens durchdrangen viele vorausgehenden Kapitel und sie können informell folgendermaßen zusammengefaßt werden. Der Mensch wird als komplizierter Organismus mit einer beeindruckenden Anpassungsfähigkeit angesehen. Er steht in einer ständigen wechselwirkenden Beziehung mit seiner Umwelt, einer Beziehung, die man analog vielleicht als kybernetische Feedbackschleife bezeichnen kann. Verhaltensänderungen werden durch den gegenwärtigen physiologischen Zustand des Organismus, durch seine vergangene Lerngeschichte, durch die bestehende Umweltsituation und viele kognitive Vorgänge (z. B. selektive Aufmerksamkeit, antizipierte Konsequenzen, usw.) beeinflußt. Ein Teil der eindrucksvollen Komplexität des Menschen stammt von seiner ausgiebigen evolutionären Differenzierung. Drei untereinander abhängige Nervensysteme (das zentrale, somatische und autonome) beeinflussen das Anpassungsverhalten des Organismus. Unter vielen Umständen scheint das autonome Nervensystem – das sehr eng mit grundlegenden, lebenswichtigen Funktionen verbunden ist – die Handlungen des Menschen zu überfahren und zu dominieren. Jetzt wissen wir jedoch, daß die drei Systeme miteinander in einer komplizierten Wechselwirkung stehen.

Eine der wichtigsten Eigenschaften der Perspektive des kognitiven Lernens ist ihre Anschauung vom Menschen als aktives Element bei seinem eigenen Wachsen und seiner eigenen Entwicklung. Er ist sowohl ein kontrollierter als auch ein kontrollierender Organismus; ein Produkt und ein Produzent von Umweltkräften. Die unendliche Reihe seiner Erfahrungen wird nicht passiv in eine *tabula rasa* geätzt. Die »rohen Daten« der Erfahrung werden selektiv gefiltert, transformiert, kategorisiert und gespeichert. Auf einem theoretischen Niveau wird Lernen durch die Erfahrung systematischer Beziehungen in Zeit und Raum bewirkt. Diese Regelhaftigkeiten können direkt, stellvertretend oder mittels symbolischer Prozesse erfahren werden. Während das Lernen am Anfang vorwiegend von wahrgenommener Kontiguität abstammen kann, wird nachfolgendes Verhalten oft durch eine Reihe von Einflüssen verändert (z. B. Faktoren der Motivation, Neuheit des Lernens usw.).

Das hervorstechendste Merkmal beim Modell des kognitiven Lernens ist jedoch, daß es beim menschlichen Lernen die Vermittlung betont. Eine kurze Analyse der Entwicklung von kognitiv-symbolischen Prozessen bestätigt die Behauptung, daß sie Überlebenswert besitzen (vgl. Kapitel 14). Obwohl ich nicht für das menschliche Gehirn als wirkungsvollsten oder überlegensten biochemischen Computer überhaupt eintreten möchte, kann man seine entwicklungsbedingte Komplexität kaum übersehen. Die Funktionen eines kunstvoll entwickelten Nervensystems sind wahrscheinlich verschieden. Es ist jedoch offensichtlich, daß wir die Erinnerung und Denkprozesse benützen, um a) zeitliche Intervalle zu vermitteln, b) der Erfahrung Gesetzmäßigkeiten zuzuschreiben, c) die Konsequenzen unserer Handlungen zu antizipieren und d) unsere Bemühungen beim Problemlösen ökonomischer zu gestalten. Der nichtvermittelnde Organismus hat Schwierigkeiten, aus den Erfahrungen von zeitlich getrennten Ereignissen Nutzen zu ziehen. Durch Vorgänge der symbolischen Repräsentation und durch Fähigkeiten der Informationsspeicherung kann der Organismus getrennte Erfahrungen adaptiv »verbinden«. Ähnlicherweise können wir, wie in Kapitel 9 angedeutet wurde, die Erfahrung organisieren, wodurch Lernen und Erinnerung erleichtert werden.

Es genügt zu sagen, daß erwachsene Menschen viel denken. Diese symbolische Aktivität umfaßt komplizierte Sequenzen von neuronalem Verhalten, das größtenteils von der heutigen Wissenschaft noch nicht erforscht wurde. Wie bei vielen anderen evolutionären Entwicklungen hat die Vermittlung sowohl adaptive als auch nicht-adaptive Eigenschaften. In gewisser Weise ist der denkende Organismus vielleicht ihr schlimmster Feind. Unsere symbolischen Abbilder der Realität sind oft naiv und ungenau.

Obwohl das Modell des kognitiven Lernens sowohl adaptive als auch nicht-adaptive Verhaltensweisen umfaßt, wird sich der Rest dieses Kapitels mit der klinischen und experimentellen Darstellung von gestörter Vermittlung beschäftigen. Vier Schwerpunkte der Varianz im Verhalten werden vorgeschlagen: 1. Faktoren der Aufmerksamkeit (Wahrnehmung), 2. Beziehungsprozesse, 3. Merkmale des Reaktionsrepertoires und 4. Feedback durch die Erfahrung. Da die Unterscheidungen zwischen diesen Gebieten durch ihre häufigen Interaktionen und unvermeidlicher Überschneidung kompliziert sind, sollte man ihre getrennte Behandlung hier als einen Versuch ansehen, sie dem Leser leichter zu vermitteln.

Faktoren der Aufmerksamkeit

Bei unserer Diskussion in Kapitel 9 wurde schon gezeigt, daß der menschliche Organismus auf eine selektiv gefilterte Welt reagiert. Manche Beweise deuten darauf hin, daß uns diese Selektivität durch unsere physiologischen Beschränkungen als Informationsvermittler auferlegt wird. Wir werden ständig von viel mehr Reizen bombardiert, als wir mit gezielter Aufmerksamkeit beachten können. Durch eine schwierige Wechselbeziehung von Einflüssen des Rezeptorsystems und unserer eigenen Lerngeschichte erwerben wir die Fähigkeit, über unsere eigenen Erfahrungen einen Wahrnehmungstrichter zu stülpen – wir richten selektiv unsere Aufmerksamkeit und Ereignisse und Empfindungen, die für unsere Anpassung angeborene oder erworbene Bedeutung haben.

Empirisch kontrollierte Forschungsarbeiten über die wichtigste Rolle von Faktoren der Aufmerksamkeit beim menschlichen Lernen fehlen keineswegs. Ein illustrativer Bereich beschäftigt sich mit der Forschung über »Ausdauer« und Schmerztoleranz (*Thoresen & Mahoney*, 1974). Bei Experimenten über die Fähigkeit von Versuchspersonen, ausgedehnte oder zunehmende aversive Stimulation zu ertragen, wurde die Bedeutung von Faktoren der Aufmerksamkeit offensichtlich. *Kanfer* und seine Kollegen fanden beispielsweise, daß Personen das Eintauchen in schmerzhaft kaltes Wasser signifikant länger tolerieren können, wenn sie in ihrer Aufmerksamkeit abgelenkt wurden (vgl. *Kanfer & Goldfoot*, 1966; *Kanfer, Cox, Greiner & Karoly*, im Druck). Wenn die Versuchspersonen über die selbst dargebotenen ablenkenden Reize (Dias von Reisen) Kontrolle haben, werden zum Beispiel ihre Ausdauerfähigkeiten sehr vergrößert (*Kanfer & Seidner*, 1973). Die nachfolgende Forschung von *Horan & Dellinger* (im Druck) wiederholte diese Ergebnisse und dehnte sie aus, wobei darauf hingewiesen wurde, daß die Art des ablenkenden Reizes wichtig sein könnte. Versuchspersonen, die von 1000 rückwärts zählen sollten, waren in ihrer Schmerztoleranz nicht erfolgreicher als Versuchspersonen der Kontrollgruppe. Personen, die sich mit positiven Vorstellungsbildern ablenkten, ertrugen die schmerzvolle Stimulierung über entschieden längere Zeiträume.

Einer Versuchung zu widerstehen, ist ein analoges Phänomen, bei dem Faktoren der Aufmerksamkeit eine wichtige Rolle spielen. Die umfangreiche Arbeit von *Mischel* und seinen Kollegen über »Aufschub von Belohnung« ist bemerkenswert und anschaulich (vgl. *Mischel*, im Druck; *Mischel & Ebbesen*, 1970). Bei diesem Beispiel haben Kinder die Wahl zwischen einer unmittelbaren kleinen Belohnung und einer späteren großen Belohnung. Zum Beispiel wird ein Kind gefragt, ob es einen Mohrenkopf oder eine Bretzel vorziehe. Dann sagt man ihm, daß es seine weniger bevorzugte Wahl sofort bekommen kann, oder es kann warten, und das Bevorzugte später erhalten. Wenn sich das Kind entscheidet, auf die spätere Belohnung zu warten, gibt der Versuchsleiter ihm eine Signalglocke und verläßt das Zimmer. Die Versuchsperson kann den Zeitraum des Aufschubs jederzeit beenden und seine weniger bevorzugte Wahl erhalten, indem es einfach die Glocke ertönen läßt. Wenn es jedoch (15 Minuten) wartet, bis der Versuchsleiter von selber zurückkommt, erhält es seine bevorzugte Belohnung. Durch *Mischels* Forschung wurde eine Reihe von Faktoren ermittelt, die die Fähigkeit von Kindern beeinflussen, Befriedigung erfolgreich aufzuschieben. Die wichtigsten darunter waren Aufmerksamkeitsprozesse (*Mischel, Ebbesen & Zeiss*, 1972). Eine Variable ist zum Beispiel die perzeptuelle Anwesenheit oder Abwesenheit des verführerischen Gegenstandes. Wenn die aufgeschobene Belohnung physikalisch präsent und richtig sichtbar ist, werden Aufschubfähigkeiten von Kindern reduziert. Die fehlende Beherrschtheit kann jedoch in beeindruckender Weise durch kognitives Training beeinflußt werden. Kinder, die darin trainiert werden, sich während des Zeitraums des Aufschubs abzulenken, indem sie an »lustige Dinge« denken, zeigen eine beträchtliche Verbesserung. Wenn sie jedoch an den erwarteten Gegenstand denken, ist ihre Aufschubfähigkeit beeinträchtigt. Figur 10-1 erläutert die Wirkung von kognitiven Aufmerksamkeitsfaktoren in diesem Beispiel. Es ist bemerkenswert, daß positive symbolische Ablenkungen

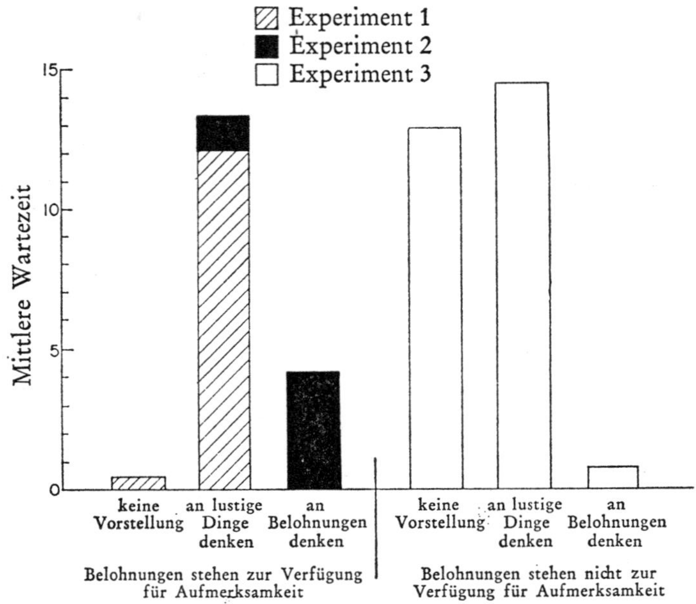

Abbildung 10-1: Durchschnittliche freiwillige Wartezeit in Minuten bei drei Experimenten, die verschiedene Instruktionen zur Vorstellung vergleichen. (Wiedergabe mit freundlicher Genehmigung von *Mischel, Ebbesen & Zeiss,* 1972.)

stärker zu sein scheinen als die tatsächliche physikalische Anwesenheit eines Reizes. Sowohl bei Anwesenheit als auch bei Abwesenheit einer erwarteten Belohnung führt »das Denken an lustige Dinge« zu so gut wie perfekter Beherrschung.

Beherrschung ist natürlich nur eines von vielen Verhaltensmustern, die anscheinend durch Mechanismen der Aufmerksamkeit beeinflußt werden. Wie wir in Kapitel 11 sehen werden, kann ein Training in verdeckten Selbstinstruktionen zu einer beeindruckenden Verbesserung bei einer Reihe von klinisch relevanten Störungen führen.

Ein dritter Forschungsbereich, der für die Rolle von Aufmerksamkeitsprozessen wichtig ist, erstreckt sich über die Literatur der »Stimuluskontrolle« und Selbstüberwachung (*Thoresen & Mahoney,* 1974). Die Rolle von vorausgehenden Ereignissen in fehlangepaßten Verhaltensmustern wird von der Verhaltensmodifikation sehr wohl anerkannt. Das Schwelgen des Rauchers in seiner »schmutzigen Gewohnheit« wird oft durch den Anblick eines Aschenbechers, das Ende einer Mahlzeit oder den Geruch einer anderen Zigarette ausgelöst. Wir essen als Reaktion auf zeitlich bedingte Hinweisreize (z. B. die Mittagssirene) und auf eine Menge nicht so versteckter Überredungsmittel (z. B. eine gefüllte Schüssel mit Kartoffelchips, der Anblick eines letzten Keks in der Schachtel, und die Ermahnung eines Ehegatten, daß wir 8 $ für das Steak bezahlt haben, das wir noch gar nicht aufgegessen haben. Forscher, die über Selbstregulierung gearbeitet haben, stützten sich ausgiebig auf die Literatur über Stimuluskontrolle bei ihren Therapieempfehlungen. Raucher wurden beispielsweise angewiesen, ihren Zigarettenkonsum auf bestimmte Zeiten und Orte zu beschränken, um die Anzahl der Ereignisse, die das Verhalten auslösen können, zu reduzieren. Leute mit Übergewicht wurden ähnlicherweise angewiesen, verfügbare und aufmerksamkeitserregende Essensreize zu begrenzen und ihr Essen auf umschriebene Orte zu beschränken. Gedanken über das Zielverhalten und genaue Aufmerksamkeit auf die Handlung selber wurden als mögliche Faktoren zur erfolgreichen Selbstregulierung ausgewählt (*Ackerman*, 1973; *Mahoney, Moura & Wade*, 1973; *Gaul, Craighead & Mahoney*, im Druck). Personen können ein Training zur Ablenkung der Aufmerksamkeit erhalten, um ihre Beherrschungsfähigkeiten zu erleichtern. Obwohl die umfangreiche vorhandene Bestätigung der Stimuluskontrollstrategien Hinweisreize außerhalb des Organismus betonte, sollte die Bedeutung selektiver Aufmerksamkeit und der Selbststimulierung leicht sichtbar sein. Forschungen über die Wirkung der einfachen Selbstbeobachtung unterstützen zusätzlich die Behauptung, daß perzeptuelle Faktoren eine beträchtliche Variabilität im menschlichen Verhalten bewirken (*Kazdin*, 1974b; *Thoresen & Mahoney*, 1974). Verhalten kann nicht nur durch selbststeuernde Tätigkeiten, sondern auch durch den differentiellen Fokus der Aufmerksamkeit merklich beeinflußt werden.

Ein vierter Bereich, der für die Aufmerksamkeit von Bedeutung ist, betrifft die »Erwartung«. Die Wirkung vom Kontext und der Haltung auf die Wahrnehmung ist gut dokumentiert. Im Bereich der Forschungsmethodologie und der Verhaltensstörungen beansprucht der Begriff »Erwartung« einen viel größeren Bezugsrahmen. *Wilkins* (1973) kritisierte richtigerweise die anhaltende Unklarheit und *ad hoc* Angemessenheit in der häufigen gegenwärtigen Verwendung des Begriffs. Konzepte wie »Anforderungseigenschaften«, »Placebo-Effekte«, »implizite Kommunikation«, »Tendenz«, »Erwartung« und »nichtspezifische Einflüsse« wurden alle als potentielle Moderatoren der Verhaltensvarianz aufgeführt. Nach *Orne* (1969) sind »Anforderungseigenschaften« solche Hinweisreize, die die Wahrnehmung einer Person von ihrer Rolle in einem Experiment beeinflussen. Viel Evidenz liegt dafür vor, daß sowohl das Verhalten des Versuchsleiters als auch der Versuchsperson durch ihre jeweiligen Hypothesen über das Experiment in beeindruckender Weise beeinflußt wird (*Rosenthal*, 1966;

Rosenthal & Rosnow, 1969). Personen zeigen ein größeres Vermeidungsverhalten, wenn dieselbe Aufgabe zum Beispiel als Furchteinschätzung und nicht als Kommunikationsforschung dargestellt wird (*Bernstein,* 1973). In ähnlicher Weise zeigen Personen oft einen wesentlichen klinischen Fortschritt, nachdem sie nur Suggestionen einer therapeutischen Verbesserung erhalten hatten (d. h. wenn eine formale Behandlung fehlt) (*Kazdin,* 1973c).

Placebo-Effekte sind bei Psychotherapie weder etwas Neues noch Seltenes (*Frank,* 1961; *Goldstein,* 1962; *Shapiro,* 1971). Ein Placebo ist ein harmloses chemisches Mittel oder Verfahren, welches, trotz seiner tatsächlichen Wirkungslosigkeit, bei seinem Empfänger eine therapeutische Verbesserung bewirkt. Die Geschichte der Medizin wurde als Geschichte von Placebos charakterisiert. Ein wesentlicher Teil des »Heilens« geschieht durch inaktive Drogen, medizinisches Ritual und professionellen Hokuspokus. Nicht nur die Patienten zeigen größeren Fortschritt, wenn sie *denken,* daß ihr Arzt oder Therapeut erfahren ist, sondern auch der Professionelle selber wird von seinem wahrgenommenen Einfluß berührt. Wenn er *glaubt,* daß er ein starkes Medikament oder eine wirksame therapeutische Strategie bietet, wird seine Wahrnehmung der Reaktionen und der Besserung des Klienten verzerrt sein. Der Umfang der resultierenden Varianz, die durch diese Erwartungen und Anschauungen erklärt wird, stellt uns eine strittige und schwierige Frage.

Es ist bemerkenswert, daß Forscher in der Verhaltensmodifikation oft eine sehr defensive Haltung hinsichtlich der Rolle von Placebo- und Erwartungsfaktoren bei klinischen Verfahren einnehmen (*Mahoney,* 1974a). Die Begriffe bezeichnen jetzt »Illegitimität« und schlecht kontrollierte Methodologie. Trotz der anwachsenden Literatur, die darauf hinweist, daß solche Faktoren sowohl an den Ergebnissen als auch an der Messung vieler verhaltenstherapeutischer Techniken beteiligt sind (vgl. *Jacobs & Wolpin,* 1971; *Wilkins,* 1971; *Davison & Wilson,* 1973; *Hamerlynck, Handy & Mash,* 1973), wird ihre Bedeutung oft heruntergespielt oder völlig verleugnet. Der Placebo-Effekt wird so behandelt, als wäre er ein mittelalterlicher Dämon, der in den dunklen Schatten unserer Laboratorien lauert und immer bereit ist, die gutgemeinten Bemühungen des hingebungsvollen Verhaltensforschers zu verschlingen.

Es sollte aus dem obigen Absatz hervorgehen, daß ich nicht mit der Ansicht übereinstimme, daß die Effekte der Erwartung irgendwie illegitim sind oder auf eine schlampige Forschung hinweisen. In einer deterministischen Wissenschaft gibt es keine »nichtspezifischen« Einflüsse (nur unspezifische), und Placebo-Effekte stellen nichts Geheimnisvolles dar. Bei einer genaueren Untersuchung zeigt es sich, daß diese Faktoren erschlossene Vermittler sind – d. h. kognitiv-symbolische

Prozesse. Obwohl wir uns mit diesem Thema schon beträchtliche Zeit beschäftigt haben, möchte ich kurz vorschlagen, daß die ganze Menge an »Artefakten« in der Verhaltensforschung – Erwartung, Placebo, Rollenspiel und Forderungseigenschaften – durch parallele kognitive Prozesse moderiert werden. Besonders ist es sehr wahrscheinlich, daß diese Faktoren Fälle beschreiben, bei denen die informationsverarbeitenden Muster einer Person systematisch geändert werden. In selektiver Weise richtet sie ihre Aufmerksamkeit auf bestimmte Stimuli und gewinnt daraus wieder eine organisierte (und verzerrte) Untermenge möglicher Reaktionsalternativen. Ihre antizipierten Konsequenzen werden durch das perzeptuelle Schema, das (absichtlich oder unbeabsichtigt) vom Therapeuten/Versuchsleiter auferlegt wurde, stark berührt. Kurz gesagt, scheinen Verfahren, die Erwartungen auslösen, mittels ihrer Einflüsse auf perzeptuelle und vermittelnde Prozesse wirksam zu werden. Es ist ein großer Unterschied, ob man sagt, daß diese Prozesse in der Verhaltensmodifikation wirksam sind, oder wenn man behauptet, daß die Disziplin »nichts anderes als« Placebo usw. ist. Auch wenn perzeptuelle/vermittelnde Faktoren ausgiebig an der therapeutischen Wirkung vieler verhaltensorientierter Behandlungsstrategien beteiligt sind, wird dadurch ihre Validität oder Aussicht auf klinischen Erfolg nicht in Frage gestellt. Nur unser Wissen um die dazu beitragenden Elemente wird in Frage gestellt. Wenn man von einem Vergleich der Ergebnisse unter den verschiedenen therapeutischen Perspektiven ausgeht, scheinen Verhaltenstherapeuten sehr begabt zu sein, diese Prozesse bei ihren Klienten auszulösen. Durch unsere zukünftige funktionelle Analyse der aktiven Zutaten bei erfolgreichen verhaltenstherapeutischen Behandlungen werden wir hoffentlich auf einige dieser Fähigkeiten stoßen. Ist es wichtig, ein überzeugendes Prinzip vorzustellen? Wie entscheidend ist es, daß an verhaltensorientierten Therapien oft diskrete, graduelle und zielrelevante »Erwartungen« beteiligt sind?

Die vorausgehende Forschung zeigte, welche beherrschende Rolle Aufmerksamkeitsfaktoren bei vielen Formen des menschlichen Verhaltens spielen. Von einer »adaptiven« Seite her gesehen, scheint die selektive Informationsverarbeitung die Fähigkeit einer Person zu erleichtern, schmerzhafte Situationen zu ertragen, Versuchungen zu »widerstehen« und therapeutische Veränderungen zu optimieren.

Leider können Aufmerksamkeitsprozesse auch zu fehlangepaßten Verhaltensmustern beitragen, die Verhaltensstörungen verschlimmern. Zu diesen fehlangepaßten Verhaltensmustern gehören folgende:

1. *Selektive Unaufmerksamkeit* bedeutet das Übersehen verhaltensrelevanter Stimuli. Dieses Phänomen kommt vor, wenn die Hinweisreize aus der Umgebung angemessen sind, aber nicht beachtet werden.

Eindrucksvolle Beispiele von Unaufmerksamkeit können oft bei geistig gestörten Patienten gefunden werden. Ich kann mich an eine Erfahrung erinnern, als ich während meines Studiums als Praktikant in einer psychiatrischen Klinik tätig war und einen naiven Versuch unternahm, einen Patienten von seiner Vorstellung, er sei Jesus Christus, abzubringen. Als ich ihm einige logische Voraussetzungen dargelegt hatte und einen entscheidenden Test für seine übernatürlichen Kräfte aufgestellt hatte, stimmte der Patient zu, er würde seine Vorstellung aufgeben, wenn er unfähig wäre, mich verschwinden zu lassen. Das Experiment wurde vorbereitet und ich stellte die entscheidende Bitte: »Laß mich verschwinden!« Mit übernatürlicher Ruhe schloß er langsam seine Augen und sagte »Okay, Sie sind verschwunden«.

2. *Fehlwahrnehmung* tritt dann auf, wenn einwirkende Stimuli beachtet werden, aber ungenaue Bezeichnungen erhalten. *Bruch* (1973) dokumentiert zum Beispiel die Häufigkeit, mit der sich abgemagerte anorektische Patienten als übergewichtig ansehen. Bei Anorexia Nervosa weigert sich der Patient oft, zu essen; die Fälle mit tödlichem, selbst beigeführtem Verhungern sind nicht ungewöhnlich. Auch wenn diese Patienten ein genaues Wissen um ihre körperlichen Maße haben, bezeichnen sie diese Dimensionen als korpulent.

Als Lynn vierzehn Jahre alt war, bemerkte sie plötzlich, daß sie einen dicken Bauch entwickelte ... Ihr Gewicht betrug damals 110 (amerikanische) Pfund, was für ihre Größe angemessen war, aber sie entschloß sich, abzunehmen ... sechs Monate später betrug ihr Gewicht nur noch 68 (amerikanische) Pfund (Bruch, 1973, S. 247–248).

Die Wirkungen der Fehlwahrnehmung werden nochmals in einer neueren Untersuchung von *Wooley* (1972) dargestellt. Um die Wirkungen von physiologischen und kognitiven Faktoren bei der Nahrungsregulation miteinander zu vergleichen, gab *Wooley* normalen und übergewichtigen Patienten vor einer experimentellen Mahlzeit flüssige »Vormahlzeiten«. Die Hälfte der Zeit wurden diese Getränke als reichhaltige Milchmixgetränke vorgestellt, und während der anderen Hälfte der Zeit schienen sie Diätflüssigkeiten mit niedrigem Kaloriengehalt zu sein. Der tatsächliche Kalorienbetrag wurde experimentell variiert (200 gegenüber 600 Kalorien). Der Nahrungskonsum während der anschließenden experimentellen Mahlzeiten wurde durch die Wahrnehmung der Versuchspersonen bestimmt, nicht durch die tatsächlich eingenommene Vormahlzeit. Wenn die Personen glaubten, sie hätten ein Milchmixgetränk zu sich genommen, aßen sie anschließend weniger und gaben an, sich voller zu fühlen. Es war ihre Wahrnehmung und weniger die tatsächlichen Kalorien, die ihr Verhalten bestimmten.

Ein drittes Beispiel für die Fehlwahrnehmung kam in einer psychiatrischen Abteilung in einem Allgemeinen Katholischen Krankenhaus vor. Wir hatten einen zweiten Jesus Christus, der ständig die Nonnen herumkommandierte und des Nachts die meisten Patienten wach hielt, indem er sich in der Haltung eines Kruzifixes hinlegte und mit voller Kraft schrie. Die zulässigen Grenzen medizinischer Beruhigung und vernünftige Bitten waren erfolglos bei dem Versuch, seinen Lärm zu reduzieren. In einem Akt der Verzweiflung kehrte ich zur Station der Schwester zurück, schaltete die Wechselsprechanlage in das Zimmer des Patienten ein und sprach hinüber »Hier spricht Gott-Vater: *Schlafen Sie ein«!* Der Patient war sofort ruhig, und die nächtelangen Tiraden wurden nie wieder gehört. Seine offensichtliche Fehlwahrnehmung erzeugte eine willkommene Verbesserung in seinem Verhalten.

3. *Fehlangepaßtes Fokussieren* tritt auf, wenn jemand auf äußere Stimuli achtet, die für sein Verhalten unwichtig oder schädlich sind. So etwas kommt oft zusammen mit selektiver Unaufmerksamkeit vor. Die Literatur über »Impulsivität« deutet darauf hin, daß impulsive und hyperaktive Kinder vielleicht auf ablenkende Stimuli achten. Wie wir in Kapitel 11 sehen werden, erwies sich die vorläufige Forschung im wesentlichen als vielversprechend bei der Änderung und Verbesserung von fehlangepaßten Verhaltensmustern (*Meichenbaum & Goodman,* 1969a, b, 1971). In einer neueren Spekulation wandte sich *Kathryn Craighead* (persönliche Mitteilung) den mildernden Einflüssen des fehlangepaßten Fokussierens bei der verhaltenstherapeutischen Behandlung von Verhaltensmustern zu. Viele phobische Klienten scheinen während der Behandlung völlig in ihre autonome Erregung vertieft zu sein, statt auf äußere Stimulusfaktoren zu achten. Ob ein Training in angemessenerem Fokussieren die therapeutische Veränderung vergrößern würde, bleibt zu untersuchen.

4. *Fehlangepaßte Selbsterregung* umfaßt das Erzeugen privater »Stimuli«, die für das Verhalten entweder irrelevant oder schädlich sind. Das ist natürlich dem fehlangepaßten Fokussieren ähnlich, außer daß die beachteten Hinweisreize »intern« statt »extern« sind. Prozesse der Selbsterregung wurden ausgiebig durch Labor- und klinische Phänomene dokumentiert (vgl. Kapitel 4). Viele Fälle von persönlichem Kummer und Fehlanpassung werden durch symbolische Selbsterregung ausgelöst und aufrechterhalten. Angst vor Dunkelheit veranschaulicht uns beispielsweise dieses Phänomen ganz deutlich. Wenn eine äußere Stimulierung tatsächlich fehlt, erfahren viele Personen aufgrund selbsterzeugter Hinweisreize eine starke und schmerzhafte autonome Belastung.

In der vorausgehenden Diskussion wurden nur einige der vielen Themen behandelt, die sich direkt mit der Rolle von Aufmerksamkeitsfaktoren bei Verhaltensstörungen beschäftigen. Ich übergehe zum

Beispiel die ausgiebige Literatur, die vorschlägt, Störungen wie Schizophrenie durch perzeptuelle Defizite zu beschreiben (*Marshall*, 1973). Die schädlichen Wirkungen des psychiatrischen Etikettierens wurden ebenfalls ausgelassen (*Ullmann & Krasner*, 1969; *Stuart*, 1970; *Rosenhan*, 1973). Wir könnten leicht einen ganzen Band füllen, um zu zeigen, in welchem Ausmaß wir die Realität in organisierte Wahrnehmungen hineinpressen. Selektive Aufmerksamkeit beschreibt nicht nur viele Formen von Verhaltensstörungen, sondern auch unser Verhalten als Wissenschaftler. Wir konzentrieren uns auf einen verzerrten Teilausschnitt der Realität und halten unsere kanalisierte Wahrnehmung noch lange aufrecht, nachdem ihre empirische Nützlichkeit entkräftet ist. In neueren Verbesserungen methodischer Meßverfahren zeigte sich ganz offenkundig, in welchem Ausmaß »objektive Datensammlungs«-Operationen perzeptuell verzerrt sind.

Es genügt zu sagen, daß Aufmerksamkeitsfaktoren – im weitesten Sinne – anscheinend eine ausgesprochene Wirkung auf menschliches Verhalten ausüben. Obwohl wir die Rolle von Wahrnehmungsstörungen im »abnormen« Verhalten betonten, gibt es genügend Daten, die ausführlich belegen, daß unsere Etikettierungen für soziale Abweichung nicht zutreffen. Der Therapeut ist oft genauso in seiner Wahrnehmung eingeschränkt wie der Klient. Die auffälligsten Wirkungen von Aufmerksamkeitsstörungen scheinen dann zu entstehen, wenn jemand a) sich ungenaue Information aneignet (durch falsches Etikettieren, Selektivität, usw.) und b) sich auf Stimuli konzentriert, die für sein Verhalten in einer bestimmten Situation entweder unwichtig oder schädlich sind. Viele fehlangepaßte Hinweisreize der Aufmerksamkeit scheinen selbsterzeugt zu sein.

Beziehungsprozesse

Die Möglichkeiten für Funktionsstörungen in der Vermittlung hören nicht auf, nachdem ein Stimulus beachtet und dekodiert ist. Registrierung ist nur der Anfang. Nachdem ein Hinweisreiz bei unserem metaphorischen Computer »abgestiegen ist«, kann er ausgiebige Verarbeitung in Form von Transformation, Beziehungsvergleichen und so weiter erfahren. Man wird sich daran erinnern können, daß eine der Situationen, die eine Schlußfolgerung herbeiführen, so aussieht, daß in ihr zwei identische Stimuli unterschiedliche Reaktionen verursachen. Das kann sich aus der Anwendung unterschiedlicher »Computer-Programme« auf die beiden Ereignisse ergeben. In diesem Abschnitt werden wir kurz einige der komplizierten Vermittlungsprozesse untersuchen, die die Verhaltensvariabilität möglicherweise beeinflussen. Das metaphorische Wesen der folgenden »Programmfehler«-Darstellungen sollte in Erinnerung bleiben.

Eine erste »programmatische« Störung überschneidet sich mit einigen der vorher besprochenen Dekodierungsprozessen. Im spezifischen Fall kann ein beachteter Stimulus ungenau übersetzt werden, und zwar so, daß ein *Klassifikationsirrtum* adaptives Verhalten verhindert. Zum Beispiel kann das Brummeln des Ehegatten, das unserem ruhigen »Guten Morgen« folgt, als eine negative soziale Reaktion, statt als zeitlich schlecht abgestimmte Reaktion auf den bitteren Kaffee klassifiziert werden. Viele solcher kategorischer Irrtümer enthalten vergleichende und ausbalancierende Operationen, die von unseren Klassifikationen entschieden beeinflußt werden. »Dichotomes Denken« ist beispielsweise ein verbreiteter aber gestörter Prozeß bei der menschlichen Vermittlung. Ereignisse werden nach einem Alles-oder-Nichts-Prinzip kategorisiert, ohne dabei das graduelle Kontinuum anzuerkennen, das die Situation vielleicht angemessener reflektieren würde. Menschen scheinen oft ihrer Erfahrung eine binäre Realität aufzubürden. Eine Ehe ist entweder »gut« oder »schlecht«; entweder sind wir »bei« oder »ohne« eine Diät. Die Daten sind entweder »stark« oder »schwach« und ein Modell ist entweder »angemessen« oder »unangemessen«. Die Dichotomisierung stellt natürlich eine Grenzlinie dar – einen Wendepunkt des Vergleichs, der über die Klassifikation entscheidet.

Vergleichsprozesse sind beim menschlichen Denken ein weitverbreitetes Element. Die Literatur über Persönlichkeitstheorie, Leistungsforschung und menschliches Lernen reflektiert sofort die übereinstimmende Meinung, daß der *homo sapiens* ein bewertender Organismus ist. Einwirkende Stimuli – besonders, wenn sie ein auf Erfahrung beruhendes Feedback über vorheriges Verhalten ausmachen – unterliegen umfangreichen Vergleichsoperationen. Es gibt einige Evidenz, die nahelegt, daß Leistungs-Feedback allein wenig Wirkung hat, wenn ein Standard-Setting fehlt (vgl. *Locke, Cartledge & Koeppel*, 1968; *Mahoney, Moore, Wade & Moura*, 1973). Nach *Bandura* (1969, 1971c, d) setzen wir offensichtlich Vergleichsmaßstäbe hinsichtlich mindestens dreier Bezugspunkte: 1. unsere eigene vorausgehende Erfahrung, 2. das beobachtete Verhalten anderer Personen und 3. sozial erworbene Verhaltenskriterien. Unsere privaten Evaluierungen werden hinsichtlich vergangener, stellvertretender und idealer Maßstäbe gemacht. Die vorläufige Forschung über Vergleichsprozesse deutet darauf hin, daß stellvertretende (soziale) Bezugspunkte oft dominieren. Wenn es eine Kultur gibt, die übernormale Abweichung schätzt, sind die Konsequenzen dieser Tatsache für die persönliche Bewertung bekümmernd. Wenn das Glück einer Person durch den Prozentrang in bezug auf seinen Altersgenossen bestimmt wird, dann wäre der Großteil unserer Bevölkerung ständig unzufrieden. Die klinische Erfahrung weist darauf hin, daß diese Generalisation im großen und ganzen nicht ungenau sein dürfte.

Die Bedeutung der Bewertung im menschlichen Verhalten wird in der Literatur über Depression, Selbstmord und Handlungsangst gut dokumentiert. *Beck* und seine Kollegen berichteten zum Beispiel von Daten, die darauf hinwiesen, daß depressive Personen sich höhere Leistungsmaßstäbe setzen als eine Kontrollgruppe von Nicht-Depressiven (vgl. *Beck*, 1967, 1972b; *Loeb, Beck, Diggory & Tuthill*, 1967). Obwohl ihre Fähigkeit in einer experimentellen Aufgabe genauso gut war wie die von normalen Versuchspersonen, zeigten depressive Personen schlechtere Selbstbewertungen und pessimistischere Erwartungen hinsichtlich ihres zukünftigen Verhaltens. *Neuringer* (1974) berichtete ähnlicherweise, daß selbstmordgefährdete Patienten sehr viel negativer in ihrer Selbsteinschätzung als andere stationäre Patienten sind.

Die schwächende Wirkung der Furcht vor Bewertung wird ausgiebig in der Forschung über Testangst gezeigt (vgl. *Allen*, 1972). Klinische Aufzeichnungen sind oft voll von Darstellungen, welche extreme Maßnahmen Klienten ergriffen, um Bewertungen zu vermeiden. Ständiges Zögern, somatische Beschwerden und selbstschützende Ausreden sind keine ungewöhnlichen Merkmale. Die Beschreibung von *Bruch* (1973) über Perfektionismus bei anorektischen Klienten liefert weitere Bestätigung für dieses Phänomen. Diese abgemagerten Patienten haben oft lange Geschichten von hoher schulischer Leistung und disziplinarischer Perfektion. Ständig angestiegene Verhaltensmaßstäbe verwandeln jedoch oft ihre Verstärker aus der Kindheit in »süße Sabotage« im späteren Leben – sie können niemals genügend positive Bewertungen verdienen. Die Wiederholung vergangener hoher Leistungen wird routinemäßig erwartet und zukünftige Bemühungen müssen immer zu neuen Höhen führen. Wie bei »Jonathan Livingston Seagull« wird ihr Leben oft von bewertenden Vergleichen dominiert, die nur dann »zufriedenstellen«, wenn sie superlativisch sind. Statt nach ausgewogener Kompetenz zu streben, versuchen sie ängstlich jeden Hinweis auf mangelnde Perfektion zu vermeiden. Dieser sich beschleunigende Zyklus inflatorischer Selbstbewertung ist jedoch nicht nur auf klinische Störungen beschränkt. Wie die meisten von uns bereitwillig bestätigen können, sind Vergleichsprozesse und das Bewerten eine durchdringende und oft schädliche Komponente des alltäglichen Lebens.

Gedächtnisstörungen sind eine dritte Form von Vermittlungsstörung, die zu fehlangepaßten Verhaltensmustern beitragen können. Vorhin wurde vorgeschlagen, daß Denken und Erinnerung einen gewissen Teil ihres angenommenen Überlebenswertes von ihren »Koppelungs-« und Speicherfunktionen ableiten. Getrennte zeitliche Ereignisse können symbolisch verbunden und organisiert werden, um zukünftiges Verhalten ökonomischer zu gestalten und zu verfeinern. Wenn sich der Organismus an vorherige Fehler und intervenierenden

Erfolg erinnern kann, werden seine Anpassungschancen erhöht. Man sollte beachten, daß Gedächtnisstörungen ein unangemessenes Speichern von a) Stimulus- und Kontextinformation, b) Reaktionselementen, c) Merkmalen der Konsequenzen und/oder d) von verschiedenen der oben genannten Beziehungen enthalten. In der neueren Forschung wurde das Wissen aus dem Bereich der Informationsverarbeitung auf Verhaltensstörungen übertragen. Man konnte zum Beispiel zeigen, daß ein formales Training in der Übung von Arbeitsgängen die Gedächtnisstörungen von Retardierten entscheidend verbessert (vgl. *Belmont & Butterfield*, 1971; *Butterfield, Wambold & Belmont*, 1973).

Bandura und seine Kollegen zeigten ebenfalls, daß Dekodierungsoperationen die Erinnerung von reaktions-relevanter therapeutischer Information entscheidend beeinflussen (vgl. *Bandura, Grusec & Menlove*, 1966; *Bandura & Jeffery*, 1973; *Bandura, Jeffery & Bachicha*, 1974). In einer Untersuchung von *Gerst* (1971) bekamen Versuchspersonen die Taub-Stummen-Sprache (Handzeichen) vorgeführt. Drei verschiedene Kodierungsstrategien wurden mit einer Kontrollgruppe

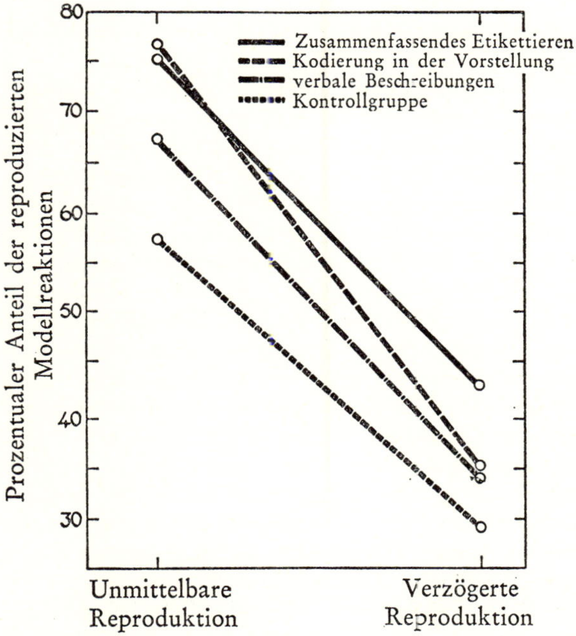

Abb. 10-2: Aneignung und verzögerte Reproduktion von Modellreaktionen als eine Funktion der symbolischen Kodierungsaktivität. (Wiedergabe mit freundlicher Genehmigung von *Gerst*, 1971.)

verglichen: 1. Zusammenfassendes Etikettieren, wobei selektierte »Schlüsselmerkmale dekodiert wurden, 2. Kodierung in der Vorstellung, wobei visuelles Merken versucht wurde, und 3. verbale Beschreibung, wobei beteiligte Merkmale detailliert einzeln verzeichnet wurden. Die Fähigkeit von Versuchspersonen, Modellreaktionen zu reproduzieren, wurden unmittelbar nach der Modelldarbietung und nochmals nach einer Verzögerung von 15 Minuten gemessen. Die Ergebnisse werden in Figur 10-2 dargestellt. Verschiedene Kodierungsoperationen bewirkten große Unterschiede in der Merkfähigkeit. Zusammenfassendes Etikettieren führte zu einer signifikant länger andauernden Speicherung von Reaktionsinformation als die anderen beiden Verfahren.

In einem neueren Übersichtsartikel liefern *Zimmerman & Rosenthal* (1974) eine ausgezeichnete Zusammenfassung der umfangreichen Forschung über Dekodierungs- und Erinnerungsprozesse im komplexen menschlichen Lernen. Die Bedeutung dieser Prozesse für klinische Verhaltensänderungen können leicht abgeleitet werden. Gedächtnisstützen, Übungsanweisungen und ein bedeutungsvoller begrifflicher Zusammenhang können Klienten wesentlich dazu anregen, sich verhaltenserleichternde Information anzueignen und zu merken.

Schlußfolgerungs-Irrtümer umfassen noch eine weitere Art von Vermittlungsstörungen. Oft werden wir gezwungen, verfügbare Information zu überschreiten, oder Verhaltensweisungen aus einem rudimentären Input zu gewinnen. Der allgemeine Vorgang, der sich von »rohen Daten«, die aus der Erfahrung gewonnen wurden, bis zu Konsequenzen und Reaktionsprogrammen erstreckt, könnte ganz grob als eine Art Schlußfolgerung klassifiziert werden. Viele unserer privaten Schlußfolgerungen scheinen zu einigen der klassischen Formen der Logik Parallelen aufzuweisen. Zum Beispiel benützen wir induktives Denken, um aus isolierten Ereignissen Generalisationen zu ziehen. Induktive Störungen sind wahrscheinlich in einem weiten Bereich menschlichen Denkens, sowohl des abweichenden als auch des »normalen« Denkens, verbreitete Elemente. Oft ziehen wir Schlußfolgerungen, die von unserer persönlichen Information nur wenig gedeckt sind. Die gelegentliche Verspätung eines Ehegatten wird als Anzeichen von Ablehnung oder Untreue verallgemeinert. Gelegentliches Versagen wird sehr leicht zusammenfassend als Inkompetenz bezeichnet.

Falsche Analogie-Schlüsse können ebenfalls bei gestörter Schlußfolgerung beteiligt sein. Ein »Aug'-um-Aug'«-Denken kann zum Beispiel negative Interaktionsmuster beschleunigen, indem eher eine Entschädigung als eine Lösung ermutigt wird. Auch Störungen der deduktiven Logik sind offenkundig. Wie wir bei einer späteren Diskussion über die therapeutischen Grundprinzipien von *Albert Ellis* (1962) sehen werden, scheinen sich manche Personen auf implizite und explizite Prämissen zu verlassen, um ihre alltäglichen Handlungen zu lenken. Irrtümer in der deduktiven Schlußfolgerung können aus ungenauen Elementen (z. B. Prämissen) oder von mangelhaften Denkvorgängen abgeleitet werden. Ein Beispiel wäre die Deduktion, die mancher Verhaltensanalyse der Depression zugrunde liegt:

1. Alle glücklichen Menschen werden angemessen verstärkt.
2. Mein Klient ist nicht glücklich.
3. Deswegen wird mein Klient nicht angemessen verstärkt.

In noch einer anderen Beschreibung von Fehlern bei der Schlußfolgerung geht es um die Antizipation von Konsequenzen. *Bandura* (1971d) wies darauf hin, daß menschliches Verhalten meistens ohne unmittelbare Konsequenzen auftritt. Wir zeigen komplizierte und andauernde Verhaltensmuster und erhalten dafür nur gelegentliches motivierendes Feedback. Die Aufrechterhaltung dieses Verhaltens ist oft Ergebnis symbolischer Ereignisse – die Antizipation endgültiger Konsequenzen und vorläufigen selbstbewertenden Feedbacks. Ein Großteil unserer Handlungen wird durch kognitive Prozesse vermittelt. Zum Beispiel wird mein eigenes Verhalten beim Schreiben dieses Manuskripts vorwiegend dadurch aufrechterhalten, daß ich seine mögliche Bedeutung antizipiere.

Obwohl die meisten Verhaltensweisen selten eine Funktion von »nur« symbolisch dargestellter Konsequenz sind, kann ihre Rolle im menschlichen Verhalten kaum übersehen werden. Natürlich entstehen Probleme, wenn diese symbolischen Vermittler ungenau wiedergeben, »wie die Dinge sind«. Nur allzuviel Studenten mußten erfahren, daß eine formale Erziehung nicht unbedingt den finanziellen oder beruflichen Status verbessert. Jemand, der glückselig frisch verheiratet ist, wird vielleicht bald feststellen, daß eine eheliche Beziehung viele unvorhergesehene Verantwortungen mit sich bringt. Genaue Kenntnis der endgültigen Konsequenzen unserer Handlungen ist für die Anpassung ein wichtiges Element. Die zeitliche Abstufung wie auch das Wesen dieser Konsequenzen sind ebenfalls wichtig. Personen mit einer Behandlung gegen Übergewicht haben zum Beispiel oft unrealistische Vorerwartungen hinsichtlich der Schnelligkeit ihres starken Gewichtsverlusts *(Stunkard & Mahoney,* in Druck).

Die Bedeutung antizipierter Konsequenzen für menschliche Funktionen und Störungen kann kaum genügend betont werden. Da wir vermittelnde Organismen sind, scheint sich einer unserer primären symbolischen Prozesse auf »persönliche Vorhersage« zu konzentrieren. Wir antizipieren die Konsequenzen unserer Handlungen auf Grund von vorheriger Erfahrung, stellvertretendem Lernen, gegenwärtigen (z. B. Instruktions-)Inputs und einer Reihe privater Schlußfolgerungen. Diese Antizipation scheint unser Verhalten entscheidend zu beeinflussen und ermöglicht uns, einen langen Zeitraum zwischen Verhalten und Belohnung zu ertragen. Beharrliche und oft »masochistische« Reaktionsmuster können dadurch entstehen. Beispiele aus der Geschichte der Religion – die sich von Märtyrertum bis zu lebenslangen Gelübden der Ehelosigkeit und des Schweigens erstrecken – bestätigen die Macht antizipierter motivierender Ereignisse. Laborforschung lieferte außerdem für dieses Phänomen Bestätigung (vgl. *Bandura*, 1969, 1971d; *Bolles*, 1972). Interessanterweise deutete ein Teil der Forschung darauf hin, daß die Art der eigenen Antizipation die Wirkung einer tatsächlichen Konsequenz stark beeinflussen kann. Die Untersuchungen von *Buchwald* (1959a, b, 1960) über den Verstärkungs- und Bestrafungskontrast zeigten zum Beispiel, daß Verhalten durch identische Konsequenzen entweder ansteigt oder unterdrückt wird, je nach der vorherigen Erfahrung (und der vermuteten Antizipation) der Person. Wenn eine Reaktion großzügig verstärkt wurde, kann eine bescheidene Belohnung tatsächlich Verhalten unterdrücken; nach extremer Bestrafung kann ein milder aversiver Stimulus zu einer Reaktionszunahme führen.

Die Fähigkeit, die Konsequenzen unserer Handlungen genau vorherzusagen, ist natürlich eine adaptiv vermittelnde Fähigkeit. Leider sind viele unserer persönlichen Vorhersagen ungenau und viele werden nicht überprüft. Klinische Aufzeichnungen und persönliche Erfahrungen liefern umfassende Bestätigung, daß dysfunktionale Erwartungen sehr häufig sind. Wir ängstigen uns oft um aversive Ereignisse, deren Auftretenswahrscheinlichkeit einen Statistiker lahmlegen würde. Sich beunruhigen, »sich Katastrophen ausmalen« und ähnliche antizipatorische Reaktionen sind oft kulturell bedingte Verhaltensmuster. Umgekehrt erleben der Lottospieler, der Glücksspieler und der Börsenmakler oft die Wirkungen unwahrscheinlicher Konsequenzen positiver Art auf menschliches Verhalten.

Vermittlungsprozesse, ob funktionierend oder gestört, führen oft zu symbolischen »Produkten«, die man vielleicht als *kognitive Kontingenzen* abkürzen könnte. Diese Darstellungen von angeblichen Regelmäßigkeiten und Beziehungen bilden unsere Welten, wie wir sie vermuten. Sie sind die »Regeln« oder »Pläne«, die die Kombinationen von Stimulus-Reaktions-Konsequenz organisieren (*Skinner*, 1969). Von einer spekulativen Überlebensanalyse aus betrachtet, könnte die Aneignung, Speicherung und Verwendung kognitiver Kontingenzen verschiedenen adaptiven Funktionen dienen. Da wir in unserer Informationsverarbeitung beschränkt sind, müssen wir unseren Erfahrungen Regelmäßigkeiten auferlegen. Angenommen, daß »Konsistenz« das Lernen erleichtert, kann diese verkürzte Realität in dem Sinn adaptiv sein, als unsere wahrgenommene Welt viel ordentlicher als ihr Bezugspunkt ist. Da wir Organismen sind, deren Erfahrungen über Zeit und Raum verstreut, außerdem begrenzt sind, kann die Fähigkeit, Ereignisse zu verbinden, wichtig sein. Jedenfalls besteht unter Psychologen und Philosophen weitgehende Übereinstimmung, daß menschliches Handeln meistens durch eine vermittelte und weniger durch eine direkte Realität verursacht wird.

Kognitive Kontingenzen, die die Erfahrung ordnen und regelhaft gestalten, haben eine offensichtlich adaptive Funktion. Ihr »Überlebenswert« wird jedoch durch die Genauigkeit, mit der sie richtige Beziehungen* abbilden, eingeschränkt. Wahrgenommene Regelmäßigkeiten unterscheiden sich sehr oft von den tatsächlichen. Wie wir in unserer nachfolgenden Diskussion sehen, werden diese Diskrepanzen oft sehr langsam, wenn überhaupt entdeckt. Wir reagieren weiter auf unsere kognitiven Kontingenzen, bis ihre Fehlanordnung sehr kostspielig wird. Bei vielen klassischen Formen pathologischen Verhaltens wird die Diskrepanz nie erfahren, weil die symbolische Repräsentation der Realität niemals getestet wird.

Die Literatur über abergläubisches Verhalten illustriert die bedeutende Rolle kognitiver Kontingenzen bei fehlangepaßtem Verhalten ausgiebig genug. Übereinstimmend mit der vorausgehenden Analyse bemerkt *Jahoda* (1969):

> Aberglauben ist ein Teil des Preises, den wir zahlen, ein unvermeidliches Nebenprodukt unseres konstanten Suchens nach Mustern ... Der Hauptunterschied zwischen wissenschaftlichem Denken und anderem, das sich unmerklich in den Aberglauben hineinbewegt, liegt nicht in dem anfänglichen Sticken eines Musters, sondern in der Verpflichtung des wissenschaftlichen Ethos, die Denkprozesse durch gut etablierte Methoden zu verifizieren, und sie damit an empirische Phänomene zu binden (S. 143–145).

Eine erstaunlich frühe Analyse des Aberglaubens konzentrierte sich auf die Rolle von Wahrnehmungsfehlern und Gedächtnisstörungen bei diesem Phänomen (*Lehman,* 1898). *Lehman* lieferte einen vorläufigen Beweis, daß kognitive Verzerrungen bei dem Erzeugen und der Aufrechterhaltung eines nicht wahrheitsgemäßen Glaubens beteiligt sind. Obwohl anthropologische Berichte über »Heilen durch

* Vielleicht ist es jetzt an der Zeit, zu wiederholen, daß der Therapeut sich nicht vormachen sollte, daß er zu der »richtigen Welt« einen »privilegierten Zugang« habe. Obwohl es wahrscheinlich eine Anpassung bedeutet, wenn wir eine Art »pragmatischen« (statt naiven) Realismus hegen, müssen wir uns unserer eigenen Beschränkungen bewußt bleiben, wenn wir zwischen wahrgenommenen und »wahren« Kontingenzen unterscheiden wollen.

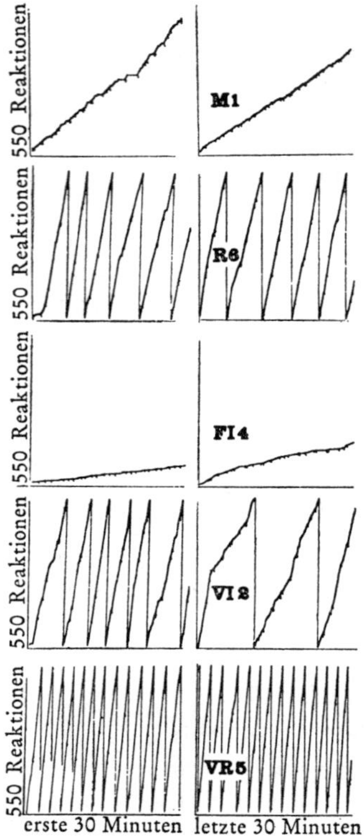

Figur 10-3: Reaktionshäufigkeiten einer repräsentativen Versuchsperson in jeder von fünf experimentellen Bedingungen. Die dargestellten Bedingungen sind von oben nach unten: Minimale Instruktionen (MI), Reaktionsinstruktionen (RI) und Instruktionen mit fester Intervallverstärkung (FI), mit variabler Intervallverstärkung (VI) und mit unregelmäßiger Häufigkeitsverstärkung (variable ratio) (VR). Die Zahlen beziehen sich auf die Nummer der Versuchsperson. Die Aufzeichnungen stammen aus den ersten und letzten 30 Minuten der Verhaltensaktivität von einer drei Stunden dauernden experimentellen Sitzung. (Wiedergabe mit freundlicher Genehmigung von *Kaufman, Baron & Kopp,* 1966.)

Glauben« und »Voodoo«-Tode meistens nur Anekdoten sind, liefern sie weitere Bestätigung (vgl. *Cannon,* 1942, 1957; *Frank,* 1961; *Sargant,* 1957; *Huxley,* 1969; *Metraux,* 1972; *Leacock & Leacock,* 1972; *Gonzalez-Wippler,* 1973). Laboruntersuchungen über Tiere und Menschen zeigten, daß hartnäckige und schlecht angepaßte Verhaltensmuster durch zufälliges Zusammenfallen von Reaktionen und

Belohnungen erzeugt werden können (vgl. *Skinner*, 1948; *Morse & Skinner*, 1957; *Catania & Cutts*, 1963; *Neuringer*, 1970b; *Boren*, 1970). Es ist interessant, daß wir, als Versuchsleiter, das Etikett »Aberglauben« selektiv solchen Laborparadigmen zuschreiben, bei denen wir »zufällige Verstärkung« absichtlich programmierten. Wenn eine zufällige Kontiguität ohne unsere vorherige Zustimmung auftritt, zeigen wir bei unseren eigenen Schlußfolgerungen vielleicht ein starkes Filtrieren und Aberglauben (vgl. *Crosby & Cahoon*, 1973). Während die Lernprozesse und die professionellen Äußerungen von abergläubischem Verhalten nicht eindeutig sind (vgl. *Staddon & Simmelhag*, 1971), ist das Phänomen selber gut dokumentiert.

Eine illustrative Untersuchung über kognitive Kontingenzen bei Menschen wurde von *Kaufman, Baron & Kopp* (1966) durchgeführt. Versuchspersonen, die an einem Experiment über »Konzeptbildung« teilnahmen, erhielten unterschiedliche Instruktionen über die Aufgabenkontingenzen. Versuchspersonen der Kontrollgruppe mit minimalen Instruktionen sagte man nur, daß es in dem Experiment um Konzeptbildung ginge. Versuchspersonen mit Reaktionsinstruktionen erhielten bezüglich der entscheidenden Reaktion Information. Außer den oben genannten Bedingungen wurde den Versuchspersonen in den drei Experimentalgruppen gesagt, daß ihre Reaktionen entweder nach einem festen Intervall- (FI = 1′), einem variablen Intervall- (VI = 1′) oder einem variablen Häufigkeitsgrad (VR = 150) verstärkt würden. In Wirklichkeit wurden alle Versuchspersonen nach einem variablen Intervall von einer Minute belohnt. Die Wirkung der durch den Versuchsleiter bewirkten kognitiven Kontingenzen wird in Figur 10–3 gut dargestellt. Die Buchstaben beziehen sich auf die experimentellen Bedingungen und die Zahlen auf die Nummern der Versuchspersonen. Die Personen, die glaubten, sie würden nach einem festen Intervall- (FI) und einem variablen Häufigkeitsplan verstärkt werden, zeigten sehr unterschiedliche Reaktionshäufigkeiten. Obwohl sie beide identische Kontingenzen erfuhren, schwankte die mittlere Anzahl an Reaktionen pro Minute bei den drei Experimentalgruppen weit (festes Intervall = 7, variables Intervall = 43, variable Häufigkeit = 269). *Bandura* (1971d) hebt hervor, daß bei einem allmählichen »Testen der Realität« wahrscheinlich die sehr unterschiedlichen kognitiven Kontingenzen besser mit den »wahren« Regelmäßigkeiten verbunden würden. Man sollte jedoch an das häufige Fehlen einer solchen Realitätsüberprüfung bei Verhaltensstörungen denken. Außerdem deuten die Selektivität und Verzerrungen, die für menschliche Informationsverarbeitung typisch sind, darauf hin, daß die »Realitätsüberprüfung« es vielleicht nötig machen würde, das kognitive Verhaltensmuster einer Person umfassend zu verändern. Hunderte und Tausende von stationären psychiatrischen Patienten sind ein trauriger Beweis für die Hartnäckigkeit der gestörten Vermittlung.

Weitere Bestätigung für die Rolle der symbolischen Vermittlung beim menschlichen Verhalten wurde schon bei der Besprechung der Arbeit von *Dulany* (1968) aufgeführt. Außerdem zeigten post-experimentelle Interviews, daß die Nicht-Konformität mancher Versuchspersonen durch ihre falsch wahrgenommenen Kontingenzen zustandegekommen sein könnte (z. B. *Bandura & Barab*, 1971). Eine beeindruckendere Schilderung der Wirkung symbolischer Einflüsse auf abweichendes Verhalten liefert uns *Bandura* (1973) mit seiner Analyse von Aggressionen. Abgesehen von einer einzigen Ausnahme waren Ermordungen von Präsidenten immer mit falschen (vorgespiegelten) Kontingenzen verbunden (*Weisz & Taylor*, 1970). *Bandura* weist darauf hin, daß Mörder wegen der Tatsache, daß sie »Einsame« sind (vgl. *Kirkham, Levy & Crotty*, 1969), noch stärker gestört werden: »Da sie in ihrem Verhalten außergewöhnlich zurückhaltend sind, konnten sie ihre falschen Anschauungen vor korrigierenden Einflüssen erfolgreich abschirmen (S. 179).«

Es muß kaum aufgezählt werden, wie häufig falsche kognitive Kontingenzen bei klassischen Verhaltensstörungen vorkommen. Die Wahnvorstellungen des Schizophrenen sind jedoch nur in dem Sinne abweichend, als sie nicht mit den Wahnvorstellungen der Gesellschaft im allgemeinen übereinstimmen. Außerdem ist die Nicht-Überprüfbarkeit »psychotischer« Wahnvorstellungen kaum ein ausreichendes Kriterium – viele kulturell anerkannte Anschauungssysteme sind gegen Feedback aus der Erfahrung nicht weniger immun. Organisierte religiöse Anschauungen sind nur ein Beispiel. *Chesen* (1972) hebt hervor, daß das Kriterium der nachgeprüften Bilanz selten auf zeitgenössische Religionen angewendet wird, trotz der Tatsache, daß sie in ähnlicher Weise auf den Markt gebracht werden wie andere Produkte öffentlichen Konsums. Von dem Standpunkt ihres eigenen Überlebens kann diese Immunität gegenüber empirischer Evaluierung recht adaptiv sein. In einer klassischen Untersuchung mit dem Titel »Statistische Untersuchungen über die Wirksamkeit des Gebets« verglich *Francis Galton* (1872) die Langlebigkeit der Priesterschaft mit anderen Berufen. *Galton*, der aus einer bescheidenen Stichprobe von 6473 Versuchspersonen Verallgemeinerung zog, fand, daß die durchschnittliche Lebenserwartung von armen Bauern die der Priester überstieg. Die Angemessenheit dieses »Tests« (oder irgendeines anderen) würde wahrscheinlich aufs heftigste von dem nicht-enttäuschten Theisten angegriffen werden.

Unsere überreichliche kulturelle Verstärkung religiöser Anschauungen liefert vielleicht auch eine Erklärung, warum sie in der Pathologie des Verhaltens so ausgiebig vorkommen (vgl. *Walters*, 1964; *Chapman*, 1967). Die folgende Fallstudie von *Kushner* (1967) illustriert die extremen Handlungen, die durch solche Anschauungen ausgelöst werden können. Ein 37jähriger Patient hatte eine kurze homosexuelle Begegnung. Angeekelt von seinem sündigen Verhalten, beschloß er sich zu »exkommunizieren«:

Er sagte, er hätte die Bibel gelesen, und sei von Matth. XIX. 12 tief beeindruckt: »und sind etliche verschnitten, die sich selbst verschnitten haben um des Himmelreichs willen.« ... er führte eine beidseitige Kastration bei sich selber durch. Er verband seine Hodenhaut und kam ins Krankenhaus mit seinen Hoden in einer Schachtel; er behauptete, er hätte sich als »freiwillige Aufopferung an Gott« kastriert (S. 294–295).

Das Ausmaß, in dem gestörte kognitive Kontingenzen überall vorhanden sind, könnte einige Bände füllen. Es ist zu beachten, daß diese Wahrnehmungen oft komplizierte Wechselbeziehungen zwischen Aufmerksamkeitsdefiziten und Vermittlungsfehlern enthalten. Eine Person wird nicht nur einwirkende Reize selektiv filtrieren, sondern sie wird vielleicht auch eine Kombination fehlangepaßter »Teil-Routinehandlungen« annehmen (z. B. fehlerhafte Schlußfolgerung, dichotomes Denken, ungenaue Antizipation von Konsequenzen, fehlangepaßte Selbstbewertung).

Die klinischen Folgen der vorausgehenden Diskussion sollen kurz betrachtet werden. Der Therapeut, der in der Beobachtung von Verhalten geschickt ist, hat die Aufgabe, gestörte Vermittlungsfunktionen bei seinen Klienten zu unterscheiden und ihnen bei einer Veränderung zu helfen. Wenn diese Prozesse fehlangepaßte kognitive Kontingenzen umfassen, muß er fähig sein, »richtige« Kontingenzen so zu entdecken und zu kommunizieren, daß die therapeutische kognitive Neuanordnung verbessert wird*.

Ein amüsantes klinisches Beispiel für falsch wahrgenommene Kontingenzen stammt von *G. C. Davison*. Nach einem frustrierenden und teueren Mißerfolg mit der Psychoanalyse, ließ sich eine Mutter von einem Verhaltenstherapeuten beraten, wie ihre beiden jungen

* Die »richtigen« Kontingenzen sind natürlich unbekannt. Da jedoch viele klinische Störungen sozial-definierte »Abweichung« umfassen, kann der Therapeut die beteiligten Kontingenzen mit seiner kulturell bedingten Wahrnehmung ansehen. Genauer gesagt, kann es die Aufgabe des Therapeuten sein, die Übereinstimmung zwischen seiner eigenen kognitiven Kontingenz und der seines Klienten wahrzunehmen. Wir haben die (vielleicht naive) Annahme, daß der klinische Psychologe »besseren Kontakt zur Realität« hat als sein Klient, was bedeutet, daß seine angenommene Vorstellung von der Welt wahrscheinlich mehr mit dem gegenwärtigen sozialen Konsens übereinstimmt.

Söhne das rücksichtslose Fluchen verlernen könnten. Der Verhaltenstherapeut begann sein therapeutisches Programm mit einem kurzen Überblick über zwei Lernprinzipien. »Erstens«, sagte er, »ist es wichtig, daß Sie jedes Mal, wenn das Fluchen vorkommt, eine unmittelbare und schwere Bestrafung einsetzen. Zweitens können Sie die Wirkung Ihrer Bestrafung vergrößern, wenn Sie sichergehen, daß beide Kinder anwesend sind, wenn eines von beiden bestraft wird. Das heißt ›stellvertretendes Lernen‹; das zweite Kind wird an Hand des Beispiels lernen.« Begeistert über diese erfrischend direkte Empfehlung ging die Mutter nach Hause, um ihr neu erworbenes Wissen anzuwenden. Beim Frühstück am nächsten Morgen setzte sie sich hin, ganz bereit zur Verhaltensmodifikation. Ihr älterer Sohn eröffnete den Tag mit der Bitte, daß sie die »Scheiß-Cheerios« hinüberreichen möge. In aufbrausender Wut langte die Mutter über den Tisch hinüber, schlug ihren Sohn, und streckte ihn und zwei Stühle zu Boden. Der jüngere Sohn half ihr, das Mobiliar wieder aufzustellen und beide setzten sich wieder hin. Zufrieden mit ihrer geschickten Ausführung der modernen Lerntheorie, wandte sie sich ihrem zweiten Frühstückspartner zu und sagte: »Nun, was willst *du* denn haben?« Mit einer umfassenden Andeutung, daß er aus der vorausgehenden Schlacht etwas gelernt hatte, bemerkte er verständig: »Du kannst deinen süßen Arsch wetten, daß es keine Cheerios sind!«

Der Therapeut ist dafür verantwortlich, nicht nur gestörte kognitive Kontingenzen zu korrigieren, sondern dem Klienten auch ein Training anzubieten, damit er seine Vermittlung danach selber verbessern kann. Wie wir in Kapitel 11 und 12 sehen werden, umfaßt so etwas oft eine anfängliche wissenschaftliche Abhandlung über die Bedeutung kognitiver Faktoren bei persönlichem Kummer und Fehlanpassung. Ein Klient wird kaum motiviert sein, seine privaten Monologe und Vermittlungsprozesse zu untersuchen und zu verändern, wenn er sie nicht als entscheidende Elemente bei der therapeutischen Verbesserung ansieht. Nachdem der Therapeut das Grundprinzip und den Beweis für die »kognitive Verhaltensmodifikation« vorgestellt hat, kann er ein Training in genauer Selbstbeobachtung ansetzen. Nachfolgende Verfahren umfassen oft stellvertretendes Lernen, Übung unter Anleitung und systematische Verfeinerung der »Denkstile« (z. B. Standard Setting, logische Schlußfolgerung, usw.).

Es ist zu beachten, daß Beziehungsprozesse auch die Aufmerksamkeitsfaktoren, Reaktionsselektionsprozesse und die Art des aus der Erfahrung gewonnenen Feedbacks beeinflussen können. Wie die »selbsterfüllende Prophezeiung« können Störungen der Vermittlung hartnäckig eine genaue Informationsverarbeitung verhindern oder verzerren. Wenn jemand solche Stimuli selektiv beachtet, die seinen kognitiven Kontingenzen entsprechen, kann er seine falschen

Annahmen nicht nur aufrechterhalten, sondern auch zufällig »unterstützen«. Der paranoide Patient, dessen Glaubenssystem automatisch korrigierendes externes Feedback ausschließt, ist ein bekanntes Beispiel. Indem er sich in eine geschlossene persönliche Theorie der Realität isoliert, opfert er in wirksamer Weise eine sehr wertvolle Quelle des Lernens. Fehlangepaßte Prozesse der Vermittlung – wie Klassifikationsfehler, Störungen im Vergleichen, Gedächtnisdefizite und ungerechtfertigte Schlußfolgerungen – können ein anhaltendes schmerzvolles Muster der Fehlanpassung weiterbestehen lassen. Ihre Modifikation stellt eine therapeutische Herausforderung von beträchtlichem Ausmaß dar.

Merkmale des Reaktionsrepertoires

Angemessene Aufmerksamkeits- und Beziehungsprozesse sind keine Gewähr für adaptives Verhalten. Eine Person muß auch fähig sein, in einer bestimmten Situation die erforderlichen Reaktionen zu zeigen. Wenn dieses Reaktionsrepertoire Mängel aufweist, wird sein Verhalten notgedrungen ungenügend sein. Verhaltensdefizite können das Ergebnis physiologischer Beschränkungen, ungenügenden Lernens oder ungeeigneter Anwendung von Reaktionen sein. Nach der Analogie der Prozesse des Wiederfindens beim menschlichen Gedächtnis könnte man spekulieren, daß die unmittelbaren Reaktionsmöglichkeiten in einer bestimmten Situation durch Operationen des Suchens, Speicherns und Wiederfindens beeinflußt werden. Verschiedene Handlungs»pläne« werden von uns selektiert, ausgeführt und bewertet (*Miller, Galanter & Pribram*, 1960). Es besteht immer mehr Übereinstimmung, daß wir bei der Ausführung von Verhalten mehr auf generalisierte Verhaltens*strategien* als auf diskrete und isolierte Einheiten zurückgreifen (*Estes*, 1971). Wenn eine Reaktionsstrategie in unserem Repertoire vorhanden ist, aber nicht benützt wird, wird immer noch unangemessenes Verhalten ausgeführt.

Unsere vorherige Diskussion der Gedächtnisstörungen und der Dekodierungsoperation lieferte schon einige Bestätigung dafür, wie wichtig Eigenschaften des Repertoires für die Anpassung sind. Unzulängliches Verhalten kann auch entstehen, wenn beteiligte Fähigkeiten nicht in angemessener Weise integriert werden können. Ein Kollege berichtete vor kurzem über eine nicht-erfolgreiche Fallgeschichte, in der betont wird, wie wichtig es ist, das Reaktionsrepertoire in der Verhaltensmodifikation in Betracht zu ziehen (*Sirota*, 1974). Trotz empfehlenswerter Operationalisierungen und Spezifizierung des Verfahrens, wurde der Bericht bisher noch nicht zur Veröffentlichung angenommen. Es ging dabei darum, einen Jungen, der 9 Jahre alt war und 87 (amerikanische) Pfund wog, operant für Fliegen zu verstärken. Fliegen wurde definiert als Abheben von einer horizontalen Fläche um mindestens 12 Zentimeter für mindestens zehn Sekunden. Nachdem man durch Sampling-Verfahren einen Verstärker gefunden hatte, wurden schließlich Rosinen ausgewählt. Nach vierzehn Sitzungen von jeweils einer Stunde, in denen sukzessive Annäherung an flügelschlagende Armbewegungen verstärkt wurde, war kein sichtbares Lernen erfolgt. Diese negativen Ergebnisse wurden so interpretiert, daß sie eine schlechte Auswahl des Verstärkers widerspiegelten, obwohl das beschränkte Verhaltensrepertoire als alternative Erklärung ansteht.

Neuere Forschung im Bereich des Problemlösens unterstützte die Auffassung, daß Defizite im Verhaltensrepertoire oft für eine fehlerhafte Anpassung charakteristisch sind (*Spivack & Shure*, 1974). Umfangreiche Untersuchungen mit emotional gestörten Kindern, Delinquenten und psychiatrischen Patienten zeigten, daß diese Personen oft nicht die Fähigkeit besaßen, angemessene Wahlmöglichkeiten im Problemlösen bereitzustellen. *Shure & Spivack* (1972) fanden zum Beispiel, daß Kinder, die als »fehlangepaßt« bezeichnet wurden, sowohl in der Anzahl als auch der Verschiedenheit der vorgeschlagenen Lösungen hinsichtlich eines sozialen Konflikts unterlegen waren. Ihre Lösungen waren impulsiv und aggressiv. Wie wir in Kapitel 11 sehen werden, kann ein systematisches Training in Problemlösefähigkeiten eine beeindruckende Verbesserung im Reaktionsrepertoire bewirken. Die Therapien des Modellernens zeigen ebenfalls Aussicht auf beeindruckenden klinischen Erfolg bei der Erweiterung der Verhaltensmöglichkeiten von Klienten (*Bandura*, 1969, 1971a, b, c, d).

Da sich die nächsten beiden Kapitel vorwiegend mit Strategien zur Vergrößerung des Verhaltensrepertoires beschäftigen, wollen wir dieses Thema erst später genauer betrachten. Für den Augenblick genügt es zu sagen, daß unsere »Verhaltensentwürfe« eine enorme Wirkung auf die Anpassungsfähigkeiten haben.

Feedback aus der Erfahrung

Bisher sprachen wir über drei mögliche Schwerpunkte der Verhaltensvarianz – Aufmerksamkeitsfaktoren, Beziehungsprozesse und Eigenschaften des Reaktionsrepertoires. Schließlich steht noch das Feedback aus der Erfahrung an. Faktoren der Motivation können von einer umfassenden Analyse menschlicher Handlungen nicht ausgeschlossen werden. Während über ihre Bedeutung für Lernen oft gestritten wurde, wird ihr Beitrag zur Ausführung von Verhalten selten in Frage gestellt.

In vieler Hinsicht ist die Geschichte der Verhaltensmodifikationsforschung eine Geschichte des erfahrungsbedingten Feedbacks. Die Bedeutung von Konsequenzen im menschlichen Verhalten wurde zu stark betont, so daß manchmal sogar andere Faktoren völlig ausgeklammert wurden. Ich möchte mich nicht lange an einem Punkt aufhalten, der schon *ad absurdum* geführt wurde – daß Verhalten durch seine Konsequenz beeinflußt wird. Die verschiedenen Arten von Konsequenzen müssen jedoch kurz erwähnt werden.

Die Verhaltensforschung beschäftigt sich größtenteils mit greifbaren motivationalen Bedingungen, die von außen gegeben wurden. Symbolverstärker (tokens) und Essen waren die bekanntesten Beispiele. Motivationale Einflüsse können auch durch stellvertretendes Lernen ausgeübt werden – z. B. das Erhalten von Konsequenzen bei anderen beobachten (*Bandura,* 1971a, b). Eine dritte bedeutende Quelle des erfahrungsbedingten Feedbacks wird selber erzeugt. Das heißt, daß wir oft selber unsere eigenen bewertenden Konsequenzen stellen. Motivationale Bedingungen, die man sich selber darbietet, können entweder greifbar oder symbolisch sein und ihre Wirkung scheint den von außen kommenden motivationalen Bedingungen ähnlich zu sein (*Thoresen & Mahoney,* 1974).

Eine Konsequenz kann natürlich nicht »rückwärts« auf Verhalten wirken. Ihre Wirkung – wenn sie überhaupt eine hat – kann sich nur auf zukünftige Handlungen auswirken. Die Vorgänge dieser »futuristischen Kausation« werden meistens von radikalen Behavioristen übersehen, und das mit gutem Recht. Ein vergangenes Ereignis kann einen Einfluß auf ein zukünftiges Ereignis haben, *außer* daß die beiden deterministisch miteinander verbunden sind (diese Voraussetzung ruft zugegebenermaßen einige kausale Annahmen hervor, mit denen sich Philosophen seit einigen Jahrhunderten beschäftigen – vgl. *Hook* 1958). Das heißt, wir können nicht behaupten, daß eine Ratte, die vor 72 Stunden verstärkt wurde, in ihrem gegenwärtigen Verhalten beeinflußt wird, es sei denn, wir würden ein Erinnern der Erfahrung postulieren. Entweder hat sich die Ratte oder ihre Umwelt verändert. Sie sagen, die Ratte? Uns bleiben dann die potentiellen Veränderungsprozesse bei der Ratte zu erklären. Voraussichtlich traten einige dieser Veränderungen in ihrem Nervensystem auf. Wenn wir jetzt zu ihrem nicht so haarigen Verwandten, dem Menschen, zurückkehren, wollen wir mit der zu verteidigenden Schlußfolgerung übereinstimmen, daß viele dieser Veränderungen das Zentralnervensystem umfassen (*Bandura,* 1969). Aufgrund der vorausgehenden Bemerkungen und einer tatsächlichen Überfülle an Labor- und phänomenologischen Beweisen ist nur ein kurzer Schritt zu der Behauptung, daß vergangene Konsequenzen zukünftiges Verhalten durch einen neurochemischen Mechanismus, der »Antizipation« heißt, beeinflussen (*Bolles,* 1972). Während sich die Neurologie dieses Musters noch zeigen muß, kann man sein Aussehen und sein Vorkommen ohne weiteres feststellen.

Durch dieses Thema wird die spannende Frage nach der Vermittlungskontiguität beim Lernen erhoben. Wir reagieren auf erfahrensbedingte Regelmäßigkeiten, die eher symbolisch als real sind. Also kann die tatsächliche Kontiguität der Ereignisse beim Lernen viel weniger wichtig sein als ihre wahrgenommene Beziehung. Bietet man einem Kind zum Beispiel verzögerte Konsequenzen, kann es genügen, das Zielverhalten und/oder die Kontingenzen symbolisch wiederherzustellen, um auf das Lernen zu wirken. *Blackwood* (1970) zeigte, daß Kinder in einem Token-Programm, die darin trainiert wurden, Verhaltenskontingenzen zu vermitteln (verdeckt zu verbalisieren), stärker reagieren als untrainierte Kinder. Viele formalisierte Religionen rufen in ähnlicher Weise ein »retrospektives Konditionieren« hervor. Nachdem angenehme oder unangenehme Ereignisse aufgetreten sind, bekommen wir gesagt, sie seien übernatürlich vermittelte Konsequenzen für unsere vergangenen Taten (oder Untaten).

Erfahrungsbedingtes Feedback stellt also im komplizierten menschlichen Verhalten ein Übergangsmerkmal dar. Es paßt in unseren metaphorischen Computer als Informationsquelle über die möglichen Konsequenzen der verschiedenen Handlungen in bestimmten Situationen. Wir werden in unserer Diskussion über die kognitiven Therapien sehen, daß die symbolische Selbstbewertung, die überall im menschlichen Verhalten vorhanden ist, die Bedeutung von Vermittlungsereignissen in gestörtem und angepaßtem Verhalten betont. *Meichenbaum* (1974a) erinnert uns an *Shaffers* (1947) Definition einer Therapie als einen »Lernprozeß, durch den jemand die Fähigkeit erlangt, zu sich selber in angemessener Weise zu sprechen, um so sein eigenes Benehmen zu kontrollieren (S. 463).«

Das vorliegende Kapitel war zugegebenermaßen ein vorläufiger Versuch, verschiedene konvergierende Perspektiven in einem Modell des kognitiven Lernens zu integrieren. Dieses Modell wird durch die starke Betonung von Vermittlungsprozessen im komplizierten menschlichen Verhalten charakterisiert. Vier Schwerpunkte der Verhaltensvarianz wurden vorgeschlagen: 1. Aufmerksamkeitsfaktoren, 2. Beziehungsprozesse, 3. Merkmale des Reaktionsrepertoires und 4. Feedback aus der Erfahrung. Eine vorherrschende Annahme in dem Modell ist die Prämisse, daß Input-Output-Verschiedenheiten von intervenierenden Vermittlungsprozessen moderiert werden, die operational spezifiziert und empirisch untersucht werden können.

Wie angemessen das Modell des kognitiven Lernens ist, muß noch evaluiert werden. Da es noch so jung ist und seine dazu beitragenden Perspektiven so heterogen sind, ist eine definitive und eindeutige Bewertung noch zu früh und äußerst schwierig. Wie dieses Kapitel leicht bestätigen wird, ist das »Modell« noch in der Entwicklung. Kriterien für ein formales »System« (vgl. Kapitel 5) sind noch sehr weit weg. Wir können jedoch zur Zeit einige vorläufige Verallgemeinerungen ziehen.

Von einer begrifflichen Ebene her bietet das Modell des kognitiven Lernens sowohl eine horizontale als auch eine vertikale Struktur. Es löst sowohl sequentielle als auch hierarchische Verhaltensmuster beim Menschen aus, und es deutet auf eine zunehmend kompliziertere Organisation im Verhalten. Wie sein begrifflicher Bruder und partieller Vorfahr, das Informationsverarbeitungsmodell, verläßt es sich sehr stark auf eine bildliche Terminologie, die der Kybernetik und der Computerwissenschaft entliehen wurde. Es ist gleicherweise äußerst schlußfolgernd und wendet sich an eine anspruchsvoll breite Spanne von Verhaltensphänomenen. An Stelle der molekularen und diskreten Stimulus-Reaktions-Einheiten des Modells des verdeckten Konditionierens postuliert das Modell des kognitiven Lernens komplizierte molare Sequenzen und organisierte Reaktions»prozesse«. Seine auffallendste theoretische Annahme schlägt vor, daß Beziehungen zwischen Verhalten und Umwelt vorwiegend von erschlossenen Vermittlungsereignissen beeinflußt werden. Während es nicht explizit eine Kontinuität zwischen den Prinzipien, die offenes, und denen, die verdecktes Verhalten beschreiben, annimmt, behauptet es dennoch die Prämisse, daß geordnete Beziehungen (d. h. Determinismus) in kognitiven symbolischen Prozessen vorkommen. Ein bemerkenswerter Aspekt des kognitiven Lernens ist sein Versuch, interdisziplinäres Wissen zu integrieren. Evidenz kommt aus den Bereichen der Physiologie, Anthropologie, Soziologie, Philosophie und Epistemologie.

Die begriffliche Angemessenheit des Modells kognitiven Lernens kann erst genauer bewertet werden, wenn es weiter herangewachsen ist. Während seine begrifflichen Anfänge gegenwärtig optimistisch stimmen, kann das System erst dann vernünftig eingeschätzt werden, wenn es erweitert und verfeinert wurde. Die empirische Angemessenheit des Modells begann man jedoch schon einer genauen Untersuchung zu unterziehen. Ein Teil dieser Forschung wurde schon dargestellt, um das Modell zu erläutern. In den nächsten beiden Kapiteln werden wir die klinischen und experimentellen Beweise für das Modell des kognitiven Lernens detailliert prüfen.

11. Kapitel

Die kognitiven Therapien: Kognitive Umstrukturierung und Selbstinstruktion

Die therapeutischen Verfahren, die in diesem und in den folgenden Kapiteln besprochen werden, betonen die Rolle der kognitiven Verhaltensänderungen bei der therapeutischen Veränderung. Man sollte jedoch beachten, daß sie weitgehend voneinander unabhängig entwickelt wurden. Obwohl sie miteinander vereinbar sind und teilweise zum Modell des kognitiven Lernens beitrugen, wird keines von ihnen historisch von dieser Perspektive abgeleitet. Das Modell selbst ist der Versuch einer Integration neuerer Trends, die durch solche Entwicklungen wie die kognitiven Therapien repräsentiert werden. Schließlich sollte man zwischen der theoretischen Angemessenheit eines Modells und der empirischen Angemessenheit eines therapeutischen Verfahrens unterscheiden. Letzteres kann einen direkten Bezug zum ersteren haben, vor allem wenn direkt abgeleitet wurde. Das heißt, wenn das Modell als einen seiner empirischen Bezugspunkte ein therapeutisches Verfahren angeregt hat, dann hat die Wirksamkeit dieses Verfahrens direkte Bedeutung für die empirische Angemessenheit des Modells. Jedoch hat die theoretische Unangemessenheit eines Modells keine notwendige Auswirkung auf die Nützlichkeit der mit ihm verbundenen Verfahren. Während wir Urteile über eine Theorie abgeben können, die auf der Wirksamkeit ihrer klinischen Ableitungen basieren, können wir letztere nicht allein auf der Grundlage theoretischer Kriterien beurteilen. Ein Modell steht, schwankt oder fällt mit dem Auf und Ab seiner relevanten Daten. Die »Daten« sind natürlich nicht unabhängig vom Modell, aber das Modell muß der Erfahrung unterworfen bleiben. Kurz gesagt, obwohl die Wirksamkeit der verschiedenen kognitiven Therapien von Bedeutung für die Angemessenheit des Modells des kognitiven Lernens ist, hängt ihre individuelle klinische Nützlichkeit nur von ihren eigenen besonderen Verdiensten (das heißt Daten) ab – nicht von der endgültigen Stellung des Modells.

Kognitive Umstrukturierung

Sowohl wegen der historischen Vorläufer als auch wegen der verbreiteten Annahme verdienen die Grundprinzipien und die Verfahren von *Albert Ellis* unsere ausführlichen Betrachtungen. Ihre Darstellung wird ebenso gerechtfertigt durch die neueren Bemühungen, diese Perspektive in die Verhaltenstherapie zu integrieren (vgl. *Ellis*, 1969, 1973a; *Beck*, 1970a; *Lazarus*, 1971; *Meichenbaum*, 1972a; *Rimm & Masters*, 1974; *Goldfried, Decenteceo & Weinberg*, 1974). Wenn auch diese Bemühungen nicht unangefochten blieben (vgl. *Bergin*, 1970; *Ullmann*, 1970; *Nawas*, 1970), so ist ihre ständige Zunahme bemerkenswert.

Die »rational-emotive Psychotherapie« von *Ellis* hat als wichtigste Prämisse eine Behauptung, die bis zum stoischen Philosophen *Epiktet* (60 v. Chr.) zurückverfolgt werden kann: »Menschen werden nicht durch Dinge gestört, sondern dadurch, wie sie diese Dinge betrachten.« Fehlangepaßte Gefühle resultieren aus fehlangepaßten Gedanken. Der theoretische Rahmen und das philosophische Beiwerk der Perspektive von *Ellis* wird in seiner Zusammenfassung von 1970 gut dargestellt, die hier abgedruckt wird:

Die rational-emotive Psychotherapie ist ein umfassender Ansatz der psychologischen Behandlung, der sich nicht nur mit den emotionalen und verhaltensmäßigen Aspekten menschlicher Störung beschäftigt, sondern auch großen Wert auf ihre kognitive Komponente legt. Menschliche Wesen sind außerordentlich komplex und es scheint weder irgendeinen einfachen Weg zu geben, auf dem sie »emotional gestört« werden, noch gibt es einen einzigen Weg, auf dem ihnen geholfen werden kann, weniger selbstzerstörerisch zu sein. Ihre psychischen Probleme entstehen aus ihren Fehlwahrnehmungen und falschen Kognitionen über das, was sie wahrnehmen; aus ihren zu schwachen und zu starken emotionalen Reaktionen auf normale und ungewöhnliche Reize; und aus ihren habituell gestörten Verhaltensmustern, die sie befähigen, immer wieder unangepaßt zu reagieren, auch wenn sie um ihr inadäquates Verhalten wissen.

Philosophisches Konditionieren

Die rational-emotive Therapie basiert auf der Annahme, daß unsere »emotionalen« Reaktionen durch unsere bewußten und unbewußten Bewertungen, Interpretationen und Philosophien verursacht werden. Wir fühlen uns also ängstlich oder bedrückt, weil wir uns davon überzeugen, daß es schrecklich ist, wenn wir versagen oder daß wir den Schmerz nicht ertragen, zurückgewiesen zu werden. Wir fühlen uns feindlich, weil wir nachdrücklich daran glauben, daß Menschen, die sich uns gegenüber unfair benehmen, absolut nicht so sein sollten, wie sie zweifellos sind und daß es absolut unerträglich ist, wenn sie uns frustrieren.

Wie der Stoizismus, eine philosophische Schule, die vor etwa zweitausend Jahren existierte, behauptet die rational-emotive Therapie, daß es eigentlich keine legitimen Gründe dafür gibt, daß Menschen aufgeregt, hysterisch oder emotional gestört werden sollten, ganz gleich welche negativen Reize auf sie einwirken. Sie gibt ihnen freie Bahn, starke Emotionen zu fühlen wie Trauer, Bedauern, Unbehagen, Langeweile, Rebellion und das Streben, soziale Bedingungen zu ändern. Die R/T glaubt jedoch, daß Menschen, die bestimmte selbstzerstörerische und unangemessene Emotionen erleben (wie Schuldgefühle, Depressionen, Angst, Wertlosigkeit oder Wut), fast immer eine unverifizierbare Hypothese zu ihrer empirisch begründeten Ansicht hinzufügen, daß ihre eigenen Handlungen oder die anderer Personen verwerflich oder unwirksam sind und daß besser etwas getan werden sollte, um sie zu ändern.

Der rational-emotive Therapeut kann fast immer – oft in der ersten oder zweiten Sitzung mit einem Klienten – einige zentrale irrationale Lebensphilosophien identifizieren, die der Klient sich selbst heftig vorhersagt. Er kann dem Klienten zeigen, wie diese Ideen zwangsläufig zu seinen emotionalen Problemen führen und folglich auch zu seinen vorliegenden klinischen Symptomen; er kann genau zeigen, wie der Klient offen diese Ideen in Frage stellen und anzweifeln kann und kann ihn oft dazu bewegen, daran zu arbeiten, sie auszumerzen und durch wissenschaftlich überprüfbare Hypothesen über sich und die Welt zu ersetzen, die ihn wahrscheinlich nicht in weitere emotionale Schwierigkeiten bringen.

12 Irrationale Ideen, die emotionale Störung verursachen und aufrechterhalten

Die rationale Therapie behauptet, daß bestimmte irrationale Grundideen, die klinisch beobachtet wurden, die meisten emotionalen Störungen verursachen.

1. Die Idee, daß ein Erwachsener unbedingt in allen seinen Handlungen von jeder Person geliebt werden muß – anstatt sich auf seine eigene Selbstachtung zu konzentrieren, auf das Gewinnen von Anerkennung für praktische Ziele und auf das Lieben anstelle des Geliebtwerdens.

2. Die Idee, daß bestimmte Handlungen schrecklich oder böse usw. sind und daß Leute, die solche Handlungen ausführen, streng bestraft werden sollten – anstelle der Idee, daß bestimmte Handlungen ungemessen oder antisozial sind und daß Leute, die solche Handlungen ausführen, sich dumm, unwissend oder neurotisch benehmen und man ihnen besser helfen sollte, sich zu ändern.

3. Die Idee, daß es entsetzlich ist, wenn die Dinge nicht so sind, wie man es gerne hätte – anstelle der Idee, daß das sehr schade ist und daß man besser versuchen sollte, die Bedingungen zu ändern oder zu kontrollieren, so daß sie befriedigender werden und wenn das nicht möglich ist, man ihre Existenz lieber zeitweilig akzeptieren sollte.

4. Die Idee, daß menschliches Elend von außen verursacht wird und einem durch Menschen und Ereignisse von außen aufgezwungen wird – anstelle der Idee, daß emotionale Störung durch die individuelle Sicht der Bedingungen verursacht wird.

5. Die Idee, daß man sich schrecklich aufregen sollte, wenn etwas gefährlich oder beängstigend ist oder sein könnte – anstelle der Idee, daß man dem besser offen entgegentreten und es ungefährlich machen sollte und wenn das nicht möglich ist, das Unvermeidliche akzeptieren sollte.

6. Die Idee, daß es einfacher ist, Lebensschwierigkeiten und Verpflichtungen zu vermeiden als sie anzupacken – anstelle der Idee, daß der sogenannte einfache Weg auf lange Sicht immer der viel schwierigere ist.

7. Die Idee, daß man etwas anderes oder Stärkeres oder Größeres als sich selbst braucht, auf das man sich verlassen kann – anstelle der Idee, daß es besser ist, die Risiken des unabhängigen Denkens und Handelns auf sich zu nehmen.

8. Die Idee, daß man in allen möglichen Bereichen äußerst kompetent, intelligent und erfolgreich sein sollte – anstelle der Idee, daß es besser wäre, es gut zu tun als gut tun zu müssen und sich als ganz unvollkommenes Wesen annehmen sollte, das allgemein menschliche Grenzen und spezifische Schwächen hat.

9. Die Idee, daß etwas unbeschränkt das Leben beeinflussen sollte, weil es früher das Leben stark beeinflußte – anstelle der Idee, daß man aus seinen früheren Erfahrungen lernen kann, aber nicht zu sehr an sie gebunden sein oder durch sie beeinträchtigt werden sollte.

10. Die Idee, daß man sichere und perfekte Kontrolle über Dinge haben muß – anstelle der Idee, daß die Welt voll ist von Wahrscheinlichkeit und Zufall und daß man trotzdem das Leben genießen kann.

11. Die Idee, daß menschliches Glück durch Trägheit und Inaktivität erreicht werden kann – anstelle der Idee, daß Menschen dann am glücklichsten sind, wenn sie ganz in kreativen Zielen aufgehen oder wenn sie sich anderen Menschen oder Projekten widmen.

12. Die Idee, daß man eigentlich keine Kontrolle über seine Gefühle hat und daß man nichts dafür kann, bestimmte Dinge zu fühlen – anstelle der Idee, daß man enorme Kontrolle über die destruktiven Gefühle hat, wenn man sich dazu entschließt, daran zu arbeiten, die blinden und unwissenschaftlichen Hypothesen zu ändern, die man verwendet, um die destruktiven Gefühle zu schaffen.

Hauptunterschiede zu anderen Schulen

1. *Geringere Betonung der frühen Kindheit.* Während die RT die Tatsache akzeptiert, daß neurotische Zustände *ursprünglich* oft durch frühe Einprägung irrationaler Ideen durch Familie und Gesellschaft gelernt oder verschlimmert werden, behauptet sie, daß diese früh erworbenen irrationalen Ideen *nicht* automatisch über Jahre hinweg aufrechterhalten bleiben einfach durch fehlende entgegengesetzte Beeinflussung, sondern daß die Person sie statt dessen sehr aktiv und kreativ sich selbst wieder beibringt. In vielen Fällen verbringt der Therapeut wenig Zeit mit den Eltern oder der Erziehung des Klienten; und doch hilft er ihm, bedeu-

tende und dauerhafte Veränderungen seiner gestörten Lebensmuster herbeizuführen. Der Therapeut zeigt, daß unabhängig von der grundlegenden irrationalen Lebensphilosophie des Klienten und dem Zeitpunkt und der Art, wie er sie erwarb, er gegenwärtig gestört ist, weil er *noch* an diese selbstzerstörerische Ansicht über sich und die Welt glaubt; und wenn er genau beobachten wird, was er sich selbst gegenwärtig erzählt oder mitteilt, und diese Selbstverbalisation anzweifeln und in Frage stellen wird, dann wird er sich gewöhnlich entscheidend verbessern.

2. *Betonung tiefgreifender ideeller Veränderung und wissenschaftlichen Denkens.* Die RT strebt wegen ihrer Überzeugung, daß menschliche emotionale Störung im wesentlichen ideologisch oder im Denken begründet ist, eher nach einer gründlichen ideellen Neuorientierung einer Person als nach einer bloßen Beseitigung irgendeines ihrer psychischen oder psychosomatischen Symptome. Sie lehrt den Klienten zum Beispiel, daß erwachsene Menschen nicht akzeptiert oder geliebt werden *müssen*, auch wenn das sehr *erwünscht* ist. Die RT ermutigt die Person, angemessen traurig oder voller Kummer zu sein, wenn sie zurückgewiesen, frustriert oder depriviert wird; aber sie versucht sie zu lehren, wie sie Gefühle des intensiven Schmerzes, der Selbstabwertung und der Depression überwinden kann. Wie in der Wissenschaft wird einem Klienten gezeigt, wie er die zweifelhaften Hypothesen in Frage stellen kann, die er über sich und andere aufstellt. Wenn er glaubt (wie leider Millionen von uns), daß er eine wertlose Person ist, weil er bestimmte Handlungen schlecht ausführt, so wird er nicht nur gelehrt, zu fragen: »Was ist wirklich schlecht an meinen Handlungen?« und »Wo ist der Beweis, daß sie schlecht oder unethisch sind?« Wichtiger noch ist, daß ihm gezeigt wird, sich zu fragen: »Angenommen, daß meine Handlungen falsch sind, warum bin ich dann eine völlig schlechte Person, wenn ich sie ausführe? Wo ist der Beweis, daß ich immer recht haben muß, um mich selbst als wertvoll zu betrachten! Angenommen, daß es für mich wünschenswerter ist gut zu handeln als schlecht, warum *muß* ich das tun, was wünschenswert ist?«

Wenn eine Person die falschen und ungerechten Handlungen anderer wahrnimmt (nehmen wir an richtig) und wütend über diese anderen wird, dann lehrt sie der rational-emotive Therapeut in ähnlicher Weise, aufzuhören und sich selbst zu fragen: »Warum ist meine Hypothese wahr, daß diese Leute, die diese Fehler und Ungerechtigkeit begingen, wahrhaftig nicht gut sind? Angenommen, daß es besser wäre, wenn sie kompetenter und gerechter handelten, warum *sollten* sie das tun müssen, was besser wäre?« Die RT lehrt, daß es menschlich ist, Fehler zu machen und wenn wir im Leben mit minimaler Aufregung und Unbehagen weiterkommen wollen, sollten wir lieber diese Realität annehmen – und dann ohne Angst hart daran arbeiten, ein bißchen weniger fehlbar zu werden.

3. *Einsatz von psychologischen Hausaufgaben.* Die RT stimmt mit den

meisten Freudschen, Neo-Freudschen, Adlerschen und Jungschen Schulen überein, daß das Erwerben von Einsicht, besonders der sogenannten emotionalen Einsicht, in die Ursachen von Störungen ein sehr wichtiger Bestandteil des korrigierenden Unterbreitens ist. Sie trennt jedoch streng zwischen sogenannter intellektueller und emotionaler Einsicht und definiert emotionale Einsicht operational als das Wissen oder das Verständnis einer Person von den Ursachen ihrer Probleme und ihr *aktives Bemühen,* ihre Kenntnisse entschieden und nachdrücklich auf die Lösung dieser Probleme anzuwenden. Der rational-emotive Therapeut bringt den Klienten zu der Einsicht, daß es für ihn keinen anderen Weg der Veränderung gibt als seine eigenen Einstellungssysteme kontinuierlich zu beobachten, in Frage zu stellen und anzuzweifeln und *sein* Bemühen und Üben, seine eigenen irrationalen Einstellungen durch verbale und verhaltensmäßige entgegengesetzt gerichtete *Aktivität* zu verändern. In der RT werden häufig Anleitungen zu wirklichen Hausaufgaben der Klienten in Einzel- und Gruppentherapie gegeben: Anweisungen, wie zum Beispiel sich mit einem Mädchen zu verabreden, bei dem der Klient Angst hat, es um eine Verabredung zu bitten; eine neue Arbeit zu suchen; versuchsweise wieder mit einem Ehemann zu leben beginnen, mit dem man sich früher ständig gestritten hat usw. Als integrierter Bestandteil des therapeutischen Prozesses versucht der Therapeut ziemlich aktiv zu überzeugen, zu trösten und solche Anleitungen zu geben. (Nachdruck mit freundlicher Genehmigung aus *Ellis,* 1970).

Die von *Ellis* aufgestellten irrationalen Annahmen wurden seit ihrer anfänglichen Entwicklung revidiert und erweitert (vgl. *Ellis & Harper,* 1961; *Ellis,* 1962). Jedoch blieb die grundlegende Behauptung »ich denke, deshalb fühle ich« unverändert.

Um die ziemlich unkomplizierte Darstellung der theoretischen Annahmen von *Ellis* zu ergänzen, hoben mehrere neuere Autoren einige umfassende Kategorien gestörter Gedanken hervor. *Beck* (1970a) weist zum Beispiel auf vier übliche Verzerrungen der Denkmuster zerrütteter Klienten hin. *Willkürliches Kausaldenken* enthält »eine Schlußfolgerung zu ziehen, wenn Beweise fehlen oder tatsächlich der Schlußfolgerung widersprechen«. Ein Beispiel wäre die Person, die einen unbeantworteten Brief als Beweis persönlicher Zurückweisung interpretiert. *Übertriebene Verallgemeinerung* tritt auf, wenn ein einziges Ereignis eine allgemeine Regel schafft. Also in einer einzigen heterosexuellen Beziehung zu versagen, schließe völlige soziale Inkompetenz ein. Die Tendenz, die Bedeutung eines Ereignisses zu übertreiben, wird *Magnifizierung* genannt und ist dem »Katastrophieren« von *Ellis* ähnlich. Von dem 40jährigen gesundheitsbewußten Mann werden Verdauungsstörungen, Taubheitsgefühle und Kurzatmigkeit schnell als Anzeichen eines drohenden Herzstillstands interpretiert. Wie durch *Red Fox* in der Fernsehsendung *Sanford and Son* humorvoll veranschaulicht wurde, kann im Grunde genommen jede Abweichung von Routineereignissen als »das große Ereignis« dramatisiert werden. Nach *Beck* enthält ein *kognitives Defizit* »die Vernachlässigung eines wichtigen Aspekts einer Lebenssituation«. Individuen mit diesem Defizit können ihre Aufmerksamkeit nicht auf relevante Erfahrungsinformation richten, sie integrieren oder verwenden.

Lazarus (1971) empfiehlt einige neue Strategien des kognitiven Umlernens und fügt zu den oben angeführten Vermittlungsstörungen die Kategorien *dichotomisierendes Denken* und *übertriebene Sozialisation* hinzu. Beim dichotomisierenden Denken zieht die Person nur zwei mögliche Bewertungen eines Ereignisses in Betracht – gut/schlecht, richtig/falsch usw. Anstatt das Vertrauenskontinuum anzuerkennen, das wahrscheinlich für persönliche Überzeugungen angemessener ist, zwingt der dichotomisierend Denkende die Bewertungen in getrennte Klassen. Übertriebene Sozialisation wird oft im Versagen widergespiegelt, die Willkürlichkeit vieler kultureller Sitten zu erkennen und in Frage zu stellen. Zum Beispiel werden die logischen Grundlagen der Verbote von Masturbation, außerehelichem Sex und Selbstmord selten überprüft.

Es sollte beachtet werden, daß die Theorie von *Ellis* und obiges Klassifikationsschema zu einigen der im letzten Kapitel diskutierten Vermittlungsstörungen in Beziehung stehen. Selektive Unaufmerksamkeit, ungenaue Antizipation von Konsequenzen und logische Fehler sind vorherrschende Bestandteile. Verhaltensmängel und subjektives Leiden werden als Ergebnisse von Informationsverarbeitungsdefiziten gesehen. Die Welt wird entweder falsch wahrgenommen oder falsch interpretiert.

Die Verfahren, die an der therapeutischen Veränderung von Vermittlungsprozessen beteiligt sind, wurden abwechselnd »kognitive Umstrukturierung«, »rational-emotive Therapie (RT)« und »rationale Neubewertung« genannt. Ihr wesentlicher Gehalt wird als A-B-C-D-E-Folge dargestellt (*Ellis*, 1971). A bezieht sich auf ein objektives empirisches Ereignis (z. B. bei einer Prüfung durchzufallen). B steht für die Selbstaussagen, die diesem Ereignis folgen (z. B.: »Das ist schrecklich! Ich werde bei diesem verdammten Kurs durchfallen und von der Schule fliegen; dann wird jeder wissen wie dumm ich bin.«). Die negativen Gefühle, die durch diese Gedanken erzeugt werden, werden durch C dargestellt. In der Phase D beeinflußt der Therapeut die zukünftige Wahrscheinlichkeit von B-Reaktionen. Genauer gesagt ermöglicht er ein systematisches Training zu ihrer Unterscheidung, Bewertung und therapeutischen Veränderung. Bei unserem Beispiel könnte das Diskussionen über die logischen

Fehler einschließen (bei einer Prüfung durchzufallen bedeutet nicht notwendigerweise ein Versagen im Kurs; Versagen in einem Kurs resultiert nicht immer in einem Verweis von der Schule; und ein Verweis von der Schule rechtfertigt logisch nicht den Schluß auf Dummheit). Es würden wahrscheinlich auch einige der impliziten Prämissen der Selbstaussagen des Klienten angegangen werden (z. B. daß Kompetenz in der Schule eine notwendige Bedingung ist, um sich wohl fühlen zu können, und daß die Meinungen anderer Leute von entscheidender Bedeutung für das persönliche Glück sind).

Die heilsamen Wirkungen dieser kognitiven Umstrukturierung werden durch Phase E dargestellt. Hier ist der Gebrauch von Gedächtnishilfen wichtig, wenn der Klient die kognitiven Umstrukturierungsfertigkeiten erlernt und in der natürlichen Umwelt anwendet. Bei meinem eigenen klinischen Experimentieren mit dieser Strategie verwendete ich Gedächtnisformeln wie *Adapt*, um die Durchführung der Folge einzuleiten und zu unterstützen. Jeder der Buchstaben von *Adapt* repräsentiert einen Bestandteil des kognitiven Verhaltens. (Die englischen Ausdrücke werden hier beibehalten, Anmerkung d. Ü.)

A *Acknowledge:* Erkenne die bedrückenden Gefühle (Angst, Depressionen, Ärger).

D *Discriminate:* Unterscheide die gerade aufgetretenen inneren Ereignisse (sowohl Gedanken als auch bildhafte Vorstellungen) (d. h. wiederhole sofort verdeckt).

A *Assess:* Schätze die logischen Grundlagen und die Anpassungsfunktion deiner bildhaften Vorstellungen und Selbstaussagen ein.

P *Present:* Stelle dir Alternativen vor (d. h. erzeuge innere Monologe oder bildhafte Vorstellungen mit angemessenerem, bewältigendem Inhalt) und dann

T *Think* praise (!): Denke daran, dich zu loben (d. h. belohne dich dafür, daß du die Folge durchgeführt hast).

Im folgenden wird ein Beispiel der Interaktion zwischen Therapeut und Klient dargestellt:

Klient: Am Mittwochabend wurde ich wirklich traurig – fast hätte ich Sie angerufen, aber sogar dafür fühlte ich mich zu schlecht.

Therapeut: Dachten Sie daran, die kognitiven Fertigkeiten anzuwenden, über die wir in den letzten paar Sitzungen sprachen?

Klient: Sie meinen das Adapt-Zeug? Ja, ich versuchte es, aber ich konnte nicht herausfinden, was mich bedrückte. Wissen Sie, es war einfach alles Mist.

Therapeut: Hat sich an diesem Tag etwas ereignet, das Sie sich schlecht fühlen ließ?

Klient: Nein ... es war einer meiner üblichen beschissenen Tage. Zwei Kurse am Vormittag, den ganzen Nachmittag in der Cafeteria Tabletts schleppen und ein langweiliger Abend mit Fernsehen und Büchern. Ich rief um ungefähr 11.30 Uhr den Selbstberichtdienst* an und schaltete vor Mitternacht aus.

Therapeut: Ja, ich hörte Ihre selbstüberprüfenden Mitteilungen gerade, bevor ich hier hereinkam. Es scheint mir, daß Sie etwas darüber sagten, daß Sally Mittwochabend bei Ihnen war.

Klient: O ja, sie kam vorbei. Wir schauten »All in the family« an und hörten einige Platten.

Therapeut: Ist das alles? Kein Streit? Diskussionen? Sex?

Klient: Ja, wir bumsten ein wenig.

Therapeut: Worauf bezieht sich »ein wenig«?

Klient: Nun, es war ziemlich kurz. Ich mußte lernen und sie mußte gehen.

Therapeut: Wann bemerkten Sie zuerst, daß Sie traurig waren?

Klient: Hm ... nun ... ich war den ganzen Tag über heiter; weder oben noch unten ... bis zum Abend.

Therapeut: Vor oder nach Sally?

Klient: Ich merke, worauf Sie hinaus wollen. Ja, es war nachdem sie ging. Wir hatten uns geliebt und dann mußte sie gleich weg, um ihren Bus noch zu erwischen. Aber warum sollte ich deswegen traurig sein. Bumsen ist toll.

Therapeut: Sie hatten keine Schwierigkeiten oder Enttäuschungen beim Lieben? Sie genossen es beide und fühlten sich beide nachher wohl?

Klient: Nun, wie ich schon sagte, war es kurz. Ich mußte sehr schnell kommen, obwohl ich hätte warten können.

Therapeut: Genoß es Sally?

Klient: Ich weiß es nicht ... Ich vermute es. Sie sagte nicht viel, bevor sie ging.

Therapeut: Und beunruhigte Sie das ... die Tatsache, daß sie nicht viel sagte?

Klient: Nun, so etwa. Ich war ein wenig beunruhigt, ob ich das gut gemacht habe ... wissen Sie. Es war nicht so, als ob ich nicht wollte, daß es ihr gutgeht oder nicht hätte mit meinem Höhepunkt warten könnnen, bis sie kam.

---

* Ein automatisches Anrufbeantwortungsgerät, das es den Klienten ermöglicht, selbstüberprüfende Daten auf einer 24-Stunden-Grundlage einzugeben. Der Therapeut kann diese Berichte nach Belieben besprechen.

Therapeut: Sie sagten, daß Sie darüber beunruhigt waren ... Sagen Sie mir das genauer. Was meinen Sie damit?

Klient: Nun, ich dachte viel darüber nach. Ich konnte nicht zu den Büchern zurückkommen. Ich hielt ... Hey! Ich merke, worauf Sie hinaus wollen! Ich sagte eine Menge negativer Dinge zu mir selbst. Wie »Jesus, sie wird über mich denken, daß ich eine Ejakulatio praecox« hätte oder ein »Hau-ruck-Bumser« wäre – jemand, der nur seins loswerden will und sich deshalb nicht darum kümmert, wie sie sich fühlt.

Therapeut: Gut ... Sie werden sehr einsichtig. Nun schauen wir, wie gut Sie Ihre kognitive Hausaufgabe gemacht haben. Geben Sie mir eine kurze Zusammenfassung von dem, was passierte, und warum Sie sich traurig gefühlt haben können.

Klient: Nun, im allgemeinen ist Sally sehr offen. Wissen Sie, sie erzählt mir, daß ich sie glücklich machte und daß sie es genoß. Ich begann mit Sex und sie erinnerte mich daran, daß wir nur wenig Zeit hätten bis ihr Bus käme. Wir hatten ein kurzes Vorspiel ... Ich kam, wir wuschen uns und sie ging. Dann begann ich mich schlecht zu fühlen; ich machte mir darüber Sorgen, ob es Sally gefallen hatte und was sie wohl über mich dachte.

Therapeut: Ausgezeichnet! Nun, da wir einige der Tatsachen kennen, die Sie wahrscheinlich traurig machten, wollen wir schauen, ob Sie sich schlecht gefühlt haben sollten oder nicht. Hat man recht, sich völlig ausgeschaltet zu fühlen, wenn man gelegentlich ein »geiler Klotz« ist? Sollte Ihr sexuelles Verhalten ein absoluter Maßstab für Selbstakzeptierung sein?

Die Verschiedenheit und das klinische Beiwerk der kognitiven Umstrukturierungsstrategien sind in kurzen Sitzungsausschnitten schwer zu ermitteln. Die ausführlichen Beschreibungen von Ellis sind sehr anschaulich (vgl. *Ellis*, 1962, 1971, 1973b). *Rimm & Masters* (1974) liefern auch einige Beispiele. Sokratischer Dialog und logische Selbstüberprüfung werden stark betont, wie im obigen Material von *Ellis* (1970) deutlich wurde.

Obwohl die therapeutischen Verfahren von *Ellis* seit über einem Jahrzehnt bestehen und für die Fachwelt »sichtbar« sind, gibt es kaum kontrollierte experimentelle Daten bezüglich ihrer Wirkungen. Das Forschungsinteresse nahm jedoch in den letzten Jahren zu und wir sind nun in der Lage, einige vorläufige empirische Überprüfungen anzubieten. Zunächst die Daten.

Um damit anzufangen, es gibt eine Menge Beweise, die die Auffassung stützen, daß symbolische Ereignisse bei Verhaltensstörungen eine bedeutende Rolle spielen können (vgl. Kapitel 4 und 6). Gedanken und bildhafte Vorstellungen können nicht nur schmerzhafte physiologische Erregung induzieren, sondern Vermittlungsdefizite können auch fehlangepaßte Verhaltensmuster erzeugen und aufrechterhalten (vgl. Kapitel 9 und 10). Beispielhaft für diese Befunde ist eine Untersuchung von *Rimm & Litvak* (1969), die spezifisch auf eine Überprüfung der Auffassungen von *Ellis* ausgerichtet war. Diese Forscher fanden, daß negative Selbstaussagen beträchtliche physiologische Erregung induzierten. Ihre Analyse verfolgte auch einen interessanten Unterpunkt der rational-emotiven Theorie. Das Modell von *Ellis* (1962) legt bei der emotionalen Selbsterregung eine quasi-deduktive Folge nahe:

A) Beobachtetes Ereignis	Leute ignorieren mich oft
B) Schlußfolgerung	Ich muß häßlich oder uninteressant sein
C) Selbstbewertende Schlußfolgerung	Wie schrecklich!

Rimm & Litvak (1969) boten ihren Versuchspersonen Satztriaden in der obigen Form dar und fanden keine Unterschiede in der emotionalen Reagibilität auf die drei Komponenten. Eine Replikation und Interpretation dieses Ergebnisses wurde kürzlich von *Russell & Brandsma* (1974) in einer Untersuchung berichtet, die zusätzliche physiologische Daten über symbolische Selbsterregung liefert.

Weitere unterstützende Beweise für die Rolle von Vermittlungsdefiziten bei klinischen Störungen liegen vor. Unsere Diskussion zeigte schon das Vorhandensein unzutreffender Überzeugungen bei Verhaltensstörungen. Zusätzliche Unterstützung wird durch neuere Ergebnisse über die Rolle des dichotomisierenden Denkens bei bestimmten fehlangepaßten Verhaltensmustern geliefert (z. B. *Plummer & Das*, 1973). Schließlich liefern die ausführlichen Falldarstellungen von *Beck* (1970a, b, 1971, 1972a; *Beck, Laude & Bohnert*, 1974), *Lazarus* (1971) und *Ellis* (1962, 1972) bedeutende Unterstützung. Wenn auch einige Anstrengungen unternommen wurden, quantifizierbare Methoden zur Messung »irrationaler Überzeugungen« zu entwickeln, bezogen nur wenige davon ihre Diagnostik auf beobachtete klinische Störungen (vgl. *Zingle*, 1965; *Gustav*, 1968; *Hartman*, 1968; *Argabrite & Nidorf*, 1968; *Jones*, 1969; *Fox & Davies*, 1971; *MacDonald & Games*, 1972; *Trexler & Karst*, 1973; *Goodman & Maultsby*, 1974).

Natürlich gilt unsere Beurteilung hauptsächlich der dokumentierten Wirksamkeit der kognitiven Umstrukturierung bei der Behandlung von Verhaltensstörungen. Zunächst gibt es eine Fülle an erfolgreichen Einzelfalluntersuchungen. Zusätzlich zu denen von *Ellis* (1957, 1962, 1971) zeigten zahlreiche Einzelfallberichte anderer klinischer Forscher therapeutische Verbesserungen nach rational-emotiver Therapie (vgl. *Davison*, 1966; *Beck*, 1970a, b, 1974; *Beck & Greenberg*, in Druck; *Rosenthal & Meyer*, 1971; *Maultsby*, 1971b; *Watts, Powell & Austin*, 1973; *Goodman & Maultsby*, 1974). Wenn auch bei den meisten dieser Berichte relativ unkontrollierte Methoden verwendet wurden (karg spezifizierte Verfahren, inadäquate Diagnostik usw.), sollte doch ihr gemeinsamer Optimismus beachtet werden. Um es noch einmal zu sagen, obwohl eine schlecht kontrollierte Einzelfalluntersuchung bescheidenere »empirische Nachweise« bringen kann als ihre genaueren Geschwister, so sollte ihr möglicher Beitrag zu unserer steigenden Zuversicht nicht übersehen werden.

Gruppenuntersuchungen mit kognitiver Umstrukturierung liefern auch einige Daten über ihre klinische Wirksamkeit. Einige beschränkten leider wegen methodologischer Schwächen ihren empirischen Beitrag. *McClellan & Stieper* (1973) kombinierten zum Beispiel rational-emotive Therapie mit Psychodrama und verwendeten keine Kontrollgruppe. Der Vergleich von *Ellis* (1957) von Psychoanalyse und RT verlor nicht nur durch mögliche diagnostische Fehler, sondern auch durch Zeit- und Stichprobenfehler (172 Klienten waren über mehrere Jahre verstreut, dabei erhielten die früheren Klienten Psychoanalyse und – als das theoretische Modell von *Ellis* heranreifte – erhielten die späteren Klienten RT).

Baker (1966) überprüfte die Effekte der kognitiven Umstrukturierung auf die Selbstaussagen von 105 Studenten der Universität von Illinois. Fünf Gruppen wurden verwendet: 1. Kognitive Umstrukturierung (»verbale Instruktionen, die Vernunft und Informationsverarbeitung verwendeten«), 2. Verstärkung, 3. kognitive Umstrukturierung und Verstärkung, 4. kognitive Umstrukturierung und ein unmittelbarer Nachtest und 5. Kontrolle (nicht kontingente Verstärkung). Positive Selbstreferenzen während eines Interviews stellten die abhängige Variable dar. Die Ergebnisse zeigten signifikante Anstiege bei den Versuchspersonen, die kognitive Umstrukturierung erhielten. Operante Verstärkung erhöhte die Äußerung positiver selbstbezogener Aussagen nicht signifikant. Jedoch legten die Daten aus mehreren psychometrischen Tests nahe, daß die Generalisation der Effekte der kognitiven Umstrukturierung durch die Hinzunahme von Verstärkung erhöht worden sein kann.

Der Einfluß der kognitiven Umstrukturierung auf Prüfungsangst wurde in einer Untersuchung überprüft, die von *Rimm & Masters* (1974) zusammengefaßt wurde:

Maes & Heimann (1970) verglichen die Wirksamkeit von RT, klientenzentrierter Therapie und Desensibilisierung bei prüfungsängstlichen Oberschülern. Die Behandlungen wurden in 10 Trainingssitzungen angewendet, die über eine Zeitspanne von 5 Wochen verteilt waren. Die Reaktionsmessungen enthielten eine Selbsteinschätzung der Angst, die Herzrate und die galvanische Hautreaktion. Nach der Behandlung sollte sich die Versuchsperson vorstellen, daß sie gerade eine Prüfung ablegte und dabei wurde ihr der Angstfragebogen gegeben. Danach wurde ihr ein Wortschatztest vorgelegt (als Intelligenztest beschrieben) und als sie reagierte, wurden die physiologischen Messungen vorgenommen. Obwohl der Angstfragebogen nicht zwischen den Behandlungsgruppen unterschied, zeigten die Desensibilisierungs- und RT-Versuchspersonen signifikant weniger emotionale Reagibilität in beiden physiologischen Maßen als die klientenzentrierten Versuchspersonen und die Versuchspersonen in einer vierten, unbehandelten Kontrollgruppe. Eine Nachuntersuchung wurde nicht berichtet (S. 427).

In einer Analoguntersuchung im Labor setzte *Burkhead* (1966) die Versuchspersonen der Androhung eines Schocks aus und verglich die streßreduzierenden Effekte von RT mit Anwesenheit des Therapeuten, angepaßter RT auf Tonband (in der versucht wurde, streßrelevante irrationale Überzeugungen anzuzweifeln und zu verändern), fehlangepaßte RT auf Tonband (»die die irrationalen Überzeugungen der Versuchspersonen verstärken sollte«) und eine unbehandelte Kontrollgruppe. Sowohl subjektive als auch physiologische Messungen der Erregung zeigten, daß die beiden therapeutischen Gruppen (RT mit Anwesenheit des Therapeuten und angepaßte RT) signifikant größere Angstreduktionen vollzogen. Die Versuchspersonen, die unangepaßte RT erhielten, berichteten ein Ansteigen der Angst.

Eine Voruntersuchung von *Karst & Trexler* (1970) verglich die Effekte der RT, *Kellys* (1955) »fixed role therapy« und einer Wartelisten-Bedingung auf die Verminderung von Sprechängsten. Die abhängigen Variablen waren fünf subjektive und zwei Verhaltensmaße. Leider wurden angemessene Inter-Beobachter-Reliabilitäten nur bei einem der Verhaltensmaße erzielt (einer Sprechstörungs-Checkliste). Die Analyse der nach Abschluß der Behandlung erhobenen Daten zeigte keine Gruppenunterschiede in diesem Verhaltensmaß. Drei der fünf subjektiven Maße ergaben eine Überlegenheit beider Therapien über die Wartelisten und ein viertes kam der Signifikanz nahe. Bei einer Nachuntersuchung nach sechs Monaten berichteten 80% der kontaktierten Versuchsgruppen, daß ihre Sprechängste »viel« oder »etwas« geringer seien als vor der Behandlung. Das Fehlen einer Aufmerksamkeits-Placebo-Gruppe bei dieser Untersuchung wurde bei einer späteren Teilreplikation abgestellt (*Trexler & Karst*, 1972). In dieser zweiten Untersuchung erhielten sprechängstliche Versuchspersonen entweder RT, ein Aufmerksamkeits-Placebo-Verfahren (Entspannungstraining) oder keine Behandlung. Drei Verhaltensmaße zeigten keine Unterschiede zwischen den Gruppen, zwei subjektive Maße begünstigten RT vor den anderen Gruppen und bei einer subjektiven Angsteinschätzung erwies sich Entspannungstraining als signifikant wirksamer als RT. Nach dieser Diagnostik erhielten die Entspannungs- und Kontrollgruppen RT-Training und eine dritte Meßbatterie wurde gegeben. Bei dieser dritten Diagnostik wurden jeweils zwei Gruppen statistisch zusammengefaßt und mit dem Verhalten der dritten Gruppe bei der zweiten Diagnostik verglichen. Wenn diese Analysen auch dazu neigen, die RT vor den beiden anderen Verfahren zu begünstigen, müssen bei ihrer Interpretation doch die sich ergebenden Unterschiede in der Zeit und der dazwischenliegenden Übung berücksichtigt werden. Eine Analyse der wiederholten Messungen der Veränderungen aller Versuchspersonen vor Beginn der Behandlung bis nach Abschluß der RT zeigte eine signifikante Verbesserung in allen Maßen. Das Fehlen einer unbehandelten Kontrollgruppe schränkt jedoch wieder die berechtigten Schlußfolgerungen ein.

Vergleichbare Ergebnisse werden von *Montgomery* (1971) in einer Untersuchung über Prüfungsangst berichtet. Personen, die systematische Desensibilisierung, Implosionstherapie oder kognitive Umstrukturierung erhielten, berichteten nach der Therapie weniger Angst als Wartelistenkontrollen. Drei Papier- und Bleistift-Maße der Angst unterschieden nicht zwischen den Gruppen, obwohl die systematische Desensibilisierung bei einem vierten diagnostischen Instrument (einem Verhaltenstest der Angst) signifikante Überlegenheit zeigte. Die geringe Übereinstimmung zwischen subjektiven und Verhaltensindikatoren der Angst läßt wieder nur wenige klinische Schlüsse aus diesen Ergebnissen zu.

DiLoreto (1971) wies 100 freiwillige Versuchspersonen fünf experimentellen Gruppen zu: 1. Systematische Desensibilisierung, 2. klientenzentrierte Therapie, 3. rational-emotive Therapie, 4. Aufmerksamkeits-Placebo-Verfahren und 5. Kontrolle ohne Kontakt. Subjektive Maße und Therapeutenratings der interpersonellen Angst stellten die abhängigen Variablen dar. Alle drei Behandlungsgruppen waren signifikant erfolgreicher als die beiden Kontrollgruppen, dabei bewirkte die systematische Desensibilisierung größere Angstreduktion und die rational-emotive Therapie erzeugte eine größere Zunahme der interpersonellen Aktivität. Ein Teil der Ergebnisvarianz stand offensichtlich zu einem Therapeuteneffekt in Beziehung. Die klinische

Bedeutung dieser Untersuchung ist jedoch durch das Fehlen direkter Verhaltensmessungen begrenzt.

In einer Untersuchung von *D'Zurilla, Wilson & Nelson* (1973) wurde ein »kognitive Umstrukturierung« genanntes Verfahren zur Kontrolle von »unspezifischen Faktoren« in zwei formalen experimentellen Gruppen verwendet (systematische Desensibilisierung und graduierte verlängerte Exposition). Auch eine unbehandelte Kontrollgruppe wurde verwendet. In dieser Untersuchung bedeutete kognitive Umstrukturierung ein »perzeptives Umlernen« und eine Umetikettierung der angstauslösenden Situation (Rattenphobie). Die Versuchspersonen erhielten theoretische Erklärungen ihrer Angst (Konditionierung, Vermeidungslernen, stellvertretende Prozesse, kognitives Etikettieren und Wahrnehmungslernen). Sie wurden ermutigt, die irrationalen Grundlagen ihrer eigenen Ängste wahrzunehmen und zu verändern. Wenn auch diese therapeutische Strategie der »orthodoxen« rational-emotiven Therapie ähnlich aber nicht gleich war, so verdienen ihre Effekte doch Beachtung. Bei einem Verhaltens-Annäherungs-Maß bewirkte nur die graduell verlängerte Exposition eine signifikante Abnahme der Vermeidung. Jedoch ergab das kognitive Verfahren Verbesserungen, die der Signifikanz nahekamen ($p < .10$), während sich die systematische Desensibilisierungsgruppe nicht von unbehandelten Kontrollen unterschied. Interessanterweise zeigte in einem subjektiven Maß der Angst nur die kognitive Gruppe signifikante Verbesserungen gegenüber Kontrollverfahren.

Eine letzte Quelle klinischer Daten ist ein Artikel von *Goldfried, Decenteceo & Weinberg* (1974), dessen Hauptzweck die Integration der rational-emotiven Therapie in einen lerntheoretischen Rahmen war. Bei der Rechtfertigung dieser Integration zitieren die Autoren Evidenz von vier redeängstlichen Versuchspersonen, die ein Training in kognitiver Umstrukturierung erhielten. Trotz der Kürze der Behandlung und dieser sehr kleinen Stichprobe zeigten Fragebogenantworten eine signifikante Abnahme der subjektiven Redeangst. Daten aus einer noch im Gange befindlichen kontrollierten Untersuchung legen weiterhin nahe, daß kognitive Umstrukturierung signifikant wirksamer war als eine Vorstellungsgruppe. Obwohl diese Ergebnisse zugegebenermaßen vorläufig sind, werden sie von den Autoren so interpretiert, daß sie die möglichen klinischen Erwartungen an die kognitive Umstrukturierung unterstützen.

In den Begriffen der Forschung über »orthodoxe« rational-emotive Therapie wurde in der obigen Zusammenfassung eine Übersicht über bestehende klinische und Laborforschung gegeben. Wie wir im nächsten Kapitel sehen werden, haben jedoch mehrere Forscher isolierte Komponenten der RT verwendet (z. B. Training in der Unterscheidung und Veränderung ungünstiger Selbstaussagen). Bevor wir ihre Effekte prüfen, sind einige kurze bewertende Kommentare über die RT gerechtfertigt.

Zunächst ist die experimentelle Forschung über die Wirksamkeit der RT spärlich, methodisch schlecht und insgesamt bescheiden in ihren Implikationen. Zwei Untersuchungen verwendeten Analogien, die ihre klinische Bedeutung einschränkten (*Baker*, 1966; *Burkhead*, 1970). Drei Untersuchungen begrenzten ihre Abschlußdiagnostik auf subjektive Berichte über Verbesserungen und Papier-und-Bleistift-Reaktionen (*Montgomery*, 1971; *DiLoreto*, 1971; *Goldfried, Decenteceo & Weinberg*, 1974). Schließlich zeigten drei der vier Untersuchungen, die sowohl subjektive als auch Verhaltensmaße der Verbesserungen einschlossen, daß die Effekte der kognitiven Umstrukturierung im Bereich der inneren Phänomenologie (subjektives Leiden) stärker sein können als im Verhaltensbereich (*Karst & Trexler*, 1970; *Trexler & Karst*, 1972; *D'Zurilla, Wilson & Nelson*, 1973). In der vierten Untersuchung (*Maes & Heimann*, 1970) war die RT erfolgreich bei der Reduktion der physiologischen Erregung, beeinflußte das subjektive Leiden aber weniger stark.

In Kürze: Das Ausmaß, die Qualität und die Ergebnisse der vorhandenen experimentellen Arbeit über kognitive Umstrukturierung rechtfertigen keine bewertende Schlußfolgerung. Das bedeutet natürlich, daß die klinische Wirksamkeit der RT noch angemessen nachgewiesen werden muß. Abhängig von den eigenen Wahrnehmungsverzerrungen, empirischen Kriterien und vielleicht der klinischen Erfahrung mit der RT kann die oben angeführte Evidenz als vielversprechend oder pessimistisch gesehen werden. Auf jeden Fall müssen wir ein zuverlässigeres Urteil aufschieben, bis weitere Daten verfügbar sind.

Zusätzlich zur empirischen Beurteilung ihrer klinischen Wirksamkeit rechtfertigen mehrere andere Streitpunkte eine Überprüfung der RT. Die aktiven Komponenten der kognitiven Umstrukturierung stellen einen dieser Streitpunkte dar. Sogar eine kursorische Lektüre der therapeutischen Empfehlungen von *Ellis* legt die Wirkung zumindest der folgenden Komponenten nahe:

1. didaktische Überzeugung von einem Einstellungssystem, das die Rolle irrationaler Gedanken bei subjektivem Leiden und defizitärem Verhalten betont; ein Wertsystem wird ebenfalls kommuniziert – dessen Hauptprämisse die nichtkontingente Selbstakzeptierung unabhängig von Verhaltenskompetenzen ist;

2. Training in der Unterscheidung und systematischen Beobachtung von Selbstaussagen;

3. Training in der logischen und empirischen Bewertung von Selbstaussagen;

4. graduelle Handlungsanweisungen;
5. unmittelbares und oft offenes soziales Feedback über
a) tatsächlichen Verhaltensfortschritt,
b) standardisiertes Setting, und
c) das logische und adaptive Wesen innerer Monologe (logische Schlußfolgerungen, Selbsteinschätzungen etc.), und
d) ausgedehntes Therapeutenmodeling von vorgeschriebenen Vermittlungsstilen (über Selbstenthüllung, Rollenspiel etc.).

Wie wir im nächsten Abschnitt sehen werden, sind viele dieser Komponenten auch in der kognitiven Strategie enthalten, die wir »Selbstinstruktion« nennen. In der kontrollierten Forschung über das letztere Verfahren wurde schon damit begonnen, den Beitrag verschiedener Komponenten zu trennen. Bevor wir auf diese Evidenz schauen, sind jedoch einige kurze Bemerkungen über einige der philosophischen Annahmen der orthodoxen kognitiven Umstrukturierung angebracht.

Eine implizite aber hervortretende Prämisse der Ansicht von *Ellis* (1962, 1970) über den menschlichen Organismus beschäftigt sich mit der Rolle der Logik bei den Denkstrukturen. RT nimmt einen logischen Organismus an. Es wird angenommen, daß die Entdeckung der »Irrationalität« in den eigenen Selbstaussagen automatisch ihre Änderung motivieren wird. Vermutlich wird diese Bewertung der logischen Kohärenz zumindest teilweise gelernt. *Ellis* behauptet jedoch in seiner Kritik von *DiLoretos* (1971) Untersuchung, daß die Tendenz, irrationalen Selbstaussagen zu glauben, wahrscheinlich eher angeboren als gelernt ist (S. 215). Die Sozialpsychologie der kognitiven Konsistenz und der logischen Einstellung stellt ernsthaft in Frage, ob wir inhärent logische Organismen sind (*McGuire,* 1960, 1968). Obwohl in unseren Vermittlungsprozessen eine hohe Frequenz sozial beeinflußter Organisation zu sein scheint, weicht ihre Struktur oft beträchtlich von formalen logischen Kriterien ab. Meine eigene klinische Erfahrung zeigte Beispiele, in denen die Entdeckung der Irrationalität seiner Selbstaussagen bei einem Klienten entweder zu vernachlässigende oder negative Reaktionen erzeugte. Eine Person sagte zum Beispiel: »Okay, also bin ich unlogisch. Ich glaube aber noch, was ich zu mir selbst sage.« Zwei andere depressive Klienten werteten ihre neu entdeckte Irrationalität als weiteren Beweis für ihre Inkompetenz. Wie ich am Ende des nächsten Abschnitts wiederholen werde, könnten unsere weiteren experimentellen Nachforschungen mit Nutzen die verlockende Spekulation ansprechen, daß *Ellis'* Verweisung auf Logik nur ein Mittel ist, um das zu bewirken, was der entscheidende Bestandteil der RT sein kann – nämlich die Änderung unangepaßter kognitiver Verhaltensweisen.

Eine zweite implizite philosophische Annahme schlägt vor, daß buchstäblich alle Formen subjektiven Kummers unvernünftig sind. Es ist immer irrational, extrem aufgeregt zu sein. Obwohl er die Freiheit des Individuums anerkennt, sich traurig und enttäuscht zu fühlen, hält *Ellis* daran fest, daß es buchstäblich kein Ereignis gibt, das gerechtfertigte Angst, Panik oder Depression auslösen kann. Also behauptete *Ellis* (1972) in seiner rationalen Analyse der Flugangst, daß Todesangst irrational ist:

Schluß mit dem Mist! Wenn du tot bist, bist du wirklich tot. – Ja: leblos, gefühllos, unwissend (S. 31).

Verstehe durch Veranschaulichung deine Forderung, daß »ich immer leben sollte und es wäre schrecklich, wenn ich das nicht würde.« Du kannst diese Annahme logisch in Frage stellen, indem du fragst, ob sie irgendwie sinnvoll ist (S. 51). Das logische Korollarium von »Tod ist schrecklich« ist die Schlußfolgerung, daß »ich deshalb alles mögliche tun muß, um Sterben zu verhindern« (S. 53).

Ähnliche Argumente werden verwendet, daß der Tod oder Verlust einer geliebten Person ernste Gefühle von Depression induzieren sollte. Obwohl unsere beruflichen Werte Anstrengungen motivieren können, solchen persönlichen Kummer zu reduzieren, kann eine Verweisung auf Logik nicht die wirksamste Strategie sein. Ein depressiver Philosoph könnte wünschen, *Ellis* einige Vorschläge zur logischen Analyse seiner eigenen Prämissen zu machen. Glücklichsein ist eben nicht einfach in sich das Logischere – es tut nur wohler.

Selbstinstruktionen

Die Rolle »innerer Monologe« bei der emotionalen Erfahrung und der Handlungssteuerung wurde seit mehreren Jahrhunderten erkannt. Östliche Schriften, die Tausende von Jahren alt sind, betonen die Rolle verdeckter Sprache bei Anpassung und Wachstum (z. B. die Veden, die Bhagavadgita etc.). Diese Betonung setzte sich in zeitgenössischere Strategien von persönlicher Selbstverbesserung fort. Der französische Psychotherapeut *Emile Coué* (1922) popularisierte zum Beispiel das optimistische Selbstgespräch »Auf jeden Fall geht es mir mit jedem Tag immer besser«. In seinem formalen Selbstverbesserungsprogramm betonte *Pelman* (1919), daß »jeder Gedanke, vor allem ein Gedanke, der mit Gefühlen beladen ist, dazu tendiert, eine Handlung zu werden« (S. 30). *Bain* (1928) schlug spezifische Strategien der Gedankenkontrolle zur Verbesserung der persönlichen Anpassung vor. *Dale Carnegie* (1948) bot ähnliche Vorschläge an und *Norman Vincent Peale* (1960) beschrieb die beeindruckende »Macht des positiven Denkens«. In einem Traktat, das gegenwärtige, auf Informationstheorie basierende Ansätze klinischer Störung vorwegnahm, bot *Maxwell Maltz* (1960) Psychokybernetik als kognitive therapeutische Strategie an.

Fifth Avenue ist natürlich für den ernsthaften Wissenschaftler ein verbotenes Gebiet und Anstrengungen zur empirischen Bewertung der vorangehenden Gedankenkontrollverfahren entwickelten sich nur langsam. Es ist bemerkenswert, daß klinische Forscher populäre therapeutische Strategien so munter angreifen und sich stur weigern, jene Strategien kontrollierter Bewertung zu unterziehen oder der Öffentlichkeit effektivere und empirisch gestützte Alternativen anzubieten. Bis vor sehr kurzer Zeit wurde der Verhaltenswissenschaftler fast als mit einem Makel behaftet betrachtet, wenn er sich an die Laienöffentlichkeit wandte, ganz abgesehen vom Buchmarkt.

Als die Psychologien der »Selbstaussagen« an Popularität zunahmen, begann die Laboratoriumsforschung über »verdeckte Sprache« auf ihrem getrennten Weg. Viele der frühen Arbeiten auf diesem Gebiet wurden von den russischen Psychologen *Luria* (1961, 1963) und *Vygotsky* (1962) beherrscht. *Luria* wies auf drei Stufen der internalisierten Verhaltenskontrolle hin. Die Handlung des Kindes wird zunächst durch die verbalen Anweisungen und Reaktionen externaler Agenten (z. B. Eltern) kontrolliert. Dann beginnt es, einige seiner eigenen Handlungen durch laute Selbstaussagen zu steuern. Schließlich werden diese Selbstaussagen verdeckt und erweitern ihren ausgedehnten steuernden Einfluß.

Die Rolle verbaler Selbstinstruktionen bei komplexen Handlungen wurde allmählich ein Thema von experimentellem Interesse (vgl. *McGuigan*, 1870; *Wine*, 1971). *Sandra L. Bem* (1967) zeigte zum Beispiel, daß die Leistung Dreijähriger bei einer Anzahl von Begriffsbildungsaufgaben durch Training in verdeckter verbaler Vermittlung beträchtlich verbessert werden konnte. *O'Leary* (1968) zeigte in ähnlicher Weise, daß Selbstinstruktion bei einer Laboratoriumsanalogie zur ethischen Erziehung die Übertretungen signifikant reduzierte. Nachbildungen und Verfeinerungen mit einem weiten Bereich an Versuchspersonenpopulationen und Zielverhaltensweisen kamen bald zum Vorschein (vgl. *Palkes, Stewart & Kahana*, 1968; *Blackwood*, 1970; *Ridberg, Parke & Hetherington*, 1971; *Monahan & O'Leary*, 1971; *Palkes, Stewart & Freedman*, 1972; *Sarason*, 1973; *Denny*, 1972; *Hartig & Kanfer*, 1973).

Einige der umfassendsten und klinisch beeindruckensten Arbeiten auf dem Gebiet des Selbstinstruktionstrainings waren die von *Donald Meichenbaum* und seinen Kollegen an der Universität von Waterloo. Mehrere neuere Übersichtsartikel fassen ihre Arbeit zusammen und geben eine Übersicht sowohl über unterstützende Evidenz als auch über einige der hervortretendsten theoretischen und klinischen Fragen auf diesem Gebiet (z. B. *Meichenbaum*, 1973a; 1974a, b; *Meichenbaum & Cameron*, 1974). Wenn auch eine genaue Darstellung der zahlreichen Untersuchungen, die von *Meichenbaum* et al. durchgeführt wurden, einen ganzen Band erfordern würde, so verdienen ihre Verfahren und die beeindruckenden Effektivitätsmessungen mehr als eine kursorische Übersicht.

Meichenbaum interessierte sich zunächst für die Effekte von Selbstgesprächen auf Handlungen, im Anschluß an seine (1969) Dissertation über die Modifikation von »verrückten Gesprächen« Schizophrener. In dieser Untersuchung beobachtete er, daß viele der Patienten, die trainiert wurden, »gesunde Gespräche« zu führen, ihre Verbesserungen der Handlungen aufrechterhielten, indem sie sich mit offenen Selbstinstruktionen beschäftigten, die den vorhergehenden Anweisungen des Versuchsleiters ähnlich waren (z. B. »sei kohärent«, »sei relevant«). Diese Beobachtung regte mehrere nachfolgende Untersuchungen über die Effekte systematischen Selbstinstruktionstrainings an. Die Vermittlungsdefizite »impulsiver« Kinder waren ein früher Brennpunkt dieser Forschung (z. B. *Meichenbaum*, 1971b; *Meichenbaum & Goodman*, 1969a, b, 1971). »Impulsivität« beschreibt ein Reaktionsmuster, das durch extrem kurze Reaktionslatenzen und eine hohe Fehlerzahl charakterisiert wird. Frühere Forschung legte nahe, daß ein bedeutender Faktor bei diesem Muster unreife und unangemessene innere Sprache ist. Das impulsive Kind scheint in vielen Situationen nicht gelernt zu haben, wie es seine Aufmerksamkeit angemessen ausrichten und seine Handlung lenken kann. In einer Reihe von gut kontrollierten Laboratoriumsexperimenten konnte *Meichenbaum* zeigen, daß die Reaktionslatenz und Handlungsgenauigkeit impulsiver Kinder durch Selbstinstruktionstraining dramatisch verbessert werden konnte. Die Trainingssequenz schloß einen abgekürzten Entwicklungsgang ein, der einigen wahrscheinlichen Elementen der Internalisierung von Sprache des »normalen« Kindes parallel lief:

1. ein erwachsenes Modell führte zunächst die Aufgabe aus, während es laut zu sich selbst sprach (kognitives Modeling);
2. dann führte das Kind die gleiche Aufgabe aus, wobei es den Instruktionen des Modells folgte (offene externale Führung);
3. das Kind führte dann die Aufgabe aus, indem es sich selbst laut instruierte (offene Selbstführung);
4. das Kind flüsterte dann die Instruktionen sich selbst zu, während es die Aufgabe durchging (ausgeblendete offene Selbstführung); und schließlich
5. das Kind führte die Aufgabe aus, während es seine Handlung durch innere Sprache lenkte (verdeckte Selbstinstruktion).

Bei einer Aufgabe, die das Abzeichnen von Linien erforderte, war ein Beispiel der modellierten Selbstinstruktionen:

Gut, was muß ich tun? Du willst, daß ich das Bild mit den verschiedenen Linien abzeichne. Ich muß langsam und vorsichtig sein. Gut, ich ziehe die Linie nach unten, unten, gut; dann nach rechts, so; nun noch etwas nach unten und dann nach links. Gut, bis jetzt mache ich das schon recht ordentlich. Denk daran, langsam zu zeichnen. Nun wieder nach oben. Nein, ich sollte nach unten gehen. Das ist richtig. Radiere die Linie sorgfältig aus... Gut. Auch wenn ich einen Fehler mache, kann ich langsam und sorgfältig sein. Gut, nun nach unten. Ende. Ich habe es geschafft (*Meichenbaum*, 1971b, S. 8).

Man sollte beachten, daß das Modell bei diesem »lauten Denken« mehrere verhaltensrelevante Fertigkeiten zeigt: a) Problemdefinition (»was muß ich tun?«), b) gerichtete Aufmerksamkeit und Reaktionssteuerung (»sei sorgfältig ... ziehe die Linie nach unten«), c) Selbstverstärkung (»Gut, ich mache es schön ...«) und d) selbstbewertende Bewältigungsfertigkeiten und fehlerkorrigierende Entscheidungen (Wahlen, Möglichkeiten) (»Das ist in Ordnung ... auch wenn ich einen Fehler mache, kann ich langsam weitermachen«).

Der Beitrag verschiedener oben genannter Trainingskomponenten wurde in einer Reihe von kontrollierten Laborexperimenten untersucht (vgl. *Meichenbaum*, 1971b). In einem Experiment wurde zum Beispiel gefunden, daß kognitives Modellernen allein nicht so wirksam war wie kognitives Modellernen plus Selbstinstruktionstraining. Kinder waren erfolgreicher, wenn sie nicht nur die verbale Selbststeuerung eines Modells beobachteten, sondern auch ein Training im Rekapitulieren und im persönlichen Gebrauch ähnlicher innerer Sprache erhielten. Die abhängigen Maße, die vom Porteus Labyrinth Verhalten, der Reaktionslatenz, dem Inhalt der verdeckten Sprache (egozentrisch versus instrumentell), den Werten im Matching Familiar Figures Test und dem Handlungs-IQ (dem Anteil entsprechend verteilter WISC) reichten, zeigten konsistente und beeindruckende Verbesserungen nach Selbstinstruktionstraining. Diese Verbesserungen waren signifikant größer als die der Kontrollgruppe ohne Behandlung und mit Aufmerksamkeit.

Die obigen Ergebnisse regten weitere Erweiterungen und Überarbeitungen von Selbstinstruktionsverfahren an. *Meichenbaum, Gilmore & Fedoravicius* (1971) entwickelten zum Beispiel ein »einsichtsorientiertes« Therapieverfahren für die Behandlung redeängstlicher Klienten. Bei dieser Strategie wurden die Personen a) über die Rolle selbstabwertender innerer Monologe bei der Redeangst unterrichtet, b) trainiert, diese fehlangepaßten Selbstaussagen zu unterscheiden und zu benennen und c) ermutigt, angepaßtere Selbstverbalisationen zu äußern. Die Effekte dieses Selbstinstruktionstrainings wurden mit Desensibilisierung, Desensibilisierung plus Selbstinstruktion, Aufmerksamkeits-Placebo und einer Kontrollgruppe ohne Behandlung verglichen. Zwei Verhaltensmaße des tatsächlichen Sprechverhaltens und vier Maße der subjektiven Angst wurden verwendet. Die Ergebnisse zeigten, daß sowohl Desensibilisierung als auch Selbstinstruktion signifikante Verbesserungen in Verhaltens-, kognitiven und subjektiven Maßen bewirkten. Obwohl das kognitive Training in dieser Untersuchung vom Vorgehen her von dem der orthodoxen rational-emotiven Therapie unterschieden werden kann, so sollten Parallelen nicht übersehen werden.

Eine Untersuchung über Schlangenvermeidung (*Meichenbaum*, 1971a) überprüfte die Effekte von »bewältigenden« versus »beherrschenden« Selbstinstruktionen. Aus den Untersuchungen von *Kazdin* über verdecktes Modellernen (Kapitel 8) werden Sie sich erinnern, daß ein bewältigendes Modell anfänglich Angst zeigt ähnlich wie der vermeidende Beobachter, aber allmählich seine Ängste bewältigt und möglicherweise die Aufgabe vollendet. Andererseits ist ein beherrschendes Modell während der ganzen Handlung kompetent und furchtlos. Frühere Forschung über stellvertretendes Lernen (*Bandura*, 1969, 1971a) legte die Möglichkeit nahe, daß die Versuchspersonen die Verhaltensweisen bewältigender Modelle wegen ihrer größeren Ähnlichkeit mit dem Beobachter mit größerer Wahrscheinlichkeit imitieren. Eine Untersuchung von *Meichenbaum* (1971a) verglich die Effekte von 1. Vorgabe von beherrschendem Modellverhalten (Annäherung ohne Angst und Zögern an Schlangen ohne modellierte Selbstverbalisationen), 2. Vorgabe von beherrschendem Modellverhalten plus beherrschende Selbstverbalisationen, 3. Vorgabe von bewältigendem Modellverhalten (Annäherung an Schlangen mit beträchtlichem Zögern und gelegentlichem Zurückweichen) und 4. Vorgabe von bewältigendem Modellverhalten plus bewältigenden Selbstverbalisationen (z. B. Beschreibung der anfänglichen Ängste, Selbstinstruktionen tief durchzuatmen und zu entspannen). Sowohl Verhaltens- als auch subjektive Maße zeigten, daß die Konfrontation mit bewältigenden Modellen (verbalisierend und nicht verbalisierend) signifikant größere Verbesserungen bewirkte als die Beobachtung von beherrschenden Modellen. Darüber hinaus erhöhte die Hinzunahme von bewältigenden Selbstinstruktionen entscheidend die Effekte der Konfrontation mit nonverbalem bewältigendem Verhalten. Die bewältigenden, selbstverbalisierenden Modelle waren bei der Reduktion des Vermeidungsverhaltens am wirksamsten. Die Implikationen dieser Ergebnisse für den »Therapeuten als Modell« werden in den folgenden Kapiteln ausführlicher untersucht.

Selbstinstruktionstraining wurde auch bei der Behandlung von

Prüfungsangst angewendet. *Meichenbaum* (1972b) verglich die Effekte von Desensibilisierung, einem modifizierten Selbstinstruktionsverfahren und keiner Behandlung bei der Verminderung der Prüfungsangst von Collegestudenten. Bei dieser Untersuchung wurde Selbstinstruktionstraining mit einem Desensibilisierungsverfahren kombiniert, das eine bewältigende Vorstellung einsetzte. Messungen der tatsächlichen Prüfungsleistungen, der von der Versuchsperson angegebenen Angst und Veränderungen im Notendurchschnitt zeigten, daß die kognitive Trainingsstrategie am wirksamsten war. Drei andere Untversuchungen berichteten eine ebenso deutliche Abnahme der Prüfungs- und Redeangst nach Selbstinstruktionstraining (*Wine*, 1971; *Sarason*, 1973; *Norman*, 1974).

Eine der klinisch beeindruckendsten Demonstrationen der Effekte dieser kognitiven Strategie wird in dem Artikel »Training Schizophrener mit sich selbst zu sprechen« (*Meichenbaum & Cameron*, 1973a) beschrieben. Zwei Untersuchungen beschäftigten sich mit dem Einfluß des Selbstinstruktionstrainings auf Aufmerksamkeit, Denken und Sprachverhalten institutionalisierter Schizophrener. Im ersten Experiment wurde gefunden, daß die kognitive Trainingsstrategie die Leistung Schizophrener bei zwei Wahrnehmungsaufgaben signifikant verbesserte (Zahlen-Symbol-Substitution und Zahlenerinnerung bei auditiver Ablenkung). In einer zweiten Untersuchung wurden die Effekte ausgedehnten Selbstinstruktionstrainings überprüft. Die Leistungen fünf kognitiv trainierter Schizophrener wurden mit denen von fünf Kontrollpersonen mit gleicher Übung verglichen. Die Diagnostik wurde durch einen Versuchsleiter vorgenommen, der die Zuweisung der Versuchspersonen zu den Bedingungen nicht kannte. Die Ergebnisse werden in Abbildung 11-1 dargestellt. Die Messungen der Beobachterreliabilität bei »verrücktem Reden«, Sprichwortabstraktion und Tintenklecksreaktionen reichten von 0.82 bis 0.91. Wie in der Abbildung veranschaulicht wird, bewirkte das kognitive Training signifikante Verbesserungen in allen abhängigen Maßen mit Ausnahme der Zahlenerinnerung ohne Ablenkung. Obwohl die beiden Gruppen vor der Behandlung äquivalent waren, bewirkte das Selbstinstruktionstraining eine signifikante Abnahme des »verrückten Redens« während eines standardisierten Interviews ($p<0.05$) und Verbesserungen der Sprichwortabstraktion, der eingeschätzten Wahrnehmungsintegration und der Zahlenerinnerung unter Ablenkungsbedingungen. Eine Nachuntersuchung nach drei Wochen zeigte, daß Verbesserungen in diesen vier Bereichen relativ zu gepaarten Kontrollpersonen nicht nur aufrechterhalten wurden, sondern weiter zunahmen. Die Unterschiede in der Häufigkeit des »verrückten Redens« waren zum Beispiel bei der Nachuntersuchung auf dem 0.0005-Niveau signifikant. Die obigen Ergebnisse lassen für die An-

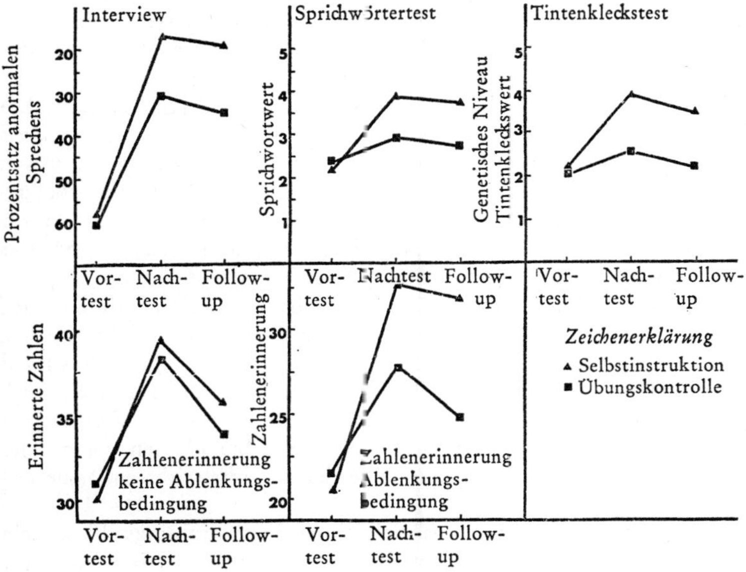

Abbildung 11-1: Verhaltensmaße vor Beginn der Behandlung nach Abschluß der Behandlung und follow-up-Diagnostik. (Nachdruck mit freundlicher Genehmigung aus *Meichenbaum & Cameron,* 1973a.)

wendung kognitiver Trainingsstrategien auf klassische Verhaltensstörungen einiges erwarten, wenn auch weitere Nachforschungen äußerst wichtig sind.

Spätere Untersuchungen der Selbstinstruktionsstrategien führten *Meichenbaum* und seine Kollegen auf die Gebiete der Kreativität, Angsterleichterung, Geriatrie und Aufregung. In einer umfassenden Untersuchung, die Kreativität von mehreren verschiedenen theoretischen Perspektiven aus maß, fand *Meichenbaum* (1973b), daß kognitives Training signifikante Verbesserungen des kreativen Verhaltens (divergentes Denken, ungewöhnliche Verwendungen, Originalität usw.) bewirkte. Eine Untersuchung über Angsterleichterung (*Wolpe & Lazarus,* 1966) fand, daß die Rekapitulation von angepaßten als auch vermeidenden Selbstgesprächen bei Schlangenphobikern signifikante therapeutische Veränderungen ergab, egal, ob der Beginn des Schocks mit der Äußerung der angepaßten oder der vermeidenden Verbalisation zusammenfiel (*Meichenbaum & Cameron,* 1973b). Ein herausfordernder Artikel über Selbstinstruktionstraining bei alten Menschen bemerkt die Häufigkeit gestörter Selbstverbalisationen bei dieser Population und empfiehlt gezielte klinische Forschung (*Meichenbaum,* in Druck). Schließlich erweiterten *Burstein & Meichenbaum* (1974) kürzlich einige der früheren Analysen der »Trauerarbeit« (vgl. *Marmor,* 1958; *Janis,* 1958; *Breznitz,* 1971). Dieses Phänomen bezieht sich auf die Rolle kognitiven Rekapitulierens und antizipatorischen Problemlösens bei Personen, denen Streß droht (z. B. Operationen, der Tod eines kranken Freundes usw.). Ihre Voruntersuchung mit Kindern, denen eine Operation bevorstand, legte nahe, daß kognitive Vorbereitung ein wichtiger Faktor bei der Verminderung des nach einer Operation erlebten Stresses sein könnte.

Die Anwendungsmöglichkeit des Selbstinstruktionstrainings auf die erzieherische und klinische Praxis muß kaum dargelegt werden. Wie *Meichenbaum & Turk* (1972) betonen, haben die sich schnell entwickelnden Strategien und beeindruckenden Ergebnisse der kognitiven Verhaltensmodifikation solchen pädagogischen Fernsehprogrammen wie Sesame Street viel zu bieten. Sie können ebenso der gegenwärtigen klinischen Praxis eine der aussichtsreichsten Neuerungen bieten.

Der empirische Status des Selbstinstruktionstrainings bietet ein viel besseres Bild als sein partieller Vorläufer, die rational-emotive Therapie. Zusätzlich zu den klinisch bedeutenden Ergebnissen von *Meichenbaums* eigener Forschung unterstützen unabhängige Replikationen und Verfeinerungen ein zunehmendes Vertrauen in die interne und externe Validität dieser Strategien (z. B. *Bem,* 1967; *O'Leary,* 1968; *Palkes* et al., 1968, 1972; *Blackwood,* 1970; *Ridberg, Parke & Hetherington,* 1971; *Denny,* 1972; *Sarason,* 1973; *Hartig & Kanfer,* 1973). Viele dieser bestätigenden Untersuchungen beschränkten sich auf experimentelle Analogien bei Kindern. Weitere Replikationen im Bereich der praktischeren klinischen Probleme sind dringend nötig. Die Arbeit von *Wine* (1970), *Sarason* (1973) und *Norman* (1974) erbrachte bei der Behandlung von Prüfungs- und Redeangst schon vorläufige Bestätigung durch Replikation. Ebenso waren an den erfolgreichen Behandlungspaketen mehrerer Untersuchungen Variationen des Selbstinstruktionstrainings beteiligt, obwohl in diesen Untersuchungen der Beitrag des kognitiven Trainings nicht isoliert wurde (vgl. *Tori & Worell,* 1973; *Mahoney,* 1973; *Rimm, Saunders & Westel,* 1974).

Empirische Analysen der Komponenten, der Aufrechterhaltung und des therapeutischen Transfers des Selbstinstruktionstrainings sind ebenfalls notwendig. Eine Prüfung von *Meichenbaum* (1974c) »Therapeutenhandbuch der kognitiven Verhaltensmodifikation« legt die mögliche Wirkung von zumindest den folgenden Komponenten nahe:

1. Didaktische Darlegung und gelenkte Selbstentdeckung der Rolle von Selbstaussagen bei subjektivem Leiden und Verhaltensmängeln;

2. Training der Grundlagen des Problemlösens (z. B. Problemdefinition, Antizipation von Konsequenzen);

3. Training der Unterscheidung und systematischen Beobachtung von Selbstaussagen;

4. graduelle Verhaltensanweisungen;

5. explizite Vorschläge und Selbstverstärkung für die Modifikation von Selbstaussagen nach den Richtlinien der »bewältigenden« Anpassung und verhaltensrelevantes Ausrichten der Aufmerksamkeit;

6. strukturiertes Modellernen sowohl offener als auch kognitiver Fertigkeiten;

7. Vorgabe von und Ermutigung zu positiver Selbstbewertung (Selbstverstärkung) und

8. Entspannungstraining kombiniert mit dem Einsatz einer bewältigenden Vorstellung in einem modifizierten Desensibilisierungsverfahren abhängig vom verwendeten Behandlungspaket.

Ein Vergleich der obigen Spezifikation mit unserer früheren Analyse der rational-emotiven Therapie von *Ellis* enthüllt verblüffende Ähnlichkeiten. Beide Strategien betonen die Rolle innerer Monologe bei subjektivem Leiden und liefern ein Training (und Verstärkung) systematischer Beobachtung und Änderung gestörter Denkmuster. Zusätzlich zu didaktischen Instruktionen und gelenkter Selbstentdeckung verlassen sich beide Strategien auf graduelle Ausführung von Aufgaben und Prozesse des Modellernens. Die Verfahren unterscheiden sich hauptsächlich in der relativen Bedeutung der formalen logischen Analyse (z. B. Isolierung und Bewertung von Prämissen), der begleitenden Darstellung eines Wertsystems (unbedingte Selbstakzeptierung) und der direkten Autorität, mit der die therapeutischen Grundprinzipien und die Verfahren dargestellt werden.

Wie bereits früher erwähnt wurde, liegt sowohl bei der RT als auch beim Selbstinstruktionstraining ein Schwerpunkt auf der Modifikation gestörter Denkmuster. Die entsprechenden Mittel, um dieses Ziel zu erreichen, unterscheiden sich jedoch in ihrer Bedeutung. *Ellis* vertraut vor allem auf sokratischen Dialog und logische Selbstüberprüfung. *Meichenbaum* betont andererseits stärker graduelle Aufgaben, kognitives Modellernen und gelenktes Vermittlungstraining. Ebenso fördert er Selbstverstärkung von Verbesserungen. Die vorliegende Bestätigung der RT ist leider nicht ausreichend und unangemessen und erlaubt somit keinen bewertenden Vergleich beider Ansätze. Die weitere Forschung wird hoffentlich nicht nur die relativen Effekte dieser beiden Trainingsstrategien überprüfen, sondern auch ihre mögliche Kombination. Meine eigene klinische Erfahrung verstärkte eine von Anfang an vorhandene Bevorzugung des Ansatzes von *Meichenbaum* mit gelegentlichem Einsatz logischer Überprüfung bei Klienten, für die didaktische Anweisungen, graduelle Aufgaben und kognitives Modellernen unangemessen erschienen.

Die Publikation tatsächlicher klinischer Transskripte und operational definierter Verfahren (z. B. *Meichenbaum*, 1974c) werden bei unserer weiteren Analyse der Gemeinsamkeiten und Unterschiede von RT und Selbstinstruktionstraining zweifellos nützlich sein. Bis dahin kann das rational-emotive Modell nur vorsichtige und indirekte Unterstützung durch die ziemlich beeindruckende vorläufige Forschung über Selbstinstruktionstraining für sich beanspruchen.

Neben den Analysen der Komponenten rechtfertigen die an der Selbstinstruktionstherapie beteiligten Prozesse eine eingehende empirische Untersuchung. Ist es klinisch nützlich, zwischen Vermittlungstherapien zu unterscheiden, die einerseits auf Vorstellung und andererseits auf Verbalisation basieren? Sind zum Beispiel Störungen, die durch Auslösung in der Vorstellung gekennzeichnet werden, für Vorstellungsstrategien besser geeignet? Sind Kombinationen von auditiven, visuellen, kinästhetischen und anderen Aktivitäten wirksamer als unimodale Verfahren? Die neuere Arbeit auf dem Gebiet der Informationsverarbeitung legt nahe, daß es sehr schwierig sein könnte, auf der Grundlage von Sinnesmodalitäten zwischen inneren Ereignissen zu unterscheiden. Wir müssen deshalb beachten, daß unsere gegenwärtigen Begriffe eher Verfahren als Prozesse bezeichnen. Darüber hinaus kann es richtungweisend sein, die Tatsache zu berücksichtigen, daß viele innere Phänomene weder »bewußt« noch auf die beliebte Vorstellungs-Verbalisierungs-Dichotomie beschränkt sein können (vgl. Kapitel 13–14).

Der Zusammenhang von *Meichenbaums* Selbstinstruktionsverfahren und *Kazdins* Strategien des »verdeckten Modellernens« (Kapitel 8) könnten einen interessanten Weg für weitere Untersuchungen eröffnen. Obwohl die ersteren explizitere Betonung auf verdeckte Verbalisation legen und die letzteren vor allem auf visuelle Vorstellung ausgerichtet waren, sind ihre Gemeinsamkeiten offensichtlich. (Wie in Kapitel 8 erwähnt, meine ich, daß verdecktes Modellernen eher in ein »kognitives« als in ein »Konditionierungs«-Paradigma paßt.) Haben diese beiden therapeutischen Strategien eine gemeinsame Grundlage? Obwohl zugegebenermaßen spekulativ, scheint es an diesem Punkt vernünftig zu vermuten, daß die therapeutische Wirkung beider Operationen im wesentlichen durch dieselben Prozesse erreicht wird. Weitere Vergleiche und Analysen der Komponenten werden hoffentlich unser Verständnis jener Prozesse erleichtern.

Bevor diese Diskussion abgeschlossen wird, verdienen die Unterschiede zwischen Selbstinstruktionstraining und den populären Forderungen nach positivem Denken eine Betrachtung. Wenn sich auch eine genaue Unterscheidung als außerordentlich lang erweisen könnte, so können doch einige allgemeine theoretische und vorgehensmäßige Unterschiede angeführt werden. Im Gegensatz zu den globalen und oft unrealistischen »Autosuggestionen«, die durch verschiedene Bestseller populär gemacht wurden, betont das Selbstinstruktionstraining spezifische, aufgabenrelevante Selbstaussagen. Es hebt in ähnlicher Weise die Bedeutung begleitender Versuche der graduellen Ausführung von Aufgaben hervor. Dies unterscheidet es von verschiedenen »wunderheilenden« Gedankenkontrollsystemen, die die therapeutische Hauptverantwortung allein dem kognitiven Verhalten zuweisen. Schließlich bieten die vorsichtigen aber optimistischen Berichte und die vorläufigen aber vielversprechenden Daten über das Selbstinstruktionstraining leicht eine Abgrenzung zu den oft unbegründeten und zügellosen Behauptungen der populären Psychologien der »Selbstaussagen«. Sensationsmache mag die Herzen der klinischen Forscher nicht gewinnen, aber sie verkauft sicherlich Bücher.

Nachdem *Meichenbaum* (1974b) einen Überblick sowohl über die Grundlagen als auch über die empirische Bestätigung für therapeutisches Selbstinstruktionstraining gab, erinnert er uns an zwei aktuelle Zitate:

> Die Welt ist so oder so nur weil wir uns selbst sagen, daß sie so ist ... Du sprichst mit dir selbst. Damit stehst du nicht allein. Wir führen innere Gespräche. Ich werde dir sagen, worüber wir mit uns selbst sprechen. Wir sprechen über unsere Welt. Tatsächlich erhalten wir unsere Welt durch unsere inneren Gespräche aufrecht (*Carlos Castaneda,* A Separate Reality, 1972. S. 218–219).

> Das eine, worauf Psychologen sich verlassen können, ist, daß ihre Versuchspersonen oder Klienten sprechen werden und sei es nur mit sich selbst; und oft bestimmen die Dinge, die die Leute zu sich selbst sagen, seien sie nun relevant oder irrelevant, den Rest der Dinge, die sie tun (*Farber,* 1963, S. 195).

12. Kapitel

Die kognitiven Therapien: Training der Bewältigungsfertigkeiten, Problemlösen und Attribution

Die therapeutischen Strategien, die in diesem Kapitel besprochen werden, sind viel heterogener als die kognitive Umstrukturierung und das Selbstinstruktionstraining. Ihre Bedeutung für das Modell des kognitiven Lernens ist ebenso einleuchtend. Nach einer kurzen Untersuchung ihrer Herleitung und der damit verbundenen Evidenz wird eine allgemeinere Zusammenfassung und eine Bewertung ihrer klinischen Bedeutung vorgelegt.

Training der Bewältigungsfertigkeiten

Wie in Kapitel 10 erwähnt, wird die Fähigkeit einer Person, sich an belastende und nicht-belastende Situationen anzupassen, durch ihr Reaktionsrepertoire entscheidend beeinflußt. Hat sie einmal die Teilfertigkeiten und integrativen »Bewältigungs«-Kapazitäten erworben, wird sie sich viel leichter anpassen können.

Bandura (1969) betonte, daß bei Menschen das Aneignen von Bewältigungsfertigkeiten wahrscheinlich einen komplexen, zentral-vermittelten Prozeß darstellt, der direkte, stellvertretende und selbststimulatorische Erfahrung mit sich bringt. Die Kritiker der frühen Verhaltensmodifikationsforschung werden jedoch gerne bestätigen, daß diese Forschung vorwiegend auf isolierte, situationsspezifische Reaktionen konzentriert war. Bei der Desensibilisierung waren Hierarchiethemen beispielsweise oft sehr begrenzt. In der Verhaltenstherapie wurde eine Diagnose des Klienten stückchenweise gestellt, und man suchte problemspezifische Prozeduren aus (Cafeteria-Stil), um aufgefächerte Verhaltensstörungen zu behandeln.

Im Jahre 1971 machte *Goldfried* den Vorschlag, daß die systematische Desensibilisierung als eine breitere und vorwiegend vermittelnde therapeutische Strategie neu konzipiert werden solle. Laut *Goldfried* kann sich der Klient in der Desensibilisierung möglicherweise eher eine Selbstentspannungsfähigkeit aneignen, als einen passiven Gegenkonditionierungsprozeß erleben. In einer nachfolgenden Fallstudie erläutert *Goldfried* (1973a) einige Möglichkeiten, die Desensibilisierung zu einem noch umfassenderen Training der »Bewältigungsfertigkeiten« werden zu lassen. Die Betonung lag auf 1. der

Beschreibung des therapeutischen Grundprinzips im Sinne eines allgemeinen Trainings von Fertigkeiten, 2. der Verwendung der Entspannung als vielseitig verwendbare Bewältigungsstrategie, 3. der Anwendung einer multiplen (statt einer einfachen) Themenhierarchie und 4. einem Training des »Wegentspannens« der durch Vorstellungsbilder ausgelösten Angst (statt der konventionellen Methode, eine Vorstellung beim ersten Zeichen von Unbehagen des Klienten zu beenden). Die Verwendung heterogener angstauslösender Vorstellungen soll die therapeutische Generalisation vergrößern: »der Klient lernt dabei, seine propriozeptiven Angstreaktionen an Stelle von spannungsauslösenden Situationen zu bewältigen« (*Goldfried,* 1971). Ähnlich soll eine angsterregende Vorstellung aufrechtzuerhalten und sie dann »wegzuentspannen« eine aktivere bewältigende Orientierung für Streß bewirken. Selbstinstruktionsmethoden und Strategien der Stimulusetikettierung wurden in das spätere, überarbeitete Trainingspaket der Bewältigungsfertigkeiten eingegliedert (vgl. *Goldfried,* 1973b). Leider gibt es wenig erhärtende Beweise für die Wirksamkeit des Trainings der Bewältigungsfertigkeiten. Zusätzlich zu einer Fallstudie dokumentierte *Goldfried* die häufigere Wirksamkeit der Kontrollgruppen mit »Entspannung allein« bei der Desensibilisierung. Daten über die Angemessenheit des Entspannungstrainings bei der Reduktion von Angst sind jedoch alles andere als eindeutig (*Bandura,* 1969). Eine Gruppenuntersuchung von *Goldfried & Trier* (im Druck) liefert vorläufige Beweise, die vermuten lassen, daß die Art, wie das Entspannungstraining dargeboten wird, seine therapeutische Wirkung beeinflussen könnte. Redeängstliche Versuchspersonen bekamen ein Training in tiefer Muskelentspannung zusammen mit den Instruktionen, daß a) ihre daraus resultierenden Entspannungsfertigkeiten ihnen ermöglichen würden, ihre Ängste aktiv zu bewältigen, oder b) das Entspannungstraining fast automatisch ihr allgemeines Spannungsniveau reduzieren würde. Eine dritte Aufmerksamkeits-Placebo-Gruppe traf sich für Diskussionen über Themen, die für das Reden irrelevant waren. Maße des tatsächlichen Sprechverhaltens, der subjektiven Angst und die durch die Versuchsperson berichteten Generalisationen zeigten keine signifikanten Unterschiede zwischen den Gruppen. Bei einer Analyse innerhalb der Gruppen fand man jedoch, daß die Gruppe der Bewältigungsfertigkeiten signifikante Verbesserungen in ihrem Redeverhalten zeigte. Veränderungen der subjektiven Angst (relativ zu dem individuellen Niveau vor Beginn der Behandlung) und therapeutischer Transfer wurden innerhalb aller drei Gruppen angegeben. Der Fragebogen bei einem 6 Wochen späteren Follow-Up wies jedoch eine länger andauernde und generalisierte Verbesserung bei den Versuchspersonen mit Training der Bewältigungsfertigkeiten aus.

Die Wirkung des Trainings der Bewältigungsfertigkeiten wird in einer Reihe von Berichten über das »Angstbewältigungstraining« (*Suinn & Richardson,* 1971; *Suinn,* 1972b; *Richardson & Suinn,* 1973) zusätzlich bewiesen. Dieses Verfahren, das fast gleichzeitig mit *Goldfrieds* (1971) Strategie entwickelt wurde, betont ebenfalls Entspannungstraining für heterogene Erregungsstimuli als eine effektive Bewältigungsfertigkeit. In ihrer Voruntersuchung fanden *Suinn & Richardson* (1971) das Angstbewältigungstraining fast gleichwertig mit der Desensibilisierung bei der Reduktion von subjektiv berichteter Prüfungsangst. Beide Behandlungsarten waren einer Wartelisten-Kontrollgruppe überlegen. Leider bestand diese Kontrollgruppe aus nicht-ängstlichen Studenten und Versuchspersonen von einer zwei Jahre zurückliegenden Untersuchung. Eine erfolgreiche Fallstudie (*Suinn,* 1972b) wurde durch einen Vergleich zwischen den Angstbewältigungs-Versuchspersonen von 1971 und zwei Desensibilisierungsgruppen einer nachfolgenden Untersuchung (*Richardson & Suinn,* 1973) ergänzt. Da nur eine kontrollierte Untersuchung die Wirkung des Angstbewältigungstrainings untersuchte und sie eine parallelisierte Kontrollgruppe ausließ, braucht man wohl kaum zu erwähnen, daß die gegenwärtigen Daten über diese spezifische Strategie sehr unzureichend sind.

Noch ein anderes Trainingspaket der Bewältigungsfertigkeiten wird von *Meichenbaum & Cameron* (1973c) als »Streß-Okulierung« beschrieben. Dieses Paket verwertet sehr stark *Meichenbaums* Selbstinstruktionsforschung (siehe Kapitel 11) und enthält a) eine Diskussion von Streßreaktionen (mit der Betonung auf Etikettierung, Attribution und erregungsauslösenden Selbstaussagen), b) Entspannungstraining (als aktive Bewältigungsfertigkeit dargestellt), c) Instruktion bei der Übung von bewältigenden Selbstaussagen (kognitive Selbststeuerung, Vorbereitung auf Streß, Selbstverstärkung usw.), und d) überwachte Übung bei der Anwendung der oben genannten Bewältigungsfertigkeiten in einer tatsächlichen Streß-Reaktion (z. B. einer unvorhersehbaren Schocksituation). Um die Wirksamkeit dieses Paketes zu testen, teilten *Meichenbaum & Cameron* Versuchspersonen mit Ratten- und Schlangenphobien in fünf Gruppen auf: Streßokulierung, Selbstinstruktionstraining, Systematische Desensibilisierung, Angsterleichterung und eine Warteliste-Kontrollgruppe. Personen in der Selbstinstruktionsgruppe erhielten ein Training, das mit Streßokulierung identisch war, abgesehen davon, daß die überwachte Übung in der tatsächlichen Streß-Situation ausfiel. Bei der Hälfte der Versuchspersonen in der Desensibilisierungs- und in der Angsterleichterungsgruppe wurde eine Schlangenhierarchie eingesetzt; die andere Hälfte erhielt eine Rattenhierarchie vorgelegt. Alle Versuchspersonen unterzogen sich Vor-, Nach- und Follow-Up-

Messungen, die tatsächliches Annäherungsverhalten (bezüglich beider Tiere) und subjektive Maße des Unbehagens einbezogen. Bei der Datenanalyse des Annäherungsverhaltens war die Streß-Okulierungsgruppe am effektivsten. Das schließlich erreichte Annäherungsverhalten beim Nachtest und Follow-Up wurde von 83% der Streß-Okulierungs-Versuchspersonen gezeigt, im Vergleich zu 50% bei der Desensibilisierung, 33% bei der Angsterleichterung, 16% beim Selbstinstruktionstraining und 0% bei der Kontrollgruppe. Darüber hinaus zeigten sich Versuchspersonen mit Streß-Okulierung, Selbstinstruktionen und Angsterleichterung in ihrem Annäherungsverhalten zu einem unbehandelten (Generalisierungs-)Objekt überlegen im Vergleich zu Versuchspersonen aus der Desensibilisierungs- und der Kontrollgruppe. Subjektive Maße des persönlichen Unbehagens zeigten ein ähnliches Wirkungsmuster, wobei die Streß-Okulierung die größte Angstreduktion bewirkte. Die gegensätzliche Wirkung dieser Selbstinstruktionsgruppe und jener Gruppen, die in Kapitel 11 erwähnt wurden, ist einer Betrachtung wert. Personen, die in dieser Untersuchung ein Selbstinstruktionstraining erhielten, waren hinsichtlich der Maße des Annäherungs- und subjektiven Verhaltens wesentlich weniger erfolgreich als die Versuchspersonen der früheren Untersuchungen. Die Autoren bemerken jedoch, daß das Selbstinstruktionstraining aus der Untersuchung von 1973c keine Gelegenheit zur Übung oder zur Konfrontation mit potentiellen Stressoren (z. B. Schock, ein Modellfilm usw.) gab. Interessanterweise begannen Versuchspersonen dieser Gruppe ihre Annäherungssequenzen im Nachtest mit minimalem Angstniveau, aber sie berichteten von einem plötzlichen Erregungszuwachs, als ihre Verhaltensaufgaben größere Anforderungen an sie stellten. Die Autoren kamen zu dem Schluß, daß Selbstinstruktionstraining – bei Fehlen von streßrelevanten Übungsgelegenheiten – nur leichten zeitweiligen Gewinn einbringt. Bei einer richtigen Streßerfahrung lösen sich diese Vorteile schnell auf. Wird jedoch die systematische Modifikation kognitiven Verhaltens von relevanten Übungsgelegenheiten begleitet, werden beeindruckende therapeutische Ergebnisse erzielt.

Die Untersuchung von *Meichenbaum & Cameron* (1973c) liefert uns vorläufige Bestätigung für die erfolgreiche klinische Verwendung des Trainings der Bewältigungsfertigkeiten. Weitere Bestätigung ist einer Untersuchung von *Tori & Worell* (1973) zu entnehmen, in der viele angeblich breitangelegte Bewältigungsverfahren kombiniert wurden (»kognitive« Entspannung; Übung beim »Wegentspannen von Angst«, ohne aversive Vorstellungen zu beenden; die Verwendung angstirrelevanter Vorstellungs-stressoren, um Spannungskontrolle auszuüben, usw.). Obwohl diese Komponenten nicht nach einzelnen Verfahren isoliert wurden, liefert die Wirksamkeit der beiden kognitiven Therapiegruppen, die diese Verfahren anwenden, partielle Bestätigung.

Die Tatsache, daß das Training der Bewältigungsfertigkeiten oft »Behandlungspakete« mit multiplen Komponenten einschloß, verdient weitere Erläuterung. Abhängig von den eigenen methodologischen Verzerrungen kann man ein Behandlungspaket entweder als klinischen Gewinn oder als empirische Verpflichtung ansehen (*Mahoney*, 1973). Es sollte offensichtlich nicht als beschönigender Ausdruck für vages und schwach kontrolliertes »Schrotschußverfahren« verwendet werden. Nehmen wir jedoch an, daß seine Komponenten angemessen spezifiziert wurden, so bietet uns das Behandlungspaket oft eine sehr wertvolle klinische Strategie, sowohl während der anfänglichen Therapieentwicklungen als auch dort, wo ein breit angelegtes Fertigungstraining erforderlich ist. Bei der Entwicklung oder der ersten Anwendung einer therapeutischen Prozedur gibt es eine pragmatische Faustregel: zeige zuerst einen Effekt, dann isoliere seine Ursache! Allzuviele Forscher verbrachten Monate mit sorgfältiger Arbeit, wobei sie eine einzelne unabhängige Variable zu isolieren versuchten, nur um ihre klinische Wirkungslosigkeit festzustellen.

Eine zweite Rechtfertigung der breiter angelegten Therapieansätze der Bewältigung stammt von der zunehmend beliebten Annahme der multiplen Determiniertheit des komplexen menschlichen Verhaltens. Individuelle Anpassungsprobleme werden selten genau umschrieben und ihre determinierenden Faktoren sind oft unterschiedlich und zahlreich. In dem Maß, in dem eine Therapieprozedur sich nur an einen Teil der relevanten Kausalfaktoren wendet, ist ihr Erfolg und ihre Beständigkeit gefährdet. In ähnlicher Weise kann die Maßnahme eines Trainings von Bewältigungsfertigkeiten die Aufrechterhaltung und Generalisierung erhöhen durch Überlernen und durch die Bereitstellung von Fähigkeiten, die für zukünftiges anpassungsrelevantes Problemlösen wichtig sind.

Hat man einmal ein auf Daten basierendes Vertrauen zur Wirksamkeit eines Trainingspakets gewonnen, kann man eine Analyse der Komponenten vornehmen. Sobald festgestellt wurde, was zur therapeutischen Wirkung beiträgt, kann das Paket verfeinert und seine zugrundeliegenden Veränderungsprozesse besser verstanden werden. Man sollte jedoch beachten, daß die Komponenten des Pakets kompliziert interagieren können. Abgesehen davon, daß es vielleicht keine einzelnen aktiven Bestandteile gibt, können die verschiedenen Komponenten möglicherweise nur dann therapeutische Ergebnisse erzielen, wenn sie mit anderen Elementen des Pakets kombiniert werden. Dies würde natürlich die Anwendung eines Pakets noch mehr rechtfertigen. Häufiger kommt es vielleicht vor, daß verschiedene Behandlungskomponenten in unterschiedlicher Weise zu einer Wirkung beitragen. Die Komponente A kann etwa die anfängliche Motivation und die Weiterführung der Therapie steigern; Komponente B kann den kurzfristigen oder situationsspezifischen Fortschritt bewirken, während die anhaltenden oder allgemeinen Effekte der Komponente C abzuwarten sind, und so weiter.

Die oben dargestellte Bestätigung für die klinische Wirksamkeit eines Trainings von Bewältigungsfertigkeiten ist äußerst mager. Die Verhaltensforscher beginnen erst seit kurzer Zeit, sich weniger begrenzten klinischen Phänomenen zuzuwenden (vgl. *Mahoney, Kazdin & Lesswing*, 1974). Während Schlangenphobiker und enuretische Kinder in bewundernswerter Weise ihren Zweck bei der methodologischen Einschätzung isolierter Therapieverfahren erfüllt haben, werden die nächsten Jahre hoffentlich Zeuge einer fortschreitenden Liberalisierung von klinischen Zielen und therapeutischen Programmen sein.

Bis breiter angelegte Bewältigungsstrategien ihre empirische Rechtfertigung erfahren, muß unser Vertrauen zu ihnen zurückhaltend und schwach bleiben.

Problemlösen

Wenige Bereiche von psychologischer Bedeutung können die ausdauernde Hartnäckigkeit theoretischer und empirischer Aufmerksamkeit in Anspruch nehmen, die dem Phänomen »Problemlösen« zukommt. Seine Vorgeschichte kann auf ein Geschlecht lange vor *William James* (1890) zurückgeführt werden, und wenige der wichtigsten Lerntheorien sind seiner weit ausladenden Verlockung entgangen (vgl. *Hilgard & Bower*, 1966). Als Feld angewandter Forschung wurde Problemlösen jedoch erst vor kurzem untersucht.

Mit Ausnahme der allgemein spekulativen und der vorwiegend operanten Analysen haben zeitgenössische Behavioristen das Phänomen faktisch übersehen (vgl. *Skinner*, 1953, 1966, 1969; *Staats*, 1966, 1968a; *Goldiamond*, 1966). In einem aktuellen Artikel, der die Bedeutung des Problemlösens für die klinische Verhaltensmodifikation umreißt, wiesen *D'Zurilla & Goldfried* (1971) vor kurzem hin auf die Notwendigkeit einer längst überfälligen funktionalen Analyse der therapeutischen Verheißungen, die sich durch ein systematisches Training von Problemlösefähigkeiten bieten. Im vorausgehenden Abschnitt wurde darauf hingewiesen, daß der allgemeine Tenor der frühen Anwendung der Verhaltenstherapie sehr begrenzt war. Einzelne auftretende Beschwerden wurden oft mit problemspezifischen Interventionen behandelt, und auf die Aneignung flexiblerer Bewältigungsfertigkeiten wurde wenig Betonung gelegt.

Ein möglicher Grund für die lange Zeit fehlende Betonung des Problemlösens in der Verhaltensmodifikation könnte an seinem Vermittlungs-Beigeschmack liegen. Obwohl die Forschung über Problemlösen bei Tieren bis ins letzte Jahrhundert zurückreicht (vgl. *Riopelle*, 1967), hielt ihr häufiges Vertrauen zu erschlossenen Variablen und spekulativen kognitiven Prozessen sie offensichtlich von den Interessen der praktisch arbeitenden Verhaltenstherapeuten fern. Ein weiterer möglicher Einfluß könnte bei den Schwierigkeiten liegen, die der operationalen Definition und der Messung des Tatbestands inhärent sind (vgl. *Gagne*, 1964; *Davis*, 1966, 1973). Eine eindeutige Definition des Problemlösens muß noch erfolgen. *Gagne* (1964) weist darauf hin, daß sich Forscher in diesem Gebiet auf Spezifikationskriterien verließen, die von externen Stimulussituationen bis zu erschlossenen begrifflichen Operationen und verschiedenen Aspekten beobachteten Verhaltens (Latenz, Anzahl und Art der Fehler, kreuzweiser Stimulustransfer usw.) reichen. *Davis* (1973) definiert ein »Problem« als *»eine Stimulussituation, für welche der Organismus keine Reaktion bereit hat«* (S. 12). Leider bereitet die Verfügbarkeit einer Reaktion eigene Definitionsschwierigkeiten (und man muß kaum erwähnen, daß sogar Begriffe wie »Stimulus« und »Reaktion« Beziehungsprobleme stellen). *D'Zurilla & Goldfried* (1971) definieren »Problemlösen« als:

einen Verhaltensprozeß von offener oder kognitiver Art, der (a) eine Vielzahl potentiell wirksamer Reaktionsalternativen für die Bewältigung der Problemsituation zur Verfügung stellt und (b) die Wahrscheinlichkeit vergrößert, die wirksamste Reaktion aus diesen verschiedenen Alternativen auszuwählen (S. 108).

Die Teilbegriffe stellen jedoch auch Definitionsprobleme und Unklarheiten, welche eindeutiges Akzeptieren gefährden. Das Fehlen einer formalen lexikalischen Einigung über den allgemeinen Begriff »Problemlösen« hat jedoch empirische Forschungen hinsichtlich spezifischer Instanzen des Phänomens nicht verhindert. Wie auch in vielen anderen Gebieten der Wissenschaft haben Forscher auf diesem Gebiet anscheinend weniger Schwierigkeiten, ihren Baum als ihren Wald zu beschreiben. Die genaue Beschreibung von Verfahren und operationalisierten Verhaltensmaßen erleichterte offensichtlich angemessenen Kommunikationsaustausch.

Die wertvollen Übersichtsreferate von *Sheerer* (1963), *Gagne* (1964) und *Davis* (1966, 1973) zeigen, daß Theorie und Forschung über Problemlösen eine ausgedehnte Literatur genährt haben. Während uns eine detaillierte Exkursion zu weit abseits führen würde, ist eine kurze Zusammenfassung der wichtigsten Richtungen und der allgemeinen Befunde gerechtfertigt. Die Bedeutung und die klinischen Erfolgsaussichten der Problemlösestrategien werden dann anschließend bewertet.

Problemlösen bei Tieren

Die Fähigkeit von Tieren, problematische Situationen zu lösen, hat Verhaltensforscher schon seit langem gefesselt. In *Riopelles* (1967) herausgegebenem Band über *Problemlösen bei Tieren* wird dieses anhaltende Interesse an Schriften von Forschern des 19. und 20. dokumentiert. Einige der frühesten Berichte aus diesem Gebiet stammen von der Arbeit der Gestaltpsychologen. Forscher wie *Wolfgang Köhler* (1925) untersuchten die Reaktionssequenzen und die vermittelnden Operationen von problemlösenden Affen. Durch eine beeindruckende Geschicklichkeit und »Einsicht«, wie es *Köhler* nennt, waren diese Primaten fähig, einen weiten Bereich von verblüffenden Problemen des Futterbeschaffens zu lösen. Zum Beispiel bei einer Reihe von Aufgaben, bei denen Bananen außer Reichweite an der Decke aufgehängt wurden,

lernten die Affen, 1. das freie Ende der Schnur vom Baum zu lösen, wobei sie den Korb hinabfallen ließen, 2. einen Bambusstock vertikal unter der Banane aufzustellen, und sofort 12 Fuß hinaufzuklettern, ehe der Stock umfiel, und 3. eine Kiste (oder einen Stapel von Kisten) unter die Banane zu schieben und als Schemel zu benützen. Bei einer kreativen Version der letzten Lösung, schleppte der Schimpanse Sultan den berühmten Psychologen Köhler unter die Banane, und kletterte an ihm hinauf, als sei er eine Leiter. In noch einer anderen Variation lernten die Schimpansen, sich gegenseitig als Schemel zu benützen. Leider wollten sie alle mit zunehmender Erfahrenheit lieber klettern als Schemel zu sein, was zu einem lärmenden Kampf unter den Schimpansen führte (*Davis*, 1973, S. 30–31).

Das gelegentliche Fehlen offener Versuchs- und Irrtumsverhaltensweisen und das stellvertretende Lernen führten *Köhler* dazu, über eine Umstrukturierung der Wahrnehmung und über »Einsicht« beim Problemlösen von Primaten Vermutungen anzustellen. Das häufige und oft unerwartete Auftreten einer Lösung war nicht selten:

Die schwierigste Aufgabe überhaupt war das Problem mit zwei Stöcken, für welches Sultan, der berühmteste aller Schimpansen, seine Talente zur Verfügung stellte. Um die Banane zu erreichen, mußte der kleinere Bambusstock in das Ende eines etwas längeren eingepaßt werden, wodurch ein einziger Stock entstand, der lang genug war, um das entfernte Zielobjekt zu erreichen. Während der ersten *fruchtlosen* Stunde beging Sultan »schlimme« Fehler, etwa daß er eine Kiste vom hinteren Ende des Käfigs anschleppte und sich direkt seinen eigenen Weg damit verstellte, und »gute« Fehler, indem er etwa einen Stock mit einem anderen auf die Banane hin schob. Während schließlich Sultan die beunruhigende Banane ignorierte, spielte er achtlos mit zwei Stöcken; und als er aus Versehen den kleineren Stock ganz genau in den größeren hineinsteckte, ging ihm ein Licht auf und er raste sofort los, um sich seine Mahlzeit heranzuraffen (*Davis,* 1973, S. 31—32, Sperrung wurde hinzugefügt).

Zwei umfassende Verallgemeinerungen können aus der ausgiebigen Dokumentation über Problemlösen bei Tieren gezogen werden. Erstens, es existiert. Obwohl es am häufigsten in Hinblick auf Primaten berichtet wurde, ist sein Auftreten bei »niedrigeren« phylogenetischen Formen ebenfalls anerkannt (*Riopelle,* 1967). Gut kontrollierte Untersuchungen haben gezeigt, daß Tiere eine große Anzahl von Fähigkeiten der Reaktionsdifferenzierung und Integration besitzen. Der operante Forscher braucht diesbezüglich kaum mehr überzeugt werden – informelle Laborbeobachtungen und Anekdoten zeigen leicht die Fähigkeit von Ratten, Tauben und Affen, auf schlaue Weise die bestens ausgearbeiteten Pläne eines Experimentators zu sabotieren. Die genialen »Guerilla-Kriegs-«Taktiken, die ich bei meiner eigenen Tierforschung beobachtete, reichten von widerspenstigen Tauben, die lernten, eine photoelektrische Zelle mit einem Flügel abzudecken (wodurch sie funktional unbrauchbar wurde), bis zu Kapuzineraffen, die nicht nur die Geschicklichkeit entwickelten, einen mit Rosinen gefüllten Futterbehälter zu erhaschen und festzuhalten (wodurch Wegnahme der Belohnung unmöglich wurde), sondern sie lernten ebenfalls, ihren Versuchskäfig auseinanderzumontieren, indem sie ihre Fingernägel als Schraubenzieher verwendeten. Diese Heldentaten führten natürlich zu entgegenwirkendem Problemlösen seitens ihres frustrierten »Kontrolleurs«.

Die zweite umfassende Verallgemeinerung, die bezüglich Problemlösen bei Tieren getroffen werden kann, scheint einige komplexe vermittelnde Prozesse einzubeziehen. Stellvertretendes Lernen wurde beispielsweise bei Tieren sehr gut dokumentiert (vgl. Kapitel 4). Vermutungen und Forschung über aktives »Überprüfen von Hypothesen« bei Tieren ließen ebenfalls die Vermutung aufkommen, daß einige kognitive Beziehungsprozesse damit verknüpft sind (*Riopelle,* 1967). Während das Wesen und die Erscheinungsformen dieser erschlossenen Vermittler alles andere als eindeutig sind, ist wenig dagegen einzuwenden, daß bei vielen Lernsituationen von Tieren zwischen dem Stimulus und der Reaktion »etwas los ist«.

Menschliches Problemlösen im Labor

Ein großer Teil der formalen experimentellen Arbeiten über Problemlösen konzentriert sich auf die verstandesmäßigen Fähigkeiten und Teilprozesse des Phänomens, und weniger auf die adaptiven Funktionen (vgl. *Gagne,* 1964; *Kleinmuntz,* 1966; *Davis,* 1966). Der Einfluß von vorheriger Erfahrung, von Instruktionen, von verschiedenen Arten der Stimulusdarbietung und von falscher Logik wurde ausgiebig untersucht. Perzeptuelle, mathematische und verbale Aufgaben werden häufig eingesetzt. Zum Beispiel wird eine Versuchsperson gebeten, neun Punkte in einer dreistufigen Matrix zu verbinden, und dabei nur vier gerade Linien zu verwenden, ohne ihren Bleistift vom Papier abzusetzen:

*	*	*
(1)	(2)	(3)
*	*	*
(4)	(5)	(6)
*	*	*
(7)	(8)	(9)

Die meisten Versuchspersonen haben mit dieser Problemstellung so lange große Schwierigkeiten, bis sie ihre falsche Vorannahme korrigieren, daß man die Linien nicht über die Punkte hinaus ziehen dürfe. (Eine richtige Lösung würde aus vier geraden Linien bestehen, A, B, C und D, wobei A die Punkte 1, 5 und 9 verbindet; B verbindet 9, 8 und 7 und verläuft dann weiter über 7 hinaus, bis ein entsprechender Winkel C ermöglicht durch 4 und 2 zurückzulaufen. C dehnt sich auch über 2 hinaus und ermöglicht der Linie D, die Aufgabe zu vollenden, indem sie 3, 6 und 9 miteinander verbindet.)

In einem wertvollen Anhang, der auf Tests und Maße für Problemlösen und Kreativität hinweist, dokumentiert *Davis* (1973) die riesige Anzahl von Aufgaben, die verwendet wurden. Manchmal werden Rätsel benützt, um die Fähigkeiten von Versuchspersonen bei der Informationssammlung und beim Testen von Hypothesen einzuschätzen. Eine informative direkte Exploration über die Arten des Denkens bei anderen Leuten kann man zum Beispiel erhalten, indem man einem Freund etwa folgendes erzählt:

> Ein Arzt, der auf dem Weg zur Kirche ist, hält einen einarmigen Bettler an und überreicht ihm eine große Summe Geld. Etwas später liefert ein Bote vier Männern eine Schachtel, sie finden darin einen sauber geschrubbten menschlichen Arm und schaffen ihn anschließend gleich beiseite.

Die Aufgabe besteht darin, die »Handlung« des eben dargestellten Rätsels zu bestimmen, indem der Testleiter befragt wird – er darf nur mit einer von drei Antwortalternativen antworten: ja, nein, irrelevant. Dabei ist die Zeit zu messen, die für die Lösung des Rätsels gebraucht wird, und die Häufigkeit von redundanten oder irrelevanten Fragen zu zählen. Noch interessanter ist es, den Inhalt der Fragen (informationssuchend, motivational usw.) zu kategorisieren, und zu beachten, in welcher beeindruckenden Weise verschiedene »Entdeckungen« auf die Richtung der Befragung wirken. (Beispielsweise festzustellen, 1. daß der Arm nicht von einer Krankheit befallen war, 2. daß der Arzt dem Bettler Geld gegeben hatte, um seine Amputation zu ermöglichen, 3. daß die vier Empfänger der Schachtel zu diesem Zeitpunkt nichts mit der Gabe anfangen konnten und 4. daß jedem der vier Männer ein Arm fehlte.) Durch eine oft ausgedehnte Serie von Fragen wird die Versuchsperson meistens auf die Lösung kommen – nämlich daß die vier Männer und der Arzt gemeinsam ein beinahe tödliches Überlebenstrauma überstanden hatten, bei dem jeder ein kannibalisiertes Glied beisteuerte, um das Verhungern der Gruppe zu verhindern. Da der Arzt der einzige qualifizierte Chirurg der Gruppe war, hatte er seinen eigenen Arm nicht amputiert. Nachdem sie in die Zivilisation zurückgekehrt und ihre eigenen Wege gegangen waren, beruhigte der Arzt seine Schuldgefühle, die er deswegen hatte, weil er durch das Abnehmen der Glieder seiner Leidensgenossen der eigenen Amputation entkommen war, dadurch daß er ihre Wahrnehmung der Ereignisse verbreitete, daß er nämlich seinen Arm als symbolische Geste der Dankbarkeit freiwillig geopfert habe.

Die kritische Rolle von Prozessen der Wahrnehmung und der Beziehungen beim effektiven Problemlösen werden ausführlich untersucht. Versuchspersonen können oft vielseitige Verwendungsmöglichkeiten für einen Gegenstand nicht wahrnehmen, oder sie bleiben auf irrelevante Aspekte der Problemsituation fixiert. Darüber hinaus zogen Prozesse des logischen Denkens beträchtliche theoretische und empirische Aufmerksamkeit auf sich (vgl. *Bruner, Goodnow & Austin*, 1956; *Piaget*, 1955; *Piaget & Inhelder*, 1969). Die Verschiedenartigkeit von Paradigmen, Aufgaben und Schwerpunkten beim experimentellen Problemlösen ist sehr wesentlich (vgl. *Sheerer*, 1963; *Gagne*, 1964; *Davis*, 1966, 1973). Schwerpunkte reichten von einfachen Anagramm-Lösungen bis zur Computersimulation des Problemlösens (*Feigenbaum & Feldman*, 1963; *Newell & Simon*, 1972). Bei der »Entscheidungstheorie« verursachten mathematische Modelle in ähnlicher Weise ausgedehnte Forschung über begleitende Prozesse bei verstandesmäßigem Entscheiden.

Eine damit verwandte und ebenso weitläufige Literatur behandelt das Phänomen der »Kreativität«, das vom Problemlösen manchmal auf der Grundlage von Originalität der Lösungen, funktionaler Flexibilität usw. unterschieden wird. Laut vielen Einführungstexten in die Psychologie scheint Kreativität öfters erblichen Faktoren und zeitlichen Variablen zugeordnet zu werden. Oft wird beispielsweise zitiert, daß berühmte Personen oft ihre wichtigsten wissenschaftlichen Entdeckungen vor dem 30. Lebensjahr machen. Den stillschweigenden Verfall kreativer Fähigkeiten von diesem Alter an, bringt man selten in korrelativem Zusammenhang mit dem Nachlassen vieler beruflicher Anforderungen in ungefähr diesem Alter (z. B. mit der Verleihung von Ämtern).

Generalisierungen, die man aus Laborexperimenten zum menschlichen Problemlösen ziehen kann, sind nicht leicht zu konkretisieren. Eine Behauptung scheint gerechtfertigt zu sein, daß der ›homo sapiens‹ ein ausgesprochen komplizierter Problemlöser ist, mit simultanen Kapazitäten für neue und verschiedenartige Verhaltensweisen wie auch für hartnäckige und unzweckmäßige Vorurteile. Der Mensch zeigt erstaunliche Fähigkeiten zur Anpassung, und häufig auch eine erschütternde Unfähigkeit, seine perzeptuelle, gelernte und symbolisch vermittelte »Brille« abzulegen. Diese paradoxe Kombination von Flexibilität und Fixierung scheint durch eine verblüffende Anzahl von Variablen bestimmt zu werden.

Eine zweite Generalisierung bezieht sich auf einige der Teilprozesse beim menschlichen Problemlösen. Obwohl noch ein einstimmiger Konsens gefunden werden muß, schlagen *D'Zurilla & Goldfried* (1971) vor, daß die zur Verfügung stehenden Daten auf fünf grundlegende Elemente oder Stadien hinauslaufen: 1. Das Erzeugen einer »Tendenz« oder Orientierung beim Problemlösen, 2. Definition des Problems, 3. Erzeugen von alternativen Lösungen, 4. das vorläufige Auswählen einer Lösung und 5. Überprüfen der Lösung (Verifikation).

Eine dritte Generalisierung aus Laborexperimenten mit Menschen bezieht sich auf die übereinstimmende Meinung, daß sowohl »vertikale« als auch »horizontale« Reaktionsprozesse anscheinend beteiligt sind (*Kendler & Kendler*, 1962; *Gagne*, 1964; *Davis*, 1966). Das heißt, daß erfolgreiches Handeln in problematischen Situationen oft relativ sequentielle (horizontale) Reaktionsketten als auch integrierte und aus Hierarchien bestehende oft sequentielle Operationen mit hoch organisierten Denkprozessen »zweiter Ordnung« kombinieren:

> Regeln zweiter Ordnung, welche die Regeln erster Ordnung manipulieren, stammen von empirischen Entdeckungen über den Erfolg bestimmter Praktiken, oder von der Untersuchung Kontingenz erhaltender Systeme, welche durch die Regeln erster Ordnung beschrieben werden. ... Regeln zweiter Ordnung werden auf induktivem Weg entdeckt, wenn man findet, daß sie effektive Regeln erster Ordnung erzeugen, oder sie werden auf deduktivem (möglicherweise tautologischem) Weg aus der

Analyse der Regeln zweiter Ordnung oder der Kontingenzen, die sie beschreiben, gewonnen.

»Heuristische« Regeln zweiter Ordnung sollen oft kreativere oder weniger mechanische Aktivitäten bestimmen als die Regeln beim (möglicherweise algorithmischen) Problemlösen; sobald aber eine heuristische Regel formuliert worden ist, kann sie so mechanisch wie jede Regel erster Ordnung befolgt werden (S. 144–145).

Die unterschiedliche Annäherung vieler Theoretiker und Untersucher hinsichtlich der Organisation in Vermittlungsprozessen deutet in bezug auf ihre Existenz zur Zeit auf einen Konsens hin. Der eben zitierte Abschnitt wurde zum Zweck der Illustration einer Schrift *Skinners* (1969) entnommen.

Eine abschließende Generalisierung bezieht sich auf eine Unterscheidung zwischen offenem und verdecktem Problemlösen, die von *Davis* (1966) hervorgehoben wurde. Letzteres umfaßt tatsächliche Versuchs- und Irrtums-Interaktionen mit Stimulusgegebenheiten und bietet wahrscheinlich eine unschätzbare Informationsquelle für bestimmte Reaktionsmöglichkeiten, mögliche Konsequenzen usw. Andererseits bringt verdecktes Problemlösen wahrscheinlich symbolische Stimulustransformationen, kognitive Übung und das Überprüfen alternativer Lösungen mit sich. Während diese letzte Strategie oft als effektiver und relativ ökonomischer Ansatz zum Problemlösen dargestellt wurde, muß man sich dabei genaue Information über die gegebene Situation und Fähigkeiten, die für das Erzeugen neuer Reaktionen oder für eine Integration notwendig sind, vorher aneignen.

Zum Schluß dieses Abschnitts sollte noch darauf hingewiesen werden, daß Laborexperimente zum menschlichen Problemlösen oft Aufgaben und Paradigmen mit sehr geringer praktischer Relevanz anwendeten. Die Probleme sind oft auf unnatürliche Art vereinfacht, und haben ihrem Wesen nach nichts mit solchen Konflikten zu tun, die man alltäglich erfährt. Jüngste Bemühungen, realistischere und relevantere Problemaufgaben anzuwenden, begannen bereits, diese Einschränkung aufzuheben (z. B. *Shulman*, 1965; *Spivack & Shure*, 1974).

Problemlösen in der Industrie

Edwards (1968) und *Davis* (1973) geben einen Überblick über verschiedene Wege der Forschung und Beurteilung bei der Verwendung des Problemlösetrainings in der Industrie. Kreativitäts-Workshops und Kurse über instrumentales Denken für Personal und Management sind beliebte und einträgliche Attraktionen auf dem heutigen Markt. Große Gesellschaften opfern Millionen von Dollar für die Verbesserung ihrer kreativen Marketing- und Management-

Fähigkeiten. Während die empirische Erscheinung dieser Programme oft alles andere als günstig ausfiel, ist ihr heuristischer Beitrag und ihre subjektiv berichtete Wirkung eine kurze Diskussion wert.

Drei Hauptansätze im Kreativitätstraining beherrschen den industriellen Markt: *Brainstorming, Synetics* und *Bionics.* Brainstorming ist ein relativ strukturiertes Programm, das von *Alex Osborn* (1963) entwickelt wurde. Das Hauptgewicht liegt dabei auf der flexiblen Produktion von Ideen. Das Brainstorming-Konzept, welches von der Annahme ausgeht, daß sowohl Kritik als auch hastige Entscheidungen das Erzeugen origineller und effektiver Lösungen gefährden, regt wilde, »haltlose« Spekulationen und Aufschieben der Beurteilung an. Es werden vier grundsätzliche Regeln vorgeschlagen (*Osborn,* 1963):

1. *Kritik wird ausgeschlossen!* Gruppenmitglieder werden zur Kreativität ermutigt, indem sie auch ausgefallene Vorschläge akzeptieren sollen. Fehler zu finden und negativ zu beurteilen, soll angeblich das Äußern origineller Ideen hemmen. Konstruktive Kritik der vorgeschlagenen Lösungen wird auf ein späteres Stadium des Problemlösens aufgeschoben.
2. *Freilauf wird begrüßt.* Je ausgefallener und origineller die Idee ist, um so besser. »Es ist leichter, sich zu zügeln, als sich etwas einfallen zu lassen.«
3. *Quantität wird begrüßt.* Man nimmt an, daß sich die Qualität aus der Quantität herausdestillieren läßt. Je mehr Ideen, desto höher ist die Wahrscheinlichkeit nützlicher und origineller Lösungen.
4. *Mitwirken und Verbesserung werden gesucht.* Die Gruppenmitglieder werden ermutigt, vorgeschlagene Ideen zu integrieren und zu verfeinern.

Der Brainstorming-Ansatz wurde von einer Reihe von großen Korporationen übernommen und in Workshops für Personal und Management weiter verbreitet. Seine bewiesene Wirkung reichte von wesentlichen Einsparungen der Arbeitsstunden bis zu kreativen »Erstlingen« auf dem Absatzmarkt (z. B. dem Sylvania »Blitzlichtwürfel« für Kameras).

Synetics wurde von *William Gordon* (1961) entwickelt und betont die Verwendung analoger Prozesse beim kreativen Denken. Es gibt drei Problemlösestrategien, die direkte, persönliche und phantasierte Analogien umfassen. *Davis* (1973) zitiert beispielsweise ein Problem, auf das *Gordon* und seine Arbeitskollegen stießen, als sie ein Dach entwarfen, welches automatisch mit den Jahreszeiten die Farbe veränderte (im Sommer weiß, um die Hitze zu reflektieren, im Winter schwarz, um die Hitze zu absorbieren). Auf eine mögliche Lösung wurde hingewiesen, nämlich die Methode der direkten Analogie, wobei erkannt wurde, daß eine Veränderung der Pigmentierung bei einigen Tieren oft vorkommt (z. B. bei der Flunder). Beim Problemlösen durch persönliche Analogie wird das Individuum instruiert, sich selber als Problemobjekt vorzustellen. Eine dritte Analogie-Methode ermutigt aktives und oft ausgefallenes Phantasieren. Diese zuletzt genannte Strategie fand bei der Erfindung einer neuen dampffesten Verschlußvorrichtung für Weltraumanzüge Anerkennung. *Davis* (1973) macht darauf aufmerksam, daß die kreativen Prozesse bei Synetics viel ausgedehnter und komplizierter sind, als die oben genannten drei Methoden vermuten lassen.

Ein relativ ähnlicher Ansatz findet sich bei *Bionics,* das beschrieben wird als »Verwendung biologischer Prototypen, um Systeme zu entwerfen, die von Menschenhand entwickelt werden« (*Papanek,* 1969). Sensorische Organe und Energie-Umwandlungssysteme waren hauptsächlich interessant für Extrapolationen. Zur Erläuterung informiert uns *Davis* (1973), daß die äußerst sensiblen Infrarot-Sensoren der Klapperschlange »zu dem mit Recht als *Sidewinder* bezeichneten Flugkörper führten, einem Gerät, das den heißen Abgasen von angezielten Flugzeugen einfach nachfliegt und in ihrer Heckturbine explodiert« (S. 130). Man muß kaum noch erwähnen, daß sich durch das Problemlösetraining ein systematisches *Mittel* zur Lösung anbietet, und daß sein *Zweck* oft alles andere als eindeutig ist. (War es die Cartoon-Figur Bullwinkle, die behauptete, »militärische Intelligenz« sei ein Widerspruch in sich?)

Es wurde auch eine lange Liste von bekannten Büchern über kreatives Denken veröffentlicht. Darunter findet man *Polyas* (1957) Klassiker »How To Solve It«, der sowohl für den Schüler als auch für den Lehrer einen sehr lesenswerten Führer darstellt. Obwohl seine anschaulichen Beispiele vorwiegend mathematisch sind, können seine Methoden auf einen umfassenden Anwendungsbereich bezogen werden. Ähnlich ist es mit *de Bonos* (1970) »Lateral Thinking«, welches einen knappen, aber verständlichen Überblick über praktische und empirisch begründete Problemlösestrategien bietet.

Die Bedeutung des industriellen Problemlösens für den klinischen Bereich ist in dieser Darstellung hier wohl weniger klar ersichtlich als seine heuristische Bedeutung. Eine beeindruckende Reihe praktischer Strategien beweist teilweise die eigene Wirksamkeit des industriellen Problemlösens – das bedeutet, daß Kreativitätsprogramme tatsächlich recht kreativ waren.

Problemlösen in der Schule

Eine Anzahl neuerer Untersuchungen wies darauf hin, wie wichtig es sei, eine systematische Unterweisung in Problemlösefähigkeiten als

Teil der formalen Erziehung anzubieten. Während schon *Dewey* (1933, 1938) den Vorschlag machte, »forschende Aktivität« (»inquiry activity«) in die Erziehung einzubeziehen und zu fördern, wurden kontrollierte Beurteilungen dieses Unternehmens erst kürzlich berichtet. Darunter befand sich die Arbeit von *Suchman* (1960, 1969), der eine Reihe von Projekten konzipierte und evaluierte, welche ein »Training in Forschungsmethoden« (»inquiry training«) in den wissenschaftlichen Fächern umfaßten. In diesen Programmen wird den Kindern systematisch beigebracht, Probleme zu formulieren, relevante Information zu sammeln und Hypothesen aufzustellen und zu überprüfen. Sie bekommen gewissermaßen ein Training in formaler Logik und wissenschaftlicher Methodik. Ähnliche Programme wurden von verschiedenen anderen Forschern entwickelt und überprüft (z. B. *Butts*, 1965; *Butts & Jones*, 1966; *Burmester, Garth, Koos & Stothart*, 1970). Verschiedene Projekte, die sich auf weniger genau definierte Themenbereiche bezogen, betonten umfassendere schulische Problemlösefähigkeiten (vgl. *Torrance & Myers*, 1970; *Covington, Crutchfield & Davies*, 1966; *Olton & Crutchfield*, 1969; *Feldhusen, Treffinger & Bahlke*, 1970; *Davis & Scott*, 1971). Der Text von *Davis* (1973) liefert wieder einen wertvollen Überblick über diese Literatur.

Die allgemeinen Befunde zum Problemlösetraining in der Schule sind ermutigend. Während einige Untersuchungen an möglichen methodischen Problemen krankten, läßt sich auf Grund ihrer unabhängigen Replikation und ihrer relativ konsistenten Übereinstimmung vermuten, daß eine gültige und oft anhaltende Wirkung zustande kam. Hinsichtlich verschiedener Maße der Kreativität, der Denkfähigkeiten und der Handlungsflexibilität führte das systematische Training in Problemlösungen und in wissenschaftlicher Methodik zu wesentlichen Verbesserungen. Darüber hinaus lassen subjektive Maße der »Neugierde« und persönliche Einstellungen zu »forschender Aktivität« vermuten, daß die Wirkung eines solchen Trainings eine sehr umfassende und andauernde Wirkung auf ein Kind haben kann. *Olton & Crutchfield* (1969) stellen das Problem sehr prägnant dar, wenn sie betonen, daß es nötig sei, Erziehungsziele auszurichten auf ein Training für Schüler darin, *wie* und nicht so sehr *was* sie denken sollen:

Da die Erziehung heutzutage das Meistern des *Bekannten* betont, tut sie sehr wenig, um eine Person darauf vorzubereiten, das *Unbekannte* effektiv zu bewältigen. Jedoch werden viele der heutigen Schulkinder mehr als die Hälfte ihres Lebens in der unbekannten Welt des 21. Jahrhunderts verbringen. Um mit dem Unbekannten wirkungsvoll umzugehen, muß man eine gut ausgebildete Fähigkeit zum Denken besitzen.

Das bedeutet also, daß eine Erziehung, welche die heutigen Schüler auf ein nützliches, erfüllendes Leben im 21. Jahrhundert vorbereitet, ihm eine umfassende, systematische Unterweisung in den Fähigkeiten anbieten muß, welche für originelles und unabhängiges Denken und Problemlösen erforderlich sind (S. 69).

Defizite im Problemlösen bei Verhaltensstörungen

Wie häufig Klienten äußerst inadäquate und oft selbstzerstörerische Methoden zur Bewältigung persönlicher Sorgen anwenden, braucht dem erfahrenen klinischen Psychologen kaum gezeigt zu werden. Fallgeschichten sind voller Illustrationen über tragische Unzulänglichkeiten. *D'Zurilla & Goldfried* (1971) weisen darauf hin, daß

vieles von dem, was wir klinisch als »anomales Verhalten« oder »emotionale Störung« ansehen, als ineffektives Verhalten mit seinen Konsequenzen betrachtet werden kann; dabei ist das Individuum fähig, bestimmte situative Probleme in seinem Leben zu lösen, und seine unangemessenen Lösungsversuche haben unerwünschte Effekte, wie Angst, Depression und das Schaffen zusätzlicher Probleme (S. 107).

Eine neuere Reihe von Experimenten von *George Spivack* und seinen Mitarbeitern liefert der obigen Behauptung vorläufig eine empirische Bestätigung (vgl. *Spivack & Shure,* 1974). Beim Vergleich vieler »normaler« und »abweichender« Populationen fanden diese Forscher feste Unterschiede hinsichtlich der Problemlösefähigkeiten. Tests des Denkens in Mittel-Zweck-Relationen, die für diese Untersuchungen häufig kennzeichnend sind, wurden so angelegt, daß sie sowohl Quantität und Form der vorgeschlagenen Lösungen (Mittel) als auch die Fähigkeit der Person, die möglichen Konsequenzen (Ziele) der verschiedenen freien Reaktionsmöglichkeiten zu antizipieren, messen sollten. In dem Preschool-Interpersonal Problem-Solving Test (PIPS) bekommen Kinder beispielsweise eine Reihe hypothetischer Problemsituationen vorgelegt (wobei Bilder und verbale Beschreibungen benützt werden). Sie werden dann aufgefordert, dem Experimentator zu erzählen, was ein Kind alles in dieser Situation tun könnte. Ein zweiter Test (der »Was passiert als nächstes?« heißt) bewertet antizipierte Konsequenzen:

Heute will G. die Schaukel benützen, aber H. schaukelt schon. Wer ist schon auf der Schaukel? Richtig H. Wer möchte auch mal schaukeln? Richtig, G. Was kann G. also machen, um auch mal schaukeln zu dürfen? (S. 194).

A. hatte ein Spielzeugauto und spielte damit. B. wollte mit diesem Spielzeugauto spielen. Also griff B. nach diesem Spielzeugauto, – ja weißt du, er schnappte es sich. Sag mir, was als nächstes passiert! (*Spivack & Shure,* 1974, S. 198).

Zum Teil wurde auch eine verhaltensorientierte Schätzskala in der Forschungsarbeit von *Spivack* et al. verwendet. Die Sieben-Item-Skala konzentrierte sich auf das offene Verhalten des Kindes in den Bereichen 1. Aufschub von Belohnung, 2. emotionaler Aufregung (Wutanfälle usw.) und 3. sozialer Aggressivität. Bei Untersuchungen mit Erwachsenen wurde die Means-Ends-Problem-Solving-Procedure (MEPS) (vgl. *Spivack & Shure*, 1974) eingesetzt.

In einer älteren Untersuchung mit Jugendlichen aus Erziehungsheimen fanden *Spivack & Levine* (1963), daß diejenigen Jugendlichen, die als »impulsiv« und »emotional gestört« galten, dann in signifikanter Weise weniger erfolgreich als ihre normalen Altersgenossen waren, wenn es um das Erstellen von Lösungen zu hypothetischen Problemen ging. Sie zeigten auch weniger »Voraussicht« in dem Sinne, daß sie die möglichen Konsequenzen der verschiedenen Aktionen in Betracht zogen. Verschiedene darauffolgende Untersuchungen, bei denen die Problemlösefähigkeiten von normalen Personen und hospitalisierten psychiatrischen Patienten verglichen wurden, replizierten diese Befunde (*Platt & Spivack*, 1972a, b; 1973, 1974; *Platt, Scura & Hannon*, 1973). Zwei Untersuchungen, die »abweichende« und normale Kinder miteinander vergleichen, scheinen darauf hinzudeuten, daß Kinder mit fehlangepaßtem Verhalten oft weniger fähig sind, zweck- und zielgerichtet zu denken (*Shure & Spivack*, 1972; *Shure, Spivack & Jaeger*, 1971). Es gab nicht nur quantitative Unterschiede hinsichtlich der Mittel, die sie zur Handhabung der Probleme vorschlugen, sondern es zeigte sich auch, daß gestörte Jugendliche ihre Lösungen häufig auf impulsive und aggressive Methoden beschränkten.

Auch andere Forscher wiesen darauf hin, daß Problemlösedefizite eine wichtige Rolle bei funktionalen Verhaltensstörungen spielen könnten. *Levinson & Neuringer* (1971) vermuten beispielsweise, daß Selbstmordverhalten ein solches Verhaltensdefizit widerspiegelt. Bei perzeptuell motorischen Aufgaben im Experimental-Labor fanden sie selbstmordgefährdete Jugendliche als weniger tauglich im Problemlösen als eine nicht-selbstmordgefährdete Kontrollgruppe. *Meichenbaum* (im Druck) stellt einen wertvollen Überblick über die Forschung vor und deutet darauf hin, daß geriatrische Leiden und Denkstörungen bei alten Leuten durch mangelhafte Problemlösefähigkeiten verschärft werden können.

Während die bisherige Forschung noch als vorläufig zu betrachten ist, weisen ihre Befunde auf wichtige klinische Überlegungen. Übereinstimmend mit der Behauptung von *D'Zurilla & Goldfried* (1971) scheinen viele unglückliche Personen mangelhafte Problemlösefähigkeiten aufzuweisen. Ob diese Defizite mit Antezedenzen, Konsequenzen oder nicht verwandten Begleiterscheinungen der Fehlanpassung gleichzusetzen sind, muß erst noch ausgiebig untersucht werden. Nur einige wenige Arbeiten versuchten die Wirkung des systematischen Problemlösetrainings hinsichtlich einer Veränderung und Anpassung bei einer »abweichenden« Population zu überprüfen. Bei drei Untersuchungen mit normalen und destruktiven Vorschulkindern bewerteten *Spivack* und seine Mitarbeiter die unmittelbaren und die Langzeitwirkungen des Problemlösetrainings (vgl. *Spivack & Shure*, 1974). Unter Verwendung von Maßen des Mittel-Zweck-Denkens (PIPS) und einer verhaltensorientierten Schätzskala wurden signifikante und relativ anhaltende Verbesserungen beobachtet:

> Die Daten zeigen also, daß dieses Trainingsprogramm vier Haupteffekte hat. Erstens vergrößert es das alternative, auf Konsequenzen gerichtete Ursache-Wirkungs-Denken. Zweitens vermindert es überflüssiges und irrelevantes Denken. Drittens vergrößert es die Problemlösefähigkeit am meisten bei denen, die es am meisten brauchen (diejenigen mit abweichendem Verhalten). Viertens verlagert es den Schwerpunkt weg von aggressiven Lösungen und trainiert Kinder darin, nicht-gewaltsame und gewaltsame Lösungen zu sehen (S. 98).

Follow-Up-Untersuchungen nach sechs Monaten deuteten darauf hin, daß das Problemlösetraining eine dauerhafte Wirkung hatte. Kinder mit ehemals destruktivem Verhalten waren zu jener Zeit nicht nur besser angepaßt, sondern auch die »normalen« Kinder, die das Training erhalten hatten, zeigten weniger häufig Fehlanpassung. Das heißt, Problemlösen schien eine Fehlanpassung zu *verhindern* als auch die Versuchspersonen mit ehemals destruktivem Verhalten positiv zu verändern. Bestätigende Berichte von Eltern und Lehrern deuteten ferner darauf hin, daß die neu erworbenen Fähigkeiten der Kinder auf den Spiel- und häuslichen Bereich generalisiert waren. Von einigen Kindern in dem Versuch wurde berichtet, daß sie ein auf Konsequenzen orientiertes Denken zeigten, indem sie jüngere Geschwister über elterliche Kontingenzen aufklärten (z. B. »Wenn du brav bist, nimmt uns Mutti vielleicht mit ins Kino«). Häufige Anekdoten bezogen sich auf das überraschte Staunen der Eltern, wie ihre Kinder Verstand, Logik und verbale Entschiedenheit in häuslichen Konflikten einsetzten. Einem amüsanten Dialog konnte eine Mutter beiwohnen, deren Vorschulkind vorher von einem größeren und älteren Nachbarsjungen gepiesackt worden war:

Steven: Mutti, Wayne hat mich geschlagen!
Mutter: Geh und sag es seiner Mutter.
Steven: Das hab' ich getan. Aber sie hat ihm keine Prügel gegeben.
Mutter: Dann geh und schlag ihn zurück.
Steven: Ich kann nicht, er ist viel zu groß. (Steven ging dann hinaus, war lange Zeit weg, und kam dann zurück.)

Mutter: Hat er gekämpft?
Steven: Nein. Ich sagte ihm, daß er, wenn er mich nicht mehr schlagen würde, Bonbons bekommen könnte.
Mutter: Hast du ihm Bonbons gegeben?
Steven: Ja, und er hat mich nicht mehr geschlagen.

Durch den vorausgehenden Überblick wurde angedeutet, daß der Bereich des Problemlösens ein seit langem bestehender und vielseitiger Forschungsbereich ist. Die umfassende Literatur reicht über viele Themen, von nachdenkenden Primaten bis zu industriellen Neuerungen. Während es schwierig wäre, die klinische Bedeutung aufgrund der Evidenz des Problemlösens bei Tieren und korporativer Kreativität abzuleiten, können wir zumindest darin übereinstimmen, daß »instrumentelles Denken« die Tüchtigkeit von haarigen als auch »glatt-rasierten Affen« verbessert. Von direkterer Bedeutung ist die Literatur über menschliches Problemlösen im Experimentallabor und über das systematische »Training in Forschungsmethoden« in der Schule. Obwohl die Forschung bei der zuletzt genannten Richtung durch relativ stumpfsinnige Problemanalogien in ungleicher Weise mit Beschlag belegt wurde, trug sie beeindruckend dazu bei, die Vorgänge und Formen wirkungsvoller Vermittlungsprozesse zu verstehen. Die Verwendung im pädagogischen Bereich lieferte weitere Bestätigung für die Leistungsfähigkeit des systematischen Problemlösetrainings im klinischen Bereich. Sowohl auf Maßen der schulischen als auch der intellektuellen Leistung zeigten Personen, die ein solches Training erhielten, oft eine wesentliche Verbesserung. Schließlich deutet die Forschung über Problemlösedefizite bei Verhaltensstörungen darauf hin, daß gestörte Funktionen der Vermittlungsprozesse eine häufige Komponente bei persönlichen Nöten und fehlangepaßtem Verhalten sind. Diese Befunde unterstützen einige Punkte aus Kapitel 10 über die Rolle solcher Prozesse bei klinischen gestörten Funktionen.

Die direkte Übertragung des Problemlösetrainings auf Verhaltensstörungen wird erst seit kurzer Zeit verfolgt. Zusätzlich zu der Arbeit von *Spivack* und seinen Kollegen (vgl. *Spivack & Shure*, 1974) wendeten einige wenige Studien das Training der »Denkfähigkeiten« bei ihren therapeutischen Verfahren an (z. B. *Giebink, Stover & Fahl*, 1968; *McGuire & Sifneos*, 1970; *Rosenthal & Meyer*, 1971; *Mahoney*, 1973; *Weiss, Hops & Patterson*, 1973). Analysen der Komponenten und kontrollierte empirische Einschätzungen werden jedoch dringend benötigt. Obwohl ein gewisses vorläufiges Zutrauen durch die ersten Befunde aus dem Experimentallabor und in der Schule berechtigt ist, sollte man betonen, wie wichtig beschleunigte Forschung in diesem neuen Grenzgebiet ist.

Die *potentielle* Bedeutung des Problemlösens für Klienten und Therapeuten bedarf wenig Ausführungen. In Form von anpassungsfähiger Flexibilität und der Fähigkeit, mit den sich ständig ändernden Lebensproblemen zurechtzukommen, können die kognitiven Fähigkeiten möglicherweise ein sehr wertvolles persönliches Überlebensparadigma liefern. Ihr potentieller Beitrag zu wirksamen Therapien und die unabhängige eigene Verbesserung werden hoffentlich bei der zukünftigen empirischen Überprüfung zu einer Frage der Priorität werden.

Attribution

Ein anderer Bereich, der sowohl für das Modell des kognitiven Lernens als auch für die damit verwandten Therapien wichtig ist, nennt sich Attribution. Wenn die Menge der Literatur, die in diesem Bereich entstand, irgendein Index ihres heuristischen Wertes darstellen würde, müßte die Attributionstheorie zu den Spitzenreitern der heutigen psychologischen Perspektiven zählen. Trotz ihrer relativen Neuheit hat das Problem der Kausalattribution schon umfangreiche Theorien und einen wesentlichen Teil der damit verbundenen Forschung stimuliert (vgl. *Heider*, 1958; *Kelly*, 1967, 1973; *de Charms*, 1968; *Jones, Kanouse, Kelley, Nisbett, Valins & Weiner*, 1971; *Weiner*, 1972). Obwohl die Unmenge an Literatur auf diesem Gebiet in dem vorliegenden Werk irgendeine detaillierte Untersuchung ausschließt, wollen wir einen kurzen Überblick über die Attributionstheorie und über ihre klinischen Konsequenzen anbieten. Um enzyklopädische Langeweile zu vermeiden, wollen wir nur auf zentrale Untersuchungen und Übersichtsreferate verweisen. Der interessierte Leser sei für eine verständlichere Darstellung auf diese Quellen verwiesen.

Die Prämisse, die der Attributionstheorie zugrunde liegt, besagt, daß *eine wahrgenommene Kausalität das Verhalten beeinflussen kann.* Wie wir in Kapitel 10 sahen, bringt der menschliche Organismus häufig Ordnung in die Erfahrung, indem er Zusammenhänge zwischen erlebten Ereignissen erschließt. Laut *Skinner* (1969) entsteht aus kontingent geformtem Verhalten oft »regelgesteuertes Verhalten«, und zwar durch die Schlußfolgerung einer Person vom Besonderen auf etwas Abstraktes. Gemäß der Attributionstheorie hat eine der gängigsten Schlußfolgerungen des Menschen etwas mit den Ursachen des Verhaltens – sowohl mit den Ursachen des eigenen Verhaltens als auch mit denen der anderen – zu tun. Die Tatsache, daß wir unseren Handlungen Ursachen zuschreiben, ist vielleicht weniger erschütternd; die klinische Bedeutung liegt dabei in der Art jener Kausalattributionen. Wenn wir beispielsweise folgern, daß unsere Migräne-Kopfschmerzen und Schwindelanfälle eher von einem bevorstehenden pyschotischen Ausbruch und nicht so sehr von dem zufälligen Einatmen von Insektengift auf dem Heimweg von der Arbeit stammen, wird sich unser darauffolgendes Verhalten in entscheidender Weise verändern. Ähnlich verhält es sich, wenn wir eine schlechte Note eher dem Vorurteil des Lehrers als unserer eigenen Inkompetenz zuschreiben; die darauffolgenden physiologischen und motorischen Verhaltensweisen können dadurch entsprechend verändert werden. Wird unserem Übergewicht, unserem Rauchen oder unserer Depression eine erhebliche, suchthafte oder krankhafte Ursache zugrunde gelegt, wird es uns schwerfallen, selber daran etwas aktiv zu verbessern.

Die grundlegende Behauptung ist also, daß die Kausalattribution einen entscheidenden Einfluß auf Verhalten ausüben kann. Außerdem postuliert die Theorie, daß die Art unserer Attributionen durch viele Faktoren beeinflußt wird – frühe Erfahrung, Umfang und Art der gegenwärtig verfügbaren Information usw. Einiges deutet sogar darauf hin, daß die erschlossenen Ursachen identischen Verhaltens je nach seinem Träger variieren mögen (*Jones & Nisbett*, 1971). Wenn wir das Verhalten eines anderen beobachten (z. B. akademischen Erfolg), schreiben wir es oft beständigen Persönlichkeitseigenschaften (Intelligenz, Kreativität, Ausdauer) zu. Wenn wir dasselbe Verhalten bei uns beobachten, führen wir es vielleicht auf »situative« Attributionen (Glück, Vorurteile des Lehrers, oder eine leichte Prüfung) zurück.

Dadurch, daß die Attributionstheorie eine umfassende Literatur angeregt hat, schlug sie verschiedene Forschungswege ein. Die drei wichtigsten für die kognitive Verhaltensmodifikation sind *Lokalisation der Kontrolle*, die *Therapie der Fehlattribution* und die *Selbstwahrnehmungstheorie*.

Lokalisation der Kontrolle

Die Rolle des erkannten kausalen Zusammenhangs bei funktionalem als auch bei dysfunktionalem Verhalten wurde ausgiebig von denen untersucht, die sich mit Persönlichkeitstheorie, Sozialpsychologie und klinischer Forschung beschäftigen. *Julian B. Rotter*, einer der Pioniere und wichtigster Forscher auf diesem Gebiet, gibt einen kurzen, präzisen Überblick über das Konstrukt der »Lokalisation der Kontrolle«:

> Die Wirkung einer Verstärkung ... ist nicht nur ein einfacher Prozeß der Einprägung, sondern hängt davon ab, ob jemand eine Kausalbeziehung zwischen seinem eigenen Verhalten und der Belohnung sieht... Wenn eine Verstärkung von einer Person so wahrgenommen wird..., daß sie nicht auf seine Handlung kontingent erfolgt, dann..., ... wird

sie typischerweise als das Ergebnis von Glück, Zufall, Schicksal, als kontrolliert von mächtigen Personen, oder als unvorhersagbar angesehen ... Wenn das Ereignis durch eine Person auf diese Weise interpretiert wird, bezeichnen wir das als Glaube an *externe Kontrolle.* Wenn die Person das Ereignis als kontingent auf ihr eigenes Verhalten ansieht ... nennen wir es Glaube an *interne Kontrolle.*

Das grundlegende Thema dieses Konstrukts beschäftigt sich damit, ob sich eine Person als aktiven Urheber oder eher als passiven Empfänger von Umwelteinflüssen ansieht. Ein Maß für die internale-externale-Selbstwahrnehmung wird durch die I-E-Skala (*Rotter*, 1966) geliefert, bei der der Befragte zwischen Paaren von Meinungsaussagen wählen soll. (Z. B. »Oft fühle ich, daß ich auf das, was mir passiert, wenig Einfluß habe«; oder »es ist für mich unmöglich, zu glauben, daß Zufall oder Glück eine wichtige Rolle in meinem Leben spielen«).

Nachdem es für die »Lokalisation der Kontrolle« experimentellen Nachweis gibt, kann man vermuten, daß sie für die klinische Praxis tatsächlich wichtig ist (vgl. *Lefcourt,* 1966, 1973; *Throop & MacDonald,* 1971; *Rotter, Chance & Phares,* 1972; *Phares,* 1973). Diese Verallgemeinerung muß man jedoch durch die Erkenntnisse einschränken, daß I-E-Messungen und experimentelle Methodologien die Dateninterpretation schwieriger machten (*Averill,* 1973). Zwei Übersichtsreferate von *Lefcourt* (1966) und *Phares* (1973) lassen vermuten, daß »internale« Personen – d. h. solche, die sich selbst als aktiv im Gestalten ihres eigenen Lebens ansehen – sich von »externalen« Personen in vielen Punkten unterscheiden. Eine internal gesteuerte Person scheint beispielsweise in konkreten Situationen mehr Initiative und Verantwortung zu übernehmen. Sie beschafft und verwertet Information oft wirkungsvoller und scheint mit gegenwärtigen Umweltmerkmalen mehr in »Tuchfühlung« zu sein. Einige Untersuchungen über hospitalisierte psychiatrische Patienten, Gefangene und verschiedene Minderheitsgruppen deuten darauf hin, daß diese Personen oft eher »external« kontrolliert sind als normale Kontrollgruppen. Untersuchungen aus dem pädagogischen Bereich zeigen, daß man akademische Leistung aufgrund von I-E-Werten voraussagen kann – Kinder, die ihre Schulleistung eher persönlichen als zufälligen Ursachen zuschreiben, scheinen als Schüler aktiver und erfolgreicher zu sein.

Experimente mit Tieren und Menschen deuten außerdem darauf hin, daß anschließendes Lernen durch das Glauben an eine externe Ursache auf einschneidende Weise beeinträchtigt wird. *Seligman, Maier & Solomon* (1969) stellten vor kurzem die Forschungsarbeit mehrerer Jahre über »gelernte Hilflosigkeit«, eine Analogie zur Depression, in einem Übersichtsreferat zusammen. Als diese Forscher

Schock-Vermeidungs-Paradigmen verwendeten, fanden sie, daß unkontrollierte aversive Stimulierung die Wahrscheinlichkeit reduziert, daß der Organismus in nachfolgenden Vermeidungsexperimenten zu adaptivem Lernen fähig ist. Tiere, die zuerst unvermeidbare Schocks aushalten müssen, können nicht so leicht Vermeidungsreaktionen zur Bewältigung der Situation lernen, die erst später zur Verfügung stehen. Andererseits sind Versuchstiere, die in früheren Versuchsphasen nicht die Erfahrung der gelernten Hilflosigkeit machten, im nachfolgenden Vermeidungslernen wesentlich erfolgreicher. Die Übertragung auf menschliches Verhalten wurde vor kurzem von *Thornton & Jacobs* (1971) berichtet. Versuchspersonen, die anfänglich einen unvermeidbaren Schock erhalten hatten, waren weniger erfolgreich, in der Folge eine Vermeidungsreaktion zu lernen.

Das aktuelle experimentelle Interesse an der Wirkungsweise der bewußt wahrgenommenen Kontrolle über aversive Stimulierung steht in Zusammenhang mit der aktiv-passiven Orientierung, die mit der internal-externalen Anschauung verbunden ist. Mehrere Untersuchungen deuten darauf hin, daß Personen oft weniger selber leiden, wenn sie sich in der Rolle wahrnehmen, potentielle Kontrolle über unangenehme Erfahrungen auszuüben (vgl. *Lefcourt*, 1973). *Geer, Davison & Gatchel* (1970) zeigten beispielsweise, daß Versuchspersonen, die fälschlicherweise annahmen, sie würden in einem Reaktionszeitexperiment über die Schockdauer Kontrolle ausüben, weniger und geringere PGR-Reaktionen zeigten als Personen, die daran glaubten, die Schockdauer sei vorher festgelegt worden. Ähnlicherweise berichten *Glass, Singer & Friedman* (1969), daß das Wahrnehmen der Kontrolle bei der Streßbewältigung eher ein signifikanter Faktor sein kann, als die Kontrolle tatsächlich selber auszuüben. Obwohl eigentlich keine der Versuchspersonen ihre Möglichkeit der Kontrolle wahrnahm, waren die Personen, die glaubten, ein unvorhersehbares aversives Geräusch kontrollieren zu können, weniger in ihrem Verhalten beeinträchtigt als solche Versuchspersonen, die in ihrer Wahrnehmung external gesteuert waren. Wie wir in Kapitel 14 sehen werden, kann diese »wahrgenommene Freiheit« viele private und interpersonelle Erfahrungen beeinflussen. In einem neueren Übersichtsartikel verweist *Averill* (1933) auf einige der komplexen Zusammenhänge bei Theorie und Forschung der bewußt wahrgenommenen Kontrolle über aversive Stimulation. *Averill* betont, daß die Beziehung zwischen persönlicher Kontrolle und subjektivem Leiden alles andere als einfach ist, und er kommt zu dem Schluß, daß

> die streß-auslösenden oder streß-reduzierenden Eigenschaften persönlicher Kontrolle abhängig sind von solchen Faktoren wie Eigenart der

Reaktion und dem Zusammenhang, in den diese Reaktion gebettet ist; sie sind nicht nur abhängig von ihrer Wirksamkeit, die Wirkung eines möglicherweise schädlichen Reizes zu verhindern oder zu mildern (1973, S. 286).

Es ist kaum zu übersehen, daß die Lokalisation der Kontrolle für die klinische Praxis von potentieller Bedeutung ist. Der Glaube an internale oder externale Kontrolle ist einer der Vermittlungseinflüsse, die in Kapitel 10 diskutiert wurden. Aufgrund der Forschung über das formale Paradigma der »Lokalisation der Kontrolle« ist zu vermuten, daß die Variation bei der Ausführung von Aufgaben, bei schulischer Leistung und im klinischen Erfolg durch diese Anschauung beträchtlich eingeschränkt werden kann. Obwohl der Zusammenhang alles andere als einfach ist, darf man seine praktischen Folgen nicht übersehen. In den vorherigen Kapiteln wurde schon besprochen, daß die Beweise aus dem Experimentallabor, der Feldforschung und aus dem klinischen Bereich jene Behauptung bestätigen, daß menschliches Verhalten oft durch Faktoren der Vermittlung beeinflußt wird. Während die I-E-Ansichten nur einer dieser Faktoren sein können, muß man noch genau überprüfen, wie sehr sie sich auf den therapeutischen Erfolg und die persönliche Anpassung auswirken.

Rotter, Chance & Phares (1972) wandten sich bereits allgemeineren Folgerungen auf diesem Gebiet zu. Hier sollen nur einige wenige klinische und soziale Probleme erwähnt werden, die durch den Nachweis der Lokalisation der Kontrolle auftreten. Zunächst einmal, was können wir tun, wenn jemand *ganz richtig* wahrnimmt, daß er von externalen Einflüssen abhängig ist? Der chronisch Geistesgestörte, der Gefängnisinsasse, der Geistigbehinderte und der »sozial Unterprivilegierte« haben oft sehr berechtigte Gründe, sich selber als machtlos gegenüber ihren jeweiligen Lebenssituationen zu sehen. In politischer und gesellschaftlicher Hinsicht haben sie oft sehr wenig Kontrolle über ihr eigenes Schicksal – was natürlich ihre passive Mutlosigkeit verstärkt. Um dieses Dilemma zu lösen, scheinen umfassende gesellschaftliche und politische Reformen sowohl innerhalb als auch außerhalb der Institutionen erforderlich zu sein.

Ein zweites Problem bezieht sich auf die Modifizierbarkeit der wahrgenommenen Kontrolle. Auch wenn jemand für seinen Glauben an Externalität wenig Grund hat, ist zu fragen, wie wahrscheinlich es ist, daß er seine Anschauungen erfolgreich verändert. Vorläufige Ergebnisse lassen darauf schließen, daß I-E-Ansichten ziemlich dehnbar sind und durch Rückkoppelung aus der Erfahrung beeinflußt werden können (vgl. *Phares,* 1973; *Rotter, Chance & Phares,* 1972). Werden beispielsweise zu Beginn der Therapie kleine signifikante »Erfolgserlebnisse« programmiert, so kann dadurch die Internalität eines Klienten zunehmen. Es ist verblüffend, wie völlig verworren die Wechselbeziehung zwischen Ansichten und (nichtkognitiven) Verhaltensweisen ist (vgl. Kapitel 14). Beispielsweise können die schlechten Schulleistungen eines Kindes teilweise dadurch beeinflußt werden, daß es sich persönlich als inkompetent ansieht. Indem man diese Wahrnehmung systematisch verändert, kann sich seine Schulleistung verbessern. Die zukünftige Richtung, die durch den Kreislauf von Anschauungen und Verhalten eingenommen wird, kann dann eine Funktion unzähliger Einflüsse sein – ob das Kind sein neues, aus der Erfahrung gewonnenes Feedback in ein modifiziertes Netz von Selbstaussagen einordnet, ob Erfolgserlebnisse zum richtigen Zeitpunkt erfolgen, um ein widerstandsfähiges und beständiges »internales« Anschauungsmuster aufzurichten und aufrechtzuerhalten, und so weiter.

Ein dritter Gesichtspunkt betont die Bedeutung einer aktiven bewältigenden Orientierung in der Therapie. Wenn sich jemand eher als passive Schachfigur und nicht so sehr als verantwortlich handelnd wahrnimmt, wird er mit viel geringerer Wahrscheinlichkeit aus der Therapie einen Nutzen ziehen. In der klassischen »Du-hilfst-mir«-Einstellung von allzu vielen Klienten wird der Therapeut vielleicht eher als wohlwollender Beeinflussender und nicht so sehr als technischer Berater beim Lösen persönlicher Probleme angesehen. *Phares* (1973) erwähnt, daß es möglicherweise Bestätigung dafür gibt, daß sich der external gesteuerte Klient vielleicht nicht nur der situationalen Einflüsse in seinem Leben weniger bewußt ist, sondern daß er vielleicht auch Erinnerungslücken zeigen wird, die sich auf die therapeutische Veränderung beeinträchtigend auswirken können.

Zusammenfassend sollte man bemerken, daß die I-E-Dimension nur eine von vielen Vermittlungsprozessen darstellt, die subjektives Leiden und effektives Handeln beeinflussen können. Es kann verführerisch sein, Personen als »Internale« und »Externale« zu klassifizieren, so als wenn die wahrgenommene Lokalisation der Kontrolle ein übergreifender und einseitiger Persönlichkeitszug wäre. Wir sollten aber im Auge behalten, daß I-E-Anschauungen oft ziemlich situationsspezifisch und veränderlich sind. Die Ausbreitung der internalen und externalen Anschauungsmuster könnte eine Funktion davon sein, wie die situationalen und die durch Erfahrung gewonnenen Faktoren beschaffen sind.

Therapie der Fehlattribution

Ein anderer Forschungsansatz, der sich mit der wahrgenommenen Kausalität beschäftigt, brachte einige spezifische therapeutische Vorschläge hervor. *Schachter & Singer* berichten 1962 eine klassische Untersuchung über die Rolle des kognitiven Etikettierens bei emotionaler Erregung. Freiwilligen Versuchspersonen injizierten sie Epinephrin, ein Mittel, das in auffallender Weise die Erregung des autonomen Nervensystems ansteigen läßt (schnelleren Puls, erhöhten Blutdruck usw.). Einige Versuchspersonen erhielten genaue Angaben über die Wirkung des Mittels, während andere nur eine ungenaue oder überhaupt keine Information erhielten. Versuchspersonen einer Kontrollgruppe bekamen wirkungslose Salzlösung gespritzt. Während der anschließenden Testphase ließ man einen Helfer des Versuchsleiters den Probanden ärgerliches, euphorisches oder neutrales Verhalten vorspielen. In dieser Phase zeigten Verhaltensschätzungen von den Probanden, daß ihre Verhaltensausführung entscheidend beeinflußt wird, wenn ein kognitives Etikett für die physiologische Erregung zur Verfügung steht. Personen, die durch Epinephrin erregt waren und die der Meinung waren, die Aktivität ihres autonomen Nervensystems sei durch dieses Mittel zustande gekommen, zeigten ärgerliches oder euphorisches Verhalten signifikant weniger häufig als falsch oder ungenügend informierte Versuchspersonen. Diese letzteren zeigten solche Muster, die im allgemeinen mit der Stimulussituation übereinstimmten – d. h. in Anwesenheit eines euphorischen Modells verhielten sie sich euphorisch; ein ärgerliches Modell bewirkte eher feindliches Verhalten. Diese und die nachfolgenden Befunde gaben Anregung zu einer Theorie über die Rolle der Kognition und des Etikettierens bei subjektiver Erregung (vgl. *Schachter*, (1964). Zusammenfassend besteht die Theorie darin, daß Emotionalität a) Erfahrung mit der autonomen Erregung erfordert und b) ein kognitives Etikett benötigt, welches die Ursache der Erregung einer emotional relevanten Quelle zuschreibt:

> In Anbetracht eines physiologischen Erregungszustandes, den sich jemand nicht sofort erklären kann, wird er diesen Zustand »etikettieren« und seine Gefühle beschreiben, je nachdem, welche Kognitionen ihm zur Verfügung stehen (*Schachter & Singer*, 1962, S. 382).

Die Art des Etiketts, das der autonomen Erregung zugeschrieben wird, kann selbstverständlich sowohl subjektives Leiden als auch nachfolgendes Verhalten entscheidend beeinflussen. Wenn mein Konzentrationsmangel und meine erhöhte Erregung das Ergebnis von wenig Schlaf in der Woche vor meiner Schlußprüfung sind und nicht durch eine von mir befürchtete Geisteskrankheit verursacht wurde, werden meine Handlungen sehr verschieden sein. Diese Annahme führte zu einer Reihe von Versuchen, die Attribution (Etikettieren) in klinischen Analogsituationen zu manipulieren (*Winett*, 1970).

Ross, Rodin & Zimbardo (1969) gaben beispielsweise in einem Experiment, das sich angeblich mit der Wirkung von Lärm auf Verhalten auseinandersetzte, den Versuchspersonen zwei unlösbare Rätsel auf. Den Versuchspersonen sagte man, daß sie bei der Lösung des einen Rätsels Geld verdienen könnten; bei der Lösung der anderen Rätselaufgabe würden sie einen darauffolgenden schmerzvollen Schock vermeiden können. Hinsichtlich der Nebeneffekte des Geräusches manipulierte man außerdem die Attribution. Der einen Hälfte der Versuchspersonen sagte man, daß das Geräusch wahrscheinlich ein Zittern der Hand, unregelmäßiges Schlagen des Herzens, viszerale Störungen und eine Zunahme der Atemgeschwindigkeit (d. h. die autonomen Korrelate der Angst) bewirken würde. Der anderen Hälfte wurde mitgeteilt, daß das Geräusch angstirrelevante Nebenwirkungen (allgemeine Taubheit, dumpfe Kopfschmerzen usw.) auslösen würde. Die wichtigste abhängige Variable war die Zeit, welche die Versuchspersonen für die Lösung der Schock-Vermeidungsaufgabe verwendeten gegenüber der Zeit für die Rätselaufgabe mit Geldverdienen. Abbildung 12-1 zeigt, daß Versuchspersonen, die ihre Erregung dem Geräusch zuordneten, signifikant weniger Zeit für die Schock-Vermeidungs-Aufgabe brauchten als Versuchspersonen einer Kontrollgruppe. Subjektive Maße lassen auch vermuten, daß Versuchspersonen der Lärm-Attributions-Gruppe weniger ängstlich waren als jene, die kein angst-irrelevantes Etikett erhalten hatten.

Eine Reihe von Forschern wandte neuerdings ihre Aufmerksamkeit auf die direkte klinische Bedeutung der programmierten Fehlattribution (vgl. *Valins & Nisbett*, 1971; *Kopel & Arkowitz*, 1974). Eine der Untersuchungen in dieser Reihe umfaßte auch die Rückkoppelung der falschen Herzrate, um das kognitive Etikettieren der Versuchspersonen zu verändern (*Valins & Ray* 1967). Freiwillige Versuchspersonen mit Schlangenphobien bekamen Diapositive vorgeführt, auf denen entweder das Wort »Schock« oder eine Szene aus der Hierarchie der Schlangenangst abgebildet war. Die Teilnehmer hörten außerdem während der Dia-Vorführung gefälschte Aufnahmen ihrer eigenen Herzrate. Nach den Schock-Dias (die von Durchgang zu Durchgang mit einer Schockzunahme verbunden waren) stieg ihre tatsächlich hörbare Herzrate an. Während der Darbietung der Schlangendias hörten sie jedoch, wie ihre gefälschte Herzrate abnahm. Nachfolgende Messungen der Angst und der Schlangenvermeidung deuten auf eine größere Reduktion in diesen Maßen bei jenen Personen, die aufgrund ihrer falschen Herzraten-Rückkoppelung eine Abnahme der Angst angenommen hatten.

Leider waren *Valins & Ray* (1967) in ihrer Untersuchung einige methodische Mängel unterlaufen, wodurch die Interpretation ihrer Befunde eingeschränkt ist (vgl. *Bandura*, 1969; *Davison & Wilson*, 1973). Wiederholte Versuche, diese Ergebnisse unter besser kon-

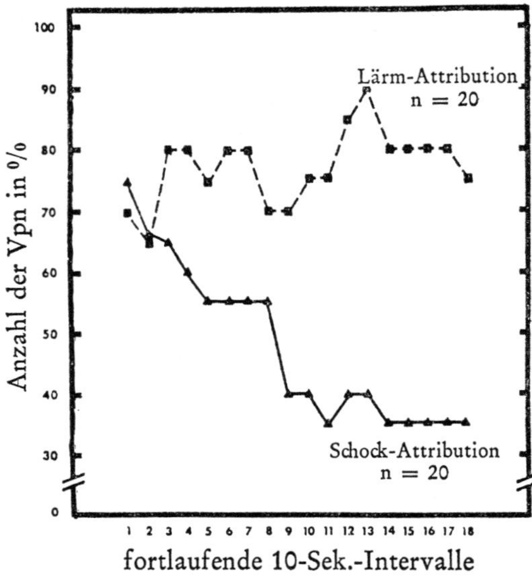

Fig. 12-1: Anzahl der Versuchspersonen, die unter jeder Bedingung die Schock-Vermeidungs-Aufgabe zu lösen versuchen. (Nachdruck mit Genehmigung von *Ross, Rodin & Zimbardo*, 1969.)

trollierten Bedingungen zu replizieren, schlugen immer wieder fehl (vgl. *Sushinsky & Bootzin*, 1970; *Rosen, Rosen & Reid*, 1972; *Gaupp, Stern & Galbraith*, 1972; *Stern, Botto & Herrick*, 1972; *Kent, Wilson & Nelson*, 1972; *Wilson*, 1973b). Der klinische Erfolg dieses speziellen Verfahrens muß daher noch nachgewiesen werden. Der gegenwärtige Stand der Fehlattributionstherapien zur Reduktion von Angst wird von *Bandura* (1969) treffend zusammengefaßt:

Man sollte sich daran erinnern, daß kognitive Ansprüche sehr oft durch enttäuschende therapeutische Ergebnisse untergraben wurden. Wenn Personen mit relativ schwacher Hemmung für einen physiologischen Erregungszustand bei furchtauslösenden Situationen eine falsche Erklärung haben, kann sich ihre Angst soweit senken, daß sie ein erwünschtes Verhalten ausführen können. Es ist jedoch fraglich, ob starke Ängste und Hemmungen dadurch zu beseitigen sind, daß man internale Reaktionen falsch etikettiert, oder falschen Quellen zuordnet ... Es gibt wenig Anlaß, zu erwarten, daß vorteilhafte Kognitionen, die durch vorgetäuschtes Etikettieren zustandekommen, bei einer dauerhaften Modifikation menschlichen Verhaltens korrigierende Lernerfahrungen ersetzen können (S. 448).

Die »korrigierende Lernerfahrungen«, die *Bandura* (1969) vorschlug, schließen natürlich andere Arten kognitiven Verhaltens nicht aus.

Verschiedene neuere Arbeiten untersuchten, welchen Nutzen die Fehlattributionen bei der Linderung von Schlaflosigkeit möglicherweise haben könnten (vgl. *Davison, Tsujimoto & Glaros,* 1973), außerdem auch die Bedeutung der Selbstattributionen bei der Aufrechterhaltung therapeutischer Verhaltensänderungen (*Davison & Valins,* 1968, 1969). Die ausgesprochen spärlichen Daten auf diesem Gebiet und einige nichtbestätigte Befunde (z. B. *Wilson & Thomas,* 1973; *Johnson & Gath,* 1973) schließen zur Zeit sogar Schlußfolgerungen spekulativer Art aus. Über den »Zustand dieser Kunst« gibt *Davison* et al. (1973) jedoch einen passenden Kommentar:

> Die »Attributionstherapie« erfreut sich bei soziobehavioristischen Ansätzen zur Modifikation fehlangepaßten Verhaltens zunehmender Beliebtheit... Bewertet man jedoch den klinischen Nutzen der experimentellen Befunde, so wird es ausgesprochen wichtig, zwischen statistischer und klinischer Bedeutung zu unterscheiden... Deswegen würden wir auch Therapeuten noch nicht vorschlagen, aufgrund unserer eigenen Methoden richtige Behandlungsprogramme zu entwerfen. Wir hoffen jedoch, durch unsere Befunde Kollegen auf die Möglichkeit aufmerksam zu machen, daß die Art, in der sich Klienten und Patienten ihre in der Therapie erfahrene Veränderung erklären, nur einer unter vielen undefinierten Faktoren sein kann, um Verhaltensänderungen aufrechtzuerhalten (S. 132).

Allgemeine Schlußfolgerungen aus dem Bereich der Fehlattributionstherapie sind zur Zeit bescheiden. Erstens wurde in den bisher erforschten Beispielen und Problembereichen ein relativ geringer prozentualer Anteil der resultierenden Varianz mit Attributionstherapien in Zusammenhang gebracht. D. h., der Nachweis ihrer therapeutischen Wirksamkeit war ziemlich dürftig. Zweitens scheint der Beitrag, der von Vorgängen der Fehlattribution stammt, durch ein »Überrolltwerden vom autonomen Nervensystem« geschmälert zu werden. Bei Verhaltensmustern mit schwachen Hemmungen und leichter vegetativer Erregung können persönlicher Schmerz und nachfolgendes Verhalten durch fehlerhaftes Etikettieren beeinflußt werden. Stößt man jedoch auf Reize, die stärkere Erregung auslösen, vermindert sich die therapeutische Wirkung der Fehlattribution beträchtlich. Schließlich gibt es Hinweise, die mit größter Vorsicht zu betrachten sind, daß therapeutische Veränderungen nämlich dann von größerer Dauer sind, wenn man glaubt, sie seien aus eigenem aktiven Engagement in der Therapie entstanden und nicht so sehr durch passive oder extrinsische Art. Die letzte Schlußfolgerung ist für zukünftige klinische Untersuchungen sehr wichtig und weiterer Forschung wert.

Ehe wir uns von der Attribution abwenden, sollten wir den vorherrschenden Methoden etwas Beachtung schenken. Erstens kann es sein, daß der bisherige Bericht über den ziemlich bescheidenen Nachweis von Attributionselementen in der Therapie vielleicht daher stammt, daß Forscher aus diesem Gebiet ziemlich zusammenhanglose und anspruchsvolle Beispiele brachten, um die Anschauungen von Versuchspersonen zu verändern. Wenn man einem Klienten sagt, daß seine subjektive »Angst vorm Fliegen« tatsächlich eine mißverstandene Reaktion auf die physiologische Wirkung des Kabinendrucks ist, so wird so etwas auf einen schweren Flugphobiker wenig Wirkung haben. Gibt man einem Patienten, der seit Jahren an Schlaflosigkeit leidet, ein Mittel und sagt ihm, daß es Symptome der Schlaflosigkeit (Unruhe, kreisende Gedanken usw.) auslöst, so kann das bitter sein. Vorausgehendes Lernen und starke vegetative Erregung verhindern oft eine einfache und schnelle Neu-Etikettierung problematischen Verhaltens. Über mehrversprechende Möglichkeiten machen sich *Bandura* und seine Kollegen in neueren Arbeiten Gedanken; sie entwickelten Verfahren, um die *graduelle* Selbstattribution bei therapeutischer Veränderung zu unterstützen (*Bandura, Jeffery & Gajos,* 1974; *Bandura, Jeffery & Wright,* in Druck). Man kann jemandem helfen, Vermeidungsmuster zu überwinden, indem man ihm zuerst ausgesprochen externale Unterstützung gibt, und ihn dann bei zunehmendem Fortschritt solcher Hilfestützen entwöhnt. Ähnlich abgestufte Verfahren können vielleicht auch bei anderer Anwendung der Attributionsprinzipien das Ergebnis entscheidend verbessern. Da wir außerdem an diese subtile Strategie lieber glauben als ihr zu mißtrauen, sollte ihr anhaltender Beitrag zur therapeutischen Beständigkeit vielleicht vergrößert werden.

Ein anderer Bereich, der für die Attributionsforschung möglicherweise bedeutend ist, beschäftigt sich mit einem häufigeren klinischen Phänomen: *erregungsinduzierter Erregung.* Es ist nicht unüblich von Klienten zu hören, sie seien deprimiert, »weil« sie deprimiert sind, oder sie seien ängstlich, »weil« sie ängstlich sind. Sieht man sich selber als jemanden, der die Situation »nicht handhaben kann«, so kann sich dadurch das subjektive Leiden verschlechtern. Deprimiert oder ängstlich zu sein, impliziert persönliche Unzulänglichkeit und mangelnde Bewältigungsfähigkeiten. Dem Prinzip der »Angst vor der Angst« sollte man vielleicht mehr Glauben schenken als bisher. Interessant ist die Vermutung, daß *Frankls* (1959) Technik der »paradoxen Intention« möglicherweise mit diesem Circulus vitiosus zusammenhängt. Bei der paradoxen Intention muß der Klient genau die Handlungen ausführen, die ihm Unbehagen bereiten:

Ein junger Arzt suchte mich auf, weil er Angst hatte, zu schwitzen. Immer wenn er einen Schweißausbruch antizipierte, reichte diese antizipatorische Angst aus, um ihn wesentlich schneller schwitzen zu lassen. Um diesen Zirkel zu durchbrechen, empfahl ich dem Patienten, er solle sich, falls das Schwitzen wieder auftreten würde, absichtlich vornehmen, den Leuten zu zeigen, wie viel er schwitzen könne. Eine Woche später kehrte er zurück und berichtete, daß ..., nachdem er vier Jahre lang unter seiner Phobie gelitten habe, er in der Lage gewesen sei, sich innerhalb einer Woche und nach einer einzigen Sitzung davon für immer zu befreien (S. 196).

Es muß noch untersucht werden, wie nützlich es möglicherweise sein kann, Attributionen bei erregungsinduzierter Erregung neu zu etikettieren. Manche Personen scheinen eine zyklische Selbsterregung dadurch aufrechtzuerhalten, daß sie Ketten von Schlußfolgerungen und kritischen Selbstaussagen aufstellen. Ein Mann mit Ejaculation praecox kann beispielsweise seine Angst und sein unzulängliches Verhalten durch solche Vermittlungsprozesse verschlimmern. *Beck* (1972b) beschrieb bei der Depression eine ähnliche Spirale. Meine eigenen klinischen Aufzeichnungen enthalten dokumentierte Fallberichte, in denen Klienten berichteten, sie hätten sich durch solche Verhaltensmuster selber in Panik versetzt. Der Herzphobiker entdeckt ein leichtes Taubheitsgefühl in einer Hand und glaubt an ein mögliches Symptom einer funktionalen Herzstörung. Dieses Etikettieren bedingt eine erhöhte vegetative Erregung, wodurch noch deutlichere Stimuli von Selbsterregung (heftiges Herzklopfen, verschwitzte Handflächen usw.) entstehen. Vage und harmlose Hinweisreize, die fälschlicherweise als Zeichen eines bevorstehenden Nervenzusammenbruchs gedeutet werden, können zu beeindruckendem und schmerzhaftem subjektiven Unwohlsein führen. Ein Klient war der Überzeugung, daß seine Gefühle der Benommenheit und der »Irrealität« Hinweis einer bevorstehenden Geisteskrankheit wären. Ein kurzes Interview zeigte ihm verschiedene andere Ursachen für diese Gefühle (z. B. 68 Stunden ohne Schlaf).

Es bedarf weiterer Forschung zur Evaluierung der Vermutung, daß die Attribution und Vorgänge des Neu-Etikettierens zur Unterbrechung erregungsinduzierter Erregungssequenzen behilflich sein können. Indem man solche Spiralmuster vorübergehend beendet, können andere Behandlungsarten therapeutisch wirkungsvoller angesetzt werden. Obwohl man aufgrund anekdotenhafter klinischer Bestätigung diesen Verfahren eine gewisse therapeutische Bedeutung beimessen könnte, können sie erst nach empirisch kontrollierten Untersuchungen evaluiert werden.

Die Selbstwahrnehmungstheorie

Ein Gebiet, das wir kurz untersuchen wollen, ist schließlich die Selbstwahrnehmungstheorie, die von *Daryl J. Bem* (1967, 1970, 1972) aufgestellt wurde. Obwohl *Bems* Theorie der Selbstwahrnehmung ursprünglich als alternative Interpretation der beliebten Theorien der »kognitiven Konsistenz« (vgl. *Abelson, Aronson, McGuire, Newcomb, Rosenberg & Tannenbaum,* 1968) dargestellt wurde, wurde sie eines der führendsten Paradigmen in der gegenwärtigen Sozialpsychologie. Ihre Beziehung und ihr Beitrag zur »Attributionstheorie« waren wesentlich.

Ganz kurz ausgedrückt, behauptet die Selbstwahrnehmungstheorie:

> *Personen lernen ihre eigenen Einstellungen, Gefühle und andere innere Zustände „kennen", indem sie von Beobachtungen ihres eigenen offenen Verhaltens und/oder aus den Bedingungen, unter denen dieses Verhalten vorkommt, Schlußfolgerungen ziehen. Deshalb ist jemand — außer seine internalen Hinweisreize sind schwach, nicht-eindeutig oder nicht zu interpretieren — von seiner Funktion in derselben Position wie ein außenstehender Beobachter, der sich notgedrungen auf dieselben externalen Hinweisreize beruft, um die inneren Zustände einer Person herzuleiten (*Bem, *1972, S. 2).*

Jemand muß also den internalen »Hunger«-Zustand von seinem selbstbeobachteten Eßverhalten ableiten. Parallelen zwischen *Bems* Selbstwahrnehmungstheorie und *Skinners* Analyse privater Vorgänge (*Skinner,* 1945, 1953) sind absichtlich so deutlich. *Bem,* der sich auf die *Skinner*sche Analyse von Einstellungen bezieht, argumentiert, daß wir zu unseren eigenen privaten Vorgängen durch sehr ähnliche Schlußfolgerungen kommen wie bei anderen – nämlich indem wir das Verhalten und seine Hinweisreize aus der Umwelt beobachten. Wenn wir eine einsame Person am Strand vor Sonnenaufgang laufen sehen, können wir daraus folgern, daß diese Person bezüglich ihrer körperlichen Fitness positiv eingestellt ist. Genau demselben Strandläufer könnte man ganz verschiedene Einstellungen zuschreiben, wenn man ihn in Begleitung einer Kompanie gleichgesinnter Rekruten antreffen würde. Ähnlicherweise können wir auch unsere eigenen Gefühle und Einstellungen herleiten, je nachdem unter welchem Gesichtspunkt wir unser Verhalten betrachten. Die seit vielen Jahren geplagte Ehefrau bemerkt vielleicht beiläufig: »Ich muß ihn wohl lieben – warum würde ich mir das sonst gefallen lassen?«

Die Selbstwahrnehmungstheorie wurde neuerdings in der Verhaltensmodifikationsforschung eingesetzt, und zwar auf einem Gebiet, bei dem die Frage der extrinsischen Belohnungen und »intrinsischen« Motivation auftaucht. *Lepper, Greene & Nisbett* (1973), die einer früheren Arbeit von *Deci* (1971, 1972) nachgingen, legten die Vermutung nahe, daß ein vorher unbelohntes Verhalten, das extrinsische materielle Verstärkung erfährt, tatsächlich das intrinsische Interesse einer Person an einer Aufgabe allmählich zerstören kann. Diese Hypothese ist offensichtlich für die neueren Trends wichtig, Token-Systeme im Schulbereich stärker einzusetzen. Werden extrinsische Kontingenzen ganz allgemein in einer ganzen Schule oder in der gesamten Klasse eingesetzt, so erhalten ehemals tüchtige Schüler jetzt Tokenverstärkung für Verhaltensweisen, die vorher keinen zusätzlichen Anreiz erforderten. Nach *Lepper* et al. kann diese »Überbewertung« der belohnten Aktivität jemanden zu der Selbstwahrnehmung verleiten, daß sein Verhalten eher extrinsisch als intrinsisch motiviert war. Sind externe Anreize einmal beseitigt, kann so eine Schlußfolgerung auch wiederum nachfolgendes Verhalten gefährden. *Lepper* et al. schreiben über eine diesbezügliche Untersuchung und sie zitieren eine weitere Arbeit von *Deci* als weitere Bestätigung für die zerstörerische Wirkung der extrinsischen Belohnung. Leider schränken einige methodische Ungenauigkeiten die empirische Bedeutung dieser Untersuchung ernsthaft ein. Noch dazu konnte eine neuere Arbeit, die diese Hypothese untersuchte, auf keine zerstörerischen Effekte stoßen (*Feingold & Mahoney*, 1974). Trotz einer beeindruckenden Zunahme des erwünschten Verhaltens während einer Token-Verstärkungsphase zeigten ausgedehnte Follow-up-Messungen nach Aufhören der Belohnung kein Nachlassen des »intrinsischen Interesses«. Diese Behauptung bedarf natürlich noch weiterer Untersuchung. Hypothesen, wie die der Überbewertung, werden hoffentlich durch die Anwendung von Verhaltensstrategien weitere Verbesserungen und Evaluierungen nach sich ziehen.

Eine genaue Untersuchung der umfassenden Literatur zur Selbstwahrnehmungstheorie würde das vorliegende Kapitel noch mehr zu einem Wälzer werden lassen, als es ohnehin schon ist. Die Übersichtsreferate von *Bem* (1970, 1972) und von *Kopel & Arkowitz* (1974) stellen wertvolle Zusammenfassungen dar. Obwohl es nicht an Bestätigung fehlt, spricht *Bem* (1972) ganz offen über mehrere theoretische und methodische Probleme bei der Evaluierung und Einschätzung der Selbstwahrnehmungsforschung. Trotz der Einschränkung, daß Replikationen, Überholungen und Verfeinerungen unbedingt nötig sind, unterstützen die verfügbaren Daten jedoch die Hauptprämisse von *Bems* Theorie ganz beträchtlich. Die aus Schlußfolgerungen gewonnenen Einstellungen, Gefühle und Überzeugungen scheinen auf beeindruckende Weise durch die Art, wie jemand sein eigenes Verhalten und seine kontrollierenden Variablen wahrnimmt, beeinflußt zu werden.

Die Bedeutung der Selbstwahrnehmungstheorie für die klinische

Praxis rechtfertigt eine kurze Bemerkung. Auch diese Ebene der Attributionsforschung läßt wie die beiden anderen Ebenen auf einige komplizierte und möglicherweise wichtige Überlegungen für die therapeutische Praxis schließen. Zuerst sollte man beachten, daß Selbstwahrnehmungsvorgänge anscheinend durch Rückkoppelung aus der Erfahrung beeinflußt werden. Bedeutet das – wie *Skinner* (1953, 1971) behauptet –, daß alle Analysen menschlichen Verhaltens letztendlich auf einen externalen (von der Umwelt gesteuerten) Ersten Beweger zurückzuführen sind? Wenn unsere Einstellungen, Überzeugungen und Gefühle einfach nur das Ergebnis von Schlußfolgerungen aus Verhaltensbeobachtungen sind, warum sollen wir dann unsere Analyse nicht darauf beschränken? Die Antwort darauf ist natürlich, daß diese Schlußfolgerungen enorm variieren – je nach der Person, der Situation, dem Verhalten und der Zeit. Noch dazu sind Variationen in der Selbstwahrnehmung anscheinend dort am größten, wo klare und deutliche Stimuli fehlen. Wie wir in vorherigen Kapiteln sahen, bedeutet das also, daß zwei verschiedene Personen (oder dieselbe Person zu zwei verschiedenen Zeitpunkten) dasselbe Ereignis ganz unterschiedlich etikettieren und ganz unterschiedlich darauf reagieren würden. Der verändernde Einfluß von Vermittlungsprozessen muß wieder einmal betont werden.

Ein zweites Problem führt uns wieder zu dem Zusammenhang von »Überzeugung/Verhalten« zurück (vgl. Kapitel 14). Wenn unsere Überzeugungen (Selbstwahrnehmungen) durch unser beobachtetes Verhalten beeinflußt werden, und unser Verhalten wiederum durch unsere Überzeugungen beeinflußt wird, haben wir dann nicht eine kompliziertere Wechselwirkung, die unsere funktionale Analyse ins Wanken bringt? Ganz genau. Die Bedeutung dieser Wechselwirkung wird in den nächsten beiden Kapiteln wiederholt und erweitert. Im Augenblick genügt es zu sagen, daß die kompliziertere gegenseitige Abhängigkeit von Überzeugung und Verhalten vermutlich die positive Wirkung der therapeutischen Strategien, die sich nur auf eines dieser Kettenelemente konzentrieren, in ihrer Geschwindigkeit, ihrem Ausmaß und ihrer Dauer ernsthaft gefährden können.

Das vorliegende Kapitel untersuchte drei umfassende Gebiete, die für das Modell des kognitiven Lernens und der damit verwandten Therapien von Bedeutung sind. Während die Bestätigung für die Therapie der Bewältigungsfertigkeiten noch ziemlich mager ist, deuten vorläufige Befunde darauf hin, daß aus den fruchtbaren Feldern möglicherweise noch viele Früchte zu ernten sind. Umfassende Forschungsbemühungen sind im weitesten Sinne gerechtfertigt.

Der Bereich des Problemlösens wird seit langem sehr vielseitigen Nachforschungen unterzogen. Die Forschung konzentriert sich schwerpunktmäßig auf Problemlösen bei Tieren, industrielle Programme, Laborexperimente mit Menschen und »Forschungs-Training« in der Schule. Neuere Untersuchungen lassen vermuten, daß viele Verhaltensstörungen mit Problemlösedefiziten in Zusammenhang gebracht werden können. Der vorläufige Einsatz des systematischen Trainings in Problemlösefertigkeiten brachte außerdem vielversprechende Anfangsergebnisse hervor. Die einheitlichen Beweise aus dem Labor, aus der Schule und aus der klinischen Forschung lassen vermuten, daß dieser Bereich sicherlich eines der aufregendsten Grenzgebiete in der Erweiterung therapeutischer Verfahren darstellt.

Theorie und Forschung über die Kausalattribution förderten eine umfassende und abwechslungsreiche Literatur. Drei Wege, die für die kognitive Verhaltensmodifikationsforschung von größter Bedeutung sind, waren die Lokalisation der Kontrolle, die Fehlattributionstherapie und die Selbstwahrnehmungstheorie. Obwohl die klinischen Ergebnisse zur Attribution ziemlich mager waren, bedeuten ihre Verbesserungen und ihr möglicher Beitrag zur therapeutischen Veränderung eine Garantie für weitere genaue empirische Untersuchungen.

13. Kapitel

Überzeugung, Gegenkontrolle und Wahl

Das vorliegende Kapitel spricht einige wichtige Punkte an, die für den empirischen Horizont der kognitiven Verhaltensmodifikation von großer Bedeutung zu sein scheinen. Während sie üblicherweise mit Bezeichnungen von »unklar« bis »science fiction« belegt werden, muß ihre heuristische und klinische Bedeutung erst noch wissenschaftlich genau untersucht werden.

Überzeugung

Die entscheidende Bedeutung kognitiver Kontingenzen und empirischer Annahmen wurde in den letzten Kapiteln ausführlich dargestellt. Der menschliche Organismus reagiert auf eine »konstruierte« Realität und die Art dieser »Konstruktion« scheint die Varianz des Verhaltens deutlich zu beeinflussen. Die Verbreitung dieser »angenommenen Welten« (*Frank,* 1961) wird möglicherweise dadurch verhüllt, daß es sich um viele gemeinsame und häufig kulturell vermittelte Illusionen handelt. Lediglich wenn unsere Überzeugungen (und die mit ihnen verbundenen Handlungen) sich beträchtlich von denen unterscheiden, die sozial anerkannt sind, wird das Etikett »Abweichung« verwendet.

Die Bedeutung der experimentellen Analyse von Überzeugungen kann kaum überschätzt werden, vor allem was ihre Relevanz für und ihre Wirkung auf zukünftige kognitiv-klinische Entwicklungen betrifft. Obwohl Behavioristen von *Pavlov* bis *Skinner* wiederholt die Funktion innerer symbolischer Prozesse beim menschlichen Verhalten anerkannten, blieb ihre kontrollierte Untersuchung in sicherer Entfernung von behavioristischen Kreisen. Als Zeichen der Anerkennung der Komplexität menschlichen Verhaltens waren sie umworben und wurden in ad-hoc-Formulierungen des Verhaltens energisch angeboten, aber eine formale empirische Untersuchung wurde ihnen niemals zugebilligt. »Regeln«, »Erwartungen« und »symbolische Ereignisse« sind im lerntheoretischen Modell Bürger zweiter Klasse – sie leisten die Arbeit zur Erhaltung der Theorie, wenn die Daten unsere wissenschaftlichen Annahmen in Schwierigkeiten bringen.

Diese Inquisition des Kognitiven kann jedoch natürlich sowohl mit historischen als auch methodologischen Determinanten zusammenhängen (vgl. Kapitel 1–3). Die historischen Konventionen, die die Untersuchung vermittelnder Prozesse für unerwünscht erklärten, sind ermutigenderweise zurückgegangen. Wir brauchen nicht mehr zu befürchten, daß unsere gehüteten Selbstwahrnehmungen als Wissenschaftler durch Beschäftigung mit der black box in Frage gestellt werden. Unsere Kollegen von den Naturwissenschaften stellen wiederholt dar, wie leicht (und häufig gewinnbringend) der hartgesottene Empiriker durch kontrollierte Schlußfolgerungen verführt werden kann. Gerade dies hebt den zweiten Faktor hervor – nämlich die methodologischen Probleme. Der gesunde Menschenverstand sagt uns angeblich, daß es leichter ist, für »Antimaterie« eine Definition zu finden als für »Überzeugung«. Über das erstere kann man zu diesem Zweck wissenschaftlich reden, während das letztere im Sumpf der Metaphysik bleiben muß.

Ich werde hier nicht weiter auf einem Punkt herumreiten, der im bisher Geschriebenen eigentlich jedes Kapitel unterstrich – nämlich, daß wir die technologischen Fertigkeiten haben, um Vermittlungsprozesse theoretisch zu definieren und empirisch zu untersuchen.

Wissenschaftliche Definitionen stammen selten nur aus der Philosophie – sie entstehen aus verfahrensmäßigen Erwägungen. Das Fehlen einer eindeutigen Definition von »Überzeugung« zu beklagen, ist in der Verhaltensmodifikation eine weit verbreitete Entschuldigung. Scheinbar entbindet uns das von der Schuld des ständigen Ignorierens dieser Phänomene und behindert in der Tat die experimentellen Operationen, die eine solche Definition hervorbringen könnten. Unsere Gleichgültigkeit und sture Abwehr wissenschaftlicher Selbstwahrnehmung bedarf schon lange einer Überprüfung. Der »wahre« Empiriker kann sich nur auf die Beschreibung von Regelmäßigkeiten der Erfahrung verlassen. Nur wenige werden nicht anerkennen, daß Überzeugungen ein wichtiger Faktor und Teil dieser Regelmäßigkeiten sind.

Die voranstehenden Bemerkungen deuten an, daß die experimentelle Analyse der Überzeugung noch ängstlich auf die Ankunft eines Verhaltensmodifikators im Labor wartet. Bedeutet das, daß Jahrzehnte sozialpsychologischer Forschung keinen empirischen Nutzen hervorbrachten? Nicht ganz. Obwohl ich nicht gerade enthusiastisch über den praktischen Beitrag der bisherigen Überzeugungs- und Einstellungsforschung bin, legen allmählich einige erste Verallgemeinerungen Zeugnis für Wiederholbarkeit und Verallgemeinerung ab. Wenn auch das Verhältnis von vorhandener Literatur und tatsächlichem Wissen unendlich scheint, sind wir uns wenigstens unserer eigenen Ignoranz bewußter.

Was sind Überzeugungen? In der Sozialpsychologie gehen die Definitionen dieses Begriffes sehr weit auseinander, was zugleich das Paradox ihrer eigenen Spezifizierung aufzeigt (d. h. die eigenen Überzeugungen der Definierenden). Drei der am meisten gelesenen und provokativsten Interpretationen der Struktur des menschlichen Denkens gibt es von *Rokeach* (1960), *McGuire* (1968) und *Bem* (1970). *Bems* Überblick ist eine wertvolle Zusammenfassung des neuesten Wissensstands auf diesem Gebiet und hat große Bedeutung für unsere bisherige Diskussion. Obwohl *Bem* (1970) keine formale Operationalisierung des Begriffs anbietet, nähert er eine eindrucksvolle Vielfalt von Annahmen und Nachweisen aneinander an. Alles läuft auf die Verallgemeinerung hinaus, daß

> die Überzeugungen und Einstellungen eines Menschen ihre Ursache in vier menschlichen Aktivitäten haben: dem Denken, dem Fühlen, dem Verhalten und der Interaktion mit anderen (S. 2).

Bem unterscheidet bei der kognitiv-symbolischen Struktur zwischen *primitiven Überzeugungen* (den Grundgegebenheiten eines Systems) und *Überzeugungen höherer Ordnung* (die vertikal und horizontal voneinander unabhängige Elemente sind). Primitive Überzeugungen sind implizite »Glaubenssprünge«, die keine experimentelle Bestätigung oder formale Rechtfertigung benötigen. Beispiele dafür sind die Überzeugung von der Gültigkeit unserer eigenen Sinneseindrücke und Annahmen wie die der Kausalität. Überzeugungen höherer Ordnung benötigen andererseits Bestätigung und Rechtfertigung. Sie sind nicht »unbewußt« oder »intuitiv« und bilden oft komplexe Konstruktionen mit sowohl paralleler als auch hierarchischer Organisation.

Es ist hier erwähnenswert, daß die Sozialpsychologie, abgesehen von einigen strukturellen Verschönerungen, nur wenig für die terminologische Verfeinerung einiger seit langem bestehender epistemologischer Konventionen getan hat. Der Philosoph *Charles Peirce* (1878) definierte zum Beispiel »Überzeugung« als ein »Gesetz des Handelns«, das drei Komponenten hat: eine kognitive, eine emotionale und eine verhaltensmäßige. Er behauptete, daß eine Überzeugung sowohl a) zu erwartende Gefühle und b) vorzubereitendes Verhalten nach sich zieht. In seiner berühmten Abhandlung über »The Will to Believe« verteidigte *William James* (1896) die Rolle der gefühlsmäßigen Zufriedenheit als Rechtfertigung für den Glauben. Ein durchgängiger Hauptpunkt in eigentlich jeder epistemologischen Definition von Überzeugung war jedoch verhaltensmäßig – d. h. eine »Handlungsbereitschaft« auf eine prädikative Annahme hin. Diese »Ausführungsverantwortlichkeit« wird in einer Fabel über einen ungläubigen Urlauber veranschaulicht, der zufällig über den Rand des Grand Canyon fiel und gefährlich an einem kleinen

Strauch baumelte. Als er da so im Angesicht des Todes hing, sammelte er sich zu einem eindrucksvollen Gebet voller Glaube und Bekehrung. Plötzlich wurden seine Hilferufe um übernatürliche Hilfe durch eine donnernde Frage vom Himmel herab beantwortet: »Glaubst du?« Erschrocken und begeistert rief der baumelnde Bekehrte: »Ja ... oh ja, ich glaube!« Die Stimme donnerte zurück: »Glaubst du wirklich?« – »Ja, lieber Gott ... ich glaube wirklich, wirklich!« Dann trat eine kurze Stille ein, bevor die himmlische Stimme ironisch antwortete: »Dann kannst du den Busch loslassen ...«

Überzeugung hat ein vorausgesagtes Verhalten zur Folge – eine Verantwortlichkeit bei der Handlung. Die »Stärke« (das Ausmaß, die Sicherheit) einer Überzeugung spiegelt sich in der Häufigkeit und Form der Handlungen, die sie hervorruft. Diese verhaltensmäßige Komponente der Überzeugung wurde von den meisten sozialpsychologischen Untersuchungen sträflich vernachlässigt. Unser bisheriges Wissen über Überzeugung und Einstellungen ist hauptsächlich auf Verbalverhalten beschränkt. Versuchspersonen werden selten instruiert, nach ihrer Meinung zu handeln und die physiologischen Korrelate der Überzeugungsänderung sind praktisch nicht untersucht. Man beachte, daß wir möglicherweise wieder irrten, indem wir unsere empirische Aufmerksamkeit nur auf eines der drei möglichen Nervensysteme richteten. Die Interaktion von kognitiven, affektiven und motorischen Elementen der Überzeugung wurde vor allem in kognitiv-einstellungmäßigen Begriffen gemessen. Dies führt zu der früheren Bemerkung über den möglichen methodologischen Nutzen zurück, der entstehen könnte, wenn »Verhaltens«-Forscher ihre Untersuchungsfertigkeiten diesem Gebiet widmen könnten.

Zwei andere Hauptzüge der vorliegenden Literatur zum Thema der Überzeugungen seien noch kurz erwähnt. Zunächst war die nachdrückliche Betonung eines homöostatischen Triebes in Richtung auf »kognitive Konsistenz« beeindruckend fruchtbar, aber pragmatisch undurchführbar (vgl. *Abelson* et al., 1968; *Bem*, 1970, 1972). Bezogen auf die Fülle von Untersuchungen zu diesem Thema, sollten ihre relativ mageren Ergebnisse schon eine helle Richtschnur für weitere Formulierungen sein. *Bem* bemerkt bezüglich der Konsistenztheoretiker:

> Sie sagen, daß Inkonsistenz eine Änderung von Überzeugungen und Einstellungen hervorruft. Aber ich glaube nicht daran. Zumindest nicht sehr. Nach meiner Ansicht ist das Auftauchen einer Inkonsistenz als zeitlich begrenztes Durcheinander in einem sonst makellosen Teich kognitiver Klarheit zu irreführend. Mein eigener Verdacht ist, daß Inkonsistenz wahrscheinlich unser weitest verbreiteter kognitiver Zustand ist. Das

heißt, ich vermute, daß für die meisten Menschen die meiste Zeit und für alle Menschen zumindest einige Zeit Inkonsistenz einfach vorhanden ist ... Kurz gesagt glaube ich, daß es auf Erden (und wahrscheinlich auch im Himmel) mehr Inkonsistenz gibt als man sich in unseren psychologischen Theorien träumen läßt (1970, S. 34).

Das Ergebnis davon ist jedoch, daß menschliche Wesen nicht inhärent »rational« sind. Konsistenz innerhalb von Überzeugungen oder zwischen Überzeugungen und Verhaltensweisen ist ein kulturell angepaßter Wert, kein angeborener Vorgang. *Mc Guire* (1968) anerkannte bei der Bewertung seiner früheren Theorien (1960) die offensichtlichen Unzulänglichkeiten der Annahme, daß menschliche Denkprozesse einen Tropismus zur Logik hin haben. Wenn *McGuire* auch daran festhält, daß Kognitionen weitgehend miteinander verbunden sind, gestand er zu, daß ihre Zusammenhänge häufiger durch idiosynkratische »Psychologik« als durch formale Logik gekennzeichnet werden.

Eine zweite Bemerkung betrifft die dispositionelle Materialisierung der »kognitiven Stile«. Ausgedehntes Forschungsmaterial richtete sich auf die Identifizierung von »Persönlichkeitskorrelaten« bei Einstellungs- und Überzeugungsänderungen. Die klassischen Arbeiten über Dogmatismus/Autoritarismus versuchten zum Beispiel nachzuweisen, daß Individuen auf der Grundlage ihrer Rigidität oder Offenheit für kognitive Veränderung unterschieden werden können (z. B. *Adorno, Frenkel-Brunswik, Levinson & Sanford,* 1950; *Rokeach,* 1960; *Ehrlich & Lee,* 1969). Eine ältere, aber beispielhafte Zusammenfassung von *Rokeach* illustriert diesen Standpunkt:

Personen, die im Vergleich zu solchen mit wenigen ethnischen Vorurteilen und/oder Autoritarismus höher liegen, sind in ihrem Problemlösungsverhalten rigider, in ihrem Denken konkretistischer und eingeschränkter in ihrem Zugang zu bestimmten Themen; sie haben auch eine größere Tendenz zu vorzeitigem Schließen ihrer Wahrnehmungsprozesse und zu Verzerrungen im Gedächtnis und eine größere Tendenz zur Intoleranz gegenüber Antiguität (S. 16).

Die kognitiv »offene« Person wird als flexibler und sensibler für genaue Informationsverarbeitung bezeichnet, während der »verschlossene« Fanatiker bei seinen Realitätsverzerrungen zuversichtlich stur ist.

Meine Stellungnahme ist vorsichtig – wenn es nämlich auch verführerisch sein mag, dem »nackten Affen« durchgängige »kognitive Stile« aufzudrängen, könnte dies selbst ein Akt des perzeptiven Dogmatismus sein. Die Suche nach dispositioneller Konsistenz der menschlichen Persönlichkeit war nicht fruchtbar (vgl. *Mischel,* 1968,

1973), obwohl die *Überzeugung*, daß sie besteht, sehr löschungsresistent zu sein scheint. Unsere Untersuchungen der menschlichen Vermittlung sollten für die Möglichkeit offenbleiben, daß eine Vielfalt der »kognitiven Stile« dieselbe Person zu verschiedenen Zeitpunkten und in verschiedenen Umweltsituationen kennzeichnen kann. Andererseits muß sich der gegen Eigenschaften eingestellte Behaviorist mit der Möglichkeit beschäftigen, daß offensichtliche Verhaltenskonsistenzen über Situationen hinweg durch relativ homogene Informationsverarbeitungsprozesse gesteuert werden. Die wahrgenommene Konsistenz kann also eine auferlegte Konsistenz sein und diese konsistente Auferlegung der Konsistenz kann eine menschliche Disposition sein. Wenn zwischen den am motorischen und verbalen Lernen beteiligten Prozessen irgendeine Kongruenz besteht, dann wird die Vermutung sehr plausibel, daß sich ökonomische Vermittlungsfertigkeiten entwickeln können. Bei begrenzter Informationsverarbeitungskapazität scheinen die selektive Filtrierung und Verzerrung der Erfahrung unumgänglich.

An der Möglichkeit, daß wir relativ homogene Filtrierungs- und Verzerrungsprozesse bei der Konstruktion unserer Realitäten verwenden, ist nichts Neues. Der Ursprung jener hypothetischen Homogenität stellt jedoch eine bedeutende Forschungsfrage dar. Einiger Druck (und einige Konsistenz) wird zweifellos von unserer physiologischen Anlage und den von uns verwendeten Symbolsystemen auferlegt. Dies erklärt jedoch nicht die gesamte Varianz und ich möchte vermuten, daß »kognitive Stile« – falls sie relativ durchgängig sind und Personen unterscheiden – erworbene Vermittlungsfertigkeiten sind, die der Veränderung zugänglich sind.

Vorausgesetzt, daß »Überzeugung« ein vielversprechendes Gebiet für kognitiv-verhaltensmäßige Forschung ist, wo beginnen wir dann? Die vorhergehenden Bemerkungen über die sozialpsychologische Literatur weisen uns darauf hin, in diese Auseinandersetzung – wenn überhaupt – sehr vorsichtig einzusteigen. Der Erfolg der Vorgänger war frustrierend gering. Ich würde an dieser Stelle gerne ein formales heuristisches Forschungsprogramm einbringen zur Steuerung unserer bevorstehenden Erforschung von Überzeugung. Aber ich wäre auch gerne sechs Inches größer und hätte gerne einen Schnurrbart. Da zur Zeit keiner dieser Wünsche erfüllt werden kann, werde ich mich auf einige informelle Kommentare darüber beschränken, wo wir zuerst unsere Ignoranz bekämpfen könnten.

1. Was kennzeichnet die Überzeugung?

Ich wiederhole hier nicht unsere frühere Diskussion über Definitionsprobleme, obwohl ihre Lösung durch die Untersuchung einiger der folgenden Punkte erleichtert werden könnte. Ich glaube, daß die

Hauptfrage sehr prägnant gestellt werden kann: *Was ist der Unterschied zwischen »Etwas zu sich selber sagen« und »es glauben«?* Verfolgen wir einen Augenblick lang die sehr fehlbare Annahme, daß eine »Überzeugung« eine implizite Selbstverbalisierung sei, was unterscheidet sie dann von unseren verschiedenen Selbstaussagen? Warum glauben wir einige Dinge, die wir zu uns selbst sagen und andere nicht?

Eine Variable könnte die *Rekapitulation* sein. Schenken wir häufig wiederholten Selbstaussagen größeres Vertrauen? Vielleicht, aber ich glaube nicht, daß das so einfach ist. Es ist unwahrscheinlich, daß die Wiederholung des Satzes »Ich mag den Präsidenten« die Überzeugung eines standhaften politischen Lästerers wesentlich verändern würde. Ich bezweifle, daß unsere müde Versuchsperson beim 1 000 001. Versuch ihre Überzeugung diametral umgekehrt hätte. Als ich Professor *Skinner* dieses Beispiel nannte, wies er interessanterweise darauf hin, daß der Lästerer beim 1 000 001. Durchgang zumindest mehr »Verständnis« für seine politische Zielscheibe hätte. Er erzählte dann eine Selbstveränderungsstrategie, die er zur Verminderung interpersonellen Ärgers einsetzt – wenn *Skinner* nämlich durch das Verhalten eines anderen aufgebracht ist, setzt er sich hin und schreibt eine Liste von Faktoren, die die Handlungen der Person herbeigeführt haben könnten. Dieses kognitive Verfahren kann durch Erforschung dieser Determinanten eine tolerantere und verständnisvollere Akzeptierung des Ereignisses induzieren.

Dies wirft eine zweite mögliche Variable auf – *logische Rechtfertigung*. Ein großer Teil der bestehenden Literatur betreffend Überzeugung legte großen Wert auf die innere Konsistenz von »Denkstrukturen«. Darüber hinaus basiert die rationale Psychotherapie von *Ellis* (Kapitel 11) auf der expliziten Prämisse, daß logische Selbstüberprüfung deutliche Überzeugungs- (und Verhaltens-)änderung induzieren kann. Der Überzeugungsforscher sollte also die Rolle der logischen Beziehungen zwischen kognitiven Bestandteilen überprüfen. Vier allgemeine Anregungen aus der früheren Arbeit auf diesem Gebiet sind bemerkenswert. Erstens gibt es *Evidenz* für zumindest ein gewisses Ausmaß an »gegenseitigen Beziehungen« zwischen kognitiven Prozessen (*McGuire*, 1960, 1968). Das heißt Veränderungen einiger Überzeugungen können Veränderungen anderer damit zusammenhängender Überzeugungen bewirken. In einer illustrativen Untersuchung zeigte *McGuire* (1960), daß Modifikation einer Prämisse in einem Syllogismus reliable Veränderungen in den assoziierten Konklusionen bewirken kann – obwohl die untereinander zusammenhängenden kognitiven Ereignisse nicht in streng logischer Form dargestellt wurden. Der Einfluß der Veränderung einer Überzeugung auf den Zustand anderer Überzeugungen erfolgt interessanterweise nicht unmittelbar. Die Wirkung braucht Zeit, um durch die vermuteten Organisationsstrukturen »hindurchzusickern«. Diese Infiltrierung verringert sich mit der Zeit, kann aber durch wiederholte Konfrontation mit der modifizierten Überzeugung unterstützt werden. Ich könnte hier bemerken, daß die »verzögerte Reaktion« einer programmierten Überzeugungsänderung einige interessante klinische Korrelate aufweist.

Eine zweite Erwägung bezieht sich auf die vorher erwähnte Evidenz, die zeigt, daß menschliche Denkprozesse selten so logisch sind wie einige psychologische Theorien nahelegten. Obwohl die Daten zeigen, daß Wechselbeziehungen und (bis zu einem bestimmten Grad) innere Konsistenz viele unserer Überzeugungen kennzeichnen mögen, ist ihr formaler logischer Status oft sehr unangemessen.

Eine verwandte Angelegenheit bei der Untersuchung der Rolle der logischen Rechtfertigung bei der Überzeugung hat mit dem »Sokrates-Effekt« zu tun (*McGuire*, 1960; *Rosen & Wyer*, 1972). Wenn Individuen die Rationalität und Kohärenz ihrer eigenen Überzeugungen selbst überprüfen und bewerten dürfen, sind die resultierenden kognitiven Veränderungen oft deutlicher und dauerhafter als bei Anwendung einer didaktischen Strategie. Dieses Phänomen kann durch nahes Erleben der unstimmigen Überzeugungen oder durch sokratische Befragung bewirkt werden. Die klinischen Implikationen dieses Phänomens – wenn es wahr ist – erfordern gründliche Betrachtung. Wenn kognitive Verhaltensmodifikation durch taktvolle Ermutigung zur Selbstüberprüfung wirksamer und dauerhafter herbeigeführt werden kann, dann müssen Methoden wie die von *Ellis* vorgeschlagenen verfahrensmäßig verfeinert werden. Es mag therapeutischer sein, bei Selbstentdeckungsübungen »sanft direktiv« zu sein als einen Klienten mit der Offensichtlichkeit seiner Irrationalität vor den Kopf zu stoßen. Wiederum, sollte das Phänomen ständiger empirischer Überprüfung standhalten, kann es ebenso klinisch ein zweischneidiges Schwert darstellen. Es gibt vorläufige Nachweise, daß Personen, die bei der Abstraktion von Verallgemeinerungen aus Besonderheiten die Initiative ergreifen dürfen, wirksamere Problemlöser sind als Versuchspersonen, denen fertige Verallgemeinerungen vorgegeben werden (*Legrenzi*, 1971). Die ersteren überprüfen die von ihnen selbst geschaffenen Überzeugungen stärker als die letzteren. Die überlegene Stärke und Dauerhaftigkeit selbstgeschaffener Überzeugungen stellt jedoch ein mögliches klinisches Problem dar. Wenn nämlich sich diese Überzeugungen als falsch und fehlangepaßt erweisen, können sie entsprechend weniger auf therapeutische Revision reagieren. Neuere Arbeiten zeigten zum Beispiel, daß persönliche Überzeugungen in einer Problemlösungssituation extrem änderungsresistent und im wesentlichen durch widerlegende

Beweise beeinflußt sein können (*Wason*, 1971). Der kognitive Kliniker ist deshalb bei seinem Einsatz sokratischer Methoden zur Veränderung von Überzeugungen in ernstlicher Verlegenheit. Wenn das Verfahren auch wirksame kognitive Änderungen herbeiführen kann, muß der Kliniker hinsichtlich der Form und Angepaßtheit aufkommender Überzeugungen wachsam sein. Diese Spekulation führt natürlich über unsere gegenwärtigen Daten hinaus – und wird das tun, solange die Inquisition des Kognitiven weitergeht.

Eine letzte Betrachtung bei der Analyse der logischen Kohärenz beschäftigt sich mit einem Ergebnis, das beeindruckende Belege sammelt – nämlich daß der *homo sapiens* eher ein bestätigender als ein widerlegender Organismus ist. Wie viele andere war auch diese zeitgenössische »Enthüllung« seit einiger Zeit bekannt:

> Wenn eine Behauptung einmal feststeht, zwingt der menschliche Verstand alles, neue Unterstützung dafür und Bestätigung hinzuzufügen: und obwohl sehr zwingende und zahlreiche gegenteilige Beispiele bestehen können, beachtet er sie entweder nicht oder schätzt sie gering oder wird sie durch eine Unterscheidung mit heftigem und ungerechtem Vorurteil los und weist sie eher zurück, als daß er die Autorität seiner ersten Konklusionen opfert (*Francis Bacon,* Novum organum, 1621, S. 46).

Trotz der Bemühungen der Falsifikatoren scheint der Durchschnittsmensch stärker auf Erfahrungsdaten zu reagieren, die seine Überzeugungen stützen als auf Daten, die ihnen widersprechen. Ein einziges bestätigendes Beispiel kann die Aufrechterhaltung einer Überzeugung wesentlich stärker beeinflussen als zahlreiche widersprechende Versuche. Ob dies eine kognitive Rekapitulation der Überlegenheit der Verstärkung über die Bestrafung oder noch eine andere Manifestation des intermittierenden Verstärkungseffekts ist, muß noch überprüft werden. Die Prozesse können jedoch weniger unmittelbare klinische Bedeutung haben als die Effekte. Personen achten nicht nur selektiv auf Überzeugungen bestätigende Erfahrungen, sondern sie scheinen sich aktiv in Umwelten zu begeben, die die Wahrscheinlichkeit solchen Feedbacks erhöhen. Wenn uns *Sokrates* auch daran erinnern mag, daß das »ungeprüfte Leben nicht lebenswert ist«, scheint die Durchschnittsperson solche Überprüfung durch Bestätigung auszugleichen. Erfahrungen, die unserer angenommenen Welt widersprechen, werden selektiv ignoriert oder verzerrt. Die inselhafte Trägheit dieses geschlossenen Systems wird in den klassischen Denkstörungen (Paranoia, Illusionen usw.) wieder gut veranschaulicht. Wenn einmal ein verhaltenssteuerndes Überzeugungssystem entwickelt wurde, kann seine Verfeinerung und Anpassung an sich verändernde Lebensbedingungen durch selektive Informationsverarbeitung wirksam verhindert werden. Der Überzeugte wird ein »wahrer Gläubiger« (*Hoffer*, 1951) mit zunehmender Überzeugung und sich anhäufenden bestätigenden Nachweisen. Auf beruflicher Ebene wird dieses Phänomen durch die technische Isolierung dargestellt, die häufig die »ismen« kennzeichnet (*Krantz*, 1971). Der radikale Behaviorist und der kognitive Psychologe konfrontieren sich oft selektiv mit überwiegend bestätigenden Zeitschriften. Unterstützt durch diesen gefilterten »Überfluß« an empirischer Unterstützung, können sie nach und nach skeptischer gegenüber gelegentlichen »negativen Ergebnissen« werden und allmählich resistenter gegenüber theoretischer Neueinschätzung.

Was sind die klinischen Implikationen dieser Bestätigungsfrage? Man könnte mit der Prüfung beginnen, ob diese Neigung gelernt und modifizierbar ist oder aus unserer neurochemischen Anlage stammt. Meine Vorahnung begünstigt das erstere. In einer Gesellschaft, die »Recht zu haben« so positiv bewertet, ist es nicht schwierig, zu verstehen, wie wirksam der Brennpunkt der selektiven Aufmerksamkeit von Personen geformt werden kann. Es ist eine schwierige Frage, ob und wie dieser Informationsverarbeitungsfehler therapeutisch korrigiert werden kann. Sollte der kognitive Therapeut die Bestätigung inkompatibler und angepaßterer Überzeugungen eher betonen als zu versuchen, frühere Kognitionen zu zerstören (zu widerlegen)? Sollte er die Bedeutung kritischer Selbstüberprüfung als angepaßten Prozeß betonen und danach streben, den Klienten bei seiner Assimilation der Erfahrungsrückmeldung weniger engstirnig zu machen? Diese und andere bedeutende Fragen müssen noch konzertiert empirisch überprüft werden.

Die mögliche Bedeutung der logischen Rechtfertigung bei der Überzeugungsbildung des Menschen führte uns auf eine weitläufige Tangente. Wir kehren nun zum Hauptthema zurück – was ist der Unterschied zwischen einer Selbstaussage und einer Überzeugung? Zwei weit definierte Punkte wurden schon berührt – Rekapitulationsfrequenz und logische Kohärenz.

Eine dritte Einflußvariable könnte die Kongruenz von motorischem Verhalten und dem Inhalt der Überzeugungen sein. Unsere Bereitschaft, auf eine prädikative Annahme hin zu handeln, könnte nicht nur durch ihre Kohärenz mit anderen Annahmen (Überzeugungs-Überzeugungs-Konsistenz) beeinflußt werden, sondern auch dadurch, ob sie mit unseren nicht kognitiven Verhaltensweisen (Überzeugungs-Verhaltens-Konsistenz) vereinbar ist. Dies bringt uns natürlich auf das Gebiet der »kognitiven Konsistenz« mit seiner Fülle von Schwierigkeiten zurück. Wie schon früher erwähnt wurde, scheint es nicht wahrscheinlich, daß solche Kongruenz zur Überzeugungsbildung und Aufrechterhaltung hinreichend oder notwendig ist. Es gibt jedoch Nachweise, die zeigen, daß unsere eigenen selbst wahrgenommenen Verhaltensweisen tatsächlich ihre Spuren auf privaten Annahmen hinterlassen. Wir schaffen und revidieren unsere Überzeugungen häufig aufgrund dessen, was wir uns selbst tun sehen (*Bem*, 1970). Die beteiligten Prozesse sind sicherlich nicht klar und die Form der bewirkten kognitiven Änderung kann enorm variieren. Dieser letztere Punkt wird in einer Anekdote über einen psychiatrischen Patienten gut veranschaulicht, der glaubte, daß er tot sei. Ein Psychiater, der bei seinen Anstrengungen, den Patienten von dieser Überzeugung abzubringen, frustriert wurde, wagte ein kleines Experiment, um diese Frage zu klären. Er fragte den Patienten: »Bluten tote Leute?« — »Nein, natürlich nicht«, war die Antwort, woraufhin der Psychiater schnell ein Skalpell nahm und in den Finger des Patienten stach. Er blieb ruhig stehen, als der erstaunte Mann einen winzigen Blutstropfen von dem Einschnitt herabträufeln sah. Nach einem ängstlichen Schweigen und irgendeiner offensichtlichen kognitiven Umstrukturierung schaute der Patient auf und bemerkte: »Nicht zu glauben! Tote Leute bluten *doch*!«

Wir werden den Zusammenhang zwischen (nichtkognitivem) Verhalten und Überzeugung im nächsten Abschnitt genauer untersuchen. Zum gegenwärtigen Zeitpunkt mag es genügen, darauf hinzuweisen, daß er weder klar, noch einseitig oder ausreichend ist. Es scheint also mehr vor sich zu gehen als nur die Verbindung von Überzeugung und Verhalten.

Ein vierter möglicher Faktor bei der Erzeugung und Aufrechterhaltung von Überzeugungen betrifft das autonome Nervensystem. Affektive Zustände, Emotionen und ähnliche »Gefühls«-Variablen haben für die Überzeugung eine unverkennbare Bedeutung. Man kann die Geschichte dieser Beobachtung über die klassischen Philosophen hinaus bis zur jahrhundertealten Unterscheidung von »Gefühl und Wissen«, »Neigung und Erkenntnis« und »Kopf und Herz« zurückverfolgen. Neuere Analysen auf dem Gebiet der Einstellungsforschung wiesen ebenso diesen Zusammenhang nach. Die Bedeutung affektiver Variablen für die Überzeugung wurde ausführlich nachgewiesen, angefangen von *Staats*' klassischer Konditionierung von Einstellungen (vgl. Kapitel 4) bis zur Betonung der Gruppeneinflüsse durch die Sozialpsychologie. Wenn es auch eine zu starke Vereinfachung wäre, zu sagen, daß wir Dinge glauben, weil es gut tut, kann kaum bezweifelt werden, daß unsere Bereitschaft, auf eine Annahme hin zu handeln, durch die damit assoziierten und antizipierten Konsequenzen oft deutlich beeinflußt wird. Wir stoßen den Geist von *William James* wieder heimlich an und beschreiben vielleicht wieder eine verschleierte Version unserer früheren Aussage bezüglich unserer selektiven Aufmerksamkeit eher auf bestätigende als widerlegende Erfahrung. Auf jeden Fall bleibt die Variable wirksam. Ihre Relevanz ist nicht nur für die funktionale Analyse der Überzeugung bedeutend, sondern auch für ein klinisches Phänomen, das häufig beobachtet, aber selten erwähnt wird; nämlich den Klienten, der sich über eine Diskrepanz zwischen Überzeugung und Gefühl beklagt. »Ich *weiß*, daß ich vernünftigerweise sollte . . . aber ich *fühle* mich einfach nicht wohl dabei.« Analoge persönliche Erfahrungen könnten wahrscheinlich *ad infinitum* geboten werden. Gibt es eine lebensfähige Unterscheidung zwischen Überzeugung und Affekt? Sind autonome Veränderungen eine Voraussetzung oder Konsequenz kognitiver Veränderungen (oder keines von beiden)? Welche Variablen sagen den stärkeren Einfluß auf das folgende Verhalten voraus, wenn Kopf und Eingeweide in Widerspruch stehen?

Die Bedeutung der sozialen Zustimmung für Aufrechterhaltung und Veränderung von Überzeugungen wurde in sozialpsychologischen Untersuchungen umfassend überprüft (vgl. *Bem*, 1970). Eine als unterstützend *wahrgenommene* Kultur scheint die Geschwindigkeit und das Ausmaß der Überzeugungsmodifikation deutlich zu beeinflussen. Interessanterweise legt die verfügbare Evidenz nahe, daß relativ subtiler, »nicht nötigender« sozialer Druck größere Überzeugungsänderungen bewirken kann als direkte autoritäre Manipulation. Bemühungen, mit starkem Druck die Einstellungen oder Meinungen einer Person zu verändern, können tatsächlich einen »Bumerang-Effekt« ergeben, bei dem sich die Überzeugungen der intendierten Richtung entgegengesetzt verändern (*Wicklund*, 1974). Die Deutlichkeit der Bemühungen, eine Überzeugungsänderung zu bewirken, können die Faktoren des sozialen Drucks und der sozialen Zustimmung verringern. Zum Beispiel kann die relativ geringe Zahl von »Bekehrungen« in Konzentrationslagern teilweise der Deutlichkeit der Versuche zur Gehirnwäsche zugeschrieben werden. Viele Gefangene überstehen andauernde manipulative Bemühungen mit bemerkenswert wenig kognitiver Veränderung trotz schwerer physischer Deprivationen und häufiger Isolierung von einer die Überzeugung stützenden sozialen Umwelt. Welche Variablen bestimmen diesen Widerstand? Sind Selbstinstruktionen und kognitive Kontingenzen umfassend beteiligt?

Die vorhergehenden Fragen sind nur ein Teil derjenigen, die sich dem Überzeugungsforscher stellen. Es muß noch empirisch untersucht werden, ob Selbstaussagen tatsächlich auf Grund von Rekapitulation, logischer Kohärenz, Verhaltenskongruenz oder affektiven Kovariablen von Überzeugungen unterschieden werden können. Eine letzte vorsichtige Bemerkung mag angemessen sein. Die vorhergehende Diskussion bestimmte um der spekulativen Analyse willen Überzeugungen als *abhängige* Variablen. Leider ist die Natur nicht ganz so kooperativ. Die vorhergehenden Kapitel zeigten die durchgängige Rolle von Überzeugungen als *unabhängige* Variablen. Wir sind wieder gezwungen, einen komplexen reziproken Determinismus anzuerkennen. Verhaltensmäßige, affektive und symbolische Organisationsvariablen können nicht nur die Überzeugung beeinflussen, sondern die Überzeugung vergilt das sicherlich mit Gleichem. Abgesehen von Anthropomorphismen ist es willkürlich, ein Element einer räumlich-zeitlichen Sequenz auszuwählen und es die »Ursache« eines folgenden Elements zu nennen. Unsere funktionale Analyse der Überzeugung kann ernstlich beeinträchtigt werden, wenn wir die durchgängige und unentwirrbare Interdependenz der Kombinationen von Überzeugung, Verhalten und Umwelt nicht anerkennen. Wenn wir damit beginnen, Variablen so zu beschreiben, als ob sie allmächtige Erste Beweger wären, die das Schicksal bestimmter Ereignisse bestimmen (seien es Überzeugungen, Verhaltensweisen oder was auch immer), entfernen wir uns bereits selbst vom empirischen Bereich und betreten das Gebiet der metaphysischen Kosmologie. Überzeugungsänderungen scheinen mit Veränderung anderer Phänomene (Rekapitulation, affektive Erfahrung usw.) zusammenzuhängen und die Vorhersage und Beschreibung der Überzeugungsänderung (wenn das unser augenblicklicher Mittelpunkt ist) kann sehr wohl die Erwägung einer komplexen Interaktionsmatrix erfordern. Keine der obigen Variablen scheint eine hinreichende oder notwendige Kovariable zur Erklärung der ganzen Varianz zu sein. Wir täten gut daran, bei unseren weiteren Forschungen die Suche nach einer einzigen Ursache aufzugeben und statt dessen die Bedeutung integrierter (und interdependenter) Phänomene zu erforschen.

2. Was sind die Prozesse der Überzeugungsänderung?

Ein anderer wichtiger Zugang zu fortgesetzten und erweiterten Analysen der Überzeugung betrifft die Prozesse und Parameter der Überzeugungsänderung. Die vorhergehende Diskussion berührte schon einige der möglichen Phänomene, die zur Bildung und Aufrechterhaltung von Überzeugungen in Beziehung stehen könnten. Welche Implikationen haben sie für die klinische Praxis? Welche Mittel führen am wirksamsten eine therapeutische Überzeugungsänderung herbei? Wie geht man bei der Beeinflussung der fehlangepaßten Annahmen des depressiven Perfektionisten oder des paranoiden Schizophrenen vor?

Die klinischen und menschlichen Implikationen dieser Fragen sind ebenso hervortretend wie von Forschung depriviert. Wir haben erschütternd wenig Daten über die praktischen Effekte der Strategien zur Änderung von Überzeugungen im klinischen Bereich. Unsere Bemühungen um Veränderung von Kognitionen wurden in nachteiliger Weise auf Collegestudenten, Meinungsumfragen und den amerikanischen Verbraucher gehäuft. Wir widmeten unschätzbare menschliche Fertigkeiten und materielle Mittel den Bemühungen, Überzeugungen über die relativen Verdienste von Deodorants und politischen Kandidaten zu verändern. Unterdessen werden unsere Kliniken, Hospitäler und Heime von Personen bewohnt, deren Existenz und tägliches Wohlbefinden durch gestörte Überzeugungen peinlich gefährdet werden. Der klinische Wissenschaftler bezeugt das extreme persönliche Leiden, das täglich in unseren »psychiatrischen« Institutionen beobachtet wird. Hätten wir der Verfeinerung der Techniken der therapeutischen Überzeugungsänderung ebensoviel Zeit und konzentrierte Forschungsbemühungen gewidmet, wie wir in die Marketing-Forschung investierten, könnte die Durchgängigkeit der zeitgenössischen Denkstörungen deutlich reduziert worden sein. Es erübrigt sich, darauf hinzuweisen, daß unsere Prioritäten neu überprüft werden müssen.

Ich werde hier nicht weiter darauf eingehen, ob der »eigentliche« Mittelpunkt der Psychotherapie Überzeugungen oder Verhaltensweisen sein sollten. Diese sterile Kontroverse verbrauchte schon mehr Energie und professionelles Talent, als gerechtfertigt werden kann. Es mag genügen, daß ein klinisches Programm, das sich übertrieben auf eines anstatt auf beide konzentriert, seinen eigenen therapeutischen Einfluß ernstlich selbst beschränken wird. Ich stimme nicht mit dem verbreiteten Spruch überein, daß wir überwiegend Verhaltensverbesserungen betonen sollten, da eine Einstellungsänderung der Verhaltensänderung eher zu folgen als ihr vorauszugehen scheint. Umgekehrt stimme ich nicht mit der Auffassung überein, daß verbal induzierte Änderungen des »Selbstbilds« und der »Einsicht« den humansten und echtesten therapeutischen Fortschritt bewirken. Der klinische Wissenschaftler, der seinen Klienten als komplexen Organismus betrachtet, der aus unendlich interkorrelierten Phänomenen besteht, wird ein umfassenderes Verbesserungsziel anstreben.

Da irgendwelche klinischen Nachweise über die relativen Effekte verschiedener Strategien zur Änderung von Überzeugungen praktisch fehlen, sind wir auf Vermutungen angewiesen und müssen aus anderen Bereichen extrapolieren. Nach einem Teil der sozialpsychologischen Literatur und wenigen klinischen Analogieuntersuchungen scheint es, daß eine Vielzahl von Verfahren zur Vermittlungsverbesserung beitragen mögen. Erstens kann die Isolierung der Überzeugung in einem formalen Symbolsystem wichtig sein. Den Klienten zur greifbaren Darstellung seiner Annahmen zu bringen, kann die Aufmerksamkeit sowohl auf ihren Inhalt als auf ihre Konsequenzen richten. Zweitens kann das Aufzeigen der Beziehung der Überzeugung zu damit zusammenhängenden kognitiven Strukturen einen Beitrag leisten. Wie *Frank* (1961) darlegt, sind die meisten unserer angenommenen Welten schlecht geplant – über unsere eigenen Verhaltenspläne bleiben wir relativ oft im unklaren. Der Klient kann durch die Klärung sowohl der Überzeugung als auch der mit ihr verbundenen Strukturen besser in der Lage sein, Revisionen herbeizuführen. Drittens kann ein »gemeinsames theoretisches System« von Therapeut und Klient wichtig sein. Dieser Punkt – der von *Frank* (1961) wieder angesprochen wurde — kann der Überlegenheit von Therapien zugrunde liegen, die eher ein relativ formales Paradigma und therapeutische Grundprinzipien anbieten als isolierte Techniken. Wenn der Klient an das Paradigma glaubt, wird er mit größerer Wahrscheinlichkeit seine kognitiven Strukturen (häufig) durchschlagend verändern. Man beachte, daß diese gemeinsame Theorie ausgedehnte »Vorgabe von kognitiven Modellen« auf seiten des Therapeuten mit sich bringen kann. Bei der Darstellung seines theoretischen Paradigmas gibt er einige Überzeugungen als Modell vor und ermutigt eine aktive Selbstüberprüfung auf seiten des Klienten. Der mögliche Beitrag dieser Komponente des kognitiven Modellernens kann wesentlich sein. Ein viertes Element mag die Rekapitulation sein. Wenn auch mechanische Wiederholungen einer Selbstaussage eine Überzeugung nicht wie durch ein Wunder einprägen, scheinen sie eine erleichternde Funktion zu erfüllen. Verstärkung stellt einen fünften möglichen Faktor dar; ihre mögliche Bedeutung muß kaum ausgeführt werden. Bei weitem der bedeutendste Faktor scheint jedoch die bestätigende Erfahrung zu sein. Der Klient, der tatsächliche Verhaltensweisen ausführt, die mit der erwünschten Überzeugung kongruent sind, zeigt deutliche und oft schnelle kognitive Umstrukturierung. Es gibt einige Evidenz dafür, daß diese Verhaltensweisen anfänglich abgestuft, aber allmählich den natürlichen Anforderungen immer ähnlicher sein sollten. Überdies scheint es, daß eine unterstützende Anweisung zur »wahrgenommenen Entscheidung« größeren Einfluß auf Überzeugungen ausüben mag als eine identische Erfahrung, die unter dem Zwang eines autoritären Befehls gemacht wird. Die Parameter müssen noch geklärt werden – die Generalisierung bleibt bestehen. Selbst-wahrgenommene Verhaltensänderung kann wirksam zur therapeutischen Überzeugungsänderung beitragen.

Die mögliche Bedeutung der Prinzipien der Informationsverarbeitung für die Überzeugungsänderung muß noch systematisch untersucht werden. Leider stellte die Forschung über das menschliche Gedächtnis größtenteils eher Items mit isoliertem Inhalt in den Mittelpunkt (z. B. Konsonantentrigramme) als prädikative Beziehungsinputs (z. B. »Es stimmte, daß ...«). Trotzdem sind einige Bedeutungen und Parallelen offensichtlich. Enkodierung von Erwägungen kann zum Beispiel verstärkte Überzeugungsänderung nahelegen, wenn Annahmen strukturell kodiert werden (z. B. über Gedächtnishilfen). Hierher gehören die Fragen des Kontexts und der Bedeutsamkeit. Eine Überzeugung muß in irgendein Organisationsschema assimiliert werden, was wiederum die Bedeutung eines gemeinsamen theoretischen Paradigmas nahegelegt. Wiederholungshäufigkeit und Neuheit können ebenso die Überzeugungsbildung und -aufrechterhaltung beeinflussen. Obwohl diese Faktoren häufig bei religiöser Bekehrung angewandt werden, wurden sie von klinischen Forschern im Grunde genommen nicht überprüft. Es ist hier bemerkenswert, daß zumindest einige Prozesse der Überzeugungsänderung in dem Sinne »unbewußt« sein können, daß die Person ihre Wirkung nicht bemerkt. Diese Vermutung ist nach meiner Meinung in verschiedenartiger Literatur begründet. Evidenz aus den Phänomenen des inzidentellen Lernens, des Biofeedbacks und der prä-attentiven Mechanismen bestätigt das Auftreten zumindest irgendeines Lernens ohne Bewußtheit. Wenn ich auch mit *Banduras* (1969) Zusammenfassung übereinstimme, daß Bewußtheit eine erleichternde (aber nicht notwendige) Komponente des Lernens ist, sollten wir die Tatsache im Auge behalten, daß irgendein Lernen »unbewußt« ablaufen kann (und das auch tut). Unter der Voraussetzung, daß zumindest einige Veränderungen des Nervensystems ohne Bewußtheit auftreten, kann unser Verständnis der Prozesse der Überzeugungsänderung Vertrauen auf andere diagnostische Methoden als Introspektion und verbale Selbstberichte erfordern. Wir müssen ständig selbstkritisch bleiben, sogar unseren grundlegendsten Annahmen gegenüber (z. B. daß Überzeugungen überwiegend in den Bereich des Zentralnervensystems gehören).

Eine interessante Frage bei den Prozessen der Überzeugungsmodifikation ist, ob sie allmählich oder auf eine Alles-oder-Nichts-Weise auftritt. Wird die Überzeugung allmählich in Richtung auf therapeutische Verbesserung geformt oder ist dichotome »Offenbarung« eine angemessenere Metapher? Ändert der depressive Perfektionist seine angenommenen Maßstäbe und Selbstbewertungen allmählich oder über Nacht? Meine nicht bindende Ahnung ist, daß diese beiden Phänomene bei den meisten therapeutischen Überzeugungsmodifikationen auftreten. Unterhaltungen mit Kollegen und meine eigenen klinischen Erfahrungen in den letzten Jahren lieferten genügend Nachweise einer Alles-oder-Nichts-Überzeugungsänderung. Das Phänomen, das *kognitives Einrasten* genannt werden könnte, scheint tatsächlich bei einer Vielzahl therapeutischer Anwendungen häufig aufzutreten. Viele praktizierende Verhaltenstherapeuten bezogen sich auf eine Beobachtung, die in unseren »technischen« Mitteilungen selten erwähnt wird – daß es nämlich oft einen unterscheidbaren »Erfolgspunkt« bei der Desensibilisierung, beim teilnehmenden Modellernen und bei vielen anderen formalisierten Verfahren gibt. Ein phobischer Klient wird zum Beispiel häufig auf ein entscheidendes Stadium beim hierarchischen Annäherungsverhalten hinweisen. Wenn dieses Ereignis einmal eingetreten ist (z. B. der Schwanz der Schlange kurz berührt wurde), werden spätere Aufgaben als »glattes Segeln« bezeichnet. Durch über ein Dutzend klinische Fälle mit geplanten »Priming von Gedanken« wurden anschauliche Beschreibungen geliefert. Klienten, denen »Hinweiskarten« gegeben wurden, um therapeutische

Selbstaussagen anzuregen, zeigten oft ein bemerkenswert ähnliches Muster. Sie beginnen mit Protesten, daß die Anweisung zu »mechanisch« oder »künstlich« ist und gewiß nicht wirken wird. Innerhalb von zwei Wochen nach dem Beginn dieser Übung werden sie häufig den Therapeuten mit Ausrufen der »Bekehrung« anrufen. Eine junge Studentin kam zum Beispiel wegen ihrer schlimmen Ängste und ihrer Selbstkritik bezüglich Promiskuität in Therapie – ein Muster, das sie nicht ändern wollte. Mit einiger Hilfe des Therapeuten bildete sie mehrere Selbstaussagen, die mit Promiskuität vereinbar waren, und schrieb sie auf 3x5-Karten (z. B. »Die Fähigkeit zu physischen Intimitäten ist ein Zeichen der Reife und Wärme«). Ihre Anweisung war, jede der Karten vor jeder Mahlzeit zu lesen (die Mahlzeiten wurden als strukturierte und nützliche Hinweisreize aufgefaßt und nicht als heimliche Verstärker). Sie wandte sich gegen die Künstlichkeit der Übung, aber stimmte zu, sie zu versuchen. Nach einer Woche gab es keine Veränderung. In der Mitte der zweiten Woche rief sie jedoch den Therapeuten zu Hause an und rief aus: »Ich kann es nicht verstehen – es ist etwas passiert! Ich *glaube*, was ich mir selbst sage!« Solche klinischen Anekdoten sind natürlich genau das – klinische Anekdoten. Sie liefern schwache, aber heuristische Anregungen für weitere Forschungsbemühungen.

Ich erwähnte schon früher, daß therapeutische Überzeugungsänderung sowohl als allmählicher als auch als Alles-oder-Nichts-Prozeß gekennzeichnet werden kann. Das kognitive Einrasten veranschaulicht relativ dichotome Veränderungen. Es gibt jedoch auch einige Anzeichen, daß der Einfluß der kognitiven Umstrukturierung einer allmählichen und relativ abgestuften Generalisierungskurve folgt. Der Klient kann also bestimmte Überzeugungen auf Alles-oder-Nichts-Weise ändern und ihre Änderung kann wiederum eine Breitenwirkung auf damit zusammenhängende oder übergeordnete Annahmen haben. Wenn genügend »Einzelheiten« modifiziert wurden, kann die »Generalisierung« selbst angegangen werden. In Analogie zu *Kuhns* (1962) »normaler« und »revolutionärer« Wissenschaft kann die Person – als persönlicher Wissenschaftler – spezifische Hypothesen modifizieren, bis ein Wechsel des ganzen Paradigmas angeregt ist.

Die enorme Variabilität der Überzeugungsphänomene deutet auf eine Komplexität hin, die den Verhaltensforscher lahmlegen kann. Die Literatur über Aberglauben zeigt zum Beispiel die Häufigkeit, mit der eine einzige Erfahrung eine Überzeugung bewirken kann (*Jahoda*, 1969). Klinische und institutionelle Berichte veranschaulichen ebenso die Hartnäckigkeit gestörter Überzeugungen, auch wenn widerlegende Erfahrungen reichlich vorhanden sind. Wie in *Rosenhans* (1973) neuerer Forschung über psychiatrische Etikettierung gezeigt wurde, ist diese selektive Informationsverarbeitung nicht auf den »Abweichenden«

beschränkt. Geschickte Fachleute sind oft auf genauso kostspielige Weise blind für widerlegende Daten wie der Astrologe und der Paranoiker.

Wir bleiben weit davon entfernt, auch nur einen kleinen Teil der Varianz der menschlichen Überzeugung zu erklären. Unsere Ignoranz sollte jedoch eher ein Stimulans für weitere Forschung sein als ein Abschreckungsmittel. Die Literatur über Religion, Psychopathologie und politische Ideologie bezeugt häufig die schmerzlichen Störungen und das persönliche Leid, das aus der Annahme verschiedener Überzeugungen entstehen kann. Wenn wir bei unseren fachlichen Zielen auch nur den Schein humanistischer Philosophie beanspruchen, können wir es uns nicht leisten, weiterhin diesen Punkt der menschlichen Anpassung zu ignorieren.

Gegenkontrolle

Im Sommer 1970 wurde ich eingeladen, in einem familienähnlichen Gruppenheim für »emotional gestörte« Kinder als technischer Berater und Lehrer der Eltern zu fungieren (*Mahoney & Mahoney*, 1973). Die Erfahrung stellte sich als eine der aufregendsten und erniedrigendsten meiner frühen Karriere heraus. Ich hatte mein eigenes »Live-Labor« mit sechs gefangenen Versuchspersonen und begeistertem Personal. Die amüsanten – und oft reizenden – Anekdoten über unsere ehrgeizigen Bemühungen »Verhalten zu kontrollieren« könnten selbst einen Roman bilden. Ich führe hier wegen ihres ätiologischen Einflusses auf meine eigenen Interessen an der kognitiven Verhaltensmodifikation einige wenige ausgewählte auf.

Eine meiner eindrucksvollsten Erinnerungen an unseren ersten Versuch der Anwendung der Lernprinzipien in der natürlichen Umwelt konzentrierte sich auf eine naive Frustration – Kinder reagieren nicht so treffend wie Ratten (zumindest nicht die Kinder in unserem Programm). Trotz gut ausgearbeiteter Strategien und Bemühungen um genaue Durchführung erhielten wir wesentlich mehr »Fehlverhalten«, als unsere operanten Gewissen ertragen konnten.

Ein Beispiel wird von dem sechsjährigen Aaron geliefert, einem schönen Chicano-Jungen mit einer langen Geschichte von Familienschwierigkeiten. Aaron war Enuretiker – ein leicht zu quantifizierendes »Datum« –, und wir wählten bald Bettnässen zum vorläufigen Mittelpunkt seiner Behandlung. Eine ganze Wand der Küche war mit Datentabellen bedeckt, eine Spalte für jedes Kind. Bettnässen wurde zum ersten Verhaltensziel von Aaron, und wir beobachteten begeistert seinen Fortschritt, als unsere Kontingenzen sich seiner bemächtigten. Wir verwendeten eine Enuresis-Konditionierungseinlage und kontingent Frühstückskrapfen und bewirkten bald unser Verhaltenswunder

– 30 aufeinanderfolgende »trockene Nächte«. Dann war für den weisen Verhaltensmodifikator der Zeitpunkt gekommen, mit der Verstärkung auf einen intermittierenden Plan überzugehen. Ich setzte mich zu Aaron und lobte ihn begeistert für seine Besserung. »Nun«, sagte ich, »steigst du zu einem noch besseren ›System‹ auf – einem wie es Erwachsene haben. Von nun an sind *zwei* trockene Nächte nötig anstatt einer, um einen Krapfen zu bekommen.« Aaron saß eine Minute schweigend da, rieb sein sechsjähriges Kinn und antwortete dann: »Nein.« Ich wiederholte schwach: »Nein?« — »Nein«, sagte er, »ich denke, daß ich eine Menge nasser Nächte haben werde.«

Er hatte recht. In vielen aufeinanderfolgenden Versuchen, seine Kooperation wiederzugewinnen, versuchten wir alles außer einem Gummiband. Aaron pflegte nicht trocken zu bleiben und genoß zutiefst unsere nutzlosen Possen, ihn zu zwingen. Verzweifelt setzten wir ein Verfahren ein, das in naiver Weise übersehen wurde – Löschung. Nach dem Versagen der Anreize, die von Rollschuhen bis zu schweren Restriktionen reichten, waren wir erstaunt, herauszufinden, daß wir seine Verstöße nur hätten ignorieren müssen.

Aaron lehrte uns eine sehr wertvolle Lektion, die in den folgenden Monaten viele Male wiederholt wurde – Verhaltenskontrolle ist ein zweigleisiger Prozeß. »Gegenkontrolle« wurde bei unseren Personalbesprechungen zu einem häufigen Thema, zum Teil weil sie bei unserer Forschung keine seltene Beobachtung war. Ein Kind, das für das Wechseln seiner Schulkleidung »verstärkt« wurde, pflegte manchmal das scheinbar belohnte Verhalten tatsächlich zu *verringern.* Ein anderes, das für Fluchen »bestraft« wurde, pflegte daraufhin die Äußerung von Obszönitäten zu verdoppeln. In einem Versuch, die kontrollierenden Variablen zu identifizieren, führten wir Umkehrungsphasen ein; und mit ausreichender Sicherheit pflegten die Verhaltensweisen häufig schnell in die erwünschten Richtungen zu tendieren, wenn wir unsere Kontingenzen wegnahmen. Beschäftigten wir uns mit Verstärkungsidiosynkrasien? Vielleicht hatten wir einfach nicht die »richtigen« Anreize gefunden? Um das zu überprüfen, gaben wir gegenkontrollierenden Versuchspersonen freien Zugang zu den Items und Privilegien, die wir später kontingent machten. Auf nicht kontingenter Basis wählten sie begeistert diese »Favoriten«. Wenn die »Favoriten« jedoch kontingent gemacht wurden, schienen sie oft Verhaltensweisen zu unterdrücken. Die Implikation war offensichtlich – einige Kinder handelten »absichtlich« unseren Kontingenzen entgegen.

Ich interessierte mich bald für »Gegenkontrolle« als forschungswürdiges Phänomen und durchsuchte die vorhandene Literatur nach unterstützender Evidenz. Obwohl meine Suche relativ oberflächlich war, wurde sie reichlich belohnt. Nicht wir allein waren auf Verhaltensweisen getroffen, die unseren Wünschen genau entgegengesetzt waren.

Tatsächlich scheint die Literatur voll von Fußnoten zu sein mit Bemerkungen über »oppositionelle« Personen, die sich angesichts der Lernprinzipien irrten. *Cowan, Hoddinott & Wright* (1965) berichteten zum Beispiel eine Untersuchung mit autistischen Kindern, bei der 10 von 12 Versuchspersonen den Anweisungen des Versuchsleiters entgegengesetzt reagierten. *Patterson* und seine Kollegen zeigten ebenso die Häufigkeit »negativer Einstellungen« bei abweichenden Kindern (vgl. *Patterson, Littman & Brown,* 1968; *Patterson,* 1969). Bei einer Labordiagnostik eines Vorschülers wurde herausgefunden, daß er sich in 100% der Zeit auf eine Weise verhielt, die zu seiner Mutter diametral oppositionell war (*Patterson, Hawkins, McNeal & Phelps,* 1967). Bei einem Token-Programm war die Gegenrebellion »delinquenter Soldaten« so stark, daß unmittelbare Beendigung der Verfahren nötig war (*Boren & Coleman,* 1970).

Eine neuere Untersuchung von *Resnick & Schwartz* (1973) bietet eine klare Veranschaulichung der Gegenkontrolle. Die Versuchspersonen wurden gebeten, an einem Experiment des verbalen Lernens teilzunehmen, wobei es erforderlich war, eines von sechs Pronomina auszuwählen und in einem Satz zu verwenden. Nach 20 Grundkurvendurchgängen wurde eine Gruppe informiert, daß der Versuchsleiter anschließend »gut«, »mmm-hmmm« oder »in Ordnung« sagen würde, wenn sie das Pronomen »ich« oder »wir« auswählten. Es wurde ihnen erklärt, daß dieses Verfahren der verbalen Verstärkung die Häufigkeit der Verwendung des ausgewählten Pronomens erhöhte, wie früher gezeigt wurde. Die Kontrollpersonen erhielten für ihre Pronomenwahl identische Verstärkung durch den Versuchsleiter, wurden aber über die expliziten manipulativen Bemühungen nicht informiert. Die sich ergebenden Unterschiede im Verhalten werden in Abbildung 13-1 gezeigt. Die nicht-informierten Versuchspersonen erhöhten die Emission verstärkter Pronomina, während die Versuchspersonen der Experimentalgruppe eine leichte, aber zunehmende Unterdrückung »belohnter« Verhaltensweisen zeigten.

Andere Veranschaulichungen von Gegenkontrolle sind nicht schwer zu finden – der menschliche Organismus »fehlverhält« sich häufig (vgl. *Meichenbaum, Bowers & Ross,* 1968; *Browning,* 1971; *Nordquist,* 1971; *Betancourt & Zeiler,* 1971; *McCullough,* 1972; *Mahoney, Thoresen & Danaher,* 1972; *Davison,* 1973; *Wicklund,* 1974; *Jeffrey, Hartmann & Gelfand,* im Druck). Wenn diese Beispiele im Vergleich zur sonst in der Verhaltensforschung berichteten üblichen Konformität spärlich sein mögen, ist ihre bloße Existenz eine in unserer Disziplin selten erwähnte Überlegung.

Abweichungen von der Vorhersage sollten jedoch nicht fälschlicherweise für eine Laune der Natur gehalten werden. Viele Untersuchungen, die Gegenkontrolle berichteten, fanden, daß sie für jene Person

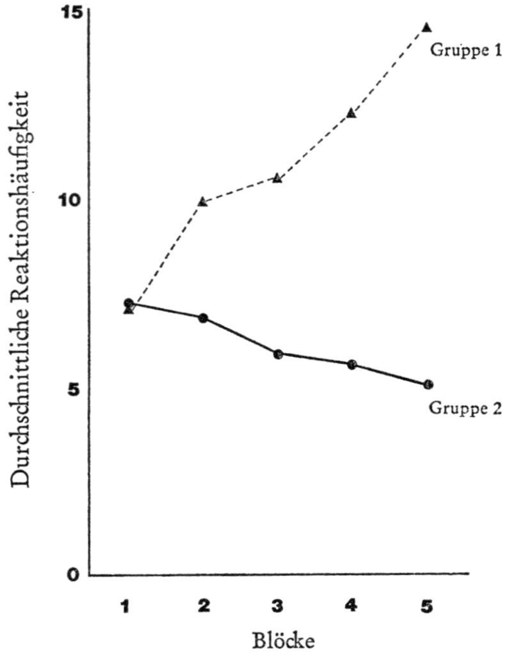

Abbildung 13-1: Durchschnittliche Anzahl der von den Versuchspersonen in den informierten und nicht-informierten Gruppen emittierten »verstärkten« Pronomina. (Aus den Daten von *Resnick & Schwartz,* 1973.)

und/oder Situation ein konsistentes und vorhersagbares Muster war. Die Versuchspersonen sind nur in dem Sinne abweichend, daß sie auf eine Weise reagieren, die den Kontingenzen des Versuchsleiters widerspricht. Das ist weit davon entfernt, indeterminiert zu sein. Sie zeigen immer noch Regelmäßigkeiten des Verhaltens (obgleich ihre Möchtegern-Kontrolleure frustrierende).

Das Phänomen der Gegenkontrolle ist nach meiner Meinung ein in der zeitgenössischen Verhaltensmodifikation äußerst vernachlässigtes Phänomen. Obwohl unsere Fußnoten und informellen Diskussionen voll sind von Anekdoten über das »Du-kannst-mich-mal«-Phänomen, gewährten wir diesem Muster keinen legitimen Platz in unserer Forschung. Trotz der Tatsache, daß oppositionelle Muster viele sozial abweichende Minderheiten kennzeichnen (z. B. Delinquente, Kriminelle usw.), versagten wir dabei, Gegenkontrolle zu einer genaueren funktionalen Analyse in das Labor zu bringen.

Meine Erfahrungen in der Umwelt des Gruppenheims und eine Handvoll Voruntersuchungen in den letzten beiden Jahren legten einige bei Gegenkontrollphänomenen möglicherweise relevante Variablen nahe. Erstens hat es den Anschein, daß das Vorhandensein oder Fehlen einer *Wahl* oppositionelle Muster bestimmen kann. Diese Möglichkeit wurde mir zuerst durch den sechsjährigen Aaron, unseren rebellischen Enuretiker, aufgedrängt. Aaron war auch zur Schlafenszeit ein Schrecken – er weigerte sich zu duschen, produzierte Wutanfälle usw. Wir hatten die Verstärkung für angemessenere Reaktionen genau geplant (z. B. mit einem Imbiß nach der Dusche) und verwendeten Privilegienentzug konsistent als negative Konsequenz für Verstöße (Verstärkerentzug und Time-Out). Trotzdem dauerten Aarons rebellische Muster an. Eines Abends sagte ich ernsthaft: »Aaron, willst du im oberen oder im unteren Badezimmer duschen.« Er hielt an, lächelte breit und sagte: »Unten!« Seine Nachgiebigkeit überraschte mich (teilweise weil er üblicherweise unten duschte). Ein ebenso erstaunter Mitarbeiter fragte mich, was ich getan hatte, um Aarons Kooperation zu erreichen. Ich versuchte ein Experiment in der natürlichen Umwelt. War es die Wahl? Wir arrangierten eine Reihe von kleinen Untersuchungen, die das Vorhandensein oder Fehlen der Wahl und die Art der Wahl (welches Badezimmer, Farbe des Handtuchs usw.) variierten. Aarons Daten waren beeindruckend konsistent – wenn wir ihm eine Wahl ermöglichten, fügte er sich begeistert. Falls nicht, übte er Gegenkontrolle. Mehrere spätere Erfahrungen verstärkten meine Ahnung, daß die Wahl beim Umgang mit oppositionellen Mustern eine wichtige Variable sein kann. Es ist interessant zu bemerken, daß einige der wirksamsten Behandlungsprogramme für Delinquenz wesentliche Wahlmöglichkeiten enthielten – die Delinquenten haben bei ihrem eigenen Kontingenzmanagement etwas mitzureden (z. B. *Fixsen, Phillips & Wolf*, 1973). Ein zweiter möglicher Parameter der Gegenkontrolle kann die *Deutlichkeit* der manipulativen oder zwingenden Bemühungen sein. Ein Element dieser Deutlichkeit ist natürlich das Vorhandensein oder Fehlen einer ausdrücklichen Vorhersage. *Dostojewski* (1864) bemerkte in »Aufzeichnungen aus einem Totenhaus«, einer klassischen Abhandlung über Gegenkontrolle, daß der Mensch bis zu starken Extremen gehen würde, um zu vermeiden, vorhersagbar zu sein:

Und das ist nicht alles: auch wenn der Mensch wirklich nichts anderes als eine Klaviertaste wäre, auch wenn ihm das durch Naturwissenschaft und Mathematik bewiesen wäre, auch dann würde er nicht vernünftig, sondern würde aus einfacher Undankbarkeit etwas Perverses tun, einfach um seinen Standpunkt zu behalten ... Wenn sie sagen, daß all das auch berechnet und tabelliert werden kann ... dann würde der Mensch absichtlich verrückt, um Vernunft loszuwerden und seinen Standpunkt zu behalten! (S. 463).

Skinner erinnert uns jedoch geschickt daran, daß auch diese Aussage von *Dostojewski* eine Vorhersage war – und eine, die die Frage abschließt. Die Bemühungen des Menschen, nicht vorhersagbar zu sein, sind selbst vorhersagbar. Der lästige Autoverkäufer und der anmaßende Angestellte bezeugen häufig die Effekte zwingenden Drucks – wir gegenkontrollieren häufig.

Ein Nachweis der vorhersagbaren Unvorhersagbarkeit im Klassenzimmer kann leicht geplant werden. Alles, was der Lehrer tun muß, ist, seinen Unterricht mit einem anmaßend manipulativen Monolog über die »Konditionierbarkeit« von Collegestudenten einzuleiten (die insgesamt einfach große Ratten seien). Um den unflexiblen Determinismus ihres Verhaltens zu zeigen, sagt er dann ein relativ harmloses Verhalten vorher (z. B., daß die meisten auf seinen einfachen Befehl hin aufstehen werden). Wenn dieses Verhalten nicht eintritt, kann der Lehrer einen hermetisch verschlossenen Umschlag öffnen, der seine Vorhersage der Gegenkontrolle enthält. (Wenn *doch* die meisten aufstehen, kann er sich über die blinde Konformität wundern, die durch unsere Kultur bewirkt wird.)

Ein drittes Element der Gegenkontrolle ist das *Modell-Lernen.* Wenn eine Person mit Modellen konfrontiert wird, die entweder nicht reagieren oder gegenreagieren, wird sie sich mit größerer Wahrscheinlichkeit ebenso verhalten (besonders wenn die oppositionellen Verhaltensweisen des Modells belohnt oder nicht bestraft wurden). Die delinquente Subkultur und der Bandenführer liefern reichliche Veranschaulichungen dieses Phänomens (*Bandura*, 1973).

Schließlich gibt es mehrere Parameter, die auf komplexe Weise interagieren könnten, um die Häufigkeit und Form der gegenkontrollierenden Verhaltensweisen zu beeinflussen. Die Neuheit der Aufgabe, die Konsequenzen eines Verstoßes und die Art der »Forderung« sind nur einige davon. Da die Gegenkontrolle wahrscheinlich eine Form der Aggression ist, kann sie auch durch die zahlreichen Variablen beeinflußt werden, die an solchen Mustern beteiligt sind (vgl. *Bandura*, 1973). Da sie häufig asketische Selbstverleugnung und anscheinend schlimme Widersprüche zum »System« einschließt, bringt sie wahrscheinlich einige umfassende kognitive Kontingenzen und selbstbewertende Prozesse mit sich. Das relative Versagen zwingender Techniken der Gehirnwäsche bei Kriegsgefangenen bescheinigt die Macht dieser letzteren beiden Elemente der Gegenkontrollphänomene.

Eine methodologische Bemerkung beschließt unsere Diskussion der Gegenkontrolle. Sie ist ein Muster, das willkürlich durch die Nichtübereinstimmung von erwartetem und beobachtetem Verhalten definiert wird. Um unsere schlußfolgernde Starrheit zu schützen, könnten wir jedoch wünschen, unsere funktionalen Analysen und operationalen Definitionen anfänglich eher auf Gegenreagibilität als auf Nichtreagibilität zu beschränken. Das letztere Muster kann sich aus einer Vielzahl von Faktoren ergeben, die nichts mit aktiven gegenkontrollierenden Prozessen zu tun haben. Eine unaufmerksame oder unmotivierte Person kann nicht-reagibel sein ohne notwendigerweise rebellisch zu sein. Reaktionsmuster, die den verlangten oder durch einen Versuchsleiter geplanten diametral entgegengesetzt sind, bieten den stärksten Nachweis der Gegenkontrolle. Das Hauptparadigma kann ein Umkehrdesign enthalten, bei dem gezeigt wird, daß dieselbe Versuchsperson wiederholt ihr Verhalten in diametraler Opposition zu den bestehenden Kontingenzen umkehrt.

Wahl

Die Bedeutung der Wahl für menschliches Verhalten ist nicht auf Gegenkontrollphänomene beschränkt. Es gibt nun einen schnell anwachsenden Bestand an Evidenz, er zeigt, daß die Wahl bei einer Anzahl komplexer Reaktionsmuster ein bedeutender Faktor sein kann. Die neuere Tierforschung zeigte zum Beispiel, daß die Verfügbarkeit mehrerer Reaktionsmöglichkeiten Verstärkungseigenschaften haben kann. Bei konstant gehaltenen konsumatorischen Variablen wurde gezeigt, daß sowohl Tauben als auch Ratten Bedingungen vorziehen, bei denen sie zwischen zwei identischen Reaktionsmöglichkeiten wählen können (vgl. *Catania*, 1972b; *Voss & Homzie*, 1970). Ob diese Daten einen Anreizwert der Wahl oder den Einfluß solcher Faktoren wie Stimuluskomplexität oder die Überlebenschancen erhöhende »Kontrolle über die Umwelt« widerspiegeln, muß noch bestimmt werden (vgl. *Singh*, 1970; *Creed & Ferster*, 1972). Durch beträchtliche Masse von Evidenz wurde jedoch seit kurzem nahegelegt, daß zumindest einige Formen der Wahl für Menschen Verstärkungseigenschaften haben.

In einer Reihe von Klassenzimmer- und Laboruntersuchungen wurde zum Beispiel herausgefunden, daß Kinder höhere Verhaltensraten zeigen, wenn sie Wahlmöglichkeiten erhalten und oft deutliche Präferenzen für Wahlmöglichkeiten vergrößernde Aktivitäten zeigen (vgl. *Lovitt & Curtiss*, 1969; *Doke & Risley*, 1972; *Felixbrod & O'Leary*, 1973; *Brigham & Sherman*, 1973; *Brigham & Stoerzinger*, 1974; *Mahoney & Mahoney*, 1974; *Brigham & Bushell*, im Druck). Interessanterweise wurde durch mehrere dieser Untersuchungen nahegelegt, daß die beobachteten Verhaltenszunahmen eher direkt der Wahlkomponente selbst zugeschrieben werden können als anderen experimentellen Parametern. Überlegene Leistungen wurden sogar dann beobachtet, wenn selbst gewählte Aktivitäten oder Kontingenzen den vorher oder nachher durch den Versuchsleiter auferlegten identisch waren. Es können also nicht die Konsequenzen der Wahlen gewesen sein, die das Reagieren so stark beeinflußten, vielmehr die Handlung des Wählens selbst.

Unterstützende Nachweise aus zwei anderen Gebieten geben der Auffassung zusätzlich Impulse, daß einige Formen der Wahl ausgewähltes Verhalten erleichtern können. *MacDonough, Adams & Tesser* (1973) fanden zum Beispiel, daß Desensibilisierungsversuchspersonen signifikant erfolgreicher waren, wenn sie bei der selbstgesteuerten Hierarchiedarbietung Wahlmöglichkeiten hatten. Mehrere neuere Untersuchungen zeigten ebenso, daß die Wahl die Erinnerung bei Paar-Assoziations-Lernaufgaben steigern kann (vgl. *Perlmuter, Monty & Kimble,* 1971; *Monty & Perlmuter,* 1972; *Monty, Rosenberger & Perlmuter,* 1973). Personen, die ihre eigenen Reaktionsitems wählen durften, zeigten im Vergleich mit parallelisierten Kontrollpersonen wesentlich größeres Behalten. In diesen Untersuchungen wurden mehrere interessante Ergebnisse berichtet. Wenn die Versuchspersonen bei einigen Durchgängen wählen konnten, aber nicht bei anderen, war ihr Erinnerungsverhalten bei den Wahlitems konsistent überlegen. In gleicher Weise war kontinuierliche Wahl (100%) förderlicher als intermittierende (50%). Von besonderer Bedeutung war das Ergebnis, daß Versuchspersonen, die zu einem frühen Zeitpunkt im Experiment Wahlmöglichkeiten erhielten, besser abschnitten als Versuchspersonen, die spätere aber quantitativ gleiche Wahlmöglichkeiten erhielten.

Bedeutet das alles, daß »die Wahl ein Verstärker ist«? Eine solche Verallgemeinerung könnte bei unserer Suche nach menschlichen Regelmäßigkeiten ein willkommen einfaches Fazit sein. Das Phänomen ist jedoch wiederum viel komplexer, als es durch simplistische Maximen dargestellt werden kann. Die Literatur über die Streß-erzeugende Wirkung von Entscheidungen stellt eine einfache Verstärkungsgleichung stark in Frage. Tieruntersuchungen ergaben, daß sich Tiere manchmal bemühen, schwierige Wahlen zu vermeiden (z. B. *Rachlin & Green,* 1972). Politische Wahlen zeigen ebenfalls, daß das Bestehen von Wahlmöglichkeiten nicht immer eine anregende Erfahrung ist.

Alles was aus der bestehenden Evidenz herausgeholt werden kann, ist die vorläufige Verallgemeinerung, daß einige Formen der Wahl einige Arten von Verhaltensweisen bei manchen Versuchspersonen zu beeinflussen scheinen. Eine definitive Feststellung der beteiligten Prozesse und Parameter muß noch sorgfältig empirisch überprüft werden. Ich biete zwei für diese Überprüfung relevante Bemerkungen an.

Erstens muß unsere experimentelle Analyse der Wahl eine bedächtige Operationalisierung des Begriffs mit sich bringen. Was meinen wir mit »Wahl«? Eine vorläufige Analyse legt nahe, daß das Phänomen als eine 2x2-Matrix aufgefaßt werden könnte, die Reaktions-

und Konsequenzmöglichkeiten gegenüberstellt. Der »wählende« Organismus kann Zugang zu zwei oder mehreren Reaktionsmöglichkeiten haben und diese können entweder identisch oder nicht identisch sein. (Ich werde hier die phänomenologische Möglichkeit, daß zwei physikalisch »identische« Möglichkeiten subjektiv als nicht identisch wahrgenommen werden, anerkennen aber nicht ausführen.) Auch wenn nur eine Reaktion zur Verfügung steht, kann der Organismus jedoch Konsequenz-Optionen haben (wiederum identische oder nicht identische). Dieses Schema wird unten dargestellt. Eine molekulare Analyse läßt

	Reaktion	Konsequenz
Identisch		
Nicht identisch		

vermuten, daß der Organismus in jeder gegebenen Situation immer eine minimale Anzahl von Reaktionsmöglichkeiten hat (z. B. einen Hebel zu drücken, sich am Ohr zu kratzen usw.). Was sind die Effekte der Erhöhung jener Möglichkeiten? Was passiert zum Beispiel, wenn wir einen zweiten Hebel einbauen? Was gibt es über eine nichtidentische Reaktionsmöglichkeit zu sagen (z. B. ein Laufrad)? Jede der verfügbaren Reaktionsmöglichkeiten hat natürlich ihre assoziierten Konsequenzen (die von der Futterdarbietung bis zu unmerklichen propriozeptiven Ereignissen reichen). Was passiert, wenn ein Hebeldruck zwei Konsequenzmöglichkeiten erzeugt (z. B. eine Wahl zwischen zwei identischen Futterpillen)? Wenn eine Reaktion dem Organismus Zugang zu einer Wahl zwischen nicht-identischen Konsequenzen gibt (z. B. eine Futterpille oder ein Schluck Wasser), wird sie dann gegenüber einer Reaktion ohne Wahl bevorzugt? Man bemerke, daß die Dichotomie von Konsequenz und Reaktion zusammenbricht, wenn bei unserer molekularen Analyse die Konsequenzmöglichkeiten untersucht werden. Eine Wahl zwischen zwei Konsequenzen (Pille A oder Pille B) ist tatsächlich eine Wahl zwischen zwei Reaktionen. Wenn wir Verhalten als eine fortlaufende Kette von Elementen betrachten, müssen wir möglicherweise unsere Auffassungen den stochastischen Prozessen entsprechend verändern. Es stellt sich dann die Frage, ob ein bei aufeinanderfolgenden Wahlmöglichkeiten wahrgenommener Unterschied die differentiellen Wahrscheinlichkeiten der jetzigen Alternativen beeinflussen wird. Wird die gegenwärtige Ausführung von Reaktion A oder B also durch seine entsprechenden Effekte auf spätere Reaktionsmöglichkeiten beeinflußt? Wird die Person bei einer bestimmten Kombination von Versuchsperson und Aufgabe konsistent

Reaktionen ausführen, die spätere Alternativen entweder erweitern oder begrenzen?

Die obigen theoretischen Punkte sollten die Komplexität betonen, auf die unsere experimentelle Analyse der Wahl trifft. Anscheinend kann jede Wahl eine Reaktionswahl sein und es wird sehr schwierig sein, die *Handlung* des Wählens von den *Konsequenzen* des Wählens zu trennen. Bestimmen das Bestehen der Wahlmöglichkeiten oder die letztlichen Konsequenzen dieser Möglichkeiten die Einflüsse der Wahl? Analysen der Evolution legten nahe, daß die Mannigfaltigkeit eine Funktion für das Überleben der Spezies erfüllt haben mag. Bedeutet das, daß einige Formen der Wahl dem Wesen nach verstärkend sein können? Wie trennt man das vom durchgängigen kulturellen Wert, der der Freiheit und den Reaktionsmöglichkeiten angeheftet wird? Bewertet der menschliche Organismus Wahl als einen erworbenen Verstärker?

Eine verwandte Frage spricht einige der möglichen kognitiven Komponenten der Wahl expliziter an. Wie wir in Kapitel 12 sahen, können wahrgenommene Wahlen signifikant klinische Bedeutung bei der Verminderung von Reaktionen auf Streß und bei der Einleitung aktiver Bewältigungsbemühungen haben. Zusätzlich gibt es beträchtliche Evidenz, daß das Verhalten einer Person in vielen Gebieten durch reale und wahrgenommene Freiheit beeinflußt werden kann. *Brehm* (1966) behauptete in seiner Theorie der Reaktanz, daß eine Person aktiv danach streben wird, Reduktionen seiner persönlichen Freiheit (Reaktionsmöglichkeiten) zu vermeiden oder zu mäßigen. Wenn jene Freiheit bedroht oder verringert wird, wird angenommen, daß sie sich bemüht, die verlorenen Möglichkeiten wiederherzustellen – entweder direkt, symbolisch oder stellvertretend. Obwohl die Nachweise noch vorläufig sind, häuft sich die Unterstützung dieser Hypothesen schnell an (vgl. *Wicklund*, 1974). Gleichbedeutend ist die Literatur über »wahrgenommene Freiheit« (vgl. *Steiner*, 1970). Untersuchungen auf diesem Gebiet begannen einige Variablen zu identifizieren, die unsere Wahrnehmung der Reaktionsmöglichkeiten zu beeinflussen scheinen, genau wie die Effekte jener Wahrnehmungen auf das folgende Verhalten. Eine Wahl scheint zum Beispiel erschlossen zu werden, wenn verfügbare Reaktionsmöglichkeiten nahezu gleiche Valenz haben. Interessanterweise legten mehrere Untersuchungen auch nahe, daß Versuchspersonen Versuchsleitern mehr Freiheit zuschreiben können, die eher intermittierende als kontinuierliche Konsequenzen liefern. *Steiner* (1970) analysierte Verstärkung als einen kommunikativen Prozeß und vermutete, daß bei der Belohnungsdarbietung und -planung beteiligte Faktoren ihre Bedeutung für den Empfänger deutlich beeinflussen können.

Ein mit den kognitiven Aspekten der Wahl zusammenhängendes klinisches Phänomen wird bei Fällen beobachtet, wo der Klient darüber klagt, sich »kontrolliert« zu fühlen. Meine Forschungserfahrungen mit Fettsüchtigen in den letzten Jahren boten reichliche Veranschaulichungen dieser »kognitiven Klaustrophobie«. Die fastende Person berichtet oft Zwangsgedanken über im Grunde genommen jede Beschränkung, die ihr auferlegt wird. Das ist das jahrhundertealte »Phänomen der verbotenen Früchte« – erzähle einer Person, daß sie etwas nicht haben kann, und sie will es um so mehr. Wie viele Eltern bewirkten erfolgreich das Essen von Spinat, indem sie ihrem Kind erzählten, daß es keinen bekommen könnte. Die Psychologie der »grüneren Weiden« wurde sogar in Laboruntersuchungen dokumentiert – die Belohnungspräferenzen der Kinder scheinen in umgekehrter Beziehung zur Verfügbarkeit der Belohnung zu stehen (*Mischel & Masters*, 1966).

Diese Bemerkungen legen ein Bedürfnis nach kontrollierter Untersuchung der Wahlparameter und der wahrgenommenen Freiheit bei klinischen Anwendungen nahe. Welche Bedingungen empfehlen die Wahl als betonte therapeutische Komponente und welche raten davon ab? Was sind die Parameter und Determinanten der »kognitiven Klaustrophobie«? Diese und andere Fragen liefern für unsere weiteren empirischen Analysen reichliche Forschungsmöglichkeiten.

14. Kapitel

Biologische Einflüsse

Die Hauptthese des vorliegenden Kapitels sagt, daß biologische Faktoren wichtig sein können, um Lernerfahrungen im menschlichen Organismus zu optimieren. Es ist eine Ironie, daß sich der heutige Behaviorist oft selbst auf die Hörner eines widersprüchlichen Dilemmas nimmt. Gegenüber seinen »mentalistischen« Kollegen vertritt er energisch die Sparsamkeit eines biologischen Gehirns statt eines ephemeren »Geistes«; gegenüber seinen biologischen Kollegen bagatellisiert er jedoch hartnäckig die Bedeutung biologischer Determinanten für das menschliche Verhalten. Die meisten gegen die Biologie gerichteten Argumente sind natürlich gegen ethologische und erbliche Perspektiven gemünzt. Der Behaviorist behauptet, daß nur eine geringe Verhaltensvarianz auf »angeborene« Mechanismen zurückgeführt werden kann. Wenn er sich jedoch der Biologie des Instinkts entledigt, entledigt er sich oft der Biologie des Lernens.

Die Behauptung, daß viele menschliche Verhaltensweisen gelernt werden, ist nicht unvereinbar mit der Annahme, daß Lernen durch biologische Prozesse vermittelt wird. Wir vermuten, daß dem Vorgang neurochemische Veränderungen zugrunde liegen. Wenn wir beim Lernen einen biologischen Organismus und ein vermutlich neurochemisches Substrat vorliegen haben, scheint es nur vernünftig, an die Möglichkeit zu denken, daß der gegenwärtige physiologische Zustand einer Person Einfluß hat auf seine Fähigkeit, zu assimilieren, sich etwas zu merken, oder sich die aus der Erfahrung gewonnene Information zunutze zu machen.

Die Entwicklung des Denkens

In einem aufgezeichneten theoretischen Übersichtsartikel gingen *Campbell & Spear* (1972) vor kurzem der »Ontogenese des Gedächtnisses« und seinen physiologischen Korrelaten nach. Sie behaupteten, daß die Unfähigkeit von Erwachsenen, sich an frühe Kindheitserlebnisse zu erinnern, auf Gedächtnisdefizite und weniger auf fehlende ursprüngliche Lernerfahrungen zurückgeführt werden könnte. Sie beschreiben in Einzelheiten, wie sich bei Tieren und Menschen die informationsverarbeitenden Fähigkeiten und das Langzeitgedächtnis entwickelten. Als sie die neurologischen Korrelate der Gedächtnisentwicklung analysierten, schlugen sie fünf mögliche Variablen vor:

1. *Myelinisation der Nervenfasern;* dieser biologische Vorgang, der die Leitgeschwindigkeit von Nerven entscheidend beeinflußt (und damit auch die Häufigkeit und den Umfang der möglichen Informationsverarbeitung), kann beim Menschen einige Jahrzehnte dauern.

2. *Zellteilung;* die Zahl der Synapsen zwischen den Nervenzellen wächst mit zunehmendem Alter an; dadurch können Fähigkeiten der Erinnerung im Gedächtnis beeinflußt werden.

3. *Elektrische Aktivität;* eine Zunahme der elektrischen Aktivität mit zunehmendem Alter weist auf ihre mögliche Bedeutung für das Lernen und Gedächtnis hin. Da diese Aktivität auf neurochemischen Vorgängen beruht, zeigt sich, wie wichtig angemessene chemische Hilfsmittel sind.

4. *Neurale Transmittersubstanzen;* die Entwicklung des Gedächtnisses korreliert ziemlich genau mit einer zunehmenden Konzentrierung von Serotonin, Norepinephrin, Dopamin und Acetylcholin; obwohl die spezifische Funktion dieser Substanzen unklar bleibt, wurde ihre Bedeutung für das Zentralnervensystem ausreichend bewiesen.

5. *DNS, RNS und Protein;* es besteht immer größere Übereinstimmung darüber, daß einige kompliziertere Formen der Proteinsynthese am Lernen und an der Erinnerung beteiligt sind, obwohl die spezifischen Mechanismen unklar bleiben.

Obwohl dieser Überblick kurz ist, sollte er betonen, wie zahlreich die Möglichkeiten einer Interaktion von biologischen Faktoren mit Lernerfahrungen sind. Der Organismus, der an Proteinmangel leidet, ist beispielsweise nicht in der Lage, für eine angemessene Informationsverarbeitung die notwendigen Enzyme, Transmittersubstanzen oder Zellelemente zu liefern.

Natürlich gibt es mehr als genug Theorien, die die neurologische und biochemische Grundlage des Lernens und der Erinnerung berücksichtigten. Die Analyse von *Campbell & Spear* (1972) läßt jedoch einige spannende Entwicklungstheorien aufkommen, die zu einem kurzen Kommentar Anlaß geben.

Es wurde früher erwähnt, daß die Vermittlung im Fortbestehen und der Weiterentwicklung der Arten überlebenswichtig war. Eine genauere Analyse zeigt, daß die primäre Bedeutung der Vermittlung wahrscheinlich ihr »Vorhersage«-Charakter war. Das bedeutet, daß der Organismus lernen kann, die Konsequenzen verschiedener Reaktionsmöglichkeiten zu antizipieren und dementsprechend für eine bestimmte Situation die angepaßteste Alternative auszuwählen. Kontingenzen sind nichts anderes als systematische Relationen (Sequenzen) in der Erfahrung. Ihr »Bewußtsein« (d. h. symbolisches Merken) kann aus vergangener Erfahrung (direkter oder stellvertretender)* oder aus der gegenwärtigen Manipulation der Symbole (d. h. Problemlösen) stammen. Diese antizipatorische Funktion spart vielleicht Mühen ein, wenn sie das Versuchs- und Irrtums-Lernen vermindert. Genauso kann sie fatale Fehler abwenden, die beim Verhalten von Mitmenschen beobachtet werden. Die Fähigkeit, sich an den Standort von eßbarer Nahrung und an die Aufenthaltsorte von Raubtieren zu erinnern, wäre in einer atavistischen Umgebung offensichtlich zum Überleben wertvoll. Die Entwicklung von Symbolsystemen (z. B. Sprache) bei einigen höheren Primaten vergrößerte wahrscheinlich die Fähigkeiten, um symbolische Lernerfahrungen zu machen. *Terrace* (1971) erinnert uns daran, daß das Erwerben der Fertigkeit zu »verdecktem Sprechen« beim Menschen vielleicht von bestrafenden Kontingenzen herrührt, die eine Folge davon waren, daß unsere Mitmenschen von unseren Grübeleien (Plänen, verbalen Angriffen usw.) wußten. Mancher Ehepartner kann bezeugen, wie wertvoll »verdecktes Sprechen« zum Überleben ist.

Die Entwicklung der kognitiven Prozesse ist ein verlockender Bereich der Spekulationen. *Jaynes* (1974) diskutiert bei seiner Analyse über die Ursprünge des Bewußtseins, welche Bedeutung die entwicklungsfähigen kognitiven Fähigkeiten des Menschen bei der augenblicklichen Wahrnehmung seiner Welt einnehmen. Schon seit langem wird z. B. vermutet, daß die Erfahrung, die der Höhlenmensch mit Träumen und Vorstellungsbildern hatte, viele unserer dualistischen Begriffe in bezug auf unser Dasein (Seele/Gehirn, Seele/Körper, Gegenwart/Leben nach dem Tod usw.) verursacht haben könnte. Die Entwicklung symbolischer Aktivitäten muß tatsächlich einige Formen menschlichen Lernens komplizierter gemacht haben. Ein Phänomen, das sich anscheinend bei jedem Kind wiederholt, ist es, zwischen »realen« und symbolischen Erfahrungen unterscheiden zu lernen. Es ist auch eine Fähigkeit, die bei Personen mit Halluzinationen oft verlorenging.

Die Entwicklung der Sprache ließ menschliches Verhalten noch komplizierter werden. Während sie die Möglichkeiten für stellvertretendes und symbolisches Lernen entscheidend vergrößerte, führte sie einen verzerrenden Filter zwischen den Organismus und seine Umwelt ein. Um die unendlich vielen Phänomene der Erfahrung unterzubringen, wurden ihnen Regelhaftigkeiten durch ein symbolisches System künstlich auferlegt. Durch die Fähigkeiten zum Sprechen konnte der Organismus die häufige Unordnung der Natur »in Ordnung bringen«; dabei entstanden oft Systeme, die weder angepaßt waren noch mit den Sequenzen der »realen Welt« gut korrelierten.

* Die technische Unterscheidung zwischen direkter und stellvertretender Erfahrung ist schwierig zu verteidigen, nicht aber ihre Phänomenologie.

Das frühe wissenschaftliche Denken ist Zeuge für das Wiederkehren falscher Verallgemeinerungen, die aus sprachlich fundierten Quellen stammen (*Kuhn,* 1962). Außerdem behauptete *Jaynes* (1974), daß die selbststimulierenden »Dialoge« des ersten Menschen zu der Vorstellung von übernatürlichen Stimmen und zu einem geteilten Bewußtsein beigetragen haben könnten.

Obwohl Überlegungen über die Entwicklung des Denkens intellektuell anregend sein können, wurde ihre praktische Bedeutung selten bewiesen. Die Schriften *C. G. Jungs* versuchten natürlich, die biologische Evolution zu augenblicklichem persönlichem Handeln in Beziehung zu setzen. In ähnlicher Weise griff *Piaget* auf ontogenetische Phänomene bei seiner theoretischen Analyse der kognitiven Entwicklung zurück (vgl. *Piaget & Inhelder,* 1969). Während diese Arbeiten ohne Zweifel heuristisch sind, wurden sie in klinischen Anwendungsbereichen leider nur wenig empirisch untersucht.

Die potentielle Bedeutung dieser Betrachtungen über die Evolution sollte man jedoch nicht ohne unsere stillschweigenden gegenwärtigen Annahmen über die funktionale Analyse des Denkens untersuchen. Während wir über klinische Verfahren wenig lernen, wenn wir im Kopf eines Höhlenmenschen herumwühlen, wird dadurch unsere Betrachtungsweise von symbolischen Prozessen offensichtlich beeinflußt. Die beliebte Dichotomie von visueller Vorstellung und verbalem Kodieren stammt zum Beispiel nicht nur aus phänomenologischen Berichten, sondern auch aus Schlußfolgerungen über die Evolution. Es wird allgemein behauptet, daß visuelle Symbole (Träume, Vorstellungsbilder usw.) eher vermittelnde Formen waren als die verbalen (auditiven). Die Daten, die zeigen, daß das »visuelle« Gedächtnis weniger Übung als das auditive erfordert (*Cohen,* 1973), unterstützten wohl die stillschweigende Annahme, daß Vorstellungen irgendwie »primitiver« als verdecktes Sprechen sind. Vermutungen über die Bedeutung des durch die Vorstellung vermittelten Verhaltens (Kapitel 8) und die möglichen Differenzen von »verbalen« gegenüber »visuellen« kognitiven Therapien (Kapitel 11) verstärken die Annahme dieser Dichotomie.

Meiner Meinung nach ist es jetzt an der Zeit, diese Dichotomie in Frage zu stellen. Wir haben eine technische Sprache entwickelt, welche die kognitiven Ereignisse mit Sinnesmodalitäten beschreibt, und gewöhnlich nimmt man an, daß eine bestimmte Modalität in jeder privaten Erfahrung dominiert. Vielleicht müssen wir unser Schema jedoch neu bewerten und uns daran erinnern, daß Bezeichnungen für kognitive »Modalitäten« eher aus unseren experimentellen Handlungen statt aus irgendwelchen Eigenschaften der symbolischen Ereignisse stammen. Auf die Unterschiede zwischen »innerer Sprache« und »innerem Sprechen« wurde bereits hingewiesen (*Leont'yev,* 1969) und bei neueren Analysen der visuellen Vorstellung stellte man sich die Frage, ob man Sinnesmodalitäten bei kognitiven Ereignissen so einfach trennen kann. Ähnlicherweise können wir, erst wenn wir eine stärkere Korrelation zwischen der Gehirnaktivität von Sinnesmodalitäten und genannten Formen der Vermittlung (z. B. visuelle kortikale Aktivität und phänomenologische Vorstellungsbilder) nachgewiesen haben, zwischen der Entwicklung der Sinne und der Entwicklung der quasi-sensorischen Vermittlung eine Gestaltähnlichkeit annehmen.

Letzten Endes ist es vielleicht unsere Pflicht als klinische Wissenschaftler, mit neueren Entwicklungen in der Physiologie der Vermittlung stärkeren Kontakt aufrechtzuerhalten. Bei einer Forschungsrichtung ging es beispielsweise um die mangelhafte Sauerstoffversorgung des Gehirns als möglichem beeinträchtigendem Faktor intellektueller Leistungen (*Jacobs, Winter, Alvis & Small*, 1969). Neuere Arbeiten über die speziellen Funktionen der Gehirnhemisphären deuten auf ebenso verblüffende komplizierte Zusammenhänge im menschlichen Gehirn (vgl. *Sperry*, 1973; *Nebes*, 1974). Sprachfähigkeiten und sequentielle Informationsverarbeitung scheinen rechtshändige Personen in erster Linie mit der linken Gehirnhälfte auszuführen. Auf räumliche Vorstellung und parallele Informationsverarbeitung scheint sich andererseits die rechte Hemisphäre zu spezialisieren. Während diese Funktionen alles andere als typisch für die Hemisphären sind, findet die unterschiedliche Betätigung der beiden Gehirnhälften beträchtliche Unterstützung. Einige Daten weisen sogar darauf hin, daß die beiden Hemisphären um die Kontrolle des motorischen Reaktionssystems miteinander »streiten«. Obwohl uralte Vermutungen über »psychische Konflikte« damit begannen, diese Befunde als erhärtende Beweise aufzuführen, ist ihre klinische Bedeutung alles andere als determiniert. Andererseits muß man nicht weiter ausführen, welche potentielle Bedeutung die Spezialisation der Hemisphären für eine Reihe von klinischen Störungen des Gehirns einnimmt. Wichtiger ist es vielleicht, daß diese Forschung die physiologischen Prozesse in kognitiven Funktionen betont. Der gute klinische Forscher muß ein äußerst abwechslungsreicher Profi bleiben, dessen therapeutische Fähigkeiten und technisches Wissen mit dem gegenwärtigen wissenschaftlichen Fortschritt ständig weiterwächst. Die Wendung zu interdisziplinären Richtungen und gemeinsame Forschungsbemühungen öffnen dieser Entwicklung wertvolle Wege.

Schlaf und Träume

Die Bedeutung, die Schlafprozesse möglicherweise in der Therapie haben können, wurde von den heutigen Verhaltensforschern bisher eigentlich nicht untersucht. Obwohl Schlaflosigkeit gelegentlich ein klinisches Problemverhalten war, wurde der Beitrag von Schlafen und Träumen an und für sich fast peinlichst genau vermieden. Angesichts der lebhaften Feindseligkeit zwischen verhaltensorientierten und psychoanalytischen Lagern, ist diese Territorialität nicht erstaunlich. Neuere Evidenz über die Funktionen des Schlafs läßt jedoch vermuten, daß der praxisorientierte klinische Forscher (unabhängig von seiner Orientierung) gut daran täte, die therapeutische Bedeutung dieses Gebietes näher zu betrachten.

Die wesentliche Forschung über Schlaf- und Traumfunktionen bei normalem und abweichendem menschlichen Verhalten wurde von *Dement* (1972) und *Hartmann* (1973) besprochen. Das folgende ist ein kurzer Überblick über einige Hauptpunkte in der Schlaf- und Traumforschung, die für die Anwendung auf den klinischen Bereich vielversprechend zu sein scheinen.

Erstens scheint die Wirkung der Schlafdeprivation, deren Evidenz alles andere als eindeutig ist, eine wichtige Variable bei einer Reihe von Verhaltensstörungen zu sein. Die Häufigkeit von Schlafstörungen vor Beginn einer psychiatrischen Einweisung wurde als eigene Gruppe von Fakten genannt, die sich auf diesen Zusammenhang beziehen. Laboruntersuchungen über Schlaf- und Traumdeprivation versuchten ebenfalls, die Hypothese zu unterstützen, daß diese Phänomene subjektives Leiden entscheidend beeinflussen. Subjektive Berichte über Halluzinationen, Gereiztheit und psychose-ähnliche Muster bei schlafdeprivierten »normalen« Personen sind nicht ungewöhnlich. Leider wurde die Validität bei einem Teil dieser Forschung wegen methodischer Mängel und impliziten Voraussetzungen vor kurzem angezweifelt. Bevor ihre Bedeutung für klinische Störungen endgültig bestimmt werden kann, müssen noch empirische Verfeinerungen und kontrollierte Replikationen durchgeführt werden. Inzwischen soll der Therapeut jedoch weiterhin über die Bedeutung, die Schlafstörungen möglicherweise bei persönlichen Problemen einnehmen, orientiert bleiben.

Der mögliche Einfluß der attributionalen Etikettierung bei Störungen, die mit Schlafen zusammenhängen, ist besonders zu beachten. Werden physiologische Signale als Produkte von Schlafdeprivation und nicht als Zeichen einer bald ausbrechenden Psychose bezeichnet, kommt es zu weitverzweigten Folgen, die bereits zitiert wurden. Man kann vielleicht ein beunruhigendes, durch Erregung herbeigeführtes Erregungsmuster verhindern, indem man das ursprüngliche physiologische Element richtig benennt. Analoge Möglichkeiten für therapeutische (und wahre) Attributionen stammen aus neueren Arbeiten über den Tagesrhythmus (vgl. *Segal & Luce*, 1966; *Dement*, 1972). Es wird jetzt weitgehend akzeptiert, daß viele physiologische Reaktionen in einem Zyklus von 24–28 Stunden nach einem ziemlich gleichen Muster ablaufen. Zum Beispiel scheinen Blutdruck, Körpertemperatur und

Blutzucker als Folge von wellenähnlichen biologischen Rhythmen mit deutlichen Gipfeln und Tälern aufzutreten. Die Wirkung dieser Rhythmen auf phänomenologische Erfahrung (z. B. »Stimmungen«) wurde bisher noch nicht genau untersucht. Da sie möglicherweise falsch etikettiert werden und daraufhin zu Störungen führen können, ist eine kontrollierte klinische Untersuchung gerechtfertigt.

Ein zweites umfassendes Gebiet von klinischer Relevanz betrifft die neuere Forschung, die sich auf den Zusammenhang zwischen Träumen und der Festigung des Gedächtnisses (*Stokes*, 1973) bezieht. Obwohl dieses Thema noch mit Vorsicht zu betrachten ist, kann man aufgrund der gegenwärtigen übereinstimmenden Meinung anscheinend auf eine solche Beziehung schließen. Bei Korrelationsuntersuchungen scheint die Menge der Traumaktivität – die durch die schnellen Augenbewegungen (»rapid eye movements« = REMs) abgebildet wird – eine positive Beziehung zu den Maßen intellektueller Tüchtigkeit zu haben. Laboruntersuchungen über das menschliche Gedächtnis lassen ebenfalls vermuten, daß Träume, die zwischen Lernen und Erinnerung eingeschaltet werden, die Verhaltensausführung wesentlich erleichtern. Umgekehrt scheint die experimentelle Deprivation der Traumaktivität (REM) die Erinnerung zu beeinträchtigen. Interpretationen über die Zusammenhänge zwischen Träumen, korrelativem Anwachsen von Katecholaminen im Gehirn und Theorien über die Wirkung der Proteinsynthese beim Gedächtnis, gaben dieser Forschungsrichtung Antrieb. Wenn Traumaktivität tatsächlich bei der menschlichen Informationsverarbeitung Tätigkeiten des »Aufbewahrens und Organisierens« nach sich zieht, kann sie für eine klinische Verbesserung sehr wichtig sein. Die Verwendung REM-hemmender Mittel in der Pharmakotherapie ist nur eines der unmittelbaren Ziele zur Neueinschätzung.

Ein drittes faszinierendes Gebiet beschäftigt sich mit der Erinnerung an Träume und der möglichen Bedeutung von Traumvorgängen, um menschliche Verhaltsänderungen verstehen zu können. *Neisser* (1967) und *Cohen* (1974) wiesen darauf hin, daß die Mechanismen des Träumens möglicherweise den konventionellen informationsverarbeitenden Mechanismen entsprechen. Die Analyse von Trauminhalten würde also einige Parameter des assoziativen Gedächtnisses, der begrifflichen Organisation usw. erhellen.

Obwohl *Skinner* (1953) anerkannte, daß *Freuds* »Wunscherfüllungs«-Hypothese für das Träumen offensichtlich Gültigkeit besaß, blieben funktionale Analysen der Traumaktivität für Verhaltensforscher ein verbotenes Thema. Klienten werden oft abgehalten, dem Verhaltenstherapeuten ihre Träume zu erzählen, als wenn dadurch seine theoretische Reinheit verdorben würde. Träume sind jedoch Daten; wenn wir sie anerkennen, müssen wir deswegen nicht zur Psychoanalyse übertreten und nicht ein formales Funktionsmodell übernehmen. Es stimmt, daß Traumberichte verbale Verhaltensweisen sind und dementsprechend durch solche Variablen wie therapeutische Aufmerksamkeit und Klientenerwartungen verzerrt werden können; man wird aber ihre potentielle Bedeutung für therapeutische Verhaltensänderungen so lange empirisch nicht untersuchen, wie die klinischen Forscher nicht sehen oder verhindern, daß sie mitgeteilt werden. Anekdoten aus meinen eigenen Fallberichten lassen vermuten, daß zwischen Trauminhalt und Stadien therapeutischer Besserung tatsächlich Korrelationen bestehen können. Ein Phobiker wird zum Beispiel im Verlauf der Therapie immer häufiger von »bewältigenden« und realistischen Träumen berichten, die sich auf seine vermiedene Aktivität beziehen. Ähnlicherweise hatte ich verschiedene depressive Patienten, die sich an Träume erinnerten, die immer kompetentere und optimistischere Verhaltensweisen widerspiegelten. Diese Anekdoten können natürlich als Verarbeitung therapeutischer Information und als »Konsolidierung« von anpassungsfähiger Vermittlung verstanden werden.

Nachdem wir die mögliche Bedeutung von Träumen für die klinische Verhaltensmodifikation versucht haben zu bewerten, brauchen wir als Folge davon nicht mit abstrakten Verzierungen und psychodynamischen Bezeichnungen für die unbewußte »Traumarbeit« und für die heimlichen Impulse anzukommen. Neuere Evidenz für die Erinnerung an Träume deutet darauf hin, daß besonders auffällige Reize und Interferenzhypothesen einige der beteiligten Prozesse beim Träumen genauer beschreiben als »Verdrängung« oder »Sublimation« (*Cohen*, 1974). Unsere Bewertung muß jedoch mit Daten beginnen, und Daten über Träume wurden in der klinischen Verhaltensmodifikation zu lange vernachlässigt.

Ernährung

Da ich in den letzten Jahren mehrere hundert Pfund an Weizenkeimen und Sojabohnen zu mir nahm, bin ich zweifelsohne voreingenommen, wenn ich auf die Bedeutung der Ernährung für die kognitive Verhaltensmodifikation hinweise. Ungeachtet dieser Voreingenommenheit möchte ich behaupten, daß die vorläufigen Daten zumindest gedankliche Anregungen geben.

Ein Problem, das auftritt, wenn wir die Einflüsse der Ernährung auf das Verhalten evaluieren, bezieht sich auf die Annahme nur eines kausalen Faktors, die in diesem Bereich besonders betont wird. Individuelle Fehlanpassung wird so angesehen, als wäre sie allein das Ergebnis einer falschen Ernährung. Beliebte Essensmarotten gewinnen Anhänger durch den Spruch »Du bist, was du ißt« und Störungen, die von Akne bis zu Schizophrenie reichen, sollen auf wundersame Weise durch organische Ernährung und enorme Mengen an Vitaminen behoben werden. *Erhard* (1973, 1974) weist darauf hin, daß die begeisterten Anhänger gesunder Ernährung ihre exzentrischen Formen der Nahrungsaufnahme auf religiöse und auch auf »wissenschaftliche« Quellen zurückführen. Von der makrobiotischen Diät des Zenbuddhismus bis zu den beliebten Diätritualen von *Adelle Davis* (1954), *J. I. Rodale* (1966) und *Carlton Fredericks* (1972) verfolgen ernährungsbewußte Menschen jede Verdauungsbewegung mit glühender Hingabe und zügelloser Begeisterung.

Der begeisterte Anhänger gesunder Ernährung ist mit seinen einseitigen Vorurteilen über die Ursachen und die Behandlung persönlicher Leiden und körperlicher Krankheit nicht alleine. Dieser Auffassung ist auch der durchschnittliche klinische Psychologe treu, daß nämlich der Lernprozeß, der für eine effektive Therapie charakteristisch ist, in ein biologisches Vakuum dringt. Konditionierungsverfahren sollen angeblich die Auftretenswahrscheinlichkeit von Reaktionen verändern, und – obwohl man sich nur ungerne zu den vermuteten neurochemischen Substraten bekennen kann – werden mögliche biologische Einflüsse selten von Verhaltenstherapeuten beachtet oder bewertet. Es muß zum Beispiel untersucht werden, wie sich Kalziummangel auf die Muskelentspannung beim Relaxationstraining auswirkt.

Dichotomes Denken wird auch hier wieder betont. Wahrscheinlich entstehen keine klinischen Wunder, wenn man einfach bestimmte Nahrungsmittel zu sich nimmt. Andererseits ist es unwahrscheinlich, daß die aktuellen biochemischen Quellen eines Menschen absolut keine Wirkung auf Geschwindigkeit, Angemessenheit und Dauer therapeutischer Lernerfahrungen haben sollten. Die »Wahrheit« liegt wahrscheinlich in der Mitte – d. h. angemessene Verhaltensänderung erfordert eine Wechselwirkung zwischen biochemischen Voraussetzungen und richtiger Umwelterfahrung.

Leider wird bei den konventionellen Richtlinien zur Ausbildung in klinischer Psychologie übersehen, wie wichtig physiologische Zusammenhänge sind. Wie unsere Kollegen aus der Medizin machen wir oft ein langwieriges Praktikum in einem einzigen wichtigen Spezialisationsgebiet, ohne dabei einige der bestehenden komplizierten biosozialen Wechselbeziehungen kennenzulernen. Kurse über »Ernährung und Verhalten« werden zum Beispiel selten in Psychologievorlesungen an der Universität angeboten. Unser Unwissen wird dadurch noch verschärft, daß fachliche Evidenz oft verborgen bleibt. Der klinische Psychologe, der sich für die Bedeutung von Ernährung interessiert, steht vor einer Unmenge von »Bestseller«, die oft die schwachen experimentellen Daten mit ihren großzügigen persönlichen Vorurteilen vermischen. Da grundlegende Kurse über Ernährung fehlen, ist es praktisch unmöglich, in diesen populären Schriften Tatsachen und Dichtung voneinander zu trennen.

Ein sehr wertvoller Beitrag zur klinisch-psychologischen Wissenschaft wäre ein integrierter Überblick über die empirische Evidenz, daß Ernährungsfaktoren und Prozesse der Verhaltensänderung zusammenhängen. Leider gibt es zur Zeit keinen solchen Überblick und der interessierte klinische Psychologe sollte sich selber um eine Integration kümmern.

Im folgenden wird darauf hingewiesen, daß die ausgedehnten Untersuchungen von Ernährungsfaktoren in der menschlichen Adaptation allgemein wichtig und empirisch gerechtfertigt sind. Formale Lehrbücher über Ernährung (z. B. *Pike & Brown*, 1967) geben zusätzliche Information und Richtlinien, um ernsthafte Ernährungsdefizite zu entdekken. Leider ist in solchen Texten das Verhältnis von irrelevanter zu relevanter klinischer Information oft umwerfend hoch. Zusammenfassende Übersichtstexte über medizinische Psychologie und klinische Ernährung vermitteln jedoch nützliche technische Kenntnisse (z. B. *Guyton*, 1971; *Williams*, 1973). Schließlich vermitteln die Veröffentlichungen »Nutrition Today« und das »American Journal of Clinical Nutrition« empirische Befunde über viele klinische und ernährungsorientierte Themen.

Die Bedeutung von *Protein*mangel beim menschlichen Lernen wurde reichlich dokumentiert (*Scrimshaw*, 1967; *Scrimshaw & Gordon*, 1968; *Kaplan*, 1972). Obwohl solche bedenklichen Zustände wie *Marasmus* (Mangel an Proteinkalorien) und *Kwashiorkor* (Proteinmangel) relativ selten auftreten, wurde ihre Wirkung auf soziale intellektuelle und motorische Funktionen ausgiebig untersucht. *Kaplan* (1972) deutet darauf hin, daß eine angemessene Ernährung während der pränatalen Entwicklung und während der ersten Jahre des Wachsens für das spätere physiologische Funktionieren eines Menschen sehr wichtig zu sein scheint. Schwere und dauerhafte Defizite während dieser Zeit führen zu ernsthaften und oft irreversiblen Schäden im Nervensystem. Die entscheidende Bedeutung von Protein für praktisch jegliches Wachsen von Zellen verstärkt die Annahme, daß es für die optimalen Reifungsprozesse möglicherweise wichtig ist. Da es eine ebenso entscheidende Funktion bei Enzymprozessen und bei der Zellenenergie einnimmt, ist jedoch zu vermuten, daß es nicht nur für Neugeborene oder Säuglinge wichtig ist. Wenn Gedächtnismechanismen tatsächlich mit einigen Formen der Proteinsynthese zusammenhängen, kann dieser Baustein für klinisch-psychologische Betrachtungen ohne weiteres noch wichtiger werden.

Lappé (1971) weist jedoch darauf hin, daß der durchschnittliche amerikanische Erwachsene wahrscheinlich zehn bis zwölf Prozent mehr Protein zu sich nimmt, als er braucht. Wie hoch ist denn die Wahrscheinlichkeit, daß klinische Störungen und Prozesse der Verhaltensänderung durch diese Faktoren beeinflußt werden können? Wahrscheinlich gering. Zwischen der Einnahme von Protein durch Ernährung und seinen Verbrauch muß unterschieden werden. Jemand kann große Mengen an Protein essen und immer noch an einer mangelhaften »netto Proteinverwertung« (»net protein utilization« = NPU) leiden. Das liegt daran, daß es »begrenzende« Aminosäuren gibt, die in einem angemessenen Verhältnis vorhanden sein müssen, damit andere Proteinsubstanzen optimal verwertet werden. Darüber hinaus hat man zeigen können, daß physiologischer und »emotionaler« Streß den Proteinbedarf des einzelnen bis zu dreißig Prozent erhöht. Schließlich gibt es eine Bestätigung dafür, daß eine wirkungsvolle Proteinsynthese durch eine ganze Reihe von chemischen Wirkstoffen, die nicht zur Ernährung beitragen (z. B. bestimmte Antibiotika, Insektenschutzmittel usw.), gebremst werden kann.

Mangel an *Fett* und *Kohlehydraten* sind in der heutigen westlichen Welt keine verbreiteten Ernährungsprobleme. Tatsächlich sind diese Nährstoffe, wenn sie in großen Mengen eingenommen werden, wahrscheinlich für alarmierend viele Herzkrankheiten verantwortlich (*Yudkin*, 1972; *Blumenfeld*, 1964). Verschiedene klinisch relevante Phänomene sind jedoch bemerkenswert. Erstens ist es nicht ungewöhnlich für den »Diät-Hungerkünstler«, den Zustand der *Ketose* selber herbeizuführen, indem er aus seiner Diät Kohlehydrate völlig wegläßt (diese Strategie wird tatsächlich von einer populären Methode der Gewichtsabnahme empfohlen). Wenn Kohlehydrate fehlen, wird die Körperenergie vorwiegend aus Fetten gewonnen. Das bedingt eine Anhäufung von Ketonkörpern im Blut und Flüssigkeiten, die dazwischen auftreten. Das Endprodukt dieses Vorganges ist der Zustand der *Acidose* (eine hohe Wasserstoff-Ionen-Konzentration), dessen Hauptwirkung darin besteht, das Zentralnervensystem zu beeinträchtigen. Interessanterweise kann sein Gegenstück (die *Alkalose*) auch durch falsche Ernährung (z. B. ausgiebige Einnahme von alkalischen Substanzen) verursacht werden und führt zu einer beeindruckenden Übersensibilität des Nervensystems.

Störungen der Glukoseverarbeitung sind für die klinisch-psychologische Arbeit vielleicht ebenfalls interessant. Diabetes und chronischer Alkoholismus zeigen oft, wie wichtig ein ausgewogener Glukose-Stoffwechsel für ein normales Funktionieren ist. Der chronische Alkoholiker ist ein komplizierter Fall, da er oft ernsthafte Nahrungsdefizite hat, die häufig daraus resultieren, daß er sich fast nur auf Alkohol als Energiequelle verläßt. Eines der Phänomene, die am wenigsten verstanden, klinisch jedoch sehr bedeutend sind, ist *Hypoglykämie* – was nur eine Bezeichnung für einen niedrigen Blutzuckerspiegel ist. Der Begriff beschreibt »normale« Defizite des Blutzuckers (z. B. bei jemandem, der eine Fastenkur macht), wie auch undifferenzierte Symptome, die man glaubt, als chronische Defizite der Glukose-Verarbeitung bezeichnen zu können. Klinische Verhaltensmuster bei jemandem, der an Hypoglykämie leidet, sind oft Erschöpfung, Zittern, Schwindelgefühl, Kopfschmerzen und eine vage »geistige Verwirrung«. Durch einen Glukosetoleranztest kann man oft einen »wahren« Patienten mit Hypoglykämie entdecken, der durch eine Änderung der Diät seine typischen Verwertungsformen leicht korrigieren kann.

Die mögliche Bedeutung einer vorübergehend auftretenden Hypoglykämie bei Klienten im allgemeinen muß sorgfältig untersucht werden. Obwohl das Gehirn weniger als drei Prozent des gesamten Körpergewichts ausmacht, verbraucht es 25% des vorhandenen Blutzuckers. Seine empfindliche Abhängigkeit von ausreichend Glukosereserven wurde bei der Neurochemie des Gehirns gut dokumentiert. Der Mensch speichert im Durchschnitt jedoch nur so viel Glukose, wie er in einigen Stunden brauchen wird. Versehentliches Überspringen von Mahlzeiten, ungewöhnliche Anstrengung oder ein durch Streß gesteigerter Kalorienbedarf kann leicht zu einer schwachen bis mittleren Hypoglykämie mit Erschöpfung als Begleiterscheinung führen. Der klinische Forscher muß auch solche Möglichkeiten und ihre Behandlung bei einer optimalen Therapie berücksichtigen.

Eine Reihe von *Vitamin*-Defiziten wurden als mögliche Faktoren bei psychiatrischen Störungen genannt (z. B. *Milner*, 1963; *Shulman*, 1967a, b; *Pauling*, 1968; *Watson*, 1972; *Hawkins & Pauling*, 1973; *Sterner & Price*, 1973). Am meisten soll man vielleicht die Theorien erwähnen, die behaupten, daß Nikotinsäure (Niazin), Askorbinsäure (Vitamin C) und die B-Vitamine (vgl. *Williams*, 1971) eine wichtige Rolle spielen. Der gegenwärtige Nachweis dieser Theorien ist äußerst mager und methodisch ungenügend. Parallel zu unserer vorhergehenden Diskussion nahmen viele der Therapien mit Unmengen von Vitaminen leider an, daß klinische Störungen *nichts anderes als* Hypovitaminose sind, und ihre Behandlungsstrategien bestanden aus einer Einschränkung der Nahrungsaufnahme.

Es wäre leicht, aus der Neurochemie körperliche Prozesse zu beweisen, daß Vitamindefizite in der Fehlanpassung des Menschen *möglicherweise* wichtig sind. Man konnte zum Beispiel zeigen, daß Thiaminmangel die Glukoseverarbeitung im Zentralnervensystem um 50 bis 60 Prozent reduziert (*Guyton*, 1971). Diese Mangelerscheinung wurde auch bei der Degeneration von Myelenschichten angenommen, und einige wenige Untersuchungen lassen vermuten, daß es zu affektiven Störungen kommt, wenn Thiamin experimentell entzogen wird (Depression, Angst; vgl. *Pike & Brown*, 1967). Bekanntlich funktionieren alle B-Vitamine als Hilfsenzyme, was wieder einmal auf ihre große Bedeutung bei einigen unterschiedlichen neurochemischen Prozessen hinweist. Ähnliche Folgerungen könnte man ziehen, um Mineralien als potentiell wichtige Faktoren für die Adaptation zu rechtfertigen. Eine Konzentration an Magnesium soll zum Beispiel die Erregbarkeit des Nervensystems entscheidend beeinflussen, und Kalzium wurde schon als mögliche Ursache für außergewöhnliche Muskelverspannungen aufgeführt. Leider haben wir nicht genügend Beweise, um eine klinische Revision zu rechtfertigen. Die bestehenden Daten geben wenig Hinweise über die tatsächliche Nützlichkeit für eine Therapie. Obwohl mangelhafte Diät oft mit einigen klinischen Störungen verbunden wird (z. B. Depression, vgl. *Beck*, 1967), wird ihr bedeutender Beitrag vorläufig auffallend wenig untersucht.

Dieses unglücklichen Mangels an Beweisen scheint man jedoch schließlich Herr zu werden. Man scheint sich in wachsendem Maße damit zu beschäftigen, wie schädlich die Wirkung von falscher Ernährung auf persönliches Funktionieren und intellektuelles Wachstum ist. *Warren* (1973) nennt weit über ein Dutzend Übersichtsartikel über dieses Gebiet. Viele beschäftigen sich hauptsächlich mit der mangelhaften Ernährung in der Zeit vor der Geburt und in der frühen Kindheit, obwohl sich das klinische Interesse auf Erwachsene zu verlagern beginnt. *Warren* bemerkt auch, daß die methodischen Mängel den empirischen Beitrag der meisten vorhandenen Untersuchungen leider ernsthaft in Frage stellen. Die Daten sind nicht nur mager; sie sind schwach.

Warum also dieser Ausflug in die Ernährung? Welche empirische Rechtfertigung haben wir, wenn wir Verhaltenstherapeuten empfehlen, die Bedeutung biochemischer Prozesse bei ihrer klinischen Arbeit von jetzt an zu berücksichtigen? Meine Rechtfertigung beruht deutlich auf diesem Vakuum der Daten. Das heißt, die Daten werden wahrscheinlich so lange nicht existieren, wie unsere konventionellen Forschungsvorurteile uns abhalten, diese Daten zu sammeln. Vielleicht ergibt es sich tatsächlich, daß sich nur ein sehr geringer Teil der Varianz, die therapeutische Veränderungen erklärt, auf biochemische Prozesse zurückführen läßt. Bis wir jedoch über angemessene Daten verfügen, muß unser Urteil ausbleiben. Die belastende Verantwortung können wir nicht auf Daten, die noch gar nicht existieren, abschieben. Die praktische Ergiebigkeit eines Gebietes wird durch seine empirische Ernte bestimmt, und mit einer Ernte kann man, ohne Samen auszusäen, kaum rechnen.

Zwei abschließende Bemerkungen: erstens besteht die verbreitete Annahme, daß ein Angehöriger der heutigen westlichen Welt im allgemeinen wohlgenährt (oft überernährt) ist. Man glaubt, schlechte Ernährung sei eine Sache von unterprivilegierten Nationen und sozioökonomischen Minoritäten. Während es sicherlich stimmt, daß die schlimmsten Formen falscher Ernährung bei diesen Populationen angetroffen werden können, ist es ebenso richtig, daß ein »wohlgenährter« Organismus nicht unbedingt ein »richtig ernährter« Organismus sein muß (*Jacobson*, 1972, 1973). Bei einer neueren kanadischen Umfrage fand man zum Beispiel, daß erstaunlich viele Kanadier eine Reihe von leichten bis mittelschweren Nahrungsdefiziten aufweisen (*Sabry, Campbell, Campbell & Forbes*, 1974).

Zweitens wollen wir mit unserer Untersuchung über die Bedeutung der Ernährung für die klinische Forschung nicht jene Dichotomie aufrechterhalten, die auf diesem Gebiet bereits Untersuchungen beeinträchtigte. Ein Nahrungsdefizit muß nicht unbedingt zu ständigen Halluzinationen führen, um für die Therapie eventuell wichtig zu werden. Die Unterschiede zwischen ministeriellen Vorschlägen (zulässiges Tagesminimum) und optimaler Ernährung können sehr bedeutend sein. Unsere Forschungsbemühungen sollten dahin gehen, die praktische Nützlichkeit zu evaluieren, wenn wir eine Therapie als komplizierten biosozialen Vorgang auffassen, bei dem *optimale* biochemische Substrate gleichzeitig mit angemessener Lernerfahrung auftreten.

Dieses und das letzte Kapitel waren, wie ich gestehen muß, spekulativ und von Daten weit entfernt. Ziel dieser beiden Kapitel war es jedoch nicht, zu früh einen endgültigen Zusammenhang herzustellen oder ein einheitliches Modell vorzuschlagen, um uns von unserem Unwissen abzulösen. Ausdrückliche Aufgabe war es, jenes Unwissen einzugestehen, und voller Hoffnung einige heuristische Vorschläge für notwendige Forschungsbereiche zu machen. Wir müssen hier aufpassen, daß wir »spekulativ« nicht mit »unwissenschaftlich« gleichsetzen, und dabei die entscheidende Bedeutung einer Theorie für unsere empirischen Arbeiten übersehen. Ich stimme mit den Bemerkungen eines Kollegen überein, der seine eigenen theoretischen Exkursionen in ähnlicher Weise rechtfertigte:

> Ein großer Teil der Beweisführung erstreckt sich jenseits etablierter Tatsachen ... Jeder wissenschaftliche Bereich hat seine Grenze, über die hinaus eine Diskussion, obwohl sie notwendig wäre, nicht so präzise sein kann, wie man sich wünscht ... Spekulation ist tatsächlich nötig, um Methoden zu erfinden, die einen Gegenstand unter bessere Kontrolle bringen können (*Skinner*, 1974, S. 19).

Die Hauptabsicht unserer biologischen Exkursionen lag darin, darauf hinzuweisen, daß wir die Konvention der »Überlegenheit des Lernens« ablegen und den Menschen als komplexen biosozialen Organismus zu betrachten beginnen. Der potentielle Wert eines gemeinsamen interdisziplinären Ansatzes ist ein oft gepriesenes, aber selten realisiertes Ideal. Wenn wir unseren eigenen begrifflichen Horizont erweitern, um die verschiedenen Parameter des menschlichen Funktionierens zu begreifen, können wir sowohl unser Wissen als auch unser humanistisches Potential als klinisch-psychologischer Forscher vergrößern.

15. Kapitel

Ein entstehendes Paradigma: Der Wissenschaftler für die eigene Person

Vereinfachung bedeutet oft einen Verlust. Die Abstraktion von Verallgemeinerungen aus Einzelheiten erfordert häufig eine vorurteilshafte und nachteilige Abschwächung von Inkonsistenzen. Bei unseren begrenzten und fehlbaren Theorien der Wirklichkeit scheinen jedoch Auszüge und Schlußfolgerungen unvermeidbar zu sein. Wir bilden unsere umfassenden Annahmen über Regelmäßigkeiten der Erfahrung oft auf Kosten unvereinbarer Einzelheiten. Wenn auch unsere »abgekürzte Wirklichkeit« manchmal nur entfernte Ähnlichkeit zur »Wirklichkeit« hat, so werden weitere Überprüfungen und Revisionen unserer theoretischen Brille hoffentlich die Verzerrung verringern.

Wenn wir vorsichtige Schlußfolgerungen aus den vorangehenden Kapiteln ziehen, sollte der Verlust durch Vereinfachung beachtet werden. Die Extrapolation von Generalisierungen aus einem so neuen und rudimentären Gebiet wie der kognitiven Verhaltensmodifikation ist zweifellos vermessen. Nur durch weitere empirische Forschung kann jedoch bestimmt werden, ob sie absurd war.

Würde ich gebeten, die ersten 12 Kapitel dieses Buches in höchstens 100 Worten zusammenzufassen, so würden sich folgende Punkte herauskristallisieren:

1. Es gibt genügend Daten, die darauf hinweisen, daß Vermittlungsprozesse durchdringende und einflußreiche Bestandteile des komplexen menschlichen Verhaltens sind – die Unzulänglichkeiten eines Modells ohne Vermittlung sind offensichtlich;

2. als Vermittlungsperspektive bot das Modell der verdeckten Konditionierung nur wenige und bescheidene theoretische Verbesserungen an; überdies weckten die aus diesem Modell entwickelten Behandlungsstrategien mit wenigen Ausnahmen im allgemeinen variable und geringe therapeutische Erwartungen und

3. sogar in der unfertigen Form bot das Modell des kognitiven Lernens eine umfassende und möglicherweise angemessenere Theorie der komplexen menschlichen Handlung; wenn auch die abgeleiteten klinischen Anwendungen weit hinter der theoretischen Heuristik zurückblieben, so bieten vorläufige Untersuchungen ausreichende Rechtfertigung für fortgesetzte und erweiterte Forschung.

Vorsichtige Generalisierungen sollten natürlich die Fehlbarkeit unserer Prüfkriterien anerkennen. Viele Untersuchungen über verdeckte Konditionierung und kognitive Umstrukturierung verwendeten zum Beispiel schlechte empirische Methodologien. Bei unserer Interpretation der Ergebnisse solcher Untersuchungen müssen wir aufpassen, keinen doppelten Maßstab anzulegen. Es ist verführerisch, berichtete Erfolge »zurückzuweisen«, die von schlecht durchgeführten Experimenten stammen, aber negative Ergebnisse trotz derselben Unzulänglichkeiten »anzunehmen«. Dies gilt besonders dann, wenn die nicht bestätigenden Daten sich auf ein »konkurrierendes« Paradigma beziehen, während sich die unterstützende Evidenz auf die von uns persönlich bevorzugte Strategie bezieht. Solche doppelten Maßstäbe verdienen ständige Neubeurteilung. Ein schlechtes Experiment liefert schlechte Daten unabhängig von ihrer Richtung.

Wir müssen ebenso die mögliche Fehlbarkeit der üblichen Prüfungen der »Nullhypothese« anerkennen. Die willkürlichen Kriterien einer statistischen Analyse werden häufig einer Betrachtung unterzogen. Wie *Meehl* (1967) darlegt, sind die Forschungskonsequenzen der konventionellen Verhaltensmethodologien dem Gebiet oft auf paradoxe Weise abträglich. Die Begrenzungen und die Lässigkeit eines so starken Vertrauens auf die einfache Gerichtetheit der Hypothesen und den »Scharfsinn« der Verhaltenswissenschaft können einen hohen Preis haben:

> Inzwischen legte unser eifriger Forscher, unerschrocken durch Betrachtungen über die Logik der Wissenschaft und in seligem Vertrauen auf die »Exaktheit« der modernen statistischen Prüfung von Hypothesen, eine lange Publikationsliste vor und wurde zu einer vollen Professur befördert. In Begriffen seines Beitrags zum Bestand an überdauerndem psychologischen Wissen tat er kaum etwas. Seine wahre Position ist die eines potenten, aber unfruchtbaren intellektuellen Wüstlings, der in seinen fröhlichen Spuren eine lange Kette von verführten Mädchen zurückläßt, aber ohne lebensfähigen wissenschaftlichen Nachkommen bleibt (S. 114).

An diesem Punkt ist die ständige Anschwärzung von Daten relevant, die die Nullhypothese nicht »zurückweisen« können. Verbunden mit einer langen und anscheinend unflexiblen Tradition der Rechtfertigung fahren wir fort, die Illusion zu propagieren, daß »negative Ergebnisse« irgendwie weniger informativ oder wertvoll seien als »positive Ergebnisse«. Obwohl ich diesen Standpunkt schon angriff, ist eine ständige Wiederholung gerechtfertigt. Unsere Grundsätze der Veröffentlichung in Zeitschriften und die selektive fachliche Aufmerksamkeit zwingen uns in ein gefiltertes Feedback-Paradigma, in dem nur »erfolgreiche« Experimente mitgeteilt werden. Die Durchdringung der gegenwärtigen verhaltenstheoretischen Forschung mit diesem Element sollte nicht unterschätzt werden. Mehrere unveröffentlichte Untersuchungen, die »negative Ergebnisse« berichteten, wurden mir mit übermäßigen Entschuldigungen ihres empirischen »Versagens« überreicht. Die Wirkungen dieses schädlichen Grundsatzes der Rettung von Theorien rechtfertigen eine bedächtige Neubewertung. Zahlreiche Unterhaltungen mit Kollegen überzeugen mich davon, daß die Mitteilung von Daten einfach als Daten (unabhängig von ihrer »Gerichtetheit«) den Leerlauf und die Redundanz unserer Forschungsbemühungen bedeutend reduzieren könnte, die nun unsere Disziplin plagen. Darüber hinaus kann die selektive Verstärkung eines Verhaltens seine Auftretenshäufigkeit oft dramatisch erhöhen, wie unsere eigene Literatur leicht bestätigt. »Positive« Ergebnisse werden in dem Ausmaß erzielt, wie sie fachlich belohnt werden – sogar um den Preis von Wahrnehmungsverzerrungen, selektiven Berichten und direktem Betrug. Kollegen können so durch die publizierte Wirksamkeit einer Strategie angeregt werden und weitgehend in Unkenntnis darüber bleiben, daß der berichtete Erfolg aus einer Stichprobe von vorgehensmäßig identischen Fehlern geschlossen worden sein kann.

Daten werden nur dann bewertet, wenn wir vermessenen Wert auf unsere eigenen Hypothesen legen. In einer so rudimentären Wissenschaft wie der unseren können wir uns den Luxus eines solchen Vorgehens nicht leisten. Daten sind Daten, unabhängig von ihren Implikationen für gehätschelte Hypothesen. Darüber hinaus könnte man argumentieren, daß nicht bestätigende Evidenz besondere Aufmerksamkeit rechtfertigt, da die Wahrscheinlichkeit ihrer Entdeckung durch unsere selektive Datenverarbeitung wahrscheinlich reduziert wird. Als Verhaltenswissenschaftler gebrauchen wir unsere eigenen Verstärkungspraktiken pflichtvergessen. Weitere Kontingenzen werden hoffentlich auf erklärende Informationssammlung größeren Wert legen, als auf selektives und wertbehaftetes Prüfen von Hypothesen.

Schließlich müssen wir die Unterschiede zwischen auf schwachen Füßen stehenden, spärlichen und nicht bestätigenden Daten erkennen. Unser relatives Vertrauen auf die Validität einer Beziehung basiert auf a) dem Ausmaß, b) der Qualität und c) dem Inhalt der damit zusammenhängenden Beweise. Wenn die Daten spärlich sind, kann unser Vertrauen nur vorläufig sein. Wenn sie reichlich sind, aber von inadäquatem Experimentieren stammen, müssen wir alle bewertenden Sprünge aufschieben außer den bescheidensten. Stärkeres Vertrauen wird nur durch reichliche und methodologisch adäquate Daten gerechtfertigt, die bedeutungsvoll auf die fragliche Beziehung zielen (unterstützend oder nicht).

Von einem praktischen Standpunkt aus stellt die vorangehende Übersicht ein schwieriges klinisches Dilemma dar. Obwohl die Evidenz einen Vermittlungsansatz des menschlichen Verhaltens zu rechtfertigen scheint, wurden die Form und Wirksamkeit eines solchen Ansatzes erst kürzlich empirischer Überprüfung unterzogen. Die Daten legen nur sehr bescheidene Hoffnungen auf Bemühungen des verdeckten Konditionierens nahe. Andererseits hat die Forschung über kognitive Therapien doch ausreichende und methodologisch adäquate Unterstützung anzubieten, um unsere therapeutischen Verfahren auf diese Richtung abzustimmen. Als Kliniker sind wir ethisch verpflichtet, unseren Klienten die wirksamsten und erfolgreichsten Verfahren anzubieten. Andererseits schließen beim gegenwärtigen Stand unserer Kunst unsere Daten jeden Anschein von zuversichtlicher Selbstgefälligkeit aus. Während *Matson* (1971) teilweise darin rechthaben kann, daß wir großartigen Konditionierer »keine Kleider haben«, so muß er zumindest anerkennen, daß wir uns unserer Nacktheit bewußt sind.

Ich meine, daß der vorangehende Pessimismus nur teilweise gerechtfertigt ist und durch mehrere relevante klinische Forschungsüberlegungen eingeschränkt werden sollte. Erstens haben wir nicht die Wahl, auf »kommende« Daten zu warten. In einer selbstbewertenden wissenschaftlichen Disziplin sind die Daten nie vollständig »da« – sie sind immer »im Kommen«. Zweitens wird unsere Kenntnis erfolgreicher therapeutischer Verfahren nur dann zunehmen, wenn wir bei ihrer Ernte eine aktive Rolle einnehmen. Die jahrhundertealte Dichotomie von »Kliniker« versus »Forscher« sollte zusammen mit den vielen anderen Spaltungen begraben werden, die gegenwärtig unsere Kenntnissuche polarisieren. Der erfolgreichste Therapeut ist einer, der mit den »Daten« in engem Kontakt steht und die therapeutischen Strategien dem Auf und Ab des relevanten Feedbacks einfühlsam anpaßt. Während Analysen von Komponenten und kontrollierte Beweise nur langsam kommen können, sollte die Nützlichkeit der Ergebnisse aus klinischen Einzelfallberichten nicht unterschätzt werden. Auf schwachen Füßen stehende Daten sind besser als keine Daten, besonders wenn die unterstützenden Beweise für unsere vorhergehenden therapeutischen Strategien nicht überwältigend sind. Wieder müssen wir zwischen schwacher, nicht bekräftigender und nicht vorhandener Evidenz unterscheiden. Kontrollierte Einzelfalluntersuchungen durch den praktizierenden Kliniker bieten eine unschätzbare Quelle potentiellen Wissens auf diesem Gebiet. Daten aus einer empirischen Einzelfalluntersuchung müssen nicht ihrer Natur nach »schwächer« sein als diejenigen, die durch Gruppenforschung geliefert werden. Die Daten werden jedoch spärlich oder nicht existierend bleiben, solange wir Therapie weiterhin als ein auf dem Markt gehandeltes Produkt betrachten und nicht als eine Forschungsbestrebung.

Aus der Vorstellung, daß unser empirisches Vertrauen sich über ein Wahrscheinlichkeitskontinuum erstreckt, können wir schließlich einigen klinischen Optimismus ziehen. Wenn wir auch nicht so getröstet sein können, wie wir es gerne wären, wenn wir den gegenwärtigen Stand der Kunst betrachten, so sollten wir unseren perfektionistischen Maßstäben nicht erlauben, anhaltende Überprüfungen zu untergraben. Unser Vertrauen auf die Prozesse und Verfahren der menschlichen therapeutischen Veränderung muß vorläufig und untersuchend bleiben. Wir müssen lernen, unser frustriertes Sicherheitsstreben durch eine spannendere und angepaßtere Verpflichtung zu offener Neubewertung und fortwährender Verfeinerung zu ersetzen.

Konvergierende Trends

Mein vorläufiger Optimismus, die kognitive Verhaltensmodifikation betreffend, beruht nicht allein auf einer spezifischen Technik oder einem Vertrauen zu weiterer Überprüfung. Sie nimmt zusätzliche Unterstützung in Anspruch aus konvergierenden Trends aus einigen sehr verschiedenen Gebieten. Nur wenige zeitgenössische Behavioristen würden leugnen, daß im traditionellen Modell des Lernens »etwas in Bewegung ist«. Ob dieses »etwas« eine finstere Kraft oder eine zeitgemäße Verbesserung ist, hängt von den eigenen Vorurteilen ab; meine eigenen müssen wohl kaum ausgeführt werden. Offensichtlich wird endlich etwas von der umfangreichen Literatur bekannt, die von der ersten und zweiten Generation der Verhaltensmodifikatoren geschaffen wurde. Unerschütterliche Gemeinplätze fallen schneller um und unsere frühere theoretische Selbstgefälligkeit wird schnell zu einer aufgeregten Wißbegierde. In Kürze, das konventionelle »Modell des Lernens« wird von seinen eigenen Erbauern kritisch betrachtet. Wie in Kapitel 8 kurz dargestellt wurde, beginnt eine schnell anwachsende Literatur, viele lang bestehende Grundsätze in Frage zu stellen und zu verfeinern. Ich werde hier nicht die zahlreichen Untersuchungen wiederholen oder weiter ausbreiten, die die »traditionelle« Lerntheorie in Frage stellen. Ein kurzer Blick auf buchstäblich jede verhaltenstheoretische Zeitschrift der letzten Jahre bietet angemessene Bestätigung dieses Trends. Die zunehmende Selbstkritik in den Kreisen der Behavioristen ist meines Erachtens ein optimistisches Zeichen einer reifenden Disziplin und deutet auf spannende Fortschritte im kommenden Jahrzehnt hin.

Eine Konvergenz in der neueren verhaltenstheoretischen Forschung ist die Betonung der Vermittlung. Wie in den vorangehenden Kapiteln dokumentiert wurde, wurden die kognitiv-symbolischen Handlungen in der zeitgenössischen Verhaltensmodifikation ein beliebtes Forschungsthema. Ähnliche Trends können in Gebieten gefunden werden, die von der Motivationstheorie bis zur Wahrnehmung reichen. Wie *Dember* (1974) es formuliert: »Psychologie ist kognitiv geworden« (S. 161).

Im Zusammenhang mit dem obigen Brennpunkt steht das Auftauchen eines neuen Mediums zur Beschreibung und begrifflichen Fassung empirischer Effekte – nämlich »Information«. Zentrale Prozesse traten in das Scheinwerferlicht der peripheren Assoziationen und die ihre Bewerberschaft unterstützenden Daten waren nicht mager. Ein großer Prozentsatz der am menschlichen Verhalten beobachtenden Varianz scheint durch zentrale, Information übermittelnde Prozesse beeinflußt zu werden. Literatur, die die Gebiete des stellvertretenden Lernens, der Bewußtheit, Erwartung und des Problemlösens abdeckt, bestätigt leicht diesen Brennpunkt. Obwohl das Murren über die Veränderung klar gehört werden kann, beginnen die Verhaltensmodifikatoren langsam, ihre Hypothesen so zu verändern, daß sie Informationsübermittlung und symbolische Handlung ebenso einschließen wie peripheren Assoziationismus.

Eine dritte Konvergenz kann in den vorhergehenden Kapiteln über Vermittlungstherapien entdeckt werden. Obwohl sie sich in ihren Mitteln stark unterscheiden, konzentrieren sich diese Therapien (manchmal ausschließlich) auf die systematische Veränderung von Gedanken und Vorstellungen. Es wird fast implizit angenommen, daß diese verdeckten Ereignisse eine entscheidende Rolle bei Verhaltensstörungen spielen. Leider resultiert das oft im Versäumnis, den Beitrag von Vermittlungsfaktoren in spezifischen Fällen einzuschätzen. Es ist jedoch interessant, festzustellen, daß einige der beeindruckendsten Paradigmen der gegenwärtigen Verhaltensmodifikation (verdecktes Modelllernen und Selbstinstruktion) strukturiertes Training in der Veränderung dieser kognitiven Verhaltensweisen verwenden. Ein drittes (teilnehmendes Modellernen) baut stark auf eine Reihe von Vermittlungsprozessen.

Schließlich zeigt die Forschung über das Training von Bewältigungsfertigkeiten einen Trend, der in den letzten Jahren dramatisch zunahm. Der klinische und empirische Brennpunkt der Verhaltensmodifikation verschiebt sich allmählich von diskreten Reaktionen zu allgemeineren Anpassungsstrategien. Generalisierung und Aufrechterhaltung sind von großem Interesse und Breitband-Therapiepakete tauchen auf. Die Literatur, von Selbstkontrolle bis zum Problemlösen, trug zu dieser Konvergenz bei.

Wohin führt uns all das? Abgesehen von unserem offenkundigen Bedürfnis nach ständigem empirischem Input, was hat die kognitive Verhaltensmodifikation dem zeitgenössischen Kliniker-Forscher anzubieten? Die Daten sind vorläufig, die Trends sind suggestiv und die Zukunft sieht rosig aus. Aber was ist mit den Klienten von morgen? Können aus unserem allgemein geringen Wissen irgendwelche klinisch nützlichen Einsichten herauskristallisiert werden?

Meine zugegebenermaßen besorgte Antwort ist »ja«. Sie ist vorsichtig, weil klinische Empfehlungen – auch wenn sie explizit als versuchsweise und vorläufig qualifiziert werden – oft mit unkritischem Enthusiasmus und seltener Neubewertung angenommen und befolgt werden. Meine eigene Bindung an den Empirismus ist zu stark, um eine selbstgefällige Zusammenfassung »wie man es macht« zuzulassen. Andererseits zeigen mir meine eigenen Erfahrungen als Kliniker-Forscher häufig den Wert des Beratschlagens und der Zusammenarbeit in der Therapie. Wenn adäquate Daten fehlen, müssen inadäquate Daten zeitweise genügen. Leider trifft das auf einen Großteil der zeitgenössischen klinischen Wissenschaft zu und besonders auf die kognitive Verhaltensmodifikation.

Die folgenden klinischen Anregungen sollten mit angemessener Vorsicht »verarbeitet« werden. Ich schlage weder eine monolithische »kognitive Therapie« vor, noch zögere ich, zuzugeben, daß meine versuchsweisen Anregungen kontrollierte empirische Unterstützung mit meiner eigenen klinischen Erfahrung mischen. Das folgende ist ein Kommentar, keine Schlußfolgerung. Es stellt eine Zusammenfassung der Merkmale und Elemente dar, von denen ich glaube, daß sie bei der therapeutischen Verhaltensänderung möglicherweise von Bedeutung sind. Die formalen unterstützenden Daten reichen von relativ starken bis zu im Grunde genommen nicht existierenden, und mein Vertrauen auf ihre Kraft ist entsprechend behutsam. Ich lege sie in der Hoffnung dar, daß dadurch ausgedehnte Bemühungen um ihre empirische Überprüfung erleichtert werden.

Im wesentlichen gibt es bei jedem klinischen Fall zwei grundlegende Überlegungen: 1. die therapeutischen Ziele und 2. die Verfahren zur Erreichung dieser Ziele. Wenn der erfahrene Kliniker auch jeden Fall mit einigen deutlichen klinischen Vorurteilen beginnen mag, so sollte er doch für Idiosynkrasien und Forschungsneuerungen ausreichend offen bleiben. Der erfolgreiche klinische Wissenschaftler ist empfindsam für seine Daten und paßt seine therapeutischen Verfahren in genauer Übereinstimmung an – unabhängig von konventionellen Verfahren, verbreiteter Technologie oder seinen eigenen vorurteilsbelasteten Hypothesen. Dieser »Schreibtisch-Empirismus« ist eine unschätzbare klinische Fertigkeit. Er sollte jedoch nicht mit einer Verherrlichung des Eklektizismus verwechselt werden. Der Kliniker betritt seine Manege immer mit expliziten oder impliziten Vorlieben für bestimmte Arten der Diagnostik und Behandlung. Für vermittelnde Organismen sind diese Vorurteile wahrscheinlich unvermeidbar. Andererseits sollten sie ständig selbst überprüft und genügend ausgeglichen werden, so daß flexible, an Daten orientierte Neuerungen möglich sind. Mit anderen Worten, die Hauptverpflichtung in der klinischen Wissenschaft ist die den »Daten« gegenüber. Theoretische und vorgehensmäßige Vorurteile – auch wenn sie auf reichlichen empirischen Daten beruhen – müssen sekundäre (obgleich unvermeidbare) Elemente bleiben.

Obiges sollte die Notwendigkeit betonen, jeden Fall als klinisches Experiment anzugehen, was einzigartige Ziele und neue Mittel erfordern mag. Der Therapeut muß seine verschiedenartigen Fertigkeiten anpassen, um jeden kaleidoskopischen Klienten zu versorgen. Das heißt nicht, daß einige deutliche und flexible Richtlinien bei der Führung therapeutischer Anstrengungen nicht hilfreich sein könnten. Der Kliniker wird unvermeidlicherweise durch seine eigenen mit Werten behafteten Überzeugungen von dem Ergebnis »erfolgreicher« Therapien beeinflußt. Er wird ebenso durch technologische Neigungen beeinflußt, die seine Ausbildung und Erfahrung widerspiegeln. Die folgenden Kommentare über allgemeine therapeutische Ziele und wirksame klinische Mittel spiegeln meine eigenen Werte und Erfahrungen wider. Als solche sollen sie kommunikativ und heuristisch sein, nicht überredend.

Ein Paradigma zum Überleben: Der persönliche Wissenschaftler

Meine eigene Neigung bei der klinischen Zielsetzung legt nahe, daß die humansten therapeutischen Arbeiten danach streben, die Klienten mit umfassenden und wirksamen Bewältigungsfertigkeiten auszustatten. Wenn auch bei der konventionellen Verhaltenstherapie isolierte Strategien routinemäßig bei spezifischen Problemen angewandt wurden, so waren ihre Wirkungen oft bedauerlich begrenzt. Das eindimensionale Vorliegen von Problemen scheint ein Mythos zu sein, der von den Konventionen der verhaltenstheoretischen Forschung propagiert wird. Der durchschnittliche Klient ist nicht einfach schlangenphobisch – er drückt oft den Wunsch aus, seine persönliche Anpassung in einem weiten Bereich von Punkten zu verbessern. Wenn auch umfassendere therapeutische Ziele großzügigere und gewandtere funktionale Analysen erfordern mögen, so sind diese weder unmöglich noch ihrer Natur nach weniger empirisch als die problemspezifischen Diagnosen, die in verhaltenstherapeutischen Kreisen allgemein verbreitet sind. Der Klient, der multiple Beschwerden vorbringt, *könnte* stückweise mit Fließbandtechnologien behandelt werden. Meiner Meinung nach vergeudet jedoch dieser Ansatz nicht nur die wertvolle Zeit des Therapeuten, sondern erweist auch dem Klienten einen schlechten Dienst hinsichtlich seiner Fähigkeit, spätere Anpassungsprobleme selbständig zu bewältigen. Breit angelegte Überlebensfertigkeiten mögen vom Therapeuten größere Anstrengung und Erfindungsgeist erfordern, aber sie bringen wahrscheinlich bedeutend größeren humanistischen Einfluß in den Bereichen der Generalisierung, Aufrechterhaltung und des selbständigen Funktionierens ein.

Eine verwandte Neigung legt nahe, daß wir unsere wissenschaftlichen Bindungen mit Klienten teilen müßten. Zwischen einem empirischen Forschungsproblem und einem Kummer bereitenden persönlichen Problem gibt es wenige qualitative Unterschiede, obwohl ihre Parameter und autonomen Begleiterscheinungen variieren können. Wir dichotomisieren jedoch oft ihre angeblichen Lösungen. »Professionelle« Probleme werden mit der wissenschaftlichen Methode angegangen – systematische Beobachtung, Formulierung von Hypothesen, überprüfende Tests und so weiter. Andererseits werden »persönliche« Probleme so behandelt, als ob sie verschieden wären. Nach meiner Meinung ist dieser doppelte Maßstab sowohl ungerechtfertigt als auch möglicherweise der optimalen klinischen Beeinflussung abträglich. Wir sollten danach streben, unsere Klienten mit denselben technischen Fertigkeiten auszustatten, die wir als Forscher verwenden, um problematische Situationen anzugehen und zu lösen. Wir sollten also unsere Bindung an den Empirismus mitteilen und Therapie als eine Lehre sehen, in der *Wissenschaftler für die eigene Person* ausgebildet werden sollen – Individuen, die ihr eigenes Verhalten funktional analysieren und systematisch verbessern können. Wir sollten einen »intimen Empirismus« vorführen und lehren, mit einem Training der Problemanalyse, der Hypothesenerstellung, des bewertenden Experimentierens usw.* Wenn der Kliniker den wissenschaftlichen Ansatz als nützliches Paradigma für seine eigenen Problemlösungsbestrebungen betrachtet, dann kann er seinem Klienten kaum von einem persönlichen Wissenschaftsparadigma abraten.

Vorausgesetzt, daß umfassende Bewältigungsfertigkeiten und ein persönliches (wissenschaftliches) Paradigma zum Überleben vertretbare therapeutische Ziele sind, dann müssen ihre konstituierenden Elemente spezifiziert werden. Obwohl ich detaillierte Erläuterungen auslassen werde, bieten die folgenden allgemeinen Anregungen eine ungefähre Komponentenanalyse.

Orientierung

Dem Klienten wird ein allgemeiner Überblick über Therapie als eine Lehre im Problemlösen gegeben. Eine kurze theoretische Unterrichtung kann erforderlich sein, um Vorstellungen von »inhärenten« Persönlichkeitsdefiziten und unlöslichen Dilemmata in Frage zu stellen. Persönliches Leiden und Verhaltensdefizite werden als deterministische Ergebnisse von individuellen und Umwelteinflüssen beschrieben.

---

* Diese Art Paradigma ähnelt dem von *Kelly* (1955) vorgeschlagenen und verwertet die Literatur über Selbstkontrolle und die Theorie des sozialen Lernens ebenso wie die Literatur über kognitive Verhaltensmodifikation.

Dem Klienten wird bezüglich seiner eigenen Anpassung die Rolle eines aktiven und verantwortlich Handelnden zugewiesen. Die Therapie wird über Instruktion, Modellernen und graduelle Handlungsanweisungen den Erwerb angepaßter Fertigkeiten mit sich bringen. Genaues Registrieren ist ein entscheidender Bestandteil seiner persönlichen Wissenschaft, da Lösungsverfeinerungen diesen Daten empfindsam angepaßt werden. Der Klient soll sich selbst als aktiven Teilnehmer eines Selbstverbesserungsunternehmens betrachten. Der Therapeut stellt sich als technischer Berater dar, der sowohl eine theoretische Überzeugung als auch eine Sammlung von relevantem Wissen und Fertigkeiten hat.

Die Rolle der programmierten »Erwartung« bei dieser Orientierung würde eine viel feinere Analyse erfordern, als es uns gegenwärtig gestattet ist. So muß es genügen zu sagen, daß ich »Erwartung« nicht als illegitimes oder »unspezifisches« Artefakt in der klinischen Wissenschaft betrachte. Wie in Kapitel 10 dargestellt wurde, kann Erwartung als ein Komplex von Vermittlungsprozessen betrachtet werden, die selektive Aufmerksamkeit, Reaktionsverwendung und antizipierte Konsequenzen beeinflussen. Auf diese Weise betrachtet, ist sie ein gerechtfertigter und bedeutsamer Bestandteil der therapeutischen Verhaltensänderung. Ein Klient, der aus einem Verfahren keine Verbesserung antizipiert, wird mit geringerer Wahrscheinlichkeit seine Aufmerksamkeit auf seine Merkmale richten, sie behalten oder erfüllen. Die Erwartung, die im Paradigma der persönlichen Wissenschaft des Klienten nahegelegt wird, ist jedoch nicht ungezügelt enthusiastisch. Es ist eher ein vorläufiger Optimismus, der auf einer Philosophie des Empirismus und einer Verpflichtung zu andauernden selbstkorrigierenden Verfeinerungen beruht. Genau wie der angewandte Wissenschaftler sich eher einer Methodologie widmet als einem Gegenstand, so wird der persönliche Wissenschaftler ermutigt, den Prozeß seiner intimen Experimente höher zu werten als deren Ergebnisse. Es gibt kein therapeutisches »Versagen«, nur untaugliche Lösungen und das Paradigma soll »negative Ergebnisse« wieder in eine selbstkorrigierende Schleife andauernden Problemlösens eingeben.

Problemdefinitionen

Für heuristische Zwecke wird der Klient gelehrt, repräsentative Probleme seiner persönlichen Anpassung klar zu spezifizieren. Die Entwicklung dieser Fertigkeit bringt oft beträchtliche Mitwirkung des Therapeuten mit sich und kann als entscheidende Vorbedingung der Problemanalyse gesehen werden. Allgemeine Störungskategorien können hilfreich sein — z. B. Verhaltensdefizit oder -exzeß, unbefriedigende Reaktionsform, Anreizdefizite, Störungen im Zusammenhang mit Reizen usw. Wenn möglich, werden spezifische Veränderungsziele aufgestellt.

Problemanalyse
Diese Phase enthält aktive Selbstprüfung durch systematische Beobachtung und Selbstregistrierung. Ihr Zweck ist, Regelhaftigkeiten in problematischen Strukturen zu entdecken und zu beschreiben. Zeitliche, soziale, kognitive und situative Kovariablen werden genau untersucht. Dem Klienten können Anweisungen zur Selbstbeobachtung gegeben werden, um genaue Beobachtungen des Verhaltens und der vorausgehenden und nachfolgenden Bedingungen zu strukturieren. Gelenktes Training und Übung können verwendet werden, um die Genauigkeit der persönlichen Datenerhebung zu überprüfen und zu verbessern. Beobachtungskategorien können in Übereinstimmung mit ihrer Relevanz geändert werden. Gemeinsame Datenanalysen von Therapeut und Klient modellieren die Entdeckung von Regelhaftigkeiten und die Aufstellung von Lösungshypothesen. Da Vermittlungsprozesse häufig persönliche Störungen verschlimmern, wird auf solche Faktoren wie Wahrnehmungsfehler und kognitive Bestandteile des Leidens besondere Aufmerksamkeit gerichtet (z. B. Selbstaussagen, Verhaltensmaßstäbe, fehlangepaßte Selbstbewertungen, Fehler im Ziehen von Schlüssen, kognitive Kontingenzen usw.).

Ein wichtiger Bestandteil der Problemanalyse kann die Verwendung des sokratischen Dialogs sein. Statt dem Klienten eine formale Zusammenfassung des Problems zu geben, ermutigt der Therapeut zur Selbstexploration der persönlichen Daten und der vorläufigen Hypothesen. Über eine Reihe von Fragen und Zusammenfassungen hinweg wird die Betonung auf Selbstentdeckung problematischer Strukturen und möglicher Lösungen gelegt. Dieses Verfahren erleichtert nicht nur die Entwicklung der Fertigkeiten des unabhängigen Problemlösens, sondern es kann auch weitreichendere und dauerhaftere Veränderungen der relevanten kognitiven Bestandteile des Musters bewirken (vgl. Kapitel 13).

Erzeugung einer Lösung
Wenn das Problem einmal definiert und analysiert ist, werden mögliche Lösungen formuliert und diskutiert. Wenn möglich, wird Wert darauf gelegt, mehrere Lösungen zu finden, aus denen ausgewählt wird. Wenn die Lösungen Fertigkeiten enthalten, die im Repertoire des Klienten bereits vorhanden sind, dann wird die Aufmerksamkeit unmittelbar auf die überlegte Bewertung der wahrscheinlichen Konsequenzen verschiedener Möglichkeiten gerichtet. Der Input des Therapeuten zentriert sich um technische Information über wahrscheinliche Ergebnisse und Mitwirkung bei der Überprüfung aller relevanten Möglichkeiten.

Wenn die formulierten Lösungen Fertigkeiten oder die Integration von Fertigkeiten erfordern, die gegenwärtig beim Klienten defizitär sind, dann konzentriert sich der Input des Therapeuten auf technische Verfahren, die eine Verbesserung bewirken könnten. Obwohl dies die Verwendung problemspezifischer therapeutischer Strategien (z. B. Desensibilisierung) mit sich bringen könnte, wird häufiger auf die Bereitstellung allgemeiner Bewältigungsfertigkeiten abgestellt. Häufige Hauptpunkte sind Entspannungstraining, allgemeine selbststeuernde Fertigkeiten und »heilsame Vermittlung« (bewältigende Selbstinstruktionen, verdecktes Modellernen usw.). Wenn logische Fehler, kognitive Kontingenzen und ähnliche Beziehungsstörungen beteiligt sind, dann kann das Training in heilender Vermittlung sokratische Selbstüberprüfung von Prämissen, schriftliche Anleitungen zu Hausaufgaben und informelle Anweisungen zu den Formen geregelten Denkens mit sich bringen.

Persönliches Experimentieren

Die fünfte Phase bringt vorbereitendes Überprüfen einer oder mehrerer Lösungen mit sich. Der gewählte Handlungsverlauf wird oft in Anweisungseinheiten unterteilt und es wird darauf geachtet, daß anfängliche Durchführungen erfolgreich sein werden. Ständige persönliche Datensammlung wird als unschätzbare Quelle von Feedback über die Angemessenheit und den Verlauf der gewählten Möglichkeit betont. Es wird darauf geachtet, eine angemessene Prüfung der Lösung sicherzustellen und eine übereilte Beendigung wegen der Ungeduld des Klienten zu verhindern. Der vorläufigen Analyse wird gewöhnlich eine Experimentierphase von *minimal* zwei Wochen gegeben.

Evaluierung

Nach einer adäquaten vorläufigen Überprüfung werden die persönlichen Aufzeichnungen von Daten durchgesehen und der Klient soll eine Bewertung des bisherigen Fortschritts abgeben. Wenn diese Bewertung unvernünftige Erwartungen widerspiegelt, tritt der Therapeut ihnen durch nachfolgende Beratung entgegen (das heißt, daß die Kriterien des Klienten – nicht des Therapeuten – vor allem die Angemessenheit der Veränderung bestimmen). Wenn die Bewertung positiv ist, dann wird die Aufmerksamkeit auf die Verfeinerung, Erweiterung und Aufrechterhaltung der Verbesserung gerichtet. Wenn sie negativ ist, dann wird auf das persönliche Experiment als wertvolle Lernerfahrung zurückgeblickt, die wichtige Information über die Lebensfähigkeit einer spezifischen Möglichkeit geliefert hat. Diese Information wird bei der darauffolgenden Auswahl, Modifikation oder Erstellung einer alternativen Lösung integriert und überprüft. Die persönliche Experimentierphase wird dann fortgeführt.

Abstufung
Obwohl das Paradigma unabhängiges Funktionieren betont, ist es häufig schwierig, die Entwicklung zumindest einer gewissen Abhängigkeit von den technischen Fertigkeiten und der sozialen oder professionellen Rückmeldung durch den Therapeuten zu vermeiden. Um ein Abkommen von dieser Situation zu erleichtern, wird der Klient über eine positive Wertung der unabhängigen Anpassung informiert. Durch Beratung werden schrittweise umfassendere Äußerungen persönlicher Entscheidungskraft gefördert und der Input des Therapeuten wird graduell ausgeblendet. Ein Fall wird nicht abrupt beendet, sondern es wird eine festgesetzte Reihe von graduellen Neubewertungen angestrebt. Hier wird darauf geachtet, eine Verstärkung kleinerer Rückfälle durch Wiederaufnahme der Therapie zu vermeiden. Ausgeblendete Kontakte werden zumindest ein Jahr lang fortgeführt und bringen häufig einen Übergang von früheren Rollenreizen (d. h. therapeutischem Beistand) zu Reizen mit sich, die mit dem stetigen unabhängigen Funktionieren des Klienten mehr übereinstimmen (z. B. gesellige Treffen).

Einige Kommentare hinsichtlich der Lebensfähigkeit und der klinischen Bedeutung des vorhergehenden Paradigmas der persönlichen Wissenschaft sind angebracht. Zunächst ist es offensichtlich überwiegend auf Anwendung bei nicht institutionalisierten erwachsenen Klienten ausgerichtet. Bei einem nonverbalen enuretischen Kind würde man sich kaum auf ein entsprechendes Paradigma einlassen. Andererseits legt die in den vorhergehenden Kapiteln besprochene Evidenz nahe, daß angemessene Abänderungen seinen Einsatz bei Kindern, Jugendlichen und institutionalisierten Personen leicht ermöglichen könnten. Die Forschung über Problemlösen zeigt zum Beispiel, daß der Erwerb dieser Fertigkeiten mit Maßen der Intelligenz nicht hoch korrelieren muß. Die Bedeutung eines individuellen Paradigmas gegenüber einem Routinepaket erfordert jedoch ständige Anerkennung.

Ein zweiter Punkt betrifft das Herbeiführen sowohl kognitiver als auch nicht-kognitiver Veränderung während der klinischen Lehrzeit. Die sich anhäufende Evidenz sowohl über verdecktes Konditionieren als auch kognitive Therapien weist darauf hin, daß Strategien, die nur einen dieser Bestandteile betonen, zu entsprechend begrenzten Ergebnissen führen. »Verbale« Therapien induzieren größte Veränderungen im Verbalverhalten. Obwohl die komplizierte Interdependenz von kognitivem und nicht-kognitivem Verhalten ein gewisses Ausmaß an Transfer ergeben mag, wird diese Generalisation wahrscheinlich wesentlich verbessert, wenn beide systematische klinische Beachtung erfahren. Zum Beispiel können depressive Klienten, die lernen, vermittelnde Bestandteile ebenso wie offene Handlungen zu modifizieren, beeindruckend größere Verbesserungen zeigen als Klienten, die nur eine dieser Klassen ändern (vgl. *Taylor*, 1974). Auf diesen Punkt werden wir in den folgenden Diskussionen zurückkommen. Zum gegenwärtigen Zeitpunkt mag es genügen zu sagen, daß ein Behandlungsparadigma, das sich auf eine einzige Verhaltensmodalität beschränkt, vermutlich klinische Effekte erzielt, die entsprechend begrenzt sind. Veränderungen im motorischen, affektiven und vermittelnden Verhalten erfordern multiple therapeutische Strategien.

Ein dritter zu berücksichtigender Punkt ist die offensichtliche Wertschätzung strukturierten logischen Problemlösens zur Behebung persönlichen Leidens. Wie die RT von *Ellis* (Kapitel 11) scheint das Paradigma des persönlichen Wissenschaftlers anzunehmen, daß der Klient bei seiner selbstregulierenden Anpassung rational und methodisch sein will. Diese Auffassung mag von der elaborierten Metapher eines »persönlichen Wissenschaftlers« herrühren, einem Bild, das den intelligenten erwachsenen ambulanten Patienten ansprechen mag. Meine Vermutung ist jedoch, daß diese Metapher den Bedürfnissen der erwähnten Klienten angepaßt werden könnte. Das Ziel des Paradigmas ist, wirksam zu sein, nicht Wissenschaftler zu spielen. Sein wesentliches Merkmal ist die Nützlichkeit einer aktiven, bewältigenden Theorie des Selbst. Also kann die Metapher für Klienten abgeändert werden, die sich nicht gerne als Lehrlinge der persönlichen Wissenschaft sehen. Ein Leser von Kriminalromanen könnte zum Beispiel ersucht werden, Therapie als ein Paradigma des »Detektivs in eigener Sache« zu betrachten. Alltägliche Illustrationen des Problemlösens können ebenso wertvolle Metaphern bieten. Ein Automechaniker erweist sich oft als ziemlich scharfsinniger »Wissenschaftler«. Er übersetzt vage Klagen über ein Motorgeräusch in eine bestimmte Art eines Geräusches (z. B.: ein metallisches Klirren). Dann isoliert er die Situationen, in denen es auftritt (z. B.: gewöhnlich im zweiten Gang). Dann werden Hypothesen über mögliche Ursachen aufgestellt und nach ihrer relativen Wahrscheinlichkeit bewertet. Die ganze Zeit über werden Prozesse der Datensammlung verwendet (z. B. Fahren des Autos, Ausbau des Motors usw.) und daraufhin wird die gewählte Lösung (z. B. Austausch eines Vorgeleges) überprüft. Also könnten naturalistische Illustrationen und unwissenschaftliche Metaphern bei der Anpassung des Paradigmas der Bewältigung an die Merkmale des individuellen Klienten nützlich sein.

Noch ein letzter Kommentar: Das Paradigma des »Wissenschaftlers für die eigene Person« ist eine allgemeine Empfehlung, kein monolithisches Paket. Der Klient, der für ein umschriebenes Anpassungsproblem kurze und spezifische Hilfe wünscht, sollte nicht zu einem problembewältigenden Charakter gezwungen werden. Wiederum sollten unsere Bemühungen als Kliniker wissenschaftlich, selbstüberprüfend und den individuellen Bedürfnissen des fraglichen Klienten angepaßt sein. Wir schulden der Person Treue, nicht dem Paradigma.

Durchführung des Paradigmas: Einige klinische Mittel

Die vorhergehenden Bemerkungen werfen natürlich die Frage der *Mittel* auf. Vorausgesetzt, daß das Paradigma der persönlichen Wissenschaft als allgemeines therapeutisches Ziel gewählt wird, wird man mit der Frage konfrontiert, wie man es am besten ausführt. Reichliche Forschung über die relative Wirksamkeit verschiedener klinischer Verfahren liefert für diese Überlegung unschätzbare Anregungen. Ich werde bei der Übersicht über unsere, nach meiner Meinung besten, gegenwärtigen Möglichkeiten zur Durchführung des Paradigmas wieder selektiv, kurz und zugegebenermaßen voreingenommen sein.

Modell-Lernen

Eine der beeindruckendsten der bisher bewerteten therapeutischen Strategien betont bei der klinischen Veränderung die Rolle des stellvertretenden Lernens. Die nachgewiesene »Kraft« der Therapien des Modellernens, verglichen mit vielen alternativen klinischen Mitteln, ist fast erschreckend (vgl. *Bandura*, 1969, 1971a, b, c, d, 1972, 1973; *Rachman*, 1972). Ein vielversprechender Kandidat für die Erreichung eines gewählten therapeutischen Ziels scheint also sich stark auf Prozesse des stellvertretenden Lernens verlassen zu müssen.

Dies kann natürlich dem Therapeuten große Verantwortung auferlegen hinsichtlich seines Zeigens und Vorgebens von angepaßten persönlichen Fertigkeiten. In der Abgeschiedenheit ihrer eigenen bewertenden Träumereien erfahren wahrscheinlich die meisten Kliniker berufliche und ethische Ängste, die durch ihre eigenen persönlichen Probleme angeregt werden. Der Gemeinplatz »Arzt, heile dich selbst!« verfällt in einen impliziten Ausspruch, daß du kaum deinen Klienten helfen kannst, wenn du mit deinen eigenen Problemen nicht fertig wirst. Die Häufigkeit, mit der berufsmäßige Therapeuten leichte bis mittlere persönliche Fehlanpassung zeigen, ist kein ungewöhnliches Thema. (Ein frühes Interesse von mir stellte die Frage, ob Fehlanpassung des Therapeuten Ursache oder Folge der Berufswahl sei. Meine gegenwärtige Vermutung ist, daß die Psychologie einer von zwei Berufen ist, die Freisein von sozialen Zwängen, Exzentrizität und Abweichung ermöglichen – Schauspieler und Psychotherapeuten werden oft für seltsame Verhaltensmuster verstärkt.)

Die Bürde der Verantwortung des Therapeuten kann jedoch weniger belastend sein, als man denken möchte. Die neuere Evidenz über die Unterscheidung von Bewältigung versus Beherrschung legt nahe, daß der Kliniker, der sich selbst als Ausbund an Anpassung darstellt, seinen therapeutischen Einfluß tatsächlich vermindern kann. Ein »bewältigendes« Vertrauen zu persönlicher Anpassung kann ein wirksamer und humaner Beitrag des Therapeuten sein. Wenn dies auch nicht intime Selbstenthüllung des Klinikers erfordern mag, weist es auf die mögliche Wichtigkeit hin, persönliche Veranschaulichungen des Paradigmas des Überlebens (sowohl retrospektive als auch gegenwärtige) mitzuteilen.

Optimale klinische Verbesserung mag nicht nur einen Therapeuten als »bewältigendes Modell«, sondern auch multimodale Vorgabe von Modellen erfordern. Durch die Strategien des Rollenspiels, des teilnehmenden Modellernens und der gelenkten Übung kann der Therapeut sowohl kognitive als auch nicht-kognitive Fertigkeiten demonstrieren, die den klinischen Einfluß erhöhen werden. Kognitives Modellernen mag besonders nützlich sein, da es in einem nicht therapeutischen Rahmen kaum verfügbar ist. Durch »lautes Denken« und Mitteilen seiner Vermittlungsfertigkeiten kann der Therapeut wertvolle Hilfe zur Entwicklung, Integration und angepaßten Revision der Kognitionen des Klienten liefern.

Verstärkung

Ein zweites sehr wichtiges Mittel, die Durchführung des Paradigmas des persönlichen Wissenschaftlers zu erleichtern, beschäftigt sich mit dem Einsatz systematischer Verstärkung für die Entwicklung zum Besseren. Ich muß kaum die nachgewiesene Rolle der Motivation und der Anerkennung durch den Therapeuten bei der wirksamen Therapie ausführen. Drei kurze Anmerkungen sind jedoch beachtenswert.

Erstens überprüfen nur wenige Berater tatsächlich ihre eigenen Verabreichungen von Verstärkungen in der Klinik, obwohl der Verhaltenstherapeut häufig die Literatur gut kennt, die die Einflüsse der sozialen Verstärkung auf das Verhalten des Klienten dokumentiert. Video-Band-Wiederholungen meiner eigenen und anderer therapeutischer Bemühungen überzeugten mich davon, daß der praktizierende Verhaltensmodifikator häufig von der Prüfung seines eigenen verbalen und nonverbalen Therapieverhaltens profitieren könnte. Kommunikationsfertigkeiten sind eine entscheidende und im Grunde genommen vernachlässigte Komponente der Verhaltenstherapie. Wir sind bei ihrer Analyse und Verfeinerung pflichtvergessen. Neben der Abstimmung auf molekulare Sitzungsinhalte muß der klinische Wissenschaftler über molare Trends seiner Verstärkungspraktiken informiert bleiben. Anfänglich dichtes soziales Lob kann allmählich in Richtung auf einen intermittierenden Plan ausgeblendet werden, der die nachfolgende Unabhängigkeit des Klienten erleichtert.

Der Streitpunkt des differentiellen Brennpunkts steht in Zusammenhang zu diesem Verdünnen des Lobs des Therapeuten. Was in frühen Sitzungen verstärkt wird, kann auf einer späteren Stufe ein weniger angemessenes Ziel sein. In meiner eigenen Therapiesupervision nannte ich diesen Übergang den *entscheidenden Wechsel.* Bei dem Phänomen der Depression wird er gut veranschaulicht. Wenige Verhaltenstherapeuten beginnen eine Depressionsberatung mit rigidem Ignorieren depressiver Aussagen; eine solche Strategie würde wahrscheinlich ihre Wartezimmer leer halten. Die Therapie wird gewöhnlich mit einigen einleitenden Beteuerungen, empathischen Reaktionen und einer Assimilation der depressiven Klagen begonnen. Nach dieser Entwicklung eines »Rapports« (der meiner Meinung nach operationalisiert werden kann) werden allmählich selektive Verstärkungspraktiken durchgeführt. Dieser »entscheidende Wechsel« der Aufmerksamkeit verdient sorgfältige Überprüfung. Therapie wird zu oft als ein Schauplatz für Klagen und nicht für Bewältigung dargestellt. Indem der Therapeut den Sitzungsinhalt systematisch vom »Falschen« weglenkt zum »Richtigen«, kann er bei seinem Klienten die Einprägung einer aktiven bewältigenden Orientierung erleichtern.

Schließlich unterscheide ich zwischen echter und manipulativer Verstärkung. Die letztere ist nach meiner Meinung ein potentiell gefährliches Verfahren. Einen Klienten für nicht wirklichen Fortschritt zu loben kann das Ausmaß und die Dauer der therapeutischen Verbesserung ernsthaft untergraben. Der Therapeut sollte zum Beispiel einem akademisch »unterdurchschnittlichen« Studenten oder einer physisch »unattraktiven« Klientin keine unrichtigen Bewertungen geben, um einfach ihr subjektives Leiden zu vermindern. Unbegründete Schmeichelei kann unrealistische Erwartungen und im zukünftigen Verhalten schmerzliche Entdeckungen bewirken. Der Therapeut, der nicht reichlich Möglichkeiten für aufrichtige Verstärkung finden kann, täte gut daran, seine eigenen Kriterien zu überprüfen. Der Kern dieser eingestandenermaßen parteilichen Anregung ist, daß richtige Rückmeldung ein wichtigerer Beitrag des Therapeuten ist als kritiklose »Unterstützung«. Wenn auch Ermutigung sicherlich betont werden sollte, sollte ihr Ansatzpunkt realistisch sein.

Es ist interessant festzustellen, daß unsere klinischen Paradigmen den Verhaltenstherapeuten weiterhin als emotionslosen (obgleich fähigen) Techniker darstellen. Genauso wie seine Kommunikationsfertigkeiten (sowohl die verbalen wie die nonverbalen) dank ihres Ausschlusses von der öffentlichen Karte der »akzeptablen« Forschung im Grunde genommen nicht untersucht wurden, entkam sein autonomes Nervensystem unserer Überprüfung. Wir messen oft die emotionalen Reaktionen unserer Klienten während der Therapie und nehmen an, daß die Physiologie des Therapeuten nichts Wichtiges zu bieten hat. Könnte sich »Empathie« teilweise in der autonomen Reagibilität des

Klinikers abzeichnen? Sind einige Formen der Erregung des Therapeuten während der Behandlung hilfreich? Wie häufig zeigen Verhaltenstherapeuten tatsächlich den intellektuellen Stoizismus, der in den Verfahrensbeschreibungen dargestellt wird? Diese Spekulationen werden »nur« Spekulationen bleiben, solange wie unsere doppelten empirischen Sichtweisen unsere möglichen Gebiete der Datensammlung einschränken. Therapie ist keine konsumatorische Reaktion – es gibt zwei Organismen im Zimmer und wir müssen *beide* Seiten ihrer Interaktion viel genauer anschauen.

Graduelle Ausführung von Aufgaben

Die meisten wirksamen Strategien in der zeitgenössischen Psychotherapie integrierten mit wenigen Ausnahmen direktes Erleben des Verhaltens als therapeutischen Bestandteil. Diese Erwägung greift die frühere Diskussion hinsichtlich der Bedeutung sowohl kognitiver als auch nicht-kognitiver Punkte bei der Durchführung des Paradigmas wieder auf. Klinische Störungen sind selten auf ein einziges Nervensystem beschränkt. Zentrale, somatische und autonome Komponenten interagieren oft beträchtlich komplex. Die unkritische Betonung einer einzigen Form des Inputs kann die optimale therapeutische Verbesserung ernsthaft gefährden. Traditionelle »verbale« Therapien (die von den vorher beschriebenen leicht unterschieden werden können) liefern reichliche Dokumentation der Begrenzungen eines Verfahrens, das zentralnervösen Input überbetont. Autonome und periphere Rückmeldung scheinen entscheidende Therapiebestandteile zu sein. Dadurch wird natürlich nicht geleugnet, daß die Nervensysteme wechselseitig voneinander abhängen. Gemeinsame Verbesserungen im motorischen affektiven und vermittelnden Verhalten scheinen jedoch durch einen therapeutischen Ansatz erleichtert zu werden, der die Inputs in die entsprechenden Systeme ausgleicht.

Die Bedeutung der *graduellen* Durchführung von Aufgaben muß noch genügend dargestellt werden. Anfänglich bescheidene und allmählich forderndere Anweisungen können frühe Erfolgserlebnisse liefern und eine positive bewältigende Orientierung steigern. Sie können ebenso kontinuierliches Verfolgen therapeutischer Ziele erleichtern. Andererseits gibt es einige Evidenz, die zeigt, daß bei manchen Kombinationen von Klienten und Aufgaben Aufgabenstaffelung kein notwendiges Merkmal sein muß. Eine Minimierung klinischen Risikos könnte den Einsatz gradueller Aufgaben empfehlen, bis definitivere Daten verfügbar sind.

Der Beitrag des teilnehmenden Modellernens, der gelenkten Übung und der Hilfen zur Reaktionsinduktion bei anfänglichen Anweisungen zu Aufgaben erfordern genaue Betrachtung. Diese Verfahren können durch Maximierung der Wahrscheinlichkeit des einleitenden Fortschritts die andauernde Verbesserung entscheidend fördern. Ihr allmählicher Rückzug kann dann die unabhängige Aufrechterhaltung und Generalisation steigern.

Selbstbewertung

Eine vierte Komponente der erfolgreichen Durchführung des Paradigmas des persönlichen Wissenschaftlers betont den Erwerb angepaßter selbstbewertender Fertigkeiten. Die Literatur, die in früheren Kapiteln besprochen wurde, unterstützt reichlich die Auffassung, daß auf die meisten menschlichen Verhaltensweisen keine unmittelbaren externen Konsequenzen folgen. Viele gehen jedoch mit bewertenden Selbstreaktionen einher. Die entscheidende Bedeutung dieser inneren Konsequenzen kann kaum überschätzt werden. Die lebenslangen Konsequenzen der meisten Personen sind überwiegend selbstgestellt. Wir haben nicht nur mehr Zugang zu unserem eigenen Verhalten, sondern wir leben in einer Kultur, die häufig Selbstbewertung fordert.

Unglücklicherweise fördert diese Kultur auch überwiegend gestörte Selbstbewertungen. Die Literatur über Depression und Selbststeuerung bestätigt die unverhältnismäßige Häufigkeit von Selbstkritik gegenüber Selbstlob. Von der Wiege bis zum Sarg werden wir gelehrt, uns selbst geringzuschätzen. Entschuldigungen, religiöse Bekenntnisse und selbstkritische Aussagen werden durch Beruhigung und die Vermeidung externen Angriffs belohnt. Durch das Zugeständnis unserer eigenen Unzulänglichkeiten oder Missetaten mildern wir die Kritik anderer. Selbstlob ist andererseits religiös unerwünscht. Demut und Askese werden als »Tugenden« gepriesen und Selbstvertrauen wird nur dann toleriert, wenn es geheim bleibt und gerechtfertigt ist.

Meine Neigungen hinsichtlich der gegenwärtigen kulturellen Formung der Selbstbewertung sollten offensichtlich sein. In klinischen Berichten finden sich reichlich schmerzliche Illustrationen des extremen persönlichen Leidens, das durch kulturell gutgeheißenen Masochismus induziert wird. Anderswo legte ich meine Überzeugung dar, daß das menschliche Wesen häufig in seiner inneren Selbstbehandlung am wenigsten »human« ist (*Mahoney*, 1974b). Wir sind kulturell angepaßte Selbstkritiker, die sich durch ein chaotisches Leben mit häufig launischen und kärglichen Verstärkungen schleppen und bauen passiv unser Glück mehr auf eine externe als eine interne Umwelt. Das Wesen und die Zugänglichkeit der meisten unserer Taten legt jedoch nahe, daß wir überhaupt nicht verstärkt würden, wenn wir uns nicht selbst verstärken.

Auf einer empirischen Ebene wurde die dysfunktionale Hartnäckigkeit fehlangepaßter Selbstbewertungen reichlich dokumentiert. Unvernünftige Maßstäbe und idiosynkratische Selbstreaktionen können den therapeutischen Input ernstlich gefährden. Der klinische Wissenschaftler ist gut beraten, die selbstbewertenden Muster seiner Klienten sorgfältig zu prüfen und systematisch zu verbessern. Der mögliche Einsatz des Modellernens bei diesen Bemühungen muß kaum gerechtfertigt werden.

Eine Bemerkung zur Ethik

Ein Streitpunkt, der in der klinischen Verhaltensmodifikation häufig angetroffen wird, betrifft die Rolle des Therapeuten bei Wertentscheidungen. Dieser Streitpunkt ist in der *kognitiven* Verhaltensmodifikation wahrscheinlich noch entscheidender wegen ihrer häufigen Verknüpfung mit Einstellungssystemen. Was macht der Therapeut, wenn das Leiden eines Klienten durch eine Wertprämisse verschlimmert wird, die er nicht teilt? Was sind die beruflichen und ethischen Verpflichtungen, wenn zum Beispiel ein tief religiöser Klient wegen der Diskrepanz zwischen Glauben und Verhalten ängstlich und von Schuldgefühlen gepeinigt ist? Kann ein Therapeut, der die Gleichberechtigung der Geschlechter unterstützt, eine Eheberatung durchführen, ohne von seinen eigenen Werten beeinflußt zu werden? Wenn wir Denkmuster systematisch diagnostizieren und verändern, verfolgen wir dann eine »wohlwollende Gehirnwäsche«, die unwillentlich subversiv und zutiefst unmoralisch ist?

Der gegenwärtig verbreitete Standpunkt der Verhaltenstherapeuten ist ebenso ironisch wie unangemessen. Er ist ironisch, weil er die »Entscheidung des Klienten« als einen Faktor beschwört, der den Kliniker sowohl von Schuld als auch Verantwortlichkeit freispricht. Wie *Bandura* (1969) schreibt:

> In dem Ausmaß, wie der Klient im Bereich der Werte als der primär Entscheidende dient, werden die ethischen Fragen, die häufig hinsichtlich der Verhaltenskontrolle aufgeworfen werden, zu Pseudostreitpunkten (S. 101).

Also wählt angeblich der Klient seine eigenen therapeutischen Ziele und der Therapeut nimmt die Rolle eines technischen Beraters an, der die Mittel zur Zielerreichung vorschlägt. Die Ironie rührt natürlich von der Tatsache her, daß der Behaviorist Entscheidung von einem deterministischen Rahmen aus betrachtet. Die Entscheidungen des Klienten sind nicht »Manifestationen des freien Willens«; sie sind Produkte der gegenwärtigen Einflüsse und der früheren Lerngeschichte.

Und hier wird die Unangemessenheit des Kunstgriffs »Entscheidung des Klienten« offensichtlich. Wenn eine Entscheidung tatsächlich ein determinierendes Verhalten ist, das aus vergangenen und gegenwärtigen Einflüssen resultiert, kann der Therapeut nicht sich selbst auf magische Weise als Einfluß ausnehmen. Die Evidenz, die den

Einfluß des Therapeuten auf das Verbalverhalten des Klienten dokumentiert, stellt die selbstgefällige Selbstwahrnehmung des Verhaltensmodifikators als nicht reagierender Katalysator bei Wertentscheidung stark in Frage. Der Vorschlag der »Entscheidung« kann einige legale, politische und den Verkehr mit der Öffentlichkeit betreffende Dilemmata beheben; aber er bringt uns weder aus der Schwierigkeit noch der ethischen Verantwortlichkeit im Wertbereich heraus.

Es gibt eine interessante (und kulturell gebilligte) »Psychologik«, die auf diesem Gebiet angewendet wird; es wird nämlich angenommen, daß die frühere Lerngeschichte einer Person »Okkupantenrechte« auf seine Einstellungen und Werte hat. Die kulturell determinierten Entscheidungspräferenzen eines Klienten werden als unverletzlich betrachtet. Die Einflüsse vor Beginn der Therapie auf die Einstellung (z. B. Eltern, Religionsunterricht usw.) werden für »besser« und legitimer gehalten als die Einflüsse während des therapeutischen Unternehmens. Der Kliniker soll explizit seine Hände von den Einstellungen und Werten des Klienten fernhalten. Indem wir ethische Entscheidungen dem Klienten überlassen, legen wir die »Verantwortlichkeit« in die sichere Entfernung seiner vergangenen Erfahrungen. Im Grunde beschließen wir, daß wir vermeiden wollen, ein neuer Bestandteil der Lerngeschichte zu werden, die die gegenwärtigen Wertvorurteile erzeugte.

Ich schlage hier vor, daß wir die Unangemessenheit des Arguments der »Entscheidung des Klienten« anerkennen, um uns selbst von den ethischen Verantwortlichkeiten in der Therapie freizusprechen. Ich schlage jedoch nicht vor, daß wir unsere Achtung vor den Werten des Klienten aufgeben und Hals über Kopf auf die Konditionierung von Einstellungen verfallen. Vor dem verlockenden Patriarchat eines psychologischen Propheten muß man sich ständig hüten – es ist für den Therapeuten einfach, anzunehmen, daß *seine* Werte inhärent »besser« sind als die seines Klienten.

Mein Hauptanliegen ist hier, daß wir aufhören sollten, uns selbst zu täuschen, indem wir denken, daß wir unsere Hände von ethischen Schwierigkeiten reinwaschen können, einfach indem wir Wertentscheidungen dem Klienten überlassen. Selbst wenn es möglich *wäre*, uns als Einfluß auf therapeutische Entscheidungen auszunehmen, würde das selbst eine Bindung an einen Wert darstellen. Genau wie »sich nicht zu entscheiden eine Entscheidung ist«, stellt das Abschieben ethischer Streitfragen auf die frühere Lerngeschichte des Klienten eine Wertentscheidung dar – sie bedeutet, daß frühere Einflüsse gegenwärtige dominieren *sollten*. Diese Erwägung kann jedoch eine Pseudo-Streitfrage sein, da es unwahrscheinlich ist, daß der Therapeut es tatsächlich vermeiden kann, zumindest einige Entscheidungen des Klienten zu beeinflussen.

Was sind die Implikationen für die klinischen Wissenschaftler, wenn wir dieses letzte Zugeständnis machen? Diese Frage verdient gründliche Überlegung und häufige Neuabschätzung. Der Wertbereich ist der logischen Analyse oder empirischen Bewertung nicht leicht zugänglich. Der Therapeut muß deshalb erkennen, daß seine eigenen Entscheidungen bei dieser Streitfrage unvermeidlicherweise aus seiner eigenen individuellen Lerngeschichte resultieren.

Die folgenden Anregungen sind von Werten abgeleitet und stellen nur einen möglichen Satz von Richtlinien für Therapeutenverhalten dar. Meine eigene Lerngeschichte legt nahe, daß die Verpflichtungen des klinischen Wissenschaftlers folgende sind:

1. seine eigenen Wertvorurteile im therapeutischen Unternehmen zu erkennen;
2. in allen Fällen, in denen es um grundsätzliche Wertfragen geht, dem Klienten jene Neigungen offen einzugestehen; die Inputs des Therapeuten sollten als »empirisch begründetes« technisches Wissen oder »von Werten abgeleitete Meinungen« gekennzeichnet werden, so daß der Klient sie entsprechend verarbeiten kann;
3. dem Klienten zu helfen, jene Fälle von persönlichem Leiden und von Verhaltensstörungen zu unterscheiden, die mit einem bestimmten Wert oder Wertsystem (z. B. einer Religion) zusammenzuhängen scheinen; und
4. bei der Antizipation von Konsequenzen der Änderungen eines Wertsystems zu helfen, wenn diese als therapeutische Möglichkeit betrachtet werden.

Also könnte man einem Klienten, der Angst und religiös begründete Schuldgefühle wegen seines Sexualverhaltens erlebt, helfen, die Inkongruenz zwischen seinen Werten und seinem Verhalten zu unterscheiden. Es können vier grundlegende Möglichkeiten wahrgenommen werden: a) eine Verhaltensänderung, b) eine Veränderung der Werte, c) Veränderungen beider, d) keine Veränderung. Der Therapeut ist verpflichtet, bei der Problemdefinition, Lösungserzeugung und der Antizipation der Konsequenzen zu helfen. Er mag jedoch nicht in der Lage sein, eine Beeinflussung der Richtung der Entscheidung des Klienten zu vermeiden. Deshalb sollten seine Neigungen und sein möglicher Einfluß offen und aufrichtig als ein bei der fraglichen Entscheidung zu berücksichtigender Bestandteil anerkannt werden. Wenn die Werte des Therapeuten und des Klienten extrem auseinanderliegen, sollte dies eingestanden werden und – bei gegenseitiger Achtung – sollten Anstrengungen unternommen werden, dem Klienten den Beistand eines angemesseneren klinischen Wissenschaftlers zugängig zu machen.

Nach meiner Meinung verdient der Therapeut, der die Werte seines

Klienten unwissentlich formt, eher unsere berufliche Besorgnis als einer, der seinen möglichen Einfluß auf die Entscheidung des Klienten anerkennt und jenen Bestandteil als bedeutende Erwägung in das klinische Unternehmen einbringt. Diese Meinung und die vorhergehenden Aussagen sind natürlich selbst Widerspiegelungen meines Wertvorurteils – das heißt, daß solche Vorurteile offen und explizit eingestanden werden sollten. Ich bin mir darüber klar, daß dies eher ein ethischer als ein empirischer Standpunkt ist und daß er sehr wohl den gegenwärtigen Wertprämissen vieler Leser widersprechen mag. Ich fühle mich jedoch beruflich verpflichtet, hier meine eigenen Neigungen darzulegen wie gegensätzliche Meinungen meiner Kollegen anzuerkennen und zu respektieren.

Diese Zusammenfassung eines breit angelegten therapeutischen Paradigmas war eingestandenermaßen kurz, terminologisch informell und zutiefst mit Werten behaftet. Ich werde weder seine vorläufige Art wieder bereden noch flehentlich um Vorsicht und kritische Überprüfung bei seiner Durchführung bitten. Es stellt eine lose Gestalt meiner eigenen gegenwärtigen Annahmen und Verfahren in der klinischen Forschung dar. Meine Bindung an selbstbewertende Überprüfung und therapeutische Verfeinerung sagen sowohl meine Überraschung als auch meine Enttäuschung voraus, sollte dieses Paradigma unverändert bleiben.

16. Kapitel

Der denkende Behaviorist
Ein Nachwort

In den wenigen kurzen Kapiteln haben wir eine beträchtliche Entfernung zurückgelegt. Ob die Richtung der Reise ausschweifend oder lohnend war, hängt größtenteils von den Vorurteilen des Lesers ab. Im ersten Kapitel wurde erwähnt, das Ziel dieses Unterfangens seien mehr Fragen als Antworten. Dieses Ziel stammt von der Annahme, die ich für unsere wissenschaftlichen Reisen als unendlich wertvoll halte — nämlich, daß es besser ist, voller Hoffnungen zu reisen, als anzukommen.

Wir begannen mit einer Beurteilung der historischen und methodischen Faktoren, durch die die kontrollierte Verhaltensforschung über Vermittlungsprozesse immer wieder abgeschreckt wurde. Einige weitverbreitete begriffliche Einwände gegen das Schlußfolgern wurden bewertet und in logischer und pragmatischer Weise als unzureichend betrachtet. Durch die hervorragende Bedeutung der Schlußfolgerung bei allen menschlichen Verhaltensweisen – und daher in der ganzen wissenschaftlichen Forschung – wurde darüber hinaus die strittige Frage, *ob* wir Schlußfolgerungen ziehen sollen, verändert in die Frage, *wann* und über *was* wir schlußfolgern sollen.

Eine Analyse zeigte das Modell der nichtvermittelnden Prozesse als unangemessen für die ganze Spannweite von Verhaltensweisen, von einfachen bis zu komplizierten, von menschlichen bis zu intra-humanen. Obwohl diese fundamentale Perspektive einen unschätzbaren Beitrag leistete, um die grundlegenden Verhaltensprinzipien besser verstehen zu lernen, wurde ihr praktischer Nutzen durch ihre begrifflichen Grenzen ungebührlich eingeschränkt. Ihr Blickwinkel wurde auf einen relativ kleinen Ausschnitt menschlichen Verhaltens – d. h. auf das öffentlich beobachtbare Verhalten beschränkt.

Das Modell des verdeckten Konditionierens und die daraus abgeleiteten Therapien wurden danach untersucht. Leider war weder das Modell noch seine klinische Anwendungsmöglichkeit beeindruckend. Die bestehenden Daten wurden zusammenfassend als äußerst dürftig, qualitativ schwach und allgemein als fragwürdig in ihren Folgerungen angesehen*.

* Obwohl es beim Lesen des vorliegenden Buches wohl ohne weiteres klar wurde, sollte ich vielleicht ausdrücklich zugeben, daß meine eigenen An-

Unsere Reise führte uns dann zu zwei alternativen Modellen der Vermittlung – Informationsverarbeitung und kognitives Lernen. Letzteres wurde als Ansatz dargestellt, der vielleicht für die klinisch-therapeutische Praxis wichtig sein wird. Das Modell des kognitiven Lernens versuchte, verschiedene zusammenlaufende Perspektiven vorläufig zu integrieren, und umriß kurz ihre Parallelen zur klinischen Praxis. Therapien, die für diesen kognitiven Ansatz relevant waren, wurden dann untersucht. Wiederum war die Durchsicht der Ergebnisse ziemlich mager und methodisch oft unzureichend. Während verschiedene Untergebiete vorläufig sehr aufregende Bestätigung liefern, rät eine konservative empirische Haltung zu vorsichtigem Optimismus und weiterer Forschung.

An diesem Punkt verließen wir bei unseren Reisen die formalen Wege der begrifflich-empirischen Analyse und wandten uns ausdrücklich der Spekulation zu. Bedeutende Schwerpunkte der Forschung und einige unerforschte Gesichtspunkte wurden kurz erwähnt. Die Bereiche der Überzeugung, der Gegenkontrolle, des Wählens und der bio-sozialen Interaktion wurden als Bereiche vorgeschlagen, die noch genauer untersucht werden müßten. Für die klinisch-therapeutische Praxis wurden dann einige vorläufige (und bedenkliche) Verallgemeinerungen gezogen und ein Paradigma des »persönlichen Wissenschaftlers« wurde vorgestellt. Diese Betrachtungsweise wurde aus der vorausgehenden Forschung und aus einigen wertbezogenen, persönlichen Ableitungen gewonnen.

Einige offensichtliche Vorurteile kamen auf unserer Reise immer wieder vor. Die Hinneigung zu »Daten« und weniger zur Theorie wurde beispielsweise immer wieder verteidigt. Wenn die Forschung in der kognitiven Verhaltensmodifikation mit ihrem gegenwärtigen Tempo weitermacht, kann man kaum genügend betonen, wie notwendig jene Genauigkeit ist. Menschen sind theoretische Wesen und spekulative Verallgemeinerungen sind immer anziehend. Wie wir in Kapitel 10 zeigten, brachte der Bereich der kognitiven klinischen Tätigkeiten schon ein erstes Modell hervor, und – falls die Geschichte der Psychologie irgendein Prädiktor ist – werden wir bald in Theorien ertrinken, während wir erst wenig von Daten befeuchtet wurden. Während ich gerne anerkenne, wie nützlich und (unvermeidbar) Theorien

---

sichten über das Wesen »privater Ereignisse« in den letzten Jahren einer »Paradigma-Verschiebung« unterlegen sind. Verdecktes Konditionieren war meine frühere Perspektive. Als ich dieses Modell neu untersuchte, fand ich es für weniger angemessen als die Perspektive des kognitiven Lernens und ich bin jetzt dabei, die Daten im Lichte des kognitiven Modells zu sehen. Eine neue Bewertung nach einigen Jahren wird hoffentlich zu weiteren Revisionen oder sogar zu einem noch angemesseneren Paradigma beitragen.

sind, muß ich in Hinblick auf ihre erwünschte Entwicklungsgeschwindigkeit mit *Francis Bacon* (1621) übereinstimmen:

> Das Verstehen darf nicht von besonderen zu entlegenen Axiomen und zu solchen von beinahe höchstem Generalisierungsgrad springen und fliegen; ... es darf nicht mit Flügeln versehen, sondern sollte vielmehr mit Gewichten beschwert werden, damit es am Springen und Fliegen gehindert wird (S. 104).

Ein zweites Vorurteil in der vorliegenden Schrift beschäftigte sich mit vielen der nicht hinterfragten Annahmen, die bei den gegenwärtigen behavioristischen Ansätzen verbreitet sind. Der Glaube an eine unlineare Verursachung beruht beispielsweise auf einer unhaltbaren Vorannahme. Der reziproke Determinismus wurde als lebensfähigere Alternative empfohlen. Ähnlicherweise bemerkten wir, daß dichotomes Denken und »einseitige« Vorurteile bei gegenwärtigen Betrachtungen häufig vorkommen. Konventionelle Modelle schreiben einer bestimmten Klasse von Variablen (kognitiven gegenüber nicht-kognitiven, empirischen gegenüber biologischen usw.) eine grundlegende kausale Verantwortlichkeit zu. Ihre Interventionsstrategien sind oft ziemlich eingeschränkt und in ihrer Wirkung entsprechend begrenzt. Meine Absicht war es, diese einseitigen Modelle in Frage zu stellen und zu einer anspruchsvolleren (aber hoffentlich angemesseneren) Betrachtung zu ermutigen, die erfahrungsbedingte, vermittelte und biologische Interaktionen betont.

Abgesehen davon, daß ich einige unserer häufigen begrifflichen Gabelungen in Frage stellte, unterstützte ich einen wissenschaftlichen Relativismus, der sich nicht mit heutigen Veröffentlichungspraktiken und mit konventioneller wissenschaftlicher Genauigkeit in der Verhaltensmodifikation verträgt. Genauer gesagt, ich ließ einige Schläge auf das »falsifizierende« Modell des Hypothesentestens los und ich kritisierte die Verunglimpfung »negativer Ergebnisse« bei unseren empirischen Bemühungen. Diese Vorurteile der Wissenschaftstheorie stammen von einer allgemeineren Vorannahme über die Vorgänge, die an der Wissenszunahme beteiligt sind. Dieses Vorurteil wird im nächsten Abschnitt genauer betrachtet. Zunächst wollen wir jedoch berücksichtigen, welche Bedeutung unsere Reise für unsere Arbeit als klinische Wissenschaftler hat.

In Kapitel 10 wurde eine Tatsache mehr als genug empirisch bestätigt – der Mensch »denkt« eine Menge. Die Bestätigung aus den vorhergehenden Kapiteln deutet darauf hin, daß Vermittlungsprozesse überall vorhanden sind und für das menschliche Verhalten sehr einflußreiche Faktoren darstellen. Das Input der Umwelt filtrieren wir selektiv und erfahrungsbedingte Regelhaftigkeiten stellen wir aktiv her. Wir antizipieren zukünftige Ereignisse und nehmen sie oft verzerrt wahr, damit unsere Erwartungen besser übereinstimmen. All das weist darauf hin, daß der Mensch sich häufig täuscht und daß seine Überzeugungen und Verhaltensweisen durch die Engstirnigkeit der Wahrnehmung unerbittlich geformt werden. Die Folgerungen, die wir aus dieser Betrachtung des Menschen ziehen, sind etwas treffender, wenn wir bedenken, daß die meisten Wissenschaftler Menschen sind, und daß die wissenschaftliche Forschung aus Annahme-Verhaltens-Mustern besteht.

Eine der wichtigsten Schlußfolgerungen aus der in diesem Buch besprochenen Literatur ist meiner Meinung nach, daß wir bei unserem eigenen wissenschaftlichen Verhalten einige Komponenten der Vermittlung untersuchen müssen. Es ist keine neue Erkenntnis, daß wir unsere wissenschaftlichen »Fakten« selber aktiv konstruieren und verzerren:

> Denn der Verstand des Menschen wird fälschlicherweise als Maßstab aller Dinge angesehen: im Gegenteil, alle Wahrnehmungen der Sinne und des Verstandes beziehen sich auf den Menschen und nicht auf das Universum; und der menschliche Verstand ähnelt jenen unebenen Spiegeln, die verschiedene Gegenstände auch uneben werden lassen ... und sie verzerren und sie entstellen (*Francis Bacon,* 1621, S. 41).

Nicht nur unsere Betrachtung von Daten, sondern auch die Suche nach den Daten ist selektiv. In einer unterhaltsamen philosophischen Abhandlung wendet sich *Karl Popper* (1972) diesem Problem zu, indem er die »Eimer-« und die »Scheinwerfer«-Theorien der wissenschaftlichen Kenntnisse miteinander vergleicht. In der Eimer-Theorie ist der Inhalt und die Richtung der empirischen Forschung durch experimentelle Befunde und Beobachtungsdaten bestimmt. Diese Perspektive, die eine Analogie zu *Skinners* (1950) »atheoretischem« Argument ist, betont nicht mehr das Testen von Hypothesen als Modell. *Popper* und andere weisen jedoch darauf hin, daß alle Untersuchungen in der Forschung zu Annahmen, Erwartungen und hypothetischen Vorurteilen führten. Obwohl unsere empirischen Vorahnungen manchmal »stillschweigend« (*Polanyi,* 1958, 1966) sein können, ist ihre Bedeutung bei der Selektion von solchen Daten, auf die wir eingehen, kaum zu übertreiben.

Der Wissenschaftler ist ein Mensch und als solcher ist er von den Vermittlungseinflüssen, die sich auf menschliches Tun entscheidend auswirken, nicht frei. Während die verzerrte Wirkung dieser Einflüsse vielleicht reduziert wird, wenn man sich ihrer bewußt wird, ist es unwahrscheinlich, daß man sie ganz und gar ausschließen kann. Außerdem wendet ein Wissenschaftler im allgemeinen sein technisches Wissen selten bei sich selber an. Angeblich hat nur er eine makellose Wahrnehmung.

Die Erkenntnis persönlicher Fehlbarkeit als Wissenschaftler deutet auf zwei grundlegende Schlußfolgerungen hin. Erstens ist unser Streben nach Erkenntnis alles andere als »objektiv«. Die Daten sind *immer* filtriert. Zweitens ist die Wissenszunahme nicht selbst-gesteuert. Unsere sukzessive Annäherung an die »Wahrheit« kann präziser als sukzessive Verschönerung der vermuteten Realität beschrieben werden. Das heißt, daß die Wissenszunahme durch unsere Erwartungen und durch selektives Befragen der Natur entscheidend beeinflußt wird.

Diese beiden Schlußfolgerungen haben für einige unserer zukünftigen Arbeiten in der klinischen Wissenschaft entsprechende Konsequenzen.

Wissenschaftstheorie: Eine Neu-Einschätzung

Die erste Folgerung, die auch viele frühere Diskussionen durchdrang, beschäftigt sich mit der konventionellen Wissenschaftsmethodik bei der Verhaltensmodifikationsforschung. Außer in seltenen Ausnahmen geht der verhaltensorientierte Wissenschaftler seinen empirischen Nachforschungen selbstgefällig nach und fühlt sich recht bestätigt darin, daß seine Bemühungen auf logischen Grundlagen beruhen. Obwohl Wissenschaftstheorie manchmal in Seminaren an der Universität angeboten wird, wird ihre Bedeutung für alltägliche Forschungsbemühungen selten hervorgehoben. Außerdem ist die Wissenschaftstheorie, die in den Verhaltenswissenschaften verbreitet ist (z. B. logischer Positivismus*), äußerst veraltet und zweifelsohne als »Meta-Theorie« unzulänglich. Der Verhaltensforscher, der sich nicht bewußt ist, daß seine philosophischen Grundlagen nicht mehr existieren, geht jedoch weiter daran, voller Tatendrang seine Nachforschungen zu vollenden, und voller Ehrfurcht Maßstäbe für Falsifizierbarkeit, Operationalismus, Überprüfen von Null-Hypothesen usw. aufzustellen.

Die logischen und begrifflichen Unzulänglichkeiten der »Rechtfertigungs«-Wissenschaftstheorien werden von *Weimer* (im Druck) lobenswert dargestellt. Obwohl *Weimer* dabei einige Strohmänner aufstellt, sind durch seine prägnante Abhandlung über konventionelle wissenschaftliche Annahmen in der psychologischen Forschung auf seiten des experimentellen Klinikers nachdenkliche Überlegungen gerechtfertigt. Zum Beispiel die Auffassung, daß das Wachsen der Wissenschaft mit der allmählichen Anhäufung von »Fakten« einhergeht, paßt nicht zu der Beobachtung, daß »siegreiche« psychologische Theorien oft die »Fakten« ihrer Vorgänger leugnen. Die »Fakten« sind offenbar nicht

* Gegenwärtige Methoden in der Psychologie vermischen oft drei verschiedene »ismen« (logischer Positivismus, Operationalismus und Falsifikationismus) (vgl. *Turner*, 1967; *Weimer*, im Druck).

unveränderlich; sie sind theoriespezifische Relativismen. Außerdem wurde die Annahme, daß empirisches Wissen nur durch Falsifikation (Widerlegung) oder durch Bestätigung von Hypothesen wächst, entscheidend angezweifelt (vgl. *Kuhn*, 1962; *Popper*, 1963, 1972; *Lakatos*, 1970; *Lakatos & Musgrave*, 1970). Schließlich deuten die Beweise darauf hin, daß unser Wissen eher durch plurale Selektionsprozesse* und radikale Paradigma-Veränderungen als durch die Erneuerung molekularer Hypothesen und sequentieller theoretischer Revisionen fortschreitet. Wir testen nicht eine Theorie nach der anderen. Die Theorien werden pluralistisch bewertet – eine Beobachtung, die einige Forscher tatsächlich zu der Empfehlung anregte, daß sich Theorien wesentlich schneller vermehren sollten (*Feyerabend*, 1970). Außerdem scheint unsere Wissenszunahme oft eher durch radikale begriffliche Revolutionen als durch allmähliche theoretische Verfeinerungen charakterisiert zu sein (*Kuhn*, 1962).

Nachdem *Weimer* (im Druck) die alt-ehrwürdigen Rechtfertigungs-Philosophien in Frage gestellt hatte, berichtete er über die gegenwärtigen Nicht-Rechtfertigungsperspektiven, die von *Bartley* (1962, 1968), *Kuhn* (1962, 1970a, b), *Popper* (1959, 1963, 1972) und ihm selber beschrieben wurden. Ein Beispiel ist der »umfassende kritische Rationalismus« (*Bartley*), der eine durchdringende und beständige Untersuchung aller Theorien, einschließlich seiner selbst empfiehlt. Der Wissenschaftler wird angehalten, eine Art geduldigen Verfolgungswahn bei allem – seinen Daten, seinen Theorien und sogar seiner technischen Paranoia – aufrechtzuerhalten. Übereinstimmend mit dieser Ansicht und wichtiger hinsichtlich unserer vorherigen Bemerkungen ist die Perspektive der »psychologischen Fehlbarkeit« (*Kuhn*, *Weimer*), die behauptet, daß die Zunahme wissenschaftlicher Erkenntnis nur von einem psychologischen Gesichtspunkt aus verstanden werden kann. In bezug auf den früheren Standpunkt müssen wir vielleicht, da wir den Vorgang des empirischen Wachsens verstehen, mehr den Wissenschaftler in seiner Eigenschaft als fehlbaren Informationsvermittler anerkennen.

Wohin führt uns das alles? Ist die Bemerkung von *William James* (1890) »Dies ist keine Wissenschaft, es ist nur die Hoffnung einer Wissenschaft« noch eine richtige Beschreibung für uns? Ich glaube nicht. Wir können jetzt auf jeden Fall verstehen, daß unsere Suche nach Erkenntnis ein fehlerhaftes und relatives Unterfangen darstellt. Es gibt keine universellen Maßstäbe für die Realität – unsere »Fakten«, unsere reinsten Daten, sind unvermeidliche Verzerrungen einer vermuteten Realität. Wir können niemals einschätzen, wie grob sie in ihrer

* Wir evaluieren gleichzeitig eine Anzahl von Paradigmen und selektieren solche, die uns im Moment am geeignetsten erscheinen.

Annäherung sind. Wir sind unentrinnbar in einen Solipsismus der Wissenschaft verstrickt und können niemals völlig über die platonischen »Schatten« springen, die wir von unseren eigenen informationsverarbeitenden Mechanismen bekamen. Unsere einzige methodische Wahlmöglichkeit, die Verzerrungen dieser Mechanismen zu vermindern, bestünde vielleicht darin, unseren naiven rechtfertigenden Ansatz neu zu bewerten und uns zu einem wissenschaftlichen Paradigma zu bekennen, das unsere Fehlbarkeit bei der Wissenssammlung besser berücksichtigt*.

Der Weg zu einem empirischen Humanismus

Unser Streben nach Erkenntnis ist also alles andere als »objektiv«. Es ist auch nicht selbstgesteuert. Einer der Mythen der Rechtfertigungstradition besagt, daß eine ausreichende Anhäufung von Daten das Gewinnen von Prinzipien forcieren wird. Sammle genügend Daten und die Regelhaftigkeiten der Natur werden von allein sichtbar werden! Diese Annahme zeigt sich ausgiebig bei der rasenden und oft richtungslosen Datensammlung, die in einigen psychologischen Bereichen mitzuerleben ist. Das stillschweigende Ideal zielt auf Quantität, nicht auf Qualität, und seine Effekte werden sowohl in unserem Lebenslauf als auch in unseren Zeitschriften jämmerlich reflektiert.

Leider ist die Richtung der wissenschaftlichen »Suchlichter« selten evolutionär oder selbst-korrigierend. Der Inhalt unserer Forschung wird durch unsere eigenen, kulturspezifischen Überzeugungen und vorgefaßten Meinungen entscheidend beeinflußt. Wir können bei einem bestimmten Problem zu immer größerer wissenschaftlicher Übereinstimmung gelangen, aber selten beachten wir solche Werte und Annahmen, die dieses Problem für die empirische Aufmerksamkeit wichtiger erscheinen lassen als andere. Es gibt ungeschriebene Konventionen für die Ziele und Aufgaben der Forschung, und diese stillschweigenden Regeln bestimmen, welche Bemühungen von professioneller Seite als relevant und als Wissensbeitrag verstärkt werden.

Ich behauptete an anderer Stelle (*Mahoney*, 1974b), daß man den Mythos einer moralisch indifferenten Technologie bei der praxis-bezogenen Wissenschaft heftigst in Frage stellen muß. Es wäre jetzt vielleicht noch zu früh, zu behaupten, daß wir uns einem Los-Alamos-

* Der Vorschlag, daß wir bei unserer Suche nach Erkenntnis die perzeptuellen psychologischen Grenzen des Erkenntnissuchenden (Wissenschaftlers) berücksichtigen müssen, ist wiederum eine begrenzte Lösung. Wir müssen unser Verstehen von der fehlerhaften Verarbeitung menschlicher Daten ihrerseits einer *fehlerhaften* empirischen Untersuchung unterziehen, und damit bleibt uns bestenfalls eine relativistische Epistemologie der »konvergierenden Verläßlichkeit«.

Stadium in der Verhaltenskontrolle annähern; wir können jedoch die sich rasch ausbreitende Präzision unserer Technologie kaum übersehen. Neuere politische Demonstrationen und juristische Kontroversen um die Verhaltensmodifikation bezeugen ihr unheilvolles Wachsen und ihre Vorbedeutung für die Öffentlichkeit. Minoritätengruppen behaupteten, daß unsere angeblich moralisch indifferente Technologie dazu benützt wurde, den *Status quo* zu stärken. Wir gaben Lehrern, Eltern und Gefängnisaufsehern Fertigkeiten, die häufig in ethischrelevanten Unternehmen angewendet werden. Obwohl wir uns auf das logische Argument, daß wissenschaftliche Prinzipien moralfrei Beschreibungen der Natur sind, zurückziehen können, wird solch ein Schritt wenig dazu beitragen können, den ständigen Mißbrauch unserer Technologie durch ihre Konsumenten zu beeinflussen.

Meiner Meinung nach kann und sollte sich der klinische Wissenschaftler den ethischen Konsequenzen seiner Forschung und ihrer Assimilation zuwenden. Es gibt viele Mittel zu diesem Engagement. Eines der hervorstechendsten Probleme beschäftigt sich mit der Richtung unserer empirischen Suchlichter. Angenommen wir verfeinern rapide unsere Kenntnisse über Verhaltensänderungsprozesse, wo werden wir dann mit unseren Befunden stehen? Welchen Richtlinien sollen wir bei der klinisch-psychologischen Forschung folgen? Natürlich ist es schwierig, Richtungen anzugeben, wenn man nicht weiß, wohin man geht; und das ist, glaube ich, ein Teil des Problems. Wir strebten voller Tatendrang immer weiter nach Wissen, ohne zuerst einige der Wertentscheidungen, die diesem Streben inhärieren, zu untersuchen oder zu bewerten.

Der Wissenschaftler verläßt sich bei seinen professionellen Arbeiten ausnahmslos auf mindestens zwei »Verpflichtungen«. Er ist gebunden an ein *Mittel* zum Erwerb von Wissen, welches ihm vorschreibt, »wie« er der Natur Fragen zu stellen hat. Noch impliziter ist vielleicht seine Verpflichtung solchen unspezifischen *Zielen* gegenüber, die ein Wertsystem bilden, das bestimmt, »was« er zu erforschen hat. Der vollkommene Wissenschaftler wird, meiner Meinung nach, diese beiden Verpflichtungen bei seinem Streben spüren, und wird versuchen, ihre Verdienste immer wieder neu zu bewerten.

Meine eigenen methodischen Verpflichtungen (Mittel) durchdrangen praktisch jedes Kapitel dieses Buches. Bis auf die letzten Kapitel dieses Buches waren meine Werte (Ziele) weniger deutlich. Einige meiner ethischen Vorurteile, die sich auf humanistische Richtlinien für die zukünftige klinische Forschung beziehen, wurden an anderer Stelle vorgestellt (*Mahoney*, 1974b). Kurz gesagt, ich schlug zur vorläufigen Beachtung vier allgemeine Gesichtspunkte vor:

1. *Persönliche Freiheit,* und damit werden verantwortliches Wählen und unabhängige Bewältigungsfertigkeiten betont.

2. *Soziale Sensibilität,* eine ausgewogene Berücksichtigung persönlicher und auch sozialer Konsequenzen, ohne mit einem von beiden unproportional beschäftigt zu sein.

3. *Umgang mit zeitlichen Gradienten,* wodurch unmittelbare und aufgeschobene Konsequenzen so ausbalanciert werden, daß sowohl Spontaneität als auch wohlüberlegtes Antizipieren möglich ist; und

4. *Kognitive Ökologie,* unsere private Umwelt aufräumen, und eine Selbstakzeptierung herstellen, die mehr auf dem Prozeß als auf dem Ergebnis unserer Anstrengungen beruht.

Selbstverständlich glaube ich, daß jeder der obengenannten Punkte in Begriffe gebracht werden kann, welche eine genaue, empirische Überprüfung ermöglichen.

Wie die meisten Wertsysteme, so stammt wahrscheinlich auch mein eigenes eher vom autonomen als vom Zentralnervensystem. Ich werde nicht so tun, als ob ich dafür eine logische Rechtfertigung anzubieten hätte. Ich werde mich jedoch dazu bekennen, daß ich Trost fand durch den Glauben, daß die humanistische Philosophie wesentlich zu dem Überleben und zur Verbesserung unserer Art beitragen kann.

Wir sind jetzt, glaube ich, am Rande eines Zeitalters, das für gedankliche und klinische Bereiche vielversprechend zu sein scheint. Die »Wissenschaft« der nächsten zehn Jahre scheint in provozierender Weise sowohl in ihrer Methodik als auch in ihrem Interessenschwerpunkt persönlicher zu werden. Während immer noch eine unermeßliche »Dunkelheit, in der wir herumtasten« (*William James,* 1890), besteht, wird diese Dunkelheit jetzt wenigstens von einer Demut erleuchtet, die durch Unwissen gestützt wird. Durch unsere Analyse des Wissenschaftlers als Mensch mit fehlerhafter Informationsverarbeitung können wir die menschliche Erkenntnistheorie verstehen lernen. Überraschender ist jedoch, daß offensichtlich eine personalisierte Wissenschaft aufkommt, die der Erfüllung einer humanistischen Philosophie gewidmet ist. Wir nähern uns vielleicht einem Schnittpunkt, an dem sich Wertsysteme und Wissenschaft treffen; dadurch werden wir ganz neue Beiträge erhalten.

Frühere Bemühungen, Wissenschaft und Humanismus zu integrieren, hinterließen natürlich einen blutigen Schauplatz. Die Schlachten waren lebhaft und lang; sie führten alle einheitlich zu unproduktiven Ergebnissen (*Mahoney, Kazdin, Lesswing,* 1974). Aus dem Vorhergehenden sollte klar hervorgehen, daß ich eine Integration der beiden Perspektiven nicht nur für machbar, sondern auch für ausgesprochen fruchtbar halte. Der Behaviorist und der Humanist sind hoffentlich über ihre Rivalitäten hinausgewachsen. Wenn beide den Anspruch erheben, als ihr persönliches und professionelles Ziel, die Beseitigung menschlichen Leidens und das individuelle Wachsen einer Person anzunehmen, so müssen wir eine auf Zusammenarbeit basierende und auf Personen orientierte Wissenschaft weiter verfolgen. Die gegenwärtigen Weltkrisen und das starke Vorkommen menschlicher Probleme sind ein trauriges und häufiges Zeugnis für unseren Mangel an einem persönlichen und empirischen Humanismus. Es bleibt zu hoffen, daß wir uns in den nächsten zehn Jahren zusammen bemühen, sensible Wissenschaftler zu werden, die sich dazu hergeben, die Menschlichkeit des Menschen sich selber und seinen Mitmenschen gegenüber mit empirischen Mitteln zu verfeinern.

Literaturverzeichnis

Abelson, R. P., Aronson, E., McGuire, W. J., Newcomb, T. M., Rosenberg, M. J., & Tannenbaum, P. H. (Eds.), *Theories of cognitive consistency: A sourcebook.* Chicago: Rand Mc Nally, 1968.

Ackerman, P. D. Extinction of covert impulse responses through elimination of consummatory events. *Psychological Record,* 1972, *22,* 477—486.

— Formulations regarding an experimental analysis of covert impulse and depressions responses as mediators of consummatory S—R sequences. *Psychological Record,* 1973, *23,* 477—486.

Adams, J. A. *Human memory.* New York: McGraw-Hill, 1967.

Adorno, T. W., Frenkel-Brunswik. E., Levinson, D. J., & Sanford, R. N. *The authoritarian personality.* New York: Harper, 1950.

Agras, W. S. Transfer during systematic desensitization therapy. *Behaviour Research and Therapy,* 1967, *5,* 193—199.

— Covert conditioning. *Seminars in Psychiatry,* 1972, *4,* 157—163.

Allen, G. J. The behavioral treatment of test anxiety. *Behavior Therapy,* 1972, *3,* 253—262.

Alston, W. P. Can psychology do without private data? *Behaviorism,* 1972, *1,* 71—102.

Alumbaugh, R. V. Use of behavior modification techniques toward reduction of hallucinatory behavior: A case study. *Psychological Record,* 1971, *21,* 415—417.

Anant, S. S. A note on the treatment of alcoholics by a verbal aversion technique. *Canadian Psychologist,* 1967, *8,* 19—22.

Anderson, J. R., & Bower, G. H. *Human associative memory.* Washington, D.C.: Winston & Sons, 1973.

Annon, J. S. The therapeutic use of masturbation in the treatment of sexual disorders. In R. D. Rubin, J. P. Brady & J. D. Henderson (Eds.), *Advances in behavior therapy.* Vol. 4. New York: Academic Press, 1973, Pp. 199—215.

Apter, M. J. *The computer simulation of behavior.* New York: Harper, 1970.

Argabrite, A., & Nidorf, L. 15 questions for rating reason. *Rational Living,* 1968, *3,* 9—11.

Ascher, L. M. An experimental analog study of covert positive reinforcement. In R. D. Rubin, J. P. Brady, & J. D. Henderson (Eds.), *Advances in behavior therapy.* Vol. 4. New York: Academic Press, 1973, Pp. 127—138.

Ascher, L. M., & Cautela, J. R. Covert negative reinforcement: An experimental test. *Journal of Behavior Therapy and Experimental Psychiatry,* 1972, *3,* 1—5.

Ashem, B., & Donner, L. Covert sensitization with alcoholics: A controlled replication. *Behaviour Research and Therapy,* 1968, *6,* 7—12.

Atkinson, R. C., & Shiffrin, R. M. The control of short-term memory. *Scientific American,* 1971, *225,* 82—90.

Atkinson, R. C., & Wickens, T. D. Human memory and the concept of reinforcement. In R. Glaser (Ed.), *The nature of reinforcement.* New York: Academic Press, 1971, Pp. 66—120.

Averill, J. R. Personal control over aversive stimuli and its relationship to stress. *Psychological Bulletin,* 1973, *80,* 286—303.

Ayllon, T., & Azrin, N. H. Reinforcement and instructions with mental patients. *Journal of the Experimental Analysis of Behavior,* 1964, *7,* 327—331.

Babladelis, G. Personality and conditioning: A series of attempts to modify self-concept. *Psychological Record,* 1973, *23,* 553—559.

Bachrach, A. J. *Psychological research: An introduction.* (2nd ed.) New York: Random House, 1965.

Bacon, F. *Novum organum.* (original 1621) Oxford: Oxford University Press. 1889.

Baer, D. M., & Sherman, J. A. Reinforcement control of generalized imitation in young children. *Journal of Experimental Child Psychology,* 1964, *1,* 37—49.

Bain, J. A. *Thought control in everday life.* New York: Funk & Wagnalls, 1928.

Baker, J. N. Reason versus reinforcement in behavior modification. Unpublished doctoral dissertation. University of Illinois, 1966.

Bandura, A. Vicarious processes: A case of no-trial learning. In L. Berkowitz (Ed.), *Advances in experimental social psychology.* Vol. II. New York: Academic Press, 1965, Pp. 1—55.

— A social learning interpretation of psychological dysfunctions. In P. London & D. Rosenhan (Eds.), *Foundations of abnormal psychology.* New York: Holt, Rinehart & Winston, 1968, Pp. 293—344.

— *Principles of behavior modification.* New York: Holt, Rinehart & Winston, 1969.

— (Ed.), *Psychological modeling: Conflicting theories.* Chicago: Aldine-Atherton, 1971 (a).

— Psychotherapy based upon modeling principles. In A. E. Bergin & S. L. Garfield (Eds.), *Handbook of psychotherapy and behavior change.* New York: Wiley, 1971, Pp. 653—708 (b).

— *Social learning theory:* Morristown, N.J.: General Learning Press, 1971 (c).

— Vicarious and self-reinforcement processes. In R. Glaser (Ed.), *The nature of reinforcement.* New York: Academic Press, 1971, Pp. 228—278 (d).

— The process and practice of participant modeling treatment. Paper presented to the Conference on the Behavioral Basis of Mental Health. Galway, Ireland, 1972.

— *Aggression: A social learning analysis.* Englewood Cliffs: Prentice-Hall, 1973.

Bandura, A., & Barab, P. G. Conditions governing nonreinforced imitation. *Developmental Psychology,* 1971, *5,* 244—255.

Bandura, A., Blanchard, E. B., & Ritter, B. Relative efficacy of desensitization and modeling approaches for inducing behavioral, affective, and attitudinal changes. *Journal of Personality and Social Psychology,* 1969, *13,* 173—199.

Bandura, A., Grusec, J. E., & Menlove, F. L. Observational learning as a function of symbolization and incentive set. *Child Development,* 1966, *37,* 499—506.

Bandura, A., & Jeffery, R. W. Role of symbolic coding and rehearsal processes in observational learning. *Journal of Personality and Social Psychology,* 1973, *26,* 122—130.

Bandura, A., Jeffery, R. W., & Bachicha, D. L. Analysis of memory codes and cumulative rehearsal in observational learning. Unpublished manuscript, Stanford University, 1974.

Bandura, A., Jeffery, R. W., & Gajos, E. Generalizing change by participant modeling with self-directed mastery. Unpublished manuscript. Stanford Uniford University, 1974.

Bandura, A., Jeffery, R. W., & Wright, C. L. Efficacy of participant modeling as a function of response induction aids. *Journal of Abnormal Psychology,* in press.

Bandura, A., & Menlove, F. L. Factors determining vicarious extinction of avoidance behavior through symbolic modeling. *Journal of Personality and Social Psychologie,* 1968, *8,* 99—108.

Bandura, A., & Rosenthal, T. L. Vicarious conditioning as a function of arousal level. *Journal of Personality and Social Psychology*, 1966, *3*, 54—62.
Bandura, A., & Walters, R. H. *Adolescent aggression*. New York: Ronald Press, 1959.
Bannister, D. Psychology as an exercise in paradox. *Bulletin of the British Psychological Society*, 1966, *19*, 21—26.
Barber, T. X., & Hahn, K. W. Experimental studies in "hypnotic" behavior: Physiological and subjective effects of imagined pain. *Journal of Nervous and Mental Disease*, 1964, *139*, 416—425.
Barlow, D. H. Increasing heterosexual responsiveness in the treatment of sexual deviation: A review of the clinical and experimental literature. *Behavior Therapy*, 1973, *4*, 655—671.
Barlow, D. H., Agras, W. S., Leitenberg, H., Callahan, E. J., & Moore, R. C. The contribution of therapeutic instruction to covert sensitization. *Behaviour Research and Therapy*, 1972, *10*, 411—415.
Barlow, D. H., Leitenberg, H., & Agras, W. S. Experimental control of sexual deviation through manipulation of the noxious scene in covert sensitization. *Journal of Abnormal Psychology*, 1969, *74*, 596—601.
Barlow, D. H., Leitenberg, H., Agras, W. S., & Wincze, J. The transfer gap in systematic desensitization: An analogue study. *Behaviour Research and Therapy*, 1969, *7*, 191—196.
Bartlett, F. C. *Remembering*. Cambridge: Cambridge University Press, 1932.
Bartley, W. W. *The retreat to commitment*. New York: Alfred A. Knopf, 1962.
— Theories of demarcation between science and metaphysics. In I. Lakatos & A. Musgrave (Eds.), *Problems in the philosophy of science*. Amsterdam: North Holland Publishing Company, 1968, Pp. 40—64.
Bass, B. A. An unusual behavioral technique for treating obsessive ruminations. *Psychotherapy: Theory, Research and Practice*, 1973, *10*, 191—192.
Bayroff, A. G., & Lard, K. E. Experimental social behavior of animals: III. Imitational learning of white rats. *Journal of Comparative Psychology*, 1944, *37*, 165—171.
Beck, A. T. *Depression: Clinical, experimental, and theoretical aspects*. New York: Hoeber, 1967.
— Cognitive therapy: Nature and relation to behavior therapy. *Behavior Therapy*, 1970, *1*, 184—200 (a).
— Role of fantasies in psychotherapy and psychopathology. *Journal of Nervous and Mental Disease*, 1970, *150*, 3—17 (b).
— Cognition, affect, and psychopathology. *Archives of General Psychiatry*, 1971, *24*, 495—500.
— Cognition, anxiety, and psychophysiological disorders. In C. D. Spielberger (Ed.), *Anxiety: Current trends in theory and research*. New York: Academic Press, 1972, Pp. 343—354 (a).
— The phenomenon of depression: A synthesis. In D. Offer & D. X. Freedman (Eds.), *Modern psychiatry and clinical research*. New York: Basic Books, 1972 (b).
— Cognitive modification in depressed, suicidal patients. Paper presented to the Society for Psychotherapy Research. Denver, 1974.
Beck, A. T., & Greenberg, R. L. Cognitive therapy with depressed women. In V. Franks & V. Burtle (Eds.), *Women in therapy*. New York: Brunner/Mazel, in press.
Beck, A. T., Laude, R., & Bohnert, M. Ideational components of anxiety neurosis. Unpublished manuscript, University of Pennsylvania, 1974.
Belmont, J. M., & Butterfield, E. C. Learning strategies as determinants of memory deficiencies. *Cognitive Psychologie*, 1971, *2*, 411—420.
Bem, D. J. Self-perception: An alternative interpretation of cognitive dissonance phenomena. *Psychological Review*, 1967, *74*, 183—200.

— *Beliefs, attitudes, and human affairs.* Monterey: Brooks/Cole, 1970.
— Self-perception theory. In L. Berkowitz (Ed.), *Advances in experimental social psychology.* Vol. 6. New York: Academic Press, 1972, Pp. 1—62.
Bem, S. L. Verbal self-control: The establishment of effective self-instruction. *Journal of Experimental Psychology,* 1967, *74,* 485—491.
Benjamin, A. C. *Operationism.* Springfield, Ill.: Charles C. Thomas, 1955.
Berecz, J. Modification of smoking behavior throug self-administered punishment of imagined behavior: A new approach to aversion therapy. *Journal of Consulting and Clinical Psychology,* 1972, *38,* 244—250.
Berger, S. M. Conditioning through vicarious instigation. *Psychological Review,* 1962, *69,* 450—466.
Berger, S. M., & Johansson, S. L. Effect of a model's expressed emotions on an observer's resistance to extinction. *Journal of Personality and Social Psychology,* 1968, *10,* 53—58.
Bergin, A. E. A self-regulation technique for impulse control disorders. *Psychotherapy: Theory, Research and Practice,* 1969, *6,* 113—118.
— Cognitive therapy and behavior therapy: Foci for a multidimensional approach to treatment. *Behavior Therapy,* 1970, *1,* 205—212.
Bernard, C. *An introduction to the study of experimental medicine* (Original 1865). New York: Dover, 1957.
Bernstein, D. A. Modification of smoking behavior. An evaluative review. *Psychological Bulletin,* 1969, *71,* 418—440.
— Situational factors in behavioral fear assessment: A progress report. *Behavior Therapy,* 1973, *4,* 41—48.
Betancourt, F. W., & Zeiler, M. D. The choices and preferences of nursery school children. *Journal of Applied Behavior Analysis,* 1971, *4,* 299—304.
Blackwood, R. O. The operant conditioning of verbally mediated self-control in the classroom. *Journal of School Psychology,* 1970, *8,* 251—258.
Blanchard, E., & Draper, D. O. Treatment of a rodent phobia by covert reinforcement: A single subject experiment. *Behavior Therapy,* 1973, *4,* 559—564.
Blanshard, B., & Skinner, B. F. Is the concept of consciousness necessary?: A debate. *Philosophy and Phenomenological Research.* March 1967.
Blumenfeld, A. *Heart attack: Are you a candidate?* New York: Pyramid, 1964.
Bolles, R. C. Reinforcement, expectancy, and learning. *Psychological Review,* 1972, *79,* 394—409.
Boren, J. J. Some variables affecting the superstitious chaining of responses. In P. B. Dews (Ed.), *Festschrift for B. F. Skinner.* New York: Appleton-Century-Crofts, 1970, Pp. 119—129.
Boren, J. J., & Coleman, A. D. Some experiments on reinforcement principles within a psychiatric ward for delinquent soldiers. *Journal of Applied Behavior Analysis,* 1970, *3,* 29—37.
Bourne, L. E., & Dominowski, R. L. Thinking. *Annual Review of Psychology,* 1972, *23,* 105—130..
Bower, G. H. Imagery as a relational organizer in associative learning. *Journal of Verbal Learning and Verbal Behavior,* 1970, *9,* 529—533.
— Mental imagery and associative learning. In L. Gregg (Ed.), *Cognition and learning in memory.* New York: Wiley, 1972.
Breger, L. (Ed.), *Clinical-cognitive psychology.* Englewood Cliffs: Prentice-Hall, 1969.
Brehm, J. W. *A theory of psychological reactance.* New York: Academic Press, 1966.
Breland, K., & Breland, M. The misbehavior of organisms. *American Psychologist,* 1961, *16,* 681—684.
Breznitz, S. A study of worry. *British Journal of Social and Clinical Psychology,* 1971, *10,* 271—279.

Bridger, W. H., & Mandel, I. J. A comparison of GSR fear responses produced by threat and electric shock. *Journal of Psychiatric Research*, 1964, *2*, 31—40.
— & — Abolition of the PRE by instructions in GSR conditioning. *Journal of Experimental Psychology*, 1965, *69*, 476—482.
Bridgman, P. W. *The logic of modern physics*. New York: Macmillan, 1927.
— Remarks on the present state of operationism. *Scientific Monthly*, 1954, *79*, 224—226.
Brigham, T. A., & Bushell, D. Notes on autonomous environments: Effects of student-selected and teacher-selected rewards on academic performance. *Educational Technology*, in press.
Brigham, T. A., & Sherman, J. A. Effects of choice and immediacy of reinforcement on single response and switching behavior of children. *Journal of the Experimental Analysis of Behavior*, 1973, *19*, 425—435.
Brigham, T. A., & Stoerzinger, A. Choice as a consequence: A concurrent analysis. Unpublished manuscript, Washington State University, 1974.
Brown, P. L., & Jenkins, H. M. Auto-shaping of the pigeon's key-peck. *Journal of the Experimental Analysis of Behavior*, 1968, *11*, 1—8.
Brown, R., & McNeill, D. The "tip of the tongue" phenomenon. *Journal of Verbal Learning and Verbal Behavior*, 1966, *5*, 325—337.
Browning, R. M. Treatment effects of a total behavior modification program with five autistic children. *Behaviour Research and Therapy*, 1971, *9*, 319—327.
Bruch, H. *Eating disorders*. New York: Basic Books, 1973.
Bruner, J. S., Goodnow, J. J., & Austin, G. A. *A study of thinking*. New York: Wiley, 1956.
Bucher, B., & Fabricatore, J. Use of patient-administered shock to suppress hallucinations. *Behavior Therapy*, 1970, *1*, 382—385.
Buchwald, A. M. Extinction after acquisition under different verbal reinforcement combinations. *Journal of Experimental Psychology*, 1959, *57*, 43—48 (a).
— Experimental alternations in the effectiveness of verbal reinforcement combinations. *Journal of Experimental Psychology*, 1959, *57*, 351—361 (b).
— Supplementary report: Alteration in the reinforcement value of a positive reinforcer. *Journal of Experimental Psychology*, 1960, *60*, 416—418.
Burkhead, D. E. The reduction of negative affect in human subjects: A laboratory investigation of rational-emotive psychotherapy. Unpublished doctoral dissertation. Western Michigan University, 1966.
Burmester, M. A., Garth, R. E., Koos, E. M., & Stothart, J. R. *Explorations in biology*. Kansas City, Mo.: Mid-continent Regional Educational Laboratory, 1970.
Burstein, S., & Meichenbaum, D. The work of worrying in children undergoing surgery. Unpublished manuscript. University of Waterloo, 1974.
Butterfield, E. C., Wambold, C., & Belmont, J. M. On the theory and practice of improving short-term memory. *American Journal of Mental Deficiency*, 1973, *77*, 654—669.
Butts, D. P. The relationship of problem solving ability and science knowledge. *Science Education*, 1965, *49*, 138—146
Butts, D. P., & Jones, H.L. Inquiry training and problem solving in elementary school children. *Journal of Research in Science Teaching*, 1966, *4*, 21—27.
Callahan, E. J., & Leitenberg, H. Aversion therapy for sexual deviation: Contingent shock and covert sensitization. *Journal of Abnormal Psychology*, 1973, *81*, 60—73.
Campbell, B. A., & Spear, N. E. Ontogeny of memory. *Psychological Review*, 1972, *79*, 215—236.
Campbell, D. T., & Stanley, J. C. *Experimental and quasi-experimental designs for research*. Chicago: Rand Mc Nally, 1963.

Campbell, L. M. A variation of thought-stopping in a twelve-year-old boy: A case report. *Journal of Behavior Therapy and Experimental Psychiatry,* 1973, *4,* 69—70.
Cannon, W. B. "Voodoo" death. *American Anthropologist,* 1942, *44,* 169—181.
— "Voodoo" death. *Psychosomatic Medicine,* 1957, *19,* 182—190.
Carnegie, D. *How to stop worrying and start living.* New York: Simon & Schuster, 1948.
Castaneda, C. *A separate reality: Further conversation with Don Juan.* New York: Pocket Books, 1972.
Catania, A. C. Chomsky's formal analysis of natural languages: A behavioral translation. *Behaviorism,* 1972, *1,* 1—15 (a).
— The pigeon's preference for free choice over forced choice. Paper presented to the Psychonomic Society, St. Louis, November 1972 (b).
Catania, A. C., & Cutts, D. Experimental control of superstitious responding in humans. *Journal of the Experimental Analysis of Behavior,* 1963, *6,* 203—208.
Cautela, J. R. Treatment of compulsive behavior by covert sensitization. *Psychological Record,* 1966, *16,* 33—41.
— Covert sensitization. *Psychological Reports,* 1967, *20,* 549—468.
— The use of imagery in behavior modification, Paper presented to the Association for the Advancement of Behavior Therapy, Washington, D.C., 1969 (a).
— Behavior therapy and self-control: Techniques and implications. In C. M. Franks (Ed.), *Behavior therapy: Appraisal and status.* New York: Mc Graw-Hill, 1969, Pp. 323—340 (b).
— Covert negative reinforcement. *Journal of Behavior Therapy and Experimental Psychiatry,* 1970, *1,* 273—278 (a).
— Covert reinforcement. *Behavior Therapy,* 1970, *1,* 33—50 (b).
— The treatment of alcoholism by covert sensitization. *Psychotherapy,* 1970, *7,* 86—90 (c).
— Treatment of smoking by covert sensitization. *Psychological Reports,* 1970, *26,* 415—420 (d).
— Covert conditioning. In A. Jacobs & L. B. Sachs (Eds.), *The psychology of private events: Perspectives on covert response systems.* New York: Academic Press, 1971, Pp. 109—130 (a).
— Covert extinction. *Behavior Therapy,* 1971, *2,* 192—200 (b).
— Covert modeling. Paper presented to the Association for the Advancement of Behavior Therapy, Washington, D.C., 1971 (c).
— Rationale and procedures for covert conditioning. In R. D. Rubin, H. Fensterheim, J. D. Henderson & L. P. Ullmann (Eds.), *Advances in behavior therapy.* New York: Academic Press, 1972, Pp. 85—96.
— Covert processes and behavior modification. *Journal of Nervous and Mental Disease,* 1973, *157,* 27—36.
Cautela, J. R., & Baron, M. G. Multifaced behavior therapy of self-injurious behavior. *Journal of Behavior Therapy and Experimental Psychiatry,* 1973, *4,* 125—131.
Cautela, J. R., Flannery R. B., & Hanley, E. Covert modeling: An experimental test. *Behavior Therapy,* in press.
Cautela, J. R., Steffan, J., & Wish, P. Covert reinforcement: An experimental test. *Journal of Consulting and Clinical Psychology,* in press.
Cautela, J. R., Walsh, K., & Wish, P. The use of covert reinforcement in the modification of attitudes toward the mentally retarded. *Journal of Psychology,* 1971, *77,* 257—260.
Cautela, J. R., & Wisocki, P. A. The use of imagery in the modification of attitudes toward the elderly: A preliminary report. *Journal of Psychology,* 1969, *73,* 193—199.
Cautela, J. R., & Wisocki, P. A. Covert sensitization for the treatment of sexual deviations. *Psychological Record,* 1971, *21,* 37—48.

Chapman, J. Visual imagery and motor phenomena in acute schizophrenia. *British Journal of Psychiatry*, 1967, *113*, 771—778.
Chapman, R. F., Smith, J. W., & Layden, T. A. Elimination of cigarette smoking by punishment and self-management training. *Behaviour Research and Therapy*, 1971, *9*, 255—264.
Chapman, R. M. Evoked potentials of the brain related to thinking. In F. J. McGuigan & R. A. Schoonover (Eds.), *The psychophysiology of thinking*. New York: Academic Press, 1973, Pp. 69—108.
Chappell, M. N., & Stevenson, T. I. Group psychological training in some organic conditions. *Mental Hygiene*, 1936, *20*, 588—597.
Cherry, E. C. Some experiments on the recognition of speech, with one and with two ears. *Journal of the Acoustical Society of America*, 1953, *25*, 975—979.
Chesen, E. S. *Religion may be hazardous to your health*. New York: Collier, 1972.
Church, R. M. Transmission of learned behavior between rats. *Journal of Abnormal and Social Psychology*, 1957, *54*, 163—165.
Cohen, D. B. Toward a theory of dream recall. *Psychological Bulletin*, 1974, *81*, 138—154.
Cohen, G. How are pictures registered in memory? *Quarterly Journal of Experimental Psychology*, 1973, *25*, 557—564.
Cooke, G. Evaluation of the efficacy of the components of reciprocal inhibition psychotherapy. *Journal of Abnormal Psychology*, 1968, *73*, 464—467.
Corson, J. A. Observational learning of a lever pressing response. *Psychonomic Science*, 1967, *7*, 197—198.
Coué, E. *The practice of autosuggestion*. New York: Doubleday, 1922.
Covington, M. V., Crutchfield, R. S., & Davies, L. B. *The productive thinking program. Series one: General problem solving*. Berkeley: Brazelton, 1966.
Cowan, P. A., Hoddinott, B. A., & Wright, B. A. Compliance and resistance in the conditioning of autistic children: An exploratory study. *Child Development*, 1965, *36*, 913—923.
Craig, K. Physiological arousal as a function of imagined, vicarious, and direct stress experiences. *Journal of Abnormal Psychology*, 1968, *73*, 513—520.
Craighead, W. E. The role of muscular relaxation in systematic desensitization. In R. D. Rubin, J. P. Brady & J. D. Henderson (Eds.), *Advances in beavior therapy*. Vol. 4. New York: Academic Press, 1973, Pp. 177—197.
Crawford, M. P., & Spence, K. W. Observational learning of discrimination problems by chimpanzees. *Journal of Comparative Psychology*, 1939, *27*, 133—147.
Creed, T. L., & Ferster, C. B. Space as a reinforcer in a continuous freeoperant environment. *Psychological Record*, 1972, *22*, 161—167.
Crosby, R. M., & Cahoon, D. D. Superstitious responding as an artifact in investigations of shock elicited aggression. *Psychological Record*, 1973, *23*, 191—196.
Crowder, J. E., & Thornton, D. W. Effects of systematic desensitization, programmed fantasy, and bibliotherapy on a specific fear. *Behaviour Research and Therapy*, 1970, *8*, 35—41.
Curtis, R. H., & Presly, A. S. The extinction of homosexual behavior by covert sensitization: A case study. *Behaviour Research and Therapy*, 1972, *10*, 81—83.
Danaher, B. G. An experimental analysis of coverant control: Cuing and consequation. Paper presented to the Western Psychological Association, San Francisco, April 1974.
— The theoretical foundations and clinical applications of the Premack Principle: A review and critique. *Behavior Therapy*, in press.
Danaher, B. G., & Thoresen, C. E. Imagery assessment by self-report and behavioral measures. *Behaviour Research and Therapy*, 1972, *10*, 131—138.

Darby, C. L., & Riopelle, A. J. Observational learning in the rhesus monkey. *Journal of Comparative and Physiological Psychology*, 1959, *52*, 94—98.
Darrow, C. W. Differences in the physiological reactions to sensory and ideational stimuli. *Psychological Bulletin*, 1929, *26*, 185—201.
Davis, A. *Let's eat right to keep fit.* New York: Harcourt, Brace and Jovanovich, 1954.
Davis, D., McLemore, C. W., & London, P. The role of visual imagery in desensitization. *Behaviour Research and Therapy*, 1970, *8*, 11—13.
Davis, G. A. Current status of research and theory in human problem solving. *Psychological Bulletin*, 1966, *66*, 36—54.
— *Psychology of human problem solving: Theory and practice*. New York: Basic Books, 1973.
Davis, G. A., & Scott, J. A. (Eds.), *Training creative thinking*. New York: Holt, 1971.
Davison, G. C. Differential relaxation and cognitive restructuring in therapy with a "paranoid schizophrenie" or "paranoid state". *Proceedings of the 74th Annual Convention of the American Psychological Association*, 1966, 177—178.
— Elimination of a sadistic fantasy by a client-controlled counterconditioning technique: A case study. *Journal of Abnormal Psychology*, 1968, *73*, 84—89 (a).
— Systematic desensitization as a counterconditioning process. *Journal of Abnormal Psychology*, 1968, *73*, 91—99 (b).
— Self-control through "imaginal aversive contingency" and "onedownmanship": Enabling the powerless to accommodate unreasonableness. In J. D. Krumboltz & C. E. Thoresen (Eds.), *Behavioral counseling: Cases and techniques*. New York: Holt, Rinehart & Winston, 1969, Pp. 319—327.
— Counter-control in behavior modification. In L. A. Hamerlynck, L. C. Handy & E. J. Mash (Eds.), *Behavior change: Methodology, concepts, and practice*. Champaign, Ill.: Research Press, 1973, Pp. 153—167.
Davison, G. C., Tsujimoto, R. N., & Glaros, A. G. Attribution and the maintenance of behavior change in falling asleep. *Journal of Abnormal Psychology*, 1973, *82*, 124—133.
Davinson, G. C., & Valins, S. On self-produced and drug-produced relaxation. *Behaviour Research and Therapy*, 1968, *6*, 401—402.
Davison, G. C., & Valins, S. Maintenance of self-attributed and drug-attributed behavior change. *Journal of Personality and Social Psychology*, 1969, *11*, 25—33.
Davison, G. C., & Wilson, G. T. Processes of fear-reduction in systematic desensitization: Cognitive and social reinforcement factors in humans. *Behavior Therapy*, 1973, *4*, 1—21.
Day, W. F. Radical behaviorism in reconciliation with phenomenology. *Journal of the Experimental Analysis of Behavior*, 1969, *12*, 315—328 (a).
— On certain similarities between the philosophical investigations of Ludwig Wittgenstein and the operationism of B. F. Skinner. *Journal of the Experimental Analysis of Behavior*, 1969, *12*, 489—506 (b).
— Methodological problems in the analysis of behavior controlled by private events: Some unusual recommendations. Paper presented to the American Psychological Association, Washington, D.C., 1971.
deBono, E. *Lateral thinking*. New York: Harper, 1970.
deCharms, R. *Personal causation: The internal affective determinants of behavior.* New York: Academic Press, 1968.
Deci, E. L. Effects of externally mediated rewards on intrinsic motivation. *Journal of Personality and Social Psychology*, 1971, *18*, 105—115.
— Intrinsic motivation, extrinsic reinforcement, and inequity. *Journal of Personality and Social Psychology*, 1972, *22*, 113—130.
Dember, W. N. Motivation and the cognitive revolution. *American Psychologist*, 1974, *29*, 161—168.

Dement, W. C. *Some must watch while some must sleep.* Stanford: Stanford Alumni Association, 1972.
DeNike, L. D. The temporal relationship between awareness and performance in verbal conditioning. *Journal of Experimental Psychology,* 1964, *68,* 521—529.
Denny, D. Modeling effects upon conceptual style and cognitive tempo. *Child Development,* 1972, *43,* 105—119.
Dewey, J. *How we think.* Boston: Heath, 1933.
— *Logic: The theory of inquiry.* New York: Holt, 1938.
DiLoreto, A. O. *Comparative psychotherapy: An experimental analysis.* Chicago: Aldine-Atherton, 1971.
Doke, L. A., & Risley, T. R. The organization of daycare environments: Required vs. optional activities. *Journal of Applied Behavior Analysis,* 1972, *5,* 405—420.
Dostoyevsky, F. M. *Notes from the Underground* (Original 1864). In B. G. Guerney (Ed.), *A treasury of Russian literature.* New York: Vanguard Press, 1943, Pp. 442—537.
Dulany, D. E. The place of hypotheses and intentions: An analysis of verbal control in verbal conditioning. In C. W. Eriksen (Ed.), *Behavior and awareness.* Durham, N.C.: Duke University Press, 1962. Pp. 102—129.
— Awareness, rules, and propositional control: A confrontation with S-R behavior theory. In T. R. Dixon & D. L. Horton (Eds.), *Verbal behavior and general behavior theory.* Englewood Cliffs: Prentice-Hall, 1968. Pp. 340—387.
D'Zurilla, T. Recall efficiency and mediating cognitive events in "experimental repression". *Journal of Personality and Social Psychology,* 1965, *1,* 253—257.
D'Zurilla, T. J., & Goldfried, M. R. Problem solving and behavior modification. *Journal of Abnormal Psychology,* 1971, *78,* 107—126.
D'Zurilla, T. J., Wilson, G. T., & Nelson, R. A preliminary study of the effectiveness of graduated prolonged exposure in the treatment of irrational fear. *Behavior Therapy,* 1973, *4,* 672—685.
Edwards, M. W. A survey of problem-solving courses. *Journal of Creative Behavior,* 1968, *2,* 33—51.
Efron, R. The conditioned inhibition of uncinate fits. *Brain,* 1957, *80,* 251—262.
Ehrlich, H. J., & Lee, D. Dogmatism, learning, and resistance to change: A review and a new paradigm. *Psychological Bulletin,* 1969, *71,* 249—260.
Ellis, A. Outcome of employing three techniques of psychotherapy. *Journal of Clinical Psychology,* 1957, *13,* 344—350.
— *Reason and emotion in psychotherapy.* New York: Stuart, 1962.
— A cognitive approach to behavior therapy. *International Journal of Psychotherapy,* 1969, *8,* 896—900.
— *The essence of rational psychotherapy: A comprehensive approach to treatment.* New York: Institute for Rational Living, 1970.
— *Growth through reason.* Palo Alto: Science & Behavior Books, 1971.
— *How to master your fear of flying.* New York: Curtis, 1972.
— Are cognitive behavior therapy and rational therapy synonymous? *Rational Living,* 1973, *8,* 8—11 (a).
— *Humanistic psychotherapy: The rational-emotive approach.* New York: Julian Press, 1973 (b).
Ellis, A., & Harper, R. A. *A guide to rational living.* Hollywood: Wilshire, 1961.
Epstein, L. H., & Peterson, G. L. Differential conditioning using covert stimuli. *Behavior Therapy,* 1973, *4,* 96—99.
Erhard, D. The new vegetarians. *Nutrition Today,* 1973, *8,* 4—12.
— The new vegetarians: Part II. *Nutrition Today,* 1974, *9,* 20—27.
Eriksen, C. W., & Kuthe, J. L. Avoidance conditioning of verbal behavior without awareness: A paradigm of repression. *Journal of Abnormal and Social Psychology,* 1956, *53,* 203—209.
Estes, W. K. Reward in human learning: Theoretical issues and strategic choice

points. In R. Glaser (Ed.), *The nature of reinforcement.* New York: Academic Press, 1971, Pp. 16—36.

Estes, W. K., Koch, S., MacCorquodale, K., Meehl, P. E., Mueller, C. G., Schoenfield, W. N., & Verplanck, W. S. *Modern learning theory.* New York: Appleton-Century-Crofts, 1954.

Farber, I. E. The things people say to themselves. *American Psychologist,* 1963, *18,* 185—197.

Farr, J., & Tucker, D. Extension of the covert sensitization paradigm with sexual deviance. Unpublished manuscript, Pennsylvania State University, 1974.

Feigenbaum, E. A., & Feldman, J. C. *Computers and thought.* New York: McGraw-Hill, 1963.

Feingold, B. D., & Mahoney, M. J. Reinforcement effects on intrinsic interest: Undermining the overjustification hypothesis. *Behavior Therapy,* 1974 (in press).

Feldhusen, J. F., Treffinger, D. J., & Bahlke, S. J. Developing creative thinking: The Purdue creativity program. *Journal of Creative Behavior,* 1970, *4,* 85—90.

Felixbrod, J. J., & O'Leary, K. D. Effects of reinforcement on childrens academic behavior as a function of self-determined and externally imposed contingencies. *Journal of Applied Behavior Analysis,* 1973, *6,* 241—250.

Feyerabend, P. Consolations for the specialist. In I. Lakatos & A. Musgrave (Eds.), *Criticism and the growth of knowledge.* Cambridge: Cambridge University Press, 1970, Pp. 197—230.

Fixsen, D. L., Phillips, E. L., & Wolf, M. M. Achievement Place: Experiments in self-government with pre-delinquents. *Journal of Applied Behavior Analysis,* 1973, *6,* 31—47.

Flannery, R. B. A laboratory analogue of two covert reinforcement procedures. *Journal of Behavior Therapy and Experimental Psychiatry,* 1972, *3, 171—* 177 (a).

— Use of covert conditioning in the treatment of a drug-dependent college dropout. *Journal of Counseling Psychology,* 1972, *19,* 547—550 (b).

Foreyt, J. P., & Hagen, R. L. Covert sensitization: Conditioning or suggestion? *Journal of Abnormal Psychology,* 1973, *82,* 17—23.

Fox, E. E., & Davies, R. L. Test your rationality, *Rational Living,* 1971, *5,* 23—25.

Foxman, J. Effect of cognitive rehearsal on rat phobic behavior. *Journal of Abnormal Psychology,* 1972, *79,* 39—46.

Frank, J. D. *Persuasion and healing.* Baltimore: Johns Hopkins Press, 1961.

Frankl, V. E. *Man's search for meaning: An introduction to logotherapy.* New York: Washington Square Press, 1959.

Fredericks, C. *Eating right for you.* New York: Grosset & Dunlap, 1972.

Gagne, R. M. Problem solving. In A. W. Melton (Ed.), *Categories of human learning.* New York: Academic Press, 1964, Pp. 293—317.

Galton, F. Statistical inquiries into the efficacy of prayer. *Fortnightly Review,* 1872, *12,* 125—135.

— *Inquiries into human faculty and its development.* New York: Macmillan, 1883.

Garcia, E., Guess, D., & Byrnes, J. Development of syntax in a retarded girl using procedures of imitation, reinforcement, and modelling. *Journal of Applied Behavior Analysis,* 1973, *6,* 299—310.

Gardiner, R. M. A test of coverant control therapy to reduce cigarette smoking. Unpublished doctoral dissertation, University of Louisville, 1971.

Garfield, Z. H., McBrearty, J. F., & Dichter, M. A case of impotence treated with desensitization combined with *in vivo* operant training and thought substitution. In R. D. Rubin & C. M. Franks (Eds.). *Advances in behavior therapy.* New York: Academic Press, 1969.

Gaul, D. J., Craighead, W. E., & Mahoney, M. J. The relationship between eating rates and obesity. *Journal of Consulting and Clinical Psychology,* in press.

Gaupp, L. A., Stern, R. M., & Galbraith, G. G. False heart-rate feedback and reciprocal inhibition by aversion relief in the treatment of snake avoidance behavior. *Behavior Therapy,* 1972, *3,* 7—20.
Geer, J. H., Davison, G. C., & Gatchel, R. J. Reduction of stress in humans through non-veridical perceived control of aversive stimulation. *Journal of Personality and Social Psychology,* 1970, *16,* 731—738.
Gentry, W. In vivo desensitization of an obsessive cancer fear. *Journal of Behavior Therapy and Experimental Psychiatry,* 1970, *1,* 315—318.
Gerst, M. D. Symbolic coding processes in observational learning. *Journal of Personality and Social Psychology,* 1971, *19,* 7—17.
Gershman, L. Case conference: A transvestite fantasy treated by thought-stopping, covert sensitization and aversive shock. *Journal of Behavior Therapy and Experimental Psychiatry,* 1970, *1,* 153—161.
Gewirtz, J. L. The roles of overt responding and extrinsic reinforcement in "self-" and "vicarious-reinforcement" und in "observational learning" and imitation. In R. Glaser (Ed.), *The nature of reinforcement.* New York: Academic Press, 1971, Pp. 279—309.
Giebink, J. W., Stover, D. S., & Fahl, M. A. Teaching adaptive responses to frustration to emotionally disturbed boys. *Journal of Consulting and Clinical Psychology,* 1968, *32,* 366—368.
Glass, D. C., Singer, J. E., & Friedman, L. N. Psychic cost of adaptation to an environmental stressor. *Journal of Personality and Social Psychology,* 1969, *12,* 200—210.
Glucksberg, S., & King, L. J. Motivated forgetting mediated by implicit verbal chaining: A laboratory analog of repression. *Science,* 1967, *158,* 517—519.
Gold, S., & Neufeld, I. L. A learning approach to the treatment of homosexuality. *Behavior Research and Therapy,* 1965, *2,* 201—204.
Goldfried, M. R. Systematic desensitization as training in self-control. *Journal of Consulting and Clinical Psychology,* 1971, *37,* 228—234.
— Reduction of generalized anxiety through a variant of systematic desensitization. In M. R. Goldfried & M. Merbaum (Eds.), *Behavior change through self-control.* New York: Holt, Rinehart & Winston, 1973, Pp. 297—304 (a).
— Self-control training in anxiety reduction. Paper presented to the American Psychological Association, Montreal, August 1973 (b).
Goldfried, M. R., Decenteceo, E. T., & Weinberg, L. Systematic rational restructuring as a self-control technique. *Behavior Therapy,* 1974, *5,* 247—254.
Goldfried, M. R., & Trier, C. S. Effectiveness of relaxation as an active coping skill. *Journal of Abnormal Psychology,* in press.
Goldiamond, I. Self-control procedures in personal behavior problems. *Psychological Reports,* 1965, *17,* 851—868.
— Perception, language and conceptualization rules. In B. Kleinmuntz (Ed.), *Problem solving: Research, method, and theory.* New York: Wiley, 1966, Pp. 183—224.
Goldstein, A. P. *Therapist-patient expectancies in psychotherapy.* New York: Pergamon, 1962.
Gonzalez-Wippler, M. *Santeria: African magic in Latin America.* New York: Julian Press, 1973.
Goodman, D. S., & Maultsby, M. C. *Emotional well-being through rational behavior training.* Springfield, Ill.: Charles C. Thomas, 1974.
Gordon, S. B. Self-control with a covert aversive stimulus: Modification of smoking. Paper presented to the Association for the Advancement of Behavior Therapy, Washington, D.C., 1971.
Gordon, W. J. J. *Synetics.* New York: Harper & Row, 1961.
Gotestam, K. G., & Melin, L. Covert extinction of amphetamine addiction. *Behavior Therapy,* 1974, *5,* 90—92.
Grings, W. W. The role of consciousness and cognition in autonomic behavior

change. In F. J. McGuigan & R. A. Schoonover (Eds.), *The psychophysiology of thinking*. New York: Academic Press, 1973, Pp. 233—256.
Grossberg, J. M., & Wilson, H. Physiological changes accompanying the visualization of fearful and neutral situations. *Journal of Personality and Social Psychology*, 1968, *10*, 124—133.
Guess, D., & Baer, D. M. An analysis of individual differences in generalization between receptive and productive language in retarded children. *Journal of Applied Behavior Analysis*, 1973, *6*, 311—329.
Gustav, A. "Success is —"; Locating composite sanity. *Rational Living*, 1968, *3*, 1—6.
Guthrie, E. R. *The psychology of learning*. New York: Harper, 1935.
Guyton, A. C. *Textbook of medical physiology*. Philadelphia: W. B. Saunders, 1971.
Haggerty, M. E. Imitation in monkeys. *Journal of Comparative Neurology*, 1909, *19*, 337—455.
Hall, J. F. *Verbal learning and attention*. Philadelphia: J. B. Lippincott, 1971.
Hall, K. R. L. Observational learning in monkeys and apes. *British Journal of Psychology*, 1963, *54*, 201—226.
Hallam, R. S. Extinction of ruminations: A case study. *Behavior Therapy*, in press.
Hamerlynck. L. A., Handy, L. C., & Mash, E. J. (Eds.), *Behavior change: Methodology, concepts, and practice*. Champaign. Ill.: Research Press, 1973.
Hark, R. D. An examination of the effectiveness of coverant conditioning in the reduction of cigarette smoking. Unpublished doctoral dissertation, Michigan State University, 1970.
Harsch, O. H., & Zimmer, H. An experimental approximation of thought reform. *Journal of Consulting Psychology*, 1965, *29*, 475—479.
Hart, J. T. Memory and the feeling-of-knowing experience. *Journal of Educational Psychology*, 1965, *56*, 208—216.
Hartig, M., & Kanfer, F. H. The role of verbal self-instructions in children's resistance to temptation. *Journal of Personality and Social Psychology*, 1973, *25*, 259—267.
Hartman, B. J. 60 revealing questions for 20 minutes. *Rational Living*, 1968, *3*, 7—8.
Hartmann, E. L. *The functions of sleep*. New Haven: Yale University Press, 1973.
Haslan, M. The treatment of an obsessional patient by reciprocal inhibition. *Behaviour Research and Therapy*, 1965, *2*, 213—216.
Hawkins, D., & Pauling, L. (Eds.), *Orthomolecular psychiatry*. San Francisco: W. H. Freeman, 1973.
Hayes, K. J., & Hayes, C. Imitation in a home-raised chimpanzee. *Journal of Comparative and Physiological Psychology*, 1952, *45*, 450—459.
Haynes, S. N., & Geddy, P. Suppression of psychotic hallucinations through time-out. *Behavior Therapy*, 1973, *4*, 123—127.
Hefferline, R. F., Bruno, L. J. J., & Camp, J. A. Hallucinations: An experimental approach. In F. J. McGuigan & R. A. Schoonover (Eds.), *The psychophysiology of thinking*. New York: Academic Press, 1973, Pp. 299—342.
Heider, F. *The psychology of interpersonal relations*. New York: Wiley, 1958.
Hekmat, H., & Vanian, D. Behavior modification through covert semantic desensitization. *Journal of Consulting and Clinical Psychology*, 1971, *36*, 248—251.
Herbert, J. J., & Harsh, C. M. Observational learning by cats. *Journal of Comparative Psychology*, 1944, *37*, 81—95.
Hilgard, E. R., & Bower, G. H. *Theories of learning* (3rd ed.). New York: Appleton-Century-Crofts, 1966.
Hodgson, R., & Rachman, S. The effects of contamination and washing in obsessional patients. *Behaviour Research and Therapy*, 1972, *10*, 111—117.
Hodgson, R., Rachman, S., & Marks, I. The treatment of chronic obsessive com-

pulsive neurosis: Follow-up and further findings. *Behaviour Research and Therapy,* 1972, *10,* 181—189.
Hoffer, E. *The true believer.* New York: Harper, 1951.
Hogan, R. A. Implosive therapy in the short-term treatment of psychotics. *Psychotherapy: Theory, Research and Practice,* 1966. *3,* 25—32.
Holmes, D. S., & Schallow, J. R. Reduced recall after ego threat: Repression or response competition? *Journal of Personality and Social Psychology,* 1969, *13,* 145—152.
Homme, L. E. Perspectives in psychology: XXIV. Control of coverants, the operants of the mind. *Psychological Record,* 1965, *15,* 501—511.
Hook, S. (Ed.), *Determinism and freedom in the age of modern science.* New York: Collier, 1958.
Horan, J. J. "In vivo" emotive imagery: A technique for reducing childbirth anxiety and discomfort. *Psychological Reports,* 1973. *32,* 1328
Horan, J. J., Baker, S. B., Hoffmann, A. M., & Shute, R. E. Weight loss through variations in the coverant control paradigm. Paper presented to the American Educational Research Association, Chicago, April 1974.
Horan, J. J., & Dellinger, J. K. "In vivo" emotive imagery: An experimental test. *Psychological Reports,* in press.
Horan, J. J., & Johnson, R. G. Coverant conditioning through a self-management application of the Premack principle: Its effect on weight reduction. *Journal of Behavior Therapy and Experimental Psychiatry,* 1971, 2, 243—249.
Horowitz, M. J., & Becker, S. S. Cognitive response to stress and experimental demand. *Journal of Abnormal Psychology,* 1971, *78,* 86—92 (a).
— & — Cognitive response to stressful stimuli. *Archives of General Psychiatry,* 1971, *25,* 419—428 (b).
— & — The compulsion to repeat trauma: Experimental study of intrusive thinking after stress. *Journal of Nervous and Mental Disease,* 1971. *153,* 32—40 (c).
Horowitz, M. J., Becker, S. S., & Moskowitz, M. L. Intrusive and repetitive thought after stress: A replication study. *Psychological Reports,* 1971, *29,* 763—767.
Hudgins, C. V. Conditioning and voluntary control of the pupillary light reflex. *Journal of General Psychology,* 1933, *8,* 3—51.
Hull, C. L. *Principles of behavior.* New York: Appleton-Century-Crofts, 1943.
Huxley, F. *The invisibles.* New York: McGraw-Hill, 1969.
Ince, L. P. The self-concept variable in behavior therapy. *Psychotherapy: Theory, Research and Practice,* 1972, *9,* 223—225.
Jackson, B. Treatment of depression by self-reinforcement. *Behavior Therapy,* 1972, *3,* 298—307.
Jacobs, A., & Sachs, L. B. (Eds.), *The psychology of private events: Perspectives on covert response systems.* New York: Academic Press, 1971.
Jacobs, A., & Wolpin, M. A second look at systematic desensitization. In A. Jacobs & L. B. Sachs (Eds.), *The psychology of private events: Perspectives an covert response systems.* New York: Academic Press, 1971, Pp. 77—108.
Jacobs, E. A., Winter, P. M., Alvis, H. J., & Small, S. M. Hyperoxygenation effects on cognitive functioning in the aged. *New England Journal of Medicine,* 1969, *281,* 753—757.
Jacobson, E. The electrophysiology of mental activities. *American Journal of Psychology,* 1932, *44,* 677—694.
— *Progressive relaxation.* Chicago: University of Chicago Press, 1938.
— Electrophysiology of mental activities and introduction to the psychological process of thinking. In F. J. McGuigan & R. A. Schoonover (Eds.), *The psychophysiology of thinking.* New York: Academic Press, 1973, Pp. 3—31.
Jacobson, M. F. *Eater's digest.* Garden City, New York: Anchor, 1972.
Jacobson, M. *Nutrition scoreboard.* Washington, D. C.: Center for Science in the Public Interest, 1973.

Jahoda, G. *The psychology of superstition.* Baltimore: Penguin, 1969.
James, W. *The principles of psychology.* New York: Holt, 1890.
— *The will to believe* (Original 1896). New York: Longmans, Green, 1912.
Janda, L. H., & Rimm, D. C. Covert sensitization in the treatment of obesity. *Journal of Abnormal Psychology,* 1972, *80,* 37—42.
Janis, I. *Psychological stress.* New York: Wiley, 1958.
Jaynes, J. *The origin of consciousness in the breakdown of the bicameral mind.* Unpublished manuscript, Princeton University, 1974.
Jeffrey, D. B., Hartmann, D. P., & Gelfand, D. M. A comparison of the effects of contingent reinforcement, nurturance and non-reinforcement on imitative-identificatory learning. *Child Development,* in press.
Johnson, D., & Gath, D. Arousal levels and attribution effects in diazepamassisted flooding. *British Journal of Psychiatry,* 1973, *123,* 463—466.
Johnson, S. S. The effects of self control techniques upon differing types of smoking behavior. Unpublished doctoral dissertation. University of Colorado, 1968.
Johnson, W. G. Some application of Homme's coverant control therapy: Two case reports. *Behavior Therapy,* 1971, *2,* 240—248.
Jones, E. E., Kanouse, D. E., Kelley, H. H., Nisbett, R. E., Valins, S., & Weiner, B. (Eds.), *Attribution: Perceiving the causes of behavior.* Morristown, N.J.: General Learning Press, 1971.
Jones, E. E., & Nisbett, R. E. *The actor and the observer: Divergent perceptions of the causes of behavior.* Morristown, N. J.: General Learning Press, 1971.
Jones, R. G. A factored measure of Ellis's irrational belief system, with personality and maladjustment correlates. Unpublished doctoral dissertation, Texas Technological College, 1969.
Kanfer, F. H. The maintenance of behavior by self-generated stimuli and reinforcement. In A. Jacobs & L. B. Sachs (Eds.), *The psychology of private events: Perspectives on covert response systems.* New York: Academic Press, 1971, Pp. 39—59.
Kanfer, F. H., Cox, L. E., Greiner, J. M., & Karoly, P. Contracts, demand characteristics and self-control. *Journal of Personality and Social Psychology,* in press.
Kanfer, F. H., & Goldfoot, D. A. Self-control and tolerance of noxious stimulation. *Psychological Reports,* 1966, *18,* 79—85.
Kanfer, F. H., & Karoly, P. Self-control: A behavioristic excursion into the lion's den. *Behavior Therapy,* 1972, *3,* 398—416.
Kanfer, F. H., & Phillips, J. S. *Learning foundations of behavior therapy.* New York: Wiley, 1970.
Kanfer, F. H., & Seidner, M. L. Self-control: Factors enhancing tolerance of noxious stimulation. *Journal of Personality and Social Psychology,* 1973, *25,* 381—389.
Kaplan, A. *The conduct of inquiry.* Scranton: Chandler, 1964.
Kaplan, B. J. Malnutrition and mental deficiency. *Psychological Bulletin,* 1972, *78,* 321—334.
Kaufman, A., Baron, A., & Kopp, R. E. Some effects of instructions on human operant behavior. *Psychological Monograph Supplements,* 1966, *1,* 243—250.
Karst, T. O., & Trexler, L. D. Initial study using fixed-role and rational-emotive therapy in treating public-speaking anxiety. *Journal of Consulting and Clinical Psychology,* 1970, *34,* 360—366.
Kazdin, A. E. Methodological and assessment consideration in evaluating reinforcement programs in applied settings. *Journal of Applied Behavior Analysis,* 1973, *6,* 517—531 (a).
— Covert modeling and the reduction of avoidance behavior. *Journal of Abnormal Psychology,* 1973, *81,* 87—95 (b).
— The effect of suggestion and pretesting on avoidance reduction in fearful

subjects. *Journal of Behavior Therapy and Experimental Psychiatry*, 1973, *4*, 213—221 (c).
— Effects of covert modeling and reinforcement on assertive behavior. *Proceedings of the 81st Annual Convention of the American Psychological Association*, 1973, *8*, 537—538 (d).
— Self-monitoring and behavior change. In M. J. Mahoney & C. E. Thoresen (Eds.), *Self-control: Power to the person*. Montery: Brooks/Cole, 1974, Pp. 218—246.
— Covert modeling, model similarity, and reduction of avoidance behavior. *Behavior Therapy*, in press (a).
— The effect of model identity and fear-relevant similarity on covert modeling. *Behavior Therapy*, in press (b).
Keat, R. A critical examination of B. F. Skinner's objections to mentalism. *Behaviorism*, 1972, *1*, 53—70.
Keller, F. S., & Schoenfeld, W. N. *Principles of psychology*. New York: Appleton-Century-Crofts, 1950.
Kelley, H. H. Attribution theory in social psychology. In D. Levine (Ed.), *Nebraska symposium on motivation*. Vol. 15. Lincoln: University of Nebraska Press, 1967, Pp. 192—238.
— The processes of causal attribution. *American Psychologist*, 1973, *28*, 107—128.
Kelly, G. A. *The psychology of personal constructs*. New York: Norton, 1955.
Kendler, H. H., & Kendler, T. S. Vertical and horizontal processes in problem solving. *Psychological Review*, 1962 *61*, 442—448.
Kendrick, S. R., & McCullough, J. P. Sequential phases of covert reinforcement and covert sensitization in the treatment of homosexuality. *Journal of Behavior Therapy and Experimental Psychiatry*, 1972, *3*, 229—231.
Kenny, F. T., Solyom, L., & Solyom, C. Faradic disruption of obsessive ideation in the treatment of obsessive neurosis. *Behavior Therapy*, 1973, *4*, 448—457.
Kent, R. N., Wilson, G. T., & Nelson, R. Effects of false heart-rate feedback on avoidance behavior: An investigation of "cognitive desensitization". *Behavior Therapy*, 1972, *3*, 1—6.
Keutzer, C. S. Behavior modification of smoking: The experimental investigation of diverse techniques. *Behaviour Research and Therapy*, 1968, *6*, 137—157.
Kingsley, R. G. An evaluation of contingency content in covert conditioning. Unpublished master's thesis, Rutgers University, 1973.
Kintsch, W. *Learning, memory, and conceptual processes*. New York: Wiley, 1970.
Kirkham, J. F., Levy, S., & Crotty, W. J. *Assassination and political violence*. Washington, D.C., United States Government Printing Office, 1969.
Kleinmuntz, B. (Ed.), *Problem solving: Research, method, and theory*. New York: Wiley, 1966.
Klinger, E. *Structure and functions of fantasy*. New York: Wiley, 1971.
Koch, S. Psychology and emerging conceptions of knowledge as unitary. In T. W. Wann (Ed.), *Behaviorism and phenomenology*. Chicago: University of Chicago Press, 1964, Pp. 1—41.
Köhler, W. *The mentality of apes*. New York: Harcourt, Brace, 1925.
Kolvin, L. Aversive imagery treatment in adolescents. *Behaviour Research and Therapy*, 1967, *5*, 245—249.
Kopel, S. A., & Arkowitz, H. The role of attribution and self-perception in behavior change: Implications for behavior therapy. Unpublished manuscript, University of Oregon, 1974.
Krantz, D. L. The separate worlds of operant and non-operant psychology. *Journal of Applied Behavior Analysis*, 1971, *4*, 61—70.
Krop, H. Calhoon, B., & Verrier, R. Modification of the "self-concept" of emotionally disturbed children by covert self-reinforcement. *Behavior Therapy*, 1971, *2*, 201—204.
Krop, H., Perez, F., & Beaudion, C. Modification of "self-concept" of psychiatric

patients by covert reinforcement. In R. D. Rubin, J. P. Brady, & J. D. Henderson (Eds.), *Advances in behavior therapy.* Vol. 4. New York: Academic Press, 1973. Pp. 139—144.

Kuhn, T. S. *The structure of scientific revolutions.* Chicago: University of Chicago Press, 1962.

— Logic of discovery or psychology of research? In I. Lakatos & A. Musgrave (Eds.), *Criticism and the growth of knowledge.* Cambridge: Cambridge University Press, 1970, Pp. 1—23 (a).

— Reflections on my critics. In I. Lakatos & A. Musgrave (Eds.), *Criticism and the growth of knowledge.* Cambridge: Cambridge University Press, 1970, Pp. 231—278 (b).

Kumar, K., & Wilkinson, J. C. M. Thought stopping: A useful treatment for phobias of "internal stimuli". *British Journal of Psychology,* 1971, *119,* 305—307.

Kushner, A. W. Two cases of auto-castration due to religious delusions. *British Journal of Medical Psychology,* 1967, *40,* 293—298.

Lakatos, I. Falsification and the methodology of scientific research programmes. In I. Lakatos & A. Musgrave (Eds.), *Criticism and the growth of knowledge.* Cambridge: Cambridge University Press, 1970, Pp, 91—196.

Lakatos, I., & Musgrave, A. (Eds.), *Criticism and the growth of knowledge.* Cambridge: Cambridge University Press, 1970.

Langfeld, H. S. (Ed.), Symposium on operationism. *Psychological Review,* 1945, *52,* 241—294.

Lappé, F. M. *Diet for a small planet.* New York: Ballantine, 1971.

Lawson, D. M., & May, R. B. Three procedures for the extinction of smoking behavior. *Psychological Record,* 1970, *20,* 151—157.

Lazarus, A. A. New methods in psychotherapy: A case study. *South African Medical Journal,* 1958, *32,* 660—663.

— *Behavior therapy and beyond.* New York: Mc Graw-Hill, 1971.

Lazarus, A. A., & Abramovitz, A. The use of "emotive imagery" in the treatment of children's phobias. *Journal of Mental Science,* 1962, *108,* 191—195.

Lazarus, A. A., Davison, G. C., & Polefka, D. A. Classical and operant factors in the treatment of a school phobia. *Journal of Abnormal Psychology,* 1965, *70,* 225—229.

Leacock, S., & Leacock, R. *Spirits of the deep: A study of an Afro-Brazilian cult.* New York: Doubleday, 1972.

Lefcourt, H. M. Internal versus external control of reinforcement: A review. *Psychological Bulletin,* 1966, *65,* 206—220.

— The function of the illusions of control and freedom. *American Psychologist,* 1973, *28,* 417—425.

Legrenzi, P. Discovery as a means to understanding. *Quarterly Journal of Experimental Psychology,* 1971, *23,* 417—422.

Lehman, A. *Superstition and magic.* Stuttgart: Enke, 1898.

Leont'yev, A. A. Inner speech and the processes of grammatical generation of utterances. *Soviet Psychology,* 1969, *7,* 11—16.

Lepper, M. R., Greene, D., & Nisbett, R. E. Undermining children's intrinsic interest with extrinsic reward: A test of the "overjustification" hypothesis. *Journal of Personality and Social Psychology,* 1973, *28,* 129—137.

Levinson, M., & Neuringer, C. Problem-solving behavior in suicidal adolescents. *Journal of Consulting and Clinical Psychology,* 1971, *37,* 433—436.

Lick, J., & Bootzin, R. Covert sensitization for the treatment of obesity. Paper presented to the Midwestern Psychological Association, Detroit, 1971.

Lindsley, O. R. Should we decelerate urges or actions? Thou shalt not covet. Paper presented to the American Psychological Association, Washington, D.C., 1969.

Litvak, S. B. A comparison of two brief group behavior therapy techniques on the reduction of avoidance behavior. *Psychological Record,* 1960, *19,* 329—334.

Lobitz, W. C., & LoPiccolo, J. New methods in the behavioral treatment of sexual dysfunction. *Journal of Behavior Therapy and Experimental Psychiatry*, 1972, *3*, 265—271.

Locke, E. A., Cartledge, N., & Koeppel, J. Motivational effects of knowledge of results: A goal-setting phenomenon? *Psychological Bulletin*, 1968, *70*, 474—485.

Loeb, A., Beck, A. T., Diggory, J. C., & Tuthill, R. Expectancy, level of aspiration, performance, and self-evaluation in depression. *Proceedings of the 75th Annual Convention of the American Psychological Association*, 1967, 2, 193—194.

Lomont, J. F., & Edwards, J. E. The role of relaxation in systematic desensitization. *Behavior Research and Therapy*, 1967, *5*, 11—25.

London, P. The end of ideology in behavior modification. *American Psychologist*, 1972, *27*, 913—920.

Lovitt, T. C., & Curtiss, K. Academic response rate as a function of teacher- and self-imposed contingencies. *Journal of Applied Behavior Analysis*, 1969, *2*, 49—53.

Lowe, G. R. The phenomenology of hallucinations as an aid to differential diagnosis. *British Journal of Psychiatry*, 1973, *123*, 621—633.

Luria, A. *The role of speech in the regulation of normal and abnormal behavior.* New York: Liveright, 1961.

— Psychological studies of mental deficiency in the Soviet Union. In N. R. Ellis (Ed.), *Handbook of mental deficiency.* New York: McGraw-Hill, 1963, Pp. 353—387.

MacCorquodale, K., & Meehl, P. E. On a distinction between hypothetical constructs and intervening variables. *Psychological Review*, 1948, *55*, 95—107.

MacDonald, A. P., & Games, R. G. Ellis' irrational values: A validation study. *Rational Living*, 1972, *7*, 25—28.

MacDonough, T. S., Adams, H. E., & Tesser, A. The effects of choice in systematic desensitization. *Psychological Record*, 1973, *23*, 397—404.

Maes, W. R., & Heimann, R. A. The comparison of three approaches to the reduction of test anxiety in high school students. Unpublished manuscript, Arizona State University, 1970.

Mahoney, K., & Mahoney, M. J. Children's preferences for choice: An experimental analysis. Unpublished manuscript, Pennsylvania State University, 1974.

Mahoney, M. J. Toward an experimental analysis of coverant control. *Behavior Therapy*, 1970, *1*, 510—521.

— The self-management of covert behavior: A case study. *Behavior Therapy*, 1971, 2, 575—578.

— Research issues in self-management. *Behavior Therapy*, 1972, *3*, 45—63.

— Clinical issues in self-control training. Paper presented to the American Psychological Association, Montreal, 1973.

— Behavior therapy: Some critical comments. Paper presented to the American Psychopathological Association, Boston, 1974 (a).

— The sensitive scientist in empirical humanism. Paper presented to the American Educational Research Association, Chicago, April 1974 (b).

Mahoney, M. J., Kazdin, A. E., & Lesswing, N. J. Behavior modification: Delusion or deliverance? In C. M. Franks & G. T. Wilson (Eds.), *Annual review of behavior therapy theory and practice.* Vol. 2. New York: Brunner/Mazel, 1974.

Mahoney, M. J., & Mahoney, F. E. A residential program in behavior modification. In R. D. Rubin, J. P. Brady, & J. D. Henderson (Eds.), *Advances in behavior therapy.* Vol. 4. New York: Academic Press, 1973, Pp. 93—102.

Mahoney, M. J., Moore, B. S., Wade, T. C., & Moura, N. G. M. The effects of continuous and intermittent self-monitoring on academic behavior. *Journal of Consulting and Clinical Psychology*, 1973, *41*, 65—69.

Mahoney, M. J., Moura, N. G. M., & Wade, T. C. The relative efficacy of self-

reward, self-punishment, and self-monitoring techniques for weight loss. *Journal of Consulting and Clinical Psychology,* 1973, *40,* 404—407.
Mahoney, M. J., Thoresen, C. E., & Danaher, B. G. Covert behavior modification: An experimental analogue. *Journal of Behavior Therapy and Experimental Psychiatry,* 1972, *3,* 7—14.
Maletzky, B. M. "Assisted" covert sensitization: A preliminary report. *Behavior Therapy,* 1973, *4,* 117—119.
— "Assisted" covert sensitization in the treatment of exhibitionism. *Journal of Consulting and Clinical Psychology,* 1974, *42,* 34—40.
— Assisted covert sensitization for drug and alcohol abuse. *International Journal of the Addictions,* in press.
Maletzky, B. M., & George, F. S. The treatment of homosexuality by "assisted" covert sensitization. *Behaviour Research and Therapy,* 1973, *11,* 655—657.
Maltz, M. *Psycho-cybernetics.* Englewood Cliffs: Prentice-Hall, 1960.
Maltzmann, I. Theoretical conceptions of semantic conditioning and generalization. In T. R. Dixon & D. L. Horton (Eds.), *Verbal behavior and general behavior theory.* Englewood Cliffs: Prentice-Hall, 1968, Pp. 291—339.
Mandel, I. J., & Bridger, W. H. Interaction between instructions and ISI in conditioning and extinction of the GSR. *Journal of Experimental Psychology,* 1967, *74,* 36—43.
Manno, B., & Marston, A. R. Weight reduction as a function of negative covert reinforcement (sensitization) versus positive covert reinforcement. *Behaviour Research and Therapy,* 1972, *10,* 206—207.
Marks, I. M. New approaches to the treatment of obsessive-compulsive disorders. *Journal of Nervous and Mental Disease.* 1973, *156,* 420—426.
Marks, I. M., Crowe, M., Drewe, E., Young, J., & Dewhurst, W. Obsessive-compulsive neurosis in identical twins. *British Journal of Psychiatry,* 1969, *115,* 991—998.
Marks, I. M., & Gelder, M. G. Transvestism and fetishism: Clinical and psychological changes during faradic aversion. *British Journal of Psychiatry,* 1967, *113,* 711—729.
Marks, I. M., Rachman, S., & Gelder, M. G. Methods for assessment of aversion treatment in fetishism with masochism. *Behaviour Research and Therapy,* 1965, *3,* 253—258.
Marmor, J. The psychodynamics of realistic worry. *Psychoanalysis and Social Science,* 1958, *5,* 155—163.
Marquis, J. N. Orgasmic reconditioning: Changing sexual object choice through controlling masturbation fantasies. *Journal of Behavior Therapy and Experimental Psychiatry,* 1970, *1,* 263—271.
Marshall, W. L. Cognitive functioning in schizophrenia. *British Journal of Psychiatry,* 1973, *123,* 413—433.
— The modification of masturbation. Unpublished manuscript. Kingston Psychiatric Hospital, 1974.
— A combined treatment approach to the reduction of multiple fetishrelated behaviors. *Journal of Consulting and Clinical Psychology,* in press (a).
— The modification of phobic behavior by covert reinforcement. *Behavior Therapy,* in press (b).
Marshall, W. L., Polgrin, D., & Boutilier, J. Reinforcement contingencies in covert reinforcement. Unpublished manuscript, Kingston Psychiatric Hospital, 1974.
Marshall, W. L., Strawbridge, H., & Keltner, A. The role of mental relaxation in experimental desensitization. *Behaviour Research and Therapy,* 1972, *10,* 355—366.
Marx, H., & Hillix, W. A. *Systems and theories in psychology.* New York: McGraw-Hill, 1963.
Masters, W. H., & Johnson, V. E. *Human sexual response.* Boston: Little, Brown, 1966.
— & — *Human sexual inadequacy.* Boston: Little, Brown, 1970.

Mather, M. The treatment of an obsessive-compulsive patient by discrimination learning and reinforcement of decision making. *Behaviour Research and Therapy*, 1970, *8*, 315—318 (a).
— Obsessions and compulsions. In C. Costello (Ed.), *Symptoms of psychopathology*. New York: Wiley, 1970, Pp. 302—319 (b).
Matson, F. W. Matson replies to Skinner. *Humanist*, 1971, *31*, 2.
Matson, W. I. *The existence of god*. Ithaca: Cornell University Press, 1965.
Maultsby, M. Rational emotive imagery. *Rational Living*, 1971, *6*, 24—26 (a).
— Systematic written homework in Psychotherapy. *Rational Living*, 1971, *6*, 17—23 (b).
Max, L. W. An experimental study of the motor theory of consciousness: II. Action-current responses in deaf mutes during sleep, sensory stimulation and dreams. *Journal of Comparative Psychology*, 1935, *19*, 469—486.
— Experimental study of the motor theory of consciousness: IV. Action-current responses in the deaf during awakening, kinaesthetic imagery, and abstract thinking. *Journal of Comparative Psychology*, 1937, *24*, 301—344.
May, J. R., & Johnson, H. J. Physiological activity to internally elicited arousal and inhibitory thoughts. *Journal of Abnormal Psychology*, 1973, *82*, 239—245.
McClellan, T. A., & Stieper, D. R. A structured approach to group marriage counseling. *Rational Living*, 1973, *8*, 12—18.
McCullough, J. P. An investigation of the effects of model group size upon response facilitation in the high school classroom. *Journal of Behavior Therapy and Experimental Psychiatry*, 1972, *3*, 561—566.
McCullough, J. P., & Powell, P. O. A technique for measuring clarity of imagery in therapy clients. *Behavior Therapy*, 1972, *3*, 447—448.
McGuigan, F. J. Covert oral behavior during the silent performance of language tasks. *Psychological Bulletin*, 1970, *74*, 309—326.
— Electrical measurement of covert processes as an explication of "higher mental events". in F. J. McGuigan & R. A. Schoonover (Eds.), *The psychophysiology of thinking*. New York: Academic Press, 1973, Pp. 343—385.
McGuigan, F. J., & Schoonover, R. A. (Eds.), *The psychophysiology of thinking*. New York: Academic Press, 1973.
McGuire, M. T., & Sifneos, P. E. Problem solving in psychotherapy. *Psychiatric Quarterly*, 1970, *44*, 667—673.
McGuire, R., & Vallance, M. Aversion therapy by electric shock: A simple technique. *British Medical Journal*, 1964, *1*, 151—153.
McGuire, R. J., Carlisle, J. M., & Young, B. G. Sexual deviation as conditioned behaviour: A hypothesis. *Behaviour Research and Therapy*, 1965, *2*, 185—190.
McGuire, W. J. A syllogistic analysis of cognitive relationships. In C. I. Hovland & M. J. Rosenberg (Eds.), *Attitude organization and change*. New Haven: Yale University Press, 1960, Pp. 65—111.
— Theory of the structure of human thought. In R. P. Abelson, E. Aronson, W. J. McGuire, T. M. Newcomb, M. J. Rosenberg & P. H. Tannenbaum (Eds.), *Theories of cognitive consistency: A sourcebook*. Chicago: Rand McNally, 1968, Pp. 140—162.
McGeogh, J. A. The formal criteria of a systematic psychology. *Psychological Review*, 1933, *40*, 1—12.
McKeachie, W. J. The decline and fall of the laws of learning. *Educational Researcher*, 1974, *3*, 7—11.
McLemore, C. W. Imagery in desensitization. *Behaviour Research and Therapy*, 1972, *10*, 51—57.
Meehl, P. E. Theory-testing in psychology and physics: A methodological paradox. *Philosophy of Science*, Juni 1967, 103—115.
Mees, H. L. Sadistic fantasies modified by aversive conditioning and substitution. *Behaviour Research and Therapy*, 1966, *4*, 317—320.

Meichenbaum, D. The effects of instructions and reinforcement on thinking and language behaviors of schizophrenics. *Behaviour Research and Therapy,* 1969, *7,* 101—114.

— Examination of model characteristics in reducing avoidance behavior. *Journal of Personality and Social Psychology,* 1971, *17,* 298—307 (a).

— The nature and modification of impulsive children. Paper presented to the Society for Research in Child Development, Minneapolis, 1971 (b).

— Ways of modifying what clients say to themselves: A marriage of behavior therapies and rational-emotive therapy. *Rational Living,* 1972, *7,* 23—27 (a).

— Cognitive modification of test anxious college students. *Journal of Consulting and Clinical Psychology,* 1972; *39,* 370—380 (b).

— Cognitive factors in behavior modification: Modifying what clients say to themselves. In C. M. Franks & G. T. Wilson (Eds.), *Annual review of behavior therapy theory and practice.* Vol. 1. New York: Brunner/Mazel, 1973, Pp. 416—431 (a).

— Enhancing creativity by modifying what *S*'s say to themselves. Unpublished manuscript, University of Waterloo, 1973 (b).

— *Cognitive behavior modification.* Morristown, N.J.: General Learning Press, 1974 (a).

— Self-instructional methodes. In F. H. Kanfer & A. P. Goldstein (Eds.), *Helping people change.* New York: Pergamon, 1974 (b).

— Therapist manual for cognitive behavior modification. Unpublished manuscript, University of Waterloo, 1974 (c).

— Self-instructional training: A cognitive prosthesis for the aged. *Human Development,* in press.

Meichenbaum, D., Bowers, K., & Ross, R. R. Modification of classroom behavior of institutionalized female adolescent offenders. *Behaviour Research and Therapy,* 1968, *6,* 343—353.

Meichenbaum, D., & Cameron, R. Training schizophrenics to talk to themselves: A means of developing attentional controls. *Behavior Therapy,* 1973, *4,* 515—534 (a).

— & — An examination of cognitive and contingency variables in anxiety relief procedures. Unpublished manuscript, University of Waterloo, 1973 (b).

— & — Stress inoculation: A skills training approach to anxiety management. Unpublished manuscript, University of Waterloo, 1973 (c).

— & — The clinical potential of modifying what clients say to themselves. In M. J. Mahoney & C. E. Thoresen (Eds.), *Self-control: Power to the person.* Monterey: Brooks/Cole, 1974, Pp. 263—290.

Meichenbaum, D., Gilmore, J., & Fedoravicius, A. Group insight vs. group desensitization in treating speech anxiety. *Journal of Consulting and Clinical Psychology,* 1971, *36,* 410—421.

Meichenbaum, D., & Goodman, J. The developmental control of operant motor responding by verbal operants. *Journal of Experimental Child Psychology,* 1969, *7,* 553—565 (a).

— & — Reflection-impulsivity and verbal control of motor behavior. *Child Development,* 1969, *40,* 785—797 (b).

— & — Training impulsive children to talk to themselves: A means of developing self-control. *Journal of Abnormal Psychology,* 1971, *77,* 115—126.

Meichenbaum, D., & Turk, L. The implications of research on disadvantaged children and cognitive training for educational television: Ways of improving Sesame Street. *Journal of Special Education,* 1972, *6,* 27—42.

Melton, A. W. Implications of short-term memory for a general theory of memory. *Journal of Verbal Learning and Verbal Behavior,* 1963, *2,* 1—21.

Melton, A. W., & Martin, E. (Eds.), *Coding processes in human memory.* New York: Wiley, 1972.

Menzies, R. Conditioned vasomotor responses in human subjects. *Journal of Psychology,* 1937, *4,* 75—120.

Metraux, A. *Voodoo in Haiti* (H. Charteris, translator). New York: Schocken, 1972.

Meynen, G. E. A comparative study of three treatment approaches with the obese: Relaxation, covert sensitization, and modified systematic desensitization. Unpublished doctoral dissertation, Illinois Institute of Technology, 1970.

Miller, G. A. The magical number seven, plus or minus two: Some limits on our capacity for processing information. *Psychological Review,* 1956, *63,* 81—97.

Miller, G. A., Galanter, E., & Pribram, K. *Plans and the structure of behavior.* New York: Holt, Rinehart & Winston, 1960.

Miller, M. M. Treatment of chronic alcoholism by hypnotic aversion. *Journal of the American Medical Association,* 1959, *171,* 1492—1495.

— Hypnotic-aversion treatment of homosexuality. *Journal of the National Medical Association,* 1963, *55,* 411—415.

Miller, N. E. The influence of past experience upon the transfer of subsequent training. Unpublished doctoral dissertation. Yale University, 1935.

— Learning of visceral and glandular responses. *Science,* 1969, *163,* 434—445.

Miller, N. E., & Dollard, J. *Social learning and imitation.* New Haven: Yale University Press, 1941.

Milner, G. Ascorbic acid in chronic psychiatric patients — A controlled trial. *British Journal of Psychiatry,* 1963, *109,* 294—299.

Mischel, W. *Personality and assessment.* New York: Wiley, 1968.

— *An introduction to personality.* New York: Holt, Rinehart & Winston, 1971.

— Toward a cognitive social learning reconceptualization of personality. *Psychological Review,* 1973, *80,* 252—283.

— Processes in delay of gratification. In L. Berkowitz (Ed.), *Advances in experimental social psychology.* Vol. 7. New York: Academic Press, in press.

Mischel, W., & Ebbesen, E. B. Attention in delay of gratification. *Journal of Personality and Social Psychology,* 1970, *16,* 329—337.

Mischel, W., Ebbesen, E. B., & Zeiss, A. R. Cognitive and attentional mechanisms in delay of gratification. *Journal of Personality and Social Psychology,* 1972, *21,* 204—218.

Mischel, W., & Masters, J. C. Effects of probability of reward attainment on responses to frustration. *Journal of Personality and Social Psychology,* 1966, *3,* 390—396.

Monahan, J., & O'Leary, K. D. Effects of self-instruction on rule-breaking behavior. *Psychological Reports,* 1971, *29,* 1059—1066.

Montgomery, A. G. Comparison of the effectiveness of systematic desensitization, rational-emotive therapy, implosive therapy, and no therapy, in reducing test anxiety in college students. Unpublished doctoral dissertation, Washington University, 1971.

Monty, R. A., & Perlmuter, L. C. The role of choice in learning as a function of meaning and between- and within-subjects designs. *Journal of Experimental Psychology,* 1972, *94,* 235—238.

Monty, R. A., Rosenberger, M. A., & Perlmuter, L. C. Amount and locus of choice as sources of motivation in paired-associate learning. *Journal of Experimental Psychology,* 1973, *97,* 16—21.

Morgan, C. L. *Habit and instinct.* London: Edward Arnold, 1896.

— *Introduction to comparative psychology.* 2nd ed. London, W. Scott, 1899.

Morganstern, K. P. Implosive therapy and flooding procedures: A critical review. *Psychological Bulletin,* 1973, *79,* 318—334.

Morse, W. H., & Skinner, B. F. A second type of superstition in the pigeon. *American Journal of Psychology,* 1957, *70,* 308—311.

Mowrer, O. H. *Learning theory and the symbolic processes.* New York: Wiley, 1960.

Mullen, F. G. The effect of covert sensitization on smoking behavior. Unpublished manuscript, Queens College, 1968.

Nagel, E. *The structure of science.* New York: Harcourt, 1961.

Nawas, M. M. Wherefore cognitive therapy? A critical scrutiny of three papers by Beck, Bergin, and Ullmann. *Behavior Therapy,* 1970, *1,* 359—370.

Nawas, M. M., Welsch, W., & Fishman, S. The comparative effectiveness of pairing aversive imagery with relaxation, neutral tasks and muscular tension in reducing snake phobia. *Behaviour Research and Therapy,* 1970, *8,* 63—68.

Nebes, R. D. Hemispheric specialization in commissurotomized man. *Psychological Bulletin,* 1974, *81,* 1—14.

Neisser, U. *Cognitive psychology.* New York: Appleton-Century-Crofts, 1967.

Neuringer, A. J. Animals respond for food in the presence of free food. *Science,* 1969, *166,* 399—401.

— Many responses per food reward with free food present. *Science,* 1970, *169,* 503—504 (a).

— Superstitious key pecking after three peck-produced reinforcements. *Journal of the Experimental Analysis of Behavior,* 1970, *13,* 127—134 (b).

Neuringer, C. Self- and other-appraisals by suicidal, psychosomatic, and normal hospitalized patients. *Journal of Consulting and Clinical Psychology,* 1974, *42,* 306.

Newbury, E. Current interpretation and significance of Lloyd Morgan's canon. *Psychological Bulletin,* 1954, *51,* 70—74.

Newell, A., & Simon, H. A. *Human problem solving.* Englewood Cliffs: Prentice-Hall, 1972.

Nordquist, V. M. The modification of a child's enuresis: Some response-response relationships. *Journal of Applied Behavior Analysis,* 1971, *4,* 241—247.

Norman, D. A. *Memory and attention.* New York: Wiley, 1969.

Norman, W. The efficacy of cognitive restructuring versus skills training in generating behavior change. Unpublished doctoral dissertation, Pennsylvania State University, 1974.

Notterman, J. M., Schoenfeld, W. N., & Bersh, P. J. A comparison of three extinction procedures following heart rate conditioning. *Journal of Abnormal and Social Psychology,* 1952, *47,* 674—677.

Nydegger, R. V. The elimination of hallucinatory and delusional behavior by verbal conditioning and assertive training: A case study. *Journal of Behavior Therapy and Experimental Psychiatry,* 1972, *3,* 225—227.

O'Connor, R. D. Modification of social withdrawal through symbolic modeling. *Journal of Applied Behavior Analysis,* 1969, *2,* 15—22.

O'Donnell, J. M., & Brown, M. J. K. The classical conditioning of attitudes: A comparative study of ages 8 to 18. *Journal of Personality and Social Psychology,* 1973, *26,* 379—385.

O'Leary, K. D. The effects of self-instruction on immoral behavior. *Journal of Experimental Child Psychology,* 1968, *6,* 297—301.

Olton, R. M., & Crutchfield, R. S. Developing the skills of productive thinking. In P. Mussen, J. Langer, & M. V. Covington (Eds.), *Trends and issues in developmental psychology.* New York: Holt, Rinehart & Winston, 1969, Pp. 68—91.

O'Neill, D. G., & Howell, R. J. Three modes of hierarchy presentation in systematic desensitization. *Behaviour Research and Therapy,* 1969, *7,* 289—294.

Orne, M. T. Demand characteristics and the concept of quasi-controls. In R. Rosenthal & R. L. Rosnow (Eds.), *Artifact in behavioral research.* New York: Academic Press, 1969, Pp. 147—179.

Osborn, A. F. *Applied imagination.* 3rd ed. New York: Scribner's, 1963.

Osgood, C. E. *Method and theory in experimental psychology.* New York: Oxford University Press, 1953.

Oshawa, G. *Macrobiotics: An invitation to health and happiness.* San Francisco: George Oshawa Memorial Foundation, 1971.
Paivio, A. *Imagery and verbal processes.* New York: Holt, Rinehart & Winston, 1971.
— Psychophysiological correlates of imagery. In F. J. McGuigan & R. A. Schoonover (Eds.), *The psychophysiology of thinking.* New York: Academic Press, 1973, Pp. 263—295.
Palkes, H., Stewart, M., & Freedman, J. Improvement in maze performance of hyperactive boys as a function of verbal training procedures. *Journal of Special Education,* 1972, *5,* 337—342.
Palkes, H., Stewart, M., & Kahana, B. Porteus maze performance of hyperactive boys after training in self-directed verbal commands. *Child Development,* 1968, *39,* 817—826.
Papanek, V. J. Tree of life: Bionics. *Journal of Creative Behavior,* 1969, *3,* 5—15.
Patterson, G. R. Behavioral techniques based upon social learning. In C. M. Franks (Ed.), *Behavior therapy: Appraisal and status.* New York: McGraw-Hill, 1969, Pp. 323—374.
Patterson, G. R., Hawkins, N., McNeal, S., & Phelps, R. Reprograming the social environment. *Journal of Child Psychology and Psychiatry,* 1967, *8,* 181—195.
Patterson, G. R., Littman, I., & Brown, T. R. Negative set and social learning. *Journal of Personality and Social Psychology,* 1968, *8,* 109—116.
Paul, G. L. Outcome of systematic desensitization. I: Background, procedures, and uncontrolled reports of individual treatment. In C. M. Franks (Ed.), *Behavior therapy: Appraisal and status.* New York: McGraw-Hill, 1969, Pp. 63—104 (a).
— Outcome of systematic desensitization. II: Controlled investigations of individual treatment, technique variations, and current status. In C. M. Franks (Ed.), *Behavior therapy: Appraisal and status.* New York: McGraw-Hill, 1969, Pp. 105—159 (b).
— Behavior modification research: Design and tactics. In C. M. Franks (Ed.), *Behavior therapy: Appraisal and status.* New York: McGraw-Hill, 1969, Pp. 29—62 (c).
Pauling, L. Orthomolecular psychiatry. *Science,* 1968, *160,* 265—271.
Pavlov, I. P. *Selected works.* Moscow: Foreign Languages Publishing House, 1955.
Peale, N. V. *The power of positive thinking.* Englewood Cliffs: Prentice-Hall, 1960.
Peirce, C. S. How to make our ideas clear (Original 1878). In J. Buchler (Ed.), *The philosophy of Peirce.* London: Routledge, 1940.
Pelman Institute of America, *Pelmanism: Lesson V — Will and Effort.* New York: Pelman Institute, 1919.
Penfield, W. The interpretive cortex. *Science,* 1959, *129,* 1719—1725.
Perlmuter, L. C.: Monty, R. A., & Kimble, G. A. The effect of choice on paired-associate learning. *Journal of Experimental Psychology,* 1971, *91,* 47—53.
Phares, E. J. *Locus of control: A personality determinant of behavior.* Morristown, N.J.: General Learning Press, 1973.
Piaget, J. *The language and thought of the child.* New York: Meridian, 1955.
Piaget, J., & Inhelder, B. *The psychology of the child.* New York: Basic Books, 1969.
Pike, R. L., & Brown, M. L. *Nutrition: An integrated analysis.* New York: Wiley, 1967.
Platonov, K. I. *The word as a physiological and therapeutic factor.* Moscow: Foreign Languages Publishing House, 1959.
Platt, J., Scura, W. C., & Hannon, J. R. Problem-solving thinking of youthful incarcerated heroin addicts. *Journal of Community Psychology,* 1973, *1,* 278—281.

Platt, J., & Spivack, G. Problem-solving thinking of psychiatric patients. *Journal of Consulting and Clinical Psychology,* 1972, *39,* 148—151 (a).

— & — Social competence and effective problem-solving thinking in psychiatric patients. *Journal of Clinical Psychology,* 1972, *28,* 3—5 (b).

— & — Studies in problem-solving thinking of psychiatric patients: I. Patient-control differences; II. Factorial structure of problem-solving thinking. *Proceedings of the 81st Annual Convention of the American Psychological Association,* 1973, *8,* 463—464.

— & — Means of solving real-life problems: I. Psychiatric patients versus controls, and cross-cultural comparisons of normal females. *Journal of Community Psychology,* 1974, *2,* 45—48.

Plummer, L. S., & Das, S. S. A study of dichotomous thought processes in accident-prone drivers. *British Journal of Psychiatry,* 1973, *122,* 289—294.

Plutchik, R. Operationism as methodology. *Behavioral Science,* 1963, *8,* 234—241.

Polanyi, M. *Personal knowledge.* Chicago: University of Chicago Press, 1958,

— *Personal knowledge.* New York: Harper, 1964.

— *The tacit dimension.* Garden City, N.Y.: Doubleday, 1966.

Polya, G. *How to solve it.* 2nd ed. Princeton: Princeton University Press, 1957.

Popper, K. R. *The logic of scientific discovery.* New York: Harper, 1959.

— *Conjectures and refutations.* New York: Harper, 1963.

— *Objective knowledge: An evolutionary approach.* London: Oxford University Press, 1972.

Premack, D. Reinforcement theory. In D. Levine (Ed.), *Nebraska symposium on motivation: 1965.* Lincoln: University of Nebraska Press, 1965. Pp. 123—180.

— Catching up with common sense or two sides of a generalization: Reinforcement and punishment. In R. Glaser (Ed.), *The nature of reinforcement.* New York: Academic Press, 1971. Pp. 121—150.

Proctor, S., & Malloy, T. E. Cognitive control of conditioned emotional responses: An extension of behavior therapy to include the experimental psychology of cognition. *Behavior Therapy,* 1971, *2,* 294—306.

Rachlin, H., & Green, L. Commitment, choice and self-control. *Journal of the Experimental Analysis of Behavior,* 1972, *17,* 15—22.

Rachman, S. The role of muscular relaxation in desensitization therapy. *Behaviour Research and Therapy,* 1968. *6,* 159—166.

— Obsessional ruminations. *Behaviour Research and Therapy,* 1971, *9,* 229—235.

— Clinical applications of observational learning, imitation, and modeling. *Behavior Therapy,* 1972, *3,* 379—397.

Rachman, S., Hodgson, R., & Marks, I. The treatment of chronic obsessive-compulsive neurosis. *Behaviour Research and Therapy,* 1971, *9,* 237—247.

Rachman, S., Marks, I. M., & Hodgson, R. The treatment of obsessive-compulsive neurotics by modelling and flooding *in vivo. Behaviour Research and Therapy,* 1973, *11,* 463—471.

Razran, G. A quantitative study of meaning by conditioned salivary technique (semantic conditioning). *Science,* 1939, *90,* 89—91.

— The observable unconscious and the inferable conscious in current Soviet psychophysiology. *Psychological Review,* 1961, *68,* 81—147.

— Russian physiologists' psychology and American experimental psychology. *Psychological Bulletin,* 1965, *63,* 42—64.

Reese, H. W. The study of covert verbal and nonverbal mediation. In A. Jacobs & L. B. Sachs (Eds.), *The psychology of private events: Perspectives on covert response systems.* New York: Academic Press, 1971, Pp. 17—38.

Rehm, L. P. Relationships among measures of visual imagery. *Behaviour Research and Therapy,* 1973, *11,* 253—264.

Resnick, J. H., & Schwartz, T. Ethical standards as an independent variable in psychological research. *American Psychologist,* 1973, *28,* 134—139.

Richardson, A. *Mental imagery.* New York: Springer, 1969.
Richardson, F. C., & Suinn, R. M. A comparison of traditional systematic desensitization, accelerated massed desensitization, and anxiety management training in the treatment of mathematics anxiety. *Behavior Therapy,* 1973, *4,* 212—218.
Ridberg, E., Parke, R., & Hetherington, M. Modification of impulsive and reflective cognitive styles through observation of film mediating models. *Developmental Psychology,* 1971, *5,* 369—377.
Rimm, D. C. Thought stopping and covert assertion in the treatment of phobias. *Journal of Consulting and Clinical Psychology,* 1973, *41,* 466—467.
Rimm, D. C., & Bottrell, J. Four measures of visual imagination. *Behaviour Research and Therapy,* 1969, *7,* 63—69.
Rimm, D. C., & Litvak, S. B. Self-verbalization and emotional arousal. *Journal of Abnormal Psychology,* 1969, *74,* 181—187.
Rimm, D. C., & Masters, J. C. *Behavior therapy: Techniques and empirical findings.* New York: Academic Press, 1974.
Rimm, D. C., Saunders, W. D., & Westel, W. Thought stopping and covert assertion in the treatment of snake phobics. Unpublished manuscript. Southern Illinois University, 1974.
Riopelle, A. J. (Ed.), *Animal problem solving.* Baltimore: Penguin, 1967.
Rodale, J. I. *Rodale's system for mental power and natural health.* New York: Pyramid, 1966.
Rohan, W. A. A comparison of two aversive conditioning procedures for problem drinking. Paper presented at the Brockton V. A. Hospital, Brockton, Mass., 1970.
Rokeach, M. *The open and closed mind.* New York: Basic Books, 1960.
Rosen, G. M., Rosen, E., & Reid, J. B. Cognitive desensitization and avoidance behavior: A reevaluation. *Journal of Abnormal Psychology.* 1972, *80,* 176—182.
Rosen, N. A., & Wyer, R. S. Some further evidence for the "Socratic effect" using a subjective probability model of cognitive organization. *Journal of Social Psychology,* 1972, *24,* 420—424.
Rosen, R. C., & Schnapp, B. J. The use of a specific behavioral technique (thought-stopping) in the context of conjoint couples therapy: A case report. *Behavior Therapy,* 1974, *5,* 261—264.
Rosenhan, D. L. On being sane in insane places. *Science,* 1973, *179,* 250—258.
Rosenthal, R. *Experimenter effects in behavioral research.* New York: Appleton-Century-Crofts, 1966.
Rosenthal, R., & Rosnow, R. L. (Eds.), *Artifact in behavioral research.* New York: Academic Press, 1969.
Rosenthal, T. L., & Meyer, V. Case report: Behavioral treatment of clinical abulia. *Conditional Reflex,* 1971, *6,* 22—29.
Ross, L., Rodin, J., & Zimbardo, P. G. Toward an attribution therapy: The reduction of fear through induced cognitive-emotional misattribution. *Journal of Personality and Social Psychology,* 1969, *12,* 279—288.
Rotter, J. B. Generalized expectancies for internal versus external control of reinforcement. *Psychological Monographs,* 1966, *80:* Whole No. 609.
Rotter, J. B., Chance, J. E., & Phares, E. J. (Eds.), *Applications of a social learning theory of personality.* New York: Holt, Rinehart & Winston, 1972.
Royce, J. E. Does person or self imply dualism? *American Psychologist,* 1973, *28,* 883—886.
Russell, P. L., & Brandsma, J. M. A theoretical and empirical integration of the rational-emotive and classical conditioning theories. *Journal of Consulting and Clinical Psychology,* 1974, *42,* 389—397.
Rutner, I. T. The modification of smoking behavior through techniques of self-control. Unpublished master's thesis. Wichita State University, 1967.
Rutner, I. T., & Bugle, C. An experimental procedure for the modification of

psychotic behavior. *Journal of Consulting and Clinical Psychology,* 1969, *33,* 651—653.
Ryle, G. *The concept of mind.* New York: Barnes & Noble, 1949.
Sabry, Z. I., Campbell, J. A., Campbell, M. E., & Forbes, A. L. Nutrition Canada. *Nutrition Today,* 1974, *9,* 5—13.
Sachs, L. B., Bean, H., & Morrow, J. E. Comparison of smoking treatments. *Behavior Therapy,* 1970, *1,* 465—472.
Sachs, L. B., & Ingram, G. L. Covert sensitization as a treatment for weight control. *Psychological Reports,* 1972, *30,* 971—974.
Sarason, I. G. Text anxiety and cognitive modeling. *Journal of Personality and Social Psychology,* 1973, *28,* 58—61.
Sargant, W. *Battle for the mind.* New York: Harper & Row, 1957.
Schachter, S. The interaction of cognitive and physiological determinants of emotional state. In L. Berkowitz (Ed.), *Advances in experimental social psychology.* Vol. 1. New York: Academic Press, 1964, Pp. 49—80.
Schachter, S., & Singer, J. E. Cognitive, social, and physiological determinants of emotional state. *Psychological Review,* 1962, *69,* 379—399.
Schmickley, V. G., Johnson, R. G., Elson, S. E., Rate, L. T., Ripstra, C. C., & Yager, G. G. Covert operant reinforcement of remedial reading learning tasks. Paper presented to the American Educational Research Association, Chicago, April 1974.
Scrimshaw, N. S. Malnutrition, learning and behavior. *American Journal of Clinical Nutrition,* 1967, *20,* 493—502.
Scrimshaw, N. S., & Gordon, J. E. (Eds.), *Malnutrition, learning, and behavior.* Cambridge, Mass.: MIT Press, 1968.
Segal, J., & Luce, G. G. *Sleep.* New York: Arena, 1966.
Segal, S. J. (Ed.), *Imagery: Current cognitive approaches.* New York: Academic Press, 1971.
Seligman, M. E. P., Maier, S. F., & Solomon, R. L. Unpredictable and uncontrollable aversive events. In F. R. Brush (Ed.), *Aversive conditioning and learning.* New York: Academic Press, 1969.
Shaffer, L. F. The problem of psychotherapy. *American Psychologist,* 1947, *2,* 459—467.
Shapiro, A. K. Placebo effects in medicine, psychotherapy, and psychoanalysis. In A. E. Bergin & S. L. Garfield (Eds.), *Handbook of psychotherapy and behavior change.* New York: Wiley, 1971, Pp. 439—473.
Shaw, W. A. The relation of muscular action potentials to imaginal weight lifting. *Archives of Psychology,* 1940, No. 247, p. 50.
Sheehan, P. W. (Ed.), *The function and nature of imagery.* New York: Academic Press, 1972.
Sheerer, M. Problem solving. *Scientific American,* 1963, *208,* 118—128.
Shulman, L. S. Seeking styles and individual differences in patterns of inquiry. *School Review,* 1965, *73,* 258—266.
Shulman, R. Vitamin B-12 deficiency and psychiatric illness. *British Journal of Psychiatry,* 1967, *113,* 252—256 (a).
— A survey of vitamin B-12 deficiency in an elderly psychiatric population. *British Journal of Psychiatry,* 1967, *113,* 241—251 (b).
Shure, M., & Spivack, G. Means-ends thinking, adjustment and social class among elementary school-aged children. *Journal of Consulting and Clinical Psychology,* 1972, *38,* 348—353.
Shure, M., Spivack, G., & Jaeger, M. Problem-solving thinking and adjustment among disadvantaged preschool children. *Child Development,* 1971, *42,* 1791—1803.
Sidman, M. *Tactics of scientific research.* New York: Basic Books, 1960.
Singer, J. L. Imagery and daydream techniques employed in psychotherapy: Some

practical and theoretical implications. In C. D. Spielberger (Ed.). *Current topics in clinical and community psychology*. New York: Academic Press, 1972.

Singh. D. Preference for bar pressing to obtain reward over freeloading in rats and children. *Journal of Comparative and Physiological Psychology*, 1970. *73*, 320—327.

Sirota. A. D. A take-off on reinforcement: Or, how to get high on raisins. Unpublished manuscript, Pennsylvania State University, 1974.

Skinner. B. F. The operational analysis of psychological terms. *Psychological Review*, 1945. *52*, 270—277.

— "Superstition" in the pigeon. *Journal of Experimental Psychology*, 1948. *38*, 168—172.

— Are theories of learning necessary? *Psychological Review*, 1950, *57*, 193—216.

— *Science and human behavior*. New York: Macmillan. 1953.

— What is psychotic behavior? In B. F. Skinner, *Cumulative Record*. New York: Appleton-Century-Crofts, 1959. Pp. 202—219.

— Behaviorism at fifty. *Science*, 1963. *140*, 951—958.

— An operant analysis of problem solving. In B. Kleinmuntz (Ed.). *Problem solving: Research, method, and theory*. New York: Wiley. 1966. Pp. 225—257.

— *Contingencies of reinforcement: A theoretical analysis*. New York: Appleton-Century-Crofts, 1969.

— *Beyond freedom and dignity*. New York: Alfred A. Knopf, 1971.

— *About behaviorism*. New York: Alfred A. Knopf, 1974.

Slovic. P.. & Lichtenstein. S. Comparison of Bayesian and regression approaches to the study of information processing in judgment. *Organizational Behavior and Human Performance*, 1971. *6*, 694—744.

Solyom. L.. & Kingstone. E. An obsessive neurosis following morning glory seed ingestion treated by aversion relief. *Journal of Behavior Therapy and Experimental Psychiatry*, 1973. *4*, 293—295.

Sperling. G. A. The information available in brief visual presentation. *Psychological Monographs*, 1960. *74*, Whole No. 498.

Sperry. R. W. Lateral specialization of cerebral function in the surgically separated hemispheres. In F. J. McGuigan & R. A. Schoonover (Eds.). *The psychophysiology of thinking*. New York: Academic Press. 1973. Pp. 209—229.

Spielberger. C. D.. Bernstein. I. H.. & Ratliff. R. G. Information and incentive value of the reinforcing stimulus in verbal conditioning. *Journal of Experimental Psychology*, 1966. *71*, 26—31.

Spielberger. C. D.. & DeNike. L. D. Descriptive behaviorism versus cognitive theory in verbal operant conditioning. *Psychological Review*, 1966, *73*. 306—326.

Spivack. G.. & Levine. M. *Self-regulation in acting-out and normal adolescents*. Report M-4351. Washington D.C.: National Institute of Health, 1963.

Spivack. G.. & Shure. M. B. *Social adjustment of young children: A cognitive approach to solving real-life problems*. San Francisco: Jossey-Bass. 1974.

Staats. A. W. An integrated-functional learning approach to complex human behavior. In B. Kleinmuntz (Ed.). *Problem solving: Research, method, and theory*. New York: Wiley, 1966, Pp. 259—339.

— *Learning, language, and cognition*. New York: Holt, Rinehart & Winston, 1968 (a).

— Social behaviorism and human motivation. Principles of the attitude-reinforcer-discriminative system. In A. G. Greenwald, T. C. Brock & T. M. Ostrom (Eds.). *Psychological foundations of attitudes*. New York: Academic Press, 1968. Pp. 33—66 (b).

— Language behavior therapy: A derivative of social behaviorism. *Behavior Therapy*, 1972. *3*, 165—192.

Staats, A. W., Gross, M. C., Guay, P. F., & Carlson, C. C. Personality and social systems and attitude-reinforcer-discriminative theory: Interest (attitude)

formation, function, and measurement. *Journal of Personality and Social Psychology*, 1973, *26*, 251—261.
Staats, A. W., & Hammond, O. W. Natural words as physiological conditioned stimuli: Food-word-elicited salivation and deprivation effects. *Journal of Experimental Psychology*, 1972, *96*, 206—208.
Staats, A. W., Minke, K. A., Martin, C. H., & Higa, W. R. Deprivation-satiation and strength of attitude conditioning: A test of attitude-reinforcer-discriminative theory. *Journal of Personality and Social Psychology*, 1972, *24*, 178—185.
Staddon, J. E. R., & Simmelhag, V. L. The "superstition" experiment: A reexamination of its implications for the principles of adaptive behavior. *Psychological Review*, 1971, *78*, 3—43.
Stampfl, T. G., & Levis, D. J. Essentials of implosive therapy: A learning-theory-based psychodynamic behavioral therapy. *Journal of Abnormal Psychology*, 1967, *72*, 496—503.
Steffan, J. J. The effects of covert reinforcement upon hospitalized schizophrenics. Paper presented at the Eastern Psychological Association, New York, 1971.
— Effect of covert reinforcement upon male and female college students. Unpublished master's thesis. Rutgers University, 1972.
Steffy, R. A., Meichenbaum, D., & Best, J. A. Aversive and cognitive factors in the modification of smoking behavior. *Behaviour Research and Therapy*, 1970, *8*, 115—125.
Steiner, I. D. Perceived freedom. In L. Berkowitz (Ed.), *Advances in experimental social psychology*. Vol. 5. New York: Academic Press, 1970, Pp. 187—248.
Steinfeld, G. The use of covert sensitization with institutionalized narcotic addicts. *International Journal of Addiction*, 1970, *5*, 225—232.
Stern, R. M., Botto, R. W., & Herrick, C. D. Behavioral and physiological effects of false heart rate feedback: A replication and extension. *Psychophysiology*, 1972, *9*, 21—29.
Stern, R. M., & Kaplan, B. E. Galvanic skin response: Voluntary control and externalization. *Journal of Psychosomatic Research*, 1967, *10*, 349—353.
Stern, R. M., & Lewis, N. L. Ability of actors to control their GSRs and express emotions. *Psychophysiology*, 1968, *4*, 294—299.
Stern, R. S. Treatment of a case of obsessional neurosis using thought-stopping technique. *British Journal of Psychiatry*, 1970, *117*, 441—442.
Sterner, R. T., & Price, W. R. Restricted riboflavin: Within-subject behavioral effects in humans. *American Journal of Clinical Nutrition*, 1973, *26*, 150—160.
Stokes, J. P. The effects of rapid eye movement sleep on retention. *Psychological Record*, 1973, *23*, 521—531.
Stoyva, J. Biofeedback techniques and the conditions for hallucinatory activity. In: F. J. McGuigan & R. A. Schoonover (Eds.), *The psychophysiology of thinking*. New York: Academic Press, 1973, Pp. 387—414.
Strel'chuk, I. V. New contemporary methods of treating patients with alcoholism. *Soviet Medicine*, 1957, *21*, 26—33.
Stuart, R. B. *Trick or treatment: How and when psychotherapy fails*. Champaign, Ill.: Research Press, 1970.
— Situational versus self-control. In R. D. Rubin, H. Fensterheim, J. D. Henderson & L. P. Ullmann (Eds.), *Advances in behavior therapy*. New York: Academic Press, 1972, Pp. 129—146.
Stunkard, A. F., & Mahoney, M. J. Behavioral treatment of the eating disorders. In H. Leitenberg (Ed.), *Handbook of behavior modification*. New York: Appleton-Century-Crofts, in press.
Suchman, J. R. Inquiry training in the elementary school. *Science Teacher*, 1960, *27*, 42—47.
— *Evaluating inquiry in physical science*. Chicago: Science Research Associates, 1969.

Suinn, R. M. Behavior rehearsal training for ski racers. *Behavior Therapy*, 1972, *3*, 519—520 (a).
— Removing emotional obstacles to learning and performance by visuomotor behavioral rehearsal. *Behavior Therapy*, 1972, *3*, 308—310 (b).
Suinn, R. M., & Richardson, F. Anxiety management training: A nonspecific behavior therapy program for anxiety control. *Behavior Therapy*, 1971, *2*, 498—510.
Sushinsky, L. W., & Bootzin, R. R. Cognitive desensitization as a model of systematic desensitization. *Behaviour Research and Therapy*, 1970, *8*, 29—33.
Taylor, F. G. The modification of depression. Unpublished doctoral dissertation, Queen's University, 1974.
Taylor, J. G. Personal communication (1955) in J. Wolpe, *Psychotherapy by reciprocal inhibition.* Stanford: Stanford University Press, 1958.
— A behavioural interpretation of obsessive-compulsive neuroses. *Behaviour Research and Therapy*, 1963, *1*, 237—244.
Terrace, H. S. Awareness as viewed by conventional and by radical behaviorism. Paper presented at the American Psychological Association, Washington, D.C., 1971.
Thomson, M. J. C. The disinhibition of a memory during systematic desensitization. *Journal of Behavior Therapy and Experimental Psychiatry*, 1971, *2*, 301—302.
Thoresen, C. E., & Mahoney, M. J. *Behavioral self-control.* New York: Holt, Rinehart & Winston, 1974.
Thorndike, E. L. Animal intelligence: An experimental study of the associative processes in animals. *Psychological Review Monograph Supplement*, 1898, *2* (4, Whole No. 8).
— *Animal intelligence.* New York: Macmillan, 1911.
Thornton, J. W., & Jacobs, P. D. Learned helplessness in human subjects. *Journal of Experimental Psychology*, 1971, *87*, 367—372.
Throop, W. F., & MacDonald, A. P. Internal-external locus of control: A bibliography. *Psychological Reports*, Monograph Supplement 1-V28, 1971, 175—190.
Todd, F. J. Coverant control of self-evaluative responses in the treatment of depression: A new use for an old principle. *Behavior Therapy*, 1972, *3*, 91—94.
Tolman, E. C. *Purposive behavior in animals and men.* New York: Appleton-Century-Crofts, 1932.
Tooley, J. T., & Pratt, S. An experimental procedure for the extinction of smoking behavior. *Psychological Record*, 1967, *17*, 209—218.
Tori, C., & Worell, L. Reduction of human avoidant behavior: A comparison of counter-conditioning, expectancy, and cognitive information approaches. *Journal of Consulting and Clinical Psychology*, 1973, *41*, 269—278.
Torrance, E. P., & Myers, R. E. *Creative learning and teaching.* New York: Dodd, 1970.
Treisman, A. M. Verbal cues, language and meaning in selective attention. *American Journal of Psychology*, 1964, *77*, 206—219.
Trexler, L. D., & Karst, T. O. Rational-emotive therapy, placebo, and notreatment effects on public-speaking anxiety. *Journal of Abnormal Psychology*, 1972, *79*, 60—67.
— & — Further validation for a new measure of irrational cognitions. *Journal of Personality Assessment*, 1973, *37*, 105—155.
Turner, M. B. *Philosophy and the science of behavior.* New York: Appleton-Century-Crofts, 1967.
Tyler, V. O., & Straughan, J. H. Coverant control and breath holding as techniques for the treatment of obesity. *Psychological Record*, 1970, *20*, 473—478.
Ullmann, L. P. On cognitions and behavior therapy. *Behavior Therapy*, 1970, *1*, 20'—204.

Ullmann, L. P., & Krasner, L. *A psychological approach to abnormal behavior.* Englewood Cliffs: Prentice-Hall, 1969.

Valins, S., & Nisbett, E. E. *Attribution processes in the development and treatment of emotional disorders.* Morristown, N.J.: General Learning Press, 1971.

Valins, S., & Ray, A. A. Effects of cognitive desensitization on avoidance behavior. *Journal of Personality and Social Psychology*, 1967, *7*, 345—350.

Verplanck, W. S. Unaware of where's awareness: Some verbal operants — notates, monents, and notants. In C. W. Eriksen (Ed.), *Behavior and awareness.* Durham, N.C.: Duke University Press, 1962, Pp. 130—158.

Viernstein, L. Evaluation of therapeutic techniques of covert sensitization. Unpublished manuscript, Queens College, 1968.

von Bertalanffy, L. *Robots, men and minds.* New York: George Braziller, 1967.

Voss, S. C., & Homzie, M. J. Choice as a value. *Psychological Reports*, 1970, *26*, 912—914.

Vygotsky, L. S. *Thought and language.* Cambridge: M.I.T. Press, 1962.

Wagner, M. Smokers of the world unite. *Association for the Advancement of Behavioral Therapies Newsletter*, 1969, *4*, 12.

Wagner, M. K. & Bragg, R. A. Comparing behavior modification approaches to habit decrement — smoking. *Journal of Consulting and Clinical Psychology*, 1970, *34*, 258—263.

Walters, O. S. Religion and psychopathology. *Comprehensive Psychiatry*, 1964, *101*, 24—35.

Walton, D., & Mather, M. The application of learning principles to the treatment of obsessive-compulsive states in the acute and chronic phases of illness. *Behaviour Research and Therapy*, 1963, *1*, 163—174.

Warden, C. J., Fjeld, H. A., & Koch, A. M. Imitative behavior in Cebus and Rhesus monkeys. *Pedagogical Seminary and Journal of Genetic Psychology*, 1940, *56*, 311—322.

Warren, N. Malnutrition and mental development. *Psychological Bulletin*, 1973, *80*, 324—328.

Wason, P. C. Problem solving and reasoning. *British Medical Bulletin*, 1971, *27*, 206—210.

Waters, W. F., & McDonald, D. G. Autonomic response to auditory, visual and imagined stimuli in a systematic desensitization context. *Behaviour Research and Therapy*, 1973, *11*, 577—585.

Watson, G. *Nutrition and your mind: The psychochemical response.* New York: Bantam, 1972.

Watson, J. B. Imitation in monkeys. *Psychological Bulletin*, 1908, *5*, 169—178.

— Psychology as the behaviorist views it. *Psychological Review*, 1913, *20*, 158—177.

— *Behaviorism.* Chicago: University of Chicago Press, 1924.

Watts, F. N., Powell, G. E., & Austin S. V. The modification of abnormal beliefs. *British Journal of Medical Psychology*, 1973, *46*, 359—363.

Weimer, W. B. *Psychology and the conceptual foundations of science.* Englewood Cliffs, N. J.: Prentice-Hall, in press.

Weiner, B. *Theories of motivation: From mechanism to cognition.* Chicago: Rand McNally, 1972.

Weiner, H. Real and imagined cost effects upon human fixed-interval responding. *Psychological Reports*, 1965, *17*, 659—662.

Weiner, I. Behavior therapy in obsessive-compulsive neurosis: Treatment of an adolescent boy. *Psychotherapy: Theory, Research and Practice*, 1967, *4*, 27—29.

Weiss, R. L., Hops, H., & Patterson, G. R. A framework for conceptualizing marital conflict: A technology for altering it, some data for evaluating it. In L. A. Hamerlynck, L. C. Handy, & E. J. Mash (Eds.), *Behavior change: Methodology, concepts, and practice.* Champaign, Ill.: Research Press, 1973, Pp. 309—342.

Weisz, A. E., & Taylor, R. L. American Presidential assassinations. In D. N. Daniels, M. F. Gilula, & F. Ochberg (Eds.), *Violence and the struggle for existence.* Boston: Little, Brown, 1970, Pp. 291—307.
Wickelgren, W. A. The long and the short of memory. *Psychological Bulletin,* 1973, *80,* 425—438.
Wicklund, R. A. *Freedom and reactance.* New York: Wiley, 1974.
Wilkins, W. Desensitization: Social and cognitive factors underlying the effectiveness of Wolpe's procedure. *Psychological Bulletin,* 1971, *76,* 311—317.
— Expectancy of therapeutic gain: An empirical and conceptual critique. *Journal of Consulting and Clinical Psychology,* 1973, *40,* 69—77.
Williams, D. R., & Williams, H. Auto-maintenance in the pigeon: Sustained pecking despite contingent non-reinforcement. In P. B. Dews (Ed.), *Festschrift for B. F. Skinner.* New York: Appleton-Century-Crofts, 1970, Pp. 279—288.
Williams, J. G., Barlow, D. H., & Agras, W. S. Behavioral measurement of severe depression. *Archives of General Psychiatry,* 1972, *27,* 330—333.
Williams, R. J. *Nutrition against disease: Environmental prevention.* New York: Pitman, 1971.
Williams, S. R. *Nutrition and diet therapy.* Saint Louis: C. V. Mosby Company, 1973.
Wilson, G. T. Innovations in the modification of phobic behaviors in two clinical cases. *Behavior Therapy,* 1973, *4,* 426—430 (a).
— Effects of false feedback on avoidance behavior: "Cognitive" desensitization revisited. *Journal of Personality and Social Psychology,* 1973, *28,* 115—122 (b).
— Aversive control of maladaptive behavior. Paper presented at Pennsylvania State University, January 1974 (a).
— Behavior therapy in adults. Paper presented at the American Psychopathological Association. Boston, March 1974 (b).
Wilson, G. T., & Davison, G. C. Processes of fear-reduction in systematic desensitization: Animal studies. *Psychological Bulletin,* 1971, *76,* 1—14.
— & — Behavior therapy and homosexuality: A critical perspective. *Behavior Therapy,* 1974, *5,* 16—28.
Wilson, G. T., & Thomas, M. Self- versus drug-produced relaxation and the effects of instructional set in standardized systematic desensitization. *Behaviour Research and Therapy,* 1973, *11,* 279—288.
Wine, J. Investigations of an attentional interpretation of test anxiety. Unpublished doctoral dissertation. University of Waterloo, 1970.
— Test anxiety and direction of attention. *Psychological Bulletin,* 1971, *76,* 92—104.
Winett, R. A. Attribution of attitude and behavior change and its relevance to behavior therapy. *Psychological Record,* 1970, *20,* 17—32.
Wisocki, P. A. Treatment of obsessive-compulsive behavior by covert sensitization and covert reinforcement: A case report. *Journal of Behavior Therapy and Experimental Psychiatry,* 1970, *1,* 233—239.
— The empirical evidence of covert sensitization in the treatment of alcoholism: An evaluation. In R. D. Rubin, H. Fensterheim, J. D. Henderson & L. P. Ullmann (Eds.), *Advances in behavior therapy,* Vol. 3. New York: Academic Press, 1972, Pp. 105—113.
— A covert reinforcement program for the treatment of test anxiety. *Behavior Therapy,* 1973, *4,* 264—266 (a).
— The successful treatment o a heroin addict by covert conditioning techniques. *Journal of Behavior Therapy and Experimental Psychiatry,* 1973, *4,* 55—61 (b).
Wisocki, P. A., & Rooney, E. J. A comparison of thought stopping and covert sensitization techniques in the treatment of smoking. A brief report. *Psychological Record,* 1974, *24,* 191—192.
Wolpe, J. *Psychotherapy by reciprocal inhibition.* Stanford: Stanford University Press, 1958.

— *The practice of behavior therapy*. New York: Pergamon, 1969.
— Dealing with resistance of thought-stopping: A transcript. *Journal of Behavior Therapy and Experimental Psychiatry*, 1971, *2*, 121—125.
Wolpe, J., & Lazarus, A. A. *Behavior therapy techniques*. New York: Pergamon, 1966.
Wolpin, M., & Raines, J. Visual imagery, expected roles and extinction as possible factors in reducing fear and avoidance behavior. *Behaviour Research and Therapy*, 1966, *4*, 25—38.
Wooley, S. C. Physiologic versus cognitive factors in short term food regulation in the obese and nonobese. *Psychosomatic Medicine*, 1972, *34*, 62—68.
Yamagami, T. The treatment of an obsession by thought-stopping. *Journal of Behavior Therapy and Experimental Psychiatry*, 1972, 2, 133—135.
Yudkin, J. *Sweet and dangerous*. New York: Bantam, 1972.
Zangwill, O. L. *Remembering* revisited. *Quarterly Journal of Experimental Psychology*, 1972, *24*, 123—138.
Zeller, A. An experimental analogue of repression. II. The effect of individual failure and success on memory measured by relearning. *Journal of Experimental Psychology*, 1950, *40*, 411—422.
Zimmerman, B. J., & Rosenthal, T. L. Observational learning of rule-governed behavior by children. *Psychological Bulletin*, 1974, *81*, 29—42.
Zingle, H. W. A rational therapy, approach to counseling underachievers. Unpublished doctoral dissertation. University of Alberta, 1965.

Namenverzeichnis

Abelson, R. P. 256, 263
Abramovitz, A. 93
Ackerman, P. D. 82, 103, 173
Adams, H. E. 284
Adams, J. A. 144, 156, 167
Adorno, T. W. 264
Agras, W. S. 65, 94, 109, 116 f.
Allen, G. J. 180
Alston, W. P. 26
Alumbaugh, R. V. 107
Alvis, H. J. 292
Anant, S. S. 110
Anderson, J. R. 144, 167
Annon, J. S. 81, 95
Apter, M. J. 147
Argabrite, A. 206
Arkowitz, H. 251, 257
Aronson, E. 256
Ascher, L. M. 85 ff., 122, 127, 129
Ashem, B. 109 f., 127
Atkinson, R. C. 79, 144, 153
Austin, G. A. 234
Austin S. V. 207
Averill, J. R. 246 f.
Ayllon, T. 53
Azrin, N. H. 53

Babladelis, G. 123
Bachicha, D. L. 181
Bachrach, A. J. 27
Bacon, F. 268, 327 f.
Baer, D. M. 58, 82
Bahlke, S. J. 239
Bain, J. A. 96, 213
Baker, J. N. 207, 211
Baker, S. B. 102
Bandura, A. 14, 16, 52 f., 55 ff., 74, 79, 92, 95, 124, 130 ff., 168, 179, 181, 183 f., 187 f., 192 f., 217, 224 f., 251 ff., 275, 282, 316, 321
Bannister, D. 33
Barab, P. G. 58, 188
Barber, T. X. 79
Barlow, D. H. 65, 94 f., 116 f.
Baron, A. 186 f.
Baron, M. G. 97
Bartlett, F. C. 161
Bartley, W. W. 330
Bass, B. A. 106
Bayroff, A. G. 55
Bean, H. 112
Beaudoin, C. 122
Beck, A. T. 97, 136, 180, 197, 201 f., 206 f., 255, 300
Becker, S. S. 98, 156
Belmont, J. M. 181
Bem, D. J. 168, 256 f., 262 f., 270 f.
Bem, S. L. 214, 220
Benjamin, A. C. 69
Berecz, J. 1[illegible]1
Berger, S. M. 56 f.
Bergin, A. E. 98, 107, 197
Berkeley, G. 22
Bernard, C. 61, 71
Bernstein, D. A. 103, 174
Bernstein, I. H. 53
Bersh, P. 54
Best, J. A. 111
Betancourt, F. W. 279
Blackwood, R. O. 194, 214, 220
Blanchard, E. B. 58, 125
Blanshard, B. 25, 39
Blumenfeld, A. 298
Bohnert, M. 206
Bolles, R. C. 142, 184, 193
Bootzin, R. R. 113, 252
Boren, J. J. 187, 279
Boring, E. G. 36
Botto, R. W. 252
Bottrell, J. 93
Bourne, L. E. 164
Boutilier, J. 126, 128
Bower, G. H. 76, 144, 158, 164, 167, 229
Bowers, K. 279
Bragg, R. A. 111
Brandsma, J. M. 206
Breger, L. 168
Brehm, J. W. 286
Breland, K. 141
Breland, M. 141
Breznitz, S. 220
Bridger, W. H. 53
Bridgman, P. W. 69
Brigham, T. A. 283
Brown, M. J. K. 50
Brown, M. L. 297, 299
Brown, P. L. 141
Brown, R. 159 f.
Brown, T. R. 279
Browning, R. M. 279
Bruch, H. 176, 180
Bruner, J. S. 234
Bruno, L. J. J. 83
Bucher, B. 107
Buchwald, A. M. 184
Bugle, C. 107
Burkhead, D. E. 208, 211
Burmester, M. A. 239
Burstein, S. 220
Bushell, D. 283
Butterfield, E. C. 181
Butts, D. P. 239
Byrnes, J. 82

Cahoon, D. D. 187
Calhoon, B. 122
Callahan, E. J. 116 f.
Cameron, R. 215, 218 f., 226 f.
Camp, J. A. 83
Campbell, B. A. 288 f.

Campbell, D. T. 27, 72
Campbell, J. A. 301
Campbell, L. M. 97 f.
Campbell, M. E. 301
Cannon, W. B. 186
Carlisle, J. M. 95
Carlson, C. C. 50
Carnegie, D. 213
Cartledge, N. 179
Castaneda, C. 223
Catania, A. C. 82, 187, 283
Cautela, J. R. 74, 85, 87 ff. 97, 108 ff., 112 f., 115, 119, 121 f., 126 ff., 131, 135
Chance, J. E. 168, 246, 248
Chapman, J. 189
Chapman, R. F. 102
Chapman, R. M. 83
Chappell, M. N. 93
Cherry, E. C. 148
Chesen, E. S. 188
Church, R. M. 55
Cohen, D. B. 294 f.
Cohen, G. 291
Coleman, A. D. 279
Cooke, G. 130
Corson, J. A. 55
Coué, E. 213
Covington, M. V. 239
Cowan, P. A. 279
Cox, L. E. 171
Craig, K. 80
Craighead, K. 177
Craighead, W. E. 130, 173
Crawford, M. P. 55
Creed, T. L. 283
Crosby, R. M. 187
Crotty, W. J. 188
Crowder, J. E. 130
Crowe, M. 107
Crutchfield, R. S. 239
Curtis, R. H. 115
Curtiss, K. 283
Cutts, D. 187

Danaher, B. G. 75 ff., 93, 101 f., 158, 279
Darby, C. L. 55
Darrow, C. W. 79
Das, S. S. 206
Davies, L. B. 239
Davies, R. L. 206
Davis, A. 296
Davis, D. 93
Davis, G. A. 164, 230 ff.
Davison, G. C. 72, 92 f., 95, 115, 130, 174, 189, 207, 247, 251, 253, 279
Day, W. F. 26, 65
de Bono, E. 238
Decenteceo, E. T. 197, 210 f.
de Charms, R. 244
Deci, E. L. 256 f.
Dellinger, J. K. 93, 171
Dember, W. N. 142, 306
Dement, W. C. 293
Demokrit 22
DeNike, L. D. 53 f.
Denny, D. 214, 220
Descartes, R. 21
Dewey, J. 239
Dewhurst, W. 107
Dichter, M. 97
Diggory, J. C. 180
DiLoreto, A. O. 209, 211 f.
Doke, L. A. 283
Dollard, J. 58, 73
Dominowski, R. L. 164
Donner, L. 109 f., 127
Dostojewski, F. M. 281 f.
Draper, D. O. 125
Drewe, E. 107
Dulany, D. E. 47, 53, 66, 188
D'Zurilla, T. 155, 210 f., 229 f., 235, 240 f.

Ebbesen, E. B. 171 f.
Edwards, J. E. 130
Edwards, M. W. 236
Efron, R. 94
Ehrlich, H. J. 264
Einstein, A. 22
Ellis, A. 131, 168, 183, 197, 201 f., 205 ff., 211 ff., 221, 266 f., 315
Epiktet 197
Epstein, L. H. 87
Erhard, D. 296
Eriksen, C. W. 79, 155
Estes, W. K. 68, 142, 168, 191

Fabricatore, J. 107
Fahl, M. A. 243
Farber, I. E. 53, 223
Farr, J. 115
Fechner, G. 21
Fedoravicius, A. 216
Feigenbaum, E. A. 147, 234
Feingold, B. D. 257
Feldhusen, J. F. 239
Feldman, J. C. 147, 234
Felixbrod, J. J. 283
Ferster, C. B. 283
Feyerabend, P. 330
Fishman, S. 130
Fixsen, D. L. 281
Fjeld, H. A. 55
Flannery, R. B. 124, 131
Forbes, A. L. 301
Foreyt, J. P. 114, 125, 127
Fox, E. E. 206
Foxman, J. 130
Frank, J. D. 174, 186, 260, 273 f.
Frankl, V. E. 254
Fredericks, C. 296
Freedman, J. 214
Frenkel-Brunswik, E. 264
Freud, S. 22, 157, 294
Friedman, L. N. 247

Gagne, R. M. 230, 233 ff.
Gajos, E. 254
Galanter, E. 146, 154, 158, 164, 191
Galbraith, G. G. 252
Galton, F. 158, 188
Games, R. G. 206
Garcia, E. 82
Gardiner, R. M. 103
Garfield, Z. H. 97
Garth, R. E. 239
Gatchel, R. J. 247
Gath, D. 253
Gaul, D. J. 173
Gaupp, L. A. 252
Geddy, P. 107
Geer, J. H. 247
Gelder, M. G. 79, 155
Gelfand, D. M. 279
Gentry, W. 97
George, F. S. 118
Gershman, L. 97
Gerst, M. D. 95, 181
Geulincx, A. 21
Gewirtz, J. L. 30, 58
Giebink, J. W. 243
Gilmore, J. 216
Glaros, A. G. 253
Glass, D. C. 247

Glucksberg, S. 78, 155
Gold, S. 115
Goldfoot, D. A. 171
Goldfried, M. R. 82, 197, 210 f., 224 ff., 229 f., 235, 240 f.
Goldiamond, I. 40, 229
Goldstein, A. P. 174
Gonzalez-Wippler, M. 186
Goodman, D. S. 206 f.
Goodman, J. 177, 215
Goodnow, J. J. 234
Gordon, J. E. 297
Gordon, S. B. 102, 112
Gordon, W. J. J. 237
Gotestam, K. G. 129, 131
Green, L. 284
Greenberg, R. L. 207
Greene, D. 256
Greiner, J. M. 171
Grings, W. W. 53
Gross, M. C. 50
Grossberg, J. M. 80
Grusec, J. E. 95, 181
Guay, P. F. 50
Guess, D. 82
Gustav, A. 206
Guthrie, E. R. 73, 122
Guyton, A. C. 297, 299

Hagen, R. L. 114, 125, 127
Haggerty, M. E. 55
Hahn, K. W. 79
Hall, J. F. 144, 167
Hall, K. R. L. 55
Hallam, R. S. 107
Hamerlynck, L. A. 174
Hammond, O. W. 50
Handy, L. C. 174
Hanley, E. 131
Hannon, J. R. 241
Hark, R. D. 103
Harper, R. A. 201
Harsch, O. H. 79
Harsh, C. M. 55
Hart, J. T. 159
Hartig, M. 214, 220
Hartman, B. J. 206
Hartmann, D. P. 279
Hartmann, E. L. 293
Haslan, M. 107
Hawkins, D. 299
Hawkins, N. 279
Hayes, C. 55
Hayes, K. J. 55
Haynes, S. N. 55, 107
Hefferline, R. F. 83
Heider, F. 244
Heimann, R. A. 208, 211
Hekmat, H. 93
Herbert, J. J. 55
Herrick, C. D. 252
Hetherington, M. 214, 220
Higa, W. R. 50
Hilgard, E. R. 164, 229
Hillix, W. A. 20, 24, 68
Hobbes, T. 22
Hoddinott, B. A. 279
Hodgson, R. 107
Hoffer, E. 269
Hoffman, A. M. 102
Hogan, R. A. 130
Holmes, D. S. 156
Homme, L. E. 16, 74, 82, 98, 100 ff., 139
Homzie, M. J. 283
Hook, S. 193
Hops, H. 243
Horan, J. J. 93, 102, 171
Horowitz, M. J. 98, 156
Howell, R. J. 94
Hudgins, C. V. 79
Hull, C. L. 73, 122
Huxley, F. 186

Ince, L. P. 104
Ingram, G. L. 109, 114, 127
Inhelder, B. 234, 291

Jackson, B. 104
Jacobs, A. 52, 174
Jacobs, E. A. 292
Jacobs, P. D. 247
Jacobson, E. 23, 91, 98
Jacobson, M. 301
Jaeger, M. 241
Jahoda, G. 66, 185, 276
James, W. 229, 262, 270, 330, 333
Janda, L. H. 113
Janis, I. 220
Jaynes, J. 51, 290 f.
Jeffery, R. W. 95, 181, 254
Jeffrey, D. B. 279
Jenkins, H. M. 141
Johansson, S. L. 56
Johnson, D. 253
Johnson, H. J. 81
Johnson, R. G. 102
Johnson, S. S. 103
Johnson, V. E. 81, 96
Johnson, W. G. 104
Jones, E. E. 244 f.
Jones, H. L. 239
Jones, R. G. 206
Jung, C. G. 291

Kahana, B. 214
Kanfer, F. H. 52, 168, 170 f., 214, 220
Kanouse, D. E. 244
Kant, I. 146
Kaplan, A. 37, 42, 44, 68
Kaplan, B. E. 80
Kaplan, B. J. 297
Karoly, P. 168, 171
Karst, T. O. 206, 208 f., 211
Kaufman, A. 186 f.
Kazdin, A. E. 12 f., 19 f., 27, 37, 72, 93, 126, 131, 133 ff., 141, 173 f., 217, 222, 229, 333
Keat, R. 26
Keller, F. S. 36 f.
Kelley, H. H. 244
Kelly, G. A. 66, 168, 208, 244, 310
Keltner, A. 126
Kendler, H. H. 235
Kendler, T. S. 235
Kendrick, S. R. 115, 126
Kenny, F. T. 107
Kent, R. N. 252
Keutzer, C. S. 102
Kimble, G. A. 284
King, L. J. 78, 155
Kingsley, R. G. 123, 128
Kingstone, E. 107
Kintsch, W. 144, 167
Kirkham, J. F. 188
Kleinmuntz, G. 233
Klinger, E. 161
Koch, A. M. 55
Koch, S. 19
Koeppel, J. 179
Köhler, W. 231
Kolvin, L. 115, 119
Koos, E. M. 239
Kopel, S. A. 251, 257
Kopp, R. E. 186 f.
Krantz, D. L. 269
Krasner, L. 38, 178

Krop, H. 122
Kuethe, J. L. 79, 155
Kuhn, T. S. 37, 61, 66, 68, 276, 291, 330
Kumar, K. 97
Kushner, A. W. 189

Lakatos, I. 28, 37, 61, 330
Langfeld, H. S. 69
Lappé, F. M. 297
Lard, K. E. 55
Laude, R. 206
Lawson, D. M. 102, 112
Layden, T. A. 102
Lazarus, A. A. 72, 93, 96 f., 108, 197, 202, 206, 219
Leacock, R. 186
Leacock, S. 186
Lee, D. 264
Lefcourt, H. M. 246 f.
Legrenzi, P. 267
Lehman, A. 185
Leitenberg, H. 94, 116 f.
Leont'yev, A. A. 291
Lepper, M. R. 256 f.
Lesswing, N. J. 12 f., 19 f., 27, 37, 141, 229, 333
Levine, M. 241
Levinson, D. J. 264
Levinson, M. 241
Levis, D. J. 130
Levy, S. 188
Lewis, N. L. 80
Lichtenstein, S. 361
Lick, J. 113
Lindsley, O. R. 82
Littman, I. 279
Litvak, S. B. 52, 80, 94, 206
Lobitz, W. C. 95
Locke, E. A. 179
Loeb, A. 180
Lomont, J. F. 130
London, P. 20, 93
LoPiccolo, J. 95
Lovitt, T. C. 283
Lowe, G. R. 107
Luce, G. G. 293
Luria, A. 214

MacCorquodale, K. 31
MacDonald, A. P. 246
MacDonough, T. S. 284
Maes, W. R. 208, 211
Mahoney, F. E. 277
Mahoney, K. 277, 283
Mahoney, M. J. 12 f., 19 f., 27, 37, 40, 52, 62, 71 f., 74 ff., 90, 98, 100 f., 104 ff., 109, 111, 113, 140 f., 158, 168, 170, 172 ff., 179, 183, 193, 220, 228 f., 243, 257, 277, 279, 283, 320, 331 ff.
Maier, S. F. 246
Malebranche, N. 21
Maletzky, B. M. 118 f.
Malloy, T. E. 81 f.
Maltz, M. 214
Maltzman, I. 49, 51
Mandel, I. J. 53
Manno, B. 113, 124, 135
Marks, I. M. 79, 107, 155
Marmor, J. 220
Marquis, J. N. 95
Marshall, W. L. 107, 126 ff.
Marston, A. R. 113, 124, 135
Martin, C. H. 50
Martin, E. 144, 153, 167
Marx, H. 20, 24, 68
Mash, E. J. 174
Masters, J. C. 197, 205, 207, 287
Masters, W. H. 81, 96
Mather, M. 107
Matson, F. W. 13, 305
Matson, W. J. 25
Maultsby, M. 131, 206 f.
May, J. R. 81, 102
May, R. B. 112
Max, L. W. 23
McBrearty, J. F. 97
McClellan, T. A. 207
McCullough, J. P. 93, 115, 126, 279
McDonald, D. G. 81, 94, 206
McGeogh, J. A. 68
McGuigan, F. J. 52, 64, 83, 98, 214
McGuire, M. T. 243
McGuire, R. J. 95, 107
McGuire, W. J. 212, 256, 262, 264, 266 f.
McKeachie, W. J. 142
McLemore, C. W. 92 f.
McNeal, S. 279
McNeill, D. 159 f.
Meehl, P. E. 31, 303
Mees, H. L. 107
Meichenbaum, D. 132, 136, 177, 194, 197, 215 ff., 226 f., 279
Melin, L. 129, 131
Melton, A. W. 144, 152 f., 167
Menlove, F. L. 58 f., 95, 181
Menzies, R. 79
Metraux, A. 186
Meyer, V. 207, 243
Meynen, G. E. 113
Miller, G. A. 145 f., 153 f., 158, 164, 191
Miller, M. M. 108, 110, 115
Miller, N. E. 47 f., 58, 73, 79, 142
Milner, G. 299
Minke, K. A. 50
Mischel, W. 39, 44, 100, 168, 171 f., 264, 287
Monahan, J. 214
Montgomery, A. G. 209, 211
Monty, R. A. 284
Moore, B. S. 179
Moore, R. C. 116
Morgan, C. L. 33, 55
Morganstern, K. P. 131
Morrow, J. E. 112
Morse, W. H. 187
Moskowitz, M. L. 98
Moura, N. G. M. 173, 179
Mowrer, O. H. 14
Mullen, F. G. 112
Musgrave, A. 37, 61, 330
Myers, R. E. 239

Nagel, E. 37
Nawas, M. M. 130, 197
Nebes, R. D. 79, 292
Neisser, U. 66, 144, 146, 148 ff., 157, 166 f., 294
Nelson, R. 210 f., 252
Neufeld, I. L. 115
Neuringer, A. J. 142
Neuringer, C. 180, 187, 241
Newbury, E. 33
Newcomb, T. M. 256
Newell, A. 164, 234
Nidorf, L. 206

Nisbett, R. E. 244 f., 251, 256
Nordquist, V. M. 279
Norman, D. A. 144, 148, 161, 167
Norman, W. 218, 220
Notterman, J. M. 54
Nydegger, R. V. 107

O'Connor, R. D. 56 f.
O'Donnell, J. M. 50
O'Leary, K. D. 214, 220, 283
Olton, R. M. 239
O'Neill, D. G. 94
Orne, M. T. 173
Osborn, A. F. 237
Osgood, C. E. 74, 82
Oshawa, G. 357

Paivio, A. 76, 89, 93, 158
Palkes, H. 214, 220
Papanek, V. J. 238
Parke, R. 214, 220
Patterson, G. R. 243, 279
Paul, G. L. 72, 92, 130
Pauling, L. 299
Pavlov, I. P. 49 f., 73, 79, 122, 260
Peale, N. V. 213
Peirce, C. S. 262
Pelman Institute 136, 213
Penfield, W. 156
Perez, F. 122
Perlmuter, L. C. 284
Peterson, G. L. 87
Phares, E. J. 168, 246, 248 f.
Phelps, R. 279
Phillips, E. L. 281
Phillips, J. S. 52
Piaget, J. 234, 291
Pike, R. L. 297, 299
Platanov, K. I. 49 f., 79
Platt, J. 241
Plummer, L. S. 206
Plutchik, R. 69
Polanyi, M. 37, 160, 328
Polefka, D. A. 93
Polgrin, D. 126, 128
Polya, G. 238
Popper, K. R. 68, 328, 330
Powell, G. E. 207
Powell, P. O. 93
Pratt, S. 102, 111
Premack, D. 98, 101
Presly, A. S. 115
Pribram, K. 146, 154, 158, 164, 191
Price, W. R. 299
Proctor, S. 81 f.

Rachlin, H. 284
Rachman, S. 58 f., 79, 94, 107, 155, 316
Raines, J. 130
Ratliff, R. G. 53
Ray, A. A. 251
Razran, G. 49
Reese, H. W. 63, 82
Rehm, L. R. 93
Reid, J. B. 252
Resnick, J. H. 279 f.
Richardson, A. 89
Richardson, F. C. 89, 226
Ridberg, E. 214, 220
Rimm, D. 52, 80, 93, 97, 113, 197, 205 ff., 220
Riopelle, A. J. 55, 230 ff.
Risley, T. R. 283
Ritter, B. 58
Rodale, J. L. 296
Rodin, J. 250 f.
Rohan, W. A. 110
Rokeach, M. 262, 264
Rooney, E. J. 96, 98, 112
Rosen, E. 252
Rosen, G. M. 252
Rosen, N. A. 267
Rosen, R. C. 97
Rosenberg, M. J. 256
Rosenberger, M. A. 284
Rosenhan, D. L. 178, 276
Rosenthal, R. 88, 173 f.
Rosenthal, T. L. 57, 182, 207, 243
Rosnow, R. L. 174
Ross, L. 250 f.
Ross, R. R. 279
Rotter, J. B. 168, 245 f., 248
Royce, J. E. 26
Russell, P. L. 206
Rutner, I. T. 102, 107
Ryle, G. 23, 25

Sabry, Z. I. 301
Sachs, L. B. 52, 109, 112, 114, 127
Sanford, R. N. 264
Sarason, I. G. 214, 218, 220
Sargant, W. 186
Saunders, W. D. 97, 220
Schachter, S. 249 f.
Schallow, J. R. 156
Schmickley, V. G. 125, 128
Schnapp, B. J. 97
Schoenfeld, W. N. 36 f., 54
Schoonover, R. A. 52, 64
Schwartz, T. 279 f.
Scott, J. A. 239
Scrimshaw, N. S. 297
Scura, W. C. 241
Segal, J. 293
Segal, S. J. 89
Seidner, M. L. 171
Seligman, M. E. P. 246
Shaffer, L. F. 194
Shapiro, A. K. 174
Shaw, W. A. 52, 79
Sheehan, P. W. 89
Sheerer, M. 230, 234
Sherman, J. A. 58
Shiffrin, R. M. 144, 153
Shulman, L. S. 236
Shulman, R. 299
Shure, M. B. 164, 192, 236, 240 ff.
Shute, R. E. 102
Sidman, M. 46
Sifneos, P. E. 243
Simmelhag, V. L. 140, 142, 187
Simon, H. A. 164, 234
Singer, J. E. 247, 249 f.
Singer, J. L. 136
Singh, D. 283
Sirota, A. D. 191
Skinner, B. F. 14 f., 19, 24 f., 30 ff., 35 ff., 52 f., 67, 73 f., 79, 82, 139 f., 164 ff., 184, 187, 229, 236, 244, 256, 258, 260, 266, 282, 294, 301, 328
Slovic, P. 361
Small, S. M. 292
Smith, J. W. 102
Solomon, R. L. 246
Solyom, C. 107
Solyom, L. 107
Spear, N. E. 288
Spence, K. W. 55
Sperling, G. A. 150

Sperry, R. W. 79, 292
Spielberger, C. D. 53 f.
Spinoza, B. 21
Spivack, G. 164, 192, 236, 240 ff.
Staats, A. W. 50, 74, 82, 168, 229, 270
Staddon, J. E. R. 140, 142, 187
Stampfl, T. G. 130
Stanley, J. C. 27, 72
Steffan, J. 85, 87, 88, 122
Steffy, R. A. 111
Steiner, I. D. 286
Steinfeld, G. 119
Stern, R. M. 80, 252
Stern, R. S. 97
Sterner, R. T. 299
Stevenson, T. I. 93
Stewart, M. 214
Stieper, D. R. 207
Stoerzinger, A. 283
Stokes, J. P. 294
Stothart, J. R. 239
Stover, D. S. 243
Stoyva, J. 83
Straughan, J. H. 102
Strawbridge, H. 126
Strel'chuk, I. V. 108, 110
Stuart, R. B. 30, 178
Stunkard, A. J. 113, 183
Suchman, J. R. 239
Suinn, R. M. 137, 226
Sushinsky, L. W. 252

Tannenbaum, P. H. 256
Taylor, F. G. 107, 315
Taylor, J. G. 96 f.
Taylor, R. L. 188
Terrace, H. S. 51, 53, 290
Tesser, A. 284
Thomas, M. 253
Thomson, M. J. C. 156
Thoresen, C. E. 40, 52, 71 f., 75 ff., 90, 93, 109, 158, 168, 170, 172 f., 193, 279
Thorndike, E. L. 55, 73
Thornton, D. W. 130
Thornton, J. W. 247
Throop, W. F. 246
Todd, F. J. 104
Tolman, E. C. 73, 102
Tooley, J. T. 111
Tori, C. 220, 227
Torrance, E. P. 239
Treffinger, D. J. 239
Treisman, A. M. 148
Trexler, L. D. 206, 208 f., 211
Trier, C. S. 225
Tsujimoto, R. N. 253
Tucker, D. 115
Turk, L. 220
Turner, M. B. 27, 42, 68, 75, 329
Tuthill, R. 180
Tyler, V. O. 102

Ullmann, L. P. 38, 74, 178, 197

Valins, S. 244, 251, 253
Vallance, M. 107
Vanian, D. 93
Verplanck, W. S. 52
Verrier, R. 122
Viernstein, L. 112
von Bertalanffy, L. 163 f.
Voss, S. C. 283
Vygotsky, L. S. 214

Wade, T. C. 173, 179
Wagner, M. 111
Wagner, M. K. 111
Walsh, K. 122
Walters, O. S. 189
Walters, R. H. 14
Walton, D. 107
Wambold, C. 181
Warden, C. J. 55
Warren, N. 300
Wason, P. C. 268
Waters, W. F. 81, 94
Watson, G. 299
Watson, J. B. 14, 20 f., 23 f., 26, 55, 157
Watts, F. N. 207
Weimer, W. B. 329 f.
Weinberg, L. 197, 210 f.
Weiner, B. 244
Weiner, H. 83 f.
Weiner, I. 107
Weiss, R. L. 243
Weisz, A. E. 188
Welsch, W. 130
Westel, W. 97, 220
Wickelgren, W. A. 152
Wickens, T. D. 79
Wicklund, R. A. 271, 279, 286
Wilkins, W. 173 f.
Wilkinson, J. C. M. 97
Wilhelm von Occam 33
Williams, D. R. 142
Williams, H. 142
Williams, J. G. 65
Williams, R. J. 299
Williams, S. R. 297
Wilson, G. T. 92, 95, 111, 114, 174, 210 f., 251 ff.
Wilson, H. 80
Wincze, J. 94
Wine, J. 214, 218
Winett, R. A. 250
Winter, P. M. 292
Wish, P. 85, 88, 122
Wisocki, P. A. 96 ff., 109, 112, 115, 119, 123 f., 126 f.
Wolf, M. M. 281
Wolpe, J. 14, 91 f., 96 f., 219
Wolpin, M. 130, 174
Wooley, S. C. 176
Worell, L. 220, 227
Wright, B. A. 279
Wright, C. L. 254
Wyer, R. S. 267

Yamagami, T. 97
Young, B. G. 95
Young, J. 107
Yudkin, J. 298

Zangwill, O. L. 161
Zeiler, M. D. 279
Zeiss, A. R. 171 f.
Zeller, A. 155
Zimbardo, P. G. 250 f.
Zimmer, H. 79
Zimmerman, B. J. 182
Zingle, H. W. 206

Sachverzeichnis

Aberglaube, siehe auch Überzeugung, Religion 140, 185–187, 276
Alkoholismus 108–111, 119–120
Angst, siebe Phobie, Prüfungsangst
Angstbewältigungstraining 226
Angsterleichterung 219
Anorexia nervosa 176, 180
Assertiveness 97, 103, 136
Attribution 226, 244–259, 293
Aufmerksamkeit 59–60, 146–152, 170 bis 178
Autismus 279
Automatismusannahme 52–53, 100, 139 bis 140
Aversionstherapie, siehe auch Verdeckte Sensibilisierung 104–107, 108–112, 118
Behalten, Prozesse des 60, 144–167, 180, 294
Behaviorismus,
metaphysischer (radikal) 17, 20–26, 40
methodischer 26–29, 36
Belohnungsaufschub 100, 171–172, 241
Bestrafungskontrast 184
Bewältigendes – meisterhaftes Modell 132–134, 217, 316–317
Bewältigungsfertigkeiten, Training der 224–229, 307–316
Bewußtheit 52–55, 95–96, 139, 145
Bionics 237
Brainstorming 237
Coverant-Kontrolle 16, 99–107, 112, 137 bis 139
Delinquenz 192, 280
Desensibilisierung 91–95, 97, 111–113, 126, 136, 138, 208–210, 217–218, 224 bis 227, 284
Determinismus 27, 43, 45, 193–195, 228, 280, 321
Determinismus, reziproker 41, 271, 327
Dichotomes Denken 179, 189, 202, 206, 275–276, 296, 327
Doppel-Sprache-Theorie, siehe linguistische Analyse
Drogenabhängigkeit 119, 129
Echospeicherung 150–152
Emotive Gegenvorstellung 92–93
Entdecken von Merkmalen 150–151
Entscheidung, siehe auch Freiheit 274, 322
Entspannungstraining 91–92, 97, 111–113, 119, 126, 129–130, 209, 224–226, 296
Enuresis 277
Epilepsie 94
Ernährung 295–301
Erregungsinduzierte Erregung 254–255, 293
Erwartung 28, 95–96, 114–117, 120, 125, 128, 151–152, 173–175, 311
Falsifikationismus 27–28, 85, 268, 327, 329
Forderungscharakter 88
Freiheit, siehe auch Entscheidung 247, 286
Gedächtnis,
siehe auch Informationsverarbeitung
Beständigkeit 156–157
Konsolidierung 157, 294
Kurzzeit 147, 152–153
Langzeit 147, 154–162, 288
Rekonstruktion 161
Gedächtnishilfen 153, 158, 182
Gedankenstop 96–99, 137
Gegenkonditionierung, siehe auch Desensibilisierung 91–95, 100, 224
Gegenkontrolle 277–283
geistige Retardierung 122, 181
gelernte Hilflosigkeit 246–247
generalisierte Imitation 58
Geriatrie 219, 241
Gewichtskontrolle, siehe Fettleibigkeit
Halluzinationen 83, 107
Hemispheren, Spezialisierung der 79, 292
Humanismus 13, 331–334
hypothetische Konstrukte 30–31
Idealismus 22

ikonische Speicherung 150–153
Implosion 130–131
Informationsverarbeitung 49, 59–60, 136, 144–167, 222, 274, 294, 307
intervenierende Variablen 30–31
Kehlkopfbewegung 24, 83, 98–99
klassische Konditionierung 21, 24, 49, 81–83, 142–143, 155
Kodierung 60, 144–167, 181
kognitive Klaustrophobie 287
kognitive Kontingenzen, siehe Überzeugung
kognitive Umstrukturierung, siehe auch Selbstinstruktion 196–213
kognitives Einrasten 275–276
konstruktive Synthese 150
Kontingenzverträge 111
Kontinuitätsannahme 74–79, 139, 195
Kreativität 219, 234–238
Leib-Seele-Problem, siehe Mentalismus
linguistische Analyse 25–27
logischer Positivismus 19, 27, 268, 329
Lokalisation der Kontrolle 245–246
Mentalismus 13–17, 21–26, 38, 42, 166
Modellkonstruktion, siehe Theorienbildung
Modellernen, siehe stellvertretendes Lernen
naiver Realismus 13–15, 28, 37, 146, 185, 189
negative Auto-Maintenance 142
negative Ergebnisse 67, 138, 303–304, 327
Okkasionalismus 21
Operationalismus 27
paradoxe Intention 254
passives Wissen 160, 328
Perfektionismus, siehe Standardumgebung
Phobien, siehe auch Prüfungsangst
- Autofahren 130
- Schmutz 130
- Dunkelheit 93, 177
- Flug 57, 254
- Hunde 58
- Prüfung 121–122, 123–124
- Ratten 124–126, 210
- Reden in der Öffentlichkeit 210, 216, 220, 225
- Schlangen 57–58, 94, 97, 126, 130, 131–134, 217, 226, 251
- Schule 93, 127

Physik 14, 23, 37, 261
Placebo-Effekte, siehe auch Erwartung 174–175
Positionseffekte 153
Positivismus, siehe auch logischer Positivismus
prä-attentive Mechanismen 149
Premacksche Konsequenzen 99–101
Problemlösen 36, 192, 221, 229–244, 311–315
Prophezeiung, sich selbst erfüllende 190
Prüfbarkeit, siehe Bewertung
Prüfungsangst 121–122, 123–124, 180, 207–209, 218, 220
psychophysischer Parallelismus 21
rational-emotive Therapie, siehe kognitive Umstrukturierung
Rauchen 96–97, 99–104, 119, 173
Rechtfertigung 27, 38, 45, 303, 329
Redeangst, siehe Phobie, Reden in der Öffentlichkeit
Rekapitulationsprozesse 153, 266
Religion 14, 20, 24–26, 45, 176–177, 188–189, 262
Reproduktionsprozesse 60, 144–167
retrospektives (rückwärts) Konditionieren 194
Schlaf 254, 292–295
Schlaflosigkeit, siehe Schlaf
Schlußfolgerung 14–17, 30–45, 62–65, 82, 182–187, 201
Schmerztoleranz 93, 170
Selbstbeobachtung, siehe Selbstüberwachung
Selbstbestrafung, siehe auch Standardumgebung 104, 184, 192–193, 320
Selbstinstruktion, siehe auch kognitive Umstrukturierung 51, 98, 213–223
Selbstkonzept 104–105, 122–123
Selbstkritik, siehe Selbstbestrafung
Selbstüberwachung 112, 114, 119, 172, 312–313
Selbst-Shaping 141
Selbstverstärkung 102–103, 104, 180, 193, 221, 320
Selbstwahrnehmung, Theorie der 256 bis 259
semantische Konditionierung 94
sensorischer Speicher 147–152
sexuelle Störungen und Therapien 81, 95, 108, 115–119, 127, 138
sokratischer Dialog 205, 221, 267–268, 313
Sparsamkeit 33–34, 37
Sprechstörungen 128–129
Standardumgebung 179–180

stellvertretendes Lernen 55–61, 131–137, 221, 282, 316–317
Stimulus-(Reiz-)Kontrolle 114, 172
Streßokulierung 226–227
Synetics 237–238
Träume 292–295
Theorienbildung 18, 28, 32, 38, 62, 65 bis 72, 326–327
Überbewertung 257
Übergewicht 102, 108–109, 112–115, 119, 124–125, 173, 183, 298
Überzeugung, siehe auch Attribution, Aberglaube 174, 186, 206, 211, 260 bis 277
Ulkus 93
Umkonditionierung des Orgasmus 95 bis 96, 138–139
verdeckte Bestrafung 83–85, 109, 123 bis 125
verdeckte Löschung 128–131, 137–139
verdecktes Modellernen 131–137, 221
verdeckte Sensibilisierung 96–97, 108 bis 121, 123–125, 129, 138, 140
verdeckte Verstärkung 85–88, 113, 119 bis 128, 134, 138–140
Verdrängung 155–156, 295
Vergessen, siehe auch Informationsverarbeitung 154–156
Voodooh-Tod 186
Vorstellung 50–52, 73–89, 91–96, 97 bis 100, 108–137, 139, 149–160, 162, 171, 182, 218, 221–222, 225, 227, 290 bis 292
»Zungenspitzen«-Phänomen 159–160
Zuordnung zu Schablonen 150–151
Zwänge 97–98, 104–107